Johann Braun

Einführung in die Rechtswissenschaft

Johann Braun

Einführung in die Rechtswissenschaft

4. Auflage

Mohr Siebeck

Johann Braun, geboren 1946 in Ludwigshafen a. Rh.; 1979 Promotion; 1982 Habilitation; 1983 Universitätsprofessor in Trier, seit 1988 Universitätsprofessor in Passau für Zivilprozeßrecht, Bürgerliches Recht und Rechtsphilosophie.

ISBN 978-3-16-150770-0

1. Auflage 1997
2. Auflage 2001
3. Auflage 2007
4. Auflage 2011

Die deutsche Nationalbibliothek verzeichnet diese Publikation in der Deutschen Nationalbibliographie; detaillierte bibliographische Daten sind im Internet über *http://dnb.d-nb.de* abrufbar.

© 2011 Mohr Siebeck Tübingen.

Das Werk einschließlich aller seiner Teile ist urheberrechtlich geschützt. Jede Verwertung außerhalb der engen Grenzen des Urheberrechtsgesetzes ist ohne Zustimmung des Verlags unzulässig und strafbar. Das gilt insbesondere für Vervielfältigungen, Übersetzungen, Mikroverfilmungen und die Einspeicherung und Verarbeitung in elektronischen Systemen.

Das Buch wurde von Gulde-Druck in Tübingen gesetzt, auf alterungsbeständiges Werkdruckpapier gedruckt und gebunden.

Vorwort zur 4. Auflage

Für die Neuauflage ist der Text insgesamt durchgesehen und stilistisch und sachlich überarbeitet worden. Dabei haben mich meine wissenschaftlichen Mitarbeiter Frau Karin Lobinger und Herr Thomas A. Heiß mit Rat und Tat unterstützt.

Für die sorgfältige Betreuung des Manuskripts der 4. Auflage danke ich meinen Sekretärinnen Frau Monika Hilbert und Frau Therese Saller, für die Anfertigung der Register Herrn Thomas A. Heiß.

Passau, im Januar 2011

Aus dem Vorwort zur 1. Auflage

Wer sich anschickt, ein ihm unbekanntes Gelände zu erkunden, benötigt in der Regel Landkarte und Kompaß. Mit der Landkarte versucht er sich eine Vorstellung von der Struktur des Gebietes zu verschaffen, das vor ihm liegt; der Kompaß dagegen hilft ihm, die in der Karte enthaltenen Hinweise auf die Wirklichkeit zu übertragen. Beim Beginn eines juristischen Studiums verhält es sich ähnlich. Auch hier erwartet der Ratsuchende einen Überblick über den Rechtsstoff als solchen und eine Einweisung in die Kunst, sich darin zurechtzufinden und fortzubewegen. Die zahlreichen Bücher, die zu diesem Zweck verfaßt wurden, versuchen dieser Aufgabe auf unterschiedliche Weise gerecht zu werden. Die meisten enthalten eine kurz gefaßte Zusammenstellung dessen, was in den wichtigsten Gesetzen enthalten ist. Seltener ist der Versuch, den Anfänger auf dem Weg über die juristische Methodenlehre mit dem Recht vertraut zu machen. Beides, der Überblick ebenso wie die methodische Anleitung, erfüllt eine wichtige Funktion. Auf Dauer wird es niemand, der tiefer in das Recht eindringen will, erspart bleiben, sich sowohl mit dem Rechtsstoff selbst als auch mit der Technik der juristischen Argumentation und Entscheidungsfindung näher zu befassen.

Dennoch ist das nicht alles. Es gibt noch einen weiteren, nicht minder wichtigen Aspekt, der in der gängigen Einführungsliteratur regelmäßig zu kurz kommt. Was zu Beginn eines juristischen Studiums not tut, ist zunächst einmal eine Antwort auf die Frage, warum man sein Leben überhaupt dem Recht widmen soll und was dies heißt. Das ist nicht durch einen vagen Grundriß des positiven Rechts zu leisten und auch nicht durch das Vordemonstrieren der sogenannten Rechtsanwendung, sondern nur durch eine anschauliche Erzählung der Gründe, die einen solchen Schritt rechtfertigen und auf Dauer allein tragen. Wer eine solche Antwort versucht, muß sich in anderer Weise aus der Reserve wagen als ein Autor der sonst üblichen Rechtsliteratur. Denn er muß offenlegen, was ihn selbst am Recht fasziniert, er muß zeigen, wie das Recht mit den geistigen Strömungen und den Bedürfnissen des wirklichen Lebens zusammenhängt, er muß deutlich machen, in welchem Maße Nöte und Ängste, Hoffnungen und Visionen in dem scheinbar so spröden Stoff des Rechts immer wieder wirksam sind, und kann sich bei all dem weder hinter dem Rücken des Gesetzgebers noch einer herrschenden Meinung verbergen. Nirgendwo zeigt sich besser als hier, was ein Lehrer von seinen Schülern hält, und nirgendwo besser, was er selbst zu geben hat.

Das eigentliche Anliegen des vorliegenden Buches zielt daher mehr auf eine Einführung in das *Rechtsdenken* als in die Rechtswissenschaft im herkömmlichen Sinn. Seine Lektüre soll nicht so sehr positive Kenntnisse oder Fertigkeiten als vielmehr Verständnis des Rechts und Einsicht in die tieferen Zusammenhänge vermitteln.

Natürlich ist dieser Versuch nicht ohne Vorgänger. Überhaupt ist der Inhalt des Buches viel weniger durch den Autor geprägt, als es auf den ersten Blick scheinen könnte. Das meiste von dem, was hier an Gedanken und Beispielen ausgebreitet wird, ist mir im Rahmen meiner Tätigkeit aus vielerlei Quellen zugeflossen und hat sich im Laufe der Zeit fast wie von selbst zu einem Buch zusammengefügt. Im Grunde hat das, was dabei entstanden ist, also viele Urheber. Ich habe mich bisher nicht entschließen können, darin einen Mangel zu erblicken.

Den äußeren Anstoß zu diesem Buch haben die Vorlesungen gegeben, die ich seit 1982 in Trier, Leipzig und Passau über diesen Gegenstand regelmäßig gehalten habe. Es ist daher auch durch die unterschiedlichen Erfahrungen geprägt, die ich an diesen drei Orten machen durfte: durch den Einblick in die historischen und philosophischen Grundlagen des Rechts, durch die Auseinandersetzung mit den Voraussetzungen und Folgen des Sozialismus und durch den Blick über die Grenzen des eigenen Landes hinaus. Mein Dank gilt vor allem denjenigen Studenten, die mich in all diesen Jahren durch ihren Zuspruch darin bestärkt haben, mancherlei Widrigkeiten zum Trotz an dieser Vorlesung festzuhalten und sie schließlich zum Druck zu bringen. Mein Gruß aber richtet sich über die Generationen hinweg an diejenigen, die dieses Buch zur Hand nehmen, weil sie sich den Herausforderungen des Rechts mit ihrer ganzen Kraft stellen wollen.

Inhaltsverzeichnis

Vorwort V

§ 1 Vor dem Gesetz 1
    I. Eine merkwürdige Geschichte 1
    II. Der Mythos des Rechts 3
    III. Die Mühsal des Rechts 6
    IV. Hindernisse, Irrtümer und Umwege 9

1. Teil: Grundfragen

1. Abschnitt: Juristische Anthropologie 15

§ 2 Die Gewohnheit 15
    I. Die Macht der Gewohnheit 15
    II. Normalität und soziale Erwartung 19
    III. Sitte und Recht 24

§ 3 Das Rechtsgefühl 26
    I. Der Mensch als Rechthaber 26
    II. Recht und Wahrheit 31
    III. Die Transformation des Rechtsgefühls in Recht 35

§ 4 Die Lehre von den Rechtsquellen 38
    I. Idealität und Realität des Rechts 38
    II. Der Positivismus 42
    III. Das Naturrecht 46
    IV. Rechtliche Aporien in der Praxis 49

2. Abschnitt: Die Gerechtigkeit 53

§ 5 Strafende Gerechtigkeit 54
    I. Vergeltung und Rache 54
    II. Der Grund der Vergeltung 59

III. Der Zweck der Strafe	61
IV. Gnade und Vergebung	65

§ 6 Formelle Gerechtigkeit ... 67
I. Der Gleichbehandlungsgrundsatz	67
II. Gleichheit der Person	70
III. Dialektik der Gleichheit	75

§ 7 Materielle Gerechtigkeit ... 81
I. Angemessenheit	82
II. Konsensuale Richtigkeit	88
III. Die Billigkeit	91

3. Abschnitt: Das soziale Umfeld des Rechts ... 96

§ 8 Recht und Politik ... 96
I. Das Recht im Einflußbereich der Politik	96
II. Gesetzliche Handlungssteuerung und Freiheit	102
III. Die richterliche Unabhängigkeit	105
IV. Politische Justiz	107

§ 9 Recht und Moral ... 109
I. Innen- und Außensteuerung	109
II. Der historische Kontext	112
III. Ethischer Pluralismus	115
IV. Konsens als Rechtsgrundlage	119

§ 10 Recht und Wirtschaft ... 122
I. Die Ordnung der Wirtschaft	122
II. Tendenzen und Erfahrungen	128
III. Die soziale Marktwirtschaft	131
IV. Recht als Kostenfaktor	134

2. Teil: Die Rechtsordnung

§ 11 Juristische Denk- und Ordnungsmuster ... 137
I. Schubladen- und Registerdenken	137
II. Normenpyramide und Normenkreis	140
III. Objektives und subjektives Recht	146

1. Abschnitt: Privatrecht ... 151

§ 12 Privatrecht als Rechtsgebiet und Denkform ... 151
  I. Privatrecht und öffentliches Recht ... 151
  II. Staat und Gesellschaft ... 155
  III. Die Person ... 157
  IV. Vorblick ... 162

§ 13 Eigentum ... 162
  I. Eigentum und Freiheit ... 162
  II. „Eigentum an sich selbst" ... 167
  III. Eigentumsgebrauch und Umweltmißbrauch ... 172

§ 14 Vertrag ... 175
  I. Der Vertrag als Regelungsinstrument ... 175
  II. Die Vertragsfreiheit ... 180
  III. Grenzen der Vertragsfreiheit ... 184

§ 15 Zivilprozeß ... 188
  I. Streitentscheidung durch Dritte ... 188
  II. Zivilprozeß und Privatautonomie ... 192
  III. Prozessuales Denken ... 197

2. Abschnitt: Private Organisationen und Verbände ... 200

§ 16 Die Familie ... 200
  I. Die Stellung der Familie im Rechtssystem ... 200
  II. Die Regelung der Geschlechtsbeziehungen ... 202
  III. Ehevermögensrecht ... 206
  IV. Das Verhältnis zwischen den Generationen ... 208

§ 17 Das Recht der Arbeit ... 213
  I. Kapital und Arbeit ... 213
  II. Tarifvertragsrecht ... 216
  III. Betriebsverfassungsrecht ... 220
  IV. Individualarbeitsrecht ... 223

§ 18 Nichtstaatliche Verbände ... 225
  I. Die Funktion privater Vereinigungen ... 225
  II. Juristische Personen und Personengesellschaften ... 229
  III. Die innere Ordnung der Verbände ... 234

3. Abschnitt: Öffentliches Recht ... 238

§ 19 Öffentliches Recht als Rechtsgebiet und Denkform ... 238
I. Die Staatsgewalt ... 238
II. Die Entstehung des Staates ... 244
III. Der Inhaber der Souveränität ... 247
IV. Die Handlungsformen des öffentlichen Rechts ... 251

§ 20 Der Rechtsstaat ... 254
I. Freiheit als Freiheit vom Staat ... 254
II. Formelle Begrenzung des staatlichen Handelns ... 258
III. Materielle Begrenzung des staatlichen Handelns ... 262
IV. Gerichtliche Kontrolle ... 263
V. Grenzen des Rechtsstaats ... 265

§ 21 Der Sozialstaat ... 268
I. Freiheit als Freiheit von materieller Not ... 268
II. Das System der sozialen Sicherheit ... 272
III. Soziales Privatrecht ... 275
IV. Grenzen des Sozialstaats ... 278

§ 22 Der Umweltstaat ... 281
I. Freiheit als Freiheit von bedrohlichen Lebensbedingungen ... 281
II. Das Umweltrecht ... 284
III. Umweltschutz und rechtliche Ordnung ... 290
IV. Die Grenzen des Umweltstaates ... 292

§ 23 Die Staatsverfassung ... 295
I. Verfassung und Verfassungsurkunde ... 295
II. Die Gewaltenteilung ... 298
III. Das Repräsentativsystem ... 303
IV. Das Prinzip der Öffentlichkeit ... 307

4. Abschnitt: Internationales und übernationales Recht ... 310

§ 24 Internationales Privatrecht ... 310
I. Sachrecht und Rechtsanwendungsrecht ... 310
II. Kollisionsrechtliche Fragen ... 314
III. Internationales Zivilprozeßrecht ... 318

§ 25 Völkerrecht ... 323
I. Recht zwischen Rhetorik und Realität ... 323
II. Grundlagen der Völkerrechtsgemeinschaft ... 327
III. Universalismus und Nationalismus im Widerstreit ... 334

§ 26 Europarecht 337
   I. Ursprünge und Entwicklungen 337
   II. Europa als Rechtsgemeinschaft. 342
   III. Zukunftsperspektiven. 347

3. Teil: Rechtsdogmatik und Methodenlehre

§ 27 Rechtswissenschaft 353
   I. Der Streit um die Rechtswissenschaft. 353
   II. Rechtsdogmatik und Rechtssystem 357
   III. Die juristische Methodenlehre 362
   IV. Ausblick. 365

§ 28 Der Rechtssatz und seine Anwendung 366
   I. Rechtsfindung durch Subsumtion. 366
   II. Die Auslegung „klarer" Rechtsnormen. 370
   III. Die Auslegung „unbestimmter" Rechtsnormen. 375
   IV. Gesetz und Vernunft 378

§ 29 Die Rechtsprechung. 380
   I. Gesetzestreue und Gerechtigkeit 380
   II. Der Rechtsprechungspositivismus 383
   III. Von Fall zu Fall 387

4. Teil: Die Gesetzgebung

§ 30 393
   I. Die Funktionen des Gesetzes 393
   II. Die Realität der Gesetzgebung 395
   III. Gesetzgebungslehre 399
   IV. Vor dem Gesetz 405

Nachweise der Zitate 407

Personenregister 415

Sachregister 417

§ 1 Vor dem Gesetz

I. Eine merkwürdige Geschichte

1. Die Tür zum Gesetz

In Franz Kafkas Roman „Der Prozeß" ist eine kleine Geschichte eingebaut, die folgendermaßen lautet:

„Vor dem Gesetz steht ein Türhüter. Zu diesem Türhüter kommt ein Mann vom Lande und bittet um Eintritt in das Gesetz. Aber der Türhüter sagt, daß er ihm jetzt den Eintritt nicht gewähren könne. Der Mann überlegt und fragt dann, ob er also später werde eintreten dürfen. ‚Es ist möglich', sagt der Türhüter, ‚jetzt aber nicht.' Da das Tor zum Gesetz offensteht wie immer und der Türhüter beiseite tritt, bückt sich der Mann, um durch das Tor in das Innere zu sehen. Als der Türhüter das merkt, lacht er und sagt: ‚Wenn es dich so lockt, versuche es doch, trotz meinem Verbot hineinzugehen. Merke aber: Ich bin mächtig. Und ich bin nur der unterste Türhüter. Von Saal zu Saal stehen aber Türhüter, einer mächtiger als der andere. Schon den Anblick des dritten kann nicht einmal ich mehr vertragen.' Solche Schwierigkeiten hat der Mann vom Lande nicht erwartet, das Gesetz soll doch jedem und immer zugänglich sein, denkt er, aber als er jetzt den Türhüter in seinem Pelzmantel genauer ansieht, seine große Spitznase, den langen, dünnen, schwarzen, tartarischen Bart, entschließt er sich doch, lieber zu warten, bis er die Erlaubnis zum Eintritt bekommt. Der Türhüter gibt ihm einen Schemel und läßt ihn seitwärts von der Tür sich niedersetzen. Dort sitzt er Tage und Jahre. Er macht viele Versuche, eingelassen zu werden und ermüdet den Türhüter durch seine Bitten. Der Türhüter stellt öfters kleine Verhöre mit ihm an, fragt ihn nach seiner Heimat aus und nach vielem anderen, es sind aber teilnahmslose Fragen, wie sie große Herren stellen, und zum Schlusse sagt er ihm immer wieder, daß er ihn noch nicht einlassen könne. Der Mann, der sich für seine Reise mit vielem ausgerüstet hat, verwendet alles, und sei es noch so wertvoll, um den Türhüter zu bestechen. Dieser nimmt zwar alles an, aber sagt dabei: ‚Ich nehme es nur an, damit du nicht glaubst, etwas versäumt zu haben.' Während der vielen Jahre beobachtet der Mann den Türhüter fast ununterbrochen. Er vergißt die anderen Türhüter, und dieser erste scheint ihm das einzige Hindernis für den Eintritt in das Gesetz. Er verflucht den unglücklichen Zufall in den ersten

Jahren laut, später, als er alt wird, brummt er nur noch vor sich hin. Er wird kindisch, und da er in dem jahrelangen Studium des Türhüters auch die Flöhe in seinem Pelzkragen erkannt hat, bittet er auch die Flöhe, ihm zu helfen und den Türhüter umzustimmen. Schließlich wird sein Augenlicht schwach, und er weiß nicht, ob es um ihn wirklich dunkler wird oder ob ihn nur die Augen täuschen. Wohl aber erkennt er jetzt im Dunkel einen Glanz, der unverlöschlich aus der Türe des Gesetzes bricht. Nun lebt er nicht mehr lange. Vor seinem Tode sammeln sich in seinem Kopfe alle Erfahrungen der ganzen Zeit zu einer Frage, die er bisher an den Türhüter noch nicht gestellt hat. Er winkt ihm zu, da er seinen erstarrenden Körper nicht mehr aufrichten kann. Der Türhüter muß sich tief zu ihm hinunterneigen, denn die Größenunterschiede haben sich sehr zuungunsten des Mannes verändert. ‚Was willst du denn jetzt noch wissen?' fragt der Türhüter, ‚du bist unersättlich.' ‚Alle streben doch nach dem Gesetz', sagt der Mann, ‚wie kommt es, daß in den vielen Jahren niemand außer mir Einlaß verlangt hat?' Der Türhüter erkennt, daß der Mann schon am Ende ist, und um sein vergehendes Gehör noch zu erreichen, brüllt er ihn an: ‚Hier konnte niemand sonst Einlaß erhalten, denn dieser Eingang war nur für dich bestimmt. Ich gehe jetzt und schließe ihn.'"[1]

2. Der Grund des Scheiterns

Soweit Kafka. Wenn es der Sinn von Geschichten ist, Deutungen zu provozieren, so hat diese Geschichte ihren Sinn erfüllt. Jedenfalls ist keine andere Geschichte Kafkas so häufig interpretiert worden wie diese. Bereits in dem Roman selbst werden verschiedene Deutungen versucht. Das soll uns indessen nicht davon abhalten, hier einen weiteren Versuch zu unternehmen. Gute Geschichten ergeben für jede Situation, in der sich der Interpret befindet, einen anderen Sinn. Noch dazu will es scheinen, als ob sich diese Geschichte in besonderer Weise dazu eignet, die Lage zu erhellen, der man am Beginn eines Rechtsstudiums gegenübersteht. Daher soll im folgenden eine Deutung versucht werden, die ganz auf diese Situation abstellt.

Wer sich dem Studium des Rechts zuwendet, sucht zweifellos das „*Gesetz*", ähnlich wie auch Kafkas Mann vom Lande das „Gesetz" gesucht hat. In einer Rechtsordnung wie der unseren, die vor Gesetzen geradezu überquillt, sollte man anstelle von „Gesetz" allerdings besser das Wort „*Recht*" verwenden; denn gemeint ist in diesem Zusammenhang nicht ein bestimmtes Gesetz, wie es deren viele gibt, sondern die Gesamtheit aller Gesetze, die man gewöhnlich als „Recht" bezeichnet, oder aber das, was diesen Gesetzen zugrunde liegt und ihnen überhaupt erst Rechtscharakter verleiht. Beunruhigend für jeden, der das Recht sucht, dürfte sein, daß die Geschichte tragisch endet: der Mann scheitert, denn er stirbt, ohne dieses Recht gefunden zu haben. Warum scheitert der Mann? Das ist eine Frage, die jeden interessieren sollte.

II. Der Mythos des Rechts

1. *Das Recht als unerreichbares Ideal*

Eine mögliche Antwort könnte lauten, daß der Mann scheitert, weil das Recht ein *Ideal* ist, das einer andern Welt angehört als der, in der wir leben, einer Welt nämlich, zu der wir letztlich keinen Zugang haben, so sehr wir uns auch darum bemühen. In seinem bekannten Höhlengleichnis hat Platon das Bild von Menschen benutzt, die in einer Höhle leben, wo sie nur Schatten wahrnehmen können, die Urbilder der Schatten – die Ideen – jedoch nicht. Da sie außer diesen Schatten sonst nichts kennen, halten sie die Schatten selbst für die Realität. Würden diese Menschen ins helle Licht gestellt, wären sie geblendet und könnten zunächst überhaupt nichts mehr sehen. Verhält es sich mit dem Recht vielleicht ähnlich? Können wir es womöglich deshalb nicht erkennen, weil in unsere triste Lebenswelt allenfalls ein schwacher Abglanz davon dringt oder weil uns das Sensorium fehlt, um das Urbild des Rechts, die Gerechtigkeit, unmittelbar wahrzunehmen?

In der Vergangenheit hat man das nicht selten so empfunden. Für antike Völker war das Recht nicht Menschenwerk, sondern kam aus der Hand der Götter, war also ein Geschenk aus einer anderen und besseren Welt. Das bekannteste Beispiel eines solchen Mythos sind die Zehn Gebote: Moses macht sie nicht selbst, sondern empfängt sie auf dem Berg Sinai aus dem Mund Gottes. Bei den Hindus kam Manu, bei den Ägyptern Menes eine solche Vermittlerfunktion zwischen Gott und den Menschen zu. Und wenn es nicht Götter waren, die dabei als Gesetzgeber auftraten, dann wenigstens Halbgötter oder andere legendäre, über jede Anfechtung erhabene Gestalten. Zweifellos haben solche Mythen auch die Funktion gehabt, das Recht gegen Kritik zu immunisieren. Platon hat geradezu einmal vorgeschlagen, den göttlichen Ursprung der Gesetze öffentlich zu lehren, damit man nicht an ihnen herumdeuten würde. Geglaubt wurden solche Mythen aber nur deshalb, weil das Recht den meisten Menschen in der Tat so unerreichbar schien wie Gott selbst, den man auch nicht schauen, sondern nur in Form einer Hoffnung oder Sehnsucht in sich tragen kann.

Es gibt eine Variante zur Genesis, dem Schöpfungsbericht der Bibel, die dem einen unnachahmlichen Ausdruck verleiht: Als am Abend des fünften Schöpfungstages die Welt fertig war und Gott daran dachte, nach seinem Bilde nun auch den Menschen zu schaffen, rieten ihm seine Engel davon ab. Der Engel der Liebe warnte, daß der Mensch nur sich selber lieben werde. Der Engel der Wahrheit prophezeite, daß er nur der Lüge folgen werde und nur das erkennen wolle, was ihm nützt. Der Engel der Gerechtigkeit schließlich sagte: „Der Mensch wird Macht vor Recht ergehen lassen, deine Gerechtigkeit wird er verachten." Der Teufel jedoch, der wußte, daß der Mensch eher ihm als Gott gleichen würde, riet Gott zu: „Herr, du mußt den Menschen schaffen, denn sonst fehlt deiner Schöpfung die Krone." Da bedachte sich Gott und beschloß: „Gut, ich werde ihn schaffen. Aber als einziges aller Wesen soll er ewig unfertig bleiben. Immer soll er Liebe, Wahrheit und Gerechtigkeit als Bild von mir in sich tragen, nie wird er es verwirklichen."

2. Deskriptive und präskriptive Gesetze

Unsere nüchterne eigene Zeit ist gegenüber hochgreifenden Bildern und Geschichten dieser Art eher skeptisch gestimmt. Tatsache jedoch ist, daß man das Recht nach wie vor nicht so leicht in den Griff bekommt wie die Dinge der materiellen Welt, die man auf die eine oder andere Weise sinnlich wahrnehmen kann. Wir neigen heute dazu, das damit zu erklären, daß die Gesetze, mit denen man es im Recht zu tun hat, von anderer Beschaffenheit sind als die Naturgesetze. Diese sind *deskriptiv*, das heißt sie sagen, wie es *ist*, und können daher im Wege der Beobachtung ermittelt werden. Die Rechtsgesetze dagegen sind *präskriptiv*, sie sagen, wie es *sein soll*, auch wenn es nicht so ist. Da sie keine Tatsachen beschreiben, können sie auch nicht durch bloße Beobachtung von Tatsachen gewonnen werden. Also – so könnte man folgern – können sie in letzter Instanz nur aus einer anderen, rein geistigen Welt stammen.

Wer nur das als Realität anerkennt, was sich sinnlich wahrnehmen läßt, wird sich mit solchen Vorstellungen nur schwer anfreunden können. Wenn der Materialist konsequent ist, muß er dem Recht eine eigene Existenz absprechen. Das ist leicht zu machen; denn es gibt nichts, was dem unreflektierten Alltagsverstand mehr einleuchten würde. Das „Recht an sich", das reine Sollen des Richtigen ohne Ansehung der Realität, kann man weder sehen noch hören, weder riechen noch schmecken oder fühlen – wie soll man also beweisen können, daß es so etwas wie „Recht an sich" überhaupt gibt? Wer das Recht leugnet, kann sich auf namhafte Vorgänger berufen. Nach Auffassung des Marxismus war Recht nichts anderes als ein bloßes Abbild der realen Machtverhältnisse oder ökonomisch gewendet: der Produktionsverhältnisse. Es war folglich nicht das Fundament, sondern nur der ideologische Überbau der Gesellschaft. Von anderen Voraussetzungen herkommend, aber in der Sache nicht weniger materialistisch, hat Nietzsche das Recht auf eine einsichtige Selbsterhaltung zurückgeführt, deren ursprünglicher, rein egoistischer Zweck im Laufe der Zeit in Vergessenheit geraten sei. „Wie wenig moralisch sähe die Welt ohne die Vergeßlichkeit aus!", rief er einmal aus. „Ein Dichter könnte sagen, daß Gott die Vergeßlichkeit als Türhüterin an die Tempelschwelle der Menschenwürde hingelagert habe."[2] Eine moderne Variante dieser Lehre findet sich in der Soziobiologie, die freilich nicht auf den egoistischen Einzelnen,

II. Der Mythos des Rechts

sondern auf das Gen-Set abstellt, von dem das Individuum nur der vorübergehende Träger ist. Reale Basis des Rechts sind nach dieser Auffassung die Regeln, die sich im Kampf der Gene um ihre möglichst weite Verbreitung als erfolgreich erwiesen haben. Für sich genommen sind all diese Ansichten von hoher Überzeugungskraft. Wer sich erst einmal auf die Voraussetzungen solcher materialistischen Erklärungsmodelle einläßt, kann ihnen daher nur schwer widerstehen. Der Glaube an eine eigene Existenz des Rechts erscheint dann leicht als Selbsttäuschung, als weltfremde Illusion, die sich nur in den Elfenbeintürmen der Philosophen am Leben erhält.

Dennoch stößt der Materialismus auf dem Gebiet des Rechts immer wieder auf eine offenbar unüberwindliche Schranke. So oft die Existenz des *Rechts* nämlich auch geleugnet worden ist, so hat bisher noch niemand die Existenz des *Unrechts* in Frage gestellt. Auch wer vorgibt, das Recht nicht sehen oder fühlen zu können – Unrecht sehen und fühlen offenbar alle, und sei es auch nur das Unrecht, das ihnen selbst widerfährt. Es ist daher kein Zufall, daß gerade die Erfahrung des Unrechts in der Geschichte immer wieder den Anstoß gegeben hat, dem erlebten Unrecht die Forderung nicht etwa nach Macht, sondern nach Recht und nichts als Recht entgegenzusetzen. „Das zertretene Recht muß wieder aufgerichtet und zur Herrschaft über alle Ordnungen des menschlichen Lebens gebracht werden", heißt es in einem Protokoll des Kreisauer Kreises, einer der bekanntesten deutschen Widerstandsgruppen, aus dem Jahr 1943. „Unter dem Schutz gewissenhafter, unabhängiger und von Menschenfurcht freier Richter ist es Grundlage für alle zukünftige Friedensgestaltung."[3] Für den Glauben an dieses Recht waren einmal die Mutigsten unserer Nation bereit, ihr Leben aufs Spiel zu setzen. Auge in Auge mit dem ruchlosesten Unrecht waren sie der Überzeugung, daß es so etwas wie Recht einfach geben muß, wenn nicht alles menschliche Streben wertlos sein soll. Waren sie damit im Irrtum? Waren sie zu naiv, ihre anerzogenen Illusionen zu durchschauen? Hätten sie sich besser anpassen und mitmachen sollen? Doch wohl nicht. Aber warum sieht man das Recht nur dann so deutlich, wenn das Unrecht so groß ist? Warum ist der Glanz, der aus der Tür des Gesetzes hervorbricht, im normalen Leben so schwach? Brauchen wir das Unrecht etwa, damit es uns an die Aufgabe erinnert, die uns eigentlich gestellt ist, nämlich die, ständig nach der Gerechtigkeit zu suchen, ohne sie jemals zu finden?

3. Fakten und Werte

Eine moderne Antwort auf das Problem, daß das Recht, an dessen Existenz wir trotz aller Zweifel immer wieder glauben, in der Wirklichkeit unmittelbar nicht zu finden ist, geht dahin, daß es zwei unterschiedliche Welten gibt, die der *Fakten* und die der *Werte*, und daß das Recht wesentlich der Wertewelt angehört. Mit Hilfe dieser Vorstellung kann man sich die besondere Seinsweise des Rechts auf eine wissenschaftlich akzeptable Weise erklären. Es geht danach im Recht nicht um die Feststellung von Tatsachen, die man lokalisieren und vermessen kann. In letzter Instanz geht es vielmehr um die Ermittlung von *Maßstäben*, an denen bestimmte Tatsachen, namentlich Handlungen, gemessen und bewertet werden können. Daß das Recht selbst als das Richtmaß der Wirklichkeit auf der Ebene der Tatsachen in Erscheinung tritt, ist danach schon deshalb nicht zu erwarten, weil es den Tatsachen gerade gegenübersteht und über sie hinausweist. Zusammen mit dem Schönen und dem Wahren ist es Teil einer eigenen Welt, die auch nur einer eigenen Erkenntnisweise zugänglich ist.

Aber damit sind die Schwierigkeiten, denen wir begegnet sind, nicht behoben, sondern nur auf eine besondere Weise beschrieben und klassifiziert. Denn wie man erfährt, *was* wertvoll ist und was nicht, *was* gut und böse, *was* recht und was unrecht ist, darüber sagt die Gegenüberstellung von Fakten und Werten für sich allein im Grunde wenig. Um dies feststellen zu können, muß man offenbar selbst bereits diesen beiden Welten angehören, darf also nicht nur auf dem Boden der materiellen Welt stehen, sondern muß zugleich in der geistigen Welt zu Hause sein, der die „Werte" angehören. Wie man dahin gelangt, wenn man es nicht einfach voraussetzt, bleibt dunkel. Am Ende bleibt daher nur die resignierende Einsicht, daß man entweder in der Lage ist, die maßgebenden Werte zu schauen oder zu fühlen, oder man ist es nicht. Es ist wie eine Gabe, die ohne eigenes Verdienst zuteil wird oder aber nicht zuteil wird. Dem Mann vom Lande wurde sie nicht zuteil.

III. Die Mühsal des Rechts

1. *Kampf ums Recht*

Allerdings könnte der Mann auch aus einem ganz anderen Grund gescheitert sein: nämlich deshalb, weil er sich nicht aufraffen konnte, einfach an dem Wächter vorbei durch die geöffnete Tür hineinzugehen. Immerhin war die Tür für ihn bestimmt, und der Türhüter, der sie für ihn offenhielt, hätte ihn kaum wirklich abgehalten.

In diesem Fall wäre die Botschaft der Geschichte eine ganz andere. Was den Mann vom Recht trennte, wäre dann nicht eine unüberbrückbare Kluft gewesen – er war dem Recht ja in Wahrheit ganz nahe; was ihn trennte, wäre sein fehlender persönlicher Einsatz gewesen. Was Kafka sagen wollte, könnte man dann so ausdrücken: Wer darauf wartet, daß das Recht zu ihm kommt oder daß andere ihn hinführen, gelangt nie in den Besitz des Rechts; Recht muß erarbeitet und erkämpft werden, man muß sich voll und rückhaltlos dafür einsetzen. „Das Element des Streites und Kampfes", heißt es ganz in diesem Sinn bei Rudolf von Jhering (1818–1892), einem der bedeutendsten Juristen des 19. Jahrhunderts, „ist sein ureigenes, ihm ewig immanentes – *der Kampf ist die ewige Arbeit des Rechts.* Dem Satz: *‚Im Schweiße deines Angesichts sollst du dein Brot essen'*, steht mit gleicher Wahrheit der andere gegenüber: *Im Kampfe sollst du dein Recht finden.* Von dem Moment an, wo das Recht seine Kampfbereitschaft aufgibt, gibt es sich selber auf, denn für das Recht gilt der Spruch des Dichters:

> ‚Das ist der Weisheit letzter Schluß:
> Nur der verdient sich Freiheit wie das Leben,
> Der täglich sie erobern muß.'"[4]

Dem Mann vom Lande waren Ruhe, Bequemlichkeit und Sicherheit lieber; deshalb ist er nicht bis zum Recht vorgedrungen, sondern zeitlebens vor der Tür sitzen geblieben.

2. Späte Frucht der Erkenntnis

Auch darin liegt sicher etwas Wahres. Das Recht kommt nicht von selbst in die Welt; es muß verwirklicht werden, wenn es mehr als eine bloße Idee sein soll. Allerdings ist das leichter gesagt als getan. Wo unterschiedliche Rechtspositionen einander gegenüberstehen, kann man das Recht nicht gleichsam nebenbei verwirklichen. Verwirklicht wird es nur von dem, der bereit ist, all seine Energie und Kraft dafür einzusetzen.

Ein klein wenig hiervon macht sich selbst noch im Alltag des universitären Lehrbetriebs bemerkbar. Es entspricht einer alten Erfahrung, daß junge Menschen am Studium des Rechts oft verzweifeln, weil ihnen hier Anstrengungen abverlangt werden, mit denen sie nie gerechnet haben. Das Studium des Gesetzes läßt sich entgegen einer verbreiteten Vorstellung nicht mit der linken Hand erledigen. Es setzt vielmehr den unentwegten Einsatz aller geistigen Kräfte voraus. Wer sich vor dem Forum des Rechts bewähren will, muß sich auf eine Auseinandersetzung einlassen, die das Äußerste von ihm abverlangt. Dem fühlen sich viele auf lange Sicht nicht gewachsen. In weiser Einschätzung dieses Zusammenhangs hat einer meiner eigenen Rechtslehrer seinen Schülern am Anfang des Studiums daher vorausgesagt, daß sie bald in geistige Not und Verzweiflung geraten würden. Er hat ihnen zugleich aber den Trost mitgegeben, daß in derselben Weise, wie bestimmte chemische Reaktionen nur bei einer erhöhten Temperatur stattfinden, auch diese Verzweiflung erforderlich sei, weil sie anders nie zu einer wirklichen Erkenntnis des Rechts gelangen würden. Verstanden hat das zunächst niemand. Aber vielen hat diese Bemerkung in der Folge sehr geholfen. Ein Repetitor – wie die Examenseinpauker bei den Juristen heißen – hat diesen Zusammenhang einmal auf andere Weise beschrieben und den typischen Rechtsstudenten humorvoll mit einem Frosch im Milchglas verglichen: er strampelt und strampelt, und endlich, nach langer Zeit, sitzt er auf einem Stück Butter. Ich nehme an, daß damit dasselbe gemeint war.

Aus beidem erhellt: der Weg zum Recht ist mühevoll und lang. Wenigstens das letztere kommt auch in unserer Geschichte zum Ausdruck: Erst am Ende seines Lebens bekommt der Mann vom Glanz des Rechts etwas mit. In der Tat hat man die Rechtswissenschaft eine Alterswissenschaft genannt. Sie setzt viel Erfahrung und Weisheit voraus, die erst einmal erworben werden muß. Das Interesse an fremden menschlichen Belangen, die Anteilnahme an fremdem Schicksal und fremder Not, die gelassene und überlegene Haltung fremden Leidenschaften und Interessen gegenüber, all das ist nicht Sache der Jugend. Während herausragende Leistungen in den Naturwissenschaften häufig von sehr jungen Leuten erbracht werden, stammen die großen Werke der Rechtsliteratur in der Regel von gereiften Wissenschaftlern: die Erkenntnis des Rechts ist eine späte Frucht. Platon hat daher geradezu einmal den Vorschlag gemacht, die Jugend bei der Erörterung der Staatsangelegenheiten nicht mitreden zu lassen. So etwas hört man heute nicht gern. Aber auch heute noch wünscht sich niemand, der sich vor Gericht verantworten muß, einen an Lebensjahren jungen Richter, mögen auch seine Zeugnisse noch so brillant sein. Junge Menschen, mit blendendem Verstand ausgestattet, aber ohne das in Erfahrung gereifte Wissen, wie schwer es ist, in menschlichen Angelegenheiten das rechte Maß zu finden, können in juristischen Berufen Schlimmes anrichten. Den rechtskundigen, weisen Richter stellt man sich daher zu recht alt vor, und nur in einem Lustspiel verbirgt sich hinter der Maske des weisen Richters auch einmal eine gewitzte junge Frau wie Porcia in Shakespeares Kaufmann von Venedig.

3. *Der eigene Weg zum Recht*

Aber noch etwas klingt in der Geschichte an: Der Weg zur Erkenntnis des Rechts ist nicht nur lang und mühevoll – es gibt noch dazu für jeden einen *eigenen* Weg, und nur auf diesem und keinem anderen kann er zum Recht gelangen. Wer sich dem Rechtsstudium widmet, wünscht sich oft einen Königsweg, der garantiert zum Ziel führt, und viele Repetitoren machen sich dies zunutze und bieten entsprechende Erfolgsrezepte an. Wenn ich Kafka recht verstehe, will er jedoch sagen, daß es für jedermann Rechtserkenntnisse gibt, die nur von ihm persönlich gefunden werden können, und zwar auf einem Weg, den nur er selbst gehen kann. Wer diesen Weg nicht geht, enthält dem Recht gerade den Beitrag vor, den er selbst dazu leisten sollte. Kein anderer wird die Einsichten, die für ihn vorgesehen waren, an seiner Stelle ans Licht bringen; denn nach ihm wird der einzige Zugang, der dahin führt, für immer verschlossen werden.

Liest man die Geschichte so, dann sagt sie unter anderem, daß niemand über den Weg, der ihn zum Recht führt, andere um Rat zu fragen braucht, daß er auch nicht umständlich danach suchen muß: er befindet sich vielmehr unmittelbar davor, wenn er nur sehen will. Dahinter steht eine feinsinnige Beobachtung: Jeder hat seinen eigenen Hunger nach dem Recht, jeder ist auf seine besondere Weise damit konfrontiert. Hier, wo uns das Recht mit seinen Verheißungen und Anforderungen in unseren jeweiligen Verhältnissen entgegentritt, beginnt für jeden der persönliche Weg. Jeder, so könnte die Botschaft der Geschichte daher lauten, soll sich also zunächst einmal da bewähren, wo er gerade steht, dann wird er von selbst zu derjenigen Erkenntnis des Rechts gelangen, die für ihn reserviert ist. Es scheint fast, als ob Kafka dabei ein Wort Hegels im Auge gehabt hätte: „*Was* der Mensch tun müsse, *welches* die Pflichten sind, die er zu erfüllen hat, ... ist in einem sittlichen Gemeinwesen leicht zu sagen, – es ist nichts anderes von ihm zu tun, als was ihm in seinen Verhältnissen vorgezeichnet, ausgesprochen und bekannt ist."[5]

IV. Hindernisse, Irrtümer und Umwege

In der Geschichte sieht der Mann den Weg, der für ihn bestimmt ist, sehr wohl; aber er geht ihn dennoch nicht. Warum nicht? Denkbar sind mehrere Gründe.

1. *Unkenntnis der eigenen Aufgabe*

Möglicherweise geht der Mann diesen Weg deshalb nicht, weil er zwar sieht, daß hier ein Weg ist, aber nicht weiß, daß es sich um *seinen* Weg handelt. Das würde bedeuten, daß er nicht weiß, was seine *Aufgabe* und das heißt letztlich, daß er nicht weiß, wer er selbst ist. Was seine Aufgabe gewesen wäre, erfährt er erst, als es so spät ist, daß er sie nicht mehr erfüllen kann. Das mag vielen so gehen, in gewissem Sinn vielleicht sogar allen. Dennoch gefällt mir diese Deutung nicht; denn sie läßt dem Mann keine Chance. Wenn er durch eine unglückliche Fügung des Schicksals nicht weiß, wo sein Weg zum Recht liegt, gibt es für ihn keine Möglichkeit, dies auf andere Weise zu erfahren. Aus seiner Sicht wäre es dann gleichgültig, was er tut. Er könnte sich daher ebenso gut für einen Weg entscheiden, der zum Unrecht führt. Niemand könnte ihm einen Vorwurf daraus machen. Damit kann man sich schwer anfreunden. Das schließt freilich nicht aus, daß es sich dennoch so verhält und daß es, allen Anstrengungen zum Trotz, letztlich vom Zufall abhängt, ob wir zum Recht finden.

2. Vergebliche Hoffnung auf bequeme Umwege

Denkbar wäre freilich auch, daß der Mann sich deshalb abhalten läßt, den für ihn bestimmten Weg zu gehen, weil ihm dieser zu schwierig erscheint und weil er auf einen bequemeren Umweg hofft. In der Wirklichkeit gibt es dafür mehr Beispiele als genug, und sie zeichnen sich in der Regel dadurch aus, daß sie alle auf ähnliche Weise enden. In der Geschichte versucht es der Mann zunächst mit Bestechung. Als dies nichts hilft, bittet er die Flöhe um Hilfe. Das ist ein lächerliches Bild. Aber es könnte sein, daß Kafka es nur benutzt, um zu zeigen, wie abwegig es ist, auf fremde Hilfe zu rechnen, wo es einzig und allein auf uns selbst ankommt. Während der Mann hofft, daß die Bedingungen günstiger werden, verstreicht die Zeit, bis die Tür, die ihn allein zum Gesetz führen würde, am Ende verschlossen wird.

3. Recht im Spannungsfeld von Innen und Außen

Vielleicht ist der Mann aber auch nur so sehr auf sich selbst fixiert, daß er für alles, was sich auf andere bezieht, keinen Sinn hat. Auch dies würde erklären, warum er den einzigen Weg zum Recht sehenden Auges verschmäht. Denn das Recht ist nicht für Einsiedler da; es setzt die soziale Gemeinschaft mit anderen voraus, ja es ist im Grunde nichts anderes als die Regelung unseres Verhaltens zu den vielen andern, die die Welt mit uns teilen. Wer sich allein fühlt, mag in Gott und Gewissen eine Richtschnur haben. Das Recht ist dagegen nur demjenigen zugänglich, der sich in der Gemeinschaft mit anderen sieht und über die Bedingungen dieses Zusammenlebens reflektiert.

Richtig ist zwar, daß jeder eine eigene Welt in sich aufbaut; aber er lebt und handelt zugleich in einer Welt, die er mit anderen gemeinsam hat. Beides ist nicht unabhängig voneinander: Wer nichts in sich hat, kann auch andern nichts geben; wer von anderen nichts bekommen hat, greift auch in sich selbst nicht sehr tief. Wo Äußeres und Inneres nicht in Wechselwirkung stehen, kommt im allgemeinen nicht viel heraus. In diesem Spannungsfeld von Innen und Außen ist auch das Recht angesiedelt. Es ist die Ordnung der wechselseitigen Lebensbeziehungen zwischen mehreren Individuen, von denen jedes eine Welt für sich ausmacht. Wer sich der daraus resultierenden Spannung glaubt entziehen zu können, wer sich ganz in seiner selbstgeschaffenen Welt verschließt und darin sein Genügen findet, ist nur scheinbar am Recht interessiert. Er kann das, was das Recht ausmacht, in Wahrheit gar nicht wollen, weil er sein Leben an der sozialen Seite des Rechts vorbei führt.

IV. Hindernisse, Irrtümer und Umwege 11

4. Das Hindernis des Türhüters

Die Geschichte enthält aber noch etwas anderes. Kafka verarbeitet darin ein Motiv, das dem Chassidismus entlehnt ist, einer jüdischen Glaubensrichtung, die im 18. Jahrhundert entstand und die Verinnerlichung des jüdischen Glaubens bezweckte. Eine wichtige Rolle spielten dabei die „Gerechten" oder Azdaks. Diese waren bezahlte Mittler, welche die Menschen zum richtigen Verhältnis zu Gott führen wollten. Ohne den Einsatz solcher „Gerechten" war die Bestimmung des Lebens nicht erreichbar. Das verdeutlicht ein Gleichnis, das wir dem Enkel des Gründers des Chassidismus verdanken. Es spricht davon, daß „die Gerechten als Türhüter bei den Göttern zu vergleichen sind mit den Türhütern eines Königspalastes. Wenn jemand vom König empfangen werden will, wird er zunächst von einem Türhüter niederen Rangs angehalten, und er kann die erste Tür erst dann durchschreiten, nachdem er ihm ein Geldstück zugesteckt hat. Je mehr man sich den königlichen Gemächern nähert, um so höher ist der Grad des Türhüters und um so höher wird die ihm zustehende Summe. Wenn man vor den obersten Türhüter gelangt, der sich an der Schwelle zu den königlichen Gemächern aufhält, muß man verschwenderisch mit seinem Geld umgehen, um beim König eintreten zu können."[6]

In Kafkas Geschichte ist der Türhüter zwar nicht bestechlich. Dafür aber verstärkt Kafka einen anderen Aspekt des Gleichnisses bis ins Absurde: Der Türhüter, der die Tür für den Mann offenhält, erweist sich als das größte Hindernis, um hineinzugelangen. Der Mittler, der den Zugang zum Recht vermitteln soll, hält gerade durch seine Vermittlungstätigkeit davon ab.

Wer der schlechte Türhüter ist, wird in der Geschichte nicht gesagt. In der Praxis der Juristenausbildung werfen häufig die Rechtsprofessoren den Repetitoren vor, solche schlechten Türhüter zu sein; umgekehrt wird den Professoren von Repetitoren dasselbe nachgesagt.

Alles in allem ist das sicher keine vertrauenerweckende Geschichte für den Anfang. Aber vielleicht ist es eine Geschichte, die gegen allzu schnelle Antworten mißtrauisch macht. Dann wäre es trotz allem eine gute Geschichte.

1. Teil: Grundfragen

Die Frage, was Recht ist, setzt nach einem vielzitierten Wort Immanuel Kants die Juristen ebenso in Verlegenheit wie die Frage nach der Wahrheit den Logiker. Daran hat sich im Grunde bis heute nicht viel geändert. Fragt man einen Juristen nach dem Recht, so verweist er in der Regel auf die Gesetze, mit denen er täglich zu tun hat, führt also lediglich Beispiele an, gibt jedoch keinen Begriff. Wer es genauer wissen will, wird durch dieses empirische Verfahren kaum befriedigt werden. Nach der Auffassung Kants ist eine „bloß empirische Rechtslehre" nichts als ein „Kopf, der schön sein mag, nur schade, daß er kein Gehirn hat"[1]. In der Tat zeigt der Verweis auf die geltenden Gesetze nur das *Gehäuse* des Rechts, während das Zentrum, von dem alles gesteuert wird, im dunkeln bleibt.

Wer nach diesem Zentrum fragt, muß wenigstens ungefähr wissen, *wonach* er fragt; sonst kann er nämlich nicht feststellen, ob die Antwort eine Antwort ist. Glücklicherweise bringen alle, die nach dem Recht fragen, zwei, wenn auch einander entgegengesetzte, Vorurteile mit, an denen man anknüpfen kann. Das eine geht dahin, daß uns das Recht als eine fremde und im Grunde bedrohliche Macht entgegentritt; das andere dagegen besagt, daß es zum Kern unseres Wesens gehört.

Fremd erscheint uns das Recht in vielen Gesetzen, deren Sprache wir nicht verstehen, im Kleingedruckten der „Allgemeinen Geschäftsbedingungen", die man uns aufdrängt, im Chaos der behördlichen Zuständigkeiten, im undurchschaubaren Gang des Prozesses, der für viele etwas Beängstigendes hat. Auf all dies reagiert der Bürger gewöhnlich mit Unbehagen. Den Experten, die den juristischen Paragraphendschungel verwalten, wird kein Dank zuteil. Man fühlt sich an sie ausgeliefert und betrachtet sie daher mit Mißtrauen. Nur allzu oft müssen die Juristen die Kritik einstecken, die an sich auf das als fremd empfundene Recht selbst gemünzt ist. Als Friedrich Wilhelm I. von Preußen im 18. Jahrhundert vorschrieb, daß die Advokaten Roben zu tragen hätten, soll er zur Begründung angeführt haben: „damit man die Spitzbuben schon von weitem erkennen und sich vor ihnen hüten könne"[2]. Wenn so schon der oberste Gesetzgeber dachte, was mögen da erst die einfachen Bürger empfunden haben?

Auf der anderen Seite erscheint uns das Recht aber als das *Nächste* und *Eigenste*. Wir kaufen und schenken, weisen Zahlungen an, verfassen Testamente und widerrufen sie wieder, erwerben den Führerschein oder die Mitgliedschaft in einem Verein mit der gleichen Selbstverständlichkeit, mit der wir essen oder trinken. Selbst da, wo uns das Recht zunächst fremd und unverständlich erscheint, halten wir uns letztlich doch für kompetent, auf unsere Weise dabei mitzureden und unser Urteil darüber abzugeben. Es entspricht einer alten Erfahrung, daß fast niemand bereit ist, eine Rechtsauskunft zu akzeptieren, die ihn selbst ins Unrecht setzt. Auch wenn er sich faktisch beugen muß, glaubt er es insgeheim doch besser zu wissen. All dies bestärkt uns immer wieder in der Auffassung, daß uns das Recht in irgendeinem Sinne ursprünglich angehört. Es hat seinen Sitz im täglichen Tun und Lassen, im aufrechten Sinn, in der Überzeugung, daß man das, was uns seit langem als gut und richtig erscheint, nicht einfach für falsch erklären kann. Insofern steht es uns in der Tat so nahe, daß es scheinbar niemand gibt, der uns im Grundsätzlichen darüber belehren könnte.

Natürlich ist Recht weder das eine noch das andere allein, sondern *beides zugleich*. Es ist der permanente *Widerspruch* zwischen dem, was uns als fremde Macht entgegentritt, und dem, was als immanentes Prinzip unser eigenes Denken und Handeln bestimmt. Man kann diesen Widerspruch nicht aufheben, man kann ihn nur der Tiefe nach ausloten und in der Breite entfalten. Im gleichen Maße, wie dies gelingt, kommt man dem Recht näher. Denn nur aus der ständigen Spannung und Bewegung von Eigenem und Fremdem läßt es sich begreifen, nicht aber aus den Merkmalen eines dürren Begriffs.

1. Abschnitt: Juristische Anthropologie

Um diese Aufgabe in Angriff zu nehmen, gibt es im Prinzip zwei Möglichkeiten. Man kann einmal von der Rechtsordnung ausgehen, wie sie nun einmal ist, und versuchen, sie dem Betrachter zu erläutern und näherzubringen. Man kann aber auch umgekehrt versuchen, die fremde Welt des Rechts von dem her zu erschließen, was alle bereits wissen oder stillschweigend voraussetzen. Das letztere ist der Weg, den wir hier einschlagen wollen. Methodisch zwingt dieses Vorgehen dazu, sich zunächst einmal mit dem Menschen selbst und seinem „ursprünglichen" Verhältnis zum Recht zu befassen. Wer mehr an Rechtskenntnis als an Rechtsverständnis interessiert ist, könnte meinen, daß dies vom eigentlichen Thema abführt. Aber dieser Eindruck täuscht. Der konkrete Mensch mit seinem Widerspruch ist vielmehr derjenige Punkt, an dem alle Ideen und daher auch die Idee des Rechts die Wirklichkeit berühren. Er ist – in einem anderen Bild – die Tür, durch die die Rechtsidee hindurch muß, um in die Realität Einlaß zu finden. Unbestreitbar werden alle Rechtsgesetze von Menschen gemacht und nicht umgekehrt. Es sind Menschen, welche die Gesetze ausdenken, aufschreiben, auslegen, anwenden, und zwar so, wie sie es jeweils für richtig halten. Daran kommt auch derjenige nicht vorbei, der außer von Gesetzen im Recht von sonst nichts wissen will. Für das Verständnis des Rechts muß es daher erhellend sein, einmal den Punkt ins Auge zu fassen, in dem die Idee des Rechts unmittelbar in die Rechtswirklichkeit übergeht.

§ 2 Die Gewohnheit

I. Die Macht der Gewohnheit

1. Wiederholungszwänge und ihre Funktion

Seinem Selbstbild nach ist der Mensch vor allem durch seine *Freiheit* bestimmt. Von allen Vorurteilen, die wir über uns selbst haben, gibt es keines, das sich größerer Beliebtheit erfreuen dürfte als dies, daß wir unserem Wesen nach frei sind. Freiheit ist das Losungswort, mit dem seit Jahrhunderten fast alle politischen Forderungen begründet werden. Frei sein aber heißt nichts anderes, als Herr über sein eigenes Handeln zu sein. Vor dem geistigen Auge eines jeden, der sich für frei erklärt, tut sich ein Horizont von Möglichkeiten auf, zwischen denen er, wie er glaubt, frei wählen kann. Von äußeren Umständen abgesehen, gibt es scheinbar nichts, das diese freie Wahl hindern könnte. Wenn es nur auf den eigenen Willen ankommt, hält sich im Grunde jeder für fähig, von jetzt auf nachher anders zu handeln, als er es bisher getan hat.

Gäbe es diese Freiheit wirklich und würden die Menschen davon Gebrauch machen, wäre die Welt ein Chaos. Tatsächlich jedoch sind die meisten der Möglichkeiten, an die wir glauben, in Wahrheit Unmöglichkeiten; oder jedenfalls werden sie doch nur selten aktualisiert. Wer sich ein wenig umsieht, wird rasch erkennen, daß die Qual der Wahl, vor welche die Freiheit uns stellen könnte, sich meist in bescheidenen Grenzen hält. Die meisten wählen in den wiederkehrenden Situationen des Lebens ohne viel nachzudenken immer dieselben Möglichkeiten. Ein seltsamer Wiederholungszwang scheint unser Handeln zu beherrschen, dergestalt, daß unsere Freiheit sich häufig darin erschöpft, unter den vielen Möglichkeiten, die sich uns bieten, nur eine ganz bestimmte zu wählen: nämlich jeweils dieselbe. Wer zugespitzte Formulierungen liebt, könnte geradezu sagen, daß wir weniger durch die Freiheit bestimmt sind, anders handeln zu können, als wir gehandelt haben, als vielmehr durch die *Gewohnheit*, von dieser Freiheit keinen Gebrauch zu machen. Die Freiheit bestimmt zwar unser Selbstbewußtsein, die Gewohnheit dagegen unsere Praxis. Der Volksmund sagt es lapidar: der Mensch ist ein Gewohnheitstier.

Um zu sehen, welche Macht die Gewohnheit über uns hat, braucht man sich nur selbst zu beobachten. Von früh bis spät ist unser Verhalten von Gewohnheiten bestimmt. Kein Bereich ist davon ausgenommen, fast alles geschieht auf gewohnte Weise und hat so eine feste, meist unbewußte Ordnung. Unwillkürlich geht man beim Einkaufen immer wieder in dasselbe Geschäft, man geht zum selben Friseur und in dasselbe Lokal. Wer erst einmal den Lauf in ein Stammlokal hat, sitzt in der Regel auch bald an einem Stammtisch und womöglich an einem Stammplatz, und selbstverständlich weiß auch die Bedienung dann schon im voraus, was man gewöhnlich trinkt oder ißt. Sogar die Abwechslung von den Gewohnheiten des Alltags nimmt bei vielen Menschen wiederum die Form der Gewohnheit an. Das äußert sich etwa im bekannten Sonntagsspaziergang, im regelmäßigen Kegelabend oder im gewohnten Kaffeekränzchen. Jeder kennt Leute, die ihren Urlaub seit zwanzig Jahren immer wieder am selben Ort verbringen. Fragt man, warum, so erhält man stereotyp dieselbe Antwort: "Ach, wissen Sie, wir fühlen uns hier wie zu Hause." Das wird so falsch nicht sein. "Denn aus Gemeinem ist der Mensch gemacht", wußte bereits Schiller, "und die Gewohnheit nennt er seine Amme"[1].

Natürlich gesteht sich das von den vielen, die sich für frei halten, niemand gern ein. Auch wer die Fakten sieht, sucht die Ursache meist nicht bei sich selbst, sondern in den Verhältnissen, die nun einmal so sind. Das hat absurde Folgen. Eigentlich bin ich ganz anders, kann man gelegentlich hören, ich komme nur so selten dazu. Daß wirkliche Freiheit gerade auf der Basis solcher Gewohnheiten gedeiht, ist den wenigsten bewußt. Im persönlichen Haushalt eines jeden kommt den eingespielten Ritualen und Routinen jedoch eine überaus wichtige Funktion zu: sie ermöglichen Freiheit, weil sie uns von der Beschäftigung mit Banalitäten entlasten und damit frei machen für anderes. Wer seine Zeit damit zubringen wollte, über die zahllosen Nichtigkeiten des Alltags immer von neuem nachzudenken, hätte für die wirklich wichtigen Dinge am Ende keine Zeit mehr. Die eingefleischtesten Pedanten finden sich daher keineswegs unter den kleineren Geistern – diese brauchen vielmehr ein gerüttelt Maß Abwechslung, wenn sie es aushalten sollen –, sondern gerade unter denjenigen Köpfen, die als radikale Neuerer in die Geschichte eingegangen sind. Von Kant wird berichtet, daß sein Tagesablauf so gleichförmig war, daß die Königsberger ihre Uhren danach richten konnten. Alle wiederkehrenden Handlungen seines Lebens waren zeremoniell geregelt, und wie der Tagesablauf, so mußte auch Kants Umwelt aufs Genaueste geordnet sein. Wenn eine Schere oder ein Federmesser in ihrer gewohnten Richtung auch nur ein wenig verschoben waren oder wenn gar ein Stuhl an eine andere Stelle im Zimmer gerückt war, geriet er in Unruhe und Verzweiflung. Andere waren nicht viel besser. Von dem Wiener Philosophen Wittgenstein ist die Bemerkung überliefert, was er esse, sei ihm gleichgültig, es müsse nur immer dasselbe sein. Wie das übrige Alltagsverhalten bei solcher Einstellung beschaffen war, kann man sich ausmalen.

2. Der Amtsschimmel im Vorzimmer des Rechts

Was hat das alles mit Recht zu tun? Dem äußeren Anschein nach wenig, in der Sache jedoch viel. Das Recht verwirklicht sich, wie wir gesehen haben, nicht von selbst; es muß verwirklicht werden. Gesetze, Urteile, Schriftsätze und Verträge müssen verfaßt, Lehrbücher geschrieben und Vorschriften beachtet und ausgeführt werden, und zwar nicht von irgendwelchen ätherischen Idealwesen, sondern von Menschen, wie wir sie eben beschrieben haben. Was aber Menschen hervorbringen, trägt die Signatur ihrer Eigenschaften. Etwas anderes zu glauben, grenzt an Magie.

Wie sehr unser Hang zur Gewohnheit auch unseren Umgang mit dem Recht prägt, ist im Hinblick auf die Staatsbeamten geradezu sprichwörtlich geworden. Wenn der Amtsschimmel wiehert, wird bekanntlich nach drei informellen Verfahrensregeln entschieden, die da lauten: Das haben wir schon immer so gemacht – wo kämen wir da hin – da könnte ja jeder kommen. Nichts anderes ist auch mit dem „Amtsschimmel" selbst gemeint. Das Wort stammt von dem lateinischen „simile", auf deutsch: ähnlich. Der Amtsschimmel erledigt alle Vorgänge im Zweifel ähnlich, mag das Gesetz sagen, was es will. Gesetze kommen und gehen, Gewohnheiten aber bleiben. Dazu gibt es eine schöne Anekdote: Der Landgerichtspräsident prüft ein Amtsgericht und fragt einen bejahrten Richter, wie er mit der neuen Prozeßordnung zurechtkomme. Der aber erwidert: „Ach, wissen Sie, mir tut es die alte noch."

Aber man braucht sich gar nicht in den Bereich des Skurrilen zu begeben, ein Blick in die Praxis genügt. Vor Jahrhunderten schon waren bei vielen Behörden Formulare üblich, mit deren Hilfe die gängigen Geschäfte routinemäßig erledigt wurden. Mittlerweile gibt es in fast allen Rechtsgebieten Formularbücher für Verträge, Schriftsätze, Beschlüsse und Urteile. Im Zeitalter der Computer und Textbausteine wird diese Simile-Technik vermutlich zu einer immer größeren Perfektion gedeihen. Das wird nicht ohne rechtliche Folgen bleiben. Denn wenn man sich erst einmal daran gewöhnt hat, etwas in bestimmter Weise zu tun, wird es von selbst zur Norm, zum Vorbild und Maßstab für künftige Verhaltensweisen.

Dabei wird immer wieder folgender Mechanismus wirksam: Wer von einer einmal getroffenen Entscheidung in einem ähnlich gelagerten Fall abweichen will, muß dies begründen; wer genauso entscheidet, kann sich damit begnügen, auf die frühere Entscheidung Bezug zu nehmen. Dem natürlichen Trägheitsprinzip folgend, entscheidet man in der Regel daher genauso. Ist auf diese Weise erst einmal eine gefestigte Praxis entstanden, so ist ein Abweichen von der eingeschlagenen Linie nur noch ausnahmsweise möglich.

Wie man sich leicht überzeugen kann, ist auch die Rechtswissenschaft von dem Einfluß der Gewohnheit nicht frei, auch wenn sie nichts davon weiß. Drei Beispiele mögen genügen: Als im 13. Jahrhundert einige Rechtsgelehrte das kastilische Gewohnheitsrecht aufschreiben sollten, fanden sie zum großen Teil römisches Recht vor. Der Grund dafür war der, daß sie im römischen Recht ausgebildet und in dessen Kategorien zu denken gewohnt waren. Sie konnten daher das kastilische Recht nur mit „romanistisch geschulten" Augen wahrnehmen. Ähnlich erging es einigen Juristen, die im 19. Jahrhundert das ungarische Gewohnheitsrecht aufzeichnen sollten. Es wurden zwei Kommissionen gebildet, von denen die eine ein Recht entdeckte, das dem deutschen, und die andere eines, das dem österreichischen Recht ähnelte. Wie sich herausstellte, hatten die meisten Mitglieder der einen Kommission in Berlin, die der andern dagegen in Wien studiert. Ein Kuriosum besonderer Art kam vor einigen Jahren ans Licht: Die bayerische Prozeßordnung von 1869 enthielt für ein spezielles Problem eine Regelung, die in einer bestimmten wissenschaftlichen Theorie ihre Entsprechung fand. Obwohl die bayerische Prozeßordnung bereits 1879 wieder aufgehoben wurde, hat sich diese Theorie mehr als hundert Jahre gehalten – interessanterweise vor allem bei bayerischen Rechtslehrern[2]. Den Anhängern dieser Theorie war dieser Zusammenhang nicht bewußt. Sie begründeten die Denkgewohnheit, die sie tradierten, vielmehr mit ihrer freien wissenschaftlichen Überzeugung.

II. Normalität und soziale Erwartung

1. *Gewohnheitsmäßige Erwartung des Gewohnten*

Die Macht der Gewohnheit beherrscht aber nicht nur unser Denken und Handeln, sie prägt auch die Einstellung, die wir den andern gegenüber haben. Wer weiß, daß die Menschen sich häufig gleichförmig verhalten, stellt sich darauf ein und *erwartet* diese Gleichförmigkeit künftig auch. Niemand rechnet damit, daß die Leute, mit denen er täglich zu tun hat, plötzlich anders sind, als er sie bislang kennengelernt hat. Allenfalls wer jung ist, erhält von seiner Mitwelt noch einen gewissen Kredit; man hält ihm zugute, daß in ihm Möglichkeiten angelegt sein könnten, die zu zeigen er bisher noch keine Gelegenheit hatte. Dieser Kredit nimmt jedoch rasch ab. Je älter jemand wird, desto weniger wird er als derjenige gesehen, der er sein könnte, wenn er nur wollte, desto mehr vielmehr als derjenige, der er in der Vergangenheit war. Die Umwelt setzt nicht auf die innere Freiheit, ein anderer sein zu können, sondern auf die eingewachsene Gewohnheit, derselbe zu sein. Der Volksmund sagt es ohne Umschweife: Was Hänschen nicht lernt, lernt Hans nimmermehr. Dieselbe Regel gilt freilich auch im umgekehrten Sinn: Wer sich in der Vergangenheit als fleißig, geschickt, treu und ergeben gezeigt hat, von dem nimmt man im Zweifel an, daß er sich auch morgen noch so verhalten wird.

Der zwischenmenschliche Verkehr ist durchweg an solchen Erwartungen ausgerichtet, die jeder vom andern hat. Würden sich die Menschen ständig anders verhalten, könnte man sich überhaupt kein Bild von ihnen machen. Der Aufbau kalkulierbarer Beziehungen wäre dann unmöglich. Es ist daher streng genommen nicht ernst gemeint, wenn man einem guten Freund gelegentlich das Kompliment macht, daß er sich nie wiederhole. In Wahrheit darf jeder nur innerhalb enger Toleranzgrenzen mit Überraschungen aufwarten. Im großen und ganzen muß er berechenbar sein, damit man weiß, woran man mit ihm ist. „Unberechenbar" zu sein, ist ein schlimmer Tadel. Auf den Unberechenbaren ist kein Verlaß, man kann auf ihn nicht bauen, er ist wie ein wildes Tier, das man nicht aus den Augen lassen darf.

Häufig schlagen sich unsere gegenseitigen Verhaltenserwartungen in *sozialen Gewohnheiten* nieder, denen wir auf diese Weise alle unterworfen sind. Namentlich die Bewältigung von Situationen, die jedem täglich begegnen können, ist durch Verhaltensmuster erleichtert, die man dabei benutzen kann und von denen zugleich erwartet wird, daß man sich ihrer tatsächlich bedient: so die Formen der Anrede, der Händedruck, der Blumenstrauß für die Gastgeberin, der Kuß unter Vertrauten oder der Kranz für die Verblichenen. Solche Verhaltensmuster erleichtern den Umgang, weil sie unser Verhalten unauffällig normieren. Jedermann weiß dadurch, was in einer bestimmten Situation von ihm erwartet wird und was er selbst von den andern erwarten darf. Das Zusammenspiel der gegenseitigen Verhaltenserwartungen wird dabei auf eine soziale Ebene gehoben. Wer auf dieser Ebene agiert, wird als Mitspieler behandelt, ob er will oder nicht.

2. *Erwartungsenttäuschung und Sanktion*

Streng genommen ist niemand gezwungen, sich bei seinem Tun und Lassen an den Erwartungen seiner Mitwelt zu orientieren. Wer die Erwartungen der anderen *enttäuscht*, muß allerdings mit *Sanktionen* rechnen.

Verhaltensforscher haben in diesem Zusammenhang ein interessantes Experiment angestellt. Sie setzten eine Anzahl weißer Hühner in einen Versuchskäfig und warteten, bis sich eine bestimmte Hackordnung herausgebildet hatte. Dann strichen sie einige der Hühner rosa an. Wie vermutet, fielen die andern sofort über sie her. Nach einiger Zeit hatten sich alle an den neuen Anblick gewöhnt, und es traten wieder stabile Verhältnisse ein. Jetzt kam die Gegenprobe: man nahm die Farbe wieder ab. Sogleich wurden die Hühner, die eben noch rosa gewesen waren, abermals gehackt. Die andern ließen sich die Enttäuschung ihrer Erwartung offenbar nicht ungestraft bieten.

Unter Menschen liegen die Dinge zwar komplizierter, davon abgesehen aber ähnlich. Menschliches Verhalten ist nicht nur eine Tatsache, sondern zugleich eine „sinnhafte" Erscheinung, die vielfältig gedeutet werden kann. Die geringste Abweichung vom Gewohnten kann daher weitreichende Bedeutung haben. Wer seiner Frau regelmäßig Blumen mitbringt, dies aber einmal unterläßt, provoziert peinliche Fragen nach dem Grund dieses Unterlassens. Wer umgekehrt nie Blumen mitbringt und es dann doch einmal tut, setzt sich sogleich dem Verdacht aus, ein schlechtes Gewissen zu haben. Will man sich unangenehmen Deutungen entziehen, bedarf es vieler Erklärungen und Entschuldigungen. Gemessen daran ist es bequemer, es gar nicht dazu kommen zu lassen, sondern sich wie gewohnt zu verhalten.

Im allgemeinen haben die Menschen eine große Scheu, durch abweichendes Verhalten aufzufallen. Der Bauer in der Stadt fühlt sich sprichwörtlich unwohl, weil er spürt, daß er auffällt. Fast noch größer ist die Angst des sozialen Aufsteigers, aufzufallen. Niemand verhält sich daher angepaßter als er. In der Regel tun die Menschen alles, um den Erwartungen ihrer Umgebung zu entsprechen. Darauf beruht nicht zuletzt die Macht der Mode: Wenn es gelingt, den Eindruck zu erwecken, daß „man" im Augenblick länger oder kürzer, heller oder dunkler, eleganter oder sportlicher trägt, sind die meisten Menschen zu den unsinnigsten Geldausgaben bereit, während sie zur gleichen Zeit über die geringste Steuererhöhung in Klagen ausbrechen.

Die neueste und derzeit bekannteste Erscheinungsform dieses sozialen Anpassungsdrucks ist die sogenannte *political correctness*. Diese äußert sich darin, daß man bestimmte politische, soziale oder moralische Ansichten nicht laut werden lassen darf, wenn man nicht in die finsterste Ecke gestellt werden will. In der freiheitlichen Gesellschaft der Gegenwart kann zwar über alles diskutiert werden, über einige der wichtigsten Fragen dieser Gesellschaft aber gerade nicht. Wer nicht peinliche Blicke auf sich lenken will, wer nicht öffentlich angeprangert und womöglich in seiner sozialen Existenz zerstört werden will, muß sich in einigen sensiblen Bereichen in eine Art geistige Uniformität einfügen, welche die Meinungsmacher unserer Gesellschaft für alle bereitgestellt haben und über deren Einhaltung sie mit inquisitorischer Genauigkeit wachen. Dieses System funktioniert infolge der Anpassungsbereitschaft der meisten so gut, daß neuartige Tabus entstanden sind, an die öffentlich niemand zu rühren wagt, und neue, von jedermann verkündete Überzeugungen, an die insgeheim die wenigsten glauben.

3. *Kognitive und normative Erwartungen*

Aber nicht immer hält die Umwelt Sanktionen bereit. Auf die Enttäuschung von Erwartungen kann vielmehr unterschiedlich reagiert werden: *kognitiv* und *normativ*. Oder anders ausgedrückt: man kann seine Erwartungen den Tatsachen anpassen, man kann aber auch an ihnen festhalten.

Der Rechtssoziologe Niklas Luhmann hat das an einem schönen Beispiel erläutert: Wenn ein Rechtsanwalt eine neue Sekretärin einstellt, wird er nicht nur erwarten, daß sie sich auf die üblichen Schreibarbeiten versteht, sondern auch, daß sie demnächst nicht in verwahrlostem Aufzug und mit violett gefärbten Haaren erscheint. Wenn sie dies dennoch tut, aber sonst zuverlässig ist, wird er sich vielleicht nach einiger Zeit damit abfinden, das heißt er wird sich „umgewöhnen" und seine Erwartungen den Tatsachen anpassen. Wenn sich dagegen zeigt, daß die neue Sekretärin nicht mit dem Personalcomputer umgehen kann und auch die Orthographie nicht beherrscht, wird er sich nie lernend verhalten. Auch wenn er sieht, daß dies gar nichts nützt, wird er an seiner Erwartung festhalten und die arme Frau täglich aufs neue mit Vorwürfen überhäufen.

Diese unterschiedliche Reaktion legt die Frage nahe, wann genau wir unsere Erwartungen den veränderten Tatsachen anpassen und wann wir daran festhalten. Um sie beantworten zu können, muß man sich vor Augen halten, daß jeder auf eine doppelte Weise am sozialen Leben teilnimmt: Jeder ist einerseits ein „Besonderer", Unverwechselbarer, andererseits aber auch ein „Allgemeiner", wie es deren viele gibt. So hat jeder einen besonderen Namen, einen Wohnsitz, ein eigentümliches Gesicht, einen individuellen Haarschnitt, bestimmte Vorlieben usw. Er ist gleichzeitig aber auch Sohn oder Tochter, Vater oder Mutter, Gatte oder Gattin, Student, Rechtsanwalt oder Bundesminister. Jeder bewegt sich also zum Teil auf „höchstpersönlichen" Bahnen, zum Teil aber spielt er eine *Rolle*, die auch für andere vorgesehen ist. Solche Rollen sind dadurch gekennzeichnet, daß man dem Rollenträger ohne Ansehen der Person mit bestimmten Erwartungen entgegentritt: der Student hat fleißig, der Liebhaber aufmerksam, die Mutter verständnisvoll und der Arzt sorgfältig zu sein. Ändert jemand seinen persönlichen Stil, legt er sich beispielsweise einen anderen Haarschnitt zu oder hört er auf, Fußball zu spielen, verhalten wir uns nach kurzer Zeit meist lernend. Erfüllt der andere dagegen die Erwartungen nicht, die sich an seine soziale Rolle knüpfen, sind wir nur selten bereit, uns umzustellen. Wir erwarten vielmehr, daß jemand „nicht aus der Rolle fällt", gleichgültig, ob der Betreffende damit überfordert wird oder nicht.

Der tiefere Grund dafür ist der, daß wir uns alle in solchen Rollen bewegen und daß zugleich unser sozialer Verkehr darauf beruht, daß diese Rollen aufeinander abgestimmt sind. Wie sollte man einem andern, der sich in einer bestimmten Rolle nähert, begegnen, wenn man nicht sicher sein kann, ob er seine Rolle auch spielt? Alle halbwegs schwierigen Situationen kann man nur dann bewältigen, wenn alle Rollenträger sich rollengemäß verhalten. Die soziale Umwelt achtet daher in der Regel sehr genau darauf, daß jemand sich in die Rolle, die er spielt, einfügt. Jeder, der eine solche Rolle innehat, sieht sich daher mit der Erwartung konfrontiert, sich im großen und ganzen so zu verhalten, wie sich alle andern in dieser Rolle bisher auch verhalten haben. Nur dann, wenn sehr viele über längere Zeit hinweg aus der Rolle fallen – wie dies heute etwa bei der traditionellen Rolle der Frau zu beobachten ist –, stellt sich die Umwelt darauf ein. Gelungen ist dieser Vorgang aber erst, wenn ein neues Rollenbild gefunden und fixiert worden ist, von dem man dann wiederum nicht abweichen kann, ohne Sanktionen gewärtigen zu müssen.

4. Rechtsnormen setzen Normalität voraus

Diese Welt des Normalen und Gewohnten, die Erwartung des bekannten rollenkonformen Verhaltens, ist der Boden, auf dem auch das Recht aufbaut und den es allenthalben unausgesprochen voraussetzt. Das kann man sich vielleicht am besten am Beispiel des *Vertragsschließens* klarmachen. Rein technisch gesehen kommt ein Vertrag durch zwei übereinstimmende Willenserklärungen zustande. Diese Erklärungen müssen freilich häufig ausgelegt werden, um festzustellen, was damit überhaupt gemeint ist. Im Zweifel muß sich dabei jeder an dem festhalten lassen, was die von ihm benutzten Worte und Verhaltensweisen *üblicherweise* bedeuten. Ob jemand einen Vertrag schließt, hängt also in erster Linie nicht davon ab, ob er die Absicht dazu hat, sondern ob er sich so verhält, wie jemand, der einen Vertrag schließt, dies gewöhnlich zu tun pflegt. Wenn jemand bei einer Versteigerung die Hand erhebt, gibt er daher ein Gebot ab, auch wenn er in Wahrheit nur einem Freund zuwinken wollte. Was das Handaufheben an diesem Ort rechtlich bedeutet, ergibt sich nicht aus der Intention dessen, der handelt, sondern aus der allgemeinen Erwartung der andern. Wer in eine Straßenbahn einsteigt, schließt daher ohne weiteres einen Beförderungsvertrag, wer auf einen gebührenpflichtigen Parkplatz fährt, einen Bewachungsvertrag usw. Auf diese Weise kommen heute immer mehr Verträge dadurch zustande, daß die angebotene Leistung in der für alle gewohnten Weise wortlos in Anspruch genommen wird. Wer damit nicht einverstanden ist, muß ausdrücklich dagegen protestieren. Nur damit kann er deutlich machen, daß er etwas anderes will, als es von ihm erwartet wird.

Ähnliches gilt für die Vertrags*auslegung*. Wer ein Hotelzimmer mit Dusche bestellt hat, beschwert sich mit Recht, wenn kein Bett darin steht. Da jedermann erwartet, in einem Hotelzimmer ein Bett vorzufinden, muß auch dann ein Bett da sein, wenn darüber nicht gesprochen wurde. Aus dem gleichen Grund darf der Zimmerdienst in einem Urlaubshotel nicht bereits morgens um halb sechs erscheinen – es sei denn, daß dies von vornherein so ausgemacht war. Ist nichts vereinbart worden, kommt es auch hier darauf an, was man in einem solchen Fall üblicherweise erwarten darf.

Diese wenigen Beispiele ließen sich leicht durch andere vermehren. Sie alle würden zeigen, daß auch die *Normen* des Rechts *auf einer Normalität aufbauen*, die im Wortlaut der Gesetze kaum je zum Ausdruck kommt. Im Grunde ist das eine alte Erkenntnis. Wer sich mit Rechtsgeschichte oder mit Rechtsvergleichung beschäftigt hat, weiß, daß sich der eigentliche Inhalt vieler Vorschriften nur dann erschließt, wenn man zugleich die sozialen Gewohnheiten und Verhaltenserwartungen kennt, die dabei unausgesprochen vorausgesetzt werden. Man kann sogar noch weitergehen: ohne die gewohnheitsmäßige Bereitschaft, staatliche Gesetze überhaupt zu befolgen, wäre der moderne Staat zum Scheitern verurteilt. Dieser gewohnheitsmäßige Gehorsam gründet sich nicht auf die Gesetze selbst. Wo gestern eine Diktatur war, kann man nicht über Nacht demokratische Gesinnungen verordnen. In wesentlicher Beziehung ist vielmehr auch die Demokratie eine Sache der Gewohnheit. Sie kann daher nur dann funktionieren, wenn es hinreichend viele Menschen gibt, denen das demokratische Verhalten zur zweiten Natur geworden ist.

III. Sitte und Recht

1. *Kompensierung fehlender Instinkte durch Gewohnheit und Sitte*

Wer sich für frei hält, hört von der Macht der Gewohnheit in der Regel nicht gern. Dennoch stellt diese Macht in gewisser Weise nur die Folge des Phänomens der Freiheit dar. Realistisch betrachtet, besteht die Freiheit in nichts anderem als darin, daß der Mensch relativ arm ist an genetisch festgelegten Verhaltensmustern. Er wird nicht gesteuert von angeborenen Triebritualen, sondern muß das richtige Sozialverhalten in allen Situationen erst lernen, zum Teil gegen den größten Widerstand des eigenen Denkens und Empfindens. In dieser Instinktunsicherheit und Offenheit liegt eine große Gefährdung: So hoch sich der Mensch auch immer erhebt, so ist er doch ständig vom Abfall bedroht. Aus diesem Grund bedarf er dringend einer Hilfe. Das aber ist die Gewohnheit als seine sprichwörtlich zweite Natur.

Nur bei wenigen reicht die Vernunft als Grundlage für das gebotene Sozialverhalten aus. Die Erziehung setzt daher primär nicht auf Überzeugung, sondern auf Eingewöhnung. Durch Belohnung und Bestrafung werden die Regeln eingeübt, die die Gesellschaft braucht, und die Denkgewohnheiten, Fragenverbote und Tabus verankert, die das Sozialsystem tragen: das Tötungsverbot, das Diebstahlsverbot, das Inzestverbot, das Lügenverbot und viele andere mehr. Jede Gesellschaft muß danach streben, die fehlenden Instinkte des Menschen durch Gewohnheiten zu ersetzen und die grundlegenden Regeln des Zusammenlebens so im Unterbewußtsein zu verankern, daß man sich ihre Infragestellung gar nicht mehr vorstellen kann. Hier liegt der Grund dafür, warum die meisten Menschen zu den „juristischen Nachtwandlern" gehören: sie verhalten sich aus reiner Gewohnheit normgemäß, ohne die Normen zu kennen.

Die menschliche Natur kommt dieser Eingewöhnung von Verhaltensformen sehr entgegen. Der Mensch läßt sich nicht nur leicht erziehen und fast beliebig programmieren, sondern nimmt auch bereitwillig alle möglichen Verhaltensweisen als Gewohnheit an. Auf diese Weise ist die menschliche Offenheit, die wir Freiheit nennen, schnell geschlossen, das genetisch labile Verhältnis zur Umwelt wird stabilisiert, und an die Stelle der Natur, von der wir relativ unabhängig sind, tritt die Vereinnahmung durch die Geschichte, die wir selbst geschaffen haben. Das ist zum Teil die Individualgeschichte, die jeden von uns persönlich prägt, zum Teil aber auch die Geschichte der Gesellschaft, in der wir unseren Platz gefunden haben oder finden müssen.

Es gab bisher keine Gesellschaft von einiger Dauer, in der das Sozialverhalten in wichtigen Bereichen nicht nachdrücklich von Sitten und Gebräuchen geprägt war. Sitten sind die eingewöhnten und tradierten Verhaltensmuster, durch die bestimmte Verhaltensweisen bei einer Vielzahl von Menschen auf Dauer gestellt werden. In die Sitten einer Gesellschaft wächst man hinein, ohne es zu merken, bis schließlich die soziale Gewohnheit, die sich in sozialen Erwartungen niederschlägt, zur eigenen Gewohnheit geworden ist.

2. Fließende Grenzen zwischen Sitte und Recht

Was die Sitte vom Recht unterscheidet, ist Gegenstand eines alten, fruchtlosen Streits. Letztlich ist der Unterschied nur gradueller Natur und hängt mit dem Grad der Rationalisierung zusammen. Juristen neigen dazu, nur dort von Recht zu sprechen, wo eine soziale Maschinerie vorhanden ist, die abweichendes Verhalten gezielt sanktionieren kann.

Die Regeln, wie ein Mann eine Frau zu umwerben und zu verehren hat, gehören – wenn es sie überhaupt noch gibt – in unserem Kulturkreis nicht dem Recht, sondern der Sitte an. Würde jedoch nach dem Vorbild der mittelalterlichen Minnegerichte eine Art Ehrengerichtshof errichtet werden, um über die Einhaltung dieser Regeln zu wachen, so wäre die Sitte auf dem Weg zum Recht begriffen. Auslegung und Anwendung dieser Regeln hingen dann nicht mehr von der Einschätzung der Betroffenen, sondern von der Beurteilung eines unbeteiligten Dritten ab. Damit wäre ein Grad an Verobjektivierung erreicht, welcher der Sitte als solcher fremd ist.

Eine weitere Steigerung der Sicherheit und Gewißheit tritt ein, wenn die in einem bestimmten Bereich befolgten Regeln *aufgeschrieben* werden. Wer eine Regel aufschreibt, muß sie – und sei es noch so rudimentär – in eine begriffliche Form bringen. Viele Sportregeln halten in dieser Hinsicht den Gesetzen die Waage. Wenn in solchen Fällen auch noch ein *Schiedsgericht* hinzukommt, so kann man den hiervon betroffenen Regeln die Bezeichnung „Recht" schwer vorenthalten. Allerdings handelt es sich dabei nicht um staatliches Recht. Aber dadurch darf man sich nicht irritieren lassen. Der moderne Staat beansprucht zwar nicht nur das Rechtsetzungsmonopol, sondern nimmt auch die Definitionsmacht für sich in Anspruch, allem nichtstaatlichen Recht den Rechtscharakter abzusprechen. Im Grunde ist das aber nichts anderes als ein Herrschaftsanspruch, wie ihn der Stärkere auch in anderen Zusammenhängen gegen den Schwächeren geltend macht.

3. Die Unsitte als schlechte Gewohnheit

Obwohl die Grenzen in der Realität nach all dem fließend sind, so stößt die Gewohnheit am *Gedanken des Rechts* aber doch auf eine prinzipielle Grenze. Als Rudolf von Jhering im 19. Jahrhundert eine Untersuchung über das Gewohnheitsrecht unternahm, bezog er auch die Sitte mit ein. Dabei stieß er auf das faszinierende Phänomen der *Unsitte*. Die Unsitte teilt, wie er feststellen mußte, alle Eigenschaften der Sitte bis auf eine: sie ist *schlecht* und verwerflich. Alle tun es; alle erwarten auch, daß die andern es ebenfalls tun. Aber alle tun es mit schlechtem Gewissen, und alle machen sich gegenseitig Vorwürfe deswegen. In dem Begriff der Unsitte ist mithin die Einsicht enthalten, daß auch die eingefleischteste Gewohnheit noch nicht gut sein muß. Gut ist nur die gute Gewohnheit, das heißt eine Gewohnheit, die nach einem außerhalb ihrer selbst liegenden Maßstab als gut bewertet werden kann. Mit dieser Erkenntnis verlassen wir den Bereich des Gewohnheitsmäßigen und betreten eine ganz andere Welt.

§ 3 Das Rechtsgefühl

I. Der Mensch als Rechthaber

1. *Unmittelbares Gefühl für Recht und Unrecht*

Die Macht der Gewohnheit entdeckt man meist dadurch, daß man *andere* beobachtet; erst im nachhinein stellt man fest, daß man ihr auch selbst unterliegt. Die erste rechtliche Erfahrung, die man im Wege der *Selbst*beobachtung macht, ist eine andere: es ist die Existenz des *Rechtsgefühls*. Ein Gefühl für das, was Recht und Unrecht ist, ist offenbar allen Menschen zu eigen. Vermutlich wäre sogar das Entstehen und Bestehen einer Rechtsordnung gar nicht denkbar, wenn nicht im Innern eines jeden ein reflexionslos sich geltend machendes Gefühl begründet wäre, wonach eben dasjenige, was das Recht anordnet, in seinen allgemeinen Grundzügen als an sich gut und um seiner selbst willen zu billigen ist.

Diese unmittelbare, gefühlsmäßige Vertrautheit des Menschen mit den Grundfragen des Rechts ist in der Vergangenheit nicht selten mythologisch überhöht worden. Schon nach dem Bericht der Genesis essen die beiden ersten Menschen vom Baum der Erkenntnis, um zu erfahren, was gut und böse ist. Daß sie von diesem Unterschied fortan wissen, ist grundlegend für ihr weiteres Schicksal. In eine ähnliche Richtung weist eine Erzählung des griechischen Philosophen Protagoras, der davon berichtet, daß der Götterbote Hermes von Zeus damit beauftragt wurde, den Menschen das Gefühl für Gerechtigkeit und Rücksichtnahme zu bringen. Hermes aber fragte: „Soll ich sie so verteilen, wie die Künste verteilt sind? Deren Verteilung ist doch so: *einer*, der die ärztliche Kunst versteht, reicht zur Versorgung vieler Laien aus; so steht es auch bei den Meistern anderer Künste. Soll ich das Gefühl für Recht und Rücksichtnahme in dieser Weise unter die Menschen verteilen oder soll ich sie an *alle* vergeben?" „An *alle*", antwortete Zeus, „jeder soll daran teilhaben.

Denn es würde nie zur Bildung von Staaten kommen, wenn nur wenige an ihnen Anteil hätten, wie es bei anderen Künsten der Fall ist."[1]

Wir wollen uns dem Rechtsgefühl im folgenden auf eine andere, prosaischere Weise nähern, indem wir den Ausgang bei einigen Beobachtungen nehmen, die auf den ersten Blick nur wenig damit zu tun haben.

2. Unzufriedenheit mit sich selbst

Die Macht der Gewohnheit zeigt, wie sehr jeder durch die Vergangenheit, sowohl die eigene wie auch die der andern, geprägt ist. Aber der Mensch ist nicht nur ein historisch Gewordener mit einem Hang zum Beharren; er ist zugleich auch das Gegenteil: eine lebende Unruhe, ein immerwährender Anfangspunkt, der ständig über alles Erreichte und dabei nicht zuletzt auch über sich selbst hinausstrebt.

Zu den grundlegenden menschlichen Erfahrungen gehört der Stachel der Unzufriedenheit mit dem, was wir vorfinden, unter anderem die Unzufriedenheit mit uns selbst, verbunden mit dem Wunsch, den leidigen Status quo zu überwinden und zu verbessern. Unzufrieden mit uns selbst sind wir irgendwie alle. Selbstzufriedenheit stellt sich in der Regel nicht von allein ein; man muß etwas dafür tun. Das geschieht immer wieder nach demselben Muster: Man entwirft erst ein Bild von sich, wie man gern sein möchte, und versucht dann, diesem Bild ähnlich zu werden. Dazu ist, je nachdem, um welche Eigenschaften es geht, mehr oder weniger Anstrengung erforderlich. Im Bereich der Mode genügt es vielleicht bereits, wieder einmal etwas Neues anzuziehen. Wer feststellt, daß er zu dick ist oder daß sein Muskelumfang hinter den selbstgesetzten Anforderungen zurückbleibt, muß schon größere Aufwendungen machen. Wer sich ein hohes Bildungsziel gesetzt hat, muß in der Regel sogar viele Jahre hart an sich arbeiten – „studieren" –, um ihm näherzukommen. Es gibt eine Redensart, die das gut zum Ausdruck bringt: etwas aus sich machen oder besser noch: etwas aus sich herausholen. Wer etwas aus sich herausholt, bleibt scheinbar derselbe, denn er holt es „aus sich". Auf der anderen Seite jedoch war es zunächst nur der Idee nach in ihm; indem er es tatsächlich herausholt, wird er auch selbst ein anderer.

Im gleichen Maße, wie es gelingt, der selbstgesetzten Norm gerecht zu werden, stellt sich eine gewisse Zufriedenheit ein. Wer ohne diese Bildungsarbeit mit sich zufrieden ist, einfach so, weil er nun einmal da ist, wird in der besseren Gesellschaft verachtet. Es ist, als ob er der Welt etwas vorenthält, weil er hinter dem zurückbleibt, was er sein könnte.

3. Belehrung anderer

Das liebste und bevorzugte Objekt für vorzunehmende Verbesserungen ist aber nicht die eigene Person, sondern die unserer Mitmenschen. Nichts ist schwerer zu ertragen als andere Meinungen und Ansichten, als fremde Lebensart und Gewohnheit. Wer anders ist als wir, stellt uns, ob er will oder nicht, bereits durch seine bloße Existenz in Frage. So groß die Unzufriedenheit mit uns selbst daher immer auch sein mag, die Unzufriedenheit mit den andern ist größer. Noch dazu erlaubt die Hinwendung zu den andern gewissermaßen die Quadratur des Kreises: nämlich einerseits alles beim alten zu lassen und doch zugleich alles zu ändern. Wer sein Verbesserungsstreben auf andere richtet, kann selbst bleiben, wie er ist, von den andern jedoch fordern, daß sie sich ändern. Es bedarf nur geringer Lebenserfahrung, um zu wissen, wie die andern jeweils werden sollen; denn ebenso, wie der Mensch den Hang hat, sich selbst an andere anzupassen, wohnt ihm ein nicht minder großer Hang inne, andere an sich anzugleichen. Der andere, der sich ändern soll, soll daher im Zweifel so werden, wie wir selbst bereits sind. Es ist immer wieder das gleiche Lied: wir selbst machen alles richtig, der andere aber macht alles falsch und soll das gefälligst einsehen und sich uns zum Vorbild nehmen. Wo es an der nötigen Selbsterkenntnis fehlt, kann dieser Anspruch leicht skurrile Züge annehmen. In dem Musical „My fair Lady" beschwert sich Professor Higgins, der die männliche Hauptrolle spielt, über das Verhalten seiner weiblichen Gegenspielerin Eliza mit dem berühmten Song: „Kann eine Frau denn nicht sein wie ein Mann?" An dieser Forderung sind vermutlich auch in der Wirklichkeit schon viele Ehen gescheitert. Aber wie auch immer: Der Mensch ist offenbar von Haus aus ein unerträglicher Besserwisser und Lehrmeister.

Schon unsere Erziehung ist nach dem Prinzip der Besserwisserei organisiert. Tiere lernen meist zufällig durch Abschauen und *Nachmachen*. Die Menschen aber *machen gezielt vor*; das heißt sie glauben genau zu wissen, was zu tun ist, und belehren den, der dies nicht weiß. Als Eltern und Erzieher fühlen sich die Menschen zur Belehrung anderer geradezu verpflichtet: Dies macht man so, jenes so, laß das liegen, heb das auf, dieses Wort spricht man so aus, jenes benutzt man gar nicht usw. Andere belehren zu dürfen, ist eine hohe Lust. Vermutlich wird es daher nie an Lehrern fehlen, die unser Wissen und unsere Erfahrung an die nächstfolgende Generation weiterreichen.

So wie jeder von uns in seiner Kindheit und Jugend ständig eines Besseren belehrt worden ist, versucht er später selber, andere zu belehren, nicht notwendig nur Jüngere. Andere zu belehren, heißt, sie ins Unrecht und sich selbst ins Recht zu setzen. Wer unrecht hat, muß sich ändern, wer recht hat, darf bleiben, wie er ist. Recht zu haben hebt daher die Selbstachtung, macht froh und selbstsicher; unrecht zu haben dagegen verschafft uns ein quälendes Gefühl. Daher die resignierende Haltung vieler Alten in unserer Gesellschaft oder die müde Verzweiflung von Naturvölkern, die nicht mehr belehren können, weil sie über die neue Welt nichts wissen. Andere unaufdringlich zu belehren, ist in gebildeten Kreisen ein beliebtes Gesellschaftsspiel. Es gibt Gesprächsformen, die keinen anderen Sinn haben als den, in spielerischer Form einen Streit über Recht- und Unrechthaben zu inszenieren: die berühmten Kennergespräche über Weine, Zigarren und ähnliche Dinge. Es gibt sogar eine eigene Literaturgattung, die sich dem Bestreben nach fremder Belehrung verdankt: das Konversationslexikon. Wie der Name sagt, sollte es ursprünglich das für Konversationen erforderliche Wissen liefern, den Leser also ausrüsten zur Belehrung anderer und ihn gleichzeitig zum Widerstand gegen fremde Belehrung befähigen. In Gelehrtenkreisen erfüllt die Fachsprache oft eine ähnliche Funktion. Wie man festgestellt hat, verdankt sie ihre Beliebtheit nicht zuletzt dem Umstand, daß sie sich glänzend zur Belehrung anderer eignet und gleichzeitig vor fremder Belehrung sicher macht.

4. Jeder ein „Naturrechtler"

Nicht alles, von dem bisher die Rede war, hat mit dem Recht zu tun. Wie vielfältige Erfahrung lehrt, ist der Mensch aber auch in rechtlichen Dingen ein Besserwisser, also jemand, der die andern methodisch ins Unrecht setzt, damit er selbst im Recht ist. Juristen sind im Grunde nichts anderes als die Professionalisten dieses Verfahrens. Aber auch ohne Juristen fällt uns normalerweise nichts leichter als Besserwisserei in rechtlichen Dingen; denn irgendwie ist jeder von Haus aus ein Naturrechtler. Früher hat man häufig gestritten, ob das Rechtsgefühl angeboren ist. Das ist es objektiv gesehen sicher nicht. Ebenso wie das Sprachgefühl oder das Stilgefühl muß auch das Rechtsgefühl erst einmal erworben werden und ändert sich im Zuge wechselnder Erfahrung. In diesem Werden und Gewordensein kann es sich noch dazu leicht mit der Gewohnheit verbinden und zur Denkgewohnheit werden. Für unser aktuelles eigenes Bewußtsein jedoch, für unsere Einschätzung dessen, was wir sind und tun, verhält es sich anders. Danach ist das Rechtsgefühl keine Funktion der Gewohnheit oder der Geschichte, sondern ein jeweils unbezweifelbarer *Maßstab*, an dem Verhältnisse und Verhaltensweisen gemessen und beurteilt werden. Wenn die Gewohnheit so tief verankert ist, daß sie subjektiv zum Gewissesten geworden ist, das wir kennen, sprechen wir bekanntlich nicht mehr von Gewohnheit, sondern von Gewissen. Aus dieser Sicht gesehen, ist das Rechtsgefühl das genaue Gegenteil der Gewohnheit. Es stellt sich vielmehr als eine Antriebskraft dar, die eingefahrene Verhältnisse immer wieder in Bewegung setzt. Wenn die Gewohnheit so etwas wie eine „soziale Schwerkraft" darstellt, so ist das Rechtsgefühl die Trieb- und Schubkraft des sozialen Verhaltens.

Diese normative Funktion des Rechtsgefühls wird vor allem dann deutlich, wenn es *verletzt* wird. Dann bäumt sich alles in uns auf, bis die Verletzung ausgeräumt und die Welt wieder in Ordnung gebracht ist. Menschen mit einem besonders empfindlichen Rechtsgefühl werden leicht zu einer tragischen Erscheinung. Kleists Michael Kohlhaas ist dafür ein Beispiel. Er wird zum Verbrecher aus verletztem Rechtsgefühl: indem er selbst plündert und mordet, fühlt er sich als Vollzugsorgan einer höheren Gerechtigkeit. Etwas von dieser Einstellung schwingt auch in dem rigorosen Grundsatz „*fiat iustitia, pereat mundus*" mit – dem Recht soll Geltung verschafft werden und wenn die Welt darüber zugrunde gehen sollte. Wer diesen Satz zuerst geprägt hat, war von Rechtszweifeln vermutlich nicht geplagt.

Wo alle Rechthaber sind, die sich für befähigt halten, über Recht und Unrecht selbst zu entscheiden, kann praktisch jeder Konflikt die Form eines Rechtsstreits annehmen. In der Tat hat noch jede Rangelei mit einem Streit darüber begonnen, wer im Recht ist bzw. wer das Recht des andern verletzt hat. Erst wenn sich zeigt, daß keiner nachgibt, weil jeder recht und keiner unrecht haben will, kommen brachiale Mittel zum Einsatz; denn gegenüber Unbelehrbaren hilft bekanntlich nur Gewalt. Es gibt einen Lebensbereich, wo man die Umwandlung sozialer Konflikte in Rechtsstreitigkeiten immer wieder aus nächster Nähe beobachten kann: in den Nachbarschaftsprozessen nämlich, die jährlich zu tausenden die Gerichte beschäftigen. Gewöhnlich fängt alles ganz harmlos an. A wird zu einer Gartenparty seines Nachbarn B nicht eingeladen und beschwert sich daher prompt, daß es dabei zu laut zugeht. B, auf diese Weise ins Unrecht gesetzt, entdeckt daraufhin, daß die Blätter aus dem Garten des A in unzulässiger Weise auf sein Grundstück herübergeweht werden. Anwälte werden eingeschaltet, und so geht es weiter, bis schließlich die Grundstücksgrenze zur Grenze zwischen Freundes- und Feindesland, zwischen absolutem Recht und absolutem Unrecht geworden ist. In einem tatsächlich vorgekommenen Fall haben die nachbarlichen Streithähne erst damit angefangen, beim Rasensprengen „zur Strafe" auf das Grundstück des andern hinüberzuspritzen und schließlich den Wasserstrahl mit voller Stärke gegeneinander gerichtet, bis einer von beiden hinfiel und sich den Arm brach. In einem anderen Fall errichtete ein Hausbesitzer an der Grenze zum Grundstück seines Feindes einen Holzgalgen, an dem er seinen Widersacher in Gestalt einer Puppe symbolisch aufhing. Vor Gericht sah man sich wieder. Den Anwälten fiel die interessante Aufgabe zu, zu begründen, warum ihr Mandant auch juristisch im Recht war, der Nachbar dagegen im Unrecht[2].

II. Recht und Wahrheit

1. *Wahrheitsfähigkeit praktischer Fragen*

In der Auseinandersetzung mit anderen über die Frage, wer im Recht ist, erhält der Maßstab, auf den man sich dabei bezieht, unversehens eine neue Qualität. Er ist jetzt nicht mehr unmittelbar deckungsgleich mit meinem Rechtsgefühl und daher im eigentlichen Sinn auch nicht mehr „mein Recht". Wer mit einem anderen darüber streitet, wer im Recht ist, macht den Versuch, ihn zu überzeugen, und muß daher um seine Zustimmung werben. Das kann man nur dadurch, daß man sich auf Überzeugungen beruft, die auch der Gegner teilt. Niemand wird einem andern recht geben, wenn er sich dabei völlig ins Unrecht setzen muß. Der Streit um das Recht kann sinnvollerweise nur als eine Auseinandersetzung um das *gemeinsam Richtige* geführt werden. In einem vielgelesenen amerikanischen Handbuch zur Verhandlungskunst wird denn auch ganz offen empfohlen, jede Verhandlungssituation in eine gemeinsame Suche nach allgemeinen Prinzipien umzuwandeln. Sieger solcher Auseinandersetzungen wird dann derjenige sein, der über einen reichhaltigen Prinzipienvorrat verfügt, der ihm in jeder Lage ein ihm nützliches Prinzip an die Hand gibt, dem auch der andere von seinen Voraussetzungen her zustimmen muß. Auch daraus erhellt: Ins Unrecht setzen und selbst Recht behalten kann man nur durch Argumente, die auch der andere anerkennt oder denen er jedenfalls die Anerkennung nicht versagen kann, ohne sich selbst zu widersprechen.

Die Frage des Rechthabens wird dadurch in gewisser Weise zu einer Frage der *Wahrheit*. Was den ausgetauschten Argumenten rechtliche Überzeugungskraft verleiht, ist nicht, daß sie in den überkommenen Verhältnissen fundiert sind oder daß dafür überlegene Machtpotentiale mobilisiert werden können, sondern daß sie unabhängig von all dem als zutreffend erscheinen. Das richtige Recht ist daher weder „mein" Recht noch das der andern; es ist vielmehr – jedenfalls der Idee nach – ein *objektiver Maßstab*, dem alle gleichermaßen verpflichtet sind und der daher von allem subjektiven Meinen prinzipiell unabhängig ist.

Obgleich Recht und Wahrheit heute unterschiedlichen Bereichen zugeordnet werden, sind sie in der Sache aufs engste miteinander verknüpft. Das macht sich bereits darin bemerkbar, daß außerhalb einer Rechtsordnung, die die freie Wahrheitssuche gewährleistet, nach Wahrheit nicht einmal gefragt werden kann. Der innere Zusammenhang, der Gleichlauf von Rechts- und Wahrheitslogik kommt aber auch auf andere Weise zum Ausdruck. Früheren Epochen war das noch deutlicher bewußt. Für das Mittelalter war die Wahrheitsfrage nichts anderes als die Frage nach der von Gott gewollten

„richtigen Ordnung" der Welt. Erst an der Schwelle zur Neuzeit hat sich die Wahrheitsfrage aus der rechtlichen Umkleidung allmählich gelöst. Die Gründe dafür lagen einerseits in der beginnenden Positivierung des Rechts, andererseits in einer Verengung des Wahrheitsbegriffs, die allein den Naturwissenschaften zugute kam. Aber noch für Descartes lag die Garantie dafür, daß wir die Welt überhaupt erkennen können, in der Gerechtigkeit Gottes: Weil Gott gerecht ist, so glaubte Descartes, kann man sich nicht vorstellen, daß er uns täuscht, und allein deshalb dürfen wir davon ausgehen, daß die evidenten Erkenntnisse, zu denen wir gelangen, auch wahr sind.

Im Gegensatz dazu ist es heute in der Wissenschaft fast schon zur Mode geworden, die Wahrheitsfähigkeit praktischer Fragen zu bestreiten. In der Sache fällt das nicht weiter schwer. Es genügt bereits, sich an einem Wahrheitsbegriff zu orientieren, nach dem praktische Fragen definitionsgemäß gar nicht wahrheitsfähig sind. Damit begibt man sich freilich auf einen gefährlichen Weg. Mit der Leugnung der Wahrheitsfähigkeit ist letzten Endes nämlich nichts anderes gemeint, als daß das Recht selbst – abgesehen von seiner Übereinstimmung mit dem Willen des jeweiligen Machthabers – keinen Maßstab kennt, an dem es gemessen werden kann, anders ausgedrückt: daß es seinem Inhalt nach *beliebig* ist. Was das heißt, hat in aller Kürze Bert Brecht einmal zum Ausdruck gebracht. In einem seiner Gedichtfragmente beschreibt er einen Anwalt, dem Soldaten vor dem Gerichtshof das alte Gesetzbuch aus der Hand rissen und statt dessen ein neues Buch mit neuen Gesetzen gaben. Darin hieß der Erschlagene jetzt Mörder, Raub hieß Entgegennahme von Opfern, zwangsmäßig hieß freiwillig, der die Willkür ausübte, übernahm die Verantwortung, und ebenso hieß Wahrheit jetzt Lüge. Tief bestürzt durchsuchte der Anwalt

> „Das neue Buch. Also gibt es noch
> Immer Recht? dachte er. Und es ist nur anders?
> Das ist doch denkbar. Wo alles sich ändert,
> Kann doch das Recht sich auch ändern! Warum nicht?"³

Ja, warum nicht? Weil eine Welt, so könnte man antworten, in der das Recht jeden Wahrheitsbezug verloren hätte, Korruption und Gewalt zu ihren obersten Prinzipien erheben könnte. Wer mit den Begriffen Anstand und Würde, mit Menschenwürde und Menschenrecht mehr verbindet als nur ein paar Worte, die man ebenso gut streichen könnte, muß zwingend darauf bestehen, daß an der Wahrheitsfähigkeit praktischer Fragen prinzipiell nicht gerüttelt wird, mag auch kein Mensch wissen, was damit eigentlich gemeint ist. Irgendwie scheint es sich damit ähnlich zu verhalten wie mit der Wahrheit selbst. Auf die Pilatusfrage: Was ist Wahrheit? gibt es bekanntlich auch keine überzeugende Antwort. Gleichwohl hätte ein Verzicht auf Wahrheit fatale Folgen.

Im forensischen Sprachgebrauch wird daher an der Wahrheitsfähigkeit praktischer Fragen bis in die Wortwahl hinein festgehalten. So nennt man die Entscheidungen der Gerichte mit gutem Grund nicht richterliche Rechtsbefehle, sondern „Erkenntnisse", und auch die Gerichte selbst tenorieren ihre Urteile nicht dahin, daß befohlen, angeordnet oder geboten, sondern daß „für Recht *erkannt*" wird. Durch solche Formulierungen wird zwar nichts bewiesen; aber es wird ein Anspruch geltend gemacht, dem man sich nicht ohne Schaden entziehen kann.

Für jeden Rechthaber – und das sind wir in unserem Alltagsverhalten so gut wie alle – erledigt sich die Frage nach der Wahrheitsfähigkeit praktischer Fragen unabhängig von all dem noch aus einem ganz anderen Grund. Das Recht muß danach schon deshalb wahrheitsfähig sein, weil man anders nicht recht haben könnte. Das ist ein überaus einfacher Gedanke. Seine Stärke liegt darin, daß er sich durch nichts hinwegtheoretisieren läßt.

2. *Das Gebot der Widerspruchsfreiheit*

Der Bezug auf die Wahrheitsfrage hat wichtige Folgen. Auf diese Weise werden nämlich Anforderungen, wie sie an Erkenntnisse anderer Art gestellt werden, auf das Recht übertragen. Das gilt vor allem für das Gebot der *Widerspruchsfreiheit*. Auch wenn die Realität widerspruchsvoll ist – das Denken erträgt Widersprüche nur schwer. Wer andern mit rechtlichen Forderungen entgegentritt, muß daher darauf bedacht sein, widerspruchsfrei zu argumentieren. Andernfalls hat er nur geringe Chancen, ernstgenommen zu werden. Auf diese Weise wird dem wandelbaren Rechtsgefühl unauffällig ein prinzipiell unflexibles verstandesmäßiges Korsett angelegt.

Aus dem Gebot der Widerspruchsfreiheit folgt zunächst, daß man *A und non-A nicht gleichzeitig fordern* darf. Wer die Kuh schlachten und dennoch Milch von ihr haben will, zeigt damit, daß er von dem, was vernünftigerweise gewollt werden kann, keine Vorstellung hat. Das erscheint banal. Im politischen Tageskampf wird indessen ständig dagegen verstoßen. Da verspricht etwa eine Partei, allen zu geben, und es soll doch nichts kosten; die Staatsausgaben sollen herauf und die Steuern herunter; die Umwelt soll geschont, aber die Zulassungszahlen für Autos sollen erhöht werden usw. Ein beträchtlicher Teil der politischen Auseinandersetzung besteht darin, solche Selbstwidersprüche des Gegners öffentlich bloßzustellen. Wer um rationale Zustimmung wirbt, muß sie daher vermeiden. Das schließt nicht aus, daß jemand hinter dem Rücken der andern widerspruchsvoll handelt. So gibt es bekanntlich immer wieder Staaten, die öffentlich einen bestimmten Krieg verurteilen, insgeheim aber den kriegführenden Parteien Waffen verkaufen. Aber es ist bezeichnend, daß man mit solchen Dingen das Licht der Öffentlichkeit scheuen muß.

Aus dem Gebot der Widerspruchsfreiheit folgt weiter, daß man *A und non-A* in der Regel auch *nicht kurzfristig nacheinander fordern* darf. Wer seine Ansichten ändert, ohne daß sich die Verhältnisse selbst geändert haben, setzt sich dem Verdacht aus, nicht dem Recht zu dienen, sondern wechselnden Interessen das Wort zu reden. In der Politik, wo dies häufiger vorkommen soll, ist es daher ein beliebtes Verfahren, dem Gegner öffentlich vorzurechnen, daß er in der Opposition anders als in der Regierung oder in der Regierung anders als in der Opposition geredet hat. Man hält sich gegenseitig Zitate vor, die bereits Jahre zurückliegen, nur um zu zeigen, daß der andere redet, wie er es jeweils braucht, und daher jeden Bezug zur Wahrheit vermissen läßt.

Wo an der Forderung nach Widerspruchsfreiheit konsequent festgehalten wird, wächst jede rechtspolitische Forderung wie von selbst in die Form eines *Systems* hinein. In Deutschland, wo man seit jeher besonders gründlich war, haben im 17. und 18. Jahrhundert die großen Rechthaber ihrer Zeit ihre Gedanken über die angemessene Ordnung der menschlichen Verhältnisse in Gestalt dickleibiger „Naturrechtssysteme" vorgelegt. Deren Eigentümlichkeit bestand vor allem darin, daß hier zahllose Rechtsregeln in pedantischer Weise zu einem widerspruchsfreien Ganzen verknüpft waren. Eines der bekanntesten dieser Werke, das 1740 erschienene *Jus naturae methodo scientifica pertractatum* von Christian Wolff, umfaßte neun starke Bände. Die einbändige Kurzfassung brachte es in der deutschen Übersetzung immerhin auch noch auf annähernd 1000 Seiten. Schon daraus kann man ersehen, wie stark der Impetus war, der dahinter stand. Friedrich Carl von Savigny (1779–1861), einer der Klassiker unserer Zunft, hat später einmal spöttisch bemerkt, daß vielen dieser Werke nur die Unterschrift eines Souveräns gefehlt habe, um geltendes Recht zu sein. Daran ist richtig, daß die Vertreter des systematischen Naturrechts Entwürfe einer gerechten Ordnung vorlegen wollten, die dazu geeignet waren, das überkommene Recht daran zu messen und die Differenz öffentlich einzuklagen. Die technische Perfektion und Widerspruchsfreiheit dieser Entwürfe war dabei nicht das schlechteste Argument. Ungeachtet der Kritik, die später an ihm geübt wurde, kommt diesem systematischen Naturrecht vielmehr das Verdienst zu, das Ziel der Einheit der Rechtsordnung mit großer Energie in Angriff genommen zu haben. Wie nachhaltig dieser Anstoß gewirkt hat, kommt in nichts besser als darin zum Ausdruck, daß auch die Gegner des Naturrechts nach dessen Zusammenbruch den einmal eingeschlagenen Weg im Grunde doch fortsetzten. Das 19. Jahrhundert gilt gewöhnlich als die Epoche der historischen Rechtsschule. Von dem Rechtshistoriker Sohm (1841–1917) stammt jedoch das bemerkenswerte Eingeständnis, die Rechtsgeschichte des 19. Jahrhunderts sei „nicht durch die Ideen der deutschen historischen Schule, sondern ununterbrochen durch die übermächtige Philosophie der Aufklärung, durch die mit elementarer Kraft noch heute die Gemüter beherrschenden Gedanken des Naturrechts bestimmt"[4]. Ein anderer Rechtshistoriker hat in diesem Zusammenhang geradezu einmal von einer „Fortsetzung des Naturrechts mit anderen Mitteln" gesprochen[5]. Dem Anspruch nach rechtlicher Wahrheit, so läßt sich daraus schließen, kann man offenbar nur um den Preis einer Selbsttäuschung ausweichen.

III. Die Transformation des Rechtsgefühls in Recht

1. Das Rechtsgefühl als Stör- und Ordnungsfaktor

Im Rechtsgefühl, im Glauben an ein wahres, allein richtiges Recht liegt freilich etwas Archaisches, Ordnungsgefährdendes. Wer an die Wahrheit glaubt, kann die Suche danach nicht abbrechen; und wer sie gefunden zu haben meint, kann etwas anderes nicht mehr akzeptieren; denn vor der Wahrheit hat die Unwahrheit und vor dem richtigen Recht das nur scheinbare keinen Bestand.

Wie die Erfahrung lehrt, gehen die Meinungen über das, was richtig und gerecht ist, nicht selten weit auseinander. Das kann man besonders in der pluralistischen Gesellschaft der Gegenwart beobachten, wo eine Disziplinierung des Rechtsgefühls durch einheitliche soziale Faktoren immer weniger stattfindet. Mit dem daraus resultierenden Stimmengewirr in rechtlichen Dingen läßt sich im unmittelbaren Sinn des Wortes „kein Staat machen". Der Staat muß vielmehr bestrebt sein, sich eine vom Rechtsgefühl seiner Bürger unabhängige Existenz zu verschaffen. Das ist auch in vielerlei Hinsicht geschehen. Vor den Gerichten kann man sich in der Regel nicht auf sein Rechtsgefühl, sondern nur auf das Gesetz berufen. Mehr noch: die ganze Rechtsorganisation des Staates scheint darauf ausgerichtet zu sein, eine Ordnung zu schaffen, die auf vielfältige Weise gegen die Wahrheitsfrage abgeschirmt ist. Folgt man der gängigen Rechtstheorie, so kann nur das in bestimmten, hoch formalisierten Verfahren erzeugte staatliche Gesetz den Anspruch erheben, „geltendes Recht" zu sein. Was damit nicht übereinstimmt, „gilt" nicht und wird von einem verbreiteten Sprachgebrauch in die Politik oder in die Moral abgeschoben. Zwischen dem geltenden Recht und dem Rechtsgefühl tut sich auf diese Weise eine Kluft auf: Was die Menschen subjektiv für richtig halten und was vor den staatlichen Instanzen als Recht „gilt", speist sich aus unterschiedlichen Quellen.

Wenngleich die Entkoppelung des objektiven, für alle geltenden Rechts vom Rechtsgefühl auf den ersten Blick ein stabilisierender Faktor der Rechtsordnung ist, liegt darin aber auch eine Gefahr. Denn wenn die Menschen ihre Überzeugung in den staatlich sanktionierten Regeln nicht wiederfinden, wenn die Kluft zwischen dem dunkel gefühlten und dem von den Behörden allein angewandten Recht gar zu groß wird, kann sich die Spannung leicht gewaltsam entladen. Mittelbar besteht daher sehr wohl ein Interesse daran, daß sich das staatliche Recht und das Rechtsgefühl der Mehrheit nicht allzu weit voneinander entfernen. So sehr auch das geltende Recht sich vor dem unmittelbaren Rekurs auf das Rechtsgefühl abzuschotten sucht – wenn es richtig ist, daß man auf Bajonetten nicht sitzen kann, muß es auf lange Sicht irgendwie doch in der Überzeugung der Menschen verankert sein. Es gibt keine Rechtsordnung, die das Denken und Meinen der Bürger einfach ignorieren könnte. Zusammen mit den vorhandenen Gewohnheiten bildet das Rechtsgefühl vielmehr die reale Grundlage, auf der allein eine dauerhafte positive Rechtsordnung errichtet werden kann.

Zwischen den formalisierten Regeln des geltenden Rechts und dem Rechtsgefühl der Bürger muß es daher *Verbindungen* geben, und zwar nicht nur in dem Sinn, daß sich das Rechtsgefühl in bestimmtem Umfang am geltenden Recht orientiert, sondern auch umgekehrt. Bei aller Festigkeit muß das geltende Recht gleichsam porös sein. Es muß gewissermaßen mit Fenstern ausgestattet sein, durch die es wahrnehmen kann, wie die Menschen tatsächlich über Recht und Unrecht denken; und es muß über Mechanismen verfügen, mit deren Hilfe die Ideen, die zunächst nur in den Köpfen der Menschen sind, in „geltendes Recht" umgeformt werden können. In archaischen Verhältnissen war diese Transformation einfach. Sie vollzog sich hier dadurch, daß die Rechtsfindung in der Volksversammlung, bei den Germanen im Thing, stattfand, an dem ursprünglich alle Betroffenen unmittelbar beteiligt waren. Solange jedes Urteil auf diese Weise Ausfluß der Überzeugung aller war, war der Gleichlauf von Recht und Rechtsgefühl fast automatisch gewährleistet. Die heutigen Transformationsmechanismen sind komplizierter und vielfältiger. Der Kürze halber mögen drei Beispiele genügen.

2. Die Gesetzgebung als Transformator

Der wichtigste Transformator ist zweifellos die *Gesetzgebung*. Das Gesetzgebungsverfahren ist, wenn man will, nichts anderes als eine gigantische Maschinerie zur Einführung neuer Rechtsgedanken in die Rechtswirklichkeit. Was dem geänderten Rechtsgefühl der Menschen entspricht, beschäftigt in einer demokratischen Ordnung bald auch die Gesetzgebungsorgane und findet auf diese Weise Eingang in das förmliche Recht. Anders als im archaischen Thing müssen dabei keineswegs alle zustimmen. Die Auseinandersetzung der Kontrahenten ist in der modernen Demokratie vielmehr so geregelt, daß neue Rechtsgedanken bereits dann Verbindlichkeit für alle erlangen können, wenn sich die Mehrheit dafür ausspricht. Das Neue erhält dadurch die Chance, sich bewähren zu können, auch wenn es noch nicht allgemein Anerkennung gefunden hat. Insgesamt aber ist damit gewährleistet, daß zwischen dem, was die

III. Die Transformation des Rechtsgefühls in Recht

Menschen für recht halten, und dem, was als Recht gilt, wenigstens tendenziell eine Übereinstimmung besteht.

3. Wechsel des Amtspersonals

Weniger augenfällig vollzieht sich die Transformation des Denkens und Meinens in geltendes Recht mit dem *Wechsel der Personen*, die das Recht anwenden und verwalten. Aber auch dieser Prozeß ist von weitreichender Bedeutung. Auch wenn Gesetze und Institutionen scheinbar unverändert bleiben, genügt nämlich ein Austausch der rechtlichen Funktionsträger, um vieles in eine andere Richtung zu lenken. Mit dem Wechsel der maßgebenden Personen halten zugleich neue Einstellungen und Überzeugungen ihren Einzug, die bei der Rechtsanwendung in vielfältiger Weise wirksam werden. Man kennt das zur Genüge aus der Politik: andere Köpfe, andere Voreingenommenheiten, andere Ergebnisse. Nur im Recht wollen viele diesen Zusammenhang nicht wahrhaben, weil sie sich die Subjektgebundenheit ihrer eigenen Auffassung nicht eingestehen wollen.

Dabei vollzieht sich dieser Wandel ständig in großem Stil bereits mit dem Wechsel der Generationen. In der Praxis kann man immer wieder beobachten, daß jede neue Juristengeneration den Willen des Gesetzes anders versteht als ihre Vorgänger. Das hängt nicht zuletzt damit zusammen, daß sie andere Vorstellungen von dem hat, was gut und wünschenswert ist, und daher die gesetzlichen Vorschriften unbewußt im Lichte anderer Vorverständnisse auslegt. Auf diese Weise wird der Gesetzesinhalt dem veränderten Rechtsempfinden angepaßt, auch wenn der Gesetzeswortlaut der gleiche bleibt. Jungen Menschen geht dieser stille Wandel gewöhnlich viel zu langsam vor sich. Ungeduldig, wie sie sind, glauben sie nicht warten zu können, bis sie auch an der Reihe sind, ihre Meinung zur Geltung zu bringen. Nach aller Erfahrung dauert es aber nur wenige Jahre, bis sie besorgt zur Besonnenheit mahnen, weil ihnen der Wandel, der unter dem Druck der nächstfolgenden Generation stattfindet, viel zu schnell erfolgt.

In Zeiten politischer Umbrüche wird der Austausch des Personals bisweilen auch ganz bewußt mit dem Ziel betrieben, auf diese Weise andere Rechtsüberzeugungen zur Geltung zu bringen. So geschah dies in Deutschland in der Zeit nach 1945 nach dem Zusammenbruch des Dritten Reiches und noch einmal 1990 im Zusammenhang mit der deutschen Wiedervereinigung. Wenn das auch Ausnahmesituationen waren, so machen solche Vorgänge doch deutlich, daß man die Dinge allzu sehr vereinfachen würde, wenn man das geltende Recht auf die geltenden Vorschriften beschränken wollte.

4. *Allgemeiner Verhaltenswandel*

Auf wieder andere Weise setzen sich neue Rechtsüberzeugungen schließlich durch das *geänderte Verhalten der Bürger* selbst durch. Soweit das Recht den Bürgern die Möglichkeit läßt, ihre gegenseitigen Beziehungen im Einzelfall so zu regeln, wie sie es selbst für richtig halten, ist das Recht in ständiger Umwandlung begriffen. In der Praxis stehen heute zum Beispiel Vertragsformen im Vordergrund, die nicht nur dem Gesetz in dieser Weise fremd sind, sondern auch den Juristengenerationen vor uns selbst dem Namen nach unbekannt waren. Auf dem Gebiet des Familienrechts haben sich Formen des Zusammenlebens durchgesetzt, an die man vor wenigen Jahrzehnten nicht einmal zu denken wagte. In all diesen Fällen kommt es im Gefolge neuer Rechtsgedanken zur Ausbildung neuer Rechtsinstitute, die das Gesamtbild des geltenden Rechts nicht unerheblich modifizieren.

So nachdrücklich der unmittelbare Rekurs auf das Rechtsgefühl von den Professionalisten des staatlichen Rechts daher auch abgewiesen wird, so wirksam ist dessen mittelbarer Einfluß, wie er hinter der Fassade scheinbar rein objektiver Strukturen ständig stattfindet.

§ 4 Die Lehre von den Rechtsquellen

I. Idealität und Realität des Rechts

1. *Widersprüche im Begriff des Rechts*

Wir haben bisher in einer sehr unspezifischen Weise vom Recht gesprochen. Einmal war damit die Idee des Rechts, ein anderes Mal die Rechtswirklichkeit gemeint, einmal ging es um staatliche Gesetze, dann um Gewohnheitsrecht oder gar nur um subjektive Rechtsüberzeugungen. Solange man das Spektrum nicht künstlich verengt, reicht die Bedeutungsbreite des Begriffs „Recht" in der Tat so weit. Denn wenn auch das Recht nach Widerspruchsfreiheit strebt, so ist es von Haus aus so widersprüchlich wie der Mensch selbst, der danach sucht oder es handhabt. Betrachtet man nur einmal die Erwartungen, die von verschiedenen Seiten an das Recht gestellt werden, so soll es ein unverrückbarer Orientierungspunkt sein, zugleich aber veränderten Verhältnissen und Ansichten Rechnung tragen; es soll sich im täglichen Leben als reale Kraft erweisen, aber kein Bündnis mit der Macht eingehen; es soll für alle nur denkbaren Probleme eine Lösung bereithalten, dabei jedoch einfach und für jedermann verständlich sein; es soll für alle gleich sein und doch auf alle Unterschiede Rücksicht nehmen. Folgt es dem Geist der Zeit, wird geklagt, daß es verfügbar

I. Idealität und Realität des Rechts

sei; versucht es sich als Idee rein zu halten, wird es als ohnmächtig kritisiert. Der Glaube an ein Recht, das bei den Sternen wohnt (Schiller), und das Eingeständnis, lieber eine Ungerechtigkeit zu begehen, als daß die vorhandene Ordnung gestört werde (Goethe), liegen in der menschlichen Seele zwar dicht nebeneinander, fügen sich aber durchaus nicht harmonisch zusammen. Ein Recht, das so vielen widersprüchlichen Anforderungen genügen soll, muß notgedrungen selbst widersprüchlich sein.

Von allen Widersprüchen, die im Recht angelegt sind, ist der zwischen *Sein* und *Sollen*, zwischen Idee und Wirklichkeit des Rechts der bekannteste. Seit Kant ist es zwar zu einem Gemeinplatz geworden, daß aus dem Sein noch kein Sollen folgt. Gleichwohl beruht das geltende Recht auf einer unauflöslichen Vermischung von Seins- und Sollenselementen, von Fakten und Normen, von realer Macht und idealem Anspruch. Wenn sich das Recht nicht in einem leeren Wort erschöpfen soll, darf die Kluft zwischen Sein und Sollen nicht als gar so unüberbrückbar angenommen werden, wie es in der Theorie häufig geschieht. Die Alternative zu dem *sacrificium intellectus*, das Sollen aus dem Sein herzuleiten, wäre allein die, jede Norm auf eine andere zurückzuführen. Ein solcher Versuch läuft sich jedoch schnell tot. Denn entweder kommt man dabei zu einem Zirkel, bei dem jede Norm dazu beiträgt, alle anderen Normen zu begründen, durch die sie wiederum selbst begründet wird, oder man gelangt zu einer Normpyramide, bei der jedenfalls die höchste Norm, der alle andern ihre Geltung verdanken, in praktischer Hinsicht mit dem Willen des jeweiligen Machthabers, also einer sehr elementaren Seinstatsache, zusammenfällt.

Idee und Wirklichkeit des Rechts sind ohne Widerspruch weder sauber zu trennen noch sind sie bruchlos miteinander zu vereinen. Wer dies nicht beachtet, wird das Wesen des Rechts verfehlen. Je nachdem, wohin er sich neigt, zum reinen Sollen oder zum reinen Sein, wird er statt dessen zu einem wirklichkeitsleeren Glasperlenspiel oder aber zu einer gedankenlosen Rechtfertigung der Macht gelangen.

Eine vieldiskutierte Beschreibung dieses Widerspruchs ist von Hegel überliefert. In der Vorrede seiner Rechtsphilosophie findet sich der berühmte Satz: „Was vernünftig ist, das ist wirklich; und was wirklich ist, das ist vernünftig."[1] Das soll heißen: der Widerspruch von Idee und Wirklichkeit, der sich dem reflektierenden Verstand darbietet, ist im Recht sowohl wirksam als auch aufgehoben. In derselben Weise, wie Vernunft und Wirklichkeit immer wieder antithetisch einander gegenübertreten, müssen sie im Recht zugleich auseinander hergeleitet werden. Denn das Recht ist eben beides zugleich: Idee *und* Wirklichkeit.

2. Entstehungs- oder Erkenntnisquelle des Rechts

Es gibt eine Disziplin, die sich mit dem, was speziell Juristen meinen, wenn sie von Recht sprechen, näher befaßt. Das ist die juristische Methodenlehre oder genauer eigentlich nur ein Teil derselben: die sogenannte *Rechtsquellenlehre*. Vereinfacht ausgedrückt geht es in der Methodenlehre um zwei Fragen: *wo* man nach dem Recht zu suchen hat, wenn die Rechtslage zweifelhaft ist, und *wie* man dabei vorgeht. Die Frage nach dem *Wo* ist Gegenstand der Rechtsquellenlehre. Diese muß daher angeben, ob man das Recht in den staatlichen Gesetzen, den Urteilen der Gerichte, den Meinungen der Rechtslehrer, der Gewohnheit oder der Rechtsüberzeugung der Mehrheit oder in der Idee der Gerechtigkeit selbst zu suchen hat.

Hier in der Rechtsquellenlehre wird eine Vorentscheidung getroffen, die die Einstellung nahezu aller Juristen zu dem Phänomen des Rechts nachhaltig prägt. Rechtspolitisch gesehen, wird in der Rechtsquellenlehre die jeweilige Definitionsmacht über Recht für den Hausgebrauch des Juristen argumentativ abgesichert. Hinter jeder Wahrheit, auch hinter der rechtlichen Wahrheit steht ein System der Macht, sonst fehlt ihr der reale Rückhalt. Das sakrale Recht sichert die Herrschaft der Priester, der Führerbefehl die Macht des Diktators, das Parlamentsgesetz die Macht der Parteien. In der Rechtsquellenlehre wird diese Macht unauffällig stabilisiert. Wenn die Weichen in der Rechtsquellenlehre erst einmal gestellt sind, steht die Richtung für die weitere Fahrt fest.

In diesem sensiblen Bereich können selbst geringe Akzentverlagerungen weitreichende Folgen nach sich ziehen. Von umstürzender Bedeutung ist bereits, in welchem Sinn der Begriff der Rechtsquelle selbst verstanden wird: als *Entstehungs-* oder als *Erkenntnis*quelle des Rechts. In dieser Gegenüberstellung findet der oben geschilderte Widerspruch zwischen Idee und Wirklichkeit seine juristische Fortsetzung. Wer ein Gesetz als die Entstehungsquelle der daraus fließenden Rechtssätze ansieht, sagt damit nichts anderes, als daß diese Rechtssätze ohne dieses Gesetz nicht existieren würden. Die Rechtsquelle als *Entstehungs*quelle des Rechts erhebt den Anspruch, der letzte Grund des Rechts überhaupt zu sein. Sie kann daher, wenn man diesen Anspruch ernst nimmt, rechtlich nicht mehr hinterfragt werden. Versteht man das Gesetz dagegen als *Erkenntnis*quelle, so steht das Gesetz gerade umgekehrt im Dienste des Rechts, das dadurch lediglich präzisiert oder allgemein zugänglich gemacht wird. An diesem Recht kann daher auch das Gesetz einmal seinen Meister finden.

Man kann leider nicht sagen, daß diese Frage Gegenstand intensiver Erörterungen gewesen wäre. Normalerweise werden Juristen vielmehr ziemlich rasch damit fertig. Nachdem seit der Mitte des 19. Jahrhunderts das staatliche Gesetz in die Position der führenden Rechtsquelle eingerückt ist, wird dieses

Gesetz häufig nicht nur in dem Sinn als Rechtsquelle verstanden, daß man das Recht daraus erkennen kann; in aller Regel gilt es zugleich als Entstehungsquelle der darin enthaltenen Rechtssätze. Eine andere Erkenntnis des Rechts als die aus dem staatlichen Gesetz wird damit kurzerhand für unmöglich erklärt. Einmal auf diese Theorie eingeschworen, ist der moderne Jurist folgerichtig zum Vollzugsgehilfen der staatlichen Gesetzgebung geworden. Seine Aufgabe ist nicht die Erkenntnis des Rechts, sondern die Anwendung des Gesetzes.

Diese Entwicklung ist nicht ohne Logik. Das moderne Rechtssystem muß aus vielerlei Gründen so beschaffen sein, daß es zentral *steuerbar* ist. Das läßt sich am einfachsten dadurch bewirken, daß man das Recht mit dem staatlichen Steuerungsinstrument des Gesetzes gleichsetzt und das rechtsanwendende Personal ausschließlich auf dieses Gesetz verpflichtet. Überdies ist das Netz staatlicher Gesetzgebung im Laufe der Zeit so dicht geworden, daß es ohne eine Vielzahl von Experten, die hierauf spezialisiert sind, nicht mehr verwaltet werden kann. Wer aber sollte diese Aufgabe übernehmen, wenn nicht der Jurist? Der Staat, der das Rechtssystem mit Hilfe von Gesetzen steuert, ist daher zunächst einmal daran interessiert, daß an den Universitäten schlicht Gesetzeskunde gelehrt wird. Dem modernen Gesetzgebungsstaat ist weder an Rechtsphilosophen noch an Rechtshistorikern oder Sozialkritikern gelegen; was er vordringlich braucht, sind juristische Handwerker, die das vom Staat gesetzte Recht kennen und damit umzugehen wissen. Dieses Vollzugspersonal hervorzubringen, ist der eigentliche Sinn des gegenwärtigen Ausbildungs- und Prüfungssystems. Die herrschende Rechtsquellenlehre reflektiert dies nur auf ihre Weise.

3. Rechtsquellen- und Auslegungslehre

Aus dem Gesagten erhellt indessen zugleich, daß diese Rechnung nicht ganz aufgehen kann. Es gibt keine Garantie dafür, daß Gesetz und Recht jemals zur Deckung gebracht werden können. Selbst die Demokratie ist ja, wie der frühere Bundeskanzler Helmut Schmidt einmal bemerkt hat, mit dem Geburtsfehler behaftet, „daß nicht derjenige recht bekommt, der recht hat, sondern daß der recht kriegt und Recht setzen kann, der die Mehrheit hat". Der juristischen Methodenlehre bleibt daher nichts anderes übrig, als die Einseitigkeit, derer sie sich an einer Stelle – in der Rechtsquellenlehre – schuldig gemacht hat, an anderer Stelle wieder auszugleichen. Der Ort, an dem dies geschieht, ist die Lehre von der *Auslegung* des Gesetzes. Hier wird seit langem genau das umgekehrte Verfahren praktiziert. In merkwürdigem Gegensatz dazu, daß nur das staatliche Gesetz Recht sein soll, werden dem Rechtsanwender beim Umgang mit diesem Gesetz heute immer größere Freiheiten eingeräumt. Der

Anspruch, daß das Gesetz die Entstehungsquelle des Rechts sei, wird dadurch sukzessiv zurückgenommen. Davon wird an späterer Stelle (§§ 27–29) noch ausführlich die Rede sein.

Wo der Gesetzgeber die Grenzen, die ihm durch die Natur des Rechts gesetzt sind, erkennt, kommt es gelegentlich vor, daß er solche Freiheiten selbst gestattet. Das bekannteste Beispiel dafür findet sich im Schweizer Zivilgesetzbuch von 1907. Wenn das Gesetz in einem bestimmten Fall nicht weiterführt, verweist dieses Gesetzbuch den Richter zunächst auf das „Gewohnheitsrecht", und wo auch dieses fehlt, soll er „nach der Regel entscheiden, die er als Gesetzgeber aufstellen würde"[2]. Dem Gesetz wird also nur der Vorrang, die Entscheidungsprärogative beigemessen; im übrigen aber soll dem Richter der Rückgriff auf dieselben außergesetzlichen Rechtsquellen gestattet sein, aus denen auch der Gesetzgeber selbst schöpft. Ein anderes Beispiel ist das österreichische Allgemeine Bürgerliche Gesetzbuch von 1811, das in Österreich auch heute noch gilt. Im Zweifelsfall wird der Richter hier auf die „natürlichen Rechtsgrundsätze" verwiesen[3]. Letztlich vollzieht sich die Rechtsanwendung in diesen Ländern nicht anders als bei uns auch. Anders als hierzulande wird die Einseitigkeit der gängigen Rechtsquellenlehre aber schon im Gesetz selbst sichtbar.

II. Der Positivismus

Die widersprüchliche Natur des Rechts findet unter anderem ihren Ausdruck in zwei einander widerstreitenden Vorstellungen, die man schlagwortartig als *Positivismus* und Naturrecht charakterisieren kann.

1. Vom historischen Positivismus zum Gesetzespositivismus

Positivismus kommt von dem lateinischen „*ponere*", das heißt „setzen". Der Positivismus befaßt sich also mit „Gesetztem". Das müssen nicht unbedingt staatliche Gesetze sein. Denkbar ist vielmehr auch ein Rechtsprechungs- oder sonstiger Verhaltenspositivismus wie beispielsweise die Erhebung der tradierten Gewohnheiten zu Gewohnheitsrecht. Die bekannteste Erscheinungsform des Positivismus ist freilich der Gesetzespositivismus. Sprachlich handelt es sich dabei um einen Pleonasmus. In der Sache aber wird damit eine Spielart des Positivismus bezeichnet, die das Denken vieler Juristen maßgeblich beherrscht.

Seiner Entstehungsgeschichte nach ist der Positivismus vor allem ein Produkt des 19. Jahrhunderts. Man versteht darunter ein Theoriekonzept, nach dem es nicht um die Erkenntnis von „Ideen", sondern allein um die Erkenntnis von „Tatsachen" geht. Leitbild des Positivismus sind die empirischen Naturwissenschaften, die im 19. Jahrhundert einen unvergleichlichen Siegeszug angetreten haben. Wie andere Wissenschaften kam dabei auch die Rechtswissenschaft in den Einflußbereich des positivistischen Denkens. Das vollzog sich in zwei Schritten, mit denen die Gedankenwelt des Naturrechts, das die vorangegangene Epoche beherrscht hatte, scheinbar unwiderruflich verlassen wurde. Im ersten Schritt, zu Beginn des 19. Jahrhunderts, wurde die Rechtswirklichkeit zunächst in Gestalt der Rechtsgeschichte auf den Thron gehoben. Auch dies war keine isolierte Erscheinung. Der *Historismus* dominierte damals in fast allen Bereichen und führte allgemein dazu, daß das Prinzip der rationalen Konstruktion durch das der historischen Vergleichung abgelöst wurde. In der Rechtswissenschaft entfaltete damals die „historische Rechtsschule" einen nahezu alles beherrschenden Einfluß. Ihr Credo war, daß das Recht nicht aus übergeordneten Prinzipien abgeleitet sei, sondern aus der Wirklichkeit, nämlich aus der Geschichte komme. „Die Summe dieser Ansicht also ist", heißt es bei Savigny, einem der namhaftesten Vertreter dieser Schule, „daß alles Recht auf die Weise entsteht, welche der herrschende, nicht ganz passende, Sprachgebrauch als *Gewohnheitsrecht* bezeichnet."⁴ Der Positivismus brachte daher zunächst einmal die Tatsache der Tradition zur Geltung, die in der Tat ein wesentliches Element jeder Rechtsordnung darstellt. Das war nicht nur gegen das Naturrecht, sondern ebenso auch gegen den modernen Gesetzgeber gerichtet, der sich zunehmend anschickte, das überkommene Recht mit Hilfe von Gesetzen umzugestalten. Im zweiten Schritt aber geriet die historische Schule selbst unter die Räder des Positivismus, die Rechtsgeschichte wurde durch den Gesetzgeber und die Rechtsgewohnheit durch eine andere Tatsache, nämlich das staatliche Gesetz ersetzt, das sein Ansehen der politischen Macht verdankt, die hinter ihm steht. In der Sache lief diese Wendung darauf hinaus, daß Recht nichts anderes sein sollte als das staatliche Gesetz selbst: *Gesetzespositivismus*.

Rechtstheoretisch ist dieser Vorgang von großer Bedeutung. Der tiefere Sinn dieser Entwicklung ist nämlich der, daß damit die Wahrheitsfrage schrittweise aus dem Zentrum des Rechts verdrängt wurde. Nicht die Wahrheit, also die Übereinstimmung mit der Gerechtigkeit, sondern die Entscheidungsgewalt des Gesetzgebers wurde zur Grundlage des Rechts erklärt: *auctoritas, non veritas facit legem*.

Schlägt man den Bogen etwas weiter, erscheint auch diese Entwicklung nur als späte Folge eines gedanklichen Umbruchs, der sich im Rahmen des sogenannten *Universalienstreits* bereits im hohen Mittelalter vollzogen hat. Damals wurde unter anderem um die Frage gestritten, ob die Gerechtigkeit eine Idee ist, an die auch Gott selbst gebunden ist, oder ob sie aus der Entscheidung des göttlichen Willens kommt. Reicht die Allmacht Gottes so weit, daß er das Böse gut und das Gute bös machen kann? Nach Auffassung des (Ideen-)Realismus war die Idee der Gerechtigkeit auch für Gott unverfügbar. Anders der Nominalismus. Für ihn war die Gerechtigkeit ein bloßes *nomen*, also ein Wort, dessen Inhalt sich aus der freien Entscheidung Gottes ergab. Worin das umstürzend Neue lag, ist zunächst nicht ohne weiteres zu erkennen. Solange man an der überkommenen Vorstellung Gottes festhielt, ergab sich nämlich praktisch kein Unterschied: Gott *war* seinem Wesen nach gut, er würde daher das Böse auch dann nicht wollen, wenn er dies könnte. Die praktische Dimension des Streits zeigt sich indessen, wenn man *Gott streicht*. Denn dies bedeutet nichts anderes, als daß man an die Stelle Gottes einen irdischen Gesetzgeber setzt. Jetzt aber lautet die Frage: darf der irdische Gesetzgeber alles anordnen, was er will? Wenn der Gesetzespositivismus konsequent ist, muß er diese Frage bejahen. Zugespitzt formuliert: Daß Diktatoren mit den Menschen, die ihnen unterworfen sind, nicht nur tatsächlich, sondern auch rechtlich gesehen tun und lassen können, was ihnen beliebt, das ist der harte Kern der gesetzespositivistischen Ideologie. Ihre Methode besteht darin, den Rechtsbegriff erst zu entleeren, um ihn dann mit beliebigen Inhalten aufzufüllen.

2. Rechtfertigung des Gesetzespositivismus

Zur Rechtfertigung ihrer Auffassung berufen sich die Vertreter des Gesetzespositivismus allerdings auf ein gewichtiges Argument, das man kurz gefaßt so wiedergeben kann: Auf die Unterscheidung von Recht und Unrecht kann keine Gesellschaft verzichten. Über das, was Recht und was Unrecht ist, gehen die Meinungen aber häufig weit auseinander. Im Streitfall ist das Recht daher streng genommen unbeweisbar, das aber heißt: es ist nicht der *Erkenntnis*, sondern nur dem *Bekenntnis* zugänglich. Da man zwischen verschiedenen Bekenntnissen nicht im Wege der Vernunft entscheiden kann, muß wohl oder übel der Wille und die Macht diese Aufgabe übernehmen. „Vermag niemand festzustellen, was gerecht ist," lautet eine berühmte Formulierung Gustav Radbruchs (1878–1949), „so muß jemand festsetzen, was rechtens sein soll, und soll das gesetzte Recht der Aufgabe genügen, den Widerstreit entgegengesetzter Rechtsanschauungen durch einen autoritativen Machtspruch zu beenden, so muß die Setzung des Rechts einem Willen zustehen, dem auch eine Durchsetzung gegenüber jeder widerstrebenden Rechtsanschauung möglich ist." Kurz: „Wer Recht durchzusetzen vermag, beweist damit, daß er Recht zu setzen befugt ist."[5] Denn wie anders sollte das Recht je *wirklich* werden können? Der Gesetzespositivist erkennt daher nur solche Normen als Recht an, hinter denen die Zwangsgewalt des Staates steht. Ein Rechtssatz ohne Rechtszwang ist für ihn ein Widerspruch in sich selbst, ein Feuer, das nicht brennt, ein Licht, das nicht leuchtet.

3. Gesetzliches Unrecht

Wäre dies alles, was hierzu zu sagen ist, würden Recht und Macht notwendig zusammenfallen. Es käme nur darauf an, der Stärkste zu sein, um sogleich auch das Recht auf seiner Seite zu haben. Gegen diese Konsequenz hat man sich zu allen Zeiten gesträubt. In seinen „Erinnerungen" hat uns Xenophon ein Gespräch zwischen dem jungen Alkibiades und seinem Vormund Perikles über das Verhältnis von Gesetz und Recht überliefert, in dem der Gesetzespositivismus mit eben diesem Argument in die Enge getrieben wird. Selbstverständlich – so legt Perikles in diesem Gespräch zunächst einmal seinen Standpunkt dar – soll man das Gute tun und nicht das Schlechte. Was aber gut ist, wird für den Staatsmann Perikles durch das staatliche Gesetz bestimmt: „Alles das sind Gesetze, was das versammelte Volk nach vorheriger Beratung schriftlich festlegt." Auf Nachfrage muß Perikles allerdings einräumen, daß auch das ein Gesetz genannt wird, was in der Oligarchie von wenigen beschlossen wird. Selbst was ein Tyrann als Obrigkeit festlegt, wird Gesetz genannt. An diesem Punkt angelangt, geht Alkibiades zum Angriff über: „Gewalt jedoch und Ungesetzlichkeit, was ist das, mein Perikles? Doch wohl, wenn der Stärkere den Schwächeren nicht überzeugt, sondern ihn vielmehr mit Gewalt zwingt, das zu tun, was ihm gut scheint?" „Das scheint mir allerdings so zu sein", antwortete Perikles. „Und folglich ist das, was der Tyrann durch schriftliche Festlegung den Bürger zu tun zwingt, ohne ihn überzeugt zu haben, Ungesetzlichkeit?" „Anscheinend", erwiderte Perikles darauf, „ich ziehe also zurück, daß das ein Gesetz ist, was ein Tyrann ohne Beratung schriftlich verordnet." „Nennen wir das", bohrte Alkibiades weiter, „was die Oligarchie mit Gewalt dem Volke vorschreibt, ohne es überzeugt zu haben, nennen wir das Gewalt oder nicht?" „Ganz und gar scheint mir das so", meinte Perikles, „wenn jemand einen anderen etwas zu tun zwingt, ohne ihn überzeugt zu haben, sei es mit oder ohne schriftliche Festlegung, ist das eher Gewalt als Gesetz." „Weil nun das ganze Volk die Besitzenden unterdrückt", lautete die Frage nunmehr, „dürfte auch das, was das Volk schriftlich vorschreibt, ohne überzeugt zu haben, mehr Gewalt als Gesetz sein?" „Freilich, mein lieber Alkibiades", antwortete Perikles, „auch wir waren in deinem Alter groß in solchen Fragen. Denn auch wir übten uns in derartigen Dingen und klügelten uns solche Fragen aus, wie du sie mir jetzt stellst." Alkibiades aber sagte darauf: „Wenn ich doch damals mit dir zusammengewesen wäre, mein lieber Perikles, als du in diesen Fragen deiner besonders sicher warst."[6]

Die Faszination, die von diesem Gespräch ausgeht, rührt daher, daß es um einen zeitlosen Kern kreist: Ist das Recht wirklich schon deshalb auf seiten des Stärkeren, weil dieser den Gesetzgebungsapparat beherrscht? Ist also gesetzliches Unrecht undenkbar? Könnte ein Gewalthaber womöglich den Totschlag erlauben und das Erfüllen von Verträgen verbieten? Oder setzt der Gesetzespositivismus nicht vielmehr voraus, daß die Gesetzgebung sich in einem Rahmen bewegt, der durch ein überpositives Recht abgesteckt ist? Wird also die Schwachstelle des Gesetzespositivismus nicht gerade dann sichtbar, sobald man in konsequenter Weise ernst damit macht?

III. Das Naturrecht

Es ist eine Ironie der Geschichte, daß ausgerechnet der Mann, der die Gleichsetzung von Recht und Gesetz vor 1933 am überzeugendsten vertreten hatte – Gustav Radbruch –, nach 1945 aufgrund der inzwischen gemachten Erfahrungen das Stichwort für die Abkehr vom Gesetzespositivismus gab: *Naturrecht*. Damit war gemeint, daß das Recht noch eine andere Quelle hat als das staatliche Gesetz, eine überpositive Quelle nämlich, die sich dem vereinnahmenden Zugriff des Positiven für immer entzieht. Tatsächlich waren die Nachkriegsjahre in Westdeutschland von einer regen Naturrechtsdiskussion geprägt. Von all dem interessiert hier nur soviel: Was ist unter Naturrecht zu verstehen? Und: läßt sich das Rätsel des Rechts damit lösen?

1. Die Idee einer vorgegebenen Richtigkeit

In der Geschichte sind im Laufe der Zeit sehr verschiedene Spielarten des Naturrechts aufgetreten. Wirksam geworden ist nach 1945 zunächst nur die *idealistische* Richtung. Diese läßt sich im Kern auf den Gedanken zurückführen, daß das, was in einem bestimmten Fall Recht ist, bereits *feststeht*, *bevor* irgend jemand – sei es der Gesetzgeber oder der Richter oder auch die Gesamtheit der Bürger selbst – in irgendeiner Weise zur Feststellung dieses Rechts tätig geworden ist. Recht und staatliches Gesetz sind nach dieser Auffassung prinzipiell *zweierlei*, und höher als das Gesetz steht das Recht. Der Gesetzgeber steht daher nicht außerhalb des Rechts; auch wenn er faktisch die Macht hat, sich darüber hinwegzusetzen, ist er vielmehr in derselben Weise daran gebunden wie alle andern auch. Für die Vertreter des idealistischen Naturrechts hat der Gesetzgeber daher nicht die Befugnis, das Recht willkürlich zu schaffen; vielmehr muß die staatliche Gesetzgebung als ein Versuch verstanden werden, das Recht unter der Bedingung der Knappheit von Zeit und Mitteln lediglich zu *erkennen*. Soweit das Recht nicht auf andere Weise erkannt werden kann, hat das Gesetz seinen guten Sinn und darf ohne weiteres selbst als Recht angesehen werden. Wo es jedoch zu dem Recht offenkundig in Widerspruch tritt, geht ihm die Legitimität ab.

Das in diesem Sinn verstandene Naturrecht kann in Europa auf eine reiche Tradition zurückblicken. Unter anderem ist die Idee der Menschenrechte aus naturrechtlichem Boden erwachsen. Häufig ist der Naturrechtsgedanke freilich über das Ziel hinausgeschossen. So hat man in der Vergangenheit vielfach geglaubt, das Naturrecht sei eine überall gültige, zeitlose Ordnung, der im Prinzip alles gesetzte Recht zu entsprechen habe. An dieser Vorstellung festzuhalten, wurde jedoch um so schwerer, je genauer das Wissen über die empirische Beschaffenheit der Welt wurde. Für den Papua ist nichts natürlicher, als daß man alte Leute lebendig begräbt, während wir darin einen sehr unnatürlichen Tod sehen. Die Idee, daß das Recht im Grunde überall dasselbe sein müsse, ist um nichts besser, als daß die ärztliche Behandlung bei allen Kranken die gleiche sein müsse. Ein Universalrecht für alle Völker und Zeiten ist der ewig gesuchte Stein der Weisen, nach dem in Wirklichkeit nicht die Weisen, sondern nur die Toren auf der Suche sind. Wo sich die Lebensverhältnisse grundlegend unterscheiden, muß auch das Recht ein anderes sein; andernfalls würden verschiedene Dinge grundlos gleich behandelt. Bereits die Gerechtigkeit selbst gebietet daher, daß das Recht nach Zeit und Ort verschieden ist. Für den Anspruch einer allgemein gültigen, zeitlosen Ordnung ist diese Erkenntnis vernichtend. Drei Breitengrade werfen nach einem berühmten Wort Pascals die ganze Jurisprudenz über den Haufen; ein Meridian entscheidet über die Wahrheit: „Eine schöne Gerechtigkeit, deren Grenze ein Fluß ist! Was auf dieser Seite der Pyrenäen Wahrheit ist, ist auf der anderen Irrtum."[7] Das Naturrecht hat auf diese Erkenntnis so reagiert, daß es seinen Anspruch gemäßigt hat. Anstatt eine für alle Zeiten und Verhältnisse gleiche Ordnung zu postulieren, begnügte es sich in der Folge mit dem Gedanken, daß es für jedes Verhältnis eine *eigene* Richtigkeit gebe. Ausdruck dieses geänderten Naturrechtsverständnisses ist die Formel von einem „Naturrecht mit wechselndem Inhalt".

Man hat gelegentlich gemeint, damit habe sich das Naturrecht selbst in Mißkredit gebracht; aber das ist nicht richtig. Vielmehr wird es durch diese Wendung gerade auf seinen eigentlichen Kern zurückgeführt. Das aber, um es noch einmal zu sagen, ist der, daß es in jeder rechtlichen Entscheidungssituation *der Idee nach* nur *eine einzige richtige* Entscheidung gibt. Diese muß daher der tatsächlich getroffenen Entscheidung *vorgegeben* sein. Sie folgt also weder aus der Willkür des Gesetzgebers noch aus der des Richters oder anderer Personen, sondern ist – wie man sagen könnte – aus dem Gedanken des Rechts selbst abgeleitet.

2. Formelle Stringenz bei inhaltlicher Leere

Unglücklicherweise endet dieser Versuch, das Gesetz vor der Auslieferung an die Willkür zu bewahren, jedoch im Ungewissen. Während der Gesetzespositivismus mit der Schwierigkeit zu kämpfen hat, daß er nicht angeben kann, warum das positive Gesetz „Recht" sein soll, kämpft das idealistische Naturrecht genau umgekehrt damit, daß es nichts „Positives" aufzuweisen hat. Der Gedanke, daß es für jede Entscheidungssituation nur eine einzige Entscheidung gibt, die dem Recht entspricht, hat zweifellos etwas Anziehendes. Aber solange das Naturrecht nichts weiter besagt als dies, folgt daraus gar nichts. Praktisch kommt es nämlich weniger darauf an, ob es überhaupt so etwas wie eine allein richtige Entscheidung gibt, als vielmehr darauf, wie diese aussieht.

Aus dieser Schwierigkeit hat man sich immer wieder damit zu retten versucht, daß man das Naturrecht nur für ganz grundlegende Entscheidungen in Anspruch genommen hat. Das Naturrecht wäre dann gewissermaßen „nicht so dicht gewebt", daß es für alle Probleme eine Lösung bereithält; aus ihm würden sich vielmehr nur die Eckdaten ergeben, die nähere Ausführung bliebe Sache des positiven Rechts. Aber auch diese Vorstellung stößt auf Schwierigkeiten. Folgt man ihr nämlich, müßte zumindest die Tötung eines andern ohne Wenn und Aber verboten sein, denn grundlegendere Fragen als diese lassen sich kaum denken. Bisher hat aber noch keine Rechtsordnung und auch kein Naturrecht ein absolutes Tötungsverbot aufgestellt. Überall gibt es Ausnahmen für die Tötung in Notwehr, im Krieg, in Vollzug der Todesstrafe usw. Entscheidend sind also immer die Umstände, unter denen getötet wird. Polemisch ausgedrückt, könnte man sagen, daß nur eine solche Tötung verboten ist, die gegen die Regeln verstößt, nach denen das Töten erlaubt ist. Welchen Zweifeln das allgemeine Tötungsverbot ausgesetzt ist, hat unter anderem die Diskussion um die Freigabe der Abtreibung gezeigt. Im Ausgangspunkt waren sich hier alle darüber einig, daß die Tötung eines „andern" zwingend unter Strafe gestellt werden müsse. Ob freilich auch der Embryo ein „anderer" in diesem Sinn ist, war gerade der Streit.

Das naturrechtliche Denken gerät daher leicht in Gefahr, sich in der Produktion von leeren Drohpotentialen gegenüber dem positiven Recht oder aber von Tautologien zu erschöpfen, wonach das Richtige dem Falschen vorzuziehen ist. Die Brücke zum wirklichen Recht läßt sich auf diese Weise nicht schlagen. Das idealistische Naturrecht kann vielmehr nur durch eine reale Entscheidung realer Menschen aus seiner formalen Ohnmacht herausgeführt werden. Diese Entscheidung ist dann freilich mit allen Nachteilen des realen Entscheidens behaftet, denen das Naturrecht an sich entgegentreten will.

3. Ungerechtes Naturrecht

Schlägt man den Bogen etwas weiter und bezieht auch das *voluntaristische* Naturrecht mit ein, so gibt es buchstäblich nichts, von dem nicht behauptet werden könnte, daß es naturrechtlich begründbar ist. Wenn daher viele nach 1945 glaubten, den Auswüchsen des gesetzlichen Unrechts mit einer Berufung auf „das Naturrecht" begegnen zu können, so war dies ein edler, in der Sache aber naiver Wunsch. Andere, die mit den Möglichkeiten, die in den Abgründen des naturrechtlichen Denkens angelegt sind, vertrauter waren, haben dem kühl entgegengehalten, daß auch die Lehre von der Höherwertigkeit der arischen Rasse eine Naturrechtslehre war. Von Ernst Forsthoff (1902–1974) stammt geradezu der Satz: „Man kann mit dem Naturrecht alles beweisen und rechtfertigen – bis hin zu den Gaskammern von Auschwitz; es kommt nur darauf an, den Ausgangsbegriff der vorausgesetzten Natur entsprechend zu fassen."[8]

Das naturrechtliche Denken als solches, losgelöst von der Verpflichtung auf bestimmte, als human erkannte Rechtsinhalte, bietet daher durchaus keine Rettung vor der Willkür des Gesetzes. Wenn sich der Gesetzgeber auf ein eigenes Naturrecht beruft, können sich Naturrecht und gesetzgeberische Willkür vielmehr sogar verbünden. Vor allem aber ist der Naturrechtler vor Irrtümern so wenig gefeit wie der Gesetzespositivist. Wer glaubt, im Naturrecht über einen Maßstab zu verfügen, an dem er das Gesetz schlechthin messen kann, braucht daher streng genommen einen weiteren Maßstab, nach dem sich die Richtigkeit des jeweils in Anspruch genommenen Naturrechts bemißt. Im Ergebnis scheint sich daher nur die Alternative anzubieten, den Gedanken der vorgegebenen Richtigkeit entweder ins Ungreifbare zu verflüchtigen oder an irgendeinem Punkt eben doch der Wirklichkeit auszuliefern. Wie der Gesetzespositivismus unausgesprochen einen Konsens über das vorpositiv richtige Recht voraussetzt, so beruht daher auch umgekehrt die Durchschlagskraft des Naturrechtsgedankens auf der unausgesprochenen Anerkennung einer versteckten Setzung.

IV. Rechtliche Aporien in der Praxis

Wenn das Recht, um das sich die Juristen bemühen, weder mit den tatsächlichen (Macht-)Verhältnissen noch mit dem idealen Gedanken der Gerechtigkeit identisch ist, dabei aber weder auf reale Geltung noch auf den Anspruch verzichten kann, Gerechtigkeit zu verwirklichen, so ist es im Grunde eine *coincidentia oppositorum*, eine Einheit von Widersprüchlichem, die kaum je herzustellen ist und noch dazu ständig auseinanderdriftet. Das gilt nicht nur für die theoretische Betrachtung, sondern wirkt sich aus bis in die Niederungen des Alltags.

1. Die Aufwertungsrechtsprechung des Reichsgerichts

Ein anschauliches Beispiel dafür bietet die *Aufwertungsrechtsprechung* des Reichsgerichts nach dem ersten Weltkrieg. In der damals einsetzenden Inflation gerieten alle Maßstäbe durcheinander. Die Geldentwertung war so groß, daß schließlich die Papiermark im August 1923 nur noch den millionsten, im Dezember gar nur den billionsten Teil der Goldmark wert war. Gleichwohl hielten die Währungsgesetze an dem Grundsatz „Mark gleich Mark" unverrückt fest. Das hatte verheerende Folgen. Unter anderem konnte ein Schuldner, der in Friedenszeiten ein Darlehen aufgenommen und dafür ein Haus gebaut hatte, den Betrag später in Papiergeld zurückzahlen, für das sich der Gläubiger kaum einen Laib Brot kaufen konnte. Das wurde als schreiendes Unrecht empfunden. Wenn es Recht war, daß man die allgemeine Misere unter Berufung auf das Gesetz dazu ausnutzen durfte, um auf Kosten eines andern reich zu werden, dann war nicht mehr verständlich zu machen, warum der Diebstahl von Kleinigkeiten nach wie vor Unrecht sein sollte. Die Gerichte kamen auf diese Weise durch das Gesetz in eine mißliche Lage. Einerseits war das ganze Wirtschaftssystem auf dem Grundsatz „Mark gleich Mark" aufgebaut; andererseits jedoch schien es die Gerechtigkeit zu verlangen, eine auf dieser Basis beruhende Kalkulation nicht länger anzuerkennen. Der Kampf des Rechts gegen ein ungerechtes Gesetz drängte nach einer Lösung.

Nach langem Zögern wich das Reichsgericht von dem gesetzlich verordneten Grundsatz „Mark gleich Mark" ab und paßte nach und nach die verschiedensten Forderungen an die veränderten Verhältnisse an. Man berief sich dabei zwar auf den ebenfalls gesetzlich verordneten Grundsatz von „Treu und Glauben". Aber die Bezugnahme auf ein staatliches Gesetz war in diesem Zusammenhang nur Vorwand. Als nämlich der Gesetzgeber sich anschickte, ein Verbot der Aufwertung zu beschließen, warnte der Vorstand des Richtervereins beim Reichsgericht den Reichstag davor, durch sein Machtwort „eine Rechtslage herbeizuführen, die gegen Treu und Glauben verstieße". In diesem Falle bestehe nämlich die Gefahr, daß „der geplante Eingriff selbst ... als unsittlich seiner unsittlichen Folgen wegen ... *rechtsunwirksam* wäre"[9]. Das war eine unverblümte Androhung der Gehorsamsverweigerung für den Fall, daß der Gesetzgeber ein Verbot der Aufwertung beschließen würde. Es ging also in Wahrheit darum, die allzu groß gewordene Spannung zwischen Gesetz und Recht nach der Seite des Rechts hin zum Ausgleich zu bringen.

2. *Die Zinsrechtsprechung des Bundesgerichtshofs*

Weniger spektakulär, aber vielleicht noch nachdrücklicher macht sich die innere Zwiespältigkeit allen Rechts in einem Streit bemerkbar, der in den 80er Jahren des letzten Jahrhunderts die westdeutschen Gerichte beschäftigte. Es ging dabei unmittelbar nicht um den Konflikt von positivem Gesetz und Rechtsidee, sondern um das Verhältnis von Positivität und Idealität überhaupt. Gemeint ist folgendes.

Im Bürgerlichen Gesetzbuch gibt es eine Vorschrift, durch die Verträge mit

„sittenwidrigem" Inhalt für „nichtig" erklärt werden (§ 138 BGB). Zwar enthält das Gesetz keine Bestimmung darüber, wann genau ein Vertrag „sittenwidrig" ist; es gibt den Gerichten aber die Handhabe, diese Frage durch großzügige Auslegung des Gesetzes selbst zu beantworten. Gestützt hierauf, hatten die Gerichte Darlehensverträge zwischen Banken und Kreditnehmern lange Zeit dann für nichtig erklärt, wenn die Zinsen einen gewissen Prozentsatz überstiegen hatten. In solchen Fällen mußten die Kreditnehmer dann überhaupt keine Zinsen entrichten, bereits geleistete Zinszahlungen konnten zurückgefordert werden. Die Banken versuchten daher, die von der Rechtsprechung gesetzten Grenzen möglichst nicht zu überschreiten. Das war in der Regel nicht schwer, denn über das, was nach der Rechtsprechung in Bankgeschäften zulässig ist, sind die Banken häufig besser informiert als die meisten Gerichte.

Anfang der 80er Jahre kam der Bundesgerichtshof zu der Erkenntnis, daß das Gesetz bisher *falsch ausgelegt* und die Zinsobergrenze zu hoch angesetzt worden war. Er ging daher dazu über, strengere Anforderungen zu stellen und auch Verträge mit niedrigeren Zinssätzen als nichtig zu beurteilen. Bei den neu getätigten Vertragsabschlüssen stellten sich die Banken rasch darauf ein. Was die Behandlung der zahlreichen „Altverträge" angeht, kam es indessen zu einer heftigen Auseinandersetzung.

Die Kreditnehmer, die in der Vergangenheit Darlehensverträge abgeschlossen hatten, die damals als wirksam, jetzt aber als unwirksam beurteilt wurden, weigerten sich nicht nur, darauf weitere Zinsen zu entrichten, sondern verlangten darüber hinaus die bereits gezahlten Zinsen zurück. Demgegenuber beriefen sich die Banken auf *Vertrauensschutz*. Sie hatten sich sorgfältig an der Rechtsprechung orientiert und konnten deshalb nicht verstehen, warum sie jetzt davon Nachteile haben sollten. Überdies stellten die vereinnahmten Zinsen ihren Gewinn dar. Auf dieser Grundlage hatten sie zahlreiche unternehmerische Entscheidungen getroffen, die jetzt nicht mehr rückgängig zu machen waren. Hätten sie die Zinsen zurückzahlen müssen, so wäre ihnen nachträglich die Kalkulationsgrundlage entzogen worden. Diesen Einwand wollten wiederum die Kreditnehmer nicht gelten lassen. Sie hielten entgegen, daß es *allein* auf den *Inhalt des Gesetzes*, nicht auf die Meinung seiner Ausleger ankommen könne. Sei die frühere Auslegung falsch gewesen, wie nunmehr feststehe, so hätten die Banken nicht auf das Recht, sondern auf das Unrecht vertraut. Wenn sie jetzt darauf bestünden, die vereinnahmten Zinsen behalten zu dürfen, so verlangten sie im Grunde nur, daß ihnen auch dann noch Recht gegeben werde, wenn ihr Unrecht offenbar sei. Demgegenüber wiesen die Banken darauf hin, daß bei unklarer Gesetzeslage die *Rechtsprechung* praktisch die *Funktion des Gesetzes* übernehme. Eine Änderung der Rechtsprechung dürfe daher nicht anders behandelt werden als eine Änderung des Gesetzes selbst. Eine Gesetzesänderung aber hätte ältere Verträge unberührt gelassen. Wolle man hier anders verfahren, sei alle Rechtssicherheit dahin. Darauf wiederum die Kreditnehmer: *Gesetzgebung* und *Rechtsprechung* sei prinzipiell *zweierlei*. Die Rechtsprechung habe nicht die Aufgabe, das Recht aus eigener Machtvollkommenheit zu *setzen*, sondern nur die, den wahren Willen des Gesetzes zu *erkennen* und auszusprechen. Stehe fest, was das Gesetz wolle, könne man nicht das Gegenteil für Recht erklären. Der Vertrauensschutz müsse daher vor dem erkannten Recht, die Rechtssicherheit vor der Gerechtigkeit zurückweichen. Wenn es darum gehe, zu wessen Gunsten zu entscheiden sei: zugunsten dessen, der das Recht auf seiner Seite habe, oder zugunsten dessen, der auf einen Rechtsirrtum vertraut habe, müsse zugunsten des Rechts entschieden werden, und wenn darüber alle Banken insolvent werden sollten.

Wir wollen hier abbrechen[10]. Wer den Fragen gefolgt ist, hat sicher einen Eindruck davon erhalten, in welchem Spannungsfeld sich das Recht auch in der täglichen Praxis bewegt. Der Jurist kann sich dieser Spannung nur scheinbar entziehen. Seine eigentliche Aufgabe besteht darin, die Suche nach dem richtigen Recht in den Niederungen des Alltags immer von neuem aufzunehmen.

2. Abschnitt: Die Gerechtigkeit

Als der römische Kaiser Justinian im Jahre 534 n.Chr. das Corpus iuris verfassen ließ, setzte er folgende Sätze an die Spitze des ersten Buchs: „Wer sich mit dem Recht ernsthaft beschäftigen will, muß vor allem anderen wissen, woher der Name des Rechts (ius) stammt. Er ist hergenommen von Gerechtigkeit (iustitia). Denn, wie Celsus es eindrucksvoll bestimmt hat: das Recht ist die Kunst des Guten und Gerechten."[1] Der Drang nach Gerechtigkeit ist eine so elementare Regung der menschlichen Natur, daß sie auf die Dauer auch durch Aktenberge und Dienstvorschriften nicht erstickt werden kann. Jeder, der sich bei anstehenden Entscheidungen weigert zu würfeln – und das sind so gut wie alle –, erweist, ob er will oder nicht, der Gerechtigkeit seine Reverenz. Zusammen mit dem Wahren und Schönen gehört die Gerechtigkeit zu den Grundwerten, die unser Denken und Handeln bestimmen. Wenn die Gerechtigkeit untergeht, heißt es bei Kant, so hat es keinen Wert mehr, daß Menschen auf Erden leben. Wenn ein Gesetz Gerechtigkeit nicht einmal anstrebt, sondern bewußt verleugnet, wäre es nichts anderes als gesetzliches Unrecht. Freilich kann man mit so großer Münze im juristischen Alltag wenig bewirken, wie man ja auch mit einem 500 Euro-Schein keine Zigaretten kaufen kann. Nur eines gilt: wenn es dem großen Geld an Deckung fehlt, dann auch dem kleinen.

Was aber ist die Gerechtigkeit, die dem Recht seinen Wert verleiht? Nach Hans Kelsen (1881–1973) nur ein „schöner Traum der Menschheit"[2]; wir wissen nicht, was sie ist, und werden es nie wissen. Das klingt resignativ. Zuversichtlicher lautet die Auskunft des römischen Juristen Ulpian: *honeste vivere, alterum non laedere, suum cuique tribuere*[3] – sich anständig verhalten, niemand schädigen, jedem das Seine geben. Die Gerechtigkeit setzt danach zunächst einmal Menschen voraus, die an Gerechtigkeit *interessiert* sind – unter anderem solche, die wissen, daß sie andern etwas schuldig sind und nicht nur die andern ihnen. Der saturierte Zyniker hat für Gerechtigkeit nur ein Achselzucken übrig. Wer selbst jeden erdenklichen Wohlstand genießt, ohne darüber irgendwelche Gewissensbisse zu empfinden, interessiert sich meist nicht für die Gerechtigkeit, sondern entwirft gerechtigkeitsfreie Rechts- und Systemtheorien. Nach Gerechtigkeit sehnt sich meist nur derjenige, der an der Ungerechtigkeit leidet, der den Stachel der Verletzung empfindet.

Einem andern das Seine vorzuenthalten, wird niemand, der nach Gerechtigkeit strebt, für gerecht erklären wollen. Nur – was ist das: „das Seine"? Ist es das, was ihm bereits gehört? Oder ist es das, was ihm fehlt? Oder das, was ihm zusteht? Und falls ja: nach welchem Maßstab? Wer diesen Fragen nachspürt, wird tief in die Dialektik des Rechts verstrickt; denn das Recht, wenn es diesen Namen verdient, ist nichts anderes als ein Versuch, darauf eine Antwort zu geben.

§ 5 Strafende Gerechtigkeit

I. Vergeltung und Rache

1. Rache als anthropologische Konstante

Suum cuique – das kann man dahin verstehen, daß jeder das bekommen soll, was er *verdient*. Bei dem, was man selbst verdient, fallen einem gewöhnlich nur Belohnungen ein. Bei dem, was ein anderer von Rechts wegen verdient hat, denken die meisten dagegen an *Vergeltung* und *Strafe*. Kein Vergehen soll ungeahndet, keine Untat unvergolten bleiben – das ist für die meisten ein wesentlicher Aspekt der Gerechtigkeit überhaupt.

Das Bedürfnis, für erlittenes Unrecht *Rache* zu nehmen, ist tief in der menschlichen Brust verankert. „Selbst wenn sich die bürgerliche Gesellschaft mit aller Glieder Einstimmung auflöste", lautet ein bekanntes Diktum Kants, „müßte der letzte im Gefängnis befindliche Mörder vorher hingerichtet werden, damit jedermann das widerfahre, was seine Taten wert sind, und die Blutschuld nicht auf dem Volke hafte, das auf diese Bestrafung nicht gedrungen hat"[1]. Im Sagenschatz aller Völker stößt man auf Geschichten, in denen grausam Rache geübt wird. Das Nibelungenlied kann geradezu als eine Apotheose der Rache gelesen werden. Daß Siegfried durch Hagens Hand fällt, ist nichts anderes als Brunhilds Rache für die Schmach, die er ihr angetan hat; Siegfrieds Tod wiederum löst eine ungeheuerliche Racheaktion Krimhilds aus, bei der alle Beteiligten bis auf den letzten Mann zugrunde gehen. Krimhild selbst schließlich fällt einem Racheakt Dietrichs zum Opfer. Man hat nicht den Eindruck, als ob die Verfasser oder die Adressaten solcher Geschichten dadurch irgendwie in ihrem Rechtsempfinden verletzt gewesen wären. Die Rache erscheint vielmehr als ein selbstverständlicher Ausdruck der Gerechtigkeit, genauso wie es auch Kinder noch immer in Ordnung finden, daß die böse Hexe am Ende des Märchens verbrannt wird oder daß sie in glühenden Schuhen tanzen muß, bis sie tot umfällt. In manchen Kulturen waren der Rache eigene Gottheiten zugeordnet – die Erinnyen der Griechen zum Beispiel –, und auch der eine Gott der Bibel, der keine anderen Götter neben sich duldet, hat in Wahrheit die alten Rachegötter in sich aufgenommen: Er ist nicht nur ein eifernder, sondern zugleich ein rächender Gott, der die Untaten der Väter bis ins dritte und vierte Glied verfolgt[2].

2. Das Talionsprinzip

Häufig wird die Rache mit dem *Talionsprinzip* in Verbindung gebracht: Auge um Auge, Zahn um Zahn. Streng genommen ist das nicht richtig. Während das Talionsprinzip auf die Vergeltung des Gleichen mit Gleichem abzielt, geht die Rache in ihrer ursprünglichen, archaischen Form auf die gänzliche Vernichtung dessen, der uns verletzt hat. Das hat damit zu tun, daß sich der Verletzte in seinen Rechtsgütern ebenso wie in den verschiedenen Teilen seines Körpers nicht nur teilweise, sondern ungeschmälert und insgesamt präsent sieht. Wer ihn daher auch nur in einem Punkt angreift, greift ihn nach seiner Vorstellung zugleich als ganzen an. Wer sein Auge verletzt, verletzt nicht nur das Auge, sondern ihn selbst; wer sein Eigentum mißachtet, beschädigt nicht bloß eine Sache, sondern mißachtet auch seine Person. Daher die spontane Neigung, auf den andern insgesamt zurückzuschlagen. Wer darin eine primitive Regung sieht, von der der moderne Mensch frei sei, täuscht sich. Es war kein Geringerer als Rousseau, der in seinem *contrat social* die Auffassung verkündete, daß man nur mit solchen Menschen zusammenleben könne, mit denen man durch einen staatsbürgerlichen Grundkonsens verbunden sei. Wer diesen Grundkonsens verletzt, verdient, wie Rousseau schreibt, den Tod. Denn er hat durch seine Tat gezeigt, daß mit ihm prinzipiell kein Rechtsverhältnis möglich ist. Das war die Theorie, die während der französischen Revolution, dem Höhepunkt der politischen Aufklärung, die Guillotine in Bewegung setzte. Die Erinnerung daran zeigt, daß es offenbar nur einer zeitgemäßen Formulierung bedarf, um die Rache in ihrer elementarsten Gestalt wieder auf den Plan zu rufen.

Im Vergleich dazu stellt das Talionsprinzip eine erhebliche Milderung dar. Das Ausmaß der Reaktion bestimmt sich danach nicht nach dem Rachebedürfnis des Verletzten, sondern nach dem objektiven Gewicht der Tat. Für das Auge darf nicht der ganze Mann, sondern nur sein Auge, für den Zahn nur wiederum der Zahn gefordert werden. Während die Rache im Prinzip maßlos ist, zielt die Talion auf eine *gemessene* Vergeltung. Sich damit zu begnügen, ist der Verletzte in der Regel nur unter dem Druck des Staates bereit. Unter den ersten Leistungen des Staates ist daher die zu nennen, daß er der privaten Rache Grenzen gesetzt hat.

Wörtlich genommen, ist das Talionsprinzip wesentlich schwerer zu realisieren als es die Formel „Auge um Auge, Zahn um Zahn" in Aussicht stellt. In vielen Fällen stößt der Gedanke, Gleiches mit Gleichem zu vergelten, auf natürliche Grenzen. Denn was sollte danach mit einem Meineidigen, einem Notzüchter oder einem Verkehrssünder geschehen? Im Mittelalter behalf man sich in solchen Fällen mit dem Prinzip der „spiegelnden" Strafe, das heißt der Täter wurde an dem Körperteil, mit dem er das Verbrechen begangen bzw. mit demselben Mittel, das er dabei eingesetzt hatte, bestraft. Dem Meineidigen wurden daher die Schwurfinger abgehauen oder die Zunge herausgeschnitten, der Verführer wurde kastriert, der Brandstifter verbrannt. Das war zweifellos ein anfechtbarer Behelf. Immerhin kommt darin zum Ausdruck, daß auch das Talionsprinzip keineswegs fordert, daß dem Täter buchstäblich dasselbe, sondern nur, daß ihm etwas *Gleichwertiges* widerfährt.

In seinen Auswirkungen hat das Talionsprinzip einen Prozeß zunehmender Milderung der Reaktion auf begangenes Unrecht eingeleitet, der bis in die Gegenwart anhält. Wenn die Strafe der Preis ist, für das ein Verbrechen gehandelt wird, so ist die Geschichte des neuzeitlichen Strafrechts die einer Deflation: wer ein Verbrechen begangen hat, muß dafür immer weniger bezahlen. In manchen Fällen ist der Gegenwert heute nur noch symbolischer Natur. Aber was auf der einen Seite als Humanisierung erscheint, zieht auf der andern höchst unerwünschte Folgen nach sich.

3. Öffentliche Strafe als Täterschutz

Seitdem der Staat im ausgehenden Mittelalter die Verbrechensverfolgung dem Verletzten aus der Hand genommen und zu einer *öffentlichen Angelegenheit* gemacht hat, hat sich die Auffassung durchgesetzt, daß Strafe und Rache nichts miteinander gemein haben. Rache gilt den meisten – solange sie nicht selbst in der Rolle des Verbrechensopfers sind – als irrational und verwerflich, während die staatliche Strafe trotz aller Kritik, die man an ihr übt, nach wie vor auf ein gewisses Verständnis rechnen darf. Daran ist zunächst richtig, daß die staatliche Verbrechensverfolgung einen Prozeß der Rationalisierung eingeleitet hat. Der Staat sorgt nicht nur dafür, daß der Tat die Sanktion auf dem Fuß folgt, sondern schaltet sich dabei zugleich zwischen Täter und Opfer als prinzipiell unbeteiligter Dritter ein. Das war die unabdingbare Voraussetzung dafür, daß die Vergeltung im eigentlichen Sinn Rechtscharakter gewinnen konnte; denn nur auf diese Weise konnte der Täter vor der ungemessenen Rache des Verletzten und seiner Angehörigen geschützt werden. Auch wenn der Staat in manchen Epochen überaus hart und grausam gegen überführte und potentielle Verbrecher vorgegangen ist, auf lange Sicht war eine *rechtliche* Reaktion auf das Phänomen des Verbrechens nur von ihm zu erwarten.

Die Kehrseite der staatlichen Verbrechensverfolgung ist freilich die, daß die Belange des Verletzten, des Verbrechensopfers, dabei zunehmend aus dem

Blick getreten sind. Das moderne Strafrecht ist nicht nur in dem Sinn Täterstrafrecht, daß es neben der objektiven Tat nachdrücklich auch die subjektiven Verhältnisse des Täters berücksichtigt. Lange Zeit ist das Strafrecht vielmehr einseitig unter dem Aspekt gesehen worden, daß der Staat mit seiner ganzen Übermacht gegen einen hoffnungslos unterlegenen Tatverdächtigen zu Felde zieht und Sanktionen gegen ihn verhängt. Auf diese Weise ist der Straftäter unversehens in die Rolle eines beklagenswerten Opfers staatlicher Gewalt hineingewachsen, während das wirkliche Verbrechensopfer als jemand erscheint, der von primitiven Racheimpulsen getrieben ist. Unter dem Einfluß dieser Betrachtungsweise ist vor allem das formelle Strafverfahren so sehr auf den Schutz des Angeklagten ausgerichtet worden, daß das Tatopfer häufig nur als Beweismittel zur Überführung des Täters in den Blick tritt. Kommt es infolge des geschickten Agierens eines Anwalts zum Freispruch des Täters mangels Beweises, wird dies vom Opfer häufig als zusätzliche Traumatisierung erlebt.

Eine angemessene Beurteilung dieser Entwicklung ist nur dann möglich, wenn man sich klarmacht, daß es ganz unterschiedliche Arten von Delikten gibt: solche, die sich unmittelbar als Angriff gegen einzelne Bürger darstellen, und andere, die allein gegen die öffentliche Sicherheit und Ordnung gerichtet sind. Durch die letzteren werden private Interessen unmittelbar nicht berührt; wichtig ist daher nur das Verhältnis des Staates zum Täter. In den anderen Fällen jedoch erfolgt die Strafverfolgung zugleich im Interesse des Verletzten, dem der Staat das Recht, sich selbst Genugtuung zu verschaffen, aus der Hand genommen hat. In diesen Fällen geht es nur scheinbar um ein zweiseitiges Verhältnis zwischen Staat und Täter; in Wirklichkeit ist der Verletzte als unsichtbarer Beteiligter mit im Spiel. Nachdem man die Opferperspektive lange Zeit wenig beachtet hat, ist man in jüngerer Zeit wieder darauf aufmerksam geworden, daß es nicht angeht, die Erwartungen und Empfindungen des Verletzten einfach zu ignorieren. Denn was soll der rechtstreue Bürger denken, wenn sein eigener Verstoß gegen die banalste Ordnungsvorschrift konsequent geahndet wird, während auf der anderen Seite eine Verletzung, die ihn im Innersten trifft, den Staat scheinbar gleichgültig läßt? Was soll er denken, wenn sich alle Welt nur um den Täter sorgt, während der Verletzte sich selbst überlassen wird?

Aber nicht nur die Perspektive des unmittelbar Betroffenen ist zu bedenken: Für jeden, der sich mit dem Täter identifiziert, findet sich jemand, der mit dem Opfer eines Verbrechens empfindet. Auf dem Gebiet des Strafrechts tut sich daher ein weites Feld auf, wie der Staat sein Ansehen gerade bei denjenigen Bürgern verspielen kann, an deren Loyalität ihm am meisten gelegen sein müßte.

Im gleichen Maße, wie sich der Staat gegenüber Rechtsverletzungsdelikten zurückhält, entsteht eine Zone, in der man andere unter dem Schutz der staatlichen Friedensordnung, die Selbstjustiz verbietet, ungestraft verletzen kann, und zwar nicht nur im Geheimen, sondern zum Teil sogar in aller Öffentlichkeit. Gewisse Bereiche der Medien leben geradezu davon, daß ausgewählte Personen ohne zureichenden Anlaß öffentlich beleidigt und bloßgestellt werden. Wer sich über die staatliche Indolenz, die hierin zum Ausdruck kommt, beschwert, muß gelegentlich hören, das sei nun einmal der Preis der Freiheit. Ähnlich wird argumentiert, wenn es um die unzulängliche Reaktion des Staates auf die zunehmende Gewaltkriminalität geht. Hier wird dann etwa, wie dies ein Kritiker aus den neuen Bundesländern einmal plastisch dargelegt hat, aus der Kriminalstatistik bewiesen, daß jeder in 160 Jahren einmal „dran" ist. Kümmere dich nicht um das, was dich unmittelbar nichts angeht, wird damit suggeriert. Wenn es deinen Nachbarn trifft, so sei froh: du bist doch statistisch erst in 160 Jahren „dran"[3]. Wenn das Rechtsbewußtsein der Bürger tatsächlich einmal auf diese Stufe sinken sollte, wäre es wohl kaum von dem Bewußtsein zu trennen, in einem Staat zu leben, dem das Schicksal seiner Bürger zutiefst gleichgültig ist.

4. Mitwirkung des Verletzten bei der Strafverfolgung

Durch das Prinzip staatlicher Strafrechtspflege wird häufig der Blick dafür verstellt, daß die Strafverfolgung in weitem Umfang auch heute noch auf die Mitwirkung des Verletzten angewiesen ist. Wenn der Verletzte nicht Anzeige erstattet, läuft die staatliche Verbrechensverfolgung in vielen Fällen schon deshalb leer, weil die Strafverfolgungsorgane von dem Delikt nichts erfahren. In Deutschland geht die Initiative zur Strafverfolgung in über 90 Prozent der Fälle von Gewalt- und Vermögenskriminalität vom Verletzten selbst aus. Der Verletzte wird aber nicht deshalb aktiv und setzt sich nicht zu dem Zweck den Unannehmlichkeiten aus, die ein Strafverfahren für einen Zeugen mit sich bringt, damit der „Strafanspruch" des Staates erfüllt wird; seine Absicht geht vielmehr dahin, *sich selbst Genugtuung zu verschaffen*. Wo dies in der Regel nicht mehr gewährleistet ist, wo er stattdessen damit rechnen muß, daß skrupellose Anwälte das Strafverfahren in ein Tribunal zur Bloßstellung der Zeugen umfunktionieren, ist die staatliche Verbrechensverfolgung zum Scheitern verurteilt. Ein Indiz dafür, in welchem Maße dies der Fall ist, gibt die sogenannte Dunkelziffer. Sie liegt bedrückend hoch.

Wie wenig der Staat bei der Strafverfolgung auf die Mitwirkung des Verletzten in Wahrheit verzichten kann, zeigt sich nach wie vor auch am Beispiel der *Antrags-* und *Privatklagedelikte*. Bei den Antragsdelikten setzt die staatliche Strafverfolgung einen *Strafantrag* des Verletzten voraus; bei den Privatklagedelikten muß dieser sogar anstelle des Staatsanwalts das *Verfahren betreiben* und die Bestrafung des Täters selbst beantragen. Wenn der Verletzte keinen Strafantrag stellt oder keine Privatklage erhebt, bleibt das Delikt ungesühnt, selbst wenn die Strafverfolgungsbehörden davon Kenntnis haben. Das stellt gewissermaßen eine Reminiszenz an die Zeit dar, als die Ahndung eines Verbrechens noch überhaupt in privater Hand lag. Von dieser Regelung sind zwar nur die leichteren Delikte betroffen. Wenn aber schon hier das Verfahren auf das Sühnebedürfnis des Verletzten gegründet wird, kann man bei Kapitalverbrechen nicht so tun, als gehe die Bestrafung des Täters den Verletzten nichts an. „Wenn sich die Sozietät des Rechts begibt", heißt es bei Goethe, „die Todesstrafe zu verfügen, so tritt die Selbsthilfe unmittelbar wieder hervor; die Blutrache klopft an die Tür."[4] Was Todesstrafe angeht, so sind heute zwar viele anderer Auffassung; aber daß der Staat bei vielen Straftaten gleichsam stellvertretend für den Verletzten handelt, ist von Goethe hier völlig zutreffend gesehen worden.

II. Der Grund der Vergeltung

Daß es auf seiten des Verletzten ein Vergeltungsbedürfnis gibt, läßt sich schwerlich bestreiten. Warum jedoch der Staat deshalb Strafen verhängen soll, ist lebhaft umstritten. Zwar läßt sich das an den Verletzten gerichtete Verbot, sich selbst Genugtuung zu verschaffen, auf lange Sicht nur dann durchsetzen, wenn an seiner Stelle der Staat tätig wird. Aber das betrifft nur die äußere Seite und entbindet nicht davon, die Strafe auch innerlich zu *rechtfertigen*. Dieser innere Grund der Strafe ist das eigentliche Problem.

1. *Strafe als Gerechtigkeitsgebot*

Nach „klassischer" Auffassung ist die Vergeltung des Unrechts ein Gebot der *Gerechtigkeit selbst*. Dafür könnte folgendes sprechen: Eine gerechte Welt muß so beschaffen sein, daß alle bekommen, was sie verdienen. Unerwartetes Unglück verletzt dieses Prinzip. Wenn aber das Prinzip nicht funktioniert, kann jedem das gleiche Unglück widerfahren. Es gibt daher ein verbreitetes Bedürfnis, solche Unglücksfälle „wegzuerklären" oder „aufzuheben", um dadurch den Glauben an die gerechte Weltordnung wiederherzustellen. Im einzelnen stehen für diesen Zweck verschiedene Strategien zur Verfügung. Eine davon besteht darin, dem Unglücklichen selbst die „Schuld" an seinem Unglück zuzuweisen. Scheidet dies aus, weil ein anderer „schuld" ist, kann dem Verletzten ein Schadensersatzanspruch zuerkannt werden. Wo dies zuwenig erscheint, muß zu schärferen Mitteln gegriffen werden. Die Strafe stellt die gestörte Harmonie dadurch wieder her, daß sie demjenigen, der einem andern ein Übel zugefügt hat, ein vergleichbares Übel auferlegt.

Die Strafe ist so gesehen der Versuch, eine Welt zu schaffen, in der wenigstens die Nachteile, die man zu erleiden hat, nach Verdienst verteilt sind. Jeder Eingriff in den geordneten Lauf der Dinge, jeder Versuch, die Waage der Gerechtigkeit einseitig zu Lasten eines andern zu verändern, soll danach den, der dies unternimmt, selbst treffen. Dadurch wird zwar das Übel, das dem Verletzten zugefügt wurde, nicht aus der Welt geschafft; es wird jedoch verhindert, daß am Ende der Böse triumphiert.

2. *Strafe als Selbstbehauptung*

Aus der Sicht des Verletzten betrachtet, hat die Vergeltung eine überaus realitätsbezogene Funktion. Auf eine nachdrückliche Rechtsverletzung mit einem Gegenschlag zu antworten, ist danach ein Akt der *Selbstbehauptung*, und zwar nicht nur im Verhältnis zum Angreifer, sondern ebenso auch im Verhältnis zur Umwelt. Wer einem andern, der ihn auf die linke Wange schlägt, auch die rechte hinhalten wollte, würde damit zwar dem christlichen Demutsgebot entsprechen, in den Augen der Umwelt jedoch an Respekt verlieren. Mit jemand, der sich nicht wehrt, kann man umspringen, wie man will. Wer auf Anerkennung und Achtung seiner Person Wert legt, darf sich eine Mißachtung nicht ungestraft bieten lassen. Das gilt um so mehr, je gravierender die Verletzung ausfällt.

Im Verhältnis von Staaten untereinander steht das nach wie vor außer Zweifel. Der gesittete Staatsbürger selbst scheint heute dagegen in einem Maße domestiziert zu sein, daß die Zeit, wo eine Verletzung der „Ehre" nur mit Blut abgewaschen werden konnte, weit zurückzuliegen scheint. Die bloße Erinnerung daran macht indessen deutlich, was es heißt, wenn es dem Verletzten nicht nur verwehrt wird, sich selbst Genugtuung zu verschaffen, sondern wenn ihm im Strafverfahren womöglich noch eine weitere Verletzung hinzugefügt wird. Ein Verbrechensopfer, das durch die Art der staatlichen Reaktion auf dieses Verbrechen erneut gedemütigt wird, wird unweigerlich den Staat auf eine Stufe mit dem Täter stellen.

Soweit sich der Staat mit dem Verletzten identifiziert, ist die Strafe daher gleichsam ein Akt der stellvertretenden Selbstbehauptung. Sie sorgt dafür, daß der Verletzte auch künftig als Person geachtet und nicht zum Objekt degradiert wird. Das ist eine unverzichtbare Aufgabe jeder Rechtsordnung. Soweit der Staat selbst der Verletzte ist, weil gegen Normen verstoßen worden ist, die konstitutiv für ihn sind, dient die Strafverfolgung unmittelbar seiner eigenen Selbstbehauptung.

3. *Strafe als Normbestätigung*

Dieser Gesichtspunkt lenkt den Blick auf das *Funktionieren der Gesellschaft* überhaupt. Man hat in diesem Zusammenhang früher gern von der „sittenprägenden Kraft" des Strafrechts gesprochen oder davon, daß die Strafe ein Instrument darstelle, um ein kollektives Gewissen zu formen. Damit ist folgendes gemeint: Soziale Normen verblassen, wenn sie sanktionslos übertreten werden können. Ihren Charakter als Norm können sie auf lange Sicht nur dann bewahren, wenn der Unwert des abweichenden Verhaltens durch entsprechende Reaktionen bekräftigt wird. Das zielt gar nicht einmal so sehr auf den konkreten Täter, der sich ja oft genug auch durch drastische Strafen nicht abschrecken läßt, als vielmehr auf die Menge derjenigen, die sich an der Norm orientieren und sich ihrer in geeigneter Weise versichern wollen. Die rechtsstreuen Bürger erwarten von dem Staat als der höchsten irdischen Autorität eine klare Stellungnahme zu gravierenden Fehlhandlungen. Dadurch, daß der Staat angemessene Strafen verhängt, trägt er zur Pflege der rechtlichen Gesinnung in weiten Kreisen der Bevölkerung bei.

Normen, deren Verletzung „zu billig" zu haben ist, verlieren an Überzeugungskraft und gelten auf lange Sicht womöglich überhaupt nicht mehr. Der Verringerung der Strafe ist daher in jeder Gesellschaft eine unsichtbare Grenze gesetzt. Wenn der aus Gewohnheit gesetzestreue Bürger in Versuchung gerät, eine nüchterne Rechnung aufzumachen und die Nachteile der Normbefolgung gegen die Nachteile ihrer Verletzung abzuwägen, hat die Norm ihren Kredit eingebüßt. Und wenn bei diesem Kalkül die Normverletzung nach Auffassung der meisten Normadressaten sogar lohnend erscheint, ist nichts mehr sicher. Der Wert einer Norm wird daher im allgemeinen Bewußtsein durch nichts so sehr bestimmt wie durch die Höhe der Sanktionen, die für den Fall der Verletzung vorgesehen sind, und die Promptheit, mit der sie verhängt werden. So gesehen hat die Strafe ihren eigentlichen Grund in der verletzten Norm selbst.

III. Der Zweck der Strafe

1. *Versöhnung von Opfer und Täter*

Das Wort „Vergeltung" suggeriert, daß ein *Ausgleich* stattfindet, bei dem die Dinge irgendwie wieder ins Lot gebracht werden. Das ist merkwürdigerweise auch der Eindruck des Verletzten, obgleich die Bestrafung des Täters den realen Schaden nicht von ihm nimmt. Man hat daher früher gern davon gesprochen, daß die Strafe den Täter mit dem Verletzten *„versöhne"*. Das klingt seltsam und erinnert an die Zeit, als noch Sühneopfer erforderlich waren, um die durch das Verbrechen beleidigten Götter zu „versöhnen". Dennoch verbirgt sich dahinter eine Erkenntnis, die tief mit dem Wesen des Rechts zusammenhängt.

Heute, wo das Strafrecht auf alle möglichen Normverletzungen ausgedehnt worden ist und immer weitere Bereiche der Rechtsordnung überwuchert, ist das Gespür dafür vielfach verloren gegangen. Wo Verstöße gegen bloße Ordnungsnormen mit strafrechtlichen Mitteln geahndet werden, kann von „Versöhnung" in der Tat nicht die Rede sein. Im eigentlichen Kernbereich des Strafrechts, der durch die vorsätzlichen Delikte gegen die Person und deren Vermögen umrissen wird, ist aber noch immer leicht einzusehen, daß der Täter den Verletzten nicht nur an seinen realen Rechtsgütern schädigt. Was den Verletzten häufig viel empfindlicher trifft, ist, daß er ihm die *Anerkennung* als seinesgleichen *verweigert* und sich über seinen Geltungsanspruch sehenden Auges hinwegsetzt. Während der Täter für sich selbst den Anspruch erhebt, daß er als Person respektiert wird und nichts gegen seinen Willen geschieht, behandelt er den andern als jemand, mit dem man letztlich wie mit einer Sache verfahren darf. Diese *ideelle Verletzung* kann durch eine bloße Schadensersatzleistung, die sich nur auf die vermögensrechtliche Seite erstreckt, nicht ausgeräumt werden. Wer sich über einen andern im eigentlichen Sinn „achtlos" hinwegsetzt, muß vielmehr dahin gebracht werden, ihn wiederum als seinesgleichen und prinzipiell gleichberechtigt anzuerkennen. Das geschieht dadurch, daß ihm ein gleichwertiges Übel auferlegt wird. Wo das Strafrecht funktioniert, kann der Täter sein Opfer daher nicht anders behandeln als sich selbst; was er diesem antut, tut er zugleich sich selbst an.

Das mystische Dunkel, das über der Strafe liegt, lichtet sich dadurch nicht ganz. Rätselhaft bleibt, wie die verweigerte Anerkennung durch Zufügung eines realen Übels kompensiert werden kann. Die Zwitternatur des Rechts scheint hier unmittelbar durchzuschlagen: Einerseits ist Recht ein ideeller Gegenstand, andererseits ist es nur durch reale Repräsentanten zugänglich. Wer eine fremde Sache wegnimmt oder beschädigt, tut daher in einem Akt zweierlei: er tritt in ein Verhältnis zu dieser *Sache* und verletzt zugleich fremdes *Recht* und auf diese Weise zugleich eine andere Person. Mehr noch: alles Recht kann überhaupt nur so verletzt werden, daß auf seine realen Substrate zugegriffen wird. Umgekehrt kann daher auch die Verletzung des Rechts nur durch eine reale Verletzung des Täters kompensiert werden. Wie der reale Angriff zugleich die *Bedeutung einer Rechtsverletzung* hat, so hat die reale Strafe die *Bedeutung einer Rechtswiederherstellung*. Den Kern der Strafe erfaßt man daher nur dann, wenn man sie als *symbolisches Handeln* versteht. Nur dann erschließt sich der Sinn der „Versöhnung", der durch die Strafe bewirkt werden soll.

2. *Abschreckung und Besserung*

Dieser Hintergrund macht verständlich, warum der Vergeltungsgedanke von solchen Theoretikern, die allein utilitaristische Argumente gelten lassen, durch die Bank als irrational verworfen wird. Namentlich Rudolf von Jhering ist dagegen mit scharfen Worten zu Felde gezogen. Die „*absolute*" Straftheorie, nach der allein aus Gründen der Vergeltung gestraft wird, bezeichnete er einmal als „eine der größten Verirrungen", zu denen eine ungesunde philosophische Spekulation sich habe verleiten lassen. Den „praktischen Zweck der Strafe", nämlich die Sicherung der Gesellschaft gegen das Verbrechen, durch den kategorischen absoluten Strafimperativ ersetzen zu wollen, schien ihm „um nichts besser als zu behaupten, eine Mühle sei nicht da, um zu mahlen, sondern ihrer selbst oder der Idee einer Mühle wegen – sie verwirkliche nur die Idee oder den kategorischen Imperativ des Mahlens"⁵. Der dergestalt kritisierten absoluten Theorie hat man daher „*relative*" Theorien gegenübergestellt, denen ein, wie man glaubt, rationaleres Modell zugrunde liegt. Diesen relativen Theorien zufolge wird die Strafe primär nicht deshalb verhängt, weil in der Vergangenheit etwas Negatives geschehen ist; gestraft wird vielmehr zu dem Zweck, um damit in der Zukunft etwas Positives zu bewirken. Nach der Lehre von der *Generalprävention* sollen durch die Strafe alle potentiellen Täter von ähnlichen Straftaten abgehalten werden; nach der Lehre von der *Spezialprävention* geht es darum, auf den konkreten Täter mittels der Strafe so einzuwirken, daß wenigstens er selbst nicht mehr straffällig wird. Beides klingt einleuchtend. Wenn man diese Lehren dem Vergeltungsgedanken entgegensetzt, wird jedoch Richtiges mit Falschem vermengt.

a) Generalprävention. Daß das Inaussichtstellen einer Strafe im großen und ganzen abschreckend wirkt, bedarf keiner besonderen Ausführung. Viele Normen würden ohne die Androhung von Sanktionen auch von gesetzestreuen Bürgern nicht beachtet werden. Würde das Parken im Parkverbot nicht mit gebührenpflichtigen Verwarnungen geahndet, würde sich niemand daran halten. Von Straftaten im eigentlichen Sinn werden die meisten Menschen zwar noch durch andere Normen abgehalten als nur durch rechtliche. Im Ergebnis verhält es sich aber doch ähnlich. Das macht sich immer wieder bemerkbar, wenn der staatliche Sanktionsapparat vorübergehend ausfällt. Als im Oktober 1969 in der kanadischen Stadt Montreal die Polizisten und Feuerwehrleute für eineinhalb Tage streikten, kam es sogleich zu schweren Raubüberfällen, Plünderungen und Brandlegungen. Unter anderem ging eine Gruppe von Taxifahrern gegen ein konkurrierendes Omnibusunternehmen vor, indem es deren Garagen in Brand setzte, wobei es auch zu Schießereien kam. Wenige Stunden nach Beginn des Streiks hatten Gangsterbanden zehn Banken überfallen. Hunderte von Menschen zogen durch die Straßen der Stadt, plünderten Geschäfte und legten Brände. Ähnliches ereignete sich, als New Orleans im August 2005 im Gefolge eines Hurrikans überschwemmt wurde. Plünderungen und andere Ausschreitungen nahmen ein derartiges Ausmaß an, daß das Kriegsrecht ausgerufen werden mußte. Solche Erfahrungen machen deutlich, daß die Ruhe und Sicherheit, die wir genießen, nicht nur der Überzeugungskraft des Rechtsgedankens, sondern nicht zuletzt auch der abschreckenden Funktion des Strafrechts zu verdanken ist.

Das Prinzip der Generalprävention wäre jedoch überfordert, wenn man es zur Grundlage des Strafrechts überhaupt erheben wollte. Denn wenn auch die Abschreckung potentieller Täter eine erwünschte *Nebenfolge* der Strafe ist – im eigentlichen Sinn zu *begründen* vermag sie die Bestrafung des konkret überführten Täters nicht. Wäre es anders, so wäre eine Bestrafung in allen Fällen, in denen eine Abschreckung nicht mehr erforderlich ist, nicht mehr zu rechtfertigen. So mußte nach 1945 von nationalsozialistischen Gewaltverbrechen niemand mehr abgeschreckt werden; diese Verbrechen waren unter dem Schutz einer politischen Ordnung begangen worden, an deren Wiedererstehung niemand mehr glaubte. Dennoch ist es ein schmerzlicher Vorwurf, der auf unserem Staat lastet, daß er die Verfolgung der Täter nicht energisch genug betrieben, daß er die Blutschuld von zahllosen Opfern nicht ausreichend gesühnt hat.

b) Spezialprävention. Ebensowenig kommt auch die Spezialprävention als Konkurrent des Vergeltungsprinzips in Betracht. Die Anziehungskraft dieser Lehre beruht darauf, daß sie in besonderer Weise mit dem Zeitgeist konform geht. Sie argumentiert nicht mit Schuld und Sühne, sondern mit Kausalbeziehungen: der Mensch gilt ihr als ein Produkt von Anlage und Umwelt. Verbrechen sind danach meist Folgen mißlungener Sozialisation, und die angemessene Reaktion hierauf scheint darin zu bestehen, durch geeignete Maßnahmen gegenüber dem Täter nachzuholen, was Familie und Gesellschaft an ihm versäumt haben.

Auf den Täter im Rahmen des Strafvollzugs so einzuwirken, daß er künftig ein unauffälliges Leben führt, ist zweifellos ein erstrebenswertes Ziel. Eine *Begründung* für die *Verhängung* von Strafen aber vermag die Spezialprävention nicht zu liefern, nicht einmal gegenüber Jugendlichen. Sie bleibt bereits die Erklärung dafür schuldig, warum überhaupt eine Tat begangen sein muß, damit Resozialisierungsmaßnahmen zulässig sind. Käme es primär auf die Erforderlichkeit der Resozialisierung an, so müßte möglichst schon *vor* der Tat angesetzt werden. Entscheidend dürfte nicht die „Schuld", entscheidend müßte vielmehr die ungünstige Sozialprognose sein. Während nach dem Vergeltungsprinzip in allen Fällen die Tat abgewartet wird, so daß jeder die Chance erhält, sich als besser zu erweisen, als er eingeschätzt wird, müßten nach dem Besserungsprinzip streng genommen bereits die Kinder eingesperrt werden, um dadurch diejenigen Taten zu verhindern, die eine solche Maßnahme allein verdienen. Damit könnte man so manche Mitbürger unter die Obhut von Sozialtherapeuten bringen, die sich vielen Anfechtungen zum Trotz bisher ordentlich geführt haben. Umgekehrt hätte man nach diesem Konzept bei den politisch veranlaßten Verbrechen des Nationalsozialismus von jeder Strafe absehen müssen. Denn ebensowenig, wie von solchen Taten nach 1945 noch abgeschreckt werden mußte, waren die Täter nach dem Ende des diktatorischen Regimes in irgendeiner Weise besserungsbedürftig. Bei den meisten von ihnen handelte es sich um erschreckend normale Ehemänner und Familienväter, die unter anderen Verhältnissen nie auffällig geworden wären. In diesem Punkt aber hat gerade die Sowjetunion, die wie kein anderer Staat für sich in Anspruch genommen hat, ein reines Besserungsstrafrecht zu praktizieren, an dem Vergeltungsgedanken unnachsichtig festgehalten. Die Freilassung des früheren Führer-Stellvertreters Rudolf Heß, der seit seinem Englandflug am 10. Mai 1941 in Gefangenschaft war, war trotz Alters und Krankheit bis zuletzt am Veto der Sowjetunion gescheitert. Noch kurz bevor sich Heß 1987 im Kriegsverbrecher-Gefängnis Berlin-Spandau im Alter von 93 Jahren selbst das Leben nahm, hatte die Sowjetunion erklärt, die Verbüßung der lebenslänglichen Strafe bis zum Ende sei und bleibe in diesem Fall ein Gebot der Gerechtigkeit und Humanität. Dies zeigt: wenn die symbolische Funktion der Strafe berührt ist, kommt es auch für die Anhänger der Besserungstheorie nicht auf die Besserungsbedürftigkeit des Täters, sondern allein auf die Vergeltung der Tat an.

Aber noch etwas fällt auf: In allen Fällen, in denen die Angehörigen der progressiven Kreise, die der Ersetzung des Schuldstrafrechts durch ein bloßes Besserungs- und Erziehungssystem bisher am entschiedensten das Wort geredet haben, wegen ihrer diversen Aktivitäten selbst vor Gericht standen, wollten sie von Besserung und Erziehung am allerwenigsten wissen. Soweit sie selbst betroffen waren, war ihnen klar, daß der Anspruch, einen anderen „bessern" zu dürfen, voraussetzt, daß man sich über ihn erhebt und ihn gleichsam heimlich bevormundet. Während der Vergeltungsgedanke den Täter als *Subjekt* respektiert, macht ihn der Erziehungsgedanke im Ansatz zum *Objekt*. Absolut gesetzt, erschiene daher gerade das Erziehungsstrafrecht als zutiefst inhuman. Gegen seinen Willen „gebessert" werden darf gerechterweise nur der, der eine solche Behandlung „verdient" hat. Das muß daher die erste Frage sein.

IV. Gnade und Vergebung

Wer professionell mit dem Strafrecht befaßt ist, wird dabei gelegentlich mild und weise. Das ständige Aburteilen über andere kann die Menschen aber auch selbstgerecht und hart werden lassen. Denn allzu leicht vergißt man dabei eines: wenn alle nach ihren Verdiensten behandelt würden, bliebe keiner straflos. In der Rechtswirklichkeit wird das Recht daher notwendig von Menschen verwaltet, die ihm in der einen oder anderen Weise selbst nicht standhalten würden. Auch wer noch so sehr für den Vergeltungsgedanken eintritt, muß daher, wenn er ehrlich ist, einräumen, daß wir letztlich alle darauf angewiesen sind, daß nicht alles vergolten wird, was Vergeltung verdient. Oder wie es in Shakespeares „Kaufmann von Venedig" heißt:

> „Denn nach dem Lauf des Rechts wird von uns keiner
> Einst selig, und wir beten all um Gnade."[6]

Es läßt tief blicken, daß wir nur in irdischen Belangen am Recht keine Abstriche hinnehmen wollen; wenn es um unser wahres Heil geht, beten wir nicht um Gerechtigkeit, sondern um Vergebung. Je ernster der Vergeltungsgedanke genommen wird, desto stärker wird man sich auch der Ungerechtigkeit bewußt, die darin liegt, daß jemand, der selbst auf Vergebung angewiesen ist, einen andern bestraft. Was sich unter dem einen Aspekt als Schuld und Unschuld darstellt, läßt sich unter anderem Aspekt leicht als Glück und Unglück, als schicksalhafte Verstrickung und glücklicher Zufall begreifen. Abschreckungs- oder Besserungsmaßnahmen dulden keine Einschränkung. Der Vergeltungsgedanke aber mahnt zur Nachsicht. Bevor man unter dem Einfluß der Aufklärung daran ging, auch die Strafe nach Heller und Pfennig zu berechnen, wußte man sehr wohl, daß „Recht ohne Gnade Unrecht ist". In älteren Rechten hatte daher neben der Vergeltung auch die Gnade ihren Platz, deren Prinzipien denen des Rechts diametral entgegengesetzt sind. Man kann darin den Versuch sehen, anzuerkennen, daß das strenge Recht die Gerechtigkeit ebenso sehr verfehlt wie sie es verwirklicht.

Der Rationalismus hatte dafür wenig Verständnis. Seit Kant das Begnadigungsrecht das schlüpfrigste aller Rechte des Souveräns nannte, hat die Gnade keine Befürworter mehr gefunden, und so ist das moderne Strafrecht im eigentlichen Sinn „gnadenlos" geworden. Was sich heute noch Gnade nennt, folgt weitgehend selbst Rechtsprinzipien, die in besonderen Gnadenordnungen niedergelegt sind. Es ist nicht mehr der Lichtstrahl aus einer anderen Welt, der mit den Schroffheiten des Diesseits versöhnt, sondern eine Strafmilderung, die in bestimmten Fällen fast rechenmäßig ins Kalkül gezogen werden kann. Das ist nicht ohne Logik. Denn je mehr die Strafe als bloße Maßnahme der Sozialhygiene verstanden wird, desto mehr muß zugleich jede echte Gnade als ein irrationaler Fremdkörper erscheinen.

§ 6 Formelle Gerechtigkeit

I. Der Gleichbehandlungsgrundsatz

1. *Herrschaft von Regeln, nicht von Menschen*

So umstritten das Wesen der Gerechtigkeit auch sein mag, so sehr besteht Einigkeit darüber, daß Gerechtigkeit etwas mit *Gleichheit* zu tun hat. Die Gleichheit der Austauschbeziehungen bei einem Kaufvertrag gilt vielen als das Grundmuster der Gerechtigkeit schlechthin. Aber der Gedanke der Gleichheit reicht weiter. Gleiches gleich und Ungleiches je nach Maß seiner Ungleichheit verschieden zu behandeln, scheint in rechtlichen Zusammenhängen auch sonst unabdingbar zu sein. Jedenfalls stört die unterschiedliche Beurteilung gleichliegender Sachverhalte unser Rechtsgefühl sehr. Einen ungewohnt heiteren Ausdruck hat dieses verletzte Empfinden in einigen Versen gefunden, mit denen Michael Richey im 18. Jahrhundert die damaligen Patrimonialgerichte kritisierte, in denen der Adel über die unteren Stände zu Gericht saß. Richey schildert darin einen Bauern, der seinem Junker mit der Klage kommt, sein Hund habe des Junkers Kuh gebissen. Wer das wohl bezahlen müsse? Doch damit stößt er übel an: „Mir war das Stück von solchen Kühen für dreißig Taler nicht zu Kauf", fährt der Junker hoch: „Die sollst du Augenblicks erlegen. Das sei erkannt von Rechtes wegen." Aber dann kommt die überraschende Wendung:

> „Ach nein! Gestrenger Herr, ach höret!",
> Rief ihm der Bauer wieder zu,
> „Ich bracht es nur aus Angst verkehret,
> Denn *euer* Hund biß *meine* Kuh."
> Da hieß der Spruch Herrn Alexanders:
> „Ja, Bauer, das ist ganz was anders!"[1]

Das Gedicht, dessen letzte zwei Zeilen lange Zeit als geflügeltes Wort umliefen, lebt von dem Unmut darüber, daß die Entscheidung nicht nach Begriffen und Regeln, sondern *situativ* nach der Willkür des Richters erfolgt: Trifft die Verantwortung den Bauern, so soll Ersatz geleistet werden; trifft sie den Junker, soll der Geschädigte den Schaden selber tragen. Das empfinden wir als ungerecht; denn unsere Gerechtigkeitsvorstellung ist *normativer* Natur. Wir halten es daher für unabdingbar, daß in allen Fällen nach ein und demselben Maßstab entschieden wird. Insoweit stehen wir noch immer auf dem Standpunkt von Aristoteles, der bereits vor nahezu zweieinhalbtausend Jahren der Auffassung war, daß grundsätzlich nicht einzelne Menschen, sondern Gesetze herrschen sollten[2].

Diese Forderung hat das abendländische Rechtsdenken tief geprägt. Sie ist eine der Hauptursachen für die „Verrechtlichung" aller Herrschaftsbeziehungen, die wir im Verlauf der Neuzeit erlebt haben. Politische Herrschaft soll danach grundsätzlich nur aufgrund allgemeiner Gesetze und damit nach Maßgabe der Gleichbehandlung des Gleichen ausgeübt werden dürfen. Auch wer die Macht innehat, soll seinen Willen nur in der Weise durchsetzen können, daß er in vergleichbaren Fällen selbst daran gebunden ist. Das ist vielleicht nicht viel. Aber es ist immerhin so viel, daß der „Haß des *Gesetzes*" nach einem Wort Hegels „das Schiboleth" darstellt, „an dem sich der Fanatismus, der Schwachsinn und die Heuchelei der guten Absichten offenbaren und unfehlbar zu erkennen geben, was sie sind, sie mögen sonst Kleider umnehmen, welche sie wollen"[3].

Der Jurist hört solche Ausführungen mit Freude. Normative Gerechtigkeit verlangt nach Normen, diese aber nach Formen, Fristen, Zuständigkeiten usw., also nach Dingen, für die niemand über eine größere Kompetenz verfügt als eben er. Nach dieser Seite hin darf man den Juristen daher als den berufenen Sachwalter der Gerechtigkeit ansehen.

2. Rechtssicherheit

Der Gedanke der Gesetzmäßigkeit hat freilich, wie nicht zu verkennen ist, mit dem der sachlichen Richtigkeit unmittelbar nichts zu tun. Zwar soll nach Möglichkeit richtig und nicht falsch entschieden werden. Wenn aber dennoch einmal eine falsche Regel aufgestellt wurde, kann es der Gleichbehandlungsgrundsatz gebieten, daran auch in Zukunft festzuhalten. Die Gerechtigkeit gerät dann gleichsam mit sich selbst in Konflikt: materielle Gerechtigkeit steht gegen formelle Gerechtigkeit oder, wie man in diesem Fall auch sagen kann, Gerechtigkeit gegen Rechtssicherheit und Berechenbarkeit des Rechts.

Auf einer Tagung war ich so einmal Zeuge einer Diskussion darüber, wie ein bestimmtes Gesetz richtigerweise auszulegen sei. Ein anwesender Bundesrichter trug vor, wie der zuständige Senat kürzlich entschieden hatte. Damit stieß er bei den anderen Tagungsteilnehmern auf herben Widerspruch. Die Kritiker verständigten sich dahin, daß die strittige Frage genau entgegengesetzt zu beantworten sei. Den vorgetragenen Argumenten konnte sich auch der Bundesrichter nicht verschließen. Anstatt zurückzustecken und zu versprechen, in seinem Senat demnächst für die richtige Gesetzesauslegung einzutreten, sagte er jedoch: „Wenn wir das, was hier vorgetragen wurde, einige Wochen früher gewußt hätten, wäre die Entscheidung sicher anders ausgefallen. Jetzt, da sie so ausgefallen ist, können wir aber nicht einfach davon abgehen." Diese Äußerung mag viele empören. Sie hängt jedoch eben damit zusammen, daß die Gerichte nicht nur der materiellen, sondern auch der formellen Gerechtigkeit verpflichtet sind. So haben die oberen Gerichte unter anderem die Funktion, dafür Sorge zu tragen, daß die Gesetze von den Untergerichten *einheitlich gehandhabt* werden und eine Judikatur entsteht, auf die man sich *verlassen* kann. In der Regel bedarf es daher besonderer Gründe, um von der einmal eingeschlagenen Linie wieder abrücken zu können. Daß man im Irrtum war, reicht dafür nicht aus.

Wird also etwas Falsches aus Gerechtigkeitsgründen dadurch richtig, daß es in die Tat umgesetzt worden ist? Ein bißchen schon. Wenn die Enttäuschung berechtigten Vertrauens noch mißlicher wäre als die Fortschreibung eines praktizierten Fehlers, ist es ein Gebot der formellen Gerechtigkeit, alles beim alten zu lassen. Das Faktische wird dann von selbst zur Norm, und das an sich rein Positive nimmt überraschend am Nimbus der Rechtsidee teil.

Laien können häufig nicht verstehen, warum sich das, was die Gerichte entscheiden, im Laufe der Zeit immer weiter vom Text des Gesetzes entfernt. Unter der Geltung des Gleichbehandlungsgrundsatzes ist das indessen leicht zu erklären. Das Gesetz ist danach nämlich nur der Ausgangspunkt der Rechtsfindung. Sind in Anwendung des Gesetzes erst einmal eine Reihe konkreter Entscheidungen erlassen worden, so kommt es, wenn man damit nicht brechen will, künftig zunächst einmal auf diese an. Auf diese Weise lagert sich im Laufe der Zeit Schicht um Schicht um das Gesetz herum, bis dieses schließlich von einem schier undurchdringlichen Mantel aus aufeinander Bezug nehmenden Gerichtsentscheidungen eingehüllt ist.

Selbst bei der Gesetzgebung fordert die Rechtssicherheit ihren Tribut. Man kann nicht nach jeder gewonnenen Wahl das Ruder gänzlich herumwerfen und alle Gesetze der früheren Mehrheit ins Gegenteil verkehren. Zu einem solcherart schwankenden Recht würden die Bürger alles Vertrauen verlieren. Auch der Gesetzgeber muß daher zunächst einmal auf Kontinuität achten und sich auf wenige Änderungen beschränken. Das übersieht man leicht, wenn man nur die Änderungen ins Auge faßt und nicht das, was bleibt. In gewisser Weise ist daher die Zeit ebenfalls eine Art Gesetzgeber, vielleicht sogar der mächtigste.

3. Statik und Dynamik in Recht und Gesellschaft

Der Gedanke der formellen Gerechtigkeit ist nach all dem nicht nur dazu geeignet, egalitären Forderungen eine besondere Stoßkraft zu verleihen; er kann sich ebenso auch mit einem konservativen Denken verbünden, das jeder rechtlichen Änderung abhold ist. Je stärker die Praxis von gestern die Entscheidung von heute dominiert, desto unbeweglicher erscheint das Recht als Ganzes; je konsequenter die Fortsetzung der einmal eingeschlagenen Linie, desto unvermeidbarer das Zurückbleiben hinter den jeweils neuesten Erkenntnissen. Auf diese Erfahrung gründet sich die bekannte Sentenz aus Goethes Faust:

„Vernunft wird Unsinn, Wohltat Plage;
Weh dir, daß du ein Enkel bist!
Vom Rechte, das mit uns geboren ist,
Von dem ist leider! nie die Frage."[4]

Falsch wäre es freilich, zu meinen, daß ein immobiles Recht notwendig mit einer stagnierenden Gesellschaft korrespondiert. Gelegentlich ist das Gegenteil der Fall: Wer auf wirtschaftlichem Gebiet ausgedehnte Aktivitäten entfalten will oder sonst vor wichtigen Weichenstellungen steht, ist auf ein hohes Maß von Rechtssicherheit angewiesen. Wer ständig befürchten muß, daß ihm durch eine Veränderung des Rechts nachträglich ein Strich durch die Rechnung gemacht wird, wird sich nur zögernd auf langfristige Dispositionen einlassen. Auf diese Weise kommt es bisweilen zu der bereits von Max Weber beobachteten Erscheinung, daß sich gerade auf der Basis eines statischen Rechts eine dynamische wirtschaftliche Entwicklung vollzieht, während umgekehrt dann, wenn die Wirtschaft stagniert, eine Vielzahl von Gesetzen erlassen werden muß, um sie „wiederzubeleben".

II. Gleichheit der Person

Aus dem Gleichheitssatz folgt an sich nur, *daß* Gleiches gleich behandelt werden muß. Darüber, *wann* zwei Sachverhalte einander gleich sind, gibt dieser Grundsatz keine Auskunft. Erfahrungsgemäß gehen die Meinungen hierüber nicht selten weit auseinander. Offenbar muß man immer schon wissen, *was* „gleich" und *was* „ungleich" ist, damit der Gleichheitssatz eingreifen kann. Woher aber weiß man dies eigentlich?

Läßt man die vielen Zweifelsfragen, die sich hieran knüpfen, einmal beiseite, so scheint wenigstens über einen Punkt heute Einigkeit zu bestehen: darüber nämlich, daß *jeder Mensch* aufgrund seiner bloßen Menschqualität *Person* und als Person *anderen Personen gleichzuachten* ist. Die Gleichheit der Person ist nach dem drastischen Wort von Müller-Eisert ein Wertprinzip, „das jeden einzelnen Menschen als Rechtssubjekt erscheinen läßt, gleichgültig, ob alt oder jung, Mann oder Frau, Inländer oder Ausländer, gesund oder krank, Unternehmer oder Proletarier, Held oder Philister, Genie oder Dummkopf"[5]. In dieser Version ist der Gleichheitssatz daher eine mächtige Waffe gegen alle Varianten des Kastendenkens, eine ständige Inspirationsquelle gegen jede Form der rechtlichen oder moralischen Stigmatisierung und ein bleibender Aufruf zur Sorge um das Wohl jedes Einzelnen. Die prinzipielle Gleichheit dessen, was Menschenantlitz trägt, scheint in unserem Kulturkreis so sehr dem Streit entrückt zu sein, daß sie geradezu zur Grundlage unserer normativen Gerechtigkeitsvorstellung geworden ist. „Allgemeine" Gesetze, die für alle gleichermaßen gelten, kann es nämlich nur dann geben, wenn zunächst alle Adressaten auf denselben gemeinsamen Nenner gebracht und insofern einander gleichgestellt wurden. Wenn daher in modernen Gesetzen immer wieder von einem unbestimmten „Wer" und einem ebenso unbestimmten „anderen" die Rede ist – „*wer* einen *anderen* tötet", „*wer* einem *anderen* die Schließung eines Vertrages anträgt" usw. –, so kommt darin ebenso oft zum Ausdruck, daß zwischen all denen, die in einer dieser Rollen auftreten können, von Rechts wegen kein Unterschied gemacht wird. Um sich ein Bild davon zu verschaffen, auf welch unsicherem Boden auch eine normative Rechtsordnung immer noch beruht, genügt es daher, diese Gleichheit der Person einmal näher ins Auge zu fassen.

1. *Rechtsgleichheit zwischen Natur und Geschichte*

Im 17. und 18. Jahrhundert, der letzten großen Epoche des Naturrechts, glaubte man, die rechtliche Gleichheit der Menschen aus ihrer „*Natur*" ableiten zu können. Diese Auffassung war politisch ungemein wirksam. Sie ist der Urquell, aus dem die moderne Demokratie ihre Nahrung bezog. Soweit man dabei allerdings mit der natürlichen Ausstattung der Menschen mit körperlichen und geistigen Fähigkeiten argumentierte, war dies theoretisch naiv. Denn von ihren Eigenschaften und Fähigkeiten her sind die Menschen keineswegs gleich. Dem juridischen Postulat der rechtlichen Gleichheit entspricht kein biologisches Korrelat. Jeder Mensch ist eine Welt für sich, und je näher man andere kennenlernt, desto mehr ist man immer wieder erstaunt, wie anders alle doch sind. „Es ist ein Stück der angeborenen und nicht zu beseitigenden Ungleichheit der Menschen", meinte Sigmund Freud geradezu einmal, „daß sie in Führer und Abhängige zerfallen. Die letzteren sind die übergroße Mehrheit, sie bedürfen einer Autorität, welche für sie Entscheidungen fällt, denen sie sich meist bedingungslos unterwerfen."[6] Das Prinzip der rechtlichen Gleichheit kann sich daher nicht aus den natürlichen Eigenschaften der Menschen ergeben; es ist ihnen vielmehr *entgegengesetzt*.

Orientiert man sich nur an den Fakten, scheint daher nichts „unnatürlicher" zu sein, als alle andern unterschiedslos gleichzubehandeln. In der Tat haben die Menschen zu allen Zeiten dahin tendiert, andere, die ihnen aus irgendwelchen Gründen fernstanden, auszugrenzen und in Regionen minderer Würdigkeit zu verweisen. Für die Griechen waren alle Nichtgriechen „Barbaren", die alttestamentarischen Juden hielten nur sich selbst für „auserwählt", und auch der Begriff „Zulu" bedeutet angeblich nichts anderes als Mensch schlechthin, der Begriff des Menschen wird damit also auf einen bestimmten Stamm reduziert. Auf die Ausgrenzung „Andersartiger" wurde nicht einmal da verzichtet, wo man sich verbal bereits zur allgemeinen Gleichheit bekannte.

In der Unabhängigkeitserklärung der Vereinigten Staaten von 1776 war deklariert worden, daß „alle Menschen von Natur aus frei und unabhängig" seien; gleichwohl sprach der nordamerikanische Supreme Court noch im Jahr 1857 einem Sklaven den Status eines Bürgers der Vereinigen Staaten mit dem Argument ab, Neger seien von den Verfassungsvätern als „untergeordnete und minderwertige Klasse von Wesen" eingestuft worden[7]. Selbst da, wo sich der Grundsatz der Gleichheit der Person faktisch durchgesetzt hat, bleibt er ständig bedroht. 1935 nahm das deutsche Reichsbürgergesetz den deutschen Juden – die in konfessionellem Sinn vielfach gar keine Juden mehr waren – das im 19. Jahrhundert errungene Bürgerrecht wieder ab und warf sie auf einen niedrigeren Rechtsstatus zurück. In einem zeitgenössischen Kommentar hieß es dazu: „Den Lehren von der Gleichheit aller Menschen ... setzt der Nationalsozialismus hier die harten, aber notwendigen Erkenntnisse von der naturgesetzlichen Ungleichheit und Verschiedenheit der Menschen entgegen. Aus der Verschiedenartigkeit der Rassen, Völker und Menschen folgen zwangsläufig Unterscheidungen in den Rechten und Pflichten der einzelnen. Diese auf dem Leben und den unabänderlichen Naturgesetzen beruhende Verschiedenheit führt das Reichsbürgergesetz in der politischen Grundordnung des deutschen Volkes durch."[8]

Diese Konstanz bei der Ausdifferenzierung und Zurücksetzung anderer, das nie mit Sicherheit auszuschließende Aufbrechen von Überlegenheits- und Haßgefühlen gegenüber „Fremden", für das auch die Gegenwart eine Vielzahl von Beispielen gibt, legt die Frage nahe, ob diese Verhaltensmuster nicht tiefer in uns verankert sind, als es unserem humanistischen Selbstbild entspricht. Wenn unser soziales Verhalten auch biologische Determinanden hat – wofür immerhin sprechen könnte, daß auch der Mensch ein Produkt der biologischen Evolution ist –, so wird man akzeptieren müssen, daß es in einer Zeit geformt wurde, in der Solidarität gegenüber der eigenen Bezugsgruppe und Aggressionsbereitschaft gegenüber anderen schlicht Überlebensbedingung war. Altruismus gegenüber jedermann ist in der Evolutionsgeschichte nicht belohnt worden. Aggression gegenüber Außenstehenden – und zu einem Außenstehenden kann man jederzeit auch durch neuartige gedankliche Abgrenzungen gemacht werden – ist daher bis heute nicht etwa die Ausnahme, sondern die Regel. Auf der anderen Seite ist allen Menschen ein gewisses Maß an Nepotismus offenbar angeboren: diejenigen, die wir als die „Unseren" ansehen, werden von uns wie selbstverständlich bevorzugt behandelt. Dieser Präferenz trägt auch das geltende Recht, ungeachtet des Gleichheitssatzes, auf vielfältige Weise Rechnung: durch die graduell gestufte Ausgestaltung des gesetzlichen Erbrechts und der Erbschafts- und Schenkungssteuern, durch das Pflichtteils- und Unterhaltsrecht der nahen Verwandten, durch die Einräumung von Aussageverweigerungsrechten unter nahestehenden Personen u.a.m.

II. Gleichheit der Person 73

Vor diesem Hintergrund ist der universale Gleichbehandlungsgrundsatz nichts anderes als der Ausdruck der sich allmählich verändernden Stellung des Einzelnen im Verhältnis zu seiner sozialen Umwelt. Ursprünglich hatte der Einzelne seinen Wert nicht in seiner Individualität, sondern in überindividuellen Eigenschaften: darin, daß er Glied eines bestimmten Stammes, Abkömmling einer bestimmten Familie, Bürger einer bestimmten Stadt war. Wer außerhalb der jeweiligen Bezugsgruppe stand, galt als anders und fremd. Daher gab es keine Gleichheit zwischen Stammesangehörigen und Fremden, zwischen Patrizier und Plebejer, zwischen Adel und gemeinem Mann. Erst mit der allmählichen Erweiterung des maßgeblichen Bezugskreises konnten immer mehr Menschen als prinzipiell gleich anerkannt werden. Die Ausdehnung der Bezugsgruppe von der Sippe über den Stamm zum Staat, dessen Bürger einander gleich sind, ist eine historische Leistung ersten Ranges. Die Ersetzung des Staates durch eine „Weltgesellschaft", unter deren Dach *alle* rechtlich gleich sind, ist dagegen – jedenfalls in der Realität – erst in der Entwicklung begriffen.

Worin findet dieser Prozeß seine gedankliche Grundlage? Wenn die Menschen in ihrem Denken und Meinen, in ihren körperlichen und geistigen Fähigkeiten verschieden sind, können sie offenbar nur im Kern ihres *Wesens* gleich sein. Worin aber besteht ihr Wesen? Nach Luther in der Angewiesenheit auf die Gnade Gottes, nach Hobbes in der Fähigkeit, daß jeder den anderen umbringen kann, selbst der Schwächste den Stärksten. Besteht das Wesen des Menschen also in dem, was er jeweils zu seinem Wesen erklärt?

2. Kommunikative Gleichheit

Wer das Recht als *Dialog* über das auffaßt, was im Verhältnis der Menschen untereinander Rechtens sein soll, hat es im Ansatz leicht: Wenn ein Dialog funktionieren soll, müssen die Gesprächspartner gleiche Kompetenzen haben. Jeder muß seine Meinung in gleicher Weise sagen können, jeder in gleicher Weise gehört werden. Eine Ungleichbehandlung der Dialogpartner würde die Kommunikation nachhaltig stören. Konsensmodelle, die den Menschen vor allem als Teilnehmer eines über das Recht geführten Dialogs begreifen, kommen daher folgerichtig zur Forderung der Gleichheit aller Dialogpartner.

Die Anziehungskraft dieser Vorstellung hängt damit zusammen, daß sie eine unverkennbare Affinität zur Demokratie aufweist. Demokratie bedeutet zwar nicht, daß alles Recht auf einem realen Vertrag aller mit allen beruht; historisch hängt sie jedoch mit der Lehre vom Staatsvertrag eng zusammen. Am Abschluß des Staatsvertrages sind der Idee nach alle, die es angeht, mit gleichen Kompetenzen beteiligt. Entsprechend ist auch die Demokratie, die ebenfalls auf die Zustimmung der Bürger angelegt ist, tendenziell darauf ausgerichtet, bestehende Rechtsunterschiede zu beseitigen und auf diese Weise ein hohes Maß an rechtlicher Gleichheit zu gewährleisten.

Das theoretische Problem der Gleichheit wird dadurch jedoch nicht gelöst. Denn fest steht nur, daß die Teilnehmer, wenn ein Dialog stattfinden soll, gleichgestellt sein müssen. Aber wo steht geschrieben, daß das Recht *nur* im Dialog gefunden werden kann? Und woraus ergibt sich, daß buchstäblich *alle* daran teilnehmen müssen? Warum sollen zum Beispiel die Männer für die Frauen nicht mitentscheiden dürfen? Oder umgekehrt die Frauen für die Männer? Über die Kinder – und damit über einen wesentlichen Teil der gesamten Bevölkerung – entscheiden ja auch beide mit, ohne daß jemand daran Anstoß nimmt.

Solche Fragen zeigen, daß die Antwort, wenn überhaupt, nur auf einer anderen Ebene gefunden werden kann.

3. Mythologisch begründete Gleichheit

Vielleicht ist es in der Tat richtig, wie man gesagt hat, daß die Gleichheit der Menschen nur gedacht werden kann, wo diese zuvor als *Kinder eines gemeinsamen Gottes* gedacht worden sind. Wo alle Kinder desselben Gottes sind, muß jeder für den anderen unverfügbar sein. Nach dem Schöpfungsmythos der Bibel schuf Gott Adam und Eva, und von diesen wiederum stammen alle anderen Menschen ab. Im Talmud findet sich dafür eine interessante Deutung: „Der Mensch wurde einzig erschaffen, auch wegen der Friedfertigkeit unter den Menschen, damit nämlich niemand zu seinem Nächsten sage: Mein Ahn war größer als der deinige."[9] In eben diesem Sinn ist der Schöpfungsmythos zur Zeit der Bauernkriege in weiten Kreisen wirklich verstanden worden. Von den aufständischen Bauern, die um ihre Rechte kämpften, wurde damals die Losung in Umlauf gesetzt:

> „Als Adam grub und Eva spann,
> Wo war denn da der Edelmann?"

Aber hören wir den Talmud weiter: „Der Mensch wurde deshalb einzig erschaffen, um dich zu lehren, daß, wenn jemand eine israelitische Seele vernichtet, es ihm die Schrift anrechnet, als hätte er eine ganze Welt vernichtet, und wenn jemand eine israelitische Seele erhält, es ihm die Schrift anrechnet, als hätte er eine ganze Welt erhalten." In einem populären Erläuterungsbuch eines modernen Rabbiners heißt es dazu: „Die Thora lehrt uns: Der Mensch ist im Ebenbilde Gottes geschaffen. Wie könnte dieselbe Thora gestatten, daß wir einen Unterschied machen zwischen Menschen und Menschen; wir würden ja in jedem, den wir um das geringste zurücksetzen, Gott selbst, in dessen Ebenbild er geschaffen ist, verachten. Die Thora lehrt uns, daß alle Menschen von *einem* von Gott geschaffenen Elternpaare abstammen, also *Brüder* und

Kinder *eines* Vaters, Gottes, sind. Jeder Vater will, daß seine Kinder sich gegenseitig lieben, und ist betrübt, wenn sie lieblos oder ungerecht gegeneinander sind."[10]

Leider berichtet die Thora aber auch, daß Kain seinen Bruder Abel sehr unbrüderlich behandelt hat. Die unmittelbare Nähe des gemeinsamen Ursprungs war offenbar nicht ausreichend, um ihn vom äußersten abzuhalten. Auf welches Maß an überzeugter Brüderlichkeit darf man da erst in einer Zeit hoffen, in welcher der Glaube an den die Menschen verbindenden Schöpfungsmythos im Schwinden begriffen ist? Was die rechtliche Gleichheit der Menschen letztlich trägt, ist daher heute dunkler als je. Vielleicht ist es nur die Gewohnheit, mit der die Forderung nach rechtlicher Gleichheit seit gut 200 Jahren immer wieder gestellt wird. Das wäre fatal, denn dann müßte man den Zeitpunkt fürchten, an dem diese Gewohnheit ernsthaft in Frage gestellt wird und die archaische Natur des Menschen wieder unverhüllt zum Durchbruch kommt.

Kehren wir zum Ausgangspunkt zurück. Wenn es bereits in einem Fall, der so einfach zu liegen scheint, in Wahrheit so schwer fällt, Kriterien dafür zu entwickeln, wann zwei Sachverhalte einander gleich sind, ist es um den formalen Gleichbehandlungsgrundsatz nicht ganz so gut bestellt, wie es zunächst scheinen könnte. Mit dem Gleichbehandlungsgrundsatz jedoch steht und fällt die Gerechtigkeit selbst. Wenn nämlich das, was gleichbehandelt wird, in Wahrheit verschieden, und das, was unterschiedlich behandelt wird, in Wahrheit gleich ist, so ist das, was äußerlich als gerecht erscheint, in Wahrheit ungerecht. Die Überzeugung, daß unsere Rechtsordnung auf dem Boden der Gerechtigkeit errichtet ist, wäre dann ein Irrtum.

III. Dialektik der Gleichheit

1. *Gleichbehandlung durch Ungleichbehandlung*

Aber auch wenn man nicht so weit geht, wohnt dem Gleichheitssatz eine eigentümliche Dialektik inne, derzufolge alle Gleichbehandlung in Ungleichbehandlung und damit alle Gerechtigkeit in Ungerechtigkeit umschlägt. Wie wir bereits gesehen haben, steht der Gleichheitssatz in einem unaufhebbaren Gegensatz zur realen Beschaffenheit der Welt. In der Wirklichkeit gibt es keine völlig gleichen Fälle, jeder Fall liegt anders. Das aber heißt, daß eine Gleichbehandlung nur dann möglich ist, wenn man über bestimmte Unterschiede hinweggeht. In der Wirklichkeit führt die Gleichbehandlung des Gleichen daher ausnahmslos auch zu einer Gleichbehandlung des Ungleichen. Mag auch die Ungleichheit, gemessen an der Gleichheit, nur als gering erscheinen – in der Sache führt kein Weg daran vorbei, daß der Gleichheitssatz nur um den *Preis einer gleichzeitigen Ungleichbehandlung* zu realisieren ist.

Man kann sich diesen Zusammenhang am Beispiel der *Besteuerung* gut vor Augen führen. Auf den ersten Blick könnte es vielleicht als gerecht erscheinen, daß jeder Bürger den *gleichen Betrag* zur Finanzierung der öffentlichen Aufgaben beiträgt. Da aber nicht alle über dasselbe Einkommen verfügen, würde dies dazu führen, daß die Minderbemittelten zu einem großen Teil die Straßen zu finanzieren hätten, auf denen die Bessergestellten mit dem Auto an ihnen vorbeifahren – zweifellos eine Ungerechtigkeit. Wer dies erkannt hat, wird es vielleicht für angemessener halten, daß alle Einkommen prozentual mit dem *gleichen Steuersatz* belegt werden. Das hätte zur Folge, daß alle den gleichen Anteil ihres Einkommens leisten müßten. Aber auch hier kann man mit gutem Grund fragen, ob der Geringerverdienende, der sein Einkommen voll aufbraucht, durch die gleiche Steuerquote nicht viel härter getroffen wird als der Besserverdienende, der ohnehin das meiste in Grundbesitz und Wertpapieren anlegen kann. Um auch diese Ungleichbehandlung zu beseitigen, bleibt nichts anderes übrig, als den *Steuertarif progressiv* auszugestalten, so daß mit steigendem Einkommen auch prozentual immer höhere Steuern zu entrichten sind. Damit ist zwar die ursprüngliche Ungleichbehandlung beseitigt, gleichzeitig jedoch eine Ungleichbehandlung neuer Art geschaffen worden. Denn daß der eine die öffentlichen Aufgaben mit erheblichen Summen finanziert, während der andere im Vergleich dazu fast gar nichts zahlt, muß man nicht unter allen Umständen als Gleichbehandlung auffassen.

Karl Marx hat diese Dialektik des Gleichheitssatzes in seiner Kritik des Gothaer Programms mit wenigen Sätzen auf den Begriff gebracht: „Das Recht kann seiner Natur nach nur in Anwendung von gleichem Maßstab bestehn; aber die ungleichen Individuen (und sie wären nicht verschiedne Individuen, wenn sie nicht ungleiche wären) sind nur an gleichem Maßstab meßbar, soweit man sie unter einen gleichen Gesichtspunkt bringt, sie nur von einer *bestimmten* Seite faßt, z. B. im gegebenen Fall sie *nur als Arbeiter* betrachtet und weiter nichts in ihnen sieht, von allem andern absieht. Ferner: Ein Arbeiter ist verheiratet, der andre nicht; einer hat mehr Kinder als der andre etc. etc. Bei gleicher Arbeitsleistung und daher gleichem Anteil an dem gesellschaftlichen Konsumtionsfonds erhält also der eine faktisch mehr als der andre, ist der eine reicher als der andre etc. Um alle diese Mißstände zu vermeiden, müßte das Recht, statt gleich, vielmehr ungleich sein."[11]

In der Besteuerung haben sich die Dinge nach und nach tatsächlich in dieser Weise entwickelt. Ausgehend von der für alle gleichen Kopfsteuer sind wir heute bei einer steil ansteigenden Steuerprogression angelangt. Die ursprünglich „absolute" Gleichheit der Steuerzahler hat dabei einer „relativen" Gleichheit Platz gemacht. Dahinter versteckt sich im Grunde nichts anderes, als daß eine bestimmte Ungleichbehandlung in Kauf genommen wird, um eine bestimmte Gleichbehandlung überhaupt erst zu ermöglichen.

III. Dialektik der Gleichheit

Dies ist ein Vorgang, den man auch in anderem Zusammenhang beobachten kann. Die zunächst in den Vereinigten Staaten aufgekommene Diskussion darüber, ob man bestimmten Bevölkerungsgruppen (Frauen, Farbigen, Kinderreichen) in Studium, Beruf und Politik nicht gewisse *Quotenvorrechte* zubilligen muß, um ihre bisherige Benachteiligung zu kompensieren, ist gegenwärtig das bekannteste Beispiel. Dabei kommt zugleich aber auch die Grenze eines solchen Kompensationsverfahrens zum Ausdruck. Die Einräumung von gruppenspezifischen Privilegien führt nämlich zwangsläufig zur Selbstaufhebung des Gleichheitssatzes im überkommenen Sinn. War der Gleichheitssatz ursprünglich auf die Gleichbehandlung von *Personen* berechnet, so geht er in seiner quotenmäßigen Version auf die Gleichstellung von *Gruppen*. Das aber heißt, daß eine Person unabhängig von ihrer Leistung allein deshalb bevorzugt oder benachteiligt wird, weil sie einer bestimmten Gruppe angehört. Auf lange Sicht ist dieses System darauf angelegt, das Leistungsprinzip, das dem Tüchtigen eine Chance gibt, durch Einräumung von individuell unverdienten Privilegien auszuhöhlen. In den Vereinigten Staaten hat es daher bereits zu einer Vergiftung der sozialen Beziehungen geführt. Wie ein Gegner der „affirmative action", wie die Quotenregelung in Amerika heißt, einmal bemerkt hat, eint dieses System der Vorzugsbehandlung die Bürger nicht, sondern erinnert sie ständig an ihre oberflächlichen Unterschiede: „Statt jeden Amerikaner als Individuum nach seinem Charakter zu beurteilen, stellt es Gruppe gegen Gruppe und Rasse gegen Rasse."[12]

Beabsichtigt ist diese Entwicklung von den Befürwortern des Quotensystems nicht; beabsichtigt ist vielmehr, die gruppenspezifischen Unterschiede zum Verschwinden zu bringen. Aber auch darin kommt ein interessantes Phänomen zum Ausdruck. Es zeigt sich nämlich, daß dem Gleichheitssatz eine Tendenz innewohnt, die man ihm auf den ersten Blick kaum ansieht. Theoretisch geht der Gleichheitssatz nur auf die Gleichbehandlung dessen, was *gleich ist*; praktisch jedoch erweist er sich immer wieder als eine Aufforderung, das „Gleiche", das noch ungleich ist, überhaupt erst einmal *herzustellen*. Politisch gesehen hat der Gleichheitssatz vielleicht gerade nach dieser Seite hin seine größten Wirkungen entfaltet. Die Abschaffung der Sklaverei sowie der ständischen Unfreiheit, die öffentliche Bekämpfung von individueller Not und Armut, die Gleichstellung von Mann und Frau in Ausbildung, Beruf und Ehe verdanken sich sämtlich dem Bestreben, bestehende Ungleichheiten nicht hinzunehmen, sondern aufzuheben, mit anderen Worten: sich mit der Gleichheit des Maßstabes nicht zu begnügen, sondern langfristig auch gleiche Positionen zuzumessen.

2. Rechtfertigung der Ungleichheit

Hat also der Gleichheitssatz neben seiner konservierenden zugleich eine revolutionierende Funktion? Läuft er am Ende darauf hinaus, alles gleich zu machen, damit es gleichbehandelt werden kann? Vielfach ist das in der Tat so. Allerdings kann sich die Gleichmacherei, so sehr sich ihre Protagonisten auch bemühen, immer nur auf ausgewählte Aspekte beziehen, während es in den übrigen Bereichen bei der Ungleichheit bleiben muß. Das hat einen ganz banalen Grund: Völlige Gleichheit ist, wenn überhaupt, nur in einer primitiven Gesellschaft denkbar, in der jede Form von Arbeitsteilung unbekannt ist. Die moderne arbeitsteilige Industriegesellschaft setzt notwendig ein hohes Maß an Differenzierung voraus. Differenzierung aber bedeutet Ungleichheit. Um zu funktionieren, braucht die Gesellschaft nicht „Gleiche", sondern Ingenieure, Kaufleute, Bauarbeiter, Chemielaboranten, Ärzte, Betriebswirte, Steuerberater, Juristen usw. Der Gleichheitssatz ändert nichts daran, daß nicht jeder Lokführer oder Bundesrichter werden kann, der dies wünscht. Eine Aufhebung der Differenzierung wäre unweigerlich mit einem Rückfall auf eine längst überwundene Entwicklungsstufe verbunden. Wenn Differenzierung Ungleichheit bedeutet, gibt es ohne Ungleichheit offenbar keine differenzierte Ordnung und damit auch kein höher entwickeltes Recht.

Damit aber stellt sich die Frage, wie die rechtliche *Gleichheit* der Menschen mit ihrer gleichzeitigen *Ungleichheit* in *Einklang* gebracht werden kann. Wie kann die gesellschaftlich erforderliche Ungleichheit unter der Geltung des Gleichheitssatzes immer wieder von neuem erzeugt und aufrechterhalten werden? Im Verlaufe der Geschichte sind hier verschiedene Modelle wirksam geworden.

a) Freie und Sklaven. In den *antiken* Demokratien war das Problem so gelöst, daß die Menschen in Freie und Sklaven eingeteilt waren. Der Sklave galt nicht als Person, sondern als Sache, war also rechtlich ausdefiniert. Der Gleichheitssatz fand nur auf die Freien Anwendung. So gesehen war es daher kein Widerspruch, daß die Erwerbsarbeit den Sklaven übertragen war, während die freien und gleichen Bürger sich im wesentlichen mit Wissenschaft, Kunst und Politik beschäftigten.

b) Ständestaat. Das *Mittelalter* hatte eine andere Lösung parat: den Ständestaat. Seine Grundlage war nicht die allgemeine Rechtsgleichheit, sondern die *ständische* Gleichheit. Aus heutiger Sicht war das Prinzip der Rechtsgleichheit dabei teilweise anerkannt, teilweise aber auch verletzt. Anerkannt war es insofern, als die Angehörigen eines bestimmten „Standes" (Adel, Geistlichkeit, Bürger, Bauern) untereinander als gleich angesehen wurden und dem gleichen

Recht unterstanden. Nicht mit dem modernen Gleichheitsgedanken vereinbar war dagegen, daß die Rechte der einzelnen Stände jeweils verschieden waren. Unter der Voraussetzung, daß es stabile Funktionsstände gab, war das Ständesystem im Prinzip eine sinnvolle Einrichtung, weil es Gleichheit und Ungleichheit in ein den Umständen angemessenes Verhältnis brachte. Mit dem Funktionsverlust des Adels und der Mobilisierung der gesamten Gesellschaft indessen büßte das Ständesystem seine Berechtigung ein. Die französische Revolution mit ihrem Ruf nach allgemeiner Gleichheit fegte es fast über Nacht hinweg.

c) Chancengleichheit. Das *moderne* Prinzip zur gerechten Verteilung unterschiedlicher Funktionen heißt *Chancengleichheit*. Damit ist gemeint, daß eine Art Spiel stattfindet, an dem grundsätzlich alle teilnehmen und dessen Ausgang über die Besetzung der gesellschaftlich vorgesehenen Rollen entscheidet. Die Startchancen sind dabei für alle formell gleich; aber das Spiel ist so organisiert, daß es eine bestimmte Zahl von Gewinnern und Verlierern gibt. Ironisch könnte man sagen: Alle Menschen sind *vor* dem Gesetz gleich, aber sie sind es nicht mehr *nach* dem Gesetz, nachdem sie damit in Berührung gekommen sind nämlich. Maßgebend für den Ausgang des Spiels ist der Idee nach allein die Leistung des Bewerbers. Das hat zur Folge, daß alle, die es zu etwas bringen wollen, in pausenlosem Wettbewerb das Äußerste aus sich herausholen müssen. Wer schlecht wegkommt, wird darauf verwiesen, die Schuld bei sich selbst zu suchen und sich mehr anzustrengen. Verglichen mit älteren Modellen hat diese moderne Lösung viel für sich. Jede vitale Gesellschaft hat und braucht Gewinner und Verlierer. Gleichheit kann daher sinnvollerweise nur darin bestehen, daß die Verlierer von heute die Gewinner von morgen sein können und umgekehrt.

Aber auch das Modell der Chancengleichheit funktioniert in der Theorie besser als in der Praxis. Von wirklicher Chancengleichheit kann streng genommen nur da die Rede sein, wo die Unterschiede beim Start allein mit der Befähigung der Teilnehmer zusammenhängen. Wo sie dagegen selbst bereits Ausdruck ungerechter Verhältnisse (z.B. unzureichender Bildung der Unterschichten) sind, bedeutet der Grundsatz „freie Bahn dem Tüchtigen" unter Umständen nichts anderes als: freie Bahn dem Mächtigen. Die formelle Chancengleichheit schreibt dann die überkommene Ungleichheit fort ohne die Chance, sie durchbrechen zu können.

3. Gleichwertigkeit des Verschiedenen

In der pluralistischen Gesellschaft nimmt der Gleichheitssatz häufig eine andere Färbung an. Man spricht hier gern davon, daß die Menschen zwar nicht gleich, in ihrer *Verschiedenheit* aber doch gleich*wertig* seien. Daher soll jeder in gleicher Weise legitimiert sein, das, was für ihn gut ist, nach seinen Vorstellungen zu definieren und zu realisieren. Die Resultate dieser Selbstverwirklichungsversuche müssen dann folgerichtig ebenfalls als gleichwertig anerkannt werden. Auf diese Weise ist zwar alles anders, irgendwie aber doch „gleich gut". Mögen die Unterschiede faktisch noch so groß sein, auf der Werteskala werden sie eingeebnet, weil es hier nur noch einen Wert gibt, nämlich: gleich gut.

Aber auch dabei schlägt der Gleichheitssatz unversehens in sein Gegenteil um. Während er seinem Ursprung nach ein universelles Prinzip ist, dient er in dieser Version dazu, bestehende Unterschiede aufrechtzuerhalten und neue heranzubilden. Gerade deshalb, weil die Menschen, wie sie nun einmal sind, als gleichwertig angesehen werden, wird ihnen ein gleiches Recht darauf zugesprochen, nach ihren jeweiligen Vorstellungen verschieden zu sein. Das erste Opfer dieser Betrachtungsweise ist das universalistische Menschenbild, das den Gleichheitssatz in seiner wichtigsten Ausprägung trägt; das zweite wird – konsequent fortgedacht – der Gleichheitssatz selbst sein.

4. Gleichbehandlung als Korrektiv

Aber so sehr sich der Gleichbehandlungsgrundsatz nach all dem einer genaueren Bestimmung auch entzieht, so oft er bei der näheren Durchführung in sein Gegenteil umschlägt, so wenig läßt er sich abschütteln. Wie der Vogel Phönix steigt er aus seiner eigenen Asche immer wieder auf. Gleichbehandlung ist selbstevident, während die Ungleichbehandlung besonders gerechtfertigt werden muß, im Zweifelsfall daher der Gleichbehandlung zu weichen hat. So wie die Menschen nun einmal sind, ist dafür gesorgt, daß die Geschichte des Gleichheitssatzes nie zu Ende ist, daß vielmehr die Forderung nach Gleichbehandlung auf Dauer immer neue Nahrung erhalten wird. Aus tausend Quellen dringt die Ungleichheit stets neu hervor und löst prompt neue Gleichheitsforderungen aus. Erfahrungsgemäß gibt sich kaum jemand damit zufrieden, den andern nur gleichgestellt zu sein. Wenn es um sie selbst geht, so wollen die meisten lieber reich als gleich sein; sie wollen mehr haben, mehr gelten und mehr bestimmen als die andern. Wer sich nur gleichbehandelt fühlt, bemüht sich sogleich um Vorrechte und Privilegien. Kaum daß irgendwo Gleichheit hergestellt wurde, stellt sich die Ungleichheit fast von selbst wieder ein. Das Gleichheitsprinzip ist daher, auch wenn kein Mensch angeben kann, was es genau besagt, schon deshalb erforderlich, um den Dünkel der höheren Bildung, die Arroganz des Besitzes und der Macht, überhaupt die Neigung, andere auszugrenzen, zurückzusetzen und nach unten zu drücken, immer von neuem auf ein erträgliches Maß zurückzuführen. Der Gleichheitssatz als Grundprinzip der Gerechtigkeit teilt daher das Schicksal allen Rechts: er entzieht sich jedem auf Dauer berechneten Zugriff; aber alle rufen danach, sobald die Dinge aus dem Lot geraten sind, und sehen darin immer wieder ihre einzige Hoffnung.

§ 7 Materielle Gerechtigkeit

Die Forderung nach Gleichbehandlung ist nach all dem unverzichtbar, in einer ausdifferenzierten Gesellschaft jedoch nur teilweise zu realisieren. Aber selbst wenn dies anders wäre, so würde die Gleichbehandlung noch keine hinreichende Bedingung dafür darstellen, daß es gerecht zugeht. Wenn alle *gleichermaßen schlecht* behandelt würden, stünde das zwar im Einklang mit dem Gleichheitssatz, wäre aber dennoch ungerecht. Gerechtigkeit ist daher mehr als Gleichbehandlung. Zur Gerechtigkeit gehört auch, daß die Menschen in der Sache *angemessen* behandelt werden. Im Unterschied zur formellen Gerechtigkeit des Gleichheitssatzes spricht man insoweit von *materieller* Gerechtigkeit. Im Kontext der Gerechtigkeitsdebatte kommt der materiellen Gerechtigkeit eine eigenständige Bedeutung zu.

Wer sich beschwert, daß ihm Unrecht widerfährt, wird sich nur selten damit beschwichtigen lassen, daß es anderen in vergleichbarer Lage ebenso ergeht. Die Forderung nach materieller Gerechtigkeit tendiert vielmehr dahin, einen neuen Anfangspunkt zu setzen. Wenn es nicht anders geht, stellt sie mühsam aufgebaute Kompromisse in Frage und stößt rigoros zu dem vor, was der Fordernde für allein wesentlich hält. Mit dem Verhältnis von formeller und materieller Gerechtigkeit ist es daher ähnlich bestellt wie mit dem Verhältnis von formeller und materieller Wahrheit. Für den, der die materielle Wahrheit zu kennen glaubt, zählt allein diese. Ebenso ist auch das, was als materiell gerecht erkannt ist, das denkbar stärkste Argument. Was aber ist materiell gerecht?

Nach Aristoteles sollte im Rahmen der austeilenden Gerechtigkeit die *Würdigkeit* darüber entscheiden, was jedermann zukommt. Diese aber sollte sich je nach der Staatsform nach einem anderen Maßstab bemessen. Demgegenüber geht der moderne Staat von der gleichen Würde aller aus (Art. 1 I GG) und kann daher nicht sagen, daß einige Menschen mehr zukomme als anderen. Die Inhalte, die von der Gerechtigkeit gefordert werden, müssen hier anders begründet werden.

I. Angemessenheit

1. *Sich und den Seinen nützen*

Materielle Gerechtigkeit ist zunächst ein Eigenschaftsbegriff, der soviel bedeutet wie: dem zu beurteilenden Gegenstand gemäß, passend oder angemessen. Natürlich liegt darin mehr eine Frage als eine Antwort. Eine Antwort ergibt sich daraus nur insoweit, als wir über Gesichtspunkte der Vorzugswürdigkeit verfügen, die uns helfen, den Begriff der Angemessenheit zu konkretisieren. Über solche Gesichtspunkte verfügen in der Tat fast alle: Wohlstand erscheint den meisten besser als Armut, Frieden besser als Krieg und Konsens besser als Gewalt. Gewisse Vorstellungen über Gerechtigkeit scheinen innerhalb einer bestimmten Kulturgemeinschaft Gemeingut zu sein. Wie anders sollte eine Verständigung über Recht sonst auch möglich sein?

a) Bereiche unterschiedlicher Nähe. Jenseits solcher elementaren Dinge erweist sich der Boden freilich als schwankend. Wo der Wirkungsbereich der Allerweltsschlagworte, über die jede Zeit verfügt, endet, beginnt eine Zone der Unsicherheit. Dabei kann man allerdings die Erfahrung machen, daß diese Unsicherheit nicht überall gleich groß ist; ihr Ausmaß hängt unter anderem davon ab, wie sehr oder wie wenig wir mit den Verhältnissen, die wir zu beurteilen haben, vertraut sind. Wo es um Verhältnisse geht, die uns im Grunde fernliegen, spricht unser Rechtsgefühl nur undeutlich. Je enger und überschaubarer der Kreis jedoch ist, auf den wir uns beschränken, desto mehr gewinnt unser Urteil an Festigkeit. Was für uns selbst angemessen ist, glauben die meisten ziemlich genau zu wissen. Auch was gut ist für unsere Familie, für unsere nächsten Freunde usw., setzt uns nur selten in Zweifel. Wenn wir in diesem Sinn für die Unsrigen sorgen, haben wir gewöhnlich ein gutes Gefühl, wenn wir etwas tun, was sich zu ihrem Nachteil auswirkt, ein schlechtes; denn in beiden Fällen sind wir unmittelbar mit den Folgen konfrontiert. Im ersten Zugriff wird die Frage nach dem angemessenen Sozialverhalten daher immer wieder so beantwortet, daß man *für sich und die Seinen sorgt* und Nachteile von ihnen abwendet. Wo es darum geht, knappe Güter zu verteilen, scheint es nicht ganz falsch zu sein, zunächst einmal auf verwandtschaftliche und freundschaftliche Beziehungen abzustellen. Nach diesem Prinzip verhalten sich in der Tat mehr oder weniger alle. Wer Kinder aus einem brennenden Haus zu retten versucht, greift sich als erstes nicht dasjenige, dem er zuerst begegnet, sondern sein eigenes. Wie oben (§ 6 II 1) angedeutet, sind wir darauf womöglich sogar genetisch programmiert. In den prähistorischen Stammesgesellschaften war reziproker Altruismus unter den jeweiligen Stammesangehörigen nämlich Überlebensbedingung für alle. Wer sich in der Vergangenheit prinzipiell anders verhalten hat, hat das vermutlich nicht lange überlebt. Womöglich ist unser Gerechtigkeitssinn also überhaupt nur auf die emotionalen Verhaltensmuster zurückzuführen, die sich in solchen überschaubaren Gruppen herausgebildet haben.

Mit dem formellen Differenzierungsverbot, wie es aus dem Gleichheitssatz abgeleitet werden kann, läßt sich dieses Verständnis von materieller Gerechtigkeit sicher nicht in Einklang bringen. Dagegen erklärt es sehr gut, warum man es ohne die richtigen Freunde auch in der egalitären Gesellschaft zu nichts bringt – weder zum Spitzenpolitiker noch zum Wirtschaftskapitän noch zum Richter an einem obersten Gerichtshof. Wenn wir uns gleichwohl nur ungern eingestehen, daß unser Rechtsempfinden auf einer solchen Basis ruht, dann weniger deshalb, weil wir es für falsch hielten, für uns und die Unseren zu sorgen, als vielmehr aus dem Grund, daß uns die unausgesprochene Kehrseite dieses Prinzips zunehmend Gewissensbisse verursacht. In einer Welt, in der es nicht nur Nahestehende, sondern auch Fernstehende gibt und in der zugleich ein bestimmtes Quantum von Vor- und Nachteilen auf alle verteilt werden muß, hat die Bevorzugung der Nahestehenden nämlich zur Folge, daß den Fernerstehenden alle Vorteile entzogen und dafür alle Nachteile zugewiesen werden. Für den antiken Menschen war das nicht weiter problematisch. Das Gute bestand für ihn darin, seinen Freunden zu nützen und seinen Feinden zu schaden. Der moderne Mensch, der die Schule des Christentums durchlaufen hat, ist insoweit unsicher geworden. Unter dem Einfluß des universalistischen Postulats, daß man seinen Nächsten lieben soll wie sich selbst, erscheint ihm das uneingeschränkte Bekenntnis zum „Näheprinzip" häufig nicht mehr als Ausdruck der materiellen Gerechtigkeit, sondern der formellen Ungerechtigkeit.

b) Der Nationalismus. Mit dem Aufkommen des *Nationalstaates* ist indessen eine andere Spielart wirksam geworden, die den Forderungen des Gleichheitsgedankens eher entgegenkommt. Der Kreis derjenigen, die einander nahestehen, ist dadurch erweitert und die maßgebliche Bezugsgruppe derart vergrößert worden, daß sich der Gruppenegoismus aus der Sicht des Einzelnen uneingeschränkt als Altruismus darstellt: Der Nationalist will die materielle Gerechtigkeit dadurch verwirklichen, daß er primär für das Wohl der anderen sorgt – allerdings nicht für das aller andern, sondern nur derjenigen, die der eigenen Nation angehören. Der Satz „Recht ist, was dem Volke nützt" – dem ganzen Volk nämlich, nicht nur einigen wenigen –, ist so gesehen ein Versuch, die Frage nach der Gerechtigkeit auf eine neue, dem modernen Staatsleben angemessenere Weise zu beantworten. Im Zeitalter des Nationalstaates hat dieser „kollektive Gerechtigkeitsegoismus" so gut wie alle in seinen Bann gezogen. Aber auch heute noch gilt, daß Politiker, die die Arbeitslosigkeit in ihrem eigenen Land bekämpfen, gewöhnlich kein schlechtes Gewissen haben, wenn sie erfahren, daß dadurch Arbeitsplätze in Nachbarstaaten verloren gehen.

Durch mancherlei Erfahrungen belehrt, sieht man mittlerweile freilich auch hier weniger die altruistische Seite dieses Modells als vielmehr die Ausgrenzungsfunktion, die es gegenüber Außenstehenden entfaltet. Dafür gibt gerade die deutsche Rechtsentwicklung, wo man die Nation in den 30er und 40er Jahren letztlich durch die Zugehörigkeit zu einer bestimmten Rasse definierte, ein extremes Beispiel. Den Ariern zu nützen und den Nichtariern zu schaden, galt in Deutschland bis 1945 einmal als Ausdruck höchster Gerechtigkeit. Genauso, wie man bei der Eroberung und Kultivierung Amerikas nicht nach dem Recht der Indianer oder der Neger fragte, genauso galten auch Nichtarier im Dritten Reich als „Andersartige" und damit als Fernstehende, die man als bloßes Mittel zum Nutzen der eigenen Rasse verwenden durfte. „Ehrlich, anständig, treu, kameradschaftlich haben wir zu unserem eigenen Blut zu sein und zu sonst niemand anders", erklärte Himmler in seiner Posener Rede am 4. Oktober 1943. „Wie es dem Russen geht, wie es dem Tschechen geht, ist mir total gleichgültig ... Ob die anderen Völker in Wohlfahrt leben, ob sie verrecken vor Hunger, das interessiert mich nur soweit, als wir sie als Sklaven für unsere Kultur brauchen ... Ob bei dem Bau eines Panzergrabens zehntausend russische Weiber an Entkräftung umfallen oder nicht, interessiert mich nur soweit, als der Panzergraben für Deutschland fertig wird." Nach diesem Prinzip wurde nicht nur geredet, sondern auch gehandelt – und zwar nicht nur, weil man durch bindende Befehle dazu gezwungen war, sondern weil viele davon überzeugt waren, daß dies in der Sache angemessen sei.

Man macht es sich zu einfach, wenn man sich gegen solche Ansichten heute für gefeit hält. Wer verstehen will, was die Forderung nach materieller Gerechtigkeit bedeutet, muß auch den Blick in diesen Abgrund aushalten. Im Hinblick auf die humanistische Schulbildung Himmlers hat Alfred Andersch zu Recht einmal gefragt: „Schützt Humanismus denn vor gar nichts?"[1] Er hätte ebenso gut auch fragen können, ob denn gar nichts die materielle Gerechtigkeit davor bewahrt, zu einem bloßen Schlagwort für Egoismus, Nepotismus, Nationalismus und Rassismus zu verkommen. Offenbar nichts, muß man in beiden Fällen antworten, jedenfalls dann nicht, wenn erst einmal diejenige Normalität beseitigt ist, die ein solches Verständnis aus anderen Gründen ausschließt. Für sich allein genommen, verhindert der Begriff der materiellen Gerechtigkeit ein Abgleiten in die Barbarei schon deshalb nicht, weil die Gerechtigkeit aus der Sicht dessen, der sie übt, allemal gerechter aussieht als aus der Sicht dessen, der sie erleidet.

c) Universaler Humanismus. Ein probates Heilmittel gegen die Ausgrenzung anderer scheint auf den ersten Blick freilich darin zu bestehen, die Gruppe derer, denen wir uns unmittelbar für verpflichtet halten, einfach so weit auszudehnen, bis sie, wie es der formelle Gleichbehandlungsgrundsatz in seiner universalistischen Version fordert, die gesamte Menschheit umfaßt. Die materielle Gerechtigkeit bestünde dann in dem, was *allen* gleichermaßen zugute kommt.

Aber damit läßt sich das Problem leider nicht lösen. Was gut ist für die gesamte Menschheit, entzieht sich nämlich unserer Kenntnis. Das ist ja eben der Grund, weshalb wir uns immer wieder zunächst einmal am Wohlergehen der uns Nahestehenden orientieren. Je weiter der Kreis gezogen wird, desto *leerer* muß der Begriff der materiellen Gerechtigkeit werden. Für diesen Zusammenhang liefert das neuzeitliche Naturrecht, das in der universalistischen Forderung gipfelte, ohne Unterschied seine und anderer Menschen „Vollkommenheit" zu befördern, ein anschauliches Beispiel. Aus heutiger Sicht hat diese Menschheitsformel außer Tautologien nicht viel hervorgebracht. Wirksam geworden ist sie nur dadurch, daß sie sich mit Wertvorstellungen, die an sich auf einen bestimmten Kulturkreis beschränkt waren, verbunden hat.

d) Ungewißheit der Zukunft. Aber selbst wenn man von all diesen Schwierigkeiten einmal absieht, so bleibt immer noch die, daß man das, was für alle angemessen ist, unmöglich besser wissen kann als das, was für einen selbst gut ist. Wer seine Vorurteile für einen Moment beiseite läßt, wird jedoch einräumen müssen, daß er nicht einmal das letztere mit Sicherheit weiß. Denn was von dem, was uns als selbstverständlich erscheint, hält einer Prüfung wirklich stand? Gewiß ziehen wir alle den bequemen Weg dem beschwerlichen vor – aber ist es nicht oft genug so, daß sich der beschwerliche im nachhinein als der bessere erweist? Und natürlich weichen wir dem, was uns als Unglück erscheint, nach Möglichkeit aus – aber wählt nicht mancher mit seinem Glück in Wahrheit sein Unglück, während ein anderer durch allerhand Unbill schließlich zu seinem Glück gelangt? Um zu wissen, was im Ergebnis angemessen ist für mich, muß ich daher – so sollte man meinen – die *Zukunft* kennen. Gerade die aber ist allen verborgen.

2. Orientierung an traditionellen Werten

Konservativer Haltung entspricht es, den Blick weniger in die Zukunft als vielmehr in die Vergangenheit zu richten. Dafür gibt es gerade in diesem Zusammenhang gute Gründe. Wenn es nämlich überhaupt möglich ist, das Gute zu erkennen, wenn also die Suche nach der Gerechtigkeit nicht bloß ein Wahn ist, so spricht einiges dafür, daß wesentliche Aspekte davon bereits in der Vergangenheit *erkannt worden sind*. Wenn alle Generationen vor uns vergeblich nach der Gerechtigkeit gesucht hätten, wäre es unwahrscheinlich, daß es ausgerechnet uns besser ergehen sollte. Wer nach der Gerechtigkeit fragt, kann daher nicht so tun, als bewege er sich auf unbestelltem Boden. Er muß paradoxerweise voraussetzen, daß die Geschichte und damit zugleich die gegenwärtige Gesellschaft, die deren Produkt darstellt, ein Reservoir von Erkenntnissen und Erfahrungen enthält, durch das seine Frage in einem gewissen Umfang bereits *beantwortet ist*. Wer sich darüber hinwegsetzen wollte, müßte so tun, als ob es die historische Entwicklung nicht gäbe, obgleich seine eigene Existenz, sein Denken, Wollen und Fühlen, zum guten Teil nur als Produkt der Geschichte erklärbar ist.

Man nennt diese historisch gewonnenen Gesichtspunkte der Vorzugswürdigkeit in der Regel *Werte*. Die Wertordnung einer Gesellschaft gibt Auskunft darüber, was in dem betreffenden Kulturkreis *traditionell* als gut und gerecht angesehen wird, so daß man darüber nicht immer von neuem zu diskutieren braucht. An erster Stelle wird hier bei uns meist die persönliche Freiheit mit ihren verschiedenen Ausprägungen genannt: Glaubens- und Gewissensfreiheit, Meinungsfreiheit, Berufsfreiheit, Vereinigungsfreiheit usw. Andere grundlegende Werte sind das Leben, das Eigentum, die Familie u. a. m. Insgesamt liest sich diese Wertordnung wie ein Querschnitt durch die Geschichte des von Christentum, Renaissance und Rationalismus beeinflußten Abendlandes, und eben darum handelt es sich auch.

Solche Werte stellen eine schier unerschöpfliche Quelle dar, aus der sich die Anhänger der betreffenden Wertordnung immer von neuem mit Argumenten versorgen können. In ihrer Funktion als Überzeugungsverstärker sind die Werte daher kaum zu unterschätzen. Die Grenzen ihrer Leistungsfähigkeit werden erst da offenbar, wo es darum geht, *Streitigkeiten* zwischen Parteien zu entscheiden, die einander mit *entgegengesetzten* Interessen gegenüberstehen. In allen halbwegs interessanten Konflikten können sich erfahrungsgemäß *alle* Beteiligten auf irgendwelche Werte berufen. Da die Werte nur sagen, was wertvoll ist, aber nicht, was davon in welchem Maße den *Vorrang* verdient, hilft die Bezugnahme auf Werte im Streitfall meist nicht weiter. Wenn A und B über das Eigentum an einer Sache streiten, läßt sich aus dem Wert des Eigentums nichts darüber herleiten, wem die Sache zustehen soll. Und wenn das Leben des ungeborenen Kindes mit der Selbstbestimmung der Mutter kollidiert, so läßt sich der Konflikt mit Hilfe der Werte „Leben" und „Selbstbestimmung" zwar beschreiben, aber nicht lösen. Mancher mag zwar meinen, daß das Leben ein „Höchstwert" sei, dem alle anderen Werte zu weichen hätten. Aber schon, wenn man die Frage stellt, ob dann etwa auch unser Eigentum gerechterweise dem Lebensrecht der Völker der Entwicklungsländer zu weichen hat, werden viele für eine Ausnahme plädieren.

Die Ausrichtung an Werten, die in klaren Beziehungen zueinander stehen, ist das Kennzeichen einer innerlich geordneten Gesellschaft. Demgegenüber sind Gesellschaften, die im Begriff sind, auseinanderzubrechen, dadurch gekennzeichnet, daß der Zwiespalt auch in ihre Wertordnungen eindringt. Robert Musil hat dies sehr anschaulich einmal so beschrieben: „Dem gegenwärtigen Zeitalter sind eine Anzahl großer Ideen geschenkt worden und zu jeder Idee durch eine besondere Güte des Schicksals gleich auch ihre Gegenidee, so daß Individualismus und Kollektivismus, Nationalismus und Internationalismus, Sozialismus und Kapitalismus, Imperialismus und Pazifismus, Rationalismus und Aberglaube gleich gut darin zu Hause sind, wozu sich noch die unverbrauchten Reste unzähliger anderer Gegensätze von gleichem oder geringerem Gegenwartswert gesellen."[2] Wenn eine Gesellschaft an diesem Punkt angelangt ist, wenn Wert gegen Wert steht, lassen sich die anstehenden Auseinandersetzungen durch die Beschwörung von Werten nicht mehr beschwichtigen; sie erhalten dadurch vielmehr nur neue Nahrung.

3. Ökonomische Analyse des Rechts

Einen anderen Versuch, die Frage nach der materiellen Gerechtigkeit zu beantworten, hat der Utilitarismus unternommen, der heute unter dem Namen der „*ökonomischen Analyse* des Rechts" in einer neuen Version vorgetragen wird. Die alte utilitaristische Formel vom größten Glück der größtmöglichen Zahl erhält dabei eine spezifisch rechtliche Ausprägung.

Die ökonomische Analyse des Rechts geht von zwei Voraussetzungen aus: zum einen, daß der Mensch ein *homo oeconomicus* ist, der seinen Nutzen kennt und zu vergrößern trachtet, zum andern, daß eine gute Regelung so beschaffen sein sollte, daß sie vielleicht nicht in jedem Einzelfall, wohl aber doch langfristig zu wünschenswerten Folgen führt. Auf dieser Basis bietet die ökonomische Analyse für die Gerechtigkeit einen ökonomischen Gradmesser an. Gut und gerecht sind danach diejenigen Regelungen, die gesamtgesellschaftlich gesehen den geringsten Ressourcenverbrauch zur Folge haben, kurz: welche die Gesellschaft auf lange Sicht am wenigsten „kosten".

Das kann man sich anhand eines oft angeführten Beispiels so veranschaulichen: Wo es um die Aufstellung von Regeln geht, wie man Schäden, die bei der Durchführung eines Vertrages entstehen können, gerechterweise zu verteilen hat, ist nach *herkömmlicher* Auffassung vor allem danach zu fragen, wer der Schädiger und wer der Geschädigte ist und wer den Schaden verschuldet hat. Demgegenüber wird von der ökonomischen Analyse des Rechts vorgeschlagen, vermeidbare Schäden kurzerhand demjenigen aufzuerlegen, der sie mit dem geringsten Aufwand hätte vermeiden können (cheapest cost avoider), unvermeidbare dagegen dem, der sich am günstigsten dagegen hätte versichern können (cheapest insurer). Langfristig soll das mit dem geringsten Gesamtaufwand zu einem wünschenswerten Ergebnis führen und daher jeder anderen Regelung vorzuziehen sein.

Die Faszination, die von solchen Überlegungen ausgeht, hängt damit zusammen, daß im Prinzip niemand, der mit der Aufstellung rechtlicher Regeln befaßt ist, diese Betrachtungsweise gänzlich ignorieren kann. Auf die Dauer kann sich kein Recht behaupten, das die Summe der Lasten in einer Gesellschaft unnötig vermehrt. Wer rechtliche Regeln aufstellt, muß deren soziale Folgen in sein Kalkül miteinbeziehen. Daß eine Regelung kostenmäßig gesehen zu einem optimalen Ergebnis führt, ist also zweifellos ein Argument *für* sie. Ob freilich die Gerechtigkeit insgesamt ohne Rest in der Frage nach den ökonomischen Kosten aufgeht, erscheint nicht ganz so sicher. Wenn ein ketzerischer Einwand erlaubt ist: Rein ökonomisch gesehen, wäre es sicher vorzuziehen, den Alten und Kranken in unserer Gesellschaft, die nur noch Kosten verursachen, einfach eine Spritze zu verpassen, anstatt sie mit immensem Aufwand „nutzlos" am Leben zu erhalten. Eine Gesellschaft, der es am Dringlichsten für die Jungen fehlt, wird sich einer solchen Betrachtung womöglich nicht verschließen können. In einer leistungsfähigen Gesellschaft ist das Kostenargument aber vielleicht doch nicht der zutreffende Gesichtspunkt, wenn es um solche Fragen geht. Die naive Erwartung der meisten, daß primär das Recht darüber zu entscheiden hat, mit welchen Lasten eine Gesellschaft sich abfinden muß, und nicht eine nackte Kosten-Nutzen-Rechnung, wird sich so leicht nicht zum Schweigen bringen lassen. Das utilitaristische Gerechtigkeitsmodell wird daher immer wieder auf einen Einwand stoßen, dessen klassische Formulierung bereits von Friedrich Schiller stammt:

„Mißtraut euch, edler Lord, daß nicht der Nutzen
Des Staats euch als Gerechtigkeit erscheine."[3]

II. Konsensuale Richtigkeit

1. *Gerechtigkeit durch Zustimmung*

Wo man die Antwort nicht schon voraussetzen kann, ist die materielle Gerechtigkeit nach all dem nur schwer zu bestimmen. Aus diesem Grund wird heute nicht selten versucht, das Problem auf eine *verfahrensmäßige* Weise zu lösen. Das einfachste Verfahren besteht darin, die Betroffenen grundsätzlich *selbst entscheiden* zu lassen, was als angemessen für sie gelten soll. Dabei sind zwar keine Erkenntnisse zu erwarten, die über den Horizont der unmittelbar Beteiligten hinausreichen. Dieses Verfahren scheint aber doch zu garantieren, daß den Beteiligten jedenfalls kein Unrecht geschieht; denn: *volenti non fit iniuria* – wer es selbst so will, dem widerfährt kein Unrecht.

Dieses Selbstbestimmungsmodell, wie man es nennen könnte, hat einen überzeugenden Kern: Mehr, als daß *ich* allen Entscheidungen, die *mich* betreffen, *selbst zustimme*, kann man auf der Basis einer realistischen Rechtsbetrachtung nicht verlangen. Das ist der Grund, warum der Vertrag als adäquates Regelungsmodell unmittelbar einleuchtet: Wo beide Seiten einverstanden sind, hat im Zweifel ein *Ausgleich* stattgefunden, gegen den sich wenig einwenden läßt. Bei der Übertragung dieses Gedankens auf die Gesellschaft als ganze ist freilich Vorsicht geboten. Dabei geht es nämlich nicht mehr darum, daß der einzelne, sondern daß die *Gesellschaft als ganze* über sich selbst bestimmt. Soweit alle Beteiligten dabei einer Meinung sind, ergibt sich kein Unterschied: Über das, was alle gemeinsam wollen, kann sich niemand beschweren. Praktisch geht es freilich so gut wie immer darum, daß die *Mehrheit über die Minderheit bestimmt*, während die Minderheit dagegen protestiert. Von Selbstbestimmung kann dabei nur insofern die Rede sein, als es möglich ist, selbst noch den Widerspruch der unterlegenen Minderheit als Zustimmung zu begreifen.

In der Regel wird dabei so argumentiert: Wer sich an einem Abstimmungsverfahren beteiligt, ist in gewissem Sinn auch mit dem Ergebnis einverstanden, selbst wenn ihm ein anderes Resultat lieber gewesen wäre; ohne diese wenigstens mittelbare Zustimmung aller Beteiligten wäre die Abstimmung nämlich sinnlos. Was sie trägt, ist allein die Bereitschaft aller Votanden, jedes mögliche Ergebnis zu akzeptieren. In diesem Sinn kann daher die Minderheit selbst ihrer eigenen Niederlage zustimmen. Soweit die grundsätzlichen Positionen nicht allzu weit auseinander liegen – diese Einschränkung muß beachtet werden –, ist die Demokratie mithin kein schlechtes Modell, um das Problem der Gerechtigkeit zu lösen.

2. *Vernünftiger Konsens*

Eine verfahrensmäßige Garantie dafür, daß grob ungerechte Entscheidungen verhindert werden, stellt freilich auch die Demokratie nicht dar. Wie die Erfahrung lehrt, gibt es immer wieder Leute, die in der öffentlichen Auseinandersetzung öfter recht bekommen, als sie recht haben. Wenn sich in der offenen Diskussion immer das Richtige durchsetzen würde, müßte dies eigentlich ausgeschlossen sein. Tatsächlich jedoch ist die öffentliche Meinung schwankend und bietet Rattenfängern und Zungendreschern jedweder Couleur mehr Chancen als denen, die sich ausschließlich auf rationale Argumente verlassen.

Die Gegenmittel, die hiergegen mobilisiert werden können, sind begrenzt. Sie bestehen im wesentlichen darin, daß offenbar inkompetente Beurteiler von der Entscheidung über die gemeinsamen Angelegenheiten ausgeschlossen werden. Es liegt jedoch auf der Hand, daß gerade dies im Rahmen eines auf allgemeinen Konsens angelegten Verfahrens im Grunde widersprüchlich ist. Wir sind uns zwar heute überwiegend darüber einig, daß Kinder in öffentlichen Angelegenheiten kein Stimmrecht genießen, weil ihnen das erforderliche Beurteilungsvermögen abgeht. Über das preußische Dreiklassenwahlrecht, bei dem den Stimmen der unteren Klassen nur ein geringerer Erfolgswert zukam als denen der höheren, denken wir heute jedoch ganz anders. Dabei wurde das Dreiklassenwahlrecht von manchen seiner Vertreter auch nicht viel anders gerechtfertigt als heute der Ausschluß der Kinder. Ähnliches gilt von dem Wahlrecht für Frauen, das lange Zeit gänzlich unbekannt war. 1918, im gleichen Jahr, als in Preußen das Dreiklassenwahlrecht abgeschafft wurde, wurden auch die Frauen in Deutschland erstmals wahlberechtigt. Die bloße Erinnerung an den bis dahin erfolgten Ausschluß löst bei vielen immer noch Erbitterung aus.

Ein solcher Rückblick ist aber noch aus einem anderen Grund von Interesse. Er macht deutlich, daß die reale Zustimmung letztlich nur ein Notbehelf ist. In Wahrheit geht es darum, das zu ermitteln, was *vernünftigerweise* Zustimmung verdient. Die Meinungen über die Verteilung der dafür erforderlichen Kompetenz haben sich im Laufe der Zeit zwar geändert. Aber selbst unter optimalen Bedingungen ist der reale Konsens nur ein stellvertretender Konsens. Man hält sich daran, weil man nichts Besseres hat. Aber er ist nicht das, worauf es bei der Bestimmung der Gerechtigkeit eigentlich ankommt. Auch in der modernen Demokratie gibt es daher eine Vielzahl von Mechanismen, um die weniger Informierten unauffällig zu mediatisieren und von politischem Einfluß fernzuhalten. Freilich wird dieser Bereich von den Parteien sorgfältig tabuisiert. Eine reale Zustimmung zu der tatsächlich verfolgten Politik kann nämlich nur von denjenigen erwartet werden, die nicht gleichzeitig den Eindruck haben müssen, daß ihr Einfluß durch eine entsprechende Ausgestaltung des Verfahrens gerade ausgeschaltet werden soll.

3. *Ausschluß der Nachgeborenen*

Aber auch unter optimalen Bedingungen wäre es im Grunde unmöglich, in allen Angelegenheiten alle zu befragen. Je mehr Leute nach ihrer Meinung zu allen möglichen Dingen befragt werden, desto länger dauert es. Auch in einer Demokratie muß die Konsensbildung aber einmal ein Ende haben, damit gehandelt werden kann. In bestimmtem Umfang muß daher immer über den Kopf der Betroffenen hinweg entschieden werden. Wenn man es mit der Zustimmung genau nimmt, bleiben sogar die meisten notwendig ausgeschlossen: die große Masse der *Nachgeborenen* wird nie gefragt. Das ist mehr als ein Schönheitsfehler; es ist ein prinzipieller Mangel, der den ideologischen Charakter des Gedankens der kollektiven Selbstbestimmung entlarvt. Die bedeutenden politischen Entscheidungen, die heute getroffen werden, betreffen nicht nur uns selbst, sondern alle Generationen nach uns, ebenso wie auch wir maßgeblich durch die Hinterlassenschaften bestimmt werden, die aus der Geschichte auf uns zugekommen sind. Zerstörte Umwelt, Berge von Schulden, erdrückende Bevölkerungszahlen auf der einen, kollabierende Gesellschaften auf der anderen Seite, politische Gegnerschaften, unglückliche Grenzziehungen und vieles mehr werden das Leben derer belasten, die nach uns kommen. Gefragt hat sie niemand. Wir haben uns gewissermaßen über ihren Kopf hinweg geeinigt, stellvertretend für sie. Und selbstverständlich lag uns unser eigenes Interesse dabei näher als das ihre.

Ist es gerecht, wenn die Freiheit der Nachgeborenen ohne ihre Zustimmung beschnitten wird? So gestellt, kann man die Frage nur verneinen. Dennoch zögert man fast, dies zu tun. Denn dies würde zugleich bedeuten, daß die verfahrensmäßige Lösung des Gerechtigkeitsproblems ebenfalls nicht aufgeht. Da die Zustimmung der Nachgeborenen naturgemäß nie eingeholt werden kann, wäre die Zustimmung der „Betroffenen" in Wahrheit eine Herrschaft der lebenden Minderheit über die noch ungeborene Mehrheit. Wie aber nennt man das, fragte bereits Alkibiades, wenn der Stärkere den Schwächeren mit Gewalt zwingt, das zu tun, was ihm gut scheint? (Vgl. oben § 4 II 3)

III. Die Billigkeit

1. Korrektur des Formenrigors im Einzelfall

Wegen all dieser Schwierigkeiten wird der Gedanke der materiellen Gerechtigkeit von erfahrenen Juristen meist nur in abgeschwächter Form herangezogen: in Gestalt der sogenannten *Billigkeit*. Umgangssprachlich werden Recht und Billigkeit im Deutschen oft gleichgesetzt. Im juristischen Sprachgebrauch jedoch ist mit Billigkeit etwas anderes gemeint: Billigkeit bezeichnet hier die Gerechtigkeit *im Einzelfall*, die angemessene Lösung eines konkreten Konflikts unter teilweiser Abweichung von den Regeln des „strengen Rechts".

Das Streben nach Billigkeit verdankt sich der ernüchternden Erfahrung, daß die Gerechtigkeit gerade wegen der Mittel, die uns zu ihrer Verwirklichung zur Verfügung stehen, verfehlt wird. Häufig schlägt das Recht nämlich gerade dann, wenn man der Gerechtigkeit besonders nahe gekommen zu sein glaubt, in Ungerechtigkeit um: *summum ius, summa iniuria*.

Nur selten trifft die allgemeine Regel den besonderen Fall restlos. Eine Gleichbehandlung des Gleichen ist nur möglich, wenn man über die zahllosen Besonderheiten des Einzelfalles hinweggeht, letztlich also verschiedene Dinge unter dieselbe Regel zwingt. Gerade die Gleichbehandlung hat daher zur Folge, daß die meisten Fälle an Normen gemessen werden, die dafür streng genommen nicht passen. An dieser Härte des Rechts können Menschen zerbrechen. Indem das Recht verwirklicht wird, werden Existenzen ruiniert, familiäre Bande zerrissen, Aussichten und Hoffnungen zerstört und Karrieren beendet.

Für den Theoretiker ist dies ein Widerspruch, mit dem man leben muß. Wenn das Recht Orientierungshilfen geben soll, muß es trennscharfe Grenzen ziehen, auf die Verlaß ist. Für den Praktiker sieht es anders aus. Wer die Folgen im Einzelfall unmittelbar vor Augen hat, wird diese Härten nicht selten als allzu streng, als unangemessen und unbillig empfinden. Dann ist die Versuchung groß, den Formenrigor des strengen Rechts durch Billigkeitserwägungen des Einzelfalls zu mildern.

2. *Erscheinungsformen der Billigkeit*

a) Aequitas. In großem Stil ist dies erstmals in *Rom* geschehen. Das römische *ius civile* war zunächst in den „Zwölf Tafeln" niedergelegt. Diese waren auch dann noch in Geltung, als die darin enthaltenen Regeln vielfach als zu eng, zu undifferenziert oder auch einfach als überholt empfunden wurden. Ohne daß die Geltung des *ius civile* formell angetastet worden wäre, gelang es der römischen Jurisprudenz, auf einer zweiten Ebene ein Billigkeitsrecht zu installieren. Die Möglichkeit dazu ergab sich aus der Eigenart des römischen Prozeßrechts. Damit in Rom ein Bürger gegen einen anderen klagen konnte, war es erforderlich, daß ihm der höchste Gerichtsbeamte, der Prätor, ein Klagerecht (*actio*) zusprach. Dies geschah in Gestalt einer sogenannten *formula*. Entsprechend konnte sich der Beklagte gegen den erhobenen Anspruch vor Gericht nur dann zur Wehr setzen, wenn ihm seine Einwendungen in der *formula* ausdrücklich vorbehalten worden waren. Vor dem eigentlichen Streit in der Sache fand daher zunächst einmal ein Verfahren vor dem Prätor statt, in dem über die *formula* gestritten wurde. Im Prinzip war der Prätor gehalten, die Formel so zu erteilen, wie dies im *ius civile* vorgesehen war. Kraft seiner Amtsgewalt konnte er jedoch in gewissen Grenzen davon abweichen. So konnte er die Formel verweigern, obwohl dem Kläger nach dem *ius civile* an sich ein Recht zustand; dann war das Recht des Klägers praktisch wertlos, denn er konnte es nicht einklagen. Umgekehrt konnte der Prätor aber auch eine Formel erteilen, die im *ius civile* nicht vorgesehen war, und mit den Einreden des Beklagten konnte er ähnlich verfahren. Auf diese Weise entstand neben dem strengen Recht (*ius strictum*) allmählich ein Amtsrecht (*ius honorarium*), das im Gegensatz zu jenem von der *aequitas*, der Billigkeit, beherrscht war. Man unterschied sogar ausdrücklich zwischen den Verfahren strengen Rechts (*iudicia stricti iuris*) und den Verfahren nach Billigkeit (*bonae fidei iudicia*). Dieses

Nebeneinander erlaubte es, an dem *ius civile* dem Anspruch nach festzuhalten, die Härten des Gesetzes aber doch zu mildern.

b) Equity. Eine vergleichbare Entwicklung fand in *England* statt. Auch hier gibt es neben dem strengen common law noch ein besonderes Billigkeitsrecht, in Anlehnung an die römische aequitas *equity* genannt, eine Art Gegenordnung, die sich auch hier aus prozessualen Gründen entwickelt hat. Die Vorgeschichte der equity reicht bis ins hohe Mittelalter zurück. Wer vor den common-law-Gerichten unterlag, wandte sich damals vielfach an den königlichen Rat, dessen Mitglied unter anderem der Lordkanzler war. Dieser war an das common law nicht gebunden und konnte daher, gleichsam an Stelle des Königs, den Mängeln des strengen Rechts abhelfen. Auf diese Weise entwickelte sich im Laufe der Zeit neben dem common law noch ein zweites Repertoire von Regeln und Grundsätzen: die equity. Später ging die Billigkeitsrechtsprechung auf den Court of Chancery über, so daß jetzt zwei Gerichtsbarkeiten nebeneinander bestanden, von denen die eine dem common law, die andere der Billigkeit verpflichtet war. Das änderte sich erst, als die Gerichtsorganisation im 19. Jahrhundert modernisiert und der Supreme Court of Judicature für die Anwendung von common law und equity gleichermaßen zuständig wurde. Aber nach wie vor existieren common law und equity als unterschiedliche Regelsysteme nebeneinander.

c) Generalklauseln. In *Deutschland* ist die Lage insofern anders, als sich hier der Gesichtspunkt der Billigkeit nicht zu einem eigenem System neben den Regeln des strengen Rechts entwickeln konnte. Deutschland übernahm zwar im 15. und 16. Jahrhundert im Zuge der sogenannten Rezeption das römische Zivilrecht, nicht jedoch das römische Prozeßrecht. Es gab daher – abgesehen von der landesherrlichen Kabinettsjustiz, die aber insgesamt rückläufig war – keine über oder neben den Gerichten stehende Instanz, die von dem strengen Recht hätte Ausnahmen machen können. Billigkeitsgesichtspunkte konnten sich daher nur in der Rechtsanwendung der Gerichte selbst Geltung verschaffen, letztlich also nur *unmittelbar* durch eine Modifizierung des Gesetzes, wo dieses als unpassend empfunden wurde. Zum Teil hat der Gesetzgeber dem selbst Vorschub geleistet. Namentlich das Bürgerliche Gesetzbuch enthält eine Reihe von Leerformeln, auch „Generalklauseln" genannt, die es den Gerichten ermöglichen sollen, bei der Rechtsanwendung Gesichtspunkte wirksam werden zu lassen, die sich aus den präzis formulierten sonstigen Vorschriften an sich nicht ergeben würden. Gestützt auf solche Generalklauseln weichen die Gerichte wegen der „besonderen Umstände des Einzelfalles", denen das Gesetz nicht gerecht wird, vom klaren Gesetzeswortlaut oft ab. Das Gesetz wird dabei nicht generell in Frage gestellt; lediglich im Einzelfall muß es ausnahmsweise zurücktreten, um eine angemessene Entscheidung zu ermöglichen. In manchen Bereichen dominiert die Billigkeitsrechtsprechung aber heute so sehr, daß das Gesetz daneben nur von geringer Bedeutung ist.

Von den verschiedenen Generalklauseln hat vor allem § 242 BGB Karriere gemacht. Es ist geradezu gefordert worden, daß das hier formulierte Prinzip von „Treu und Glauben" die Anwendung *aller* Rechtsnormen bestimmen müsse. Die Entwicklung, die dahin führte, zeichnete sich schon bald nach Inkrafttreten des Bürgerlichen Gesetzbuchs ab. Ernst Fuchs (1859–1929), ein Vertreter der sogenannten Freirechtsschule, die für eine Lockerung der Gesetzesbindung des Richters eintrat, stellte bereits 1926 frohlockend fest: „Gut ist das BGB nur an einer einzigen Stelle, nämlich da, wo es mit seiner abstrakten Kasuistik haltmacht und lediglich einen Wegweiser hinstellt. Er trägt die Aufschrift: ‚Eintritt zum freien Rechtsmeer der Verkehrsbedürfnisse.' Es ist der § 242. Dieser ‚königliche' Paragraph ... erwies sich in der Folge als der archimedische Punkt, von dem aus die alte juristische Welt aus den Angeln gehoben wurde."[4]

3. Dialektik der Billigkeit

Die freie Billigkeit ist nach all dem der ewige Widerpart des normativen Rechts. Wo die Billigkeit regiert, wird die Entscheidung nicht durch Orientierung an Normen, sondern durch die Ausrichtung an Gesichtspunkten gefunden, die allein der konkrete Fall nahelegt und die daher in anderen Fällen vielfach gerade nicht einschlägig sind. Das Abstellen auf die Billigkeit führt somit zu *Einzelfallentscheidungen*, die zwar als solche befriedigen mögen, dabei aber leicht im Widerspruch zu den allgemeinen Normen stehen, deren Geltungsanspruch dadurch nicht aufgehoben ist. Streng genommen arbeitet die Billigkeitsjurisprudenz daher gleichzeitig mit zwei unterschiedlichen Modellen: mit der Subsumtion unter das Gesetz und der Abwägung im Einzelfall, je nachdem, was nach Auffassung des zuständigen Gerichts angemessener erscheint.

Das hat Vor- und Nachteile: Bietet das Gesetz im allgemeinen eine akzeptable Lösung und führt nur im Einzelfall zu unerwünschten Ergebnissen, so überzeugt die Billigkeitsjustiz im Einzelfall, kann jedoch Folgen nach sich ziehen, die im allgemeinen kaum wünschenswert sind. Der Preis der Billigkeit ist überdies Unsicherheit, weil der Bürger immer weniger weiß, mit welcher Entscheidung er im Streitfall zu rechnen hat. Je weniger vorausgesehen werden kann, wie die Gerichte entscheiden werden, desto größer ist die Neigung, es einfach einmal darauf ankommen zu lassen. Eine weitere Folge ist die, daß es dabei zunehmend schwerer wird, den Staat zu lenken. Steuerbarkeit setzt voraus, daß Normen erlassen werden können, auf deren pünktliche Einhaltung durch die Gerichte Verlaß ist. Wo Billigkeitserwägungen dominieren, fehlt es daran.

Im allgemeinen besteht daher die Tendenz, die *Abweichung* von den Normen des strengen Rechts alsbald *selbst wieder in Normen* zu fassen. Bereits in Rom wurde das vom Prätor geschaffene Billigkeitsrecht immer mehr verfestigt und schließlich im *Edictum perpetuum* förmlich festgeschrieben. In England wurde die equity zu einem Regelsystem ausgebaut, das dem common law an Normativität nicht viel nachsteht. Auch bei uns kristallisieren sich im Anwendungsbereich der Generalklauseln immer wieder Fallgruppen heraus, die unter dem Einfluß der Rechtswissenschaft normativ verfestigt werden. Immer häufiger greift auch der Gesetzgeber eine solche „gefestigte Rechtsprechung" auf und bringt sie in Gesetzesform.

Auf diese Weise ist auch die Billigkeit in die Dialektik allen Rechts miteinbezogen. Sie soll die Strenge des Gesetzes mildern und der materiellen Gerechtigkeit wenigstens im Einzelfall zur Geltung verhelfen. Um den Ungerechtigkeiten, die sie durch ihre Formlosigkeit hervorbringt, entgegenzuwirken, muß sie freilich selbst normative Gestalt annehmen. Dadurch schließt sich der Kreis, und die Suche nach der angemessenen Entscheidung des Einzelfalls kann von vorn beginnen.

Im hohen Mittelalter hat ein Bologneser Jurist einmal die Verschränkung von Recht und Billigkeit in einem schönen Bild zum Ausdruck gebracht. In seinen „*Questiones de iuris subtilitatibus*" schildert er, wie er bei einem Spaziergang zufällig zum Tempel der Justitia gelangt. Er tritt zögernd näher, aber der Eintritt ist ihm verwehrt. Dafür kann er durch eine gläserne Wand, die in goldenen Buchstaben den Text des Gesetzes trägt, in das Innere des Tempels blicken. Dort sieht er die strenge Justitia auf ihrem Thron; über ihr schwebt die Gestalt der Ratio; auf ihrem Schoß jedoch trägt sie ihr Lieblingskind, die Aequitas, mit einem Antlitz voll von Güte.[5]

3. Abschnitt: Das soziale Umfeld des Rechts

Der Jurist ist leicht geneigt, im Recht eine eigene, in sich geschlossene Welt zu erblicken. In Wahrheit jedoch ist das Recht keine isolierte Erscheinung. Es ist eingebettet in eine Vielzahl anderer gesellschaftlicher Subsysteme, die auf vielfältige Weise miteinander zusammenhängen. Ähnlich wie es ein ökologisches System gibt, so existiert auch ein bisher wenig erforschtes *soziales Gleichgewichtssystem*, in dem schon geringe Veränderungen große Wirkungen auslösen können. Zu den wesentlichen Momenten dieses Systems gehören neben dem Recht auch die Politik, die Moral und die Wirtschaft.

§ 8 Recht und Politik

I. Das Recht im Einflußbereich der Politik

1. Unterschiedliche Realisierung des gleichen Ziels

Wer sich mit dem modernen Recht *befaßt*, bewegt sich zugleich im Einflußbereich der Politik. Recht und Politik sind letztlich am gleichen Ziel orientiert: an der gerechten Ordnung der menschlichen Beziehungen. Gleichwohl stehen sie häufig in einem Gegensatz zueinander; zumindest streben sie das gemeinsame Ziel auf ganz unterschiedliche Weise an. Gemessen an der Politik nimmt sich das Recht *statisch* aus; es scheint auf die Erhaltung der überkommenen und bewährten Ordnung angelegt zu sein, in der sich viele auf Dauer eingerichtet haben. Ein Jurist, der ständig Gesetzesänderungen vorschlägt, ist daher im Zweifel ein schlechter Jurist. Die Politik dagegen, die auf die Herstellung neuer Verbindlichkeit abzielt, ist ihrem Wesen nach *dynamisch*. Erfolgreich ist in der Politik nur derjenige, der sich unentwegt mit Änderungsvorschlägen ins Gespräch bringt. Nur damit bekommt man die Stimmen der Unzufriedenen, während sich die Zufriedenen nur schwer mobilisieren lassen. Wer verspricht, alles Erreichte aufs Spiel zu setzen, wird damit bei Wahlen immer noch erfolgreicher sein als derjenige, dessen Programm sich darin erschöpft, das anerkannt Gute zu bewahren und im übrigen so weiterzumachen wie bisher. Bildhaft ausgedrückt, verkörpert der Jurist daher die „Schwerkraft" des Rechtsgedankens, während der Politiker dessen „Triebkraft" repräsentiert. Dem Juristen geht es um die Pflege des vorhandenen Rechts, dem Politiker um die Hervorbringung des künftigen.

Man kann den Unterschied noch von einer anderen Seite her bestimmen. Danach hat der Jurist ein *idealistisches* Verhältnis zur Gerechtigkeit, der Politiker dagegen ein *realistisches*. Der Jurist setzt im Zweifel auf Argumentation und Überzeugung. Er trägt Gründe und Gegengründe zusammen, wägt beide gegeneinander ab und appelliert zuletzt an die Einsicht der Betroffenen. Der Politiker dagegen weiß nur allzu gut, daß die meisten Menschen so sehr in den Gewohnheiten ihres Denkens und Fühlens verhaftet sind, daß sie durch Argumente nur ausnahmsweise zu beeinflussen sind. Wer mit seinen Vorstellungen politisch Erfolg haben will, muß sich nicht um Argumente, sondern um die *Mobilisierung von Macht* bemühen. Er muß also von langer Hand die richtigen Freunde um sich sammeln, Seilschaften bilden und mit ihnen die gemeinsamen Gegner bekämpfen. Getreu dem opportunistischen Grundsatz, daß der Zweck die Mittel heiligt, kommt es dabei so gut wie ausschließlich auf das Ergebnis an. Politische Freunde definieren sich daher nicht bloß über gemeinsame Wahrheiten, sondern häufiger noch über gemeinsame Interessen, gelegentlich auch nur über gemeinsame Gegner. Während das Recht durch die Differenz von *Recht und Unrecht* konstituiert wird, ist die maßgebliche Unterscheidung im Bereich der Politik die zwischen *Freund und Feind*. Der erfolgreichste Politiker ist dementsprechend derjenige, der am besten weiß, wie man neue Freunde gewinnt und seinen alten Feinden schadet.

Daß Recht und Politik gegeneinander abgeschirmt werden, ist nach all dem zwar wünschenswert, setzt jedoch voraus, daß alle Beteiligten sich in den ihnen zukommenden Grenzen halten. Aber das fällt offenbar schwer, nicht nur deshalb, weil in jedem Juristen auch ein Politiker und in jedem Politiker ein Rechthaber steckt. Für den Juristen ist es eine immerwährende Versuchung, die Politik mit den Stricken des Rechts zu fesseln, bis sie bewegungsunfähig ist. Umgekehrt bedient sich der Politiker bedenkenlos der vorhandenen Rechtsetzungsmaschinerie, um seine Pläne in die Tat umzusetzen. Die Gesetze, die von dem Juristen als „Recht" interpretiert werden müssen, sind daher nicht selten in einem Verfahren zustande gekommen, in dem die Überzeugungskraft der vorgetragenen Argumente nur von sekundärer Bedeutung war. Beides ist im Grunde von Übel: Wo das Recht zum Spielball der Politik, zum bloßen Mittel der Durchsetzung partikulärer Interessen wird, bleibt vom Recht nicht mehr viel; wo umgekehrt das statische Moment des Rechts allzu sehr die Oberhand gewinnt über die Politik, kommt es zu einer Lähmung des öffentlichen Lebens, die auf lange Sicht auch auf das Recht zurückschlägt. Zwischen den beiden Extremen einer umfassenden Politisierung des Rechts und einer ebenso unbeschränkten Verrechtlichung der Politik gilt es daher die rechte Mitte zu finden.

2. *Die ältere Vorstellung des unpolitischen Rechts*

Historisch gesehen ist der prinzipielle Konflikt von Recht und Politik eine relativ späte Erscheinung. Vor dem internen Ausbau des modernen Staates und der Übernahme von immer neuen Aufgaben durch die staatlichen Organe griff die Politik in die konkrete Lebensgestaltung der Menschen nur sporadisch ein. Gegenstand der Politik war lange Zeit nur die Durchführung von Kriegen und Eroberungen, die Auferlegung von Abgaben und die Erteilung von Privilegien. Dem entsprach auf der anderen Seite die Vorstellung von einem Recht, das völlig *unpolitisch* war.

Das ältere Rechtsdenken war nicht an der zentralen, obrigkeitlichen Rechts*setzung*, sondern an der dezentralen, gerichtsförmigen Rechts*findung* orientiert. Die Schöffen, die das Recht im Einzelfall zu „finden" und zu „weisen" hatten, waren ursprünglich Laien, die aus ihrer Überzeugung und Erfahrung schöpften. Als „Recht" kam infolgedessen allein das zur Geltung, was mit dem Anspruch auf Richtigkeit tatsächlich gelebt und erlebt wurde. In der immobilen vorstaatlichen Gesellschaft fiel das in der Regel mit dem zusammen, was seit unvordenklichen Zeiten, also im Grunde „schon immer" als Recht gegolten hatte. Die Fortbildung des vorhandenen Rechts vollzog sich dabei nur im gleichen Maß, wie sich das allgemeine Rechtsbewußtsein selbst änderte. Den unmittelbar Betroffenen blieb dies unbemerkt und unbewußt.

Als das Recht im Laufe der Zeit differenzierter und unübersichtlicher wurde und daher nach einer schriftlichen Fixierung verlangte, konnte man sich diese zunächst nur in Form einer deklarativen Aufzeichnung vorstellen. Dementsprechend kam es im 12. und 13. Jahrhundert in ganz Europa zu einer Welle von *privaten Rechtsaufzeichnungen*, von denen manche in der Folge einen gesetzesgleichen Einfluß erlangten. Die deutschen Aufzeichnungen dieser Zeit nannten sich selbst bezeichnenderweise „Spiegel": Sachsenspiegel, Schwabenspiegel, Deutschenspiegel; sie wollten im Prinzip also lediglich wiedergeben – „spiegeln" –, was ohnehin als Recht galt, aber kein Recht neu schaffen.

Dieser Vorstellungswelt mußte sich anfangs auch die staatliche Gesetzgebung anpassen. Diejenigen Lebensbereiche, die bereits durch tradierte Praktiken und Überzeugungen bestimmt waren, blieben beim Erlaß staatlicher Gebote zunächst regelmäßig ausgeklammert. Gesetzliches Gebotsrecht findet sich daher lange Zeit vorwiegend im Bereich von Verfassung und Verwaltung, wo sich ein entgegenstehendes Herkommen nicht so leicht bilden konnte. Auch als die Gesetzgebung unter dem Einfluß eines ständig zunehmendenÄnderungsbedarfs in der frühen Neuzeit bereits auf Hochtouren lief, betraf dies eigentlich nur das Gebiet der „Polizei", nach damaligem Sprachgebrauch also der Verwaltung im weitesten Sinn des Wortes. Wo sich der Gesetzgeber gleichwohl an den Kernbereich des überlieferten Rechts heranwagte, tat er es regelmäßig nur unter dem Vorwand, das vorgefundene Recht ordnen und *aufschreiben* zu wollen. An eine Gesetzgebung, die offen das Ziel verfolgt, in den „normalen" Verlauf der Dinge reglementierend einzugreifen, war in diesem Bereich lange Zeit gar nicht zu denken. Selbst für einen Denker wie Hegel, der entschieden für die staatliche Gesetzgebung Partei ergriff, war es noch ausgemacht, daß es dabei „nicht darum zu tun sein kann, ein System ihrem *Inhalte* nach *neuer* Gesetze zu machen, sondern den vorhandenen gesetzlichen Inhalt in seiner bestimmten Allgemeinheit zu erkennen, d.i. ihn *denkend* zu fassen"[1].

Zu Beginn des 19. Jahrhunderts, mit dem Aufstieg der sogenannten historischen Rechtsschule, kam die Theorie von der primär „gewohnheitsrechtlichen" Entstehung und Änderung des Rechts für den Bereich des *Privatrechts* noch einmal zu fast allgemeiner Anerkennung. Allen voran trat Savigny, der bedeutendste Jurist seiner Zeit, der unter dem Eindruck der staatlichen Gesetzgebung vordringenden Auffassung, wonach „im normalen Zustande alles Recht aus Gesetzen, das heißt ausdrücklichen Vorschriften der höchsten Staatsgewalt" entstehe, nachdrücklich entgegen. Das Wesen des Rechts war für Savigny nichts anderes als „das Leben der Menschen selbst, von einer besondern Seite angesehen". Bezeichnenderweise verglich er das Recht daher mit der Sprache: so wie sich die Sprache ohne sichtbares Zutun von selbst entwickle, so wachse auch das Recht mit dem Volk fort. Zwar trete die Bedeutung des Volkslebens bei steigender Kultur und Arbeitsteilung zurück; aber auch dann noch werde das Volk *nicht* etwa durch den *Gesetzgeber*, sondern durch den *Stand der Juristen* „repräsentiert", dem sowohl die Bewahrung wie auch die Fortbildung des Rechts anvertraut sei. Auf diese Weise gehe das Recht nach wie vor aus dem sozialen Leben selbst hervor und werde ihm nicht etwa von oben her aufgezwungen. „Die Summe dieser Ansicht also ist", faßte Savigny zusammen, „daß alles Recht auf die Weise entsteht, welche der herrschende, nicht ganz passende Sprachgebrauch als *Gewohnheitsrecht* bezeichnet, d.h. daß es erst durch Sitte und Volksglaube, dann durch Jurisprudenz erzeugt wird, überall also durch innere, stillwirkende Kräfte, nicht durch die Willkür eines Gesetzgebers."[2]

3. Die neuere Vorstellung des politisierten Rechts

Diese Auffassung entsprach aber schon damals nicht mehr der Realität. Auf dem Gebiet des öffentlichen Rechts war auch schon zu Savignys Zeit die staatliche Gesetzgebungsmaschinerie nicht mehr wegzudenken. Spätestens seit dem Absolutismus war das Gesetz zu einem unentbehrlichen Gestaltungsmittel in der Hand des Monarchen geworden. Um immer neuen tatsächlichen oder vermeintlichen Mißständen der allmählich in Bewegung geratenden Gesellschaft abzuhelfen, waren in Ausübung „guter Polizei" immer neue Gesetze und Verordnungen erlassen worden. Nicht zuletzt gingen auch alle großen Änderungen des beginnenden 19. Jahrhunderts – angefangen von der Bauernbefreiung und der Aufhebung des Feudalsystems bis hin zur Judenemanzipation und zum Verbot der Kinderarbeit – auf das *Eingreifen des Gesetzgebers* zurück. Wenngleich das Privatrecht hiervon meist nur mittelbar berührt war, so breitete sich doch die Erfahrung aus, daß das Recht *änderbar* war und daß man lediglich über den Gesetzgebungsapparat verfügen mußte, um es ändern zu können. Kurz: das Recht wurde *positiv*. Dieser Vorgang markiert einen der tiefgreifendsten Einschnitte der Rechtsentwicklung.

Mit „Positivierung" ist nicht nur gemeint, daß das staatliche Gesetz zunehmend an Bedeutung gewann. Entscheidend ist vielmehr, daß der öffentlich propagierte *Geltungsgrund* des Gesetzes sich änderte. Wenn das Gesetz ohne Ansehen seines Inhalts befolgt werden sollte, so konnte es nicht länger darauf ankommen, ob es das, was unabhängig von ihm Recht *war*, zutreffend *aufgeschrieben* hatte; es mußte vielmehr Geltung beanspruchen, weil es bindend *vorschrieb*, was Recht *sein sollte*. Die Landesherren als die zuständigen Gesetzgeber haben diesen Anspruch zunehmend mit allem Nachdruck erhoben. So nahm Friedrich Wilhelm I. im Publikationspatent des Preußischen Landrechts von 1721 keinen Anstand, seinen Untertanen zu „befehlen, daß sie dieser Unserer Ordnung und Satzung ... in allen Punkten und Artikeln durchaus nachleben"; gleichzeitig verbot er den Richtern, einzelne Sätze etwa unter dem Vorwand nicht anzuwenden, daß sie nicht „zur Observanz" gekommen seien – weil sie nämlich „schuldig sein, Unsere Gesetze zur Observanz zu bringen".

Im rationalistischen Naturrecht der Aufklärungszeit, das diesen Prozeß reflektierend begleitete, wurde die Verbindlichkeit des Gesetzes im Zweifel auf das allgemeine *Befehls- und Gehorsamsverhältnis* zwischen Monarch und Untertan zurückgeführt. Das Gesetz war nach dieser Vorstellung nichts anderes als ein Befehl des Monarchen, und Sache der Untertanen war es, dem zu gehorchen. Da man zwischen den verschiedenen Regelungsgegenständen nicht differenzierte, war der „Gesetzgeber" damit theoretisch zum *Herrn über das gesamte Recht* erklärt worden. Selbst die unveränderte Beibehaltung altüberlieferten Rechts stellte sich danach scheinbar als das Ergebnis einer freien Entscheidung dar – der Entscheidung nämlich, das überkommene Recht *nicht* aufzuheben oder abzuändern, sondern beizubehalten. Auf lange Sicht war damit eine *Politisierung fast des gesamten Rechtswesens* vorgezeichnet. Denn auch als die Monarchie durch die Demokratie abgelöst worden war, änderte sich an der Vorstellung von der Omnipotenz des Gesetzgebers dadurch nichts. Im Grunde wurde sie dadurch sogar noch verstärkt.

Der Einsicht in diesen Zusammenhang konnte man sich auf die Dauer auch im *Privatrecht* nicht verschließen. Als Rudolf von Jhering 1872 in seinem berühmten Vortrag „Der Kampf ums Recht" mit den überkommenen Vorstellungen abrechnete, konnte er zwar feststellen, daß sich die Savigny'sche Rechtsentstehungslehre im Privatrecht „zur Zeit noch der allgemeinen Anerkennung erfreut[e]". Aber er selbst hatte damit bereits gebrochen. Die rechtsbildende Kraft von Verkehr und Wissenschaft, meinte er, sei nur „eine beschränkte". Sie könne nur „innerhalb der vorhandenen Bahnen die Bewegung regulieren", aber sie könne „die Dämme nicht einreißen, die dem Strome verwehren, eine neue Richtung einzuschlagen". Das könne „nur das Gesetz, d.h. die absichtliche, auf dieses Ziel gerichtete Tat der Staatsgewalt"[3].

Worauf dieser Umschwung hinauslief, deutete sich bereits in dem verwendeten Vokabular an. Hatte Savigny das Recht mit der Sprache verglichen, so war es für Jhering ein „Zweck-", ein „Kraft-" oder ein „Machtbegriff". Zwar ging auch Jhering nicht so weit, die rechtsbildende Kraft des Verkehrs völlig zu leugnen. Im Ergebnis war er aber doch geneigt, als Recht im eigentlichen Sinn nur die *vom Staat aufgestellten Zwangsnormen* anzuerkennen. Diese Ansicht trat in der Folge auch im Privatrecht die Herrschaft an.

4. Bereiche relativer Autonomie

Es liegt auf der Hand, daß das Verhältnis von Recht und Politik vor diesem Hintergrund eine Zuspitzung erfahren mußte. War das Recht in seinem überkommenen Bestand ursprünglich ein Faktor gewesen, den auch die Politik zu respektieren hatte, wenn der gesellschaftliche Konsens nicht aufgekündigt werden sollte, so erscheint es nach der neuen Auffassung nur noch als geronnene Politik, nämlich als eine „Form", die ihren *Inhalt* scheinbar allein *von der Politik* erhält: Was rechtlich gilt, wird politisch bestimmt. Wenn sich die Politik dabei zurückhält, so ist das nach dieser Ansicht nur Ausdruck einer freiwilligen Selbstbeschränkung oder hat andere praktische Gründe. Theoretisch jedoch steht das gesamte Recht nach positivistischer Auffassung zur Disposition dessen, der über den Gesetzgebungsapparat verfügt. Der Gesetzgeber kann danach geben und nehmen, wie es ihm beliebt, und die jeweils Betroffenen müssen sich fügen wie in Sonnenschein oder Regen.

Inwiefern das Recht nach wie vor eigenen, von der Politik unabhängigen Regeln folgt, versteht sich seitdem nicht mehr von selbst. Gleichwohl hat das Recht auch heute eine *relative Autonomie* bewahrt. Worin diese sich äußert, kann man sich anhand von drei Punkten verdeutlichen, die für das Rechtswesen von zentraler Bedeutung sind: Gesetzgebung, Richteramt und Rechtsanwendung.

II. Gesetzliche Handlungssteuerung und Freiheit

1. Freiheit als Regel oder als Ausnahme

Welche Bedeutung der politischen Handlungssteuerung für das Recht zukommt, hängt nicht nur davon ab, wieviele Gesetze es gibt und welche Bereiche davon erfaßt werden. Wichtiger noch ist eine Vorentscheidung, der häufig wenig Beachtung geschenkt wird, obgleich sie die verfassungsmäßige Grundlage der Gesetzgebung überhaupt betrifft. Gemeint ist folgendes: Rein logisch gesehen kann eine Verhaltensordnung nach zwei Konstruktionsmustern errichtet werden: einmal so, daß *alles erlaubt* ist, was nicht verboten ist, oder umgekehrt so, daß *alles verboten* ist, was nicht erlaubt ist. Beides führt zu ganz unterschiedlichen Gesellschaftsformen.

Das erste Prinzip geht von der Vorstellung einer zunächst *unbegrenzten Handlungsfreiheit* aus. Das hat zur Folge, daß das Verhalten der Normadressaten *typischerweise* nur durch *Verbote* gesteuert werden kann. Durch solche Verbote wird der Handlungsspielraum zwar kleiner. Aus der Handlungsfreiheit jedoch folgt, daß es der Erfindungsgabe des Einzelnen unbenommen bleibt, nach Mitteln und Wegen zu suchen, wie sich das Verbot umgehen läßt.

Bildlich dargestellt:

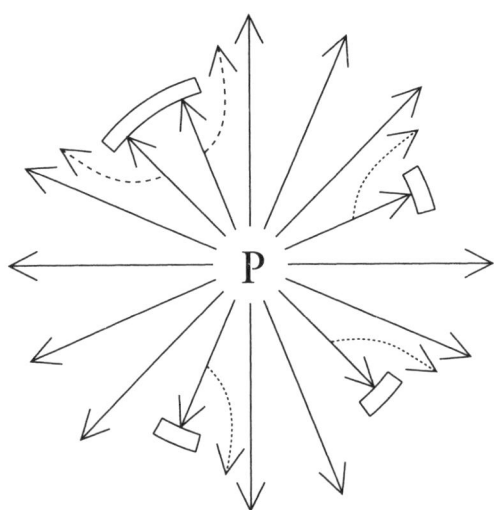

II. Gesetzliche Handlungssteuerung und Freiheit

Das andere Prinzip setzt genau umgekehrt voraus, daß zunächst *gar keine individuelle Freiheit* besteht, also grundsätzlich *alles verboten* ist. Verhaltensregelnde Normen haben dabei typischerweise die Funktion, daß sie einzelne Handlungsbefugnisse *positiv zuteilen*. Das aber bedeutet nichts anderes, als daß das Verhalten der Normadressaten in erheblich weiterem Umfang durch die Normen bestimmt wird.

Bildlich dargestellt:

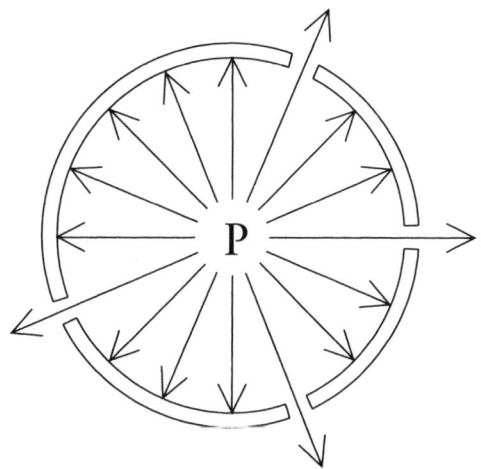

Es gibt zweifellos keine Rechtsordnung, die als Ganzes nach einem dieser Konstruktionsmuster errichtet wäre. Im allgemeinen pflegt man jedoch die Charakterisierung einer Rechtsordnung als „freiheitlich" oder „unfreiheitlich" nicht zuletzt davon abhängig zu machen, in welchem Umfang das eine oder andere dieser Modelle dominiert. So wird etwa der moderne Verfassungsstaat westlicher Prägung deshalb als „freiheitlich" bezeichnet, weil hier die prinzipiell ungehinderte Entfaltung der Persönlichkeit rechtlich garantiert ist. Die sozialistischen Staaten dagegen waren „unfreiheitlich", weil hier jedermann, der ausreisen, studieren, publizieren oder sich politisch oder religiös betätigen wollte, einer besonderen Erlaubnis bedurfte, die nur unter speziellen, eng umgrenzten Bedingungen erteilt wurde.

2. Privatrecht als Domäne bloßer Regelungsangebote

Im Bereich des *Privatrechts* ist das Ausmaß staatlicher Reglementierung auch heute noch am geringsten. Hier dominiert nämlich daher im Prinzip das erste der oben genannten Konstruktionsmuster, wonach alles, was nicht nachweislich verboten ist, erlaubt ist. Zwar hat die Instrumentalisierung des Rechts vor dem Privatrecht nicht haltgemacht. Auch hier geht es längst nicht mehr allein um den gerechten Ausgleich der Bürger untereinander, sondern zugleich auch um die Gestaltung einer politisch erwünschten Gesamtordnung. Dennoch hat sich das Privatrecht einer *unmittelbaren* Instrumentalisierung bisher am stärksten widersetzt. Das wird auch so bleiben, solange es Privatrecht gibt. Von Privatrecht im eigentlichen Sinn des Wortes kann nämlich nur da die Rede sein, wo die *vertraglichen* Abmachungen der unmittelbar Betroffenen im großen und ganzen *Vorrang* genießen *vor dem Gesetz*.

Soweit die so verstandene Vertragsfreiheit reicht, haben auch die staatlichen Gesetze einen eigentümlichen Charakter. Es handelt sich dabei nämlich nicht um Ge- oder Verbote, sondern um *Regelungsangebote*, die der Gesetzgeber lediglich für den Fall zur Verfügung stellt, daß keine andere Regelung vereinbart wird. Die Bürger können davon Gebrauch machen, dürfen aber auch davon abweichen. Soweit die Vertragsfreiheit reicht, stellen Gesetze daher nur ein unvollkommenes Mittel staatlicher Planung dar. Vertragsfreiheit bedeutet planungstechnisch nichts anderes, als daß die Vertragsschließenden eigene Pläne aufstellen und legitimerweise „gegensteuern" können. Die Bürger machen sich dabei in gewissem Umfang also ihr eigenes Recht. Das ist der Grund, weshalb das Privatrecht in beachtlichem Umfang nach wie vor „aus dem Leben" selbst erwächst.

3. Sicherheitsrecht als Domäne von Ge- und Verboten

Aber auch sonst beruht die Dynamik und Innovationsfähigkeit freiheitlicher Systeme zum guten Teil darauf, daß das Verhalten der Menschen nicht zentral gelenkt, sondern dem freien Spiel der Kräfte überlassen wird. Allerdings ist nicht zu übersehen, daß darin zugleich eine Gefahr liegt. Handlungsfreiheit ist immer auch die Freiheit, mit dem Feuer zu spielen. Spielt aber jemand mit dem Feuer, so macht es einen wesentlichen Unterschied, ob er dabei auf einem Wein- oder auf einem Pulverfaß sitzt. Daß es im *Umgang mit hochgefährlichen Substanzen* nicht dieselbe Freiheit geben kann wie in anderen Bereichen, ist offensichtlich. Hier muß auch in freiheitlichen Systemen grundsätzlich alles verboten sein, was nicht ausdrücklich erlaubt ist. Anders läßt sich das Risiko nicht bewältigen. Wie die Erfahrung lehrt, sind diese sensiblen Bereiche im Wachsen begriffen. Die Verwendung radioaktiven Materials oder der Einsatz der Gentechnologie stellen dabei nur die bekanntesten Beispiele dar. In der Sache wird hier eine Automatik sichtbar, die bei fortschreitender Entwicklung der Technik dazu führen muß, daß immer größere Bereiche neu erschlossener Handlungsmöglichkeiten dem an politischen Sicherheitserwägungen ausgerichteten Gesetz unterworfen werden.

III. Die richterliche Unabhängigkeit

1. *Der Richter als Schaltstelle*

Die Gesetzgebung ist nicht der einzige Hebel, mit dem auf das Recht politisch Einfluß genommen werden kann. Ein anderer ist die *Person des Richters*, der das Gesetz auslegt und anwendet. Das hat folgenden Grund.

Wer sich mit Rechtsfragen beschäftigt, macht immer wieder zwei Erfahrungen. Erstens ist die Rechtslage in allen halbwegs interessanten Fällen so gut wie immer umstritten. Zweitens vermag auch das Gesetz dies offenbar nicht zu hindern; es verleiht dem Streit lediglich eine besondere Note: Unter der Geltung eines Gesetzes streitet man nicht über die außergesetzliche Rechtslage, sondern über den Inhalt des Gesetzes selbst. Dabei stellt sich immer wieder heraus, daß das Gesetz den Inhalt hat, wie derjenige meint, dem in diesem Streit das letzte Wort zusteht. Das aber ist der Richter. Was das Gesetz will, sagt daher letztlich der Richter. Er ist die Schaltstelle, über die ein Gesetz im konkreten Fall wirksam wird. Ohne ihn geht nichts, aber mit ihm geht es nach wie vor auch ohne und selbst gegen das Gesetz. Wer Macht hat über die Person des Richters, hat daher zugleich Macht über das Recht.

2. *Sachliche und persönliche Unabhängigkeit*

Der Absolutismus hat sich diese Macht nicht entgehen lassen. Solange der Monarch oberster Gerichtsherr war, waren die Richter weisungsgebundene Beamte und von ihrem Dienstherrn persönlich abhängig. Die *richterliche Unabhängigkeit*, wie wir sie heute kennen, wurde erst im späten 18. und vollends im 19. Jahrhundert errungen. Ihrer Funktion nach ist die richterliche Unabhängigkeit nichts anderes als ein Mittel, um Raum zu schaffen für eine neutrale, von politischen Einflüssen unabhängige Justiz. Sie ist eine Garantie, welche den Richter in die Lage versetzt, den wechselnden Wünschen der jeweiligen Macht Widerstand leisten zu können. Es ist daher kein Zufall, daß bisher alle Regimes, welche die Rechtsanwendung politischem Einfluß unterwerfen wollten, die richterliche Unabhängigkeit durch zahlreiche Maßnahmen eingeschränkt haben. Gefragt ist in solchen Systemen nicht der unabhängige, sondern der willfährige Richter.

Näher besehen hat die richterliche Unabhängigkeit zwei Seiten. Damit die Rechtsprechung nicht von außen her gesteuert werden kann, muß der Richter zunächst einmal von konkreten Weisungen freigestellt sein (sogenannte *sachliche* Unabhängigkeit). Es darf ihm also durch die politischen Instanzen weder vorgezeichnet werden, wie er das Gesetz auszulegen noch wie er im Einzelfall zu entscheiden hat. Sodann aber muß sein Amt so ausgestaltet sein, daß er auch nicht auf andere Weise in Abhängigkeit gerät (sogenannte *persönliche*

Unabhängigkeit). Er darf also nicht willkürlich entlassen oder versetzt werden, und seine Stellung muß auch im übrigen so abgesichert sein, daß er nicht in Versuchung gerät, in vorauseilendem Gehorsam die Wünsche der Regierung zu erraten und gegen seine rechtliche Überzeugung in Urteile umzusetzen. Beides, sowohl die sachliche wie auch die persönliche Unabhängigkeit, steht heute im Prinzip außer Frage. Nicht ganz ausdiskutiert ist jedoch, *wie* die persönliche Unabhängigkeit im einzelnen abgesichert sein muß, namentlich welche Anforderungen an die Ernennung und Beförderung von Richtern zu stellen sind. Wer mit diesen Dingen nicht näher befaßt ist, mag vielleicht erstaunt sein, daß das Recht als Ganzes von so nebensächlichen Dingen wie der Aussicht auf Beförderung abhängen soll. Liest man jedoch Äußerungen wie die des preußischen Justizministers Leonhardt, „er sei ja gern bereit, den Richtern ihre sogenannte Unabhängigkeit zu konzedieren, solange er über ihre Beförderung bestimme", oder die eines Hamburger Amtsgerichtspräsidenten, der rückblickend auf das Verhalten der Richter zwischen 1933 und 45 einmal schrieb, man habe doch nicht „laufbahnmäßig ausgeschaltet" sein wollen, wird man schnell eines besseren belehrt.

3. *Die Bestellung der Richter*

Die *Richterernennung* ist in Deutschland in Bund und Ländern nicht einheitlich geregelt. Allgemein gilt, daß die Bestellung unter maßgeblicher *Mitwirkung politischer Instanzen* erfolgt. Bei der Besetzung offener Richterstellen kann sich daher leicht politischer Einfluß geltend machen. Das gilt namentlich für die Besetzung der hohen und höchsten Gerichte. Gerade hier, wo der Einfluß der Person auf den Gang des Rechts am größten ist, unterliegt die Besetzung des Amtes dem Zugriff der politischen Parteien. Jedesmal, wenn die Stelle eines Bundesverfassungsrichters neu besetzt werden muß, kommt es zu einem Gerangel zwischen den Parteien. Wie ein Blick auf die Ergebnisse zeigt, kommen dabei zwar nur hochqualifizierte Personen zum Zug. Aber wer nicht Parteimitglied ist oder nicht wenigstens einer Partei „nahesteht", hat nur geringe Chancen; denn selbstverständlich sorgen die Parteien zunächst einmal für die Ihren. Die Parteilosen, die mehr als 90% der Bevölkerung ausmachen, haben dabei praktisch das Nachsehen. Bei der Besetzung der übrigen Bundesgerichte macht sich der Parteieinfluß so bemerkbar, daß vor allem die Mitglieder der eigenen Partei auf die Vorschlagslisten gebracht werden und daß die Mehrheit im Richterwahlausschuß dann den Kandidaten ihrer Couleur wählt. Zur Rechtfertigung dieses Vorgehens ist eine beeindruckende Rhetorik entwickelt worden. Daran ist sicher nicht alles falsch. Dennoch bleibt festzustellen, daß das Rechtssystem im Verhältnis zur Politik hier eine offene Flanke aufweist.

Schutz gegen die von daher drohende Politisierung des Rechts bietet letztlich nur die öffentliche Meinung. Wo es eine freie Presse gibt, die den informellen Kuhhandel der führenden Parteien publik macht und etwaige Mißbräuche offenlegt, ist auf natürliche Weise für eine gewisse Schamgrenze gesorgt.

IV. Politische Justiz

1. Gesetzesanwendung als Produktion von Recht

Nach der Gewaltenteilungslehre erhält der Richter seine Unabhängigkeit nicht umsonst, sondern muß dafür bezahlen. Der Preis besteht in seiner *Bindung an das Gesetz*. Die Gesetzesbindung soll verhindern, daß die Freistellung des Richters von politischem Einfluß sich im Ergebnis so auswirkt, daß der Richter nunmehr auf eigene Faust Politik macht und das Recht nach seinen subjektiven Präferenzen umgestaltet, anstatt es zu erhalten.

Nach der klassisch gewordenen Vorstellung Montesquieus sollte der Richter nichts anderes sein als der „Mund des Gesetzes"[4]. Daß eine solche Forderung illusorisch ist, war schon damals zu erkennen. Das volle Ausmaß der *Freiräume*, die das Gesetz dem Rechtsanwender läßt, ist aber erst in unserer Zeit sichtbar geworden. In einer sich ständig verändernden Welt *kann* die Entscheidungsfindung gar nicht vollständig durch Gesetze determiniert werden, selbst wenn der Gesetzgeber dies wollte. Der Rechtsanwender tut daher immer wieder mehr, als ihm durch das Gesetz bindend vorgezeichnet ist. Aus diesem Grund ist es ernsthaft nicht zu bestreiten, daß die Gerichte auch unter der Geltung des Gesetzes immer noch *Recht hervorbringen*. Die Frage kann nur sein, wie dies möglich ist, ohne daß sie dabei selbst Politik machen. Diese Frage zielt auf die *juristische Methodenlehre* und führt dabei zugleich an den Anfang unserer Überlegungen zurück.

2. Rechtsfortbildung durch Erkenntnis

Daß der Richter das Recht im Wege der Auslegung *fortzubilden* hat, wird auch von der überkommenen Methodenlehre nicht geleugnet. Bereits Savigny hat sich im preußischen Staatsrat einmal dahin geäußert, daß der Gerichtsgebrauch die „zuverlässigste Quelle" des von ihm sogenannten „Gewohnheitsrechts" sei[5]. Auch für ihn war daher die Rechtsprechung nicht einfach Rechtsanwendung, sondern zugleich eine Erscheinung der „organischen" Rechtsentwicklung und -fortbildung.

Das charakteristische Merkmal der richterlichen Rechts*fortbildung* liegt darin, daß sie auf seiten des Rechtsanwenders von dem *Bewußtsein* begleitet wird, daß es auch in zweifelhaften Fällen nur *eine* richtige Entscheidung gibt, so daß also vom Rechtsanwender *nichts geschaffen* wird, was nicht bereits irgendwie „da" war. Selbst bahnbrechende Entscheidungen treten mit dem Anspruch auf, daß sie durch das vorhandene Rechtssystem vorgezeichnet und daraus lediglich „abgeleitet" sind. Die methodische Stringenz solcher Ableitungen kann man sicher bezweifeln. Der Sinn dieser Argumentationsweise ist jedoch der, auch neues Recht nach Möglichkeit nicht aus dem Kopf des jeweiligen Richters, sondern aus dem allgemeinen Vorrat solcher Rechtsgedanken entspringen zu lassen, die bereits eine verbreitete Anerkennung gefunden haben. Die auf diese Weise betriebene Rechtsfortbildung gleicht daher in der Tat mehr einem „organischen Wachstum" als einer zweckrational betriebenen Gestaltung.

3. Politische Richter bei voller Unabhängigkeit

Daneben gibt es freilich seit langem auch Stimmen, wonach die notwendige Rechtsproduktion der Gerichte keine Rechts*fortbildung*, sondern Recht*setzung* darstellt. Ähnlich wie die Gesetzgebung einmal die Wende vom bloßen *Auf*schreiben des Rechts zum Erlaß von *Vor*schriften vollzogen hat, soll danach auch die Rechtsprechung bewußt neues Recht setzen dürfen, soll die Dämme, die neuen Entwicklungen im Wege stehen, bewußt einreißen dürfen.

Dahinter steht ein Verständnis des Richteramtes, das nicht unbedenklich erscheint. Hielten sich die Richter früher etwas darauf zugute, bei ihrer Rechtsanwendung „unpolitisch" zu verfahren, so haben sie im Gefolge der von der „68er Generation" betriebenen Gesellschaftsveränderung bisweilen offen für sich in Anspruch genommen, bei voller Unabhängigkeit „politische Richter" sein zu dürfen. Soweit damit nur gemeint war, daß auch ein Richter ein politisches Bewußtsein haben sollte, ist das eine Selbstverständlichkeit. Die vor wenigen Jahren so beliebten Schlagworte vom Richter als „Sozialingenieur" oder gar „Sozialarzt" signalisieren jedoch, daß mehr beabsichtigt war.

Manches, was auf diesem Feld in der Zwischenzeit geschehen ist, mag man im Ergebnis womöglich gar nicht mehr missen. Insgesamt gesehen erscheint es aber doch fraglich, ob der Rechtsprechung damit nicht zuviel zugemutet wird. Dafür, daß der Gesetzgeber das geltende Recht nach seinen Vorstellungen gezielt umgestalten darf, gibt es plausible Gründe. Das Ansehen der Gerichte aber hängt doch vielleicht davon ab, daß Rechtsanwendung etwas anderes ist als eine bloße Fortsetzung der Politik mit anderen Mitteln.

4. Die Bedeutung des Gesetzgebungsstils

Von politischen Ambitionen kann die Rechtsprechung desungeachtet nur dann frei sein, wenn die Gesetzgebung eine unpolitische Rechtsanwendung überhaupt zuläßt. Der klassische Gesetzgebungsstil, wie er in den großen Kodifikationen des Naturrechtszeitalters entwickelt wurde, war dadurch gekennzeichnet, daß der Gesetzgeber die politische, das vorhandene Recht umgestaltende Entscheidung selbst traf und dem Rechtsanwender allein die konsequente Durchführung überließ. Demgegenüber ist der moderne Gesetzgeber vielfach dazu übergegangen, auch die *politische Entscheidung* selbst *auf die Gerichte zu delegieren*. In politisch hochbrisanten Bereichen geschieht dies zum Teil in der Weise, daß der Gesetzgeber den Gerichten zwar die Entscheidung höchst umstrittener Fragen zuschiebt, aber keinerlei inhaltliche Regelungen dafür zur Verfügung stellt. In anderen Bereichen gibt er zwar in vagen Umrissen das Ziel vor, sagt aber nicht, auf welche Weise es realisiert werden soll, läßt den Gerichten also ebenfalls freie Hand. Der Rechtsanwender muß dann jeweils selbst sehen, nach welchen Grundsätzen er die vor ihn gebrachten Streitfragen entscheidet.

Mit dem Idealbild einer unpolitischen Rechtsanwendung ist dieser Gesetzgebungsstil nur schwer vereinbar. Es ist dies vielmehr ein Stil, der die Rechtsprechung zwingt, ob sie will oder nicht, die Aufgaben des Gesetzgebers zu übernehmen. Im gleichen Maße, wie sie sich darauf einläßt, büßt sie ihre politische Unschuld ein und wird in den Sog der Politik hineingezogen.

§ 9 Recht und Moral

I. Innen- und Außensteuerung

1. Die Notwendigkeit der Normbefolgung

Der moderne Staat ist zwar kein reines Rechtsprodukt, beruht aber rechtlich gesehen auf dem Zusammenspiel einer unübersehbar großen Zahl von Rechtsnormen. Manche davon kommen den Wünschen der Bürger entgegen, weil sie die Normadressaten berechtigen, Forderungen zu erheben und Leistungen in Anspruch zu nehmen. Die meisten jedoch legen Pflichten auf und schränken damit die Freiheit, wie sie gewöhnlich verstanden wird, ein. Das beginnt mit so elementaren Dingen wie dem Verbot von Mord und Totschlag und reicht über die Pflicht zur Entrichtung zahlloser Steuern, Gebühren und anderer Abgaben bis hin zur Einhaltung der Straßenverkehrsordnung und der täglichen Dienstzeit. Angefangen von den zehn Geboten des Moses bis hin zu den vielen hunderttausend Vorschriften des modernen Staates haben die Ge- und Verbote, denen der einzelne ausgesetzt ist, ständig zugenommen, und ein Ende dieser Normenflut ist nicht abzusehen. Im Gegenteil: je näher die Menschen zusammenrücken, je dichter das Netz ihrer Beziehungen wird, desto größer sind die Disziplinierungsleistungen, die dem Einzelnen abverlangt werden. Mußte ursprünglich nur auf den unmittelbaren Nachbarn Rücksicht genommen werden, so später auf die Gemeinde, dann auf die Nation und heute zunehmend bereits auf die ganze Menschheit. Die Zahl der Normen, auf denen unser Zusammenleben beruht, wächst zusehends ins Unvorstellbare.

Was geschehen würde, wenn diese Normen eines Tages *nicht mehr befolgt* würden, ist nicht auszudenken. Da sich die moderne Gesellschaft nur zu einem geringen Teil auf informelle Weise „selbst steuert", zum größten Teil aber mit Hilfe von Recht gesteuert wird, ist sie ohne ein funktionierendes Rechtswesen nicht überlebensfähig. Zugleich aber führt aus den übervölkerten Industriestaaten der westlichen Welt kein Weg zu den naturhaften Lebensformen früherer Zeiten zurück. Ein Ausfall des Rechtssystems müßte daher in eine Katastrophe münden.

Vor diesem Hintergrund stellt sich die Frage, wie die Normadressaten dazu *veranlaßt* werden können, die für den Fortbestand der Sozietät erforderlichen *Normen zu beachten*. Anders formuliert: Um Staat und Gesellschaft zu steuern, muß man die Menschen steuern können; wie aber werden die Menschen gesteuert?

2. Die möglichen Antriebspotentiale

Wenn man einmal unterstellt, daß sich die Normadressaten nicht aufgrund eingefleischter Gewohnheiten – was es selbstverständlich auch gibt –, sondern aufgrund *rationaler Überlegungen* für die Einhaltung oder Nichteinhaltung einer Norm entscheiden, so kommen für die Verhaltenssteuerung im Grunde zwei Wege in Betracht: einerseits die *Innensteuerung* des Normadressaten durch ihn selbst, andererseits seine *Außensteuerung* durch die organisierte Rechtsgemeinschaft.

Von *Innensteuerung* kann man sprechen, wenn der Normadressat infolge seiner eigenen Überzeugung gleichsam auf die Einhaltung der Norm programmiert ist. Soweit dies der Fall ist, befolgt er die Norm ohne äußeren Antrieb kraft innerer Einsicht von selbst. Um es an einem Beispiel zu erläutern: Er stiehlt nicht, fährt nicht „schwarz", feiert nicht ohne Grund krank – *nicht*, weil er die darauf gesetzten Sanktionen fürchtet, sondern weil er Diebstahl, Betrug und jede Art Unterschleif unabhängig davon für verwerflich hält.

Bei der *Außensteuerung* kommt der Antrieb zur Normbefolgung nicht von innen, sondern von außen. Nach dem bekannten Modell von Belohnung und

Bestrafung, von Zuckerbrot und Peitsche, das bisher noch jeder Dressur zugrunde gelegen hat, gibt es dafür zwei verschiedene Antriebspotentiale. Denkbar ist einmal, daß für ein erwünschtes Verhalten bestimmte Vorteile (z. B. Subventionen) in Aussicht gestellt werden; meist jedoch werden für den Fall des Normverstoßes irgendwelche Nachteile angedroht. Der Mechanismus, der dabei wirksam wird, ist immer wieder derselbe: Wer sich nicht so verhält, wie die Norm es verlangt, wird bestraft, bekommt seinen Lohn weggepfändet oder verliert seine Gewerbeerlaubnis. Das wirkt auch bei denen, welche die betreffende Norm nicht verinnerlicht haben.

3. Die Erzwingbarkeit rechtlichen Verhaltens

Was hier als Innen- und Außensteuerung bezeichnet wird, wird gewöhnlich unter dem Namen *Recht* und *Moral* thematisiert. Bei Recht und Moral geht es also weniger um inhaltlich verschiedene Normensysteme, sondern um *unterschiedliche Motive* bei der Befolgung von Handlungsnormen überhaupt. Nach Kant, dem wir die klassische Formulierung verdanken, unterscheiden sich Recht und Moral „also nicht sowohl durch ihre verschiedenen Pflichten, als vielmehr durch die Verschiedenheit der Gesetzgebung, welche die eine oder die andere Triebfeder mit dem Gesetze verbindet"[1]. Das *Recht* begnügt sich mit der Legalität, das heißt mit der *äußeren Übereinstimmung* eines Verhaltens mit dem Gesetz, aus welchen Gründen auch immer es zu dieser Übereinstimmung kommen mag. Die *Moral* dagegen verlangt, daß jemand seine Pflicht tut, *weil* es seine *Pflicht* ist.

Wer sich *moralisch* verhält, folgt daher allein seinem Gewissen und nimmt dabei, wenn es sein muß, auch Nachteile in Kauf. Moral läßt sich infolgedessen auf kurzem Weg niemals erzwingen. Der Moralist ist vielmehr in der Lage, fast jedem Zwang Widerstand entgegenzusetzen. Für das *Recht* spielt es demgegenüber keine Rolle, warum jemand seine Pflicht tut; Hauptsache, er tut sie. Wer eine Vorschrift nur deshalb beachtet, weil er die Folgen der Zuwiderhandlung fürchtet, ist vielleicht unter moralischen, nicht aber unter rechtlichen Gesichtspunkten zu tadeln. Im Gegensatz zu moralischem Verhalten, das die eigene Überzeugung verlangt, kann *rechtliches* Verhalten, das sich mit äußerer Normkonformität begnügt, daher unschwer *erzwungen werden*. Nach Kant bedeuten „Recht" und „Befugnis zu zwingen" geradezu „einerlei"[2]. Pointierter kann man die bloße Außensteuerungsfunktion des Rechts kaum zum Ausdruck bringen.

II. Der historische Kontext

Die Trennung von Recht und Moral bedeutet im Kern nichts anderes als die *Trennung von Recht und Wahrheit*. Und da „Wahrheit" in praktischen Fragen wesentlich in der „Religion" fundiert ist (verstanden hier im weitesten Sinn des Wortes als die Überzeugung von den Grundlagen des menschlichen Lebens, wenn man so will: als „Weltanschauung"), bedeutet dies zugleich die *Trennung von Recht und Religion*.

Älteren Rechtsordnungen war eine solche Trennung im Prinzip fremd; vielen außereuropäischen Staaten ist sie es heute noch. In der Tat kann das Recht nur unter der Voraussetzung Verbindlichkeit beanspruchen, daß es in irgendeinem tieferen, nichtpositivistischen Sinn „richtig" und das heißt eben: wahr ist. Vermutlich kommt es daher nur unter historisch eher unwahrscheinlichen Bedingungen zu einer Ausdifferenzierung von Recht und Moral. Das nach wie vor beste Beispiel für einen solchen Prozeß bietet die Geschichte des deutschen Reiches.

1. Die Säkularisierung des Rechts

Das deutsche Reich des hohen Mittelalters war kein Staat im modernen, säkularen Sinn. In der *res publica christiana*, im „heiligen" römischen Reich deutscher Nation waren Staat und Kirche, weltliche und geistliche Gewalt ursprünglich vielmehr zu einer Einheit verbunden. Das Recht war daher nicht bloß eine äußere Ordnung, sondern hatte seine Grundlage in dem, was damals als alleiniges Zentrum der Wahrheit angesehen wurde: in Gott. „Gott ist selber Recht", heißt es bezeichnenderweise im Sachsenspiegel[3], der bedeutendsten Rechtsquelle des hohen Mittelalters.

In den Auseinandersetzungen zwischen Kaiser und Papst, als der Papst den Kaiser aus der heiligen *ecclesia* hinaus in die *Weltlichkeit* verwies und der Kaiser sich prompt mit irdischen Machtmitteln zur Wehr setzte, erhielt diese Einheitswelt einen ersten Riß. Der zweite große Schlag erfolgte durch die Reformation. Waren die letzten Wahrheiten bis dahin noch allen gemeinsam gewesen, so brachte die Reformation die *Spaltung der Glaubenswahrheit* selbst. Recht und Staat, die nach wie vor auf dem Glauben beruhten, wurden dadurch bis in die Grundfesten erschüttert. Die folgenden Glaubenskriege brachten das deutsche Reich bis an den Rand des Ruins; aber der Streit um die letzten Verbindlichkeiten war mit Waffengewalt nicht zu entscheiden. Um die rechtliche Einheit wahren zu können, mußte das Reich seine religiöse Einheit preisgeben. Es übertrug die Zuständigkeit für Glaubensfragen auf die Territorien und zog sich selbst aus Religionsangelegenheiten zurück. Der Name „*Heiliges* römisches Reich" führt in die Irre: er täuscht etwas vor, was der

Wirklichkeit nicht mehr entsprach. Tatsächlich konnte das Reich die Gewissen nicht mehr binden, sondern allenfalls noch äußere Gefolgschaft einfordern.

In den *Territorien* ging der Säkularisierungsprozeß weiter. Dafür gab es zum Teil handfeste politische Gründe. Das zeigt vor allem das Beispiel Preußens. Als das preußische Herrscherhaus 1613 zur reformierten Kirche übertrat, geschah dies unter Bedingungen, die es unmöglich machten, einen Glaubenswechsel der Untertanen zu erzwingen; auf diese Weise blieb die Bevölkerung lutherisch, während das Herrscherhaus kalvinistisch war. Später erwarb Preußen umfangreiche katholische Gebiete hinzu. Der preußische Staat vereinigte also drei verschiedene christliche Glaubensbekenntnisse unter einem Dach und mußte nach Mitteln und Wegen suchen, wie sie nebeneinander bestehen konnten. Die Lösung bestand in einer schrittweisen Säkularisierung des Rechts. Wenn Friedrich der Große schrieb: „Ein jeder kann bei mir glauben, was er will, wenn er nur ehrlich ist", so war dies nicht Gleichgültigkeit gegenüber den Grundwahrheiten des Lebens. Das Zitat fährt vielmehr fort: „Aber die Priester müssen die Toleranz nicht vergessen, denn ihnen wird keine Verfolgung gestattet werden."[4] Das war das Entscheidende: der Staat war *von einer glaubenserhaltenden zu einer friedensstiftenden Macht* geworden.

Investiturstreit, Reformation, Schwierigkeiten bei der Durchsetzung des *ius reformandi* und zuletzt schließlich die immer dringlicher anstehende Emanzipation der in Deutschland lebenden Juden waren ebensoviele Gründe für das Recht, sich zunehmend auf die Aufrechterhaltung der äußeren Ordnung zu beschränken, die Auseinandersetzung über letzte Wahrheiten dagegen für Privatsache zu erklären.

2. *Legalität und Moralität*

Dieser historische Prozeß, der auf Deutschland nicht beschränkt blieb, wenngleich er nirgends so deutliche Züge annahm, wurde in der Philosophie des 17. und 18. Jahrhunderts von Denkern wie Hobbes, Pufendorf, Locke, Thomasius und Rousseau systematisch auf den Begriff gebracht. Den Schlußstein dieser Entwicklung markiert die Philosophie Kants. Recht ist nach Kants berühmter Formulierung nichts anderes als „der Inbegriff der Bedingungen, unter denen die Willkür des einen mit der Willkür des andern nach einem allgemeinen Gesetze der Freiheit zusammen vereinigt werden kann."[5] Das Recht verlangt sonach nicht, daß jemand *moralisch*, das heißt aus innerer Überzeugung handelt; es begnügt sich mit *Legalität*, also mit der äußeren Übereinstimmung einer Handlung mit dem Gesetz. Diese Legalität kann ohne Abbruch für den Rechtsgedanken notfalls erzwungen werden. In letzter Instanz ist das so verstandene Recht nichts anderes als *Zwangsrecht*. Eine prompt funktionierende Zwangsordnung vorausgesetzt, könnte das Recht daher, wie Kant einmal drastisch formuliert hat, selbst in einem Volk von Teufeln bestehen[6].

Freilich war für Kant der *Inhalt* des Rechts noch das Erste und Bestimmende gewesen; der Zwang hatte nicht die Funktion, den rechten Inhalt zu setzen, sondern nur die, ihn gegen das Unrecht *durch*zusetzen. Im Ergebnis folgte die Form des Rechts aber doch eigenen Gesetzen. Langfristig gesehen, ebnete das Abstellen auf den Zwang daher sehr wohl den Weg für ein Bündnis des Rechts mit der Macht. Es dauerte zwar einige Zeit, bis das allgemein sichtbar wurde. Als die sittlichen Grundlagen der kantischen Philosophie jedoch in Vergessenheit geraten waren, kehrte der juristische Positivismus das Verhältnis prompt um und folgerte aus der Macht, jeden entgegenstehenden Willen zu brechen, zugleich die Befugnis des Gesetzgebers, jeden beliebigen Inhalt in die Form eines Gesetzes zu fassen: „Wer Recht durchzusetzen vermag, beweist damit, daß er Recht zu setzen berufen ist"[7]. Geltungsgrundlage des Rechts war damit nicht mehr die Wahrheit, sondern die Autorität des Gesetzgebers.

3. *Rechtsformalismus und individuelle Freiheit*

Recht und Moral, äußere und innere Verhaltensordnung sind im Zuge dieser Entwicklung allmählich auseinandergerückt. Die damit einhergehende Entleerung des Rechtsbegriffs ist vielfach beklagt worden. Dabei ist freilich Augenmaß geboten. Die prinzipielle Trennung von Recht und Moral hat nämlich zugleich Auswirkungen gehabt, die niemand mehr missen möchte. Nicht ohne Grund hat man darin eine der bedeutendsten sozialen Errungenschaften der Neuzeit gesehen. Folge dieser Trennung ist vor allem, daß *auch Andersdenkende* den Schutz der Rechtsordnung *für sich* und damit für ihr Anderssein in Anspruch nehmen können. Das „formelle Recht" kann sich aus der Wahrheitsfrage zurückziehen und das Denken, Glauben und Meinen der Menschen *freigeben*.

Die Formalisierung des Rechts ist somit die Voraussetzung für dasjenige Maß an individueller Freiheit, das wir heute für unverzichtbar halten. Es ist daher kein Zufall, daß gegen Ende des 18. Jahrhunderts, als dieser formelle Rechtsbegriff seinen Siegeszug antrat, das Freiheitspathos hohe Wogen schlug. „Geben Sie Gedankenfreiheit", ließ Schiller seinen Marquis von Posa sagen[8], und der junge Fichte verkündete öffentlich die „Zurückforderung der Denkfreiheit von den Fürsten Europens, die sie bisher unterdrückten"[9].

III. Ethischer Pluralismus

1. *Widersprüchliche Forderungen in Recht und Moral*

Daran, daß Recht und Moral sich legitimerweise in *inhaltlich einander widersprechenden* Normen äußern könnten, war bei Kant noch nicht gedacht. Das gebotene Verhalten war nach Kants Vorstellung grundsätzlich eines und dasselbe, ein Auseinanderlaufen von äußerem Recht und innerer Überzeugung daher mehr oder weniger ein „Betriebsunfall". Der Grund für diese Auffassung ist aus nachträglicher Sicht leicht zu erkennen: Theoretisch leitet Kant rechtliche und moralische Pflichten zwar nicht mehr aus christlichen Vorstellungen ab; tatsächlich jedoch geht er nach wie vor von Gesetzgebern und Untertanen aus, die sich dem einen biblischen Gott verantwortlich wissen und daher auf dem Gebiet des Rechts und der Moral nicht zu widersprechenden Normen gelangen. Nur so erklärt sich, daß bei Kant *rechtliche Pflichten* immer *zugleich ethische* sind.

Wäre diese Voraussetzung durchgängig erfüllt, so wäre das Recht mit seinem *Zwangsapparat* im Grunde *entbehrlich*. Denn wo alle von sich aus in ein und demselben Sinn das Rechte wollen, bedarf es keiner äußeren Anreize mehr. Wo alle von sich aus tun, was objektiv geboten ist, ist auch der Staat als „durchgängiger wechselseitiger Zwang" letztlich entbehrlich. Dies ist der Hintergrund der im frühen 19. Jahrhundert in Deutschland umhergeisternden Vision einer rein „sittlichen" Gesellschaft, in der alle nur sich selbst gehorchen und sich gleichwohl harmonisch ergänzen. Die erste Formulierung dieses Gedankens stammt von dem jungen Hegel, der im sogenannten „Systemprogramm des deutschen Idealismus" die Forderung aufstellte, daß man „über den Staat hinaus" müsse, ja daß der Staat „aufhören" solle[10]. Die letzte Version ist die Theorie von Friedrich Engels, wonach der Staat nach der proletarischen Revolution abstirbt und durch eine bloße Verwaltung von Sachen ersetzt wird.

Als Folge der unterschiedlichen Motivation kann es jedoch auch dazu kommen, daß Recht und Moral inhaltlich *auseinandertreten*. Ob ich mich „richtig" verhalte, kann dann nach einem *doppelten Maßstab* beurteilt werden: nach einem rechtlichen, an dem sich die staatlichen Gerichte orientieren, und einem moralischen, der unter Umständen nur vor dem internen Forum des eigenen Gewissens Gültigkeit hat. Kommt es dabei zum Konflikt, so ist das Verhalten des Normadressaten *widersprüchlichen Forderungen* ausgesetzt: Rechtlich ist eine katholische Operationsschwester dann z.B. verpflichtet, an legalen Schwangerschaftsabbrüchen mitzuwirken; ihr Glaube verbietet dies aber. Oder ein Chemiker muß aufgrund seines Arbeitsverhältnisses Versuche durchführen, deren Ergebnisse einer militärischen Verwendung zugeführt werden können; sein Gewissen dagegen sagt ihm, daß dies verwerflich ist. Wie bereits das antike Beispiel Antigones beweist, können solche Konflikte leicht tragisch enden: Das Recht in Gestalt Kreons *verbot* ihr die Bestattung ihres Bruders; ihre eigene Moral aber *verpflichtete* sie dazu. Da Antigone allein stand, war ihr Schicksal besiegelt. Wären die Machtverhältnisse andere gewesen, so hätte womöglich Kreon nicht überlebt.

2. Das Paradoxon des freiheitlichen Rechtsstaates

In einem uneingeschränkt *pluralistischen* Staat, wie er heute vielfach propagiert wird, kann man von einer gemeinsamen Gesinnung definitionsgemäß nicht ausgehen. Wenn mit dem Pluralismus *ernst gemacht* wird, das heißt wenn der Divergenz der Überzeugungen keine Grenzen gesetzt werden, laufen objektives Recht und subjektive Richtigkeitsüberzeugung nicht nur zufällig, sondern *typischerweise* auseinander. Damit kommen wir zum Kern des Problems. Denn wenn die Quellen, aus denen sich das objektive Recht herleitet, andere sind als diejenigen, aus denen sich meine subjektive Überzeugung speist, ist ein *dauernder Konflikt* unvermeidlich. Wie kann dieser Konflikt gelöst werden?

Theoretisch gar nicht. Praktisch jedoch wird er täglich tausendfach entschieden. Während nämlich die äußere, soziale Welt im Laufe der Zeit auseinandergebrochen ist, herrscht *in unser aller Kopf* nach wie vor eine *Einheitswelt* vor, gleichsam so, als ob nichts geschehen wäre. Wenn es darauf ankommt, so gibt es *für mich* nicht zweierlei Richtigkeit, sondern nur *eine*, nämlich *meine*. Und nach dieser handle ich, wo immer es geht.

Veranschaulichen wir uns dies an einem unverfänglichen Beispiel: Ich hatte vor einigen Jahren Gelegenheit, einen Parkplatz zu benutzen, der für Professoren reserviert war. An der Ausfahrt zur Straße, die wenig befahren war, herrschten gute Sichtverhältnisse. Trotzdem gab es dort ein Stopschild, das von jedem verlangte, noch einmal anzuhalten, auch wenn weit und breit niemand zu sehen war. Natürlich war das Unsinn, und von meinen Kollegen, die alle das selbständige Denken gelernt hatten, dachte auch niemand daran, sich nach diesem Schild zu richten. Wenn die Straße frei war und nicht gerade ein Polizist in der Nähe stand, fuhr man ohne anzuhalten in einem Zug hinaus. Was genau war hier geschehen? Offenbar hatte sich jeder die Frage vorgelegt, ob das Haltegebot sinnvoll war, hatte die Frage verneint und sich dann folgerichtig *nach seiner Einsicht* und *nicht nach dem Schild* verhalten.

Man könnte leicht andere Beispiele bringen: Wenn in einer unserer Großstädte abends das Licht ausfällt, sind am nächsten Morgen die Geschäfte leergeplündert; wenn das Bankgeheimnis gelüftet werden soll, verbringen die Sparer, die unter dem Deckmantel dieses Geheimnisses die Steuern hinterzogen

III. Ethischer Pluralismus

haben, ihr Kapital ins Ausland usw. Ich behaupte daher kurzerhand, daß jeder, der sich *unbeobachtet* weiß, sich so verhält, wie es seinen eigenen Vorstellungen entspricht. Deckt sich seine Überzeugung mit dem Recht, so verhält er sich dem Recht gemäß; widerspricht sie ihm, so setzt er sich über das Recht hinweg. Was die Menschen insgeheim denken, ist also für das Recht nicht etwa gleichgültig. Auf lange Sicht ist es vielmehr nach wie vor das Wichtigste, weil davon die freiwillige Akzeptanz der Gesetze abhängt.

Für eine freiheitliche Rechtsordnung ergibt sich daraus eine paradoxe Situation: Als *freiheitliche* Ordnung muß sie ihren Bürgern die Möglichkeit einräumen, sich an je eigenen Vorstellungen und Verhaltenscodices zu orientieren. Als *Ordnung* aber lebt sie davon, daß von dieser Freiheit nur ein bescheidener Gebrauch gemacht wird; denn wenn sich die Moral allzu sehr vom Recht entfernt, muß entweder das Recht oder aber die Freiheit Schaden nehmen.

Diesen Zusammenhang hat man lange Zeit nicht wahrhaben wollen. So wie die Dinge in der Vergangenheit lagen, konnte er sich nämlich in der Tat kaum bemerkbar machen. Auch wenn sich der Staat aus dem Bereich der Glaubensfragen zunehmend zurückzog, waren die Gewissen durch die Religion zunächst weiterhin gebunden. Die Unterschiede zwischen den verschiedenen christlichen Konfessionen waren nicht so groß, als daß die Religion einem Staat, der keine dieser Konfessionen über Gebühr bevorzugte, faktisch nicht nach wie vor als Grundlage hätte dienen können. Wer jedoch an den biblischen Gott glaubte, konnte nur schwer eine Gesinnung entwickeln, die dem Recht dieses Staates abträglich gewesen wäre.

Die Vorstellung eines allwissenden Gottes ist für die Verhaltenssteuerung von außerordentlicher Bedeutung. Das kann man sich auf einfache Weise so klarmachen: Wenn jemand sich allein glaubt, plötzlich aber feststellt, daß er *beobachtet* wird, schrickt er in der Regel zusammen. Er läßt sein vorangegangenes Verhalten kurz Revue passieren und fragt sich, ob er sich vor den Augen des andern irgendwie falsch verhalten hat. Wer sich beobachtet weiß, benimmt sich also offenbar anders: nämlich so, daß sein Verhalten dem Urteil des andern standhält. Diese banale Erfahrung vorausgesetzt, kann man ermessen, was es bedeutet, daß jemand sich *ständig beobachtet* weiß. Vor dem allwissenden Gott bleibt nichts verborgen, auch nicht das geheimste Denken und Wollen. Eine solche Religion war daher die beste Verhaltenskontrolle, die man sich vorstellen kann. Ohne den dadurch bewirkten Zwang zum Aufbau eines ungeheuren inneren Über-Ich wäre die Selbstdisziplinierung, die für die Errichtung der modernen Zivilisation bei gleichzeitiger äußerer Freiheit erforderlich war, kaum zu leisten gewesen. Solange diese Religion intakt war, brauchte man sich um einen Fehlgebrauch rechtlicher Freiheit keine Sorge zu machen. „Wer an eine Ewigkeit glaubt", bemerkte Freiherr von Ketteler einmal treffend, „der trachtet danach, sein Kapital auf Zinsen zu legen, die im

Himmel ausbezahlt werden."[11] Das heißt, er versucht, sich in allen Situationen so zu verhalten, daß sein Tun und Lassen dem unbestechlichen Urteil des letzten Richters dieser Welt standhalten kann.

Die gegenwärtige Situation sieht anders aus. Immer weniger teilen heute den Glauben an einen persönlichen Gott; immer mehr glauben womöglich daran, daß am Ende nur das wahren Wert hat, was ihnen selbst unmittelbar einen materiellen Vorteil einbringt. Damit zeichnet sich allmählich, noch sehr entfernt, der Ernstfall ab, wie er zum erstenmal von Kant ins Auge gefaßt wurde: Kann das Recht wirklich bestehen, wenn die Normadressaten in ihrem Innern egoistische Teufel sind, die im Grunde *nichts miteinander gemeinsam* haben? Und wenn ja: Unter welchen Bedingungen kann es dann bestehen? Dies ist die Kernfrage des pluralistischen Staates. Die Situation der rein „sittlichen" Gesellschaft erfährt hier gleichsam eine spiegelbildliche Umkehrung. War das Recht infolge der allen gemeinsamen Gesinnung dort entbehrlich, so geht es im pluralistischen Staat genau umgekehrt darum, die fehlende Gemeinsamkeit der Gesinnung durch ein funktionales Äquivalent zu ersetzen. Wie ist dies möglich?

3. Substitution innerer Bindung durch äußere Kontrolle

Es gibt ein einzigartiges Gedankenexperiment, das hierüber Aufschluß gibt: die Philosophie Johann Gottlieb Fichtes. Fichte hatte an sich nicht die Absicht, den damals erst in Ansätzen sichtbar werdenden Pluralismus auf seine Reichweite zu testen. Sein Anliegen ging vielmehr dahin, das Recht im Interesse einer absoluten Rechtssicherheit auf andere Grundlagen zu stellen als auf die gute Gesinnung der Normadressaten. Im Ergebnis läuft dies aber auf dasselbe hinaus. Strikte Trennung von Recht und Moral heißt nämlich nichts anderes, als daß auf jede außerrechtliche, nur in der Überzeugung der Bürger begründete Gewähr für die Einhaltung des Rechts verzichtet wird. Das aber ist eben die Situation des unbegrenzten Pluralismus.

Indem Fichte davon ausging, daß „Treue und Glauben zwischen Personen, die miteinander leben", in einer reinen Rechtsgemeinschaft nicht vorausgesetzt werden könnten, sah er sich genötigt, die Normbefolgung auf *andere Art*, nämlich durch Androhung von *Zwang* sicherzustellen. Die Furcht vor äußeren Sanktionen sollte mithin ersetzen, was den Normadressaten an innerer Zustimmung abging. Damit diese Drohung wirkte, mußte indessen sichergestellt werden, daß jede Zuwiderhandlung entdeckt würde. Dazu aber bedurfte es, wie Fichte erkannte, eines umfassenden *Kontrollsystems*, dergestalt, „daß jeder, der zu einer Vergehung gegen das Gesetz versucht ist, ganz sicher vorhersehe, er werde entdeckt und auf die ihm wohlbekannte Weise bestraft werden". Auf diese Weise kam Fichte folgerichtig zu einem Staat, in dem zwar jeder denken darf, was er will, in dem jedoch „die Polizei", wie er weiter ausführte, „so ziemlich" weiß, „wo jeder Bürger zu jeder Stunde des Tages sei und was er treibe"[12].

Fichtes Gedankenexperiment ist in unserem Zusammenhang ungemein aufschlußreich. Es zeigt, daß bei zunehmender innerer Bindungslosigkeit die äußere Freiheit, wenn man konsequent ist, immer mehr eingeschränkt werden muß, weil anders die Einhaltung der sozial relevanten Normen nicht sichergestellt werden kann. Soziale Gesinnung und Notwendigkeit äußeren Zwangs verhalten sich offenbar ähnlich wie zwei kommunizierende Röhren; was bei einer Veränderung des Neigungswinkels aus der einen abfließt, findet sich in der anderen wieder. Je stärker die gesinnungsmäßige Bindung des Normadressaten ist, desto weniger Rechtszwang ist vonnöten; und umgekehrt: je weniger auf die innere Disziplinierung vertraut werden kann, desto enger muß das Netz von Zwang und Kontrolle gewebt sein. Ein System, das die innere Gesinnung völlig freigibt und die Normbefolgung allein von Zwang und Kontrolle abhängig macht, steht daher langfristig in Gefahr, in eine Repressionsspirale hineinzugeraten, bei der schließlich alle äußere Freiheit auf der Strecke bleibt. Das ist genau die Einsicht, zu der am Ende auch Fichte gelangte: „Nun wird ... der Rechtszustand eingegangen, lediglich um der Freiheit willen", heißt es in seiner späten Rechtslehre. „Aber durch die Vorkehrungen, die wir treffen, die Freiheit zu schützen, sehen wir grade das Gegenteil erfolgen, ihre Vernichtung."[13]

Das Paradoxon, das hier sichtbar wird und von dem die Vision einer unbegrenzt pluralistischen und „multikulturellen" Gesellschaft nichts ahnen läßt, kann mit wenigen Worten auf eine einfache Formel gebracht werden: Die Freiheit, sein Leben nach eigener Überzeugung gestalten zu können, kann offenbar nur unter der Voraussetzung eingeräumt werden, daß davon im großen und ganzen kein Gebrauch gemacht wird. Wollten nämlich wirklich *alle* nach unterschiedlichen Überzeugungen leben, so müßte der Handlungsspielraum so eingeschränkt werden, daß innerlich zwar viel gedacht, äußerlich aber nur wenig getan werden könnte.

IV. Konsens als Rechtsgrundlage

1. *Andersdenkende und Gleichdenkende*

Der mechanische Rechtszwang allein reicht daher nicht aus. *Wichtiger als der Zwang ist der Konsens* über grundlegende Fragen der eigenen und der gemeinsamen Existenz: Nur die prinzipielle Aufnahme des Rechts in die innere Überzeugung macht den durchgängigen Rechtszwang entbehrlich; freiwillige Normakzeptanz ist damit zugleich die entscheidende Grundlage einer freiheitlichen

Ordnung, denn nur unter dieser Voraussetzung kann auf eine umfassende Sozialkontrolle verzichtet werden. Um ein Diktum Kants noch einmal aufzunehmen: Mit Teufeln läßt sich zwar auch zusammenleben, aber nicht in Freiheit, zumindest nicht in einer Freiheit, die dem einzelnen noch viel Spielraum läßt.

Entgegen der heute gängigen Auffassung kann es uns daher nicht gleichgültig sein, was die anderen denken, solange sie nur das Recht nicht verletzen. Was die anderen denken, ist in gewisser Weise vielmehr das Wichtigste; denn aus dem Denken von heute gehen die Handlungen von morgen hervor. Auch wo Meinungsfreiheit herrscht, sind daher nicht alle Meinungen gleich gut. Ein säkularer Staat kann zwar nicht bestimmte Glaubensbekenntnisse seiner Bürger einfordern. Er kann aber doch, wenn er nicht auf dem Weg über eine Endlosspirale der Liberalität sein eigener Totengräber werden will, nur das fördern, was seine Kraft zur Toleranz erneuert. Ideologien, denen der Gedanke der Toleranz fremd ist, können daher keine Unterstützung erwarten. Aber noch etwas anderes ist zu bedenken: Auf lange Sicht beruht die Toleranz Andersdenkender darauf, daß es *nicht nur Andersdenkende*, sondern auch *Gleichdenkende* gibt, die sich in bestimmtem Umfang mit dem Staat identifizieren und ihn tragen. Ohne ein gewisses Maß an Gemeinsamkeit gibt es keine Bereitschaft, zugunsten von andern Nachteile auf sich zu nehmen oder auf Vorteile zu verzichten. Wo diese Gemeinsamkeit fehlt, bleibt daher nur das System von Zwang und Kontrolle. *Wer äußere Freiheit will, muß* daher zunächst einmal *Konsens erzeugen und bewahren.*

2. *Unausgesprochene Voraussetzungen freiheitlicher Verfassung*

Es gibt vielleicht niemand, der dafür eindringlichere Worte gefunden hat als Hegel. Hegel wußte sehr wohl, daß wirkliche Freiheit nur da gedeihen kann, wo der Staat die Gesinnung freigibt. Er rühmte es geradezu einmal als die „ungeheure Stärke" des modernen Staates, daß er die „Subjektivität" aushalten könne[14]. Gleichwohl war ihm zutiefst bewußt, daß ohne ein gewisses Maß gegenseitigen Zutrauens und gemeinsamer Überzeugung auf Dauer ein freiheitliches Recht nicht möglich ist.

Dem Charakter seiner Zeit entsprechend, spitzte Hegel die Problematik nicht auf das Verhältnis von Recht und Moral, sondern von Recht und Religion zu. Unmittelbar sind daher nur diese gemeint, wenn es heißt, es sei „der ungeheure Irrtum unserer Zeiten gewesen, diese Untrennbaren als voneinander trennbar, ja selbst als gleichgültig gegeneinander ansehen zu wollen"[15]. Versteht man unter Religion die letzte Grundlage der Überzeugungen eines Individuums, seines Gewissens, läßt sich das Gesagte aber ohne weiteres auf das Verhältnis von äußerem Recht und innerer Überzeugung der Normadressaten übertragen. Aber auch wer sich an dieser Parallele stört, sollte sich vor der Vorstellung hüten, daß Moral ohne Religion bestehen könne.

Hegel sah zwar, daß das Recht eines modernen Staates nicht mehr *unmittelbar* aus der Überzeugung der Menschen abgeleitet werden kann. Aber er sah auch, daß es auf lange Sicht gefährdet ist, wenn es nicht doch in einer gemeinsamen Überzeugung ruht. „Die Gesetze", schrieb er 1830, „erscheinen in diesem Gegensatz gegen das, was von der Religion für heilig erklärt wird, als ein von Menschen Gemachtes; sie könnten, wenn sie auch sanktioniert und äußerlich eingeführt wären, dem Widerspruche und den Angriffen des religiösen Geistes gegen sie keinen dauerhaften Widerstand leisten. So scheitern solche Gesetze, wenn ihr Inhalt auch der wahrhafte wäre, an dem Gewissen, dessen Geist verschieden von dem Geiste der Gesetze ist und diese nicht sanktioniert." Und weiter: „Äußere Garantien ... sind morsche Stützen gegen die *Gewissen* der Subjekte, welche die Gesetze (und darunter gehören die Garantien selbst) handhaben sollen; es ist dies vielmehr der höchste, der unheiligste Widerspruch, das religiöse Gewissen, dem die weltliche Gesetzgebung ein Unheiliges ist, an diese zu binden und ihr unterwerfen zu wollen."[16]

Darin eine Absage an eine freiheitliche Verfassung zu erblicken, wäre ein großes Mißverständnis. Aber es bedeutet doch eine nachdrückliche Erinnerung an die ungeschriebenen Voraussetzungen einer solchen Verfassung. Äußere Freiheit setzt nicht nur Verfahrensvorschriften und Spielregeln, sondern auch ein gewisses Maß innerer Übereinstimmung voraus, das immer von neuem entstehen muß. Wo es daran fehlt, löst sich entweder der gesellschaftliche Zusammenhalt in Anarchie auf oder aber es muß nach dem Prinzip kommunizierender Röhren die äußere Freiheit aufgehoben werden.

3. Freiheitliches Recht als Gratwanderung

Damit ist das Grundproblem des modernen Staates westlicher Prägung genau bezeichnet. Einerseits räumt dieser Staat seinen Bürgern ein hohes Maß äußerer und innerer Freiheit ein; er verzichtet also sowohl darauf, sie umfassend zu kontrollieren, als auch darauf, ihren Konsens mit rechtlichen Mitteln unmittelbar einzufordern. Auf der anderen Seite ist dieser Staat auf die Zustimmung seiner Bürger elementar angewiesen. Seine Freiheit kann jedenfalls nur so lange ohne Schaden aufrechterhalten werden, als sich der zur Erhaltung des Ganzen erforderliche Konsens auf andere Weise einstellt.

Der moderne Staat ist daher unentwegt bemüht, irgendwelche Gemeinsamkeiten zu beschwören oder an die Solidarität seiner Bürger zu appellieren. Die heute üblich gewordene Ausdeutung der Verfassung im Sinne einer „objektiven Werteordnung" nötigt jeden, der sich auf die Verfassung beruft, sich zu wirklich oder vermeintlich gemeinsamen Werten zu bekennen. Angesichts der Vagheit der materialen Verfassungsnormen ist nämlich nur der Konsens über ihren Inhalt in der Lage, ihnen einen solchen Inhalt zu verschaffen. Noch immer unterhält der Staat auch besondere Beziehungen zu den großen christlichen Kirchen, obwohl er kein Glaubensstaat mehr ist. Er erkennt damit an, daß seine innere Kraft nach wie vor auch aus diesem Bereich kommt. Diese Quellen nicht nur religiöser, sondern auch rechtlicher Konformität zu zerstören, wenn andere nicht in Sicht sind, wäre nicht ratsam. Durch gezielte Förderung ausgewählter Sozialverbände wie Familien, Vereine, Parteien und Gewerkschaften, die alle mehr oder weniger stark aus dem Bewußtsein einer Gemeinsamkeit heraus leben, wird dem pluralistischen Atomismus der Einzelnen auf eine andere Art faktisch entgegengearbeitet. Auf solche und andere Weise ist es bisher gelungen, subjektive Freiheit und gesellschaftliche Notwendigkeit miteinander auszubalancieren.

Gleichwohl erinnert all dies in fataler Weise an eine Gratwanderung. Mit Recht hat Ernst Fraenkel einmal davon gesprochen, daß die pluralistische Demokratie ständig vom Selbstmord bedroht sei[17]. Theoretisch möchte man kaum glauben, daß ein Staat, der sich als pluralistisch und freiheitlich zugleich versteht, auf Dauer funktionsfähig ist. Ob er es wirklich ist, ist auch noch keineswegs ausgemacht; denn es hängt von Bedingungen ab, die man nicht beliebig schaffen kann und die der freiheitliche Staat auf lange Sicht vielleicht eher zerstört als daß er ihrer Erhaltung günstig wäre.

§ 10 Recht und Wirtschaft

I. Die Ordnung der Wirtschaft

1. *Interdependenz eigengesetzlicher Handlungszusammenhänge*

Wenn für den Moralisten die Moral das erste ist, so ist es für den Ökonomen die Wirtschaft. Und wenn der Moralist ständig der Versuchung ausgesetzt ist, das objektive Recht seiner subjektiven Moral zu unterwerfen, so tendiert der Ökonom dahin, im Recht eine bloße Funktion der Wirtschaft zu erblicken. Nur ein rigoroser Moralist konnte den Satz prägen: *fiat iustitia, pereat mundus*; und nur ein so wortstarker Verfechter des Vorrangs der Ökonomie wie Bert Brecht konnte dem respektlos entgegensetzen: „Erst kommt das Fressen, dann kommt die Moral."[1] Wer derartige Grobheiten nicht liebt, findet denselben Gedanken bei Johann Gottlieb Fichte etwas weniger schroff so ausgedrückt: „Sobald ... jemand von seiner Arbeit nicht leben kann, ist ihm das, was schlechthin das Seinige ist, nicht gelassen, ... und er ist von diesem Augenblicke an nicht mehr rechtlich verbunden, irgend eines Menschen Eigentum anzuerkennen."[2]

Man würde den Sinn solcher Bemerkungen sicher mißverstehen, wenn man die benutzten Worte auf die Goldwaage legen wollte. Gemeint ist aber doch dies, daß der Mensch nicht nur ein Rechthaber und Rechtsucher, sondern zunächst einmal ein Wesen mit sehr profanen *Bedürfnissen* ist. Solange es ihm an Nahrung und Kleidung fehlt oder solange er kein Dach über dem Kopf hat, kann man von ihm nicht erwarten, daß ihm an rechtlicher Freiheit viel liegt. Erst muß der Mensch *leben können*, bevor er sich als Rechtssubjekt entfalten kann. Aber es geht nicht nur um das Lebenkönnen allein; man kann den Gedanken nämlich noch weiterspinnen: Wer durch die Verhältnisse genötigt ist, sein gesamtes Leben in Form einer erniedrigenden Arbeit zu verausgaben, nur um die Mittel zu erhalten, die er zum Vegetieren braucht, wird seine rechtliche Freiheit ebenfalls kaum zu schätzen wissen. Nach einem treffenden Wort von Marx beginnt das Reich der Freiheit sogar „erst da, wo das Arbeiten, das durch Not und äußere Zweckmäßigkeit bestimmt ist, aufhört"[3]. Kurz: das Recht hat neben moralischen auch *ökonomische Voraussetzungen*. Im Bewußtsein vieler Menschen kommt diesen sogar eine herausgehobene Bedeutung zu. Wer sich mit dem Recht befaßt, wie es wirklich ist, muß daher die Wirtschaft in seine Überlegungen miteinbeziehen.

Ähnlich wie im Verhältnis von Recht und Politik haben wir es auch hier mit zwei Wirkungszusammenhängen zu tun, denen besondere Sinnfunktionen zugeordnet sind und die je *eigenen Gesetzlichkeiten* unterliegen. Oder mehr noch: die Gesetze, denen die Wirtschaft folgt, scheinen denen des Rechts häufig sogar diametral entgegengesetzt zu sein. Leitbild des wirtschaftlichen Handelns ist der *homo oeconomicus*, der nicht das Recht, sondern seinen persönlichen Vorteil sucht, der also nicht am Ausgleich, sondern am Gewinn, nicht am Teilen, sondern eher am Übervorteilen interessiert ist. Das Recht ist für den *homo oeconomicus* nicht Selbstzweck, sondern bestenfalls ein Mittel zum Zweck, im schlechtesten Fall vielleicht auch nur ein Hindernis auf dem Weg zum eigentlichen und im Kern selbstsüchtigen Ziel.

Diese unterschiedlichen Sinnhorizonte und Wirkungsweisen ändern indessen nichts daran, daß die Handlungszusammenhänge von Recht und Wirtschaft eng miteinander verzahnt sind. Was in der Wirtschaft geschieht, muß im Recht reflektiert werden. Umgekehrt spiegelt sich die Struktur des Rechts in gewissem Umfang aber auch in der Wirtschaft wider, nicht anders als in anderen Kulturbereichen auch.

Vor die Frage gestellt, was zuerst da war: das Ei oder die Henne, hat der Marxismus das Recht zum bloßen „Überbau", zum unselbständigen Reflex der jeweiligen Produktionsverhältnisse erklärt. Das war, wie alle monokausalen Erklärungen komplexer Beziehungen, eine Übertreibung. Richtig aber ist, daß manche Rechtsprobleme erst dann in den Blick treten können, wenn die wirtschaftliche Entwicklung die Voraussetzungen dafür geschaffen hat. So wird etwa das Eigentum an Grund und Boden in einer Gesellschaft von Jägern und Sammlern kaum eine Rolle spielen. In einer Agrargesellschaft dagegen stellt es zwangsläufig das zentrale Problem dar. Ebenso ist auch die Armut in einer Gesellschaft, in der alle nichts besitzen, nur ein Unglück, nicht anders als Krankheit, Krieg oder Tod. Erst da, wo infolge der wirtschaftlichen Entwicklung viele zu Reichtum und Wohlstand gekommen sind, kann Armut als ein Verteilungs- und damit als ein Gerechtigkeitsproblem formuliert werden. Rechtsprobleme sind also nicht einfach „da", sondern haben vielfach tatsächliche Voraussetzungen, die einer geschichtlichen Entwicklung unterliegen. Unter diesen Voraussetzungen nehmen die wirtschaftlichen Verhältnisse einen wichtigen Platz ein.

Die gegenseitige Abhängigkeit von Recht und Wirtschaft prägt nicht zuletzt auch die Industrie- und Dienstleistungsgesellschaft. Ein Wirtschaftssystem moderner Prägung kann ohne eine Rechtsordnung, auf deren Normen Verlaß ist, ohne ein staatlich reguliertes Geldwesen, ohne Nachahmungsschutz für kostspielige Entwicklungen, für Marken und Zeichen und anderes mehr überhaupt nicht existieren. Insofern reflektiert das geltende Recht zweifellos die Bedürfnisse der modernen Wirtschaft. Umgekehrt wird freilich auch die Wirtschaft dadurch geprägt, daß das Recht aus genuin rechtlichen Gründen bestimmte Freiheiten gewährt oder versagt. Denn so unterschiedlich rechtliche und wirtschaftliche Ziele auch sein mögen, so darf das Ziel der Gewinnmaximierung legitimerweise nur im Rahmen des jeweils geltenden Rechts angestrebt werden.

Gerade weil die Wirtschaft über die Realität des Rechts mitentscheidet und weil das Recht hierfür wiederum eine Vorentscheidung trifft, ist die Frage nach der *Wirtschaftsverfassung* zugleich eine der wichtigsten Rechtsfragen überhaupt. Wie muß das Recht beschaffen sein, damit sich das Streben der Wirtschaftssubjekte nach Macht und Wohlstand zugleich zum Nutzen des Ganzen auswirkt? Wie müssen die Weichen gestellt werden, damit die Wirtschaft dasjenige Maß an Wohlstand hervorbringt, das im Rahmen einer bestimmten Rechtsordnung meist stillschweigend vorausgesetzt wird? Von der Antwort auf diese Fragen hängt mehr ab, als den Juristen meist lieb ist.

2. *Planwirtschaft und Marktwirtschaft*

Nach Walter Eucken, der das wirtschaftliche Denken in der Bundesrepublik Deutschland nach dem letzten Krieg stark geprägt hat, kann die Ordnung der Wirtschaft auf *zwei Grundformen* zurückgeführt werden. Beide unterscheiden sich danach, wie die Pläne, auf denen alles wirtschaftliche Handeln beruht, zustande kommen. Wie Eucken formuliert hat, kann der wirtschaftliche Alltag eines Gemeinwesens zunächst einmal „durch Pläne *eines* Planträgers gelenkt werden. Dann ist die reine Grundform der ‚zentralgeleiteten Wirtschaft' gegeben. ... Die andere reine Form ist die ‚Verkehrswirtschaft', in der viele Einzelwirtschaften – Betriebe und Haushalte – *selbständige* Pläne machen, in wirtschaftlichen Verkehr miteinander treten und ein Automatismus der Märkte besteht, der sie koordiniert."⁴ Die Zentralverwaltungswirtschaft ist also ein System der Subordination unter einen Planungsträger; in der Verkehrswirtschaft dagegen vollzieht sich eine Koordination der einzelwirtschaftlichen Pläne infolge von Preisen oder Tauschwerten. Geläufiger, wenn auch nicht ganz so treffend, sind heute die beiden Begriffe *Plan-* bzw. *Marktwirtschaft*. In der Planwirtschaft erfolgt die erforderliche Lenkung des Wirtschaftsprozesses, *namentlich der Güterproduktion*, durch zentrale Planungsbehörden, in der Marktwirtschaft dagegen durch den dezentral organisierten Markt.

Unabhängig davon, wie diese Modelle letztlich zu bewerten sind, fällt auf, daß der *Jurist* von Haus aus mehr zu dem einen, der Ökonom mehr zu dem anderen neigt. Der Jurist tendiert in der Regel dahin, an die Allmacht rechtlicher Normen zu glauben und die Eigengesetzlichkeit der Wirtschaft zu unterschätzen. Gewohnt, in den bürokratischen Kategorien von Befehl und Gehorsam zu denken, kommt ihm die Vorstellung, daß die vorhandenen Güter nach zentralen Anweisungen gerecht zu verteilen und die fehlenden weisungsgemäß herzustellen sind, im Grunde sehr entgegen, auch wenn er dies gelegentlich leugnet. Vor die Wahl gestellt zwischen Anarchie und Kommandosystem, wird sich der Jurist instinktiv für das Kommando entscheiden. Wo Juristen das Sagen haben, besteht daher leicht die Tendenz, daß das Verhalten der Wirtschaftssubjekte diszipliniert und die Wirtschaft unter die Herrschaft des Rechts subsumiert wird. Berüchtigt ist in diesem Zusammenhang die kurz vor der russischen Oktoberrevolution gemachte Ankündigung des Rechtsanwalts Lenin, „die *gesamte* Volkswirtschaft nach dem Vorbild der Post zu organisieren"⁵ – mit welchem Erfolg, ist bekannt.

Im Unterschied hierzu neigt der *Ökonom* eher dahin, nicht auf die sichtbare Hand des Rechts, sondern auf die unsichtbare des Marktes zu vertrauen und die Lenkung der Wirtschaft gleichsam ökonomischen Naturgesetzen zu überlassen. Das bedeutet keinen Verzicht auf Planung; aber das Verhältnis von Einzelplan und Gesamtplan wird hierbei umgekehrt. Während sich in der Planwirtschaft alle Wirtschaftssubjekte an dem zentralen Gesamtplan orientieren müssen, stellt in der Marktwirtschaft jeder seinen eigenen Plan auf. In einer marktwirtschaftlichen Ordnung kann der Staat daher nur in der Weise planen, daß er das Auf und Ab der Einzelpläne, auf deren Inhalt er unmittelbar keinen Einfluß hat, in seine Kalkulation fortlaufend miteinbezieht. Das mag gelegentlich anarchische Züge annehmen. Im Wechselspiel von Angebot und Nachfrage stellt das natürliche Gewinnstreben jedoch einen weitaus wirksameren Antrieb dar, um immer neue Leistungen aus den Einzelnen herauszukitzeln, als jeder staatlich verordnete Zwang. Der Ökonom gründet darauf die Erwartung, daß der Markt auch insgesamt zu Ergebnissen führt, die für das Gemeinwesen wünschenswert sind. Dem Recht kommt dabei scheinbar nur die Funktion zu, die Hindernisse zu beseitigen, die einem wirksamen Wettbewerb entgegenstehen.

3. *Wirtschaftsordnung und Freiheit*

In der Wirklichkeit kommt keines dieser Modelle in reiner Form vor. In einer reinen Marktwirtschaft wäre für eine austeilende Gerechtigkeit kein Platz vorgesehen. In der Marktwirtschaft wird nur dem gegeben, der selbst etwas gibt. Wer nichts zu geben hat, muß sehen, wo er bleibt. Wer nicht bereit ist, die Lösung sozialer Probleme einem naturgesetzlichen Ausleseprozeß zu überlassen, kann daher den freien Markt nicht als das letzte Wort ansehen. Umgekehrt kann aber auch in einer Planwirtschaft nicht alles geplant werden. In der Wirtschaftsordnung eines modernen Staates sind Tag für Tag Millionen von Entscheidungen zu treffen, bei denen ständig auf veränderte Bedingungen Rücksicht genommen werden muß. Das Ineinandergreifen zahlloser Einzelpläne läßt sich daher so viel und so wenig planen wie das Wetter des nächsten Monats oder der Umfang der Weizenernte, die in irgendeinem Land in zwanzig Jahren aus ernährungswirtschaftlichen Gründen eingefahren werden muß. Unterhalb der oberen Planungsebenen herrscht daher auch in einer Planwirtschaft nicht selten das Gesetz des Dschungels. Sinnvollerweise kann daher nur danach gefragt werden, ob in einer Wirtschaftsordnung die Entscheidung wenigstens *prinzipiell* zugunsten des Marktes oder aber der zentralen Planung getroffen ist. Auch mit dieser Einschränkung liegt darin zugleich eine Entscheidung von höchster Bedeutung für das Recht.

Man hat häufig darüber gestritten, ob ein bestimmtes Rechtssystem für *unterschiedliche Wirtschaftsformen offen* ist oder ob die Organisation des Rechts und der Wirtschaft nur zwei Seiten einer Medaille sind, mit der Folge, daß mit der Wahl der einen die andere mitgewählt wird, ob man will oder nicht. In polemischer Form kann man diese Frage so stellen: *Ist ein freiheitlicher Sozialismus möglich oder ist die Freiheit unteilbar?* Kann es neben einem dirigistischen Wirtschaftssystem eine freiheitliche Rechtsordnung geben oder umgekehrt neben einer Diktatur im Bereich von Verfassung und Verwaltung eine freie Marktwirtschaft? Oder zieht das eine das andere nach sich, so daß auf Dauer entweder alles nach Plan verläuft oder überall der Markt dominiert?

Wie die Erfahrung lehrt, entfaltet das dirigistische Planungsdenken jedenfalls leicht eine Sogwirkung, die im Laufe der Zeit immer mehr an sich zieht. Der Grund dafür liegt in der Logik des Planens selbst. Jeder Plan hängt von

Randbedingungen ab, die nicht mit eingeplant sind und daher als Störfaktoren erscheinen. Um den Erfolg der Planung sicherzustellen, muß daher jeder Planer danach streben, diese Randbedingungen ebenfalls in den Griff zu bekommen. Wo der Planer frei darüber entscheiden kann, was alles er seiner Planung unterwirft, besteht daher automatisch die Tendenz, den Dirigismus in immer weitere Bereiche zu erstrecken.

In der Praxis kann das auf sehr einfache Weise durchgesetzt werden. Das hängt damit zusammen, daß die meisten menschlichen Absichten nur mit Hilfe wirtschaftlicher Mittel verwirklicht werden können. Wer beispielsweise ein Buch oder eine Zeitung drucken will, braucht Papier; wer ein bestimmtes Forschungsvorhaben durchführen will, ist von Maschinen, Apparaten und Hilfskräften abhängig. Wo die Mittel knapp sind und von zentralen Planungsstellen verwaltet werden, muß vor der Mittelvergabe zunächst einmal die Dringlichkeit des Bedarfs geprüft werden. Im Rahmen dieser Dringlichkeitsprüfung kommt es mit sachlicher Notwendigkeit zugleich zu einer zentralen Prüfung der geistigen Betätigung selbst. Für ein Vorhaben, das den Planungsbehörden entbehrlich oder schädlich erscheint, werden keine wirtschaftlichen Mittel bewilligt, und damit ist es automatisch gescheitert, mag die Mehrheit darüber denken, was sie will.

In welchem Ausmaß die staatliche Wirtschaftsplanung eine Umgestaltung des gesamten Rechtssystems nach sich zieht, zeigt mit aller nur wünschenswerten Deutlichkeit die staatssozialistische Rechtstheorie Johann Gottlieb Fichtes, mit der wir bereits bei der Erörterung des Verhältnisses von Recht und Moral Bekanntschaft gemacht haben. Fichte ging bei seinen Überlegungen von der an sich sympathischen Vorstellung aus, daß ein Staat, in dem der Einzelne nicht nur formell, sondern auch materiell frei ist, so beschaffen sein muß, daß jeder von seiner Arbeit leben kann. Um dieses Recht gegen alle Gefährdungen sicherzustellen, sah er sich bei fortschreitender Entwicklung dieses Gedankens jedoch gezwungen, immer weitere dirigistische Maßnahmen vorzuschlagen, bis am Ende jede freie Regung erstickt war. Um ein Recht auf Arbeit garantieren zu können, sollte zunächst eine allgemeine Arbeitspflicht eingeführt werden. Diese wiederum zog die Aufhebung der Freiheit der Berufswahl nach sich. Um dieses System funktionsfähig zu erhalten, mußten auch Absatz und Produktion zentral geplant werden. Das aber war nur möglich, wenn die Bedürfnisse normiert und alle Wirtschaftsprozesse verstaatlicht wurden. Um die Planung nicht zu gefährden, sollte schließlich die Ausbildung standardisiert, die Freizügigkeit aufgehoben und überhaupt das ganze Verhalten der Bürger umfassend reglementiert werden. Auf diese Weise gelangte Fichte Schritt für Schritt zu einem regelrechten Polizeistaat, in dem, wie er selbst formulierte, „alles Ordnung ist und alles nach der Schnur geht"[6]. Erst jetzt, wo das Ergebnis mit Händen zu greifen war, kam er zu der ernüchternden Einsicht, daß durch den konsequenten Einsatz dirigistischer Mittel zur Ermöglichung eines freiheitlichen Lebens die Freiheit selbst aufgehoben wird. In seiner nachgelassenen Rechtslehre konstatierte er den Widerspruch, daß der Rechtszustand lediglich um der Freiheit willen eingegangen wird, daß er aber durch die Vorkehrungen, die wir treffen, die Freiheit zu schützen, vernichtet wird. Eben dieser Widerspruch veranlaßte Walter Eucken später, der Zentralverwaltungswirtschaft eine scharfe Absage zu erteilen: „Mit der *Gesamtentscheidung* für weitgehende Realisierung der Zentralverwaltungswirtschaft ist die *Gesamtentscheidung* für den Rechtsstaat nicht vereinbar. Hier besteht eine ganz straffe Interdependenz der Ordnungen. Beide Ordnungsformen – Rechtsstaat und Zentralverwaltungswirtschaft ... – kollidieren. Wird die Politik zentraler Leitung des Wirtschaftsprozesses konsequent durchgeführt, so verliert der Staat den Charakter des Rechtsstaates."[7] Oder kurz, wie es in der Folge Ludwig Erhard ausgedrückt hat: „Demokratie und freie Wirtschaft gehören logisch ebenso zusammen, wie Diktatur und Staatswirtschaft."[8]

II. Tendenzen und Erfahrungen

1. Die Schubkraft des Wettbewerbs

Im Verlauf der Geschichte sind die beiden Grundformen des Wirtschaftens in sehr unterschiedlichen Kombinationen wirksam geworden. Das 19. Jahrhundert war die klassische Epoche der freien Marktwirtschaft. Während die Wirtschaftsordnungen des Mittelalters und des Absolutismus, die Zunftverfassung und das Merkantilsystem, sich in weitem Umfang durch eine rechtliche Einbindung und Reglementierung der wirtschaftlichen Faktoren auszeichneten, setzte das 19. Jahrhundert auf das freie Spiel der Kräfte. Der Staat zog sich damals aus dem Wirtschaftsleben zurück und räumte dem Einzelnen eine Vielzahl von Freiheiten ein: die Handels- und Gewerbefreiheit, die Vertrags- und Vereinigungsfreiheit, die freie Verfügungsmacht über Grund und Boden, die Freizügigkeit, die freie Wahl von Beruf und Arbeitsplatz und anderes mehr.

Durch den Wegfall überkommener Bindungen wurde ein Bündel von Kräften freigesetzt, die sich in der Vergangenheit kaum bemerkbar machen konnten. Neue Produktions- und Vertriebsformen drängten das überkommene Handwerk zurück, die offene Konkurrenz trat an die Stelle zünftiger Gebundenheit, und eine bis dahin unbekannte Konzentration von Kapital ermöglichte den Einstieg in die Industriegesellschaft. Wenn irgendwo, so hat sich der Satz, daß der Markt ein Verfahren zur Hervorbringung von Innovationen ist, hier bewahrheitet.

II. Tendenzen und Erfahrungen   129

In kleinerem Maßstab bewies der freie Wettbewerb seine enorme Schubkraft noch einmal in den Jahren nach dem zweiten Weltkrieg, als es in Deutschland um die Ankurbelung der darniederliegenden Wirtschaft ging. In dieser Zeit des allgemeinen Mangels und der Zerstörung vieler Produktionsanlagen waren viele dafür, das im Krieg praktizierte Bewirtschaftungssystem auch in Friedenszeiten fortzusetzen. Im Gegensatz dazu gelang es dem westdeutschen Wirtschaftsminister Erhard jedoch, die bestehenden Bewirtschaftungsmaßnahmen aufzuheben und eine Wettbewerbsordnung zu etablieren. Die Folge war eine fast explosionsartige Aufwärtsentwicklung, die heute noch unter dem Namen des westdeutschen „Wirtschaftswunders" in Erinnerung ist.

2. Schattenseiten des freien Wettbewerbs

Wie alle Erfolgsgeschichten hatte freilich auch der Siegeszug des freien Wettbewerbs seine *Schattenseiten*. Benachteiligt waren im 19. Jahrhundert vor allem die *Arbeiter*. Mit der Auflösung der Zunftverfassung, der Grund- und Gutsherrschaft und anderer Bindungen wurde die menschliche Arbeitskraft zum Gegenstand eines freien Vertrages und damit ökonomisch zu einer Ware, die dem Gesetz von Angebot und Nachfrage unterworfen war. Der einzelne Arbeiter befand sich dabei in einer denkbar schlechten Ausgangsposition. Während auf der einen Seite zahlreiche Arbeiter ihre Arbeitskraft anboten und sich dabei gegenseitig Konkurrenz machten, stand ihnen auf der anderen Seite häufig ein Nachfragemonopol in Gestalt eines einzelnen Arbeitgebers gegenüber. In Ermangelung staatlicher Konditionen konnte dieser die Arbeitsverträge fast beliebig diktieren. Wer Arbeit bekommen wollte, mußte alles akzeptieren, was von ihm verlangt wurde. Die Folge war die übermäßige Ausdehnung der Arbeitszeit, die Gewährung von Hungerlöhnen, die Bezahlung des Arbeiters nach dem Truck-System (d. h. die Bezahlung mit hoch angerechneten Waren statt mit Geld) u. a. m.

Die Arbeiter waren dagegen zunächst machtlos. Der Zusammenschluß zwecks kollektiver Wahrnehmung ihrer Interessen war verboten, und Streiks wurden mit polizeilichen Mitteln unterbunden. Solche Erfahrungen haben Marx und andere Sozialisten dazu bewogen, in radikaler Kehrtwendung eine umfassende Planwirtschaft zu fordern. Die Entwicklung verlief indessen anders. Nachdem die Gewerbeordnung von 1869 die Koalitionsfreiheit eingeführt und damit die Gründung von *Gewerkschaften* möglich gemacht hatte, standen den Unternehmern bald nicht mehr konkurrierende Einzelne, sondern geschlossene Gruppen von Arbeitern gegenüber, die ihren Interessen in ganz anderer Weise Nachdruck zu verleihen wußten. Damit hatte die einseitige Ausbeutung der Arbeiter ein Ende. Gleichzeitig aber begann der „Aufmarsch der Verbände", welcher der modernen Industriegesellschaft ein unverwechselbares Gepräge verleiht.

3. Selbstzerstörerische Kräfte und ihre Bändigung

Aber noch etwas anderes stellte sich heraus: Je mehr der Wettbewerb sich selbst überlassen bleibt, desto mehr wohnt ihm die Tendenz inne, *sich selbst zu zerstören*. Wo Wettbewerb stattfindet, macht sich nämlich immer auch das Bestreben bemerkbar, der Konkurrenz auszuweichen. Das ist auf verschiedene Weise möglich. Einmal kann sich jeder Anbieter oder Nachfrager mit seinen Konkurrenten über gemeinsame Konditionen verständigen; er kann aber auch versuchen, ein Monopol zu erwerben, das überhaupt keiner Konkurrenz mehr ausgesetzt ist. In beiden Fällen fällt das gesamtgesellschaftliche Lenkungssystem des Marktes aus. Für die Mitglieder eines Kartells oder die Inhaber eines Monopols ist diese Entwicklung vorteilhaft, weil sie den Markt zu ihren Gunsten beherrschen können.

Ebenso wie sich die Arbeiter zu Gewerkschaften zusammenschlossen, um dem ruinösen Wettbewerb um knappe Arbeitsplätze ein Ende zu setzen, fand daher auch auf der *Unternehmensseite* ein *Konzentrationsprozeß* statt, um der lästigen Konkurrenz Herr zu werden. Diese Entwicklung wurde noch dadurch unterstützt, daß die modernen Fertigungs- und Vertriebstechniken zum Großbetrieb hindrängen. Der Großbetrieb kann insgesamt billiger produzieren, er kann günstigere Konditionen aushandeln und seine Produkte in überlegener Weise vermarkten; viele neue Produkte können überdies wegen der hohen Kosten, die damit verbunden sind, nur von Großbetrieben entwickelt werden. Der freie Wettbewerb brachte daher nach relativ kurzer Zeit Monopole, Kartelle, Syndikate und Konzerne hervor, die insgesamt dazu tendierten, den Marktmechanismus außer Kraft zu setzen. Auf Dauer konnte der Staat dem nicht tatenlos zusehen.

Bereits 1891 war es über die horizontalen Absprachen zwecks Ausschluß von Konkurrenz, die sogenannten Kartelle also, im Reichstag zu einer Diskussion gekommen. Aber erst 1923 erging eine *Kartellverordnung* mit dem aufschlußreichen Titel: „Verordnung gegen den Mißbrauch wirtschaftlicher Machtstellungen". Inhaltlich war dieses Gesetz noch sehr zurückhaltend und unterwarf die Kartelle im großen und ganzen nur einer staatlichen Aufsicht. Wie sich jedoch zeigte, war dies unzureichend. Eine Kontrolle, die sich allein gegen den *Mißbrauch* wirtschaftlicher Machtstellungen wendet, scheitert. Die Wirtschaftspolitik muß vielmehr bereits versuchen, die *Entstehung* wirtschaftlicher Machtkomplexe zu verhindern, sonst besitzt sie keine Chance, mit dem Problem fertig zu werden. Einen deutlichen Schritt weiter ging daher das *Gesetz gegen Wettbewerbsbeschränkungen* von 1957. Kartelle und vertikale Preisabsprachen wurden hier grundsätzlich verboten, Monopole unter eine besondere Kontrolle gestellt, Unternehmenszusammenschlüsse können unter bestimmten Voraussetzungen untersagt werden. Auf diese Weise soll der

Wettbewerb mit rechtlichen Mitteln aufrechterhalten werden. Aber auch da, wo der Wettbewerb funktioniert, erwies es sich als notwendig, regulierend einzugreifen, um Auswüchse einzudämmen und unlautere Methoden zu untersagen.

Aus all dem ergibt sich, daß auch die Marktwirtschaft auf den Staat nicht verzichten kann. Sie ist staatsfrei lediglich in dem Sinn, daß sie sich mit staatlichen Planvorgaben und unmittelbaren Lenkungsmaßnahmen nicht verträgt. Wohl aber braucht sie, um nicht in ein System privater Macht und Willkür umzuschlagen, ständig einen Staat, der an wirtschaftlicher Freiheit interessiert ist und fortlaufend die rechtlichen Bedingungen dafür herstellt.

Diese Bedingung ist zunehmend schwerer zu erfüllen; denn heute produzieren die Märkte Kettenreaktionen rund um den Globus. Die Wirtschaft ist daher durch einzelne Staaten immer weniger beherrschbar. Drei Veränderungen haben diese Globalisierung zuwegegebracht: Einmal das Ende der zwischen Ost und West zweigeteilten Welt und die damit verbundene Öffnung der Grenzen für Menschen- und Güterströme. Sodann die digitale Revolution, die dazu geführt hat, daß zunehmend alle vorhandenen Informationen überall jederzeit zur Verfügung stehen. Auf all dem beruhend schließlich die neuartige Verflechtung der Wirtschaft in der Welt, die zugleich eine neue, globalisierte Herrenschicht entstehen läßt, die sich einer staatlichen Kontrolle weitgehend entzieht. Im Zeitalter der wirtschaftlichen Globalisierung muß daher auch die Politik die nationalen Grenzen transzendieren. Mittelbar ist damit zugleich das Recht mit der Frage konfrontiert, ob und in welchem Umfang überstaatliche Organisationen den Staat ergänzen oder gar ersetzen können und welche weiteren Folgen sich gegebenenfalls daran knüpfen würden. Darauf wird in einem anderen Zusammenhang (§§ 25 und 26) noch einmal zurückzukommen sein.

III. Die soziale Marktwirtschaft

1. *Die Notwendigkeit einer Marktkorrektur*

Das Verhältnis von Recht und Wirtschaft hat aber noch eine andere Dimension, als wir sie bisher betrachtet haben. Der moderne Sozialstaat ist angetreten in der erklärten Absicht, seinen Bürgern nicht nur formelle Freiheiten einzuräumen, sondern zugleich die *materiellen Voraussetzungen* dafür zu schaffen, daß *jeder* in angemessenem Umfang von diesen Freiheiten Gebrauch machen kann. Dazu ist die Marktwirtschaft selbst nicht imstande. Denn auch wenn die Marktwirtschaft anderen Wirtschaftsformen ökonomisch überlegen sein mag, so ist doch der „Wohlstand für alle", den sie verheißt, keineswegs im eigentlichen Sinn des Wortes für *alle* da. Vorteile verspricht der Markt allenfalls für den Marktteilnehmer. Wer sich an dem Spiel von Angebot und Nachfrage aus welchen Gründen auch immer nicht beteiligen kann, tritt für den Ökonomen nicht in den Blick. Aber auch die Marktteilnehmer selbst können nicht alle gewinnen. Wo es Gewinner gibt, gibt es notgedrungen auch Verlierer. Der inneren Logik des Wettbewerbs würde es an sich entsprechen, die Verlierer als „Abfallprodukte" eines naturwüchsigen Ausleseprozesses zu begreifen. In den großen Wirtschaftskrisen ist diese Idee indessen *ad absurdum* geführt worden. Wo im Auf und Ab der Konjunktur nicht nur einzelne Unternehmen, sondern zugleich Millionen abhängiger Arbeiter aus dem Wirtschaftsprozeß herausgeworfen werden und in ihrer persönlichen Lebensplanung scheitern, kann man diese Verluste nicht mehr mit dem Gemeinwohl rechtfertigen. Das Gemeinwohl ist in solchen Fällen vielmehr mit dem Wohl der Verlierer identisch. Ein Staat, der Gerechtigkeit für alle verspricht, kann sich daher nicht darauf beschränken, nur den Wettbewerb als solchen sicherzustellen. Er muß auch für diejenigen Bedürfnisse sorgen, die durch den Wettbewerb von Anbietern und Nachfragern nicht befriedigt werden können, muß also Vorkehrungen treffen für Krisenzeiten und sonstiges Marktversagen, muß versuchen, mit marktkonformen Mitteln über den Preis zu intervenieren, um allzu tiefe Konjunktureinbrüche zu vermeiden u.a.m.

Im gleichen Maß, in dem sich der moderne Staat diesen Aufgaben gestellt hat, hat sich der Charakter der Marktwirtschaft nachdrücklich geändert: Die deutsche Marktwirtschaft ist nicht bloß eine freie Marktwirtschaft, sondern eine *soziale Marktwirtschaft*. Das soll heißen: Der Markt ist zwar das zentrale Lenkungsinstrument; aber er ist flankiert von einer Fülle rechtlicher Maßnahmen, die den Hiatus zwischen Marktresultat und materieller Gerechtigkeit sowohl im großen wie auch im Einzelfall überbrücken sollen.

2. *Partielle Ausschaltung der Marktgesetze*

In der Diskussion über Wert und Unwert der Marktwirtschaft wird gelegentlich übersehen, daß in Deutschland weite Bereiche von vitalem Interesse dem Einfluß der Marktgesetze bewußt *entzogen* sind oder nur einem *eingeschränkten* Wettbewerb unterliegen. Hier ist zunächst an die Einrichtung der öffentlichen Schulen und Universitäten, an die Unterhaltung der Verteidigungs- und Ordnungskräfte, überhaupt an den ganzen Beamtenapparat zu erinnern. Herkömmlich war auch der Betrieb der öffentlichen Verkehrsmittel, die Versorgung der Bevölkerung mit Wasser, Gas und Elektrizität, die Beseitigung von Abfällen und Abwasser und anderes nicht Sache des freien Wettbewerbs, sondern befand sich überwiegend in der Regie des Staates oder in der Hand von staatlich unterstützten Monopolen. Erst in jüngerer Zeit ist dieser Prozeß teilweise rückläufig geworden und hat zu einer Welle von Privatisierungen geführt.

Auch für die Organisation der Ernährungswirtschaft hat der freie Markt in Deutschland nicht zum Vorbild gedient. Um die kontinuierliche Versorgung der Bevölkerung mit Grundnahrungsmitteln sicherzustellen und gleichzeitig die landwirtschaftlichen Betriebe institutionell zu erhalten, wurden „Marktordnungen" geschaffen, die dem Staat weitgehende Interventionsbefugnisse zugestehen. Kennzeichnend sind hier etwa staatliche Einfuhrkontrollen und Vorratshaltung, Stützung der Preise, Ausgleichsabgaben, Aufstellung von Qualitätsmaßstäben usw. Nach der Errichtung eines gemeinsamen Marktes findet diese Politik auf europäischer Ebene ihre Fortsetzung.

Manche der sozialen Errungenschaften, die viele heute für unabdingbar halten – z.B. der unentgeltliche oder jedenfalls stark subventionierte Zugang zu Schulen und Universitäten –, ist nur durch die Ausschaltung der Marktgesetze ermöglicht worden.

3. Das soziale Netz

Bemerkenswerter noch ist das „soziale Netz", das der Staat im Laufe der Zeit für eine Vielzahl von Bedürftigen errichtet hat. Der moderne Staat teilt aus an Schwache und Kranke, an Kinderreiche und Alte, an Studenten und Arbeitslose, an Flüchtlinge und Asylanten, kurz: an alle, die in irgendeiner Form sozial benachteiligt sind oder denen es jedenfalls mit vereinten Kräften gelingt, sich so darzustellen. Viele Lebensrisiken der modernen Industriegesellschaft, in der sich die Einzelnen isoliert gegenüberstehen, sind erst durch dieses soziale Netz erträglich geworden. Auf der anderen Seite unterliegt die staatliche Leistungsvergabe aber einer eigenen Dynamik, weil in einem schier endlosen Progreß immer neue Gruppen in das Verteilungssystem einbezogen werden. Etwas überspitzt konnte man bis vor kurzem fast sagen, daß, wer auch immer im modernen Sozialstaat etwas tut, was sozial wünschenswert ist, auf staatliche Leistungen oder Vergünstigungen Anspruch hat. Wer ein Haus baute, wer seinen Betrieb erweiterte, wer Arbeitskräfte einstellte, wer seine Eltern oder Großeltern pflegte usw. konnte in der Regel auf staatliche Unterstützung hoffen. Die Folge davon ist, daß die Loyalität der Bürger heute weniger darauf beruht, daß sie den Staat als geistige Potenz akzeptieren, als vielmehr darauf, daß die meisten nach wie vor auf die eine oder andere Weise an staatlichen Leistungen partizipieren.

Insgesamt verschlingt dieses System erhebliche Summen, die fortwährend erwirtschaftet werden müssen. Verausgabt werden kann naturgemäß nur das, was zunächst einmal hereingebracht worden ist. Wenn nichts mehr in die öffentlichen Kassen fließt, müssen auch die öffentlichen Leistungen gedrosselt werden; andernfalls kommt es zu einer Verschuldung, die die Lebenschancen der nächstfolgenden Generation schmälert, weil die Zinsen der wachsenden Schulden nur mit Hilfe neuer Steuern bezahlt werden können.

Auf diese Weise hat sich der moderne Leistungsstaat fast auf Gedeih und Verderb vom Florieren der Wirtschaft abhängig gemacht. Jeder Rückgang des Bruttonationaleinkommens, der die Verteilungsspielräume verengt, schlägt auf das System im ganzen zurück. Jede Schwächung der staatlichen Leistungskraft mindert die Loyalität der Bürger. Störungen im Umverteilungssystem wachsen sich zu Staatskrisen aus.

4. *Die Spannung zwischen Rechts- und Sozialstaat*

Das Verhältnis von Recht und Wirtschaft hat sich unter diesen Voraussetzungen einigermaßen paradox gestaltet: In seiner Funktion als *Rechtsstaat* möchte der moderne Staat die Wirtschaft im Prinzip sich selbst überlassen, weil ein anderes Verhalten mit seinem rechtsstaatlichen Telos nicht vereinbar wäre. Als *Sozialstaat* jedoch hat er seinen Bürgern gegenüber eine Art Erfolgsgarantie übernommen, die ein passives Zuwarten überhaupt nicht zuläßt. Als es 1966 in der Bundesrepublik Deutschland zur ersten tiefergehenden Rezession kam, wurde daher prompt das sogenannte Stabilitätsgesetz erlassen, das den Staat bei seiner Wirtschafts- und Finanzpolitik auf vier Ziele verpflichtet: Preisstabilität, Vollbeschäftigung, außenwirtschaftliches Gleichgewicht und stetiges und angemessenes Wirtschaftswachstum. Die allgemeine Lage hatte den Staat gezwungen, aus seiner rechtlichen Reserve herauszugehen.

Die moderne Wirtschaftspolitik ist daher in einem offenbar unauflöslichen Widerspruch befangen. Einerseits ist der Staat mit der Wirtschaft so eng verquickt, daß die umfassende Wirtschaftslenkung sein ureigenstes Interesse sein müßte. Auf der anderen Seite ist er als Rechtsstaat gehalten, nach Möglichkeit nur indirekt wirkende Lenkungsmittel einzusetzen, die mit seinem rechtsstaatlichen Profil vereinbar sind, also nicht Ge- und Verbote, sondern Abgaben und Subventionen, die dem Einzelnen einen gewissen Spielraum lassen. Insgesamt vollzieht die Wirtschaftspolitik daher eine ständige Gratwanderung zwischen zu großer und zu geringer staatlicher Präsenz im Wirtschaftsleben. In diesem Spannungsfeld ist auch das moderne Recht angesiedelt. Es ist ebenso sehr ein Ausdruck dieses Widerspruchs, wie es vorgibt, davon frei zu sein.

IV. Recht als Kostenfaktor

Im Alltag stellt sich die Frage nach dem Verhältnis von Recht und Wirtschaft häufig noch in einer anderen Weise, die von der Ausgestaltung der Wirtschaftsverfassung und den damit zusammenhängenden Fragen ganz unabhängig ist. In jeder Wirtschaftsverfassung ist das Recht nämlich nicht nur ein Ordnungs-, sondern, so banal dies klingt, auch ein Kostenfaktor. Es kostet zunächst bereits den Staat, der es in Form staatlichen Rechts zur Verfügung stellt und funktionsfähig erhält, beträchtliches Geld; und es ist zugleich ein Wirtschaftsfaktor, der über die Kosten der Produktion und des Verkaufs ökonomischer Güter mitentscheidet. Das Recht kann so ausgestaltet sein, daß es relativ wenige Kosten verursacht; es kann aber auch so beschaffen sein, daß es einen Kostenfaktor von ganz erheblicher Größenordnung darstellt.

Dieser Zusammenhang ist den meisten Juristen nur unzureichend bewußt, und das kommt nicht von ungefähr. Die fundamentale Bedeutung einer funktionsfähigen Ökonomie für die Existenz von Industriestaaten und die Finanzierung von Sozialstaaten ist im Studienplan für Juristen nicht vorgesehen. Juristen werden in ihrer Ausbildung primär auf ideelle Werte ausgerichtet, die beispielhaft mit Rechtsstaat, Gleichheit vor dem Gesetz, Menschen- und Freiheitsrechten, sozialer Gerechtigkeit und nicht zuletzt mit allerhöchster Sorgfalt auch im nebensächlichsten Detail benannt werden können. Daß zu den Grundlagen eines funktionsfähigen Rechtssystems eine leistungsfähige Volkswirtschaft gehört, kommt in der Juristenausbildung bestenfalls am Rande vor. Nachdem die Juristen in jahrelangem Studium daran gewöhnt wurden, ohne Rücksicht auf die Kosten nur das „Recht als solches" in den Blick zu fassen, versäumen sie in der Praxis nicht selten das, was jedem anderen bereits der gesunde Menschenverstand sagt: nämlich zunächst einmal nach dem Preis zu fragen, bevor man Verpflichtungen eingeht. Jeder Ökonom weiß, daß alle Rechte schon deshalb begrenzt sein müssen, weil sie Kosten verursachen, die nicht über einen äußersten Rahmen hinausgehen dürfen. Der Jurist muß dies erst mühsam lernen.

Wer die Rechtsordnung aufmerksam durchmustert, braucht nach den Folgen nicht lange zu suchen. Das deutsche Recht ist, wie man von erfahrenen Beurteilern immer wieder hören kann, von einem unvergleichlichen, gelegentlich geradezu grotesken Perfektionismus. Wenn ein deutsches Gesetz so abgefaßt ist, daß man es auch ohne Zuhilfenahme von Fachjuristen halbwegs verstehen kann, stammt es im Zweifel aus der Zeit unserer Eltern oder Großeltern. Denn der neuere Gesetzgeber neigt offenbar immer mehr dazu, das Recht in sprachlicher und sachlicher Hinsicht so kompliziert wie möglich zu machen. Die Ausfächerung der Rechtswege und Zuständigkeiten, die Zersplitterung der Rechtsmittel und Rechtsbehelfe, die ständig steigenden Anforderungen an die Begründung der gefällten Entscheidungen tragen das Ihre dazu bei, Stein auf Stein zu legen und das Recht als Ganzes immer unverständlicher und schwerfälliger zu machen. Seitdem der Ausbau der Universitäten in den 60er und 70er Jahren uns eine Vielzahl von neuen Professoren beschert hat, von denen jeder auf ein anderes Detail spezialisiert ist, arbeitet auch die Rechtswissenschaft nicht mehr auf Vereinfachung hin, sondern gefällt sich oft genug darin, Differenzierung um Differenzierung zu erzeugen und sich auf diese Weise ihre eigene Unentbehrlichkeit zu bestätigen.

Ein so beschaffenes Recht aber ist Sand im Getriebe der Wirtschaft, und die Juristen, die es zu verantworten haben, ein Dorn im Auge jedes Unternehmers. Wer in der Wirtschaft die Initiative ergreift, wer eine Aufgabe in Angriff nimmt, um etwas Tüchtiges zu bewirken, muß es oft genug erleben, daß sich ihm zusätzlich zu den sonstigen Schwierigkeiten, die er zu überwinden hat, an allen Ecken und Enden Juristen als Bedenkenträger und Verhinderer in den Weg stellen. Der Hinweis darauf, daß diese Bedenken meist ihren guten Sinn haben, verschlägt dagegen nicht viel. Woran es Juristen in diesem Zusammenhang häufig fehlt, ist nämlich das Gespür dafür, daß auch Vernunft zu Unsinn und Wohltat zur Plage werden kann, wenn das rechte Maß und der Blick auf das Ganze verlorengeht.

Allein da, wo auch dem Juristen selbst die Zumutungen des Rechts zu arg werden, zeigt er gelegentlich Einsicht. Ein schönes Beispiel dafür aus älterer Zeit führt Savigny an, wenn er im letzten Buch seines „Systems" an die Rechtsvereinfachung erinnert, die der römische Kaiser Justinian durch die Aufhebung des zweifachen Eigentums bewirkt hat. Wie Savigny vermerkt, habe der Gesetzgeber dabei den Zweck verfolgt, „die Gemüter der studierenden Jugend von dem Schrecken zu befreien, den ihnen bis dahin die in dieser Lehre erhaltene unnütze Gelehrsamkeit eingeflößt hatte"[9]. Das ist ein beifallswürdiges Ziel. Noch beifallswürdiger wäre es freilich, wenn solche Erleichterungen wo immer möglich nicht nur zum Nutzen der studierenden Jugend, sondern auch der nichtstudierenden Bürger durchgeführt würden, die an der unnötigen Kompliziertheit des Rechts in noch ganz anderer Weise zu leiden haben.

2. Teil: Die Rechtsordnung

§ 11 Juristische Denk- und Ordnungsmuster

I. Schubladen- und Registerdenken

1. Die Realität des Rechts

Ein juristischer Laie kann sich zur Not darauf beschränken, über das Recht in der Weise nachzudenken, wie wir dies bisher getan haben. Der Jurist muß es aus der Nähe kennen. In der Realität jedoch tritt das Recht zunächst einmal in Gestalt von Gesetzen und Entscheidungen, von Lehrbüchern und Kommentaren, von Aufsätzen und Monographien in Erscheinung. Es füllt die Regale der Bibliotheken und will zunächst einmal gekannt und verstanden sein. Sich mit dem Recht zu beschäftigen, heißt für den Juristen häufig nur, sich mit den bereits realisierten Ordnungsmustern vertraut zu machen und die dazu geäußerten Gedanken anderer, die vor uns mit dem Recht beschäftigt waren, im eigentlichen Sinn des Wortes nach-zudenken. Gustav Hugo (1764–1844), eine der juristischen Autoritäten des frühen 19. Jahrhunderts, hat das ganz nüchtern einmal so ausgedrückt: „Während alles Philosophieren auf Erforschen, auf Selbstdenken, auf Unabhängigkeit von fremden Vorschriften beruht, ist alles Juristische die Sache des Erlernens, des Sichfügens in das, was nun einmal ist."[1]

Das Studium des Rechts gilt daher nicht selten als trocken und geistestötend. Praktisch veranlagte Naturen fühlen sich durch das Übermaß der Papierflut, das auf sie zukommt, abgestoßen; theoretisch Begabte leiden darunter, daß sie den höchsten Wert des Rechts, die Gerechtigkeit, ausgerechnet im Niedrigsten und Zufälligsten, in den Produkten menschlicher Willkür wiederfinden sollen. Keiner anderen Wissenschaft sind daher von ihren Jüngern so viele Flüche ins Stammbuch geschrieben worden wie gerade der Rechtswissenschaft. Stellvertretend für viele mag hier nur an Scheffels Verse erinnert werden:

„Römisch Recht, gedenk ich deiner,
Liegt's wie Alpdruck auf dem Herzen,
Liegt's wie Mühlstein mir im Magen,
Ist der Kopf wie brettvernagelt!"[2]

Manche haben ihr Urteil nachträglich revidiert und sind doch noch gute Juristen geworden. Gerade die eingehende Beschäftigung mit der Materie des Rechts kann nämlich eine Erfahrung vermitteln, die anderen Menschen häufig verborgen bleibt: die Erfahrung nämlich, daß die „Vernunft" ihren Sitz nicht nur im eigenen Kopf hat, sondern auch in dem der andern. So ist das positive Recht zwar Menschenwerk, aber doch nicht das Produkt eines Einzelnen, sondern das Resultat der vereinten Anstrengung vieler, letztlich sogar aller. „Was Millionen Menschen ... für recht gehalten haben", bemerkte bereits Hugo in seiner launigen Art einmal, „das muß der Vernunft nicht so ganz widerstreiten, wie es vielleicht unsere neuesten Schriftsteller ... glauben."[3] Sein Leben dem Recht zu widmen, heißt daher auch, sich in diese generationenüberspannende Gemeinschaft einzuordnen und an dem gemeinsamen Werk mitzuarbeiten. Für die ungehinderte Entfaltung der Individualität ist dabei sicher wenig Raum. Auf lange Sicht vermag das Recht allerdings eine andere Befriedigung zu verschaffen.

2. Das Rechtssystem als Lageplan

Freilich sind das Erfahrungen, die erst einmal gemacht sein wollen. Die Lektüre eines Buches kann das nicht ersetzen. Was sich vorab vermitteln läßt, ist nur eine gewisse Vorstellung von der Denk- und Vorgehensweise, welche die Juristen im Laufe der Zeit entwickelt haben, um mit der ungeheuren Materialfülle des positiven Rechts fertig zu werden.

Bildhaft ausgedrückt, kann man das juristische Denken vielleicht am besten als *Schubladen- und Registerdenken* charakterisieren. Im Vordergrund dieses Denkens steht nicht die unübersehbare Vielfalt der Rechtswirklichkeit, des „goldnen Lebens grüner Baum", sondern der dürre Schematismus des sogenannten *Rechtssystems*. Bevor der Jurist sich mit einem bestimmten Problem näher befaßt, versucht er zunächst einmal, in seinem „System" die richtige Stelle dafür zu finden. Erst dann fragt er nach den Besonderheiten des jeweiligen Falles. Auf diese Weise ist er mit der Fülle des Lebens nie unmittelbar, sondern immer nur vermittelt durch das überkommene System konfrontiert.

Dieses Rechtssystem ist im Grunde nichts anderes als ein großer Schrank mit vielen Schubladen, von denen jede für ein bestimmtes Problem reserviert ist. Auf diese Weise hat jede Frage ihren eigenen Ort, wo sie thematisiert wird und wo die in Gesetzgebung, Rechtsprechung und Lehre dazu erarbeiteten

Lösungen abgelegt sind. Um sich im geltenden Recht orientieren zu können, muß man daher – ein häufiger Irrtum von Anfängern und Laien – keineswegs alle Vorschriften oder Entscheidungen kennen. Wichtiger ist es, zu wissen, wie das überkommene System beschaffen ist; denn dadurch bekommt man gleichsam einen Lageplan in die Hand, mit dem man das Fach finden kann, auf das es in einem bestimmten Fall allein ankommt.

Je mehr das Rechtssystem ausdifferenziert ist, desto stärker ist das juristische Denken dadurch bestimmt. Durch das System wird der Rechtsstoff schematisch eingeteilt und auf eine überschaubare Zahl von Problemfeldern zurückgeführt. Das ist die Voraussetzung dafür, daß auch das komplexe moderne Recht technisch beherrschbar ist. Die Folge davon ist freilich, daß jedes Problem zunächst einmal so gesehen wird, wie es bereits andere gesehen haben. Daß gänzlich neue Schubladen eingerichtet werden, ist relativ selten.

3. Orientierung an abstrakt-begrifflichen Merkmalen

Wie sehr man als Jurist durch die Art des Rechtssystems geprägt ist, das die Rechtswissenschaft im Laufe der Zeit geschaffen hat, wird einem gelegentlich bewußt, wenn man sich mit Angehörigen fremder Rechtsordnungen unterhält. Ich führte einmal ein Gespräch mit einem chinesischen Kollegen, der sich mit mir über deutsches Familienrecht unterhalten wollte. Ich hatte gerade eine familienrechtliche Vorlesung hinter mich gebracht und nahm an, der Kollege würde mich über dieselben Dinge befragen, mit denen ich mich dabei beschäftigt hatte, also zum Beispiel Eheschließung und -scheidung, Zugewinn- und Versorgungsausgleich, Unterhaltspflicht u. ä. m. Statt dessen wollte er von mir wissen, was der Staat tue, um die Scheidungsrate zu beeinflussen, welche Programme es gebe, um die Geburtenziffer zu heben, wie Verheiratete im Steuerrecht behandelt würden, ob sie zinsvergünstigte Darlehen in Anspruch nehmen könnten, ob die Prostitution erlaubt sei, wie es sich mit der Strafbarkeit von Beleidigungen und Körperverletzungen innerhalb der Familie verhalte usw. Mit all diesen Fragen griff er durchweg Themen heraus, die von deutschen Juristen entweder gar nicht oder jedenfalls nicht im Familienrecht behandelt werden.

Aber noch etwas anderes wurde mir bei dieser Gelegenheit deutlich: Das System, in dem ich mich bewegte, war weniger an den Realstrukturen des sozialen Lebens als vielmehr an *abstrakt-begrifflichen* Merkmalen orientiert. In der Tat interessiert sich die deutsche Rechtswissenschaft nicht für alle denkbaren Rechtsfragen, die – sagen wir – beim Kauf eines Autos oder beim Kauf einer Zeitung auftreten. Das deutsche Zivilrecht faßt vielmehr Auto und Zeitung unter dem Begriff des „Eigentums" zusammen und erörtert dann vor allem diejenigen Regeln, die beiden mehr oder weniger gemeinsam sind. Daß der Kauf eines Autos steuerrechtliche und versicherungsrechtliche Fragen nach sich zieht, die beim Kauf einer Zeitung überhaupt keine Rolle spielen, bleibt dabei außer Betracht. Ziel ist vielmehr die Herausarbeitung abstrakter begrifflicher „Gleichheiten", auf denen eine Gleichbehandlung gleichliegender Fälle aufbauen kann. Diesem Vorgehen verdankt die kontinentale europäische Rechtswissenschaft ihr Niveau. Nirgends sonst ist das Arsenal rechtlicher Argumente und Denkfiguren in eine derart rationale Ordnung gebracht worden.

Allerdings bringt diese Ordnung es mit sich, daß das rechtliche Material, das zur Lösung komplexer Probleme benötigt wird, häufig auf ganz verschiedene „Schubladen" verteilt ist. Wer etwa ein Grundstück kauft, um ein Haus zu bauen, interessiert sich nicht nur für das, was in unserem System unter der Rubrik „Eigentum" abgelegt ist, sondern fragt zugleich nach öffentlichen Erschließungskosten, nach steuerlichen Belastungen und Vergünstigungen, nach der Haftungsregelung bei Werkverträgen usw., also nach lauter Dingen, die nach unseren Vorstellungen „systematisch" nichts miteinander zu tun haben. Wer frisch von der Universität als Anwalt oder Notar in die Praxis geht, muß daher zwar nicht um*denken*, aber er muß doch häufig um*lernen*: Er muß es lernen, mit mehreren „Schubladen", die in seinem System weit voneinander getrennt liegen, gleichzeitig umzugehen und daraus eine brauchbare Lösung für den jeweiligen Aufgabenbereich zurecht zu zimmern.

II. Normenpyramide und Normenkreis

1. *Praktische Bedeutung der Systembildung*

Das Leitbild, das unserem Rechtssystem zugrunde liegt, ist in formaler Hinsicht die „*Einheit der Rechtsordnung*". Damit ist gemeint, daß sich das Recht insgesamt als ein widerspruchsfreies Gefüge von Regeln darstellen soll. Was in einem bestimmten Teil des Systems erlaubt ist, soll in einem anderen Teil nicht verboten sein; was hier die Bedeutung A hat, soll an anderer Stelle nicht die Bedeutung B haben. Mehr noch: keine Vorschrift, kein Rechtsbegriff soll isoliert für sich betrachtet werden. Alles soll dergestalt miteinander verknüpft sein, daß man keinen Paragraphen eines Gesetzbuchs anwenden kann, ohne zugleich das ganze Gesetzbuch zur Anwendung zu bringen. Der Rechtsdogmatik, das heißt der Rechtswissenschaft im engeren Sinn, wird daher die Aufgabe beigemessen, diese Einheit fortlaufend herzustellen und so auf Dauer zu bewahren.

Das systematische Leitbild, das hier wirksam wird, hängt ersichtlich mit der Idee der normativen Gerechtigkeit zusammen: Das Recht soll nicht von Einfällen und Emotionen, sondern von Regeln beherrscht sein. Es soll daher zu-

II. Normenpyramide und Normenkreis 141

nächst einmal dem Postulat der Widerspruchsfreiheit genügen. Das weitere scheint sich dann von selbst zu ergeben.

Bei unseren früheren Überlegungen hat sich freilich gezeigt, daß auf ein widerspruchsfreies Recht gar nicht zu hoffen ist. Wenn selbst in der Gerechtigkeit als dem fundamentalsten Rechtswert zahlreiche Widersprüche angelegt sind, dann kann das Recht, das die Gerechtigkeit verwirklichen soll, nicht widerspruchsfrei sein. Von einer „Einheit der Rechtsordnung" kann daher streng genommen so wenig die Rede sein wie von einer Quadratur des Kreises. Was das Rechtssystem leistet, ist vielmehr nur, daß es die immanenten Widersprüche des Rechts in eine *Ordnung* bringt, in der man, wenn man die Ansprüche nicht allzu hoch schraubt, praktisch damit umgehen kann. Wenn es dabei gelingt, die Widersprüche so zu verteilen, daß man sie nicht mehr wahrnimmt, spricht man von Widerspruchsfreiheit.

Gleichwohl ist die Systembildung nicht nur eine theoretische oder ästhetische Aufgabe. Änderungen des Systems haben vielmehr zugleich eine ungemein *praktische Bedeutung*: Wer die gedankliche Ordnung der Dinge ändert, ändert die Dinge selbst; denn für ein denkendes Wesen sind die Dinge unter anderem so beschaffen, wie sie sich in seinem Denken darstellen.

Man kann sich das an einem einfachen Beispiel vor Augen führen: Wenn man einem Naturwissenschaftler die Aufgabe stellt, die drei Lebewesen: Mensch, Affe und Ameise sinnvoll aufeinander zu beziehen, wird er vermutlich Mensch und Affe, die stammesgeschichtlich eng miteinander verwandt sind, unter dem gemeinsamen Oberbegriff „Pithecoiden" zusammenfassen und die Ameise als „Insekt" davon absetzen. Ein Geisteswissenschaftler oder Theologe wird vielleicht eher dazu neigen, Affe und Ameise gleichermaßen als „Tiere" zu qualifizieren und ihnen den Menschen als „vernunftbegabtes" oder als „beseeltes" Wesen gegenüberzustellen. In beiden Fällen stellt sich die Welt verschieden dar. Wer sich mit den Affen auf einer Ebene sieht, muß einen gewissen Begründungsaufwand treiben, wenn er das Leben dieser Tiere beispielsweise in medizinischen Versuchsserien aufs Spiel setzen will. Die Ameise dagegen treten wir bedenkenlos zusammen, weil wir sie für „fremd" erklärt haben. Wer dagegen die Affen mit den Insekten auf eine Stufe stellt, den Menschen dagegen auf eine höhere, wird auch im Umgang mit seinen nächsten Artverwandten in der Regel nur wenig Gewissensbisse empfinden.

Die Nutzanwendung liegt auf der Hand: Auch das Recht stellt sich anders dar, je nachdem, wie seine Elemente geordnet und aufeinander bezogen werden. Was vordergründig nur von formaler Bedeutung ist, zieht häufig auch hier inhaltliche Konsequenzen nach sich.

Im vorstehenden Zusammenhang kann dem nicht im Detail nachgegangen werden. Die nähere Ausführung des Rechtssystems ist vielmehr die Aufgabe der Dogmatik, die nicht aus der Vogelperspektive betrieben werden kann. Von

Interesse ist hier aber doch soviel, daß dabei immer wieder *zwei Ordnungsmuster* Anwendung finden, die in den verschiedensten Kombinationen wiederkehren. Nur davon soll im folgenden die Rede sein.

2. Ordnung nach Subordinationsverhältnissen

Das eine dieser beiden Ordnungsmuster ist die sogenannte *Normenpyramide*. Diese kommt dadurch zustande, daß alle Rechtsnormen in ein *Subordinationsverhältnis* gebracht werden, und zwar dergestalt, daß Normen, die einen höheren Allgemeinheitsgrad aufweisen, *oben*, speziellere Normen dagegen *unten* eingeordnet werden. Auf diese Weise entsteht der Eindruck, als seien alle spezielleren Normen aus den allgemeineren „abgeleitet" oder umgekehrt alle allgemeinen durch Abstraktion aus den konkreteren gewonnen:

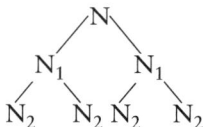

Im 19. Jahrhundert wurde dieses Denken unter dem Namen der *Begriffsjurisprudenz* vor allem im Zivilrecht zu hoher Perfektion entwickelt. Ziel der Begriffsjurisprudenz war es, alle wesentlichen Rechtsbegriffe (und damit letztlich auch die Rechtsnormen) in eine streng logische Ordnung zu bringen, so daß sie ein in sich geschlossenes pyramidenförmiges Ableitungssystem ausmachten. Um dies zu ermöglichen, mußten die Begriffe präzis definiert werden, Widersprüche mußten beseitigt und Lücken im Wege analoger Rechtsbildung geschlossen werden. Rudolf Sohm (1841–1917) hat dieses Vorgehen einmal so charakterisiert: „Von den gewonnenen Begriffen begehren wir zu immer höheren Begriffen aufzusteigen. Daher ergibt sich aus dem idealen Instinkte der Rechtswissenschaft das Suchen nach dem *Rechtssystem*, das heißt nach einer Form der Darstellung, welche die ganze Masse des Rechts als die freie Entfaltung eines einzigen Begriffes, *des Begriffes des Rechts*, zur Anschauung bringt. Dann wird der Stoff verschwunden sein, und der Gedanke hat als Sieger das Feld behauptet."[4] Als Ideal schwebte dabei eine Ordnung vor, innerhalb deren man mit Rechtsbegriffen gleichsam „rechnen" konnte.

Im nachhinein hat man die Begriffsjurisprudenz wegen ihrer akademischen Lebensferne häufig kritisiert. „Jener ganze Götzenkultus des Logischen", ließ sich Rudolf von Jhering einmal aus, „der die Jurisprudenz in eine Mathematik des Rechts hineinzuschreiben gedenkt, ist eine Verirrung und beruht auf einer Verkennung des Wesens des Rechts. Das Leben ist nicht der Begriffe, sondern die Begriffe sind des Lebens wegen da. Nicht was die Logik, sondern was das Leben, der Verkehr, das Rechtsgefühl postuliert, hat zu geschehen, möge es logisch, deduzierbar oder unmöglich sein."⁵ Allen Anfeindungen zum Trotz gibt die Begriffsjurisprudenz aber noch immer den Maßstab dafür ab, wie eine stringente juristische Argumentation beschaffen sein muß. Auch die großen Gesetzgebungswerke des ausgehenden 19. Jahrhunderts – Bürgerliches Gesetzbuch, Strafgesetzbuch, Handelsgesetzbuch und Zivilprozeßordnung – beruhen maßgeblich auf der gedanklichen Vorarbeit dieser Schule. Wer mit diesen Gesetzen umgeht, bewegt sich daher zugleich auf dem Boden des Denkens, durch das sie geprägt sind.

In einer abgewandelten Weise wurde das Modell der Normenpyramide in der Folge im öffentlichen Recht rezipiert. Das ordnungstiftende Prinzip ist dabei nicht der begriffliche Allgemeinheitsgrad, sondern der gesetzliche „Rang", nicht der Subsumtions-, sondern der *Erzeugungszusammenhang* der Rechtsnormen. Dieses Ordnungspinzip leitet sich daraus her, daß es in einem differenzierten politischen System nicht nur eine Hierarchie der *Normen*, sondern auch eine Hierarchie der *Normgeber* gibt: Der Verfassungsgesetzgeber steht über dem einfachen Gesetzgeber, der einfache Gesetzgeber über dem Verordnungsgeber usw. Vor dem Hintergrund einer gesetzespositivistischen Rechtstheorie hat dies vielfach zu der Vorstellung geführt, daß ebenso, wie jede Entscheidung durch eine Norm, so auch jede Norm durch eine höherrangige Norm *legitimiert* sein muß. Auf diese Weise ergibt sich das Bild einer Normenhierarchie, innerhalb deren alles Recht letztlich aus der *Verfassung* „abgeleitet" zu sein scheint:

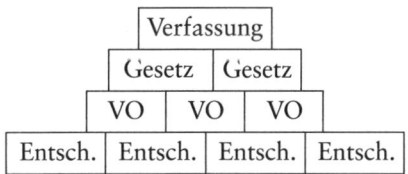

Auch dieses Modell zeichnet sich dadurch aus, daß es logisch eindrucksvoll und ästhetisch anziehend ist. Allerdings wird dabei das Recht noch in stärkerem Maße, als es bereits bei der Begriffsjurisprudenz der Fall war, nach dem Vorbild einer *Befehlsordnung* gedacht: ein Befehl ergibt sich aus dem andern, und letztlich folgt alles aus einem obersten Befehl, gegen den folgerichtig kein Widerspruch vorgesehen ist. Je mehr diese Denkweise sich ausbreitet, desto mehr nimmt daher die Rechtsordnung die Struktur einer alles umfassenden Kommandoordnung an. Eben darin liegt zugleich der Hauptwiderspruch dieses Denkens. Was auf den ersten Blick rein logischen Erwägungen zu folgen scheint, fällt da, wo es sich von der Realität scheinbar am weitesten entfernt, nämlich in seiner obersten Spitze, in Wahrheit unmittelbar mit der politischen Macht zusammen. Dabei ist das eine sogar die Voraussetzung des anderen.

Denn nur deshalb, weil die höchste Norm die höchste reale Gewalt mit Rechtssetzungsqualität ausstattet, kann das Verhältnis der rangniederen Normen zueinander scheinbar auf rein logische Beziehungen reduziert werden.

3. Ordnung nach Lebensbereichen

Das andere Ordnungsmuster, das bei der Systembildung allenthalben zur Anwendung kommt, besteht darin, die Rechtsnormen nach *konkreten Lebens- und Funktionsbereichen* zu ordnen, also weniger die logischen als vielmehr die realen und sozialen Zusammenhänge herauszustellen. Seinem Ursprung nach ist dieses Denken in konkreten Lebensordnungen weit älter als die Sprachmathematik der Begriffsjurisprudenz. Schon das altdeutsche „lag", das noch im englischen „law" nachklingt, bezeichnet die Gesamtheit der rechtlich geordneten *Zustände* und nicht der Regeln. Rechtsregeln können nach dieser Vorstellung nur aus den wirklichen Verhältnissen abgeleitet werden. Versucht man die konkreten Lebensordnungen abzubilden, kann man dies nur durch eine *Vielzahl von Kreisen* tun. Diese werden sich zwar vielfach überschneiden, ähnlich wie sich die verschiedenen Lebensbereiche häufig durchdringen. Die wichtigsten jedoch lassen sich unschwer in konzentrischer Folge darstellen:

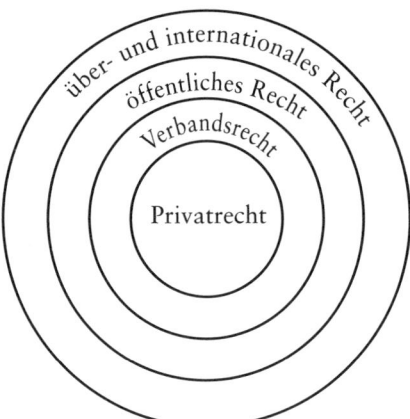

Anders als die verschiedenen Stufen der Normenpyramide stehen diese Kreise nicht in einem Subordinations-, sondern in einem *Koordinationsverhältnis* zueinander. Was sie voneinander unterscheidet, ist weniger die formelle Grenzziehung nach außen hin als vielmehr der Umstand, daß sie im Innern *anderen Sachgesetzlichkeiten* folgen: das Privatrecht anderen als das öffentliche Recht, das nationale Recht anderen als das übernationale. Während die Normenpyramide dazu tendiert, in einen reinen Begriffskult auszuarten, ist der Normen-

II. Normenpyramide und Normenkreis 145

kreis zur Wirklichkeit hin relativ offen. Die einzelnen Kreise folgen weniger den Zwängen der Logik als vielmehr den Bewegungen des Lebens. Sie können daher eine veränderte Wirklichkeit leichter in sich aufnehmen und zur Darstellung bringen.

Immer wenn der Ruf nach „Lebensnähe" laut wird, orientiert man sich vornehmlich an diesem zweiten Ordnungsmuster. Nachdem das Arbeitsrecht bereits frühzeitig aus dem Schuldrecht ausgegliedert worden war, wurden etwa in den 30er Jahren des letzten Jahrhunderts im Zuge einer großangelegten Studienreform neue Vorlesungen geschaffen, welche die bis dahin übliche Darstellung nach der Reihenfolge der verschiedenen „Bücher" des Bürgerlichen Gesetzbuchs ersetzen und stärker an die Rechtswirklichkeit heranführen sollten: Vertrag und Unrecht, Familie und Erbe, Bauernrecht, Bodenrecht u. ä. m. In den 60er und 70er Jahren machten sich ähnliche Bestrebungen bemerkbar. An manchen Universitäten wurde damals „Kreditsicherungsrecht" als neue, die überkommenen Fächergrenzen übergreifende Vorlesung eingeführt, teilweise auch „Mietrecht", „Privatversicherungsrecht" usw.

4. Kombination beider Ordnungsmuster

Aus der Nähe besehen sind die Gegensätze nicht ganz so schroff, wie es in dieser Gegenüberstellung erscheinen mag. Beide Ordnungsmuster sind vielmehr darauf angewiesen, gegenseitig beieinander Anleihen zu machen. So formiert sich das Recht auch unter der Ägide der Begriffsjurisprudenz nicht etwa zu einer einzigen Normenpyramide, sondern umfaßt eine ganze Anzahl davon, nämlich für jeden größeren Sachbereich eine eigene. Umgekehrt kann aber auch das Denken in „konkreten Ordnungen" auf ein gewisses Maß logischer Stringenz nicht verzichten. Im Grunde geht es also nur darum, was jeweils dominiert und dem Ganzen sein Gepräge verleiht: die Herrschaft des Begriffs oder die konkrete Ordnung des Lebens.

Ein bekanntes Beispiel dafür, wie beide Ordnungsmuster nebeneinander zur Anwendung gelangen können, findet sich im Bürgerlichen Gesetzbuch. Das zweite und dritte Buch (Schuld- und Sachenrecht) des BGB beruht auf dem rein begrifflichen Gegensatz zweier Typen von Rechts*wirkungen*: persönlichen und dinglichen Rechtswirkungen. Das vierte und fünfte Buch (Familien- und Erbrecht) ist demgegenüber Normen vorbehalten, die von den *Tatbeständen* und damit von den geregelten Lebensbereichen her zusammengehören. Man hat daher zutreffend davon gesprochen, daß dem BGB eine „Kreuzeinteilung" zugrunde liege: das Ordnungsprinzip des zweiten und dritten Buches liegt „quer" zu dem der beiden letzten.

III. Objektives und subjektives Recht

Zwei andere Kategorien des juristischen Denkens, auf die bei der Darstellung des Stoffes immer wieder Bezug genommen wird, sind die des „objektiven" und des „subjektiven" Rechts. Auch hier handelt es sich scheinbar um eine rein äußerliche Unterscheidung. Tatsächlich jedoch geht es um Grundentscheidungen von außerordentlicher Tragweite. Wer vom objektiven Recht ausgeht, negiert im Ansatz das Rechtssubjekt als eine vom Gesetz unabhängige, selbständige Größe. Wer vom subjektiven Recht ausgeht, setzt sich der Tendenz nach genau umgekehrt über die objektiven Bedürfnisse des Gemeinwesens hinweg.

1. Das Gemeinwesen als oberster Zweck

Das *objektive Recht* wird gewöhnlich als die Gesamtheit aller Rechts*normen* definiert, die in einem Gemeinwesen gelten. Das ist an sich nicht falsch; es ist allerdings irreführend, weil der entscheidende Punkt unausgesprochen bleibt. Wesentlich für die objektiv-rechtliche Betrachtungsweise ist nämlich, daß die Normen ausschließlich *aus der Perspektive des Gemeinwesens selbst* gesehen und interpretiert werden. Auf diese Weise werden alle Rechtsnormen gewissermaßen als Funktionsgesetze des Staates verstanden.

Projiziert man das so verstandene objektive Recht auf den einzelnen Bürger, so scheint es, als ob in seiner Person Recht und Pflicht, die nach verbreitetem Verständnis zweierlei sind, zusammenfallen, mehr noch: daß sich das *Recht* des Einzelnen überhaupt erst *aus der Pflicht* ergibt. Der Einzelne hat nach der objektivrechtlichen Betrachtungsweise im Rahmen der Gesamtordnung nämlich zunächst einmal eine bestimmte gesellschaftliche Funktion, die sich für ihn als Pflicht äußert. Allein um dieser Pflicht willen hat er auch ein Recht. Wenn man so will, ist sein Recht also nichts anderes als das Recht, seine gesellschaftliche Pflicht tun zu dürfen. Es reicht mithin nur so weit, wie sich auch die Pflicht erstreckt. Daraus folgt zugleich, daß das Recht des Einzelnen nicht mehr Kompetenzen umfaßt, als es im Interesse des Gemeinwesens wünschenswert ist.

Diese Denkweise ist namentlich in den großen Naturrechtssystemen des 17. und 18. Jahrhunderts näher entfaltet worden. Das Recht des Einzelnen wurde hier systematisch aus seiner Pflichtenstellung abgeleitet. Private Rechte und soziale Pflichten standen im Einklang, weil die Rechte bereits im Ansatz pflichtenkonform konzipiert waren.

Im Prinzip war dies aber auch die Vorstellungswelt des sozialistischen Rechts. So hieß es im Zivilgesetzbuch der Deutschen Demokratischen Republik: „Die Rechte und Pflichten der Bürger in den zivilrechtlichen Beziehungen

werden durch die sozialistischen gesellschaftlichen Verhältnisse bestimmt ..."[6]
Die Bürger erschienen dabei nicht als Rechtsträger, die *um ihrer selbst willen*
berechtigt waren, sondern wurden letztlich nach dem Vorbild von öffentlichen
Amtswaltern beschrieben: wo die gesellschaftliche Aufgabe des Bürgers endete, endete zugleich seine Befugnis.

2. Das freie Subjekt als oberster Zweck

Mit dem Begriff „*subjektives Recht*" bezeichnet man demgegenüber nicht die
geltenden Normen, sondern die *Berechtigungen des Einzelnen*. Sofern man
darunter nur solche Befugnisse versteht, die aus objektiven Normen abgeleitet
sind, ist die Unterscheidung allein sprachlicher, nicht sachlicher Natur. Wer
im subjektiven Recht eine der Grundlagen des Rechts überhaupt erblickt,
meint jedoch mehr. Wesentlich für das subjektive Recht in diesem starken
Sinn ist nämlich, daß es *nicht* aus den Funktionsbedingungen des Ganzen und
dementsprechend nicht aus der sozialen Pflichtigkeit des einzelnen Bürgers
abgeleitet ist. Es steht dem Berechtigten vielmehr *um seiner selbst willen* zu.

Dahinter steht die Überzeugung, daß jeder Einzelne, ungeachtet seiner Ver-
ankerung in der Gesellschaft, eine Welt für sich darstellt, die dazu bestimmt
ist, sich autonom zu entfalten. In jedem Menschen lebt ein Drang, *sich selbst
zu verwirklichen*. Dazu bedarf er keiner Pflichten, die die Gesellschaft ihm
auferlegt; was er braucht, sind vielmehr Rechte, über deren Ausübung er prinzipiell niemand Rechenschaft schuldig ist. Das subjektive Recht in diesem
starken Sinn meint daher nichts anderes, als daß dem Einzelnen ein Recht
ohne Gegenleistung, ohne gleichzeitige Auferlegung einer Pflicht zusteht, nur
um seiner Freiheit willen.

Im Grunde ist das subjektive Recht daher ein Paradoxieentfaltungspro-
gramm. Subjektive Rechte anzuerkennen heißt nichts anderes, als subjektiven
Ansprüchen objektive Gültigkeit zu verleihen und damit die Ungeselligkeit des
Individuums zur Grundlage des Rechtssystems der Gesellschaft zu machen.
Die auf diese Weise eingeräumten Ansprüche können leicht überzogen werden
und sich dabei gegen die Funktionsbedingungen des Ganzen kehren. Die Einräumung subjektiver Freiheitsrechte hat z. B. zur Folge, daß der Einzelne Auto
fahren darf, so viel er will, ohne Rücksicht auf die gemeinsame Umwelt; daß
er für höhere Löhne streiken darf, auch wenn die Wirtschaft dadurch in den
Ruin getrieben wird; daß er heiraten und Kinder zeugen darf, auch wenn die
Welt noch so voll ist – oder daß er dies bleiben lassen darf, auch wenn wir
nicht wissen, wer künftig für die Rente der Alten aufkommen soll. Allgemein
gesprochen, bedeutet die Zuerkennung subjektiver Rechte eine enorme Aufwertung des Einzelnen unter gleichzeitiger Ausklammerung der gesellschaftlichen Probleme, die damit verbunden sind. Das subjektive Recht ist eine Waffe,

mit deren Hilfe der Einzelne seine Freiheit gegen Angriffe und Einwendungen verteidigen kann, welcher Art sie auch sein mögen. Soweit die Bürger über subjektive Rechte in diesem starken Sinn verfügen, endet die Macht des Staates über den Einzelnen und beginnt die Macht des Einzelnen über den Staat.

3. Das Konfliktpotential des subjektiven Rechts

Was es bedeutet, wenn anstelle von bloß „objektivem Recht" „subjektive Rechte" anerkannt werden, die zur freien Disposition des Berechtigten bestimmt sind, kann man sich durch einen Vergleich der früheren *„Armenpflege"* mit der modernen *„Sozialhilfe"* veranschaulichen. Auch früher schon waren die öffentlichen Behörden durch gesetzliche Vorschriften gehalten, für die Armen und Bedürftigen zu sorgen. Es gab vor Jahrhunderten bereits Armen-, Waisen- und Findelhäuser, Spitäler und andere Einrichtungen; im weiteren Verlauf ging man schließlich auch schon zu Geldzahlungen über. Lange Zeit stand dem aber *kein Anspruch*, kein subjektives Recht des Bedürftigen gegenüber. Hilfe wurde vielmehr nur nach dem Ermessen der zuständigen Behörden gewährt, und zwar nur so weit, wie dafür jeweils Mittel vorhanden waren. Mit der 1961 erfolgten Einräumung eines *subjektiven Rechts* auf Sozialhilfe wurde dies anders. Seitdem kann der Einzelne, wenn er die gesetzlichen Voraussetzungen erfüllt, auf entsprechende Leistungen *klagen* und ein vollstreckbares Urteil erstreiten. Dagegen hilft keine Berufung darauf mehr, daß man auf solche Ausgaben nicht vorbereitet sei. Unter dem Druck klagbarer Ansprüche muß der Staat vielmehr entsprechende Mittel bereitstellen, und wenn er sie nicht hat, muß er sie im Wege der Steuererhöhung oder Kreditaufnahme beschaffen. Das subjektive Recht führt hier zu einem mittelbaren Eingriff in die staatliche Finanzplanung.

Ein anderes Beispiel gibt das *Recht auf freie Wahl der Ausbildungsstätte* (Art. 12 I GG). Dieses Recht macht es den öffentlichen Hochschulen unmöglich, nur so viele Studenten aufzunehmen, wie sie für gut erachten, und Bewerber, die sie für ungeeignet halten, abzuweisen. Mit Hilfe seines subjektiven Rechts kann jeder, der die formellen Voraussetzungen mitbringt, die Hochschulen gerichtlich zwingen, daß sie bis zur äußersten Grenze der Belastbarkeit auch ihn aufnehmen, selbst wenn er für ein Studium wenig geeignet ist und in dem angestrebten Beruf aller Voraussicht nach kein Auskommen finden wird. Die Folge davon ist unter anderem die, daß die Universitäten überquellen und öffentliche Mittel zum Teil sinnlos verausgabt werden.

Auch die in den 80er und 90er Jahren geführte *Asyldebatte* gibt ein Beispiel. Verfolgten Asyl zu gewähren, war zu allen Zeiten ein *nobile officium*. Nach Art. 16 II 2 GG (a. F.) hatten politisch Verfolgte aber ein *subjektives Recht* auf Asyl; das heißt sie mußten aufgenommen werden, ob der Staat dazu

III. Objektives und subjektives Recht   149

in der Lage war oder nicht. Wenn 500 Millionen verfolgte Ausländer hier angekommen wären, hätte man sie ohne Rechtsbruch nicht abweisen können. Daraus ergab sich die bekannte Lage, daß jedem, der auch nur behauptete, verfolgt zu sein, gestattet werden mußte, sein angebliches Recht auf Asyl gerichtlich geltend zu machen. Dazu aber mußte er zunächst einmal hereingelassen werden. Auf diese Weise konnte sich faktisch jeder den Zugang erzwingen, ob er verfolgt war oder nicht. Erst die Änderung des Grundgesetzes im Jahr 1993 hat hier eine gewisse Abhilfe geschaffen.

4. Eigenrechte der Natur?

Die letztgenannten Beispiele waren vielleicht eher geeignet, eine allzu weitreichende Ausdehnung subjektiver Rechte mit Skepsis zu betrachten. Gleichwohl wird heute ernsthaft darüber diskutiert, ob man das Prinzip subjektiver Rechte nicht auf einen ganz neuen Bereich erstrecken sollte: auf den der *Natur*. Man spricht in diesem Zusammenhang meist von „Eigenrechten der Natur".

In der Sache geht es dabei um folgendes: Wo eigenständige subjektive Rechte erst einmal eingeräumt worden sind, finden sie ihre Grenze nur an den subjektiven Rechten anderer. Wo das Recht des einen beginnt, muß das des anderen notwendig zurückweichen. Abgesehen von dieser gegenseitigen Einschränkung ist das subjektive Recht dagegen prinzipiell unbegrenzt. Das subjektive Recht auf freie Betätigung ist daher z.B. auch ein „Recht auf Umweltzerstörung", solange dadurch nicht in fremde Rechte eingegriffen wird. Es liegt auf der Hand, daß es bei dieser Freiheit nicht auf alle Zeit hinaus bleiben kann. Soweit die Folgen für die Umwelt, die für alle gemeinsam da ist, unträgbar werden, muß die Gewährung subjektiver Rechte eingeschränkt oder rückgängig gemacht werden. Aus Scheu vor den wohlerworbenen Rechten der Umweltzerstörer wird darüber ungern offen diskutiert. Stattdessen gibt es – namentlich in den Vereinigten Staaten – eine Tendenz, dieses Ziel auf *verstecktem* Weg zu erreichen. Man fordert nämlich, die bisher rechtlose Natur ebenfalls mit Rechten auszustatten, damit sie sich gegen ihre Zerstörung zur Wehr setzen kann. Im Ergebnis würde dies darauf hinauslaufen, Felder und Wälder, Flüsse und Seen, Bäume und Tiere mit Subjektqualität zu versehen und sie um ihren Erhalt vor Gericht streiten zu lassen. Was davon zu halten ist, ist lebhaft umstritten.

Bevor man bloße Rechtsobjekte mit subjektiven Rechten ausstattet, muß man zunächst einmal die Frage aufwerfen, was eigentlich der Grund dafür ist, weshalb solche subjektiven Rechte dem *Menschen* verliehen wurden. Die Antwort kann nur lauten, daß unter allen Wesen allein der Mensch als *Selbstzweck* erscheint, der darauf angelegt ist, sich nach seinen eigenen Vorstellungen zu verwirklichen. Das rechtliche Mittel dafür ist das subjektive Recht. Die

Natur ist dagegen gerade kein Selbstzweck. Sie kann ihre Interessen weder selbst definieren noch vertreten. Um im Prozeß agieren zu können, müßten ihre Rechte gleichsam treuhänderisch von dazu ermächtigten Personen oder von Verbänden wahrgenommen werden. Nach überkommener Auffassung ist dazu allein der jeweilige *Eigentümer* berufen, der freilich in seinem eigenen Interesse handelt. Wer die Natur mit Eigenrechten ausstatten will, muß daher zunächst einmal sagen, wie er es mit den Rechten des Eigentümers hält. Aber das ist nicht das einzige Konfliktpotential. Wollte man mit den Eigenrechten der Natur nämlich ernst machen, müßten diese Rechte im Prozeß auch definitiv *verspielt* werden können. Würde der „Vater Rhein" beispielsweise den Rechtsstreit gegen die Zellstoffabrik X verlieren, die ihre Abwässer in ihn einleitet, müßte er die Verschmutzung auf alle Zeiten hinnehmen, genauso wie sich jeder andere Kläger nach verlorenem Prozeß mit dem Verlust seines Rechtes abfinden muß. Das aber kann schwerlich richtig sein. Wer der Natur „Eigenrechte" einräumen will, denkt dabei an die wohlverstandenen Gesamtinteressen aller Menschen, nicht an die Interessen der von den Menschen isolierten Natur. Gesamtinteressen aber können niemals subjektiven Rechten rückhaltlos anvertraut werden, denn diese können durch das berechtigte Subjekt unwiederbringlich verspielt werden. Die ganze Diskussion scheint daher auf einem Irrtum über die Natur des „Subjekts" zu beruhen, das hinter einem subjektiven Recht stehen muß.

1. Abschnitt: Privatrecht

§ 12 Privatrecht als Rechtsgebiet und Denkform

I. Privatrecht und öffentliches Recht

1. Politischer und organisatorischer Hintergrund

Herkömmlicherweise wird die Rechtsordnung in zwei große Teilbereiche aufgegliedert: in das *Privatrecht* und das *öffentliche Recht*. Im *Privatrecht* geht es schwerpunktmäßig um das *Verhältnis der Bürger untereinander*. Zum Privatrecht gehören daher die Fragen, die sich aus Kauf und Tausch, aus Werkvertrag, Miete, Darlehen oder anderen Verträgen ergeben. Hinzu kommen die Probleme des Schadensersatzes im Falle einer zurechenbaren Schädigung, die Befugnisse des Eigentümers gegenüber Dritten, die Unterhaltsverpflichtung zwischen Verwandten, Verheirateten und Geschiedenen u. ä. m. Das *öffentliche Recht* hat es demgegenüber mit dem *Verhältnis des Bürgers zu dem Gemeinwesen* zu tun, in dem er lebt, ferner mit der inneren *Organisation dieses Gemeinwesens* selbst. Das öffentliche Recht umfaßt dementsprechend Rechtsgebiete wie Verfassungsrecht, Kommunalrecht, Polizei-, Bau- und Gewerberecht, Steuerrecht, Sozialversicherungsrecht usw. Zum öffentlichen Recht zählt aber auch das Strafrecht, das im Bewußtsein vieler Menschen eine besondere Rolle einnimmt.

Die Unterscheidung von Privatrecht und öffentlichem Recht versteht sich nicht von selbst. Sie setzt Differenzierungen voraus, die nicht überall und nicht in allen Epochen in der gleichen Weise anerkannt sind. Dem mittelalterlichen Recht war diese Unterscheidung im wesentlichen unbekannt. Politische Herrschaftsrechte waren damals weitgehend nach demselben Muster wie das private Eigentum ausgestaltet; sie waren vererbbar, übertragbar, verpfändbar, und ihr Inhaber war prinzipiell niemand Rechenschaft schuldig. Seitdem die politische Herrschaft über Land und Leute jedoch eigenen Regeln folgt, ist die Gegenüberstellung von Privatrecht und öffentlichem Recht in den Staaten der westlichen Welt durchgängig zu finden. Allerdings ist sie nicht überall mit der gleichen Konsequenz durchgeführt. In England ist sie zum Beispiel weniger deutlich ausgeprägt als in Deutschland. Das hängt unter anderem damit zusammen, daß bei uns auch die *Gerichtsorganisation* auf diese Einteilung zugeschnitten ist. Wenn es bei Kafka nur eine Tür gibt, die zum Gesetz führt, so gibt es in Deutschland mehrere Rechtswege, die jeweils zu verschiedenen Türen führen. Bürgerlichrechtliche Streitigkeiten gehören hierzulande vor die sogenannten ordentlichen Gerichte (§ 13 GVG), öffentlichrechtliche Streitigkeiten dagegen vor die Verfassungs- oder die Verwaltungsgerichte (§ 40 VwGO). Lediglich das Strafrecht fällt aus diesem Rahmen heraus: Strafsachen sind zwar öffentlichrechtlicher Natur, sind aber ebenfalls den ordentlichen Gerichten zugewiesen. Dieses Nebeneinander von ordentlichen Gerichten einerseits und Verfassungs- und Verwaltungsgerichten andererseits hat zunächst historische Gründe. Ursprünglich war ein gerichtlicher Rechtsschutz im eigentlichen Sinn nur im Bereich des Privat- und des Strafrechts vorhanden. Öffentlichrechtliche Streitigkeiten waren den Gerichten im Prinzip gänzlich entzogen. Als man im 19. Jahrhundert dazu überging, auch in diesem Bereich Rechtsschutz zu gewähren, richtete man für diesen Zweck zunächst Behörden ein, die mit weisungsabhängigen Beamten besetzt waren. Das wurde vielfach als eine Art „Rechtsweg zweiter Klasse" empfunden. Aus diesem Grund wurden nur die für Zivil- und Strafsachen zuständigen Gerichte als „ordentliche" Gerichte angesehen. Bei dieser Bezeichnung blieb es, auch als später im Bereich des öffentlichen Rechts echte Gerichte geschaffen worden waren. Das auf diese Weise entstandene Nebeneinander von Gerichten, die für privatrechtliche, und anderen, die für öffentlichrechtliche Streitigkeiten zuständig sind, hat die Herausarbeitung der verschiedenen Grundsätze, die in diesen beiden Rechtsgebieten gelten, sehr befördert.

2. *Unterschiedliche Entscheidungsprinzipien*

Vor dem Hintergrund dieser Gerichtsorganisation ist die Abgrenzung von Privatrecht und öffentlichem Recht allerdings auch zu einer Daueraufgabe für Rechtspraxis und Rechtslehre geworden. Läßt man die Formeln, die dafür angeboten werden, Revue passieren, so ist zunächst die zu nennen, daß das Privatrecht dem *Interesse des Einzelnen*, das öffentliche Recht dagegen dem *Interesse des Staates* dient. Diese sogenannte Interessentheorie geht auf einen Satz des römischen Juristen Ulpian zurück: „*Publicum ius est, quod ad statum rei Romanae spectat, privatum quod ad singulorum utilitatem.*"[1] Nach einer anderen Abgrenzungsformel befaßt sich das öffentliche Recht mit *Über- und Unterordnungsverhältnissen*, das Privatrecht dagegen mit dem Verhältnis von Rechtssubjekten, die rechtlich auf *gleicher Stufe* stehen (sogenannte Subjektionstheorie). An beidem ist zweifellos etwas Wahres: Bei einem Kaufvertrag interessieren allein die Belange von Verkäufer und Käufer, die sich dabei gleichrangig gegenüberstehen. Im Polizeirecht dagegen geht es durchaus nicht um das isolierte Verhältnis des „Störers" zu dem Polizisten, der gegen ihn einschreitet; von Interesse ist hier vielmehr das Verhältnis des „Störers" zur organisierten Rechtsgemeinschaft. Unter diesem Gesichtspunkt betrachtet, stehen Polizist und Störer nicht auf der gleichen Ebene; vielmehr agiert der Polizist als berufener Sachwalter der öffentlichen Sicherheit und Ordnung, während der Störer wegen seines Verhaltens einseitig gemaßregelt werden kann. Im großen und ganzen läßt sich daher die Zuordnung eines Rechtsgebiets oder einer Norm zum Privatrecht oder zum öffentlichen Recht mit Hilfe der Interessen- oder der Subjektionstheorie durchaus zutreffend beschreiben. Allerdings gibt es auch Beispiele, wo diese Formeln nicht weiterhelfen. So ist etwa das Eltern-Kind-Verhältnis durch Gesichtspunkte der Über- und Unterordnung bestimmt; gleichwohl wird es zum Privatrecht gerechnet. Auf der anderen Seite dienen zum Beispiel die Vorschriften, nach denen im Einzelfall von bestimmten Normen des öffentlichen Baurechts dispensiert werden kann, allein dem Interesse des privaten Bauherrn; dennoch werden sie allgemein dem öffentlichen Recht zugeordnet.

Wichtiger als die Frage, wie die Unterscheidung von Privatrecht und öffentlichem Recht im einzelnen durchgeführt wird, ist es daher, sich klarzumachen, *warum* sie überhaupt vorgenommen wird. Letztlich geht es dabei darum, Raum zu schaffen für zwei ganz *unterschiedliche Entscheidungsprinzipien*, die man plakativ als *Willkür* und *Verantwortung* bezeichnen könnte. Dabei steht „Willkür" für das Prinzip der freien (willkürlichen) Entscheidung des unmittelbar selbst Betroffenen, „Verantwortung" dagegen für das Prinzip der gebundenen, rechenschaftspflichtigen Entscheidung eines Amtswalters. Das Privatrecht soll die Bürger in die Lage versetzen, prinzipiell ihren eigenen Vorstellungen zu folgen, während das öffentliche Recht dazu beitragen soll, primär dem Gemeinwohl Geltung zu verschaffen. Das Privatrecht beruht daher wesentlich darauf, daß der Bürger alles darf, was ihm nicht ausdrücklich verboten ist. Er muß sein Handeln also nicht besonders begründen; es genügt, daß er es selbst so *will*. Im öffentlichen Recht dürfen die staatlichen Amtswalter dagegen nur das, was ihrer fremdbestimmten Pflicht entspricht. Ein Beamter darf also der Idee nach nichts tun, weil *er* es will, sondern nur, weil ein anderer – früher der Monarch, im modernen, das heißt nachabsolutistischen Staat der parlamentarische Gesetzgeber – es so gebietet. Das Verhältnis eines Bürgers und das eines Amtsträgers zum Gesetz ist daher ganz unterschiedlich: für den Bürger ist das Gesetz die Grenze seines Dürfens, für den modernen Amtsträger dagegen die Grundlage seines Könnens; der Bürger nimmt das Gesetz nur zur Kenntnis, der Beamte dagegen nimmt es in seinen Willen auf und führt es aus, wobei er gleichsam als der verlängerte Arm des Gesetzgebers agiert.

Eindringlicher noch kann man sich den Punkt, um den es geht, in Anlehnung an frühere Ausführungen (§ 10) so veranschaulichen: Im Privatrecht darf sich jeder einen *eigenen Plan* machen, nach dem er handelt; im öffentlichen Recht geht es dagegen um die Verwirklichung eines *Gesamtplans*. Im Privatrecht soll der Bürger bei seiner Planung nicht immerzu nach dem Gesamtplan fragen müssen. Aus seiner Sicht ist der Gesamtplan vielleicht nur ein Hindernis, an dem man irgendwie vorbei muß, um zum Ziel zu gelangen. Aus der Sicht der Gesamtplanung erscheint dagegen nicht selten gerade umgekehrt die individuelle Planung der Bürger als Störfaktor. Die Versuchung, das Privatrecht dem öffentlichen Recht unterzuordnen, ist daher immer wieder groß. Wie das Beispiel der sozialistischen Staaten beweist, läuft dies jedoch langfristig darauf hinaus, alle Bürger zu öffentlichen Amtswaltern und Befehlsempfängern zu degradieren. Für die Entfaltung eigener Vorstellungen bleibt dabei zunehmend weniger Raum übrig; denn Verantwortung und Willkür sind grundsätzlich nicht miteinander vereinbar.

3. *Sozialer Nutzen des Privatrechts*

Damit sich das Privatrecht als sinnvolle Einrichtung erweist, ist freilich mehr erforderlich, als daß die Einzelnen nach ihren Vorstellungen handeln können. Sozial sinnvoll erscheint das Privatrecht nur dann, wenn es nicht nur dem Wohl einiger weniger, sondern im großen und ganzen zugleich dem Gemeinwohl dient. Auf die Dauer kann es keine Gesellschaft hinnehmen, daß ständig gegen ihre Erhaltensbedingungen verstoßen wird. Das Privatrecht setzt daher unausgesprochen voraus, daß es letztlich allen zugute kommt, wenn jeder zunächst einmal seine eigenen Interessen verfolgt. Wo dies nicht gewährleistet ist, wo sich der Egoismus der Einzelnen durch das Walten einer unsichtbaren Hand auf welchen Umwegen auch immer nicht doch zum Wohl des Ganzen auswirkt, muß sich das Privatrecht Korrekturen und Eingriffe gefallen lassen, die naturgemäß nur aus dem öffentlichen Recht kommen können.

Der entscheidende Nutzen, der von der Einrichtung des Privatrechts ausgeht, ist der, daß dadurch ein enormes Kräftepotential mobilisiert wird, das sonst brachliegen würde: Eigentums- und Vertragsfreiheit gewährleisten eine optimale Versorgung mit Gütern und Leistungen; die Vertragstreue macht es möglich, mit völlig unbekannten Menschen Geschäfte für die Zukunft abzuschließen; der Wettbewerb spornt alle zu optimalen Leistungen an; die Tauschbeziehungen des Marktes bündeln ein weit verstreutes Wissen, von dessen Vorhandensein und Bedeutung der einzelne Marktteilnehmer kaum etwas ahnt; der Zivilprozeß schließlich stellt ein Verfahren zur Verfügung, in dem Streitigkeiten mit einem Minimum von öffentlichem Aufwand rational ausgetragen werden können. All dies läßt sich sehr wohl als sozialer Nutzen des

Privatrechts begreifen. Denn man darf sich nicht der Illusion hingeben, man könne das Privatrecht beseitigen, seine Mobilisierungseffekte aber beibehalten. Wo immer daher von den nachteiligen Folgen des Privatrechts für die Gesellschaft die Rede ist, müssen dem zunächst einmal dessen positive Seiten gegenübergestellt werden.

II. Staat und Gesellschaft

1. Absicherung der „Freiheit vom Staat"

Was für die Jurisprudenz die Unterscheidung von Privatrecht und öffentlichem Recht ist, ist für die Politikwissenschaft die Unterscheidung von *Staat* und *Gesellschaft*, wie sie vor allem im 19. Jahrhundert näher entwickelt wurde. Ursprünglich wurden damit unterschiedliche Lebenssphären bezeichnet: die „Gesellschaft" war die Gesellschaft der Bürger, der „Staat" dagegen das Wirkungsfeld der davon abgekapselten politischen Klasse, des Adels. Nach dem Aufkommen der Demokratie haben beide Begriffe eine andere Färbung angenommen. Die Formel „Staat und Gesellschaft" bezeichnet seitdem ein Modell, das wie kein anderes soziale Ordnung und soziales Chaos, zentrale Regelung und dezentrales Wachstum aufeinander bezieht und miteinander verbindet. Unter der „*Gesellschaft*" versteht man dabei diejenige Sphäre innerhalb des Gemeinwesens, die vorwiegend von ökonomischen Gesetzen bestimmt wird. In der Gesellschaft triumphiert daher der Egoismus des Einzelnen. Jeder versucht hier, auf Kosten der andern seinen Vorteil zu erringen. Ein deswegen erhobener Vorwurf wäre fehl am Platz. Die Gesellschaft ist nämlich so organisiert, daß der Einzelne gar nicht anders kann: jeder Versuch, primär an das Wohl aller und dann erst an sich zu denken, würde umgehend zum privaten Scheitern führen. Über dieser von privaten Egoismen beherrschten „Gesellschaft" erhebt sich daher als zweites Teilsystem des Gemeinwesens der „*Staat*" und sorgt mit politischen Mitteln für das Allgemeine, indem er die gesellschaftlichen Auseinandersetzungen reguliert und die Ströme bei Bedarf in wünschenswerte Bahnen leitet. Während die vitale Kraft des Gemeinwesens aus dem Bereich der Gesellschaft stammt, kommt die rationale Kontrolle aus der Sphäre des Staates.

In den letzten Jahrzehnten ist dieses Modell häufig kritisiert worden. Der Haupteinwand lautet, daß Staat und Gesellschaft sich im Laufe der Zeit *durchdrungen* hätten: Der Staat stelle für die Gesellschaft nicht mehr bloß eine Rahmenordnung zur Verfügung, vielmehr werde der Wirtschaftsprozeß überhaupt nur durch den Staat aufrechterhalten; ohne den Staat gehe faktisch nichts mehr. Auf der anderen Seite sei aber auch die Gesellschaft längst dazu übergegangen, mit Hilfe der Verbände und der Parteien den Staat zu erobern, so daß in Wahrheit gar nicht mehr die Gesellschaft durch den Staat, sondern umgekehrt der Staat durch die Gesellschaft gesteuert werde. In der politisierten Gesellschaft sei daher die Unterscheidung von Staat und Gesellschaft gar nicht mehr möglich.

Dieser Einwand beruht, wie man nicht leugnen kann, auf einer Reihe von zutreffenden Beobachtungen. Er übersieht jedoch, daß die Unterscheidung von Staat und Gesellschaft nicht dem Zweck dient, die soziale Wirklichkeit gegenständlich zu beschreiben. Es handelt sich dabei vielmehr um ein normativ geprägtes *Denkmodell*, mit dem grundlegende rechtliche und politische Unterscheidungen, die sich nicht ohne weiteres empirisch aus der Wirklichkeit gewinnen lassen, dargestellt und bewußt gehalten werden sollen.

Bei der Unterscheidung von Staat und Gesellschaft geht es im Kern darum, eine bestimmte Form von Freiheit theoretisch abzusichern: die *Freiheit vom Staat* nämlich, also die Freiheit des Einzelnen von staatlicher Einmischung, Bevormundung und Reglementierung. Diese Freiheit kann in einem modernen Gemeinwesen nur dann gedeihen, wenn es eine Sphäre gibt, wo sie sich legitim entfalten kann. In dem beschriebenen Modell ist dies die „Gesellschaft". Es ist daher kein Zufall, daß die „Gesellschaft" mit dem Anwendungsbereich des Privatrechts weitgehend zusammenfällt. Wer der Aufhebung der Unterscheidung von Staat und Gesellschaft das Wort redet, plädiert daher – womöglich ohne daß er dies will – zugleich für die Aufhebung des Privatrechts, also derjenigen Rechtsmaterie, in der es der Sache nach um das Interesse des einzelnen freien Bürgers geht. Bezeichnenderweise sind es heute gerade totalitäre Staaten, die zwischen Staat und Gesellschaft, zwischen privaten und öffentlichen Interessen nicht zu unterscheiden wissen. Die gedanklichen Voraussetzungen, die hinter dieser Unterscheidung stehen, sind mit dem totalitären Anspruch nicht vereinbar. Nach einer jedenfalls die moderne Version des Problems gut treffenden Bemerkung von Carl Schmitt ist der Staat, in dem Staat und Gesellschaft identisch sind, nichts anderes als der totale Staat.[2] Das ist der Grund, warum dieser Staat die Trennung von Staat und Gesellschaft bekämpft, wo immer sie sich zeigt. Die begriffliche Aufhebung von Staat und Gesellschaft, von Privatrecht und öffentlichem Recht ist daher womöglich der erste Schritt, um sich zunächst einmal in Gedanken mit einer solchen Ordnung anzufreunden.

2. *Eigene Form der Gewaltenteilung*

Hinzu kommt noch etwas anderes. Ähnlich wie die Unterscheidung von Privatrecht und öffentlichem Recht markiert auch diejenige zwischen Staat und Gesellschaft zwei Verfahren der Entscheidungsfindung: In der Sphäre der Gesellschaft werden die Entscheidungen durch den Markt, also dezentral und "von unten" her getroffen; in der Sphäre des Staates dagegen erfolgt die Entscheidungsfindung im Prinzip zentral "von oben" her. Der Staat kann daher nur dann lenkend eingreifen, wenn er dabei die Funktionsgesetze der Gesellschaft in Rechnung stellt. Ebenso ist aber auch die Gesellschaft an die Rahmenordnung gebunden, die ihr der Staat gesetzt hat. Was sich mit den hiernach zulässigen Mitteln nicht erreichen läßt, scheidet zwangsläufig aus.

Wegen dieser gegenseitigen Abhängigkeit hat die Unterscheidung von Staat und Gesellschaft zugleich die Bedeutung einer Art *Gewaltenteilung*. Das ist besonders deutlich für das Verhältnis von Staat und Wirtschaft, gilt aber für andere gesellschaftliche Bereiche nicht minder. Da man es gewohnt ist, mit dem Begriff der Gewaltenteilung etwas anderes zu bezeichnen, mag diese Sicht überraschend erscheinen. Tatsächlich jedoch hat die Trennung von Staat und Gesellschaft eine ungleich größere Bedeutung als die zwischen Legislative, Exekutive und Judikative.

3. Überlagerung des Privatrechts durch öffentliches Recht

Richtig ist freilich – und das ist der erwähnten Kritik einzuräumen –, daß Staat und Gesellschaft, Privatrecht und öffentliches Recht in einer so scharfen Trennung in der Rechtswirklichkeit nicht vorkommen. Das *Privatrecht* wird *durch das öffentliche Recht* heute in vielfältiger Weise *begrenzt* und *überlagert*. Wenn das private Eigentumsrecht die Befugnis enthält, mit einer Sache nach Belieben zu verfahren, so setzt das öffentliche Recht in Form des Baurechts, des Grundstücksverkehrsrechts, des Naturschutzrechts, des Steuerrechts, des Straßenrechts usw. dieser Befugnis erhebliche Grenzen. Mit anderen privaten Rechtsinstituten verhält es sich ähnlich. Aber damit nicht genug: man kann sogar beobachten, daß ganze Gebiete aus dem Privatrecht in das öffentliche Recht abwandern. So spielt das private Nachbarrecht heute nur noch eine geringe Rolle; seine Funktion ist weitgehend von dem öffentlichen Nachbarrecht und dem Immissionsschutzrecht übernommen worden. Aber das heißt nicht, daß die Bedeutung des Privatrechts geringer geworden wäre; es zeigt nur, daß der Anwendungsbereich des öffentlichen Rechts im Zuge der Verrechtlichung aller Beziehungen ungemein zugenommen hat und aller Voraussicht nach weiter zunehmen wird.

III. Die Person

1. Die Rechtsperson als abstrakte Kategorie

Die Gesellschaft ist nach all dem der Ort, wo sich das Privatrecht vornehmlich abspielt. Im Unterschied zum Staat jedoch ist die Gesellschaft nicht zugleich als Handlungs- und Zurechnungssubjekt organisiert. Als reale Kraftquelle, von der alle gesellschaftliche Bewegung ausgeht, fungiert vielmehr der einzelne Mensch – die autonome „*Rechtsperson*". Man kann geradezu sagen, daß der eigentliche Inhalt des Privatrechts darin besteht, das unmittelbare Mit- und Gegeneinander solcher Rechtspersonen angemessen zu regulieren, Konflikten vorzubeugen und Streitigkeiten zu schlichten. Das Familien- und Erbrecht befaßt sich daneben zwar auch mit Bindungen, die nicht auf der Autonomie des Subjekts beruhen, und im Bereich des Arbeitsrechts sind solche übergreifenden Strukturen nachträglich neu aufgebaut worden. Typischerweise jedoch ist das Privatrecht, wie es erstmals in der Aufklärung modellhaft gedacht wurde, gleichsam das Recht einer Gesellschaft von isolierten Atomen, die nur in solchen Bindungen stehen, die sie selbst zu verantworten haben. Das Privatrecht entspringt nicht unmittelbar aus dem Nutzen des Ganzen und Allgemeinen, sondern aus den großen *Freiheiten des Einzelnen*: der Eigentums- und Vertragsfreiheit, der Testierfreiheit, der Gewerbefreiheit, der Freiheit, sich einen Lebenspartner aussuchen zu können, und nicht zuletzt der Freiheit, so viele Kinder zu haben, wie man selbst für richtig hält. Durch diese Freiheiten wird ein Bereich umschrieben, in dem der Einzelne sein Leben nach seinen Vorstellungen gestalten und in dem er zugleich Beziehungen aufbauen kann, die vom Staat relativ unabhängig sind. Dies allein macht die Entwicklung von Persönlichkeiten möglich, die ihre Kraft nicht dem Staat, sondern ihrer eigenen Tätigkeit verdanken und die daher dem Staat als Selbständige mit eigenen Vorstellungen gegenübertreten können. Der freiheitliche Rechtsstaat, wie er im Westen Europas entstanden ist, scheut diese Konfrontation nicht. Vielmehr versucht er seine innere Stärke gerade daraus zu gewinnen, daß er noch etwas anderes neben sich anerkennt, das ihm gleichwertig ist: das autonome Subjekt.

Mit dem soeben Gesagten hängt zusammen, daß das *subjektive Recht* nirgends eine solche Rolle spielt wie im Privatrecht. Im öffentlichen Recht sind subjektive Rechte erst nach und nach anerkannt worden. Das Privatrecht dagegen war von vornherein nicht als ein System von Pflichten oder von „objektiven" Regeln, sondern von subjektiven Rechten angelegt. Das geht so weit, daß man die Person geradezu als Träger von Rechten definieren kann, als gleichsam abstrakten Punkt, dem subjektive Rechte zugeordnet werden. Das ist zwar insofern ein wenig überzeichnet, als die Person nicht nur als Träger von Rechten, sondern auch von *Pflichten* fungiert. Die Pflichten ergeben sich im Privatrecht jedoch nur mittelbar aus dem Handeln eines Rechtsträgers; das subjektive Privatrecht an sich kennt keine Pflichtenbindung, es sei denn eine solche, die sich aus den subjektiven Rechten anderer ergibt. Ebendieses subjektive Recht aber steht einseitig am Anfang des privatrechtlichen Denkens. Im Privatrecht stehen sich daher Rechtsträger gegenüber, die gerade durch die ihnen zugeordneten subjektiven Rechte voneinander geschieden sind. Ebenso, wie jedes subjektive Recht jedes andere in seine Schranken weist, ebenso trennt es auch die Personen, die als Zuordnungspunkt dieser Rechte fungieren.

Die Reduzierung des Menschen auf seine bloße Funktion als Träger subjektiver Rechte geht über alle Verschiedenheiten hinweg, sie achtet weder Rang noch Privilegien, weder Alter oder Geschlecht noch Beruf. Sie löst den Menschen aus allen realen Beziehungen heraus und läßt ihn nur als „Person" gelten, versetzt ihn also in die abstrakteste und allgemeinste Rolle, die man sich denken kann. Das ist es, was die Verhältnisse im Privatrecht so überschaubar macht. Denn die Reduzierung aller Konflikte auf die Beziehung zwischen abstrakten Personen erlaubt es nicht nur, sondern zwingt auch dazu, von allem, was in dieses Schema nicht hineinpaßt, abzusehen.

Rechtsbeziehungen zwischen den getrennten Subjekten entstehen im Privatrecht vor allem auf zweierlei Art: durch *Vertragsschluß* oder durch *Schädigung* eines andern. Wer rechtlich frei ist, kann sich zunächst dadurch verpflichten, daß er Verträge abschließt, nach denen er bestimmte Leistungen zu erbringen hat. Darin liegt nach wie vor die Hauptquelle privatrechtlicher Verpflichtungen. Wer die Rechte eines andern verletzt, ist aber ebenfalls *verpflichtet*, nämlich dazu, die daraus entstandenen Beeinträchtigungen zu beseitigen. Die Pflicht, welche die Beteiligten zu einem sogenannten Rechtsverhältnis verbindet, ergibt sich dabei aus einem Eingriff in fremde Rechte. Den wesentlichen Inhalt des individualistischen Privatrechts kann man daher durch die beiden Begriffe „Vertrag und Unrecht" anschaulich umreißen.

2. Menschsein und Personqualität

Daß *jeder Mensch eine Person* ist und als solche am Privatrechtsverkehr teilnehmen kann, wird heute mehr oder weniger als selbstverständlich angesehen. Es wäre jedoch ein Irrtum, zu meinen, daß sich dies bereits aus dem Begriff des Privatrechts selbst ergibt. Aus dem Begriff des Privatrechts folgt allein, daß Privatrecht nur da möglich ist, wo es überhaupt freie Personen gibt, nicht aber, daß alle Menschen solche Personen sind. Seine erste große Blütezeit hat das privatrechtliche Denken vielmehr gerade in Rom erlebt, also in einer Sklavenhaltergesellschaft, an der die Sklaven rechtlich keinen Anteil hatten. Die Sklaven traten im römischen Recht nicht als Käufer oder Verkäufer, sondern als Kaufobjekte in Erscheinung; sie waren also nicht Personen, sondern Sachen.

Die Befreiung aller Menschen zum Begriff der Person ist kein Verdienst des Privatrechts. Sie ist vielmehr das Ergebnis eines langwierigen historischen Prozesses, in dem sehr viele Faktoren wirksam waren, religiöse, politische, aber auch ökonomische. So wurde die Aufhebung der Leibeigenschaft, die primär unter dem Einfluß der Aufklärung erfolgte, unter anderem dadurch begünstigt, daß nicht nur die Leibeigenen, sondern auch ihre Herren an der Emanzipation interessiert waren. Mit der Aufhebung der Leibeigenschaft war der Herr seiner bisherigen Sorgen für den früheren Leibeigenen enthoben. Er konnte einen freien Arbeitsvertrag mit ihm schließen und ihn wegschicken, wenn er ihn nicht mehr brauchte. Selbständige Person zu sein, ist daher nicht immer und in jeder Beziehung von Vorteil. Es bedeutet nicht nur, daß man selbst stehen *kann*, sondern auch, daß man selbst stehen *muß*, daß man hinausgestoßen wird in die nüchterne Welt rein rationaler Beziehungen, wo nur Leistung und Gegenleistung zählt und wo jeder verloren ist, wenn er selbst nichts mehr zu geben hat.

Gleichwohl war die Emanzipation der Leibeigenen ein historischer Fortschritt, der in seiner Bedeutung kaum unterschätzt werden kann. Wer heute die alte preußische Gesetz-Sammlung zur Hand nimmt und dort die denkwürdigen Sätze liest: „Mit dem Martinitage Eintausend Achthundert und Zehn (1810) hört alle Gutuntertänigkeit in Unsern sämtlichen Staaten auf. Nach dem Martinitage 1810 gibt es nur freie Leute"[3], glaubt noch immer den Anbruch des neuen Zeitalters nachfühlen zu können, das von dieser Vorschrift einmal angekündigt wurde. Dagegen verschlägt auch der Umstand nicht, daß das Edikt in Wahrheit die Einleitung zu einem Bauernsterben wurde und daß das Leben für viele der Befreiten zunächst schwieriger wurde. Denn wer sich auf sich selbst besinnt und sich nicht nur als Produkt der Verhältnisse begreift, in die er hineingeboren wurde, spürt, daß er dazu da ist, frei zu sein, sein Schicksal selbst zu gestalten, mit einem Wort: Person zu sein so gut wie andere auch.

3. Soziale Tendenzen im Privatrecht

Das Modell der freien, selbstverantwortlichen Privatrechtssubjekte wirkt heute nicht mehr ganz so leitbildhaft wie in der Zeit, als es entworfen wurde. Der moderne Kritiker des Privatrechts assoziiert damit nicht selten das Bild des Fuchses im Hühnerstall. Für den Fuchs wirkt sich die Freiheit wesentlich günstiger aus als für die Hühner. Soll es den Hühnern nicht schlecht ergehen, muß sich der Fuchs einige Einschränkungen gefallen lassen.

Unter anderem ist man heute sensibler geworden für die *Gefahren*, die all denjenigen aus der Freiheit erwachsen, die nicht in der Lage sind, damit umzugehen. Daß die Bürger grundsätzlich alle Verträge miteinander eingehen können, die ihnen als gut und richtig erscheinen, sagt sich leicht hin. Wie aber, wenn jemand Vertragsbedingungen akzeptiert, deren Tragweite er nicht annähernd zu überschauen vermag? Oder wenn er von einem Geschäftspartner übervorteilt wird, dessen professioneller Raffinesse er nichts entgegenzusetzen hat? Soll das Recht dem Fuchs dann gestatten, das Hühnchen zu rupfen?

Der neuere Privatrechtsgesetzgeber hat es in solchen und ähnlichen Fällen für gut befunden, eine Vielzahl von Vorschriften zu erlassen, die den *Schutz des freien Bürgers vor sich selbst* bezwecken.

Aber damit nicht genug. Im Laufe der Zeit ist das System der subjektiven Rechte auch mit *sozialen Pflichten* angereichert worden, die im Grunde systemfremd sind. Die Stichworte, welche die Diskussion beherrschen, lauten „Schutzbedürftigkeit" und „Gefahrbeherrschung". Wer „schutzbedürftig" ist, kann heute im Zweifel gegenüber jedermann Rücksichtnahme einfordern; und wer eine Gefahrenquelle beherrschen *kann*, wird immer öfter für *verpflichtet* erklärt, dies auch zu tun. Im Ergebnis läuft diese Entwicklung darauf hinaus, daß die Personen nicht nur für ihr eigenes Wohl und Wehe, sondern auch für das der *andern* verantwortlich gemacht werden. Wer ein ungünstiges Geschäft abgeschlossen hat, gibt nicht mehr sich selbst die Schuld daran, sondern macht den Vertragspartner verantwortlich, weil dieser ihn nicht aufgeklärt hat. Wer bei Glatteis ausrutscht und hinfällt, schiebt das nicht mehr auf das schlechte Wetter, sondern macht ebenfalls andere verantwortlich, weil diese nicht gestreut oder kein Warnschild aufgestellt haben. Allgemein gesprochen: Wenn jemand einen Schaden erleidet, findet er sich immer weniger damit ab, sondern versucht ihn auf andere abzuwälzen. Zu diesem Zweck behauptet er, der andere habe eine Aufklärungs- oder Verkehrssicherungspflicht verletzt und müsse für die Folgen aufkommen. Wie ein Blick in die Praxis zeigt, sind die Gerichte solchen Bestrebungen bereits in weitem Umfang entgegengekommen.

Fragt man einmal unbefangen nach den Gründen dieser Entwicklung, so ist nicht zu verkennen, daß die Menschen allmählich immer näher zusammenrücken und daß das Geflecht ihrer Beziehungen immer enger wird. Ob jemand für sich in Anspruch nimmt, sich auf freiem Felde ungehindert bewegen zu dürfen oder aber im Gedränge einer Großstadt, macht einen erheblichen Unterschied. Entsprechend bedeutet Privatrecht in der Industriegesellschaft der Gegenwart etwas anderes als in der Honoratiorengesellschaft des 19. Jahrhunderts. Wo das Verletzungsrisiko steigt, muß das Interesse der anderen bereits bei der Verteilung von Freiheitsrechten berücksichtigt werden. Aber auch unter den heutigen Bedingungen gilt, daß das Privatrecht wenigstens prinzipiell kein Instrument zur Umverteilung individueller Risiken auf andere sein kann. Es lebt davon, daß jeder seines Glückes Schmied ist und in eigener Verantwortung Gewinn oder Verlust machen kann. Wer das prinzipiell zu ändern versucht, stellt das Privatrecht selbst in Frage.

IV. Vorblick

Das Privatrecht hat sich im Laufe der Zeit zu einem hochkomplexen System entwickelt. Dem Zweck dieses Buches entsprechend kann es nicht darum gehen, hier einen maßstabsgerechten Überblick davon zu verschaffen. Solche Übersichten bleiben gewöhnlich an der Oberfläche und sagen dem Fachmann zuwenig, dem Laien aber zuviel. Statt dessen werden wir uns im folgenden nur mit den zentralen Institutionen des Privatrechts näher befassen. Sieht man von der autonomen Person einmal ab, so beruht das Privatrecht im engeren Sinn auf drei großen Säulen: *Eigentum*, *Vertrag* und *Zivilprozeß*. Nimmt man eine dieser Säulen hinweg, stürzt das ganze Gebäude in sich zusammen; und rüttelt man auch nur an einer davon, so zeigen sich überall Risse in den Wänden. Diese drei Säulen verdienen daher ein besonderes Augenmerk.

§ 13 Eigentum

I. Eigentum und Freiheit

Privatautonomie ist nur da möglich, wo es für jeden etwas „Eigenes" gibt, das fremder Einmischung entzogen ist, einen Bereich, in dem er nach eigenem Belieben schalten und walten kann. Ohne Privat-Eigenes in diesem weitesten Sinn des Wortes kann von Selbstbestimmung keine Rede sein. Privates Eigentum ist daher zunächst nichts anderes als die „äußere Seite" der Freiheit. Wo es kein Privateigentum gibt, fehlt es zugleich an einem Ort, an dem die Privatautonomie *wirklich* werden kann.

1. „Handlungseigentum" und Sacheigentum

Wenn man alles, was uns irgendwie zu „eigen" ist, als „Eigentum" bezeichnet, bedient man sich freilich eines erheblich weiteren Eigentumsbegriffs, als er im Privatrecht üblich ist. Von privatrechtlichen Besonderheiten einmal abgesehen – im öffentlichen Recht herrscht ohnehin ein anderer Eigentumsbegriff vor –, geht der allgemeine Sprachgebrauch jedoch in der Tat so weit. Ohne im mindesten Anstoß zu nehmen, spricht man in der politischen Diskussion nicht nur vom Eigentum an Haus und Hof, sondern auch vom geistigen Eigentum des Schriftstellers und Erfinders, manche fordern ein Eigentum am Arbeitsplatz u.ä.m. Wenn sich der Vertreter des Privatrechts im Hinblick auf die Terminologie des geltenden Bürgerlichen Gesetzbuchs mit einer solchen Begrifflichkeit wenig anzufreunden vermag, so kommt in diesem unspezifischen Gebrauch des Begriffs „Eigentum" aber doch zum Ausdruck, daß man rein technisch

I. Eigentum und Freiheit

gesehen sehr unterschiedliche Positionen einem bestimmten Berechtigten zur ausschließlichen Verfügung zuweisen kann: sowohl *äußere Sachen* als auch *Handlungsmöglichkeiten als solche*. Wie sich bei näherer Betrachtung zeigt, geht es dabei um eine Vorentscheidung von großer Tragweite; denn je nachdem, an welcher dieser beiden Möglichkeiten man sich orientiert, gelangt man, konsequent zu Ende gedacht, zu ganz verschiedenen Rechtssystemen. Für ein vertieftes Verständnis des Eigentums ist es daher wichtig, daß man sich diesen Unterschied klargemacht hat. Die vielen Detailregelungen, die sich an diese Vorentscheidung jeweils anknüpfen, sind demgegenüber von zweitrangiger Bedeutung.

Wer einem anderen das Eigentum an einer *körperlichen Sache* zuweist, sagt damit nichts anderes, als daß der andere mit dieser Sache machen darf, was er will – auch wenn daraus Dritten mittelbar Nachteile erwachsen sollten. Der eigentliche Sinn des Sacheigentums besteht also darin, dem Eigentümer in Bezug auf die Sache ein *prinzipiell unbegrenztes Bündel von Handlungsmöglichkeiten* einzuräumen: soweit er nicht in die Rechte anderer eingreift, soll er mit der Sache all das tun *dürfen*, was man technisch damit tun *kann*. Ein Grundeigentümer darf danach auf seinem Grund und Boden nicht nur spazierengehen; er darf im Prinzip auch eine Fabrik darauf errichten und Kühlschränke oder Fernsehgeräte herstellen. Auf diese Weise kann er sich persönlich bereichern und dann womöglich die Nachbargrundstücke hinzuerwerben. Allerdings können andere dasselbe versuchen, und dann kommt es darauf an, wer sich im Konkurrenzkampf der Eigentümer, die ihre Sachen mit allen erdenklichen Mitteln auszubeuten versuchen, als überlegen erweist. Das Sacheigentum ist daher die ideale Grundlage einer dynamischen und kapitalistischen Wirtschaftsordnung. Es verschafft ein Maximum von Handlungsmöglichkeiten, fördert Innovationen, läßt es auf der anderen Seite aber auch zu, daß die einen immer mehr Eigentum anhäufen, während die andern immer weniger haben.

Die Alternative dazu besteht darin, daß dem Eigentümer nicht bestimmte Sachen, sondern allein bestimmte *Handlungsmöglichkeiten* zur ausschließlichen Verfügung zugewiesen sind, z.B. das Recht, ein Musikwerk zur Aufführung zu bringen oder eine Schrift zu drucken und zu vervielfältigen. Im Gegensatz zum Sacheigentümer hat der „Handlungseigentümer" nicht eine unübersehbare Vielzahl von Handlungsmöglichkeiten, sondern im Prinzip nur *eine*: diejenige, die ihm *unmittelbar* zum alleinigen Gebrauch zugestanden wurde. So durfte etwa der Schneider in der Zunftordnung des Mittelalters keine Brötchen backen, sondern nur das Schneiderhandwerk betreiben. Allerdings brauchte er insoweit auch keine existenzgefährdende Konkurrenz zu befürchten, denn die andern waren ebenfalls auf den ihnen zugewiesenen Bereich beschränkt, und alle achteten gemeinsam darauf, daß niemand sich einen Vorteil verschaffte, der nicht vorgesehen war. Eine Rechtsordnung, die schwerpunktmäßig auf dem Gedanken des „Handlungseigentums" beruht, legt der freien Selbstentfaltung der Eigentümer enge Grenzen auf. Zum Ausgleich dafür gibt sie den Eigentümern jedoch die Sicherheit, daß ihr Eigentum auch nicht dramatisch vermindert werden kann. Beides setzt, wie man nicht lange auszuführen braucht, eine obrigkeitliche Organisation voraus, die jedermann das Geschäft zuweist, das er ausschließlich betreiben darf.

Mit dem Ende des Feudalsystems und der Zunftherrschaft wurde der Gedanke des „Handlungseigentums", der bis dahin in wichtigen Bereichen im Vordergrund gestanden hatte, von dem der uneingeschränkten Sachherrschaft abgelöst. Dabei ist es, sieht man von dem vorübergehenden Einfluß sozialistischer Vorstellungen einmal ab, bis heute geblieben. Vor dem Hintergrund von Gewerbe- und Vertragsfreiheit heißt absolute Sachherrschaft nichts anderes, als daß der Eigentümer seine Sachen unter Ausschluß aller anderen umfassend nutzen darf, daß die Erträge allein ihm zustehen und daß er die Sache frei veräußern und vererben kann. Die Vorstellung, daß auch Handlungsmöglichkeiten als solche die Form von Eigentum annehmen können, wenn sie zu Privilegien erhoben werden, ist den meisten deutschen Juristen im Laufe der Zeit so fremd geworden, daß ihnen oft nicht bewußt ist, daß solche Eigentumsformen auf dem Gebiet des Urheber- oder Patentrechts, wo Gedanken zu „Eigentum" gemacht werden, ständig neu geschaffen oder mit dem Schlagwort vom „Recht am Arbeitsplatz" für die Zukunft gefordert werden. Häufig wird daher heute *allein das Sacheigentum als Eigentum bezeichnet*, während andere Eigentumsformen mit anderen Begriffen belegt werden. Das österreichische Allgemeine Bürgerliche Gesetzbuch kennt immerhin noch Eigentum an „körperlichen *und unkörperlichen* Sachen" (§ 353 ABGB), z. B. also an Forderungen. Das deutsche Bürgerliche Gesetzbuch spricht demgegenüber nur noch von Eigentum an *körperlichen* Gegenständen (§§ 903, 90 BGB).

Diese Verengung des privatrechtlichen Eigentumsbegriffs hat zunächst rechtstechnische Gründe: das im Privatrecht heute dominierende Sacheigentum wirft teilweise ganz andere Probleme auf, als das Handlungseigentum es tun würde. Der Gedanke des Sacheigentums kommt dem an freiheitlichen Vorstellungen orientierten Juristen aber auch deshalb entgegen, weil man sich am Beispiel des Eigentums an körperlichen Gegenständen die enge Verbindung von Freiheit und Eigentum am anschaulichsten vor Augen führen kann: Das Eigentum an einem Auto vermittelt eine Bewegungsfreiheit, wie sie durch sonst nichts zu erlangen ist, das Hauseigentum eine Freiheit der Lebensführung, die dem Mieter oder gar dem Untermieter abgeht. Innerhalb meiner vier Wände kann ich tun und lassen, was ich will, niemand kann mir dabei dreinreden; wohl aber kann ich umgekehrt Störungen anderer abwehren. Mein Haus ist gleichsam das Gehäuse meiner Freiheit.

2. Eigentumsfreie Güter

Die Freiheit, die das Eigentum vermittelt, ist notwendig quantitativ: viel Eigentum bedeutet viel Freiheit, wenig Eigentum wenig Freiheit. Das ist der Grund, weshalb alle danach streben, ihr Eigentum ständig zu vermehren, letztlich sogar, die ganze Welt zu Privateigentum zu machen. Die weniger schöne Kehrseite dieses Erwerbsstrebens kann man feststellen, wenn man seinen Urlaub an gewissen Alpenseen verbringt. Das Ufer dieser Seen steht fast rundum in Privateigentum, Ferienhaus reiht sich an Ferienhaus, ein Hotel folgt dem andern. Die Folge ist, daß die Nichteigentümer an das Wasser kaum noch herankommen. An dem schmalen Streifen, der für sie reserviert ist, drängen sich viele Tausend auf engstem Raum, während die wenigen Eigentümer den restlichen See für sich haben.

Das Beispiel zeigt eine Konsequenz des Eigentums, die auch in anderem Zusammenhang zutage tritt: das Eigentum des einen ist gleichzeitig das Nichteigentum des andern. Eigentum bedeutet daher nicht nur, daß der Eigentümer mit seiner Sache frei schalten und walten darf, sondern auch, daß er die andern davon ausschließen kann. Es ist klar, daß solche Verbietungsrechte nicht an allen Objekten eingeräumt werden können, wenn es nicht zu absurden Verhältnissen kommen soll. Wenn jemand Eigentümer der freien Luft oder des offenen Wassers wäre, könnte er andern verbieten, zu atmen oder zu trinken. Oder wenn er Eigentum an jedem Gedanken erwerben würde, den er einmal gedacht hat, könnte er andern untersagen, ihn nochmals zu denken oder jedenfalls zu verwerten. Wenn im Privatrecht das Hohelied des Privateigentums gesungen wird, darf man daher nicht übersehen, daß eine freiheitliche Ordnung nur dann möglich ist, wenn bestimmte Güter gerade *nicht* als Eigentum vereinnahmt werden können, sondern gemeinschaftlich sind und bleiben. In gewissem Umfang muß die Welt allen in gleicher Weise offen stehen – das ist der zutreffende Kern der alten naturrechtlichen Lehre vom „ursprünglichen Gemeineigentum". Was genau darunter fällt, ist freilich historischem Wandel unterworfen.

3. Eigentum als Machtposition

Vielen erscheint diese Einschränkung als allzu geringfügig. Angefangen von Platon bis hin zu Karl Marx ist das Privateigentum immer wieder grundsätzlich in Frage gestellt worden. In Verkennung seiner positiven Funktionen hat man das Privateigentum gelegentlich für alle Übel schlechthin verantwortlich gemacht. „Der erste, der ein Stück Land eingezäunt hatte", heißt es etwa bei Rousseau, „und es sich einfallen ließ zu sagen: *dies ist mein* und der Leute fand, die einfältig genug waren, ihm zu glauben, war der wahre Gründer der bürgerlichen Gesellschaft. Wie viele Verbrechen, Kriege, Morde, wie viel Not und Elend und wie viele Schrecken hätte derjenige dem Menschengeschlecht erspart, der die Pfähle herausgerissen oder den Graben zugeschüttet und seinen Mitmenschen zugerufen hätte: ‚Hütet euch, auf diesen Betrüger zu hören; ihr seid verloren, wenn ihr vergeßt, daß die Früchte allen gehören und die Erde niemandem!'"[1]

Dieser Kritik liegt die Erkenntnis zugrunde, daß im Eigentum zunächst einmal die gemeinschaftsfeindlichen und egoistischen Interessen ihren Ausdruck finden. Indem das Eigentum zwischen *Mein und Dein* unterscheidet, zieht es eine schroffe Grenze zwischen Mensch und Mensch. Wo sich die Menschen als Eigentümer gegenüberstehen, ist das Verhältnis nicht mehr unmittelbar und herzlich, sondern *sachlich*: nämlich durch Sachen vermittelt. Es regiert nicht Liebe und Freundschaft, sondern geschäftliches Interesse und kühle Berechnung. Dem Eigentümer geht es nur darum, sein Eigentum, also den Rückhalt seiner realen Freiheit, zu erhalten und zu vermehren. Und zu diesem Ziel ist er unbedenklich bereit, das Eigentum und damit die Freiheit der andern zu verringern.

Illusorisch wäre es freilich, zu meinen, man könne den Drang nach individueller Selbstentfaltung, der im Eigentum seinen Ausdruck findet, mit der Abschaffung des Eigentums ebenfalls beseitigen. Und irrig ist weiter die Auffassung, daß der Abschaffung des Privateigentums das Paradies unmittelbar auf dem Fuße folgen würde. Dem liegt ein Denkfehler zugrunde, der leicht zu durchschauen ist. Wenn nämlich erst einmal ein Staat eingerichtet ist, dann lautet die Alternative nicht mehr, *ob* es überhaupt *Eigentum* geben soll oder nicht; vielmehr dreht es sich jetzt allein darum, *wer Eigentümer* sein soll: Soll es sehr viele kleine Eigentümer geben oder sollen sie abgelöst werden durch *einen* großen, nämlich den *Staat*? Der Sozialismus war in Eigentumsfragen blind und hat nur die Macht der Privateigentümer gesehen. In dem Bestreben, diese Macht zu beschneiden, wurde eine andere Macht aufgebaut, die im Prinzip noch erheblich bedrückender war. Wo der Staat nämlich alleiniger Eigentümer ist, ist der Regimegegner notwendig zugleich der Gegner seines Arbeitgebers. Freiheit vom Staat ist daher nur da möglich, wo nicht alles wesentliche Eigentum beim Staat konzentriert ist. Daß die Unterscheidung von Staat und Gesellschaft, von Privatrecht und öffentlichem Recht zugleich eine Gewaltenteilung bedeutet, zeigt sich daher gerade beim Eigentum: Verteilung des Eigentums auf viele bedeutet zugleich eine Verteilung und Minimierung der damit verbundenen Macht.

4. Öffentlichrechtliche Einschränkungen

Ganz ausgeräumt wäre das Problem der Macht nur dann, wenn das Privateigentum auf alle *gleich* verteilt wäre. Das aber ist in einem freiheitlichen Gemeinwesen nicht zu gewährleisten. Wie Goethe einmal bemerkt hat, sind Leute, die Freiheit und Gleichheit zugleich versprechen, Phantasten oder Scharlatane.[2]

Aus der ungleichen Eigentumsverteilung, mit der man danach zu rechnen hat, erwächst ein Problem eigener Art: Wer kein Eigentum hat, *wird* leicht zu „Eigentum", nämlich zu einem bloßen Mittel für denjenigen, der über Eigentum im Überfluß verfügt. Soll es nicht zu sozialen Spannungen kommen, muß daher dafür gesorgt sein, daß entweder die Eigentumsunterschiede nicht allzu groß werden oder daß jedenfalls die großen Eigentümer zugunsten der kleinen sozial in Pflicht genommen werden. Diesem Zweck dient heute unter anderem das Steuerrecht. Vereinfacht betrachtet, stellen sich viele Steuern als eine Art „staatliche Mitbenutzung" privaten Eigentums dar: privatrechtlich kann der Eigentümer sein Eigentum zu seinem alleinigen Nutzen verwerten; steuerrechtlich aber partizipiert daran auch die Allgemeinheit. Andere Einschränkungen hat das Eigentum dadurch erfahren, daß der Staat im Laufe der Zeit durch zahlreiche Benutzungsverbote, Zustimmungserfordernisse u. ä. m. eine Art „Mitherrschaft" am privaten Eigentum ergriffen hat. In der privatrechtlichen Eigentumslehre blendet man diese Entwicklung gewöhnlich aus. Tatsächlich jedoch gibt es eine lange, bis in die frühe Neuzeit zurückreichende Tradition *öffentlichrechtlicher Einschränkungen*, die alle dem Zweck dienen, den Eigentümer bei der Ausübung seiner Befugnisse im Interesse der Allgemeinheit zu „zähmen". In seinem 1890 erschienenen Buch über „das bürgerliche Recht und die besitzlosen Volksklassen" hat Anton Menger (1841–1906), einer der schärfsten Kritiker des deutschen Bürgerlichen Gesetzbuchs, hellsichtig vorausgesehen, „daß der Strom der kunftigen Rechtsentwicklung sich in derselben Richtung mit beschleunigter Geschwindigkeit bewegen wird". Bloßes Wunschdenken war es indessen, wenn er glaubte, das Ende dieses Prozesses werde darin bestehen, „daß das Eigentum und damit das ganze Privatrecht vollständig von dem öffentlichen Recht überflutet wird, ähnlich der Insel Helgoland, von welcher jährlich ein Stück abbröckelt und die schließlich in den Wellen des Ozeans untergehen muß."[3] Das Privateigentum ist tiefer im Wesen des Menschen verwurzelt, als es die Theoretiker des Sozialismus für möglich gehalten haben.

II. „Eigentum an sich selbst"

1. *Freiheit als Urform des Eigentums*

Wenn man den Sprachgebrauch, wie er im Privatrecht heute üblich ist, einmal beiseite läßt, kann man den *Gedanken* des Eigentums noch in ganz andere Regionen verfolgen. Eigentum hat nämlich nicht nur die Funktion, Freiheit zu ermöglichen, sondern ist sogar mit einem wichtigen Aspekt rechtlicher Freiheit *identisch*: All meine Freiheit beruht nämlich darauf, daß *ich* selbst *mein Eigentum* bin, daß ich also nicht einem andern, sondern *mir* gehöre. Das ist durchaus keine absurde Vorstellung, sondern führt zu einem der Grundgedanken des modernen Rechts überhaupt. So richtig es nämlich ist, daß meine Existenz an meinen Körper gebunden ist, so bin ich doch davon zu unterscheiden. In einem gewissen Sinn bezeichnet das Wort „Ich" vielmehr einen gedachten „Punkt", dem ich alles Denken, Sein, Tun und Empfinden zurechne, das ich als das „meinige" ansehe. Wenn ich von „meinen" Zähnen oder Haaren spreche, heißt das so gesehen nichts anderes, als daß diese „mir", also dem gedachten Zurechnungspunkt „Ich" gehören. In demselben Sinn kann ich aber auch fragen, wem „meine" äußere Existenz überhaupt gehört. Dann aber zeigt sich: gehört mein Körper einem andern als „mir", so bin ich „Leibeigener", also unfrei. Um frei zu sein, muß ich folglich „Eigentümer meiner selbst" sein. Ebenso wie das Eigentum eines andern an meiner äußeren Erscheinung Leibeigenschaft bedeutet, so bedeutet Eigentum an mir selbst Freiheit. Rechtliche Freiheit ist folglich nichts anderes als das Eigentum in seiner elementarsten Form.

Man darf sich hierbei nicht daran stören, daß unsere Gesetze ein „Eigentum an sich selbst" dem Namen nach nicht kennen. In der Sache gibt es ein solches Recht an sich selbst sehr wohl. Wenn ich einen Arbeitsvertrag eingehe, müssen die Kräfte und Fähigkeiten, die Arbeitskraft, die ich dabei veräußere, wohl oder übel in irgendeinem Sinn „mir gehören". Und wenn ich in einen Unfall verwickelt werde, kann ich wegen der Verletzung meines Körpers so gut Schadensersatz verlangen wie wegen der Beschädigung meines Autos. Wir haben uns lediglich daran gewöhnt, in diesem Zusammenhang nicht von Eigentum zu sprechen, sondern bedienen uns anderer Ausdrucksweisen. Wie schnell die Eigentumsproblematik gleichwohl aufbrechen kann, zeigt ein Fall, der Ende der achtziger Jahre die amerikanischen Gerichte beschäftigte: Im Rahmen einer Leukämiebehandlung wurde einem Patienten in Los Angeles die Milz entfernt. Dabei entdeckten zwei Ärzte, daß gewisse Zellen dieses Patienten in außergewöhnlichem Maße eine bestimmte Substanz produzierten, die pharmakologisch von hohem Interesse war. Sie bauten eine Zellkultur damit auf, ließen sich das Verfahren patentieren und betrieben dann die kommerzielle Verwertung der ursprünglich dem Patienten entnommenen Zellen. Der erwartete Gewinn belief sich auf einige 100 Millionen Dollar. Wie die von dem Patienten dagegen erhobene Klage im Ergebnis zu beurteilen war, kann hier auf sich beruhen. Interessant ist jedoch, daß der kalifornische Court of Appeal sich auf den Standpunkt stellte, die Herrschaftsrechte über den eigenen Körper und die Interessen, die jemand daran hat, seien mit den Vermö-

II. „Eigentum an sich selbst"

gensinteressen so verwandt, daß es ein „Trick" wäre, sie als etwas anderes denn als persönliches Eigentum zu bezeichnen.[4]

2. Soziale Grundlage des Eigentums

Im Zeitalter des späten Naturrechts wurde der Gedanke des Eigentums an sich selbst geradezu zu dem Zweck herangezogen, das Privateigentum schlechthin zu begründen und zu rechtfertigen. Bei Christian Wolff (1679–1754) findet man in diesem Zusammenhang etwa folgende Argumentation: Eigentum an sich selbst heißt unter anderem, daß ich Eigentümer meiner Fähigkeiten bin. Wie nach römischem Recht der Eigentümer einer Muttersache Eigentümer der Frucht wird – also der Eigentümer des Baumes Eigentümer des Apfels, der Eigentümer der Henne Eigentümer des Eies –, so muß auch der Eigentümer einer Fähigkeit Eigentümer all dessen werden, was dadurch hervorgebracht wird.

Das war ein scharfsinniger Gedanke. Aber er paßt, wenn überhaupt, nur für die Urproduktion, also für das, was jemand durch seine Anstrengungen unmittelbar der Natur abgewinnt. In der modernen, arbeitsteiligen Gesellschaft ist dagegen das meiste, was jemand zu eigen hat, nicht durch eigene, sondern durch *fremder* Hände Arbeit zustande gekommen. Wenn es für das Eigentum *im Verhältnis zu anderen* eines rechtfertigenden Grundes bedarf, kann er – wie sehr auch immer vermittelt – also nur darin liegen, daß die andern dieses für sie fremde Eigentum *selbst anerkennen*. Die soziale Anerkennung ist der Akt, durch den das Eigentum im Verhältnis zu andern allererst zur Entstehung gelangt. Das kommt sehr schön in dem bekannten Märchen vom kleinen Prinzen von St. Exupéry zum Ausdruck: Bei seinem Flug durch das All begegnet der kleine Prinz einem König, der mutterseelenallein auf einem winzigen Planeten lebt, aber für sich in Anspruch nimmt, Eigentümer aller Sterne zu sein, die am Himmel zu sehen sind. Alles, was ihm fehlt, ist nur jemand, der diesen Anspruch anerkennt. Wird er als Eigentümer anerkannt, so ist er wirklich Eigentümer – im Verhältnis zu dem Anerkennenden nämlich; wird er nicht anerkannt, so besteht sein ganzes Eigentum nur in seiner Einbildung.[5]

3. Das Recht auf informationelle Selbstbestimmung

In jüngerer Zeit ist der Gedanke des Eigentums an sich selbst auf eine ganz neue Weise aktuell geworden: in Gestalt des sogenannten Rechts auf *informationelle Selbstbestimmung*. Bildhaft ausgedrückt, kann man sich dieses Recht vielleicht am besten als eine Art Recht an dem eigenen „sozialen Schatten" veranschaulichen, der jedermann innerhalb einer Gesellschaft zukommt. Um zu erklären, was damit gemeint ist, muß man ein wenig weiter ausholen.

Wer am Rechtsverkehr teilnimmt, muß ständig Entscheidungen treffen. Wer aber Entscheidungen treffen soll, braucht zunächst einmal *Informationen* über die andern. Niemand vergibt einen Kredit, übernimmt eine Bürgschaft, stellt eine Arbeitskraft ein oder heiratet, ohne sich über den andern vorher zu informieren. Alles andere wäre ein unverantwortliches Glücksspiel. Wäre es dabei allerdings möglich, völlig *unbeschränkte* Informationen über die anderen zu erlangen, so wäre es mit der Freiheit vieler Mitbürger bald nicht mehr weit her. Läge nämlich die Vergangenheit und die Gegenwart eines jeden glasklar vor uns, so bekämen viele keinen verantwortungsvollen Arbeitsplatz mehr, ebenso keinen Kredit, keine Versicherung, keinen Ehepartner usw. Mit einigem Recht kann man vielleicht sagen, daß derjenige, der ein schlechtes Bild hinterläßt, wenn die Karten auf den Tisch gelegt werden, auch nichts anderes verdient hat. Wahr ist andererseits aber auch, daß von Freiheit nur da die Rede sein kann, wo mir die Chance, künftig anders zu sein, nicht generell genommen ist. Um es mit Schiller zu sagen:

„Frommt's, den Schleier aufzuheben,
Wo das nahe Schrecknis droht?
Nur der Irrtum ist das Leben,
Und das Wissen ist der Tod."[6]

Soll das Privatrecht eine Ordnung der *Freiheit* sein, muß daher zweierlei gewährleistet sein: Es muß einmal Informationsfreiheit herrschen, damit die Menschen ihre Entscheidungen nicht blindlings treffen müssen. Andererseits dürfen aber nicht alle Informationen verfügbar sein, an denen jemand interessiert ist; erforderlich ist auch ein gewisses Maß an Unwissenheit. Pointiert ausgedrückt: Meine *eigene* Freiheit als Handelnder beruht wesentlich auf *meinen Informationen*; die Freiheit der *andern* im Verhältnis zu mir beruht dagegen auf *meiner Unwissenheit*.

Das Prinzip der Informationsfreiheit war in der Vergangenheit, ohne daß dies sonderlich aufgefallen wäre, nie vollständig verwirklicht. Hausrecht, Brief- und Fernmeldegeheimnis, vielerlei Berufsgeheimnisse usw. waren mehr oder weniger unüberwindliche Schranken für den, der sich Informationen über einen anderen beschaffen wollte. Die größte Einschränkung aber ergab sich aus der Beschaffenheit des Informationssystems selbst: Informationen über andere waren – wenn man vom Wanderbuch der Handwerker einmal absieht – meist *nur lokal* bekannt, man konnte sich also durch Wohnsitzwechsel entziehen; sie waren auf *einzelne Aspekte* begrenzt, ließen die Person in anderer Hinsicht also unberührt; und sie waren vor allem *nicht für alle Zukunft* festgehalten, sondern der wohltätigen Macht des Vergessens preisgegeben.

All dies hat sich unter dem Einfluß der modernen Informationssysteme – zunächst der Presse, dann des Rundfunks und Fernsehens und schließlich der elektronischen Datenverarbeitung – grundlegend geändert. Die früheren Einschränkungen der Informationsfreiheit sind dadurch zunehmend abgebaut worden. Durch die Verbindung verschiedener Informationssysteme ist es möglich geworden, ein umfassendes Persönlichkeitsbild von jedermann zu erstellen, auf das überregional zugegriffen werden kann. Eine „Flucht" durch Wohnsitzwechsel scheidet dabei aus. Auch ein „Vergessen" findet nicht mehr statt; einmal gespeicherte Daten können für immer festgehalten werden. Vor allem aber können die Informationen heute auf einer Ebene gesammelt werden, zu der die Betroffenen keinerlei Zugang haben. Sie wissen also unter Umständen gar nicht, welches Bild andere von ihnen haben, und können daher häufig weder für eine Richtigstellung sorgen noch haben sie den geringsten Einfluß darauf, welche neuen Informationen über sie aufgenommen werden. Die Folgen können vernichtend sein; denn es macht einen erheblichen Unterschied, wo der eigene Name auftaucht, ob in einer Adressenkartei oder in einer Liste von Anstaltsinsassen. Früher brauchte man sich nur sichtbar anders zu verhalten, um das von sich in der Öffentlichkeit entstandene Bild zu korrigieren. Heute entscheide ich nicht mehr selbst, sondern es entscheiden andere, ob mein Bild geändert wird.

Damit aber ist eine ganz neue Situation entstanden: Ich bin zwar Herr über mich selbst, über meine körperlichen und geistigen Fähigkeiten; über meinen *Schatten* jedoch können auch andere verfügen. Wo es auf meinen „Schatten" ankommt – und das heißt überall da, wo ich nicht unmittelbar selbst in Erscheinung trete (wobei dieser Bereich noch dazu ständig zunimmt, je „kleiner" die Welt wird) –, bin ich daher gerade nicht Herr über mich selbst; hier bestimmen zunehmend andere über mich. Was das heißt, hat zu seinem Leidwesen schon mancher Politiker erfahren müssen. Über mehr als einen sind Informationen in Redaktionen und Sendestationen abrufbereit gesammelt für den Fall, daß er einmal den Arm nach einem Amt ausstrecken sollte, das ihm nach dem Urteil der Meinungsmacher in unserer Gesellschaft nicht zusteht. Dann wird „ausgepackt", um das Bild des Betreffenden in der Öffentlichkeit zugrunde zu richten.

Ähnlich wie im Märchen Peter Schlemihl seinem verlorenen Schatten nachjagt, so ist vor diesem Hintergrund auch in unserer Zeit die Frage aufgetaucht: Wie gewinne ich die rechtliche Herrschaft über meinen „Schatten" zurück? Wie erhalte ich also wiederum Einfluß auf die Informationen, die über mich in Umlauf sind? In der Bundesrepublik Deutschland haben die Gerichte bereits während der 50er Jahre des letzten Jahrhunderts ein sogenanntes „allgemeines *Persönlichkeitsrecht*" entwickelt, das faktisch auf den Bereich der *öffentlichen Medien* beschränkt ist. Mit Hilfe dieses Persönlichkeitsrechts kann sich der Betroffene gegen eine unrichtige oder unangemessene Darstellung seiner Person in der Öffentlichkeit zur Wehr setzen. Seit den 70er Jahren hat sodann der Gesetzgeber vor allem für den Bereich der *elektronischen Datenverarbeitung* das bisherige Prinzip der Informationsfreiheit aufgehoben und durch ein *prinzipielles Informationsverbot* ersetzt. Der Einzelne kann den andern damit zwar nach wie vor nicht vorschreiben, was sie von ihm zu wissen haben und was nicht. Die Speicherung, Verarbeitung und Weitergabe elektronischer Daten ist aber nur dann gestattet, wenn sie vom Gesetz als unbedenklich erlaubt worden ist. Man kann diese Regelung auch von dem geschützten Einzelnen her erklären. Dann erscheint die Beschränkung der Informationsfreiheit der anderen als „Recht auf informationelle Selbstbestimmung" bzw. als Recht an dem Bild, das andere sich von mir machen.

Neue Fragen dieser Art sind entstanden durch die heute möglich gewordenen Gen-Tests: Darf eine Versicherungsgesellschaft den Abschluß einer Lebens- oder einer Krankenversicherung davon abhängig machen, daß der Antragsteller sich vorher einem Gen-Test unterzieht, auch wenn der Betreffende seine Risikofaktoren so genau selbst gar nicht kennen will? Darf ein Arbeitgeber vor der Einstellung eines Arbeitnehmers auf einem solchen Test bestehen oder darf der Arbeitnehmer sein „Innerstes" geheimhalten? Nachdem in anderen Staaten zum Teil bereits gesetzliche Regelungen erfolgt sind, ist damit zu rechnen, daß sich auch bei uns der Gesetzgeber dieser Fragen annehmen wird.

III. Eigentumsgebrauch und Umweltmißbrauch

1. *Der Gedanke der absoluten Sachherrschaft*

Privateigentum im engeren, rechtstechnischen Sinn meint indessen nicht Eigentum an sich selbst, sondern eine prinzipiell unbeschränkte Herrschaft an äußeren Sachen. Der Sacheigentümer ist gleichsam ein kleiner Diktator. Er kann mit der Sache nach Belieben verfahren und braucht sich dabei von andern keine Vorschriften machen zu lassen. Damit sich dieser technische Eigentumsbegriff voll entfalten konnte, mußte der Gedanke der „absoluten Sachherrschaft" in einem langwierigen Prozeß aus mancherlei Bindungen herausgelöst werden, in die er lange Zeit eingeschlossen war.

Nach mittelalterlicher Vorstellung war zunächst *Gott der absolute Herr der Welt*, nicht der Mensch. Dem Menschen war das Eigentum an der Welt nur zur beschränkten Nutzung anvertraut, und er war Gott dafür Rechenschaft schuldig. Streicht man aus diesem Modell Gott heraus, so rückt automatisch der Mensch an seine Stelle. Aus der zunächst nur beschränkten Nutzung wird dann eine unbeschränkte Herrschaft über die Welt. Und wichtiger noch: während der mittelalterliche Eigentümer bei allem, was er tat, Gott verantwortlich war, ist der moderne Eigentümer nur sich selbst verantwortlich; das aber heißt:

er ist gar nicht verantwortlich. Damit aber hat die Herrschaft des Menschen über die Welt eine wichtige Hemmschwelle verloren. Seit das neuzeitliche Vernunftrecht den Menschen aus seiner Einbindung in die göttliche Weltordnung befreit und allein auf sich gestellt hat, gilt die restlose Eroberung der Welt geradezu als adäquater Ausdruck des menschlichen Drangs nach Freiheit.

Eigentum im Sinne absoluter Sachherrschaft setzt weiter voraus, daß sich der Einzelne aus seiner *Einbindung in Familie und Sippe* gelöst hat und „selbständig" geworden ist. Im frühen Mittelalter war der Einzelne und damit auch das Eigentum, namentlich das Grundeigentum, noch tief im Familienverband verhaftet. In der Agrargesellschaft war der Boden die gemeinsame Lebensgrundlage aller; daß ein Einzelner berechtigt sein könnte, diese Grundlage in seinem eigenen Interesse zu veräußern und dadurch den andern zu entziehen, konnte man sich lange Zeit nicht vorstellen. Eine Verfügungsmacht des einzelnen Eigentümers konnte daher nur in dem Maße entstehen, wie die überkommenen Familienbande sich lockerten.

Aufgehoben werden mußte aber auch die *Einbindung des Eigentums in das Feudalsystem* im weiteren Sinn dieses Wortes. Innerhalb der feudalen Ordnung lag die Zuständigkeit für ein bestimmtes Gut nicht in der Hand eines Einzelnen, sondern war auf mehrere „Eigentümer" in der Weise verteilt, daß jeder das Gut in einer anderen Beziehung nutzen durfte: Der eine durfte Akkerbau oder Viehzucht treiben, der andere hatte ein Jagdrecht, dem dritten standen bestimmte Abgaben zu, die aus dem Grundstück zu entrichten waren usw. Diese funktionale Aufteilung hatte einmal zur Folge, daß niemand die Sache uneingeschränkt benutzen durfte: er hätte damit das „Eigentum" der andern verletzt. Sodann aber war dadurch die Mobilisierung des Bodens erheblich erschwert: für jede Teilung oder Belastung, die die Sache selbst betraf, mußte die Zustimmung mehrerer eingeholt werden. Im Ergebnis konnten daher die Möglichkeiten, die in der Sache angelegt waren, nur unzureichend entfaltet werden. Das änderte sich erst, als unter dem Einfluß des Naturrechts der Gedanke der persönlichen Freiheit mit dem der „Eigentumsfreiheit" in Verbindung gebracht wurde. Weil die Person selbst frei sei, meinten damals viele, müsse auch ihr Eigentum von feudalen Lasten frei sein. Dieser Schluß war zwar nicht zwingend, weil er lediglich darauf hinauslief, das Eigentum des Obereigentümers zugunsten des agrarischen oder bürgerlichen Untereigentümers aufzuheben. Gleichwohl war die Verbindung von „persönlicher Freiheit" und „absoluter Sachherrschaft" von erheblicher Durchschlagskraft und hat mit dazu beigetragen, das überkommene Feudalsystem durch eine andere Form politischer Herrschaft zu ersetzen, in der die Feudalherren zugunsten „absoluter Eigentümer" entmachtet waren.

All diese Entwicklungen erreichten in Deutschland zu Beginn des 19. Jahrhunderts ihren Höhepunkt. Erstmals wurden die Kräfte, die im Eigentum schlummern, voll entfesselt. Der dadurch ausgelöste Innovationsschub war eine der Grundlagen der industriellen Revolution. „Eigentum ist die größte revolutionäre Kraft, die es gibt", hat man einmal gesagt, und schon ein kurzer Blick auf die Geschichte der letzten beiden Jahrhunderte zeigt, wie sehr dies zutrifft.

2. *Eigentumsgebrauch in einer gemeinsamen Welt*

Wie jeder Begeisterung schon bald die Ernüchterung folgt, so hat auch das aufklärerische Eigentumspathos im Laufe der Zeit einer eher skeptischen Betrachtung Platz gemacht. Vor allem ist mittlerweile deutlich geworden, daß in dem Begriff des „absoluten Eigentums", wie er anfänglich verstanden wurde, ein „Denkfehler" enthalten ist, der sich bei einfachen Lebensverhältnissen kaum bemerkbar macht, aber mit zunehmender Technisierung und Industrialisierung zu fatalen Folgen führen kann.

Worum es geht, kann man sich an einem einfachen Beispiel verdeutlichen: Nehmen wir an, A ist Eigentümer eines Buchs und B Eigentümer einer Trompete. Wenn jeder mit seinem Eigentum nach Belieben verfahren darf, so darf A sein Buch lesen, solange er will, und umgekehrt darf B Trompete spielen, soviel und so laut es ihm gefällt. Wenn A in seinem Buch liest, ist B dadurch nicht gehindert, Trompete zu spielen; wenn B dagegen trompetet, so ist es, wenn A nicht sehr starke Nerven hat, mit dem Lesen aus. Denn B spielt nicht nur für sich allein, sondern setzt gleichzeitig die *Luft* in Schwingungen, die beide umgibt, so daß A mithören und mitleiden muß, ob er will oder nicht.

Das Beispiel zeigt, daß das Eigentum, allen Wünschen des Eigentümers zum Trotz, eben doch keine abgeschlossene Welt für sich darstellt. Der Eigentümer lebt vielmehr zunächst einmal in einer Welt, die er mit anderen *gemeinsam* hat. Wenn er von seinem Eigentum nach Belieben Gebrauch macht, wirkt er daher häufig zugleich auf die allen gemeinsame Umwelt ein und zieht andere in Mitleidenschaft, obwohl er ihr Eigentum unmittelbar gar nicht berührt. Freier Eigentumsgebrauch kann daher leicht in Umweltmißbrauch umschlagen. Oder anders: Eigentumsfreiheit bedeutet erlaubte Gefährdung und bis zu einem gewissen Grade sogar erlaubte Schädigung anderer. Bei der Konzeption des „absoluten" Eigentums ist das nicht hinreichend bedacht worden.

Was man an unserem harmlosen Beispiel im kleinen beobachten kann, hat heute globale Ausmaße angenommen. Die im Zuge der technischen Revolution eingetretene Potenzierung individueller Handlungsmöglichkeiten hat gleichzeitig die Möglichkeit, auf die allen gemeinsame Umwelt einzuwirken, in bisher ungeahnte Dimensionen gesteigert. Die Folgen sind bekannt: Anreicherung von Luft, Wasser und Boden mit immer neuen Schadstoffen, Belastung durch radioaktive Strahlen, Zerstörung der Ozonschicht und Veränderung des

Spurengasgehalts der Luft mit der Gefahr weltweiter Klimaveränderungen u. a. m. Hier zeigt sich die Kehrseite des absoluten Eigentums: Dieses entfaltet zwar ungeahnte Innovationskräfte, aber nur deshalb, weil es die Innovation bis hin zur irreversiblen Schädigung der Umwelt freigibt. Mit steigender Gefahr und wachsendem Schadensumfang erscheint dies zunehmend problematischer.

Auch insoweit wäre es freilich keine Lösung, das Privateigentum überhaupt abzuschaffen. Wie ein Blick auf die Hinterlassenschaft der sozialistischen Staaten zeigt, ist die Konzentration des Eigentums beim Staat noch viel weniger in der Lage, mit den aus dem Eigentum resultierenden Umweltproblemen fertig zu werden. Wohl aber hat es sich als unerläßlich erwiesen, die Eigentümer*befugnisse* parallel mit der Ausdehnung der technischen Handlungs*möglichkeiten* immer stärker zu reglementieren. Das private Dürfen ist auf diese Weise mit einer immer größer werdenden Zahl öffentlichrechtlicher Einschränkungen versehen worden. Das bedeutet nichts anderes, als daß das Eigentum fortlaufend mit der Tatsache in Einklang gebracht wird, daß die Natur nicht unbeschränkt, nicht gefahrlos und auch nicht kostenlos zur Verfügung steht. Wenn das Privateigentum dem Eigentümer die Möglichkeit bietet, seine Freiheit ohne Rücksicht auf die Belange anderer zu entfalten, so führt ihn das öffentliche Recht in den sozialen Zusammenhang zurück, in dem er unbewußt ohnehin steht. Je weiter die Wirkungen des Privategoismus reichen, desto stärker muß daher der Einfluß des öffentlichen Rechts werden, damit private Freiheit und Gemeinwohl in Balance gehalten werden.

§ 14 Vertrag

I. Der Vertrag als Regelungsinstrument

1. *Die gesellschaftliche Funktion des Vertrages*

Die zweite große Säule des Privatrechts neben dem Eigentum ist der Vertrag, die *einverständliche Regelung* der sozialen Beziehungen durch die unmittelbar Beteiligten selbst. In gewissem Sinn ergibt sich die Möglichkeit des Vertrages bereits aus dem „Begriff" des Eigentums. Denn wenn Eigentum die Bedeutung hat, mit dem, was einem gehört, nach Belieben verfahren zu dürfen, dann muß man es auch veräußern können, wann und zu welchen Bedingungen man will. Die Veräußerungsbefugnis, also die Möglichkeit, über sein Eigentum Verträge abzuschließen, gehört zum vollen Begriff des Eigentums so notwendig wie der Rahmen zum Bild: er komplettiert es und rundet es ab. In der gleichen Weise setzt aber auch der Vertrag das Eigentum im weitesten Sinn des Wortes voraus; denn wo es nichts „Eigenes" gibt, gibt es zugleich nichts, worüber man einen Vertrag schließen könnte.

Im Rahmen eines marktwirtschaftlich geprägten Rechtssystems kommt dem Vertrag eine eminent wichtige Funktion zu: er ist das maßgebende Regelungsinstrument zur Versorgung der Bürger mit Gütern und Leistungen.

In jeder Gesellschaft muß es Mittel und Wege geben, um an diejenigen Güter heranzukommen, die man braucht, aber selbst nicht hat, weil sie sich in der Verfügungsgewalt Dritter befinden. Rein technisch gesehen kommen dafür drei Möglichkeiten in Betracht. Die primitivste Erwerbsmethode besteht darin, daß man sich das, was man braucht, durch Raub, Diebstahl oder sonstige *Zugriffe auf fremde Personen und Sachen* eigenmächtig verschafft. Es gab Zeiten, in denen dieses Verfahren, sofern es gegenüber Fremden geübt wurde, als völlig ehrenhaft galt. Wie man aus der Kriminalstatistik ersehen kann, gibt es auch heute noch viele Bürger, die sich auf diese Weise ihr Auskommen verschaffen. Ganz anders verhält es sich mit der zweiten Möglichkeit. Diese besteht darin, daß die Menschen das, was sie brauchen, *vom Staat zugewiesen erhalten*. Nach diesem Prinzip waren fast alle Sozialutopien von Thomas Morus bis hin zu Lenin konstruiert. Der Staat und immer wieder der Staat sollte für alles sorgen, aus diesem Grund auch über alles verfügen können und es bei Bedarf an alle verteilen. Die letzte Möglichkeit schließlich liegt gewissermaßen dazwischen. Sie besteht darin, daß *derjenige, der etwas will, sich mit dem einigt, der es hat*. Anders als bei der staatlichen Zuteilung vollzieht sich der Güter- und Leistungsaustausch dabei grundsätzlich ohne Mitwirkung, wenn auch unter dem Schutz des Staates; im Unterschied zum eigenmächtigen Zugriff aber wird dabei nicht gegen den Willen des Berechtigten verstoßen, vielmehr geschieht der Erwerb mit seinem Einverständnis.

Eine Darstellung der gewaltsamen oder dolosen Methoden der Güterbeschaffung wäre für den Leser sicher am reizvollsten. Sehr zum Nachteil für den Unterhaltungswert der folgenden Ausführungen ist dafür im geltenden Recht aber kein Platz vorgesehen. Die eigentliche Alternative bilden daher die obrigkeitliche *Zuteilung* auf der einen und der private *Vertrag* auf der anderen Seite. Vermutlich kommen in allen modernen Rechtsordnungen beide Methoden nebeneinander vor. In der Sache jedoch werden dabei ganz unterschiedliche Zielvorstellungen wirksam. Die Zuweisung entspricht mehr der sozialistischen Planwirtschaft, in der der notwendige Güterumlauf möglichst durch die gelenkte Verteilung nach zentral erstellten Plänen erfolgt. Der Vertrag dagegen ist das adäquate Verteilungsinstrument einer privatrechtlich verfaßten Marktwirtschaft. Sieht man von den sonstigen Voraussetzungen ab, die dieses System tragen, so erscheint der *Wille* der vertragsschließenden Personen als die treibende Kraft, die es ständig in Bewegung hält.

2. Rationalisierung des Güteraustauschs

Historisch gesehen ist der Vertrag als Mittel des Güteraustausches durch zwei Erfindungen nachhaltig befördert worden: durch die Erfindung des *Geldes* und die Erfindung des sogenannten *Konsensualvertrags*.

Geld ist bekanntlich ein Tauschmittel, das gegen alles eingetauscht werden kann, was überhaupt veräußerlich ist. Wer Geld hat, kann daher ohne Zeitverzug mit jedem tauschen. Der Bäcker, der Lust auf ein Schnitzel hat, muß nicht warten, bis der Metzger Lust auf Kuchen verspürt, sondern kann sofort das Gewünschte bei ihm kaufen. Die Einführung des Geldes hat daher eine außerordentliche Beschleunigung des Güterumlaufs und damit zugleich eine Vervielfältigung der abgeschlossenen Verträge ausgelöst.

Die Entwicklung wäre jedoch kaum so rasant verlaufen, wenn sie nicht durch die Erfindung des Konsensualvertrags unterstützt worden wäre. Wenn das moderne Privatrechtssystem einem komplizierten Räderwerk gleicht, so gleicht der Konsensualvertrag dem Rad, das diese Entwicklung überhaupt erst möglich gemacht hat.

Was ein Konsensualvertrag ist, läßt sich am besten erklären, wenn man ihn mit seinem Gegenstück, dem *Realvertrag*, vergleicht. Von einem Realvertrag spricht man, wenn der Vertrag dadurch zustande kommt, daß Leistungen ohne vorheriges Leistungsversprechen *unmittelbar* gegeneinander ausgetauscht werden: A gibt dem B ein Pferd und erhält dafür eine Kuh. Einverständliches Geben und Nehmen: das war die Form, in welcher der Vertrag in allen Gesellschaften zuerst aufgetaucht ist, und rein der Zahl nach ist diese Form wohl nach wie vor die häufigste. Solange es Bargeld gibt, werden die kleineren Geschäfte des täglichen Lebens, die sogenannten Bargeschäfte wie etwa der Kauf einer Zeitung, einer Tüte Milch oder einer Tafel Schokolade wohl immer als Realverträge zustande kommen.

Ein Vertrag kann jedoch auch *ohne* gleichzeitigen Leistungsaustausch abgeschlossen werden: In unserem Beispiel kann A dem B etwa bloß versprechen, ihm *demnächst* ein Pferd zu verschaffen, und B kann dem A dafür eine Kuh versprechen. Dieser Vertrag besteht aus nichts anderem als aus den einander korrespondierenden Leistungsversprechen der Parteien, er ist also ein reiner Konsensualvertrag. Anders als der Realvertrag erlaubt es der Konsensualvertrag den Parteien daher, Verträge zu schließen, bevor sie über die verkauften Sachen verfügen, ja selbst bevor diese überhaupt existieren: A kann dem B ein Pferd verkaufen, auch wenn er noch gar keines hat. Er muß es sich dann nur nachträglich verschaffen, damit er den Vertrag erfüllen kann. Er kann B aber auch die künftige Ernte, künftige Arbeitsprodukte oder andere jetzt noch nicht existierende Dinge verkaufen. B erlangt dann vorerst nur eine entsprechende „*Forderung*" gegen A.

Daraus ergeben sich ungeahnte Möglichkeiten: A kann etwa systematisch Veräußerungsverträge über Waren abschließen, über die er noch nicht verfügt, und sich diese erst dann verschaffen, wenn er aufgrund der von ihm getätigten Verträge weiß, daß er sie gewinnbringend absetzen kann. Umgekehrt kann B die gegen A erlangte „Forderung" seinerseits weiterveräußern, und zwar nicht nur im Austausch gegen eine Sache, sondern auch gegen eine andere Forderung. Wo sich der Konsensualvertrag durchgesetzt hat, kann man sich sogar darauf spezialisieren, überhaupt nur mit Forderungen Handel zu treiben, nämlich Forderungen zu veräußern und sich dafür mit anderen Forderungen bezahlen zu lassen: die Grundlage des Bankgewerbes. Schließlich kann man mit bloßen Optionsrechten auf künftige Geschäftsabschlüsse handeln und dabei das Gewinn- und Verlustrisiko schier ins Unermeßliche steigern.

3. *Der Grund der Bindung*

Der Konsensualvertrag steht und fällt damit, daß die Parteien an die einmal getroffene Einigung auf Dauer *gebunden* sind. Das versteht sich nicht von selbst, denn der Wille der meisten ist schwankend und richtet sich jeden Tag auf ein anderes Ziel. Man kennt das zur Genüge von der Liebe: heute will man dies, morgen will man das, und immer kann man begründen, warum. Auf einen solchen Willen kann man nicht bauen. Wer rational kalkuliert und dabei seine Leistung und sein Vermögen aufs Spiel setzt, braucht eine andere Grundlage. Er muß sicher sein können, daß der Vertragspartner an seinem geäußerten und akzeptierten Willen auch dann festgehalten werden kann, wenn er längst etwas anderes will. Wäre dies nicht gewährleistet, wäre die „Bindung" nur so lange vorhanden, wie sie von beiden übereinstimmend gewollt wird, könnte man nicht auf den Vertrag, sondern nur auf die Verläßlichkeit seines Vertragspartners vertrauen. Mit Unbekannten würde dann niemand größere Geschäfte abschließen. Wenn man daher sagt, der Vertrag beruhe maßgeblich auf „dem Willen" der Parteien, so ist dies mißverständlich. Käme es auf den *aktuellen* Willen an, so wären die meisten Verträge aufgehoben, kaum daß sie geschlossen sind. Richtig ist vielmehr, daß der Konsensualvertrag darauf beruht, daß die Parteien auf Dauer an *demjenigen* Willen festgehalten werden können, den sie *zur Zeit des Vertragsschlusses* hatten.

Wie man aus der Rechtsgeschichte lernen kann, hat es unsägliche Mühen bereitet, eine solche „Selbstbindung" durchzusetzen. Aus heutiger Sicht mag es daher am einfachsten erscheinen, die Bindung an den Vertrag schlicht auf das *Gesetz* zurückzuführen. Der Vertrag, so könnte man nämlich meinen, bindet deshalb, weil das Gesetz anordnet, daß Verträge eingehalten werden müssen, und weil widrigenfalls gegen den vertragsbrüchigen Teil geklagt und vollstreckt werden kann. Bei dieser Betrachtungsweise wäre nicht der Vertrag selbst, sondern das Gesetz das Entscheidende. Der übereinstimmende Wille der Beteiligten wäre lediglich Tatbestandsmerkmal einer gesetzlichen Norm, bei dessen Vorliegen die gesetzlich angeordnete Folge eintreten würde.

Daran ist sicher soviel richtig, daß es ohne gesetzlichen Zwang mit der Vertragstreue in vielen Fällen nicht weit her wäre. Davon abgesehen erklärt diese Begründung jedoch weniger, als sie zu erklären vorgibt. Was bleibt, ist nämlich die Frage, *warum* das Gesetz Verträge für bindend erklärt, bevor es deren Inhalt überhaupt kennt. Die einzig überzeugende Antwort hierauf ist die, daß das Gesetz die Einigung zwischen den unmittelbar Beteiligten als eine im Prinzip *richtige* Regelung anerkennt oder anders ausgedrückt: daß es anerkennt, daß die Parteien damit für ihren Bereich *Recht setzen*. Eben dies ist mit dem Wort „Privatautonomie" gemeint: Selbstgesetzgebung im privaten Bereich. Nur dann, wenn der Vertrag so etwas wie eine „Rechtsquelle für den Einzelfall" darstellt, ist es einleuchtend, daß die Parteien daran gebunden sind: Objektives Recht, das mehreren gemeinsam ist, kann niemand einseitig ändern. Änderungen stehen nur demjenigen zu, der dieses Recht gesetzt hat. Das aber waren beide Parteien *gemeinsam*. Nur sie können den Vertrag daher durch einen *actus contrarius* noch einmal ändern.

4. Universales Regelungsprinzip

In seiner praktischen Bedeutung geht der Konsensualvertrag über die Vermittlung des Güteraustausches heute weit hinaus. Das Prinzip der gegenseitigen Willensbindung hat es ermöglicht, den Vertrag als *Regelungsinstrument* für alle möglichen privaten Rechtsbeziehungen einzusetzen. So kann man sich durch Vertrag nicht nur zur Leistung, sondern auch zur *Unterlassung* verpflichten; man kann damit Ansprüche nicht nur begründen, sondern auch ändern oder *aufheben*; im Streitfall kann man sich *vergleichen*; man kann *Beweisvereinbarungen* treffen, von denen der Ausgang eines künftigen Prozesses abhängt; man kann sich schließlich sogar auf ein privates *Schiedsgericht* einigen und damit den Zugang zu den staatlichen Gerichten versperren. Kurz: der Vertrag erlaubt den Aufbau privater Rechtsstrukturen, für die das staatliche Gesetz nur den begrenzenden Rahmen, nicht aber die eigentliche Geltungsgrundlage darstellt. Geltungsgrundlage ist vielmehr die Rechtsetzungsbefugnis der Parteien, und diese wiederum ist nichts anderes als ein Ausfluß der persönlichen Freiheit.

II. Die Vertragsfreiheit

1. *Der Vertrag als eigenständige Rechtsquelle*

Der Vertrag kann die ihm innewohnende Dynamik nur entfalten, wenn und soweit das Vertragsschließen nicht gleichzeitig von staatlicher Seite reglementiert wird. Wie die Eigentumsfreiheit, so ist auch die Vertragsfreiheit für das Privatrecht von elementarer Bedeutung. Wer das Privatrecht nicht von der Privatautonomie her erklärt, sondern diese selbst erst auf etwas anderes – und sei es auf die Verfassung – als eigentliche Geltungsgrundlage zurückführt, macht damit den ersten Schritt, das Privatrecht als eine eigenständige Kategorie in Frage zu stellen.

Das wird nicht immer in der erforderlichen Klarheit gesehen. Die verbreitete Vorstellung, daß die Rechtsordnung als ganze sich in Form einer Normenpyramide darstellen lasse, führt zwangsläufig zu einem anderen Bild. Nach dieser Vorstellung ergibt sich alles Recht letztlich aus der Verfassung, welche die ranghöchsten Normen enthält, die das positive Recht kennt. Auch die Privatautonomie gibt es danach nur deshalb, weil die Verfassung sie zufällig anerkennt. Dieser Auffassung ist ohne weiteres einzuräumen, daß die Gesetzgebungsmaschine auch im Privatrecht vieles bewirkt hat und auch in Zukunft noch vieles bewirken wird. Die entscheidende Schwäche dieser Vorstellung liegt jedoch darin, daß sie die höchsten Normen, aus denen sich alles andere ergeben soll, einfach voraussetzt ohne zu fragen, woraus diese sich selbst ergeben. Fragt man aber einmal nach dem Ursprung der angeblich die ganze Rechtsordnung tragenden Verfassungsnormen, so kommen realistisch gesehen nur zwei Alternativen in Betracht: entweder entstammen diese Normen dem Diktat eines selbstherrlichen Machthabers oder aber sie entspringen in letzter Instanz dem Konsens der Bürger. Das erste wäre mit der Peinlichkeit verbunden, ausnahmslos *alles* Recht auf obrigkeitlichen Oktroy zurückführen zu müssen; das zweite aber führt unausweichlich in einen Zirkel. Damit ein Konsens über die Verfassung möglich ist, müssen die Bürger nämlich zunächst einmal *frei* sein zu konsentieren. Sie können die Kompetenz dazu nicht erst durch die Verfassung erhalten. Andernfalls könnte die Verfassung nämlich gar nicht erlassen werden, weil sie ja selbst erst auf den Konsens zurückgeführt wird.

Hier zeigt sich, daß es nur zwei Arten gibt, das positive Recht von einer realen Rechtsquelle her zu erklären: *von unten* herauf und *von oben* herab. Im ersten Fall steht der Vertrag an erster Stelle, im andern die übergeordnete Macht des Staates. Will man das Recht nicht gänzlich der Macht ausliefern, die jeweils die Gewalt über den Staat hat, bleibt daher kein anderer Weg, als den Vertrag, die Einigung der Beteiligten, als *selbständige Rechtsquelle* neben dem Gesetz anzuerkennen. Während das öffentliche Recht wesentlich vom Gesetz her gedacht wird (also von oben herab), kann man das Privatrecht in seiner Eigentümlichkeit nur von der Privatautonomie her verstehen (also von unten herauf). Das Privatrecht erscheint dabei gewissermaßen als der Ort, wo der Wille der beteiligten Subjekte sich unmittelbar in objektives Recht verwandelt.

2. Abschlußfreiheit

Näher besehen weist die Vertragsfreiheit drei unterschiedliche Aspekte auf: Abschluß-, Inhalts- und Formfreiheit.

Die *Abschlußfreiheit* ist, wie der Name sagt, die Freiheit, Verträge zu schließen, wann und mit wem man will. Sie äußert sich sowohl darin, am Vertragsschluß nicht gehindert, als auch darin, dazu nicht gezwungen zu werden (positive und negative Abschlußfreiheit). Ein Verbot oder auch nur eine Behinderung des Vertragsschlusses käme in der Regel einer Beschränkung des Eigentums gleich. Ein solches Verbot liefe nämlich vielfach darauf hinaus, daß jemand mit dem, was er hat, nicht so verfahren darf, wie er will.

In Zeiten, in denen es volkswirtschaftlich wünschenswert wäre, wenn die Leute sich ökonomisch zurückhalten würden, kann sich die positive Abschlußfreiheit leicht so auswirken, daß alle Bemühungen der staatlichen Wirtschaftspolitik zunichte gemacht werden. Als in den 60er Jahren einmal eine solche Situation in der Bundesrepublik entstanden war, blieb dem damaligen Bundeskanzler nichts anderes übrig, als an den Gemeinsinn der Bürger zu appellieren und zum „Maßhalten" aufzurufen. Er hatte damit wenig Erfolg und mußte es erleben, daß seine Politik durch das Konsumverhalten der großen Masse durchkreuzt wurde.

Umgekehrt ist aber auch die negative Abschlußfreiheit ein Faktum, das die Politik in einer marktwirtschaftlichen Ordnung grundsätzlich hinzunehmen hat. Wie die Erfahrung lehrt, kann es leicht zu Situationen kommen, in denen es gesamtgesellschaftlich wünschenswert wäre, wenn lebenswichtige Güter für den Verkehr in verstärktem Maße mobilisiert werden könnten. In Zeiten der Wohnungsnot etwa sind leerstehende oder unterbelegte Wohnungen ein öffentliches Ärgernis. Wo Vertragsfreiheit herrscht, muß sich der Staat eines Eingriffs auch insoweit grundsätzlich enthalten.

Nimmt man die Abschlußfreiheit ernst, so ist sie nicht nur etwas für Schönwetterzeiten. Vielmehr muß es dem Einzelnen ohne Rücksicht auf politische Wünschbarkeiten prinzipiell unbenommen sein, Verträge nach seinen eigenen Vorstellungen entweder zu schließen oder nicht zu schließen. Solange der Markt funktioniert, ist dies vielleicht nicht unmittelbar, wohl aber auf lange Sicht für alle am besten. Erst wo der Markt als Regulator langfristig ausfällt, sind Zweifel am gesellschaftlichen Sinn der Abschlußfreiheit angebracht. Wie ein Blick auf die moderne Antidiskriminierungsgesetzgebung zeigt, sind wir heute freilich im Begriff, diese elementare Erkenntnis aus dem Sinn zu verlieren.

3. *Inhaltsfreiheit*

Bezieht sich die Abschlußfreiheit auf das *Ob* des Vertragsschlusses, so die *Inhaltsfreiheit* auf das *Was*: Was können die Bürger im einzelnen miteinander vereinbaren? Wie frei sind sie bei der Gestaltung ihrer Rechtsbeziehungen? Und vor allem: welche Bedeutung hat dabei das Gesetz?

Ein Blick in das Bürgerliche Gesetzbuch zeigt, daß viele Vertragstypen gesetzlich geregelt sind: Kauf, Tausch, Schenkung, Miete, Pacht, Leihe, Darlehen, Dienst- und Werkvertrag usw. Für manche dieser Typen hält das Bürgerliche Gesetzbuch eine beachtliche Anzahl detaillierter Vorschriften parat. Daraus könnte man versucht sein zu folgern, daß die Inhaltsfreiheit in der Praxis nur eine geringe Rolle spielt, die Wahlfreiheit der Parteien also im wesentlichen darauf beschränkt ist, sich auf einen der gesetzlich vorgesehenen Verträge zu einigen oder vom Vertragsschluß abzusehen. Nichts wäre jedoch unrichtiger als dies.

Einmal schon sind die Vertragspartner an die gesetzlichen Vertragsarten nicht gebunden: im Vertragsrecht herrscht grundsätzlich *kein Typenzwang*. Sie können daher verschiedene Typen miteinander kombinieren oder überhaupt neue Vertragsarten „erfinden". Vor allem aber sind die Parteien auch dann, wenn sie einen der gesetzlich vorgesehenen Verträge schließen, an die gesetzliche Regelung prinzipiell nicht gebunden, sondern können fast alles anders aushandeln, als es im Gesetz vorgesehen ist. Das gesetzliche Vertragsrecht ist nämlich nur zum geringen Teil zwingender Natur, die meisten Vorschriften sind *disponibel*; es handelt sich mit anderen Worten also nicht um Ge- oder Verbote, sondern um *Regelungsangebote*, die nur für den Fall gelten, daß die Vertragspartner nichts anderes vereinbart haben. Das äußert sich etwa darin, daß heute kaum noch ein Vertrag von einiger Bedeutung geschlossen wird, bei dem nicht umfangreiche Vereinbarungen darüber getroffen werden, was anstelle des Gesetzes zwischen den Beteiligten Rechtens sein soll.

Im Bereich des Verbraucherrechts, das die zwischen einem Unternehmer und einem Verbraucher geschlossenen Verträge umfaßt, zeichnet sich freilich ein Paradigmenwechsel ab, der zunehmend Kontur gewinnt. Die gesetzlichen Regeln werden hier zum Schutz des Verbrauchers teilweise zwingend ausgestaltet. Der Verbraucher soll dadurch vor nachteiligen Dispositionen, letztlich also vor seiner eigenen Vertragsfreiheit geschützt werden. Daß das Privatrecht insoweit einen anderen Charakter erhält, liegt auf der Hand.

4. Formfreiheit

Der letzte Aspekt der Vertragsfreiheit ist die *Formfreiheit*. Ebenso wie die Abschluß- und Inhaltsfreiheit hat auch diese eine weit zurückreichende Vorgeschichte. Ursprünglich waren alle Vertragsschlüsse von aufwendigen Formalakten begleitet: von der feierlichen *stipulatio* bei den Römern oder der Übergabe einer *festuca* und der Zuziehung von „Ohrenzeugen" bei den Germanen. Gelegentlich stößt man bei Laien heute noch auf die Vorstellung, daß Konsensualverträge nur dann verbindlich seien, wenn sie *schriftlich* abgeschlossen sind. Die aufwendigen Formen früherer Epochen belegen jedoch nur, daß das Paktieren noch nicht zum Alltag gehörte. Man suchte daher den Willen auf alle erdenkliche Weise zu bekräftigen und festzuhalten. Je mehr das Vertragsschließen zur Selbstverständlichkeit wurde, je mehr sich der Gedanke durchsetzte, daß es der geäußerte und akzeptierte Wille selbst ist, der die Parteien bindet, desto mehr trat die Bedeutung solcher Formen zurück. Waren sie aus Beweisgründen vielleicht immer noch wünschenswert, so hing doch die Wirksamkeit des Vertrags nicht mehr schlechthin davon ab. Es galt vielmehr der Satz: *pacta sunt servanda*, das heißt: auch Pakte, also formlos, unter Umständen also auch nur mündlich geschlossene Verträge sind verbindlich.

Im Zuge des modernen Massenverkehrs ist noch etwas weiteres hinzugekommen. Ursprünglich wurden alle Verträge durch ausdrückliche Abmachungen geschlossen. Demgegenüber werden heute in vielen Bereichen auch rein faktische Verhaltensweisen als „stillschweigende Willenserklärungen" anerkannt. Jeder kennt das: man steigt wortlos in einen schaffnerlosen Bus, fährt wortlos mit seinem Auto auf den bewachten Parkplatz, man knipst den Lichtschalter an und verschafft sich elektrisches Licht, man dreht den Wasserhahn auf und entnimmt Wasser usw. Kurz: man nimmt Leistungen in Anspruch, von denen genau feststeht, was sie kosten sollen, und verliert im übrigen kein Wort darüber. In all diesen Fällen braucht auch nichts weiter erklärt zu werden, weil die Erklärung im Verkehr derart *typisiert* ist, daß die Bedeutung des betreffenden Verhaltens nicht eigens hervorgehoben werden muß. Wie sich ein Fahrgast in einem Bus benimmt, ist durch tausendfaches Verhalten festgelegt. Wer sich in die Rolle eines Fahrgastes begibt, erklärt daher stillschweigend, daß er einen Beförderungsvertrag abschließt. Anders ist es nur, wenn er ausdrücklich dagegen *protestiert*. Die Verhältnisse erscheinen daher in den modernen Massenbeziehungen in gewisser Weise auf den Kopf gestellt zu sein: Mußte man ursprünglich den Mund auftun, wenn man einen Vertrag *schließen* wollte, so muß man es hier dann tun, wenn man eine vertragliche Bindung *vermeiden* will.

Allerdings sind die Formerfordernisse aus dem Vertragsrecht nicht völlig verschwunden. Bei sehr wichtigen oder gefährlichen Verträgen (Schenkung,

Grundstückskauf, Bürgschaft, Eheschließung) sieht das geltende Recht nach wie vor die Einhaltung bestimmter Formen vor, weil damit eine heilsame Warnfunktion verbunden ist: Wer etwas unterschreiben oder gar zum Notar gehen muß, überlegt es sich zweimal, bevor er eine Verpflichtung eingeht. Diese Warnfunktion ist auch der Grund, warum in jüngerer Zeit im Verbraucherschutzrecht auch für eine Reihe anderer Verträge bestimmte Formerfordernisse neu geschaffen worden sind. Im Gegensatz zu den Formzwängen früherer Epochen sollen die Parteien damit nicht in besonderer Weise gebunden werden; sie sollen vielmehr gerade umgekehrt davon abgehalten werden, eine unüberlegte Bindung einzugehen.

III. Grenzen der Vertragsfreiheit

Die zuletzt angestellten Überlegungen haben bereits deutlich gemacht, daß die Vertragsfreiheit nicht nur Licht-, sondern auch Schattenseiten aufweist. Nach einem Wort Otto von Gierkes (1841–1921) ist die Vertragsfreiheit geradezu eine furchtbare Waffe in der Hand des Starken und ein stumpfes Werkzeug in der Hand des Schwachen.[1] Damit die Freiheit nicht unversehens in Unfreiheit umschlägt, müssen daher Vorkehrungen getroffen werden, durch welche die Privatautonomie gezähmt wird, ohne jedoch aufgehoben zu werden.

1. *Unveräußerlichkeit der Person*

Ein wichtiger Punkt ist zunächst der, daß auch in einer Welt, in der alles zur Ware wird, die *Person selbst unveräußerlich* sein muß. Könnte sich der Vertragsschließende nämlich selbst verkaufen und damit das Subjekt der Vertragsfreiheit in seiner Person aufheben, so wäre die Vertragsfreiheit selbstzerstörerisch. Wenn die Freiheit auf Dauer Bestand haben soll, so muß sie im Kern unverfügbar sein.

Im Bürgerlichen Gesetzbuch gibt es keine Vorschrift, die sich hiermit ausdrücklich befaßt. Im allgemeinen werden solche Fragen jedoch bei § 138 I BGB thematisiert, der Rechtsgeschäfte, die „gegen die guten Sitten" verstoßen, für nichtig erklärt. Zu den „guten Sitten" in diesem Sinn gehören unter anderem diejenigen ungeschriebenen Verbotsnormen, die sich aus dem Sinnzusammenhang der Rechtsordnung als ganzer ergeben. Das Verbot, sich selbst in die Leibeigenschaft zu begeben, ist ein einleuchtendes Beispiel dafür. Das Problem weist aber noch einen anderen, subtileren Aspekt auf. Wenn die Freiheit des Einzelnen, also sein „Eigentum an sich selbst", letztlich darin besteht, daß er von seinen Kräften und Fähigkeiten nach Belieben Gebrauch machen kann, dann läuft auch die lebenslange Veräußerung der gesamten Arbeitskraft faktisch auf eine Selbstveräußerung in die Unfreiheit hinaus. Das wurde im

19. Jahrhundert relevant, als die grundherrschaftlichen Bindungen der Landarbeiter aufgehoben wurden und sich gleichzeitig die Gefahr abzeichnete, daß die gerade beseitigten Bindungen durch einen freien Arbeitsvertrag von neuem begründet wurden. Um eine so weitgehende „Verdingung" für alle Zukunft zu verhindern, wurde auf Betreiben Otto v. Gierkes eine Vorschrift in das Bürgerliche Gesetzbuch aufgenommen, wonach jeder langfristige Dienstvertrag von dem Verpflichteten nach dem Ablauf von fünf Jahren ohne weiteres gekündigt werden kann (§ 624 BGB). Das erinnert an die Regelung des Alten Testamentes, wonach jüdische Knechte im sogenannten Jobeljahr automatisch frei wurden[2]: auch hiernach sollte kein Stammesgenosse die Gesamtheit seiner Arbeitskraft ein für allemal weggeben können.

In der Praxis geht es heute kaum darum, daß sich jemand mit Haut und Haaren als ganzer veräußert. Das Problem der Selbstveräußerung stellt sich jedoch auf eine neue Weise. Wie soll etwa ein Vertrag beurteilt werden, in dem sich jemand zu einer Nierenspende oder auch nur zu einer Blutspende verpflichtet hat? Kann deswegen geklagt und gegebenenfalls vollstreckt werden? Oder was ist von einem Vertrag zu halten, durch den jemand seine Sexualität veräußert? Kann man sich beispielsweise durch eine „Zölibatsklausel" gegenüber seinem Arbeitgeber verpflichten, unverheiratet zu bleiben? Oder noch etwas anderes: kann man sich wirksam verpflichten, seine Religion zu wechseln oder nicht zu wechseln? Und wie verhält es sich insoweit mit politischen Parteien, mit Gewerkschaften oder anderen gesinnungsdominierten Verbänden?

In all diesen Fällen geht es im Grunde darum, was das Subjekt in seinem Kern ist, was genau ihm so ursprünglich angehört, daß es zur Erhaltung des freien Subjekts selbst unveräußerlich sein muß. Man kann darauf sicher keine für alle Zeiten und Kulturen verbindliche Antwort geben. Um überhaupt antworten zu können und nicht nur auf das Vorhandensein oder Fehlen von Gesetzen zu verweisen, muß man jedoch wissen, worauf die Frage nach der Wirksamkeit solcher Verträge letztlich zielt.

2. Die Voraussetzung gleicher Vertragsmacht

Wir haben oben festgestellt, daß die Vertragsbindung entscheidend dadurch legitimiert wird, daß der Vertrag seine Richtigkeitsgewähr in sich selbst trägt: Wo sich die unmittelbar Betroffenen selbst geeinigt haben, kann im Zweifel davon ausgegangen werden, daß sie eine angemessene Regelung vereinbart haben. Wie man aus leidvoller Erfahrung weiß, beruht diese Richtigkeitsvermutung allerdings auf der unausgesprochenen Voraussetzung, daß es sich um annähernd *gleich starke* und *gleichermaßen freie* Vertragspartner handelt. Dieses Gleichgewicht kann aber dadurch gestört sein, daß die eine Partei existentiell auf die Leistungen der andern angewiesen ist, die andere jedoch nicht:

zwischen einem Verdurstenden und einem Wasserhändler wird kaum je ein angemessener Vertrag zustande kommen. Ähnlich verhält es sich, wenn einer der Beteiligten dem andern aus sonstigen Gründen derart überlegen ist, daß der Unterlegene die Verhandlungsposition, die er formell innehat, in der Sache gar nicht nutzen kann. Im gleichen Maße, wie die Vertragsparität auf solche Weise gestört ist, muß auch der Vertrag selbst als ein Modell gerechter Regelung und Verteilung zweifelhaft erscheinen. „Die Gerechtigkeit", schreibt Nietzsche einmal, „nimmt ihren Ursprung unter ungefähr *gleich Mächtigen* ...: der Charakter des *Tausches* ist der anfängliche Charakter der Gerechtigkeit." „Gerechtigkeit", so fährt er fort, „ist also Vergeltung und Austausch unter der Voraussetzung einer ungefähr gleichen Machtstellung ..."[3] Wo es an dieser Voraussetzung fehlt, stellt das Privatrecht aus gutem Grund eine Reihe von Korrekturen zur Verfügung.

a) Marktpflege. Bis zum Beginn des 19. Jahrhunderts hat man vor allem versucht, die Angemessenheit der vertraglichen Gegenleistung mit Hilfe der Lehre vom *„gerechten Preis"* sicherzustellen. Wer von dem andern weniger als die Hälfte des Wertes der eigenen Leistung erhalten hatte, sollte den Vertrag rückgängig machen können, wenn der andere den Fehlbetrag bis zum vollen Wert nicht nachbezahlte. Diese Regelung ist in Österreich nach wie vor geltendes Recht (§ 934 ABGB). Wie man weiß, besteht die Crux der Lehre vom gerechten Preis jedoch darin, daß sich die „Gerechtigkeit" eines Preises zwischen freien Vertragspartnern kaum betragsmäßig bestimmen läßt. Die moderne Antwort auf das Problem des gerechten Preises ist daher eine andere: nämlich der *Markt.* Der Markt ist im Prinzip nichts anderes als ein Umschlagsort für Waren und Leistungen, wo sich jedermann seinen Vertragspartner frei aussuchen kann, wo er also von einem Anbieter zum andern *abwandern* kann. Wo Konkurrenz herrscht, findet eine „Abstimmung mit den Füßen" statt, und dies ist nach allen Erfahrungen die beste Gewähr dafür, daß angemessene Verträge zustande kommen. Dem *Wettbewerbsrecht* ist daher die Aufgabe zugewiesen, dafür zu sorgen, daß der Markt funktioniert und die Abstimmung mit den Füßen möglich bleibt. Die Mittel, die dafür zur Verfügung stehen, bestehen darin, Kartelle und marktbeherrschende Monopolbildungen zu verhindern, Verdrängungswettbewerb oder sonstige unlautere Methoden zu unterbinden u. ä. m.

b) Mitbestimmung. Wo man nicht abwandern kann oder wo die Abwanderung mit allzu großen Aufwendungen verbunden ist, läßt sich ein funktionierender Markt nicht herstellen. So verhält es sich namentlich im *Arbeitsrecht.* Häufig gibt es an einem Ort nicht so viele Arbeitgeber, daß von einem wirklichen Arbeitsmarkt die Rede sein kann. Daß es anderswo andere Arbeitsmöglichkeiten gibt, nützt dem Arbeitnehmer nur dann etwas, wenn er mobil ist. Das aber setzt die Bereitschaft voraus, die alte Wohnung aufzugeben und eine neue zu suchen, die Kosten des Umzugs auf sich zu nehmen, Verwandte und Freunde zu verlassen, Kinder mit anderen Schulsystemen zu konfrontieren usw. – alles Dinge, die dem Entstehen eines funktionsfähigen Arbeitsmarktes entgegenwirken. Im Arbeitsrecht hat sich daher ein anderes Verfahren gegen unangemessene Vertragsbedingungen herausgebildet: nicht abwandern, sondern dableiben und *mitbestimmen*. Im Ergebnis bedeutet dies nichts anderes als die kollektive Wahrnehmung von Arbeitnehmerinteressen gegenüber den Arbeitgebern, die ohne diese Vermittlung den einzelnen Arbeitnehmern hoffnungslos überlegen wären.

c) Dirigismus. Wettbewerbsrecht und kollektives Arbeitsrecht sollen den gestörten Marktmechanismus im Ergebnis wieder in Ordnung bringen. Diese Instrumentarien versagen jedoch, wo sich aus besonderen Gründen ein transparenter Markt überhaupt nicht herstellen läßt oder wo zwar ein Markt vorhanden ist, aber die Bevölkerung in hohem Maße an Unterversorgung leidet oder wo schließlich (wie etwa auf dem Wohnungsmarkt) eine Partizipation nicht organisiert werden kann. In solchen Situationen muß die Vertragsfreiheit äußerstenfalls durch *dirigistische* Maßnahmen eingeschränkt werden. So kommt es zum Beispiel in gravierenden Notzeiten zur Festsetzung von Höchstpreisen, zur Kontingentierung von Lebensmitteln oder zur Zwangsbewirtschaftung des Wohnraums. Einen ganz anders gearteten Eingriff sieht das Gesetz über Allgemeine Geschäftsbedingungen von 1977 vor, das seit 2002 in das BGB integriert ist. Im Bereich der Allgemeinen Geschäftsbedingungen, des sogenannten Kleingedruckten, konnte sich ein Wettbewerb deshalb nicht bilden, weil die meisten Kunden gar nicht in der Lage sind, die Allgemeinen Geschäftsbedingungen der verschiedenen Anbieter zu verstehen und zu bewerten. Das Gesetz über Allgemeine Geschäftsbedingungen hat daher die Dispositionsfreiheit über an sich disponible Normen eingeschränkt: bestimmte Vorschriften können danach nur noch durch Individualvereinbarungen, nicht aber durch vorformulierte Allgemeine Geschäftsbedingungen abgeändert werden. Dadurch soll verhindert werden, daß dem Kunden Vereinbarungen untergeschoben werden, die die Feuerprobe des Marktes nie bestehen mußten. Das moderne Verbraucherrecht hat darüber hinaus, wie bereits erwähnt, speziell für Verbraucherverträge, die zwischen einem Unternehmer und einem Verbraucher geschlossen werden, die Disposition über zahlreiche Regeln, die an sich disponibel sind, untersagt.

Diese Beispiele machen deutlich, daß die Vertragsfreiheit auf der ungeschriebenen Voraussetzung beruht, daß sie nicht wider Erwarten doch zu unangemessenen Verhältnissen führt. Wo die private Freiheit nicht nur kurzfristig, sondern auf Dauer in Unfreiheit umschlägt, muß ihr eine Grenze gesetzt werden. Das kann im Extremfall bis zum diktierten Vertrag gehen, der mit dem wirklichen Vertrag nur den Namen gemein hat.

§ 15 Zivilprozeß

I. Streitentscheidung durch Dritte

1. Klage statt Selbsthilfe

Der Vertrag eröffnet den Vertragspartnern die Möglichkeit, sich über alles, was ihrer Disposition unterliegt, zu einigen. Aber das schließt nicht aus, daß die Parteien in Streit geraten und sich *nicht* einigen. Daraus kann sich eine gefährliche Situation entwickeln. Denn wenn zwei Kontrahenten gleichermaßen davon überzeugt sind, im Recht zu sein, nach Lage der Dinge aber nur einer von ihnen recht haben kann, so muß jeder die Rechtsbehauptung des andern als einen Angriff auf sein eigenes Recht empfinden. Wenn etwa A dem B eine Sache verkauft und geliefert hat und dafür nachträglich den ausgemachten Preis fordert, während B ganz bestimmt glaubt, sich daran erinnern zu können, daß er längst bezahlt hat – was soll dann jeder von der Darstellung des andern halten? B wird zweifellos davon überzeugt sein, daß A sich den Kaufpreis auf diese Weise zweimal zu verschaffen sucht, A dagegen wird annehmen, daß B überhaupt nicht bezahlen will.

Die gleichsam natürliche Reaktion auf einen solchen „Angriff" besteht darin, „kurzen Prozeß" zu machen, die Sache also selbst in die Hand zu nehmen und sein gefährdetes Recht eigenmächtig gegen denjenigen durchzusetzen, der es scheinbar verletzt hat oder bedroht. Solange es keinen Staat gab oder solange es ihm jedenfalls an den erforderlichen Ordnungsmitteln fehlte, war die Selbsthilfe eine gängige Form der Rechtswahrung und Rechtsdurchsetzung. Wenn man sich im Konfliktfall nicht einigen konnte, erklärte man dem andern die Fehde und fiel mit Gewalt übereinander her. Der moderne Staat hat dieser archaischen Form der Konfliktlösung, bei der privat- und strafrechtliche Aspekte kaum voneinander unterschieden waren, ein Ende gesetzt. Man kann geradezu sagen, daß der Staat sich vor allem dadurch konstituiert hat, daß er *alle Selbsthilfe verboten* und für sich selbst das Gewaltmonopol in Anspruch genommen hat. Im Verlauf dieser Entwicklung ist die Selbsthilfe generell durch einen geordneten Prozeß vor staatlichen Gerichten ersetzt worden. Der Zugang zum Gericht, die *Möglichkeit zu klagen* und den Gegner mittelbar zwingen zu können, vor Gericht Rede und Antwort zu stehen, bildet seitdem eine *notwendige Ergänzung* des dem Einzelnen zustehenden *subjektiven*

Rechts. Denn wer sein Recht nicht selbst schützen darf, muß zum Ausgleich einen „Justizgewährungsanspruch" gegen den Staat haben. Andernfalls stünde sein Recht nur auf dem Papier.

In der Einleitung des preußischen Allgemeinen Landrechts von 1794 wurden diese beiden Grundsätze so zum Ausdruck gebracht: „Jeder Einwohner des Staates ist den Schutz desselben für seine Person und sein Vermögen zu fordern berechtigt. Dagegen ist niemand sich durch eigne Gewalt Recht zu schaffen befugt. Die Selbsthilfe kann nur in dem Falle entschuldigt werden, wenn die Hilfe des Staates zur Abwendung eines unwiederbringlichen Schadens zu spät kommen würde."[1] Im geltenden Recht ist das zwar nicht mehr mit derselben Deutlichkeit ausgesprochen. In der Sache jedoch beruht auch der moderne Zivilprozeß nach wie vor auf dieser Grundlage.

2. *Rechtsfeststellung und -durchsetzung durch Dritte*

Um genauer zu verstehen, worum es im Zivilprozeß geht, muß man sich zunächst einmal klarmachen, worum es bei der Selbsthilfe geht, die dadurch verdrängt worden ist. Die verbreitete Auffassung, wonach es sich bei der Selbsthilfe um ein bloßes „Faustrecht" handelt, bei dem die Beteiligten ohne Überlegung einfach zur Gewalt greifen, offenbart ein Mißverständnis. Als geborene Rechthaber wollen die Streitenden nicht nur faktisch die Oberhand behalten, sondern darüber hinaus auch recht haben. Jede Partei legt sich daher im Streitfall zunächst einmal die Frage vor, wer von den Beteiligten im Recht ist. Sie spielt also, und sei es auch noch so rudimentär, in Gedanken eine Art Gerichtsverfahren durch. Erst wenn sie dabei das Recht auf ihrer Seite, das Unrecht jedoch auf seiten ihres Gegners gefunden hat, entschließt sie sich, ihr Recht eigenmächtig durchzusetzen. Am Anfang jeder Selbsthilfe steht also ein „Urteil", das die betroffene Partei gleichsam als *Richter in eigener Sache* selbst gesprochen hat.

Um die Selbsthilfe abzulösen, genügte es daher keineswegs, nur die private Gewaltausübung zu verbieten. Vielmehr mußte auch der „private Rechtsfindungsprozeß", der der Gewaltanwendung vorgeschaltet ist, durch ein Verfahren ersetzt werden, in dem die maßgebliche Rechtsfeststellung nicht durch die Parteien, sondern *durch einen Dritten* erfolgt. Das war einer der bedeutsamsten Schritte in der Entwicklungsgeschichte des Rechts überhaupt. Mit der Einsetzung eines Dritten zum Richter über den Parteien erlangt das Recht eine neue Qualität: Es wird den unmittelbar Beteiligten im Konfliktsfall aus der Hand genommen und einem unbeteiligten Dritten anvertraut; auf diese Weise gilt es fortan unabhängig davon, ob die Parteien es wissen und wollen oder nicht. Man kann geradezu behaupten, daß erst mit der Einsetzung eines Gerichts von „Recht" im eigentlichen Sinn die Rede sein kann. Solange sich das

Recht ausschließlich nach dem Urteil der Betroffenen selbst bestimmt, besteht zwischen subjektiver Überzeugung und objektiver Geltung, zwischen Moral und Recht kein Unterschied.

Das Verfahren, das an die Stelle der archaischen Selbsthilfe getreten ist, ist im Privatrecht der *Zivilprozeß*. Er ist die dritte Säule des Privatrechts, denn ohne ihn stünden bei gleichzeitigem Selbsthilfeverbot alle subjektiven Privatrechte nur auf dem Papier. Näher besehen, weist der Zivilprozeß noch immer dieselbe Grobstruktur auf wie die Selbsthilfe, die er abgelöst hat. Ebenso wie man bei der Selbsthilfe eine „Rechtsfeststellung" und eine Rechtsdurchsetzung unterscheiden kann, besteht auch der Zivilprozeß aus zwei großen Teilen, denen eine vergleichbare Funktion zukommt: Im sogenannten *Erkenntnisverfahren* geht es darum, das umstrittene Recht zunächst einmal festzustellen; im *Zwangsvollstreckungsverfahren* dagegen geht es um die Durchsetzung der getroffenen Feststellung.

3. Die Formalisierung des Prozesses

Juristen fragen gewöhnlich nicht viel danach, wie die Parteien damit fertig werden, daß sie im Prozeß immer wieder ins Unrecht gesetzt werden, obwohl sie nach ihrem eigenen Urteil im Recht sind. Gleichwohl ist dies eine für das Funktionieren der Rechtsordnung überaus wichtige Frage. Was geschieht, wenn eine Partei sich mit dem Verlust ihres Rechts nicht abfinden kann, zeigt das Beispiel von Michael Kohlhaas: dann drohen Aufruhr und Empörung. Abwenden läßt sich dies nur durch ein Verfahren, das es erlaubt, die Niederlage auf eine andere, subtilere Weise zu kompensieren: Eine Partei, die definitiv unrecht bekommen hat, muß nach Maßgabe des dabei zugrunde gelegten Rechts *legitimerweise* daran glauben können, daß sie gleichwohl im Recht ist; sie muß also „ehrenhaft" verlieren und ihr Gesicht wahren können. Dies aber wird ihr vor allem durch die hochgradige *Formalisierung* des Prozesses ermöglicht.

a) Rechtskräftige Festschreibung. Am schärfsten äußert sich diese Formalisierung in der sogenannten *Rechtskraft*. Damit ist gemeint, daß das Ergebnis des Erkenntnisverfahrens ohne Rücksicht auf seine materielle Richtigkeit *formell festgeschrieben* wird. In jedem Rechtsstreit kann nach dem Erlaß eines Urteils von einem bestimmten Zeitpunkt an die Richtigkeit der Entscheidung nicht mehr in Frage gestellt werden: Das Urteil wird dann, wie es in der Fachsprache heißt, rechtskräftig. Die Rechtskraft ist die brutalste Formalgrenze, die das Recht kennt. Sie macht aus schwarz weiß und aus weiß schwarz und schneidet alle Einwendungen gegen die Richtigkeit des Urteils ab. Wer damit erstmals konfrontiert ist, stellt unwillkürlich die Frage, wie man eine solche

Regelung nur treffen konnte. Der erfahrene Praktiker des Rechts antwortet darauf so: Ungerechtigkeit muß sein, sonst kommt man zu keinem Ende. Wenn jeder mit der Behauptung, daß er dennoch und trotz allem im Recht sei, den Prozeß immer von neuem aufrollen könnte, käme niemand endgültig zu seinem Recht und das Ergebnis stünde immer erneut zur Disposition. Im Vergleich dazu erscheint es sinnvoller, den Streit der Parteien von einem bestimmten Punkt an formell zu beenden und eine Anfechtung der Entscheidung nicht mehr zuzulassen. In der preußischen Allgemeinen Gerichtsordnung war dies so begründet: „Die Ruhe und Ordnung in der bürgerlichen Gesellschaft gestattet es nicht, daß die Prozesse verewigt und die von dem Richter nach gesetzmäßiger Untersuchung anerkannten und festgestellten Rechte der Parteien unter irgendeinem Vorwande weiter angefochten werden."[2] Das aber heißt: Im Bewußtsein der streitenden Parteien mag es letztlich nur auf das materielle Recht ankommen; im Prozeß dagegen entscheidet in letzter Instanz das formelle Recht und damit die Rechtssicherheit.

Auf diese Weise drängt es sich geradezu auf, die Richtigkeit eines Urteils an zwei verschiedenen Maßstäben zu messen: einmal an der Art und Weise seines Zustandekommens, sodann aber auch an der „wahren Rechtslage". Wer vor Gericht unterlegen ist, kann sich daher immer noch sagen, daß er nur der Form nach ins Unrecht gesetzt wurde, in Wahrheit aber dennoch im Recht sei. Diese Unterscheidung machen sich viele Anwälte zunutze, wenn sie ihren Mandanten erklären müssen, warum sie den Prozeß nicht zu einem siegreichen Ende geführt haben, obwohl sie zunächst einen vollen Erfolg in Aussicht gestellt hatten. Aus formellen Gründen, heißt es dann etwa, habe man den Prozeß verloren; materiell gesehen jedoch sei das Urteil falsch, der Mandant daher nach wie vor im Recht. Damit kann man zur Not leben, vor allem dann, wenn dies ein allgemeines Schicksal ist.

b) Formalisiertes Rollenspiel. Ein zweiter Punkt ist der, daß der Prozeß die Parteien nicht mit ihrer ganzen Persönlichkeit erfaßt. Er läßt sie vielmehr nur in bestimmten, vorgeprägten *Rollen* auftreten: als Kläger oder Beklagter; der reale Mensch dagegen wird bei Gericht nicht eingelassen. Dementsprechend kommt im Prozeß nur das zur Sprache, was mit der jeweiligen Rolle vereinbar ist. Wer vor Gericht seine Lebensgeschichte erzählen wollte, würde sehr schnell darüber belehrt werden, daß dies „nicht hierhergehört". Zur Debatte stehen allein formale Positionen. Das mag man bedauern, weil dadurch zugleich auch die sozialen Konflikte außen vor bleiben, um die es insgeheim vielleicht geht. Der Vorzug dieses Vorgehens besteht jedoch darin, daß auch die Niederlage den Menschen nicht als ganzen, sondern nur in einer bestimmten, eng begrenzten Rolle trifft. Wer im Prozeß unrecht bekommt, muß deshalb noch lange kein Schurke sein: der Prozeß berührt ihn ja nur partiell.

Umgekehrt aber kann es sich bei dem Gegner sehr wohl um einen Schurken handeln, auch wenn er in diesem Fall vom Gericht recht bekommen hat. Auch dies erleichtert es sehr, die Niederlage zu bagatellisieren und ohne Gesichtsverlust zu ertragen.

II. Zivilprozeß und Privatautonomie

1. *Der Zivilprozeß als Schnittstelle privater und öffentlicher Interessen*

Bei der Ausgestaltung des Zivilprozesses kann sich der Gesetzgeber an zwei extremen Positionen orientieren. Das eine Extrem besteht darin, daß der Richter dem Streit der Parteien *nur zuschaut* und am Ende entscheidet, wer sich besser geschlagen hat. Dies war lange Zeit das Leitbild des englischen Zivilprozesses. Das andere Extrem geht dahin, daß der Richter *von sich aus nach dem Rechten schaut* und die Parteien ihm hierbei nur Hilfestellung leisten. Auf dieses Ziel hin war im Prinzip die preußische Allgemeine Gerichtsordnung von 1793 ausgerichtet. Tatsächlich ist keines dieser Extreme jemals in reiner Form verwirklicht worden. Dies wäre im Rahmen einer Privatrechtsordnung, die „Privates" und „Recht" gleichermaßen gewährleisten soll, auch gar nicht möglich. Alle wirklichen Zivilprozeßgesetze bewegen sich daher irgendwo zwischen diesen beiden Extremen.

Man kann aber noch einen Schritt weitergehen und sagen: im Zivilprozeß wird es ernst mit dem, was Privatrecht in Wahrheit bedeutet. Hier kreuzen sich die Interessen der Einzelnen, die in ihren privaten Verhältnissen von einer Einmischung Dritter nichts wissen wollen, und die Interessen des Staates an der Bewährung des objektiven Rechts. Der Zivilprozeß ist daher der Ort, wo sich zeigt, wie sich der Staat zur Privatautonomie wirklich verhält: ob er die Einzelnen im Prinzip frei schalten und walten läßt oder ob er sich fürsorgerisch und reglementierend in ihre Angelegenheiten einmischt. Wir haben den Zivilprozeß oben als eine der drei Säulen des Privatrechts bezeichnet. Das trifft zu: Wenn man den Zivilprozeß als eine dieser Säulen zunehmend verkürzt, gerät das darauf errichtete Gebäude insgesamt in eine Schieflage. Daß die beiden andern Säulen unverändert bleiben, ändert daran nicht das mindeste.

Leider wird dies nicht immer hinreichend deutlich gesehen. Dabei könnte schon ein kurzer Blick in die Prozeßrechtsgeschichte erhellend wirken. Bisher haben fast alle obrigkeitlich verfaßten Staaten dahin tendiert, auf dem Umweg über den Zivilprozeß reglementierend in das Privatrecht einzugreifen. Angefangen von der preußischen Allgemeinen Gerichtsordnung bis hin zur Zivilprozeßordnung der Deutschen Demokratischen Republik kann man so etwas wie eine „Verbeamtung" des Zivilprozesses beobachten. In allen Fällen stand dahinter die Vorstellung, daß auch das Privatrecht im Grunde nichts anderes sei als ein staatlicher Plan und daß deshalb der Prozeß dazu dienen solle, diesen Plan im Streitfall zu verwirklichen. Für Privatautonomie im eigentlichen Sinn, die sich bei der staatlichen Planverwirklichung aus der Sicht des Planers nur als Störfaktor auswirken kann, war daher auch im Zivilprozeß kein Platz vorgesehen.

Aber auch in der Bundesrepublik gibt es seit Jahren so etwas wie eine schleichende Erosion der Privatautonomie im Prozeßrecht. Die Vorstellung, daß die Parteien für „ihren" Zivilprozeß selbst die Verantwortung tragen, erfreut sich immer geringerer Beliebtheit. Statt dessen breitet sich der Wunsch aus, daß das Gericht dafür sorgen möge, daß niemand um sein Recht gebracht werde. Man spricht in diesem Zusammenhang gern vom „sozialen Zivilprozeß" und verdeckt damit, daß diese Tendenz auf lange Sicht zu einer allgemeinen Bevormundung führen muß, weil die Parteien nicht mehr als die eigentlichen Herren ihrer Angelegenheiten angesehen werden. Diese Entwicklung erscheint um so auffallender, als in öffentlichen Angelegenheiten der Ruf nach mehr „Bürgerbeteiligung" immer lauter wird. Irgendwie erinnert dieses Nebeneinander an eine verkehrte Welt: Einerseits werden die Bürger für unfähig erklärt, ihre *privaten* Interessen vor Gericht selbstverantwortlich zu besorgen; andererseits jedoch sollen sie in der Lage sein, in allen möglichen *öffentlichen* Angelegenheiten mitzureden und den Staat selbst in Prozesse zu verwickeln. Aber gegen den Geist der Zeit läßt sich nur schwer argumentieren.

Der juristische „Aufhänger" für die „Entprivatisierung" des Zivilprozesses ist bei all dem der, daß das Zivilprozeßrecht *der Form nach* zum *öffentlichen Recht* gehört: die Gerichte sind staatliche Behörden, und die Richter dürfen nicht nach eigenen Vorstellungen schalten und walten, sondern sind bei aller Unabhängigkeit an Gesetz und Recht gebunden. Das hat dazu geführt, daß der Zivilprozeß in besonderem Maße von öffentlich-rechtlichen Vorstellungen überlagert worden ist. Dabei hat man nicht immer hinreichend bedacht, daß die formelle Zuordnung zum öffentlichen Recht nichts daran ändert, daß im Zivilprozeß nicht um öffentliche, sondern *um private Rechte gestritten* wird, über Rechte also, die nur die Parteien selbst etwas angehen, nicht aber den Staat, der mit dem Zivilprozeß lediglich den formalen Rahmen zur Verfügung stellt, in dem dieser Streit auszufechten ist. Wo es zweifelhaft geworden ist, ob es private Rechte in diesem Sinn gibt, verliert der Zivilprozeß seine Grundlage und mit ihm das ganze Privatrecht. Aber auch das Umgekehrte gilt: Wo es private Rechte gibt und geben soll, darf sich kein Dritter – auch nicht der Staat – in den darüber geführten Streit im eigentlichen Sinn „einmischen"; denn eine solche Einmischung in den Prozeß würde nichts anderes bedeuten als eine Einmischung in das private Rechtsverhältnis selbst. Die entscheidende Frage des *Zivil*prozesses lautet daher: *Wie ist es möglich, daß ein Rechtsstreit vor einer öffentlichen Behörde als „Privatsache" geführt werden kann?* Im wesentlichen geht es dabei um Regelungen, die unter den Stichworten Dispositions- und Verhandlungsprinzip abgehandelt werden.

2. *Das Dispositionsprinzip*

Mit dem *Dispositionsprinzip* soll zum Ausdruck gebracht werden, daß allein die Parteien Herr über den Streitgegenstand sind: *Sie* bestimmen, *ob* überhaupt und wenn ja, *worüber* gestritten wird, und sie haben es zugleich in der Hand, das Verfahren in jedem Zeitpunkt so zu beenden, wie ihnen dies richtig erscheint.

Seinen sichtbarsten Ausdruck findet das Dispositionsprinzip darin, daß ein Zivilprozeß nur in Gang kommt, wenn einer der unmittelbar Beteiligten *Klage erhebt*. Das Gericht leitet einen Zivilprozeß nicht von Amts wegen ein. Es gilt vielmehr der Grundsatz: wo kein Kläger, da kein Richter. Anders als im Strafprozeß gibt es im Zivilprozeß grundsätzlich auch keine Behörde, die mit der Klageerhebung öffentlich betraut wäre. Wer ein Recht zu haben glaubt, muß vielmehr selbst tätig werden. Hat also A beispielsweise einen Schadensersatzanspruch gegen B, so ist es allein seine Sache, sich darum zu kümmern, daß er erfüllt wird. Ebenso wie A Zahlung verlangen oder darauf verzichten kann, muß er sich auch entscheiden, ob er die Sache vor Gericht bringt oder auf sich beruhen läßt. Das Prinzip der „Selbstbestimmung", wie es das materielle Privatrecht beherrscht, setzt sich auf diese Weise in den Prozeß hinein fort.

Je nach den Umständen kann das Erfordernis, daß der Berechtigte selbst Klage erhebt, sehr hart sein: Wenn A von B auf der Straße angefahren worden ist und schwer verletzt im Krankenhaus liegt, muß er nämlich ebenfalls in eigener Person Klage erheben, wenn B nicht von sich aus zahlt. Das Gericht kümmert sich um seine Ansprüche hier so wenig wie in jedem anderen Fall. Das ist die Kehrseite der freien Selbstbestimmung: Wer von staatlicher Einmischung frei sein will, kann nicht gleichzeitig eine staatliche Fürsorge erwarten. Überdies: woher sollte das Gericht auch wissen, ob A wirklich ein Anspruch gegen B zusteht? Es könnte ja auch so sein, daß nicht B, sondern A an dem Unfall schuld war und daher umgekehrt dem B Ansprüche gegen A zustehen.

Ebenso wie sich der Kläger entscheiden muß, ob er klagt, muß sich der Beklagte entscheiden, ob er sich gegen die Klage verteidigt oder den geltend gemachten Anspruch *anerkennt* (§ 307 ZPO) und sich *unterwirft*. Auch dies entspricht im Prinzip der materiellen Rechtslage: Der Schuldner kann zahlen oder sich weigern und es darauf ankommen lassen. Wenn er auf eine Forderung zahlt, die in Wahrheit gar nicht besteht, ist das seine Sache. Ebenso kann er im Prozeß einen Anspruch ohne Rücksicht darauf anerkennen, ob er begründet ist oder nicht. Wenn der Beklagte ein Anerkenntnis abgibt, ist der Rechtsstreit zu Ende. Das Gericht muß ihn dann verurteilen, auch wenn es insgeheim davon überzeugt ist, daß er gar nichts schuldet.

Ähnlich verhält es sich, wenn der Kläger auf den geltend gemachten Anspruch *verzichtet* (§ 306 ZPO). Er wird dann abgewiesen wiederum ohne Rücksicht darauf, ob der Anspruch nicht vielleicht doch besteht.

Wenn die Parteien sich verständigen, können sie den Prozeß auch einverständlich beendigen: sie können sich *vergleichen*, der Kläger kann seine Klage mit Zustimmung des Beklagten *zurücknehmen*, sie können aber auch ganz einfach die Sache für *erledigt erklären*. In all diesen Fällen darf das Gericht kein Urteil mehr erlassen.

3. Das Verhandlungsprinzip

Wesentlich umstrittener als das Dispositionsprinzip ist das *Verhandlungsprinzip*. Dabei geht es um folgendes: Um einen Schuldner verurteilen zu können, benötigt das Gericht in der Regel nicht nur einen entsprechenden Antrag, sondern auch *Tatsachen*, die diesen Antrag rechtfertigen. Bei der Urteilsfällung geht es nämlich darum, daß ein bestimmter „Fall" unter eine bestimmte Norm subsumiert wird. Erweist sich der Antrag im Hinblick auf diesen Fall als begründet, so wird der Klage stattgegeben; andernfalls wird sie abgewiesen. Die entscheidende Frage ist daher, wie das Gericht an die erforderlichen Tatsachen herankommt.

Im Prinzip sind hier zwei Wege denkbar, die durch die Begriffe Instruktions- und Verhandlungsprinzip schlagwortartig gekennzeichnet werden. Das *Instruktionsprinzip* besagt, daß das Gericht den Sachverhalt ohne Rücksicht auf das Verhalten der unmittelbar Beteiligten von Amts wegen erforscht. So verhält es sich zum Beispiel im Strafprozeß. Das Strafgericht versucht den Sachverhalt auch dann zu ermitteln, wenn sich der Angeklagte in Schweigen hüllt und die Aussage beharrlich verweigert. Anders dagegen das *Verhandlungsprinzip*. Damit ist gemeint, daß sich das Gericht von sich aus um den Sachverhalt nicht weiter kümmert, sondern es den Parteien überläßt, die erforderlichen Tatsachen beizubringen. So verhält es sich typischerweise im Zivilprozeß, denn dem Charakter eines *privaten* Rechtsstreits erscheint dieses Vorgehen angemessener zu sein: Worüber die Parteien streiten, soll nicht ein Dritter ermitteln; hier, wo es allein um *ihren* privaten Streit geht, sollen sie selbst sagen, worum es sich für sie handelt. Das, was sie selbst vortragen, ist der „Fall", den der Richter beurteilen soll; was sie nicht vortragen, geht das Gericht grundsätzlich nichts an.

Konsequent durchgeführt, zieht dieses Prinzip Folgen nach sich, die den juristischen Laien immer wieder überraschen, ja empören. Nehmen wir ein Beispiel: Angenommen, A vermißt 500 Euro und vermutet, daß B, einer seiner Mieter, die letzte Miete, die sich zufällig auf denselben Betrag beläuft, nicht bezahlt hat. Er kann es jedoch nicht genau feststellen, weil er nur eine nachlässige Buchführung unterhält. Wenn A die Sache gerichtlich klären lassen will, muß er den Antrag stellen, B zur Zahlung von 500 Euro zu verurteilen, und gleichzeitig Tatsachen behaupten, die diesen Antrag rechtfertigen. Er muß also sagen: B war kraft Mietvertrags zur Zahlung von 500 Euro verpflichtet, hat aber nicht gezahlt. Nur wenn A eine solche Behauptung aufstellt, wird sich das Gericht mit der Sache überhaupt befassen. Auch wenn A sich keineswegs sicher ist, darf er also nicht sagen: „*Vielleicht* hat B nicht gezahlt." Da das Gericht den Sachverhalt von sich aus nicht aufklärt, wäre eine Klage, die nicht auf eine bestimmte Behauptung gestützt ist, unschlüssig.

Stellt A daher eine schlüssige Behauptung auf, so ist es unter der Geltung des Verhandlungsprinzips Sache des B, sich damit einverstanden zu erklären oder nicht. Schweigt B, so wird er so angesehen, als habe er der Behauptung des A zugestimmt. Das Gericht geht dann ohne jede weitere Untersuchung von der Behauptung des A aus. Im Beispielsfall würde B daher verurteilt werden, selbst wenn er die 500 Euro in Wahrheit längst bezahlt hätte, ja selbst wenn er den Mietvertrag schon vor Monaten gekündigt hatte und längst ausgezogen war.

Anders ist es nur, wenn B die Behauptungen des Klägers *bestreitet*. Dann – und nur dann – muß darüber Beweis erhoben werden; für den weiteren Fortgang kommt es dann entscheidend darauf an, was das Beweisverfahren ergibt. Und anders ist es auch, wenn B sich mit eigenen *Einreden* verteidigt, wenn er zum Beispiel behauptet, A habe ihm die Miete gestundet oder erlassen. Schweigt A zu solchen Einreden, so muß das Gericht auch hier davon ausgehen, daß die tatsächlichen Behauptungen zutreffen, und die Klage abweisen. Erst wenn A bestreitet, kommt es auch darüber zur Beweisaufnahme.

Das Beispiel zeigt: Was die Parteien versehentlich oder absichtlich nicht vorbringen, bleibt unberücksichtigt; was sie versehentlich oder absichtlich nicht bestreiten, wird als wahr behandelt. Wenn sie etwas behaupten, was den Tatsachen nicht entspricht, so wird es dem Urteil gleichwohl ungeprüft zugrunde gelegt, falls der Gegner die Behauptung nicht bestreitet. Widerspricht der Gegner indessen einer wahren Behauptung, so darf diese nur dann zugrunde gelegt werden, wenn sie bewiesen werden kann, was keineswegs immer der Fall ist.

Das Verhandlungsprinzip ermöglicht es den Parteien daher, in vielerlei Weise auf den Sachverhalt einzuwirken, den das Gericht rechtlich zu beurteilen hat. Wegen der damit verbundenen Manipulationsmöglichkeiten hat Ernst Fuchs (1859–1929) einmal vom „durch und durch verlogenen Zivilprozeß" gesprochen.[3] Auch von anderer Seite her ist im Namen der „Wahrheitsfindung" immer wieder gefordert worden, den Einfluß der Parteien auf die Sachverhaltsfeststellung zurückzudrängen. Dem ist freilich zweierlei entgegenzuhalten. Einmal ist keineswegs gesagt, daß die Wahrheit nicht gerade dann am häufigsten ans Licht kommt, wenn man die Parteien in dieser Weise darum streiten läßt. Sodann aber ist das Verhandlungsprinzip nur ein Ausfluß davon, daß der Richter dem Streit der Parteien unbeteiligt gegenüberstehen soll. Ein Richter, der den Sachverhalt von Amts wegen aufklärt, gewinnt nach kurzer Zeit ein Interesse an der Sache selbst oder vielmehr: an einer der Parteien. Damit aber kann er nur schwer als „neutraler Dritter" angesehen werden.

III. Prozessuales Denken

1. Kampf um ein günstiges Urteil

Im Zivilprozeß erhalten die Parteien ihr Recht letztlich aus der Hand des Richters. Es genügt nicht, daß sie selbst von ihrem Recht überzeugt sind; ein Prozeß kann vielmehr allein dadurch gewonnen werden, daß eine Partei *den Richter* von ihrem Recht *zu überzeugen vermag*. Hat der Richter sein Urteil gefällt und ist es rechtskräftig geworden, so kommt es auf die wahre Rechtslage nicht mehr an. Das rechtskräftige Urteil ersetzt alle fehlenden Gründe und schneidet alle Einwendungen ab. Wer diesen Zusammenhang durchschaut hat, wird daher seine ganzen Anstrengungen darauf richten, ein günstiges rechtskräftiges Urteil zu erlangen. Etwas besseres kann ihm nicht passieren, mag er im Recht sein oder nicht.

Der zielgerichtete Blick auf das angestrebte Ergebnis bringt, konsequent durchgeführt, eine eigentümliche, rein „prozessuale" Betrachtungsweise hervor. Wenn es nämlich, um Recht zu bekommen, nicht darauf ankommt, daß man wirklich im Recht ist, sondern allein darauf, daß der *Richter glaubt*, daß man im Recht sei, dann muß sich das Interesse jeder Partei notwendig darauf konzentrieren, den Richter auf ihre Seite zu bekommen und für ihre Sicht der Dinge zu gewinnen. Nicht wer „wirklich" im Recht ist, ist dann das Entscheidende, sondern wer ein günstiges Urteil erlangt. Der versierte Prozessualist vollzieht daher nicht selten einen Perspektivenwechsel und denkt gleichsam „von hinten her". Er sagt nicht: Wenn ich im Recht bin, werde ich siegen, sondern: Wenn ich siege, bin ich im Recht. Folglich fragt er nicht mehr nach dem Recht an sich, sondern nur noch danach, wodurch er im Prozeß seine Erfolgsaussichten verbessern, diejenigen seines Gegners aber verschlechtern kann.

Ungeachtet aller beschwichtigenden Worte, die man darüber gesprochen hat, findet im Zivilprozeß daher nach wie vor ein *Kampf* statt, wenn auch nur ein Kampf um die Stimme des Richters. Gelingt es einer Partei, das Gericht in eine Lage zu versetzen, in der es ein günstiges Urteil für sie sprechen muß, hat sie gewonnen; gelingt es dem Gegner, so hat sie verloren. Der Zivilprozeß führt die Parteien in eine Situation, in der für eine vorübergehende Zeitspanne schlechthin alles zur Disposition steht. Je nachdem, wohin das Zünglein an der Waage sich neigt, wird über Sein und Nichtsein entschieden. Wer einen

Zivilprozeß führt, tut daher gut daran, nicht nur über sein Recht, sondern auch über sein Prozeßverhalten nachzudenken: wie er die Sache am geschicktesten anfängt, was er vorträgt und was er besser für sich behält, wie er dem Gegner prozessuale Hindernisse bereiten oder prozessuale Fallen stellen kann. Kurz: der Prozeß ist das Feld, auf dem wie nirgends sonst die *Taktik* gedeiht. Darüber sich aufzuregen, ist heuchlerisch; denn bisher hat sich noch jeder, der sich einen Rechtsanwalt nehmen mußte, nach Möglichkeit den geschicktesten ausgesucht. Schlecht, so kann man daraus schließen, ist immer nur die Taktik der andern Partei, niemals die eigene.

2. *Prozessuale Taktik*

Im Prozeß kann es auf diese Weise leicht zu einem Konflikt kommen zwischen den Anwälten auf der einen Seite und dem Richter auf der andern. Die Anwälte werden im Prozeß in der Regel bestrebt sein, die sich aus dem Verhandlungs- und Dispositionsprinzip ergebenden Möglichkeiten zugunsten ihrer Partei voll auszunutzen. Demgegenüber wird der Richter nicht selten das Bedürfnis verspüren, dem materiellen Recht, wie er es versteht, zur Geltung zu verhelfen und sich von den Anwälten nicht als Spielball benutzen zu lassen. In diesem Bestreben hat der Richter in obrigkeitlich verfaßten Staaten so gut wie immer den Gesetzgeber auf seiner Seite. Bekanntestes Beispiel ist auch insoweit Preußen. In Preußen wurden die Advokaten 1781 abgeschafft und durch beamtete Assistenzräte ersetzt, die lediglich die Funktion von Richtergehilfen hatten. Erst Jahrzehnte später, in einer Epoche der Liberalisierung, setzte sich die freie Advokatur durch.

Der Vorbehalt gegen die Anwälte, der hierin zum Ausdruck kommt, hängt damit zusammen, daß allein sie in der Lage sind, die dem prozessualen Denken innewohnende Rationalität zur Perfektion zu entwickeln. Das aber ist eine Rationalität, die dem schlichten Rechtsdenken des Bürgers geradezu ins Gesicht schlägt. Man kann sich das vielleicht am besten anhand einer alten Anekdote klarmachen, die in vielerlei Varianten überliefert worden ist:

Ein Bauer verklagt einen anderen vor Gericht auf Schadensersatz. Er behauptet, er habe dem andern eine Schüssel geliehen; dieser aber habe sie ihm mit einem Sprung darin zurückgegeben. Der Beklagte nimmt sich einen Anwalt, und dieser verteidigt ihn folgendermaßen: „Erstens hat mein Mandant von dem Kläger überhaupt keine Schüssel bekommen. Zweitens war der Sprung bereits darin, als er sie erhalten hat. Drittens schließlich hat er sie in heilem Zustand zurückgegeben."

Was dabei als eine Folge von Widersinnigkeiten erscheint, hat in Wahrheit einen raffinierten prozessualen Sinn. Übersetzt man das, was der Anwalt vorgetragen hat, in eine für den Laien verständliche Sprache, so zeigt sich folgendes: Das Bestreiten, die Schüssel erhalten zu haben, ist nichts anderes als die Aufforderung an den Kläger, dies gefälligst einmal zu beweisen. Mißlingt dieser Beweis, wäre die Klage bereits aus diesem Grund abweisungsreif; gelingt er dagegen, so wäre sie an sich begründet. Eben darauf zielt die zweite Verteidigung. Damit soll der Kläger darüber hinaus gezwungen werden, zu beweisen, daß er die Schüssel in unbeschädigtem Zustand ausgeliehen hat. Für den Fall, daß auch dieser Beweis gelingen sollte, wartet der Anwalt des Beklagten mit etwas ganz anderem auf. „Mein Mandant hat die Schüssel in heilem Zustand zurückgegeben" heißt nämlich nichts anderes als: „Ich behalte mir vor, für den Fall, daß dies bestritten wird, meinerseits Beweismittel anzubieten, und wenn wir Glück haben, werden die von uns benannten Zeugen unsere Behauptung bestätigen."

Heute bekämpft man solche Taktiken nicht mehr mit der Abschaffung der Rechtsanwälte, sondern damit, daß man die Parteien auf die *Wahrheit* verpflichtet hat: 1933 wurde in den Zivilprozeß die Wahrheitspflicht eingeführt (§ 138 I ZPO). Seitdem besteht Einigkeit darüber, daß die Parteien nicht mehr bewußt lügen dürfen und daß dies selbstverständlich auch ihren Anwälten untersagt ist. Aber auf so einfache Weise läßt sich die Taktik nicht aus dem Prozeß verbannen. Häufig wird eine Partei nämlich gar nicht genau wissen, wie sich die Dinge in Wirklichkeit abgespielt haben, sondern allenfalls Vermutungen anstellen. Das Lügenverbot hindert die Partei nicht, eine solche Vermutung in die Form einer Behauptung zu kleiden und darauf gestützt Klage zu erheben. Sie *muß* sogar so vorgehen, wenn sie Gehör finden und nicht sogleich abgewiesen werden will. Kommen aus ihrer Sicht mehrere Möglichkeiten in Betracht, wird sie sich daher ungeachtet der Wahrheitspflicht nach wie vor die günstigste auswählen.

In den modernen Lehrbüchern des Zivilprozesses ist über solche Taktiken wenig zu finden. Taktik und Rhetorik gehören zu den Dingen, die man in der Wissenschaft schamhaft verschweigt. Die Ideologie der Wahrheitsfindung, die die Prozeßrechtslehre beherrscht, läßt es offenbar nicht zu, daß man den Zivilprozeß wahrheitsgemäß darstellt. Wer wissen will, was man zu tun hat, um einen Prozeß zu gewinnen, und was man vermeiden sollte, um ihn nicht zu verlieren, ist daher immer noch gut beraten, sich zunächst einmal aus den rhetorischen Schriften Ciceros, der bekanntlich Anwalt war, mit Anregungen und Ratschlägen zu versorgen. Wer je als Partei selbst vor Gericht steht und der Gefahr ins Auge sehen muß, daß sein Recht durch die Eigendynamik des Prozesses zu Unrecht umgestempelt wird, wird über das, was er zur Wahrnehmung seines Rechts tun muß, aber vielleicht auch so nicht im Zweifel sein.

2. Abschnitt: Private Organisationen und Verbände

§ 16 Die Familie

I. Die Stellung der Familie im Rechtssystem

1. Traditionelle Grundlage des Gemeinwesens

Keine Gesellschaft kann auf Rechtsbeziehungen zwischen egoistischen Einzelnen reduziert werden; denn keine besteht nur aus gesunden Dreißigjährigen, die sich selbst genug sind und andere nicht brauchen. In jeder Gesellschaft gibt es Kinder, Kranke und Alte, die auf Zuwendung angewiesen sind, und es gibt ferner ein verbreitetes Bedürfnis nach Beziehungen, die sich in rechtlichen Austauschverhältnissen nicht erschöpfen. Die Familie ist derjenige Ort im Gemeinwesen, wo für diese und andere Bedürfnisse auf gleichsam natürliche Weise bisher gesorgt war. Die Familie schiebt sich zwischen den Staat und den Einzelnen als eine Ordnung eigener Art, die für eine Vielzahl von Aufgaben zuständig ist, welche die Möglichkeiten des Staates übersteigen. In der Familie ist die Reproduktion der nächstfolgenden Generation organisiert, denn noch bringt der Staat seine Bürger nicht selbst hervor. Die Familie nimmt den heranwachsenden Einzelnen in ihre Obhut, bevor sie ihn in die Gesellschaft entläßt, und sie verschafft ihm zugleich einen Rückhalt gegenüber den Stürmen des Lebens. Die Familie stellt daher die traditionelle Grundlage dar, auf der eine Gemeinschaft freier Staatsbürger bisher überhaupt möglich war.

2. Der Einzelne im Spannungsfeld zwischen Familie und Staat

Obgleich sich das rechtliche Wesen der modernen Familie erst aus einer Vielzahl von Rechtsnormen erschließt, ist die Familie wesentlich älter als der Staat. Sie ist derjenige Sozialverband, dem der Einzelne kraft Geburt und Erziehung *ursprünglich angehört* und aus dem er früher zeitlebens nie heraustrat. Die Sippe als Großfamilie war Eigentums-, Produktions- und Wehrgemeinschaft, Geschlechtsordnung, Hilfs- und Verteilungsorganisation und vieles mehr, kurz: umfassende Lebensordnung, neben der für konkurrierende Lebensordnungen wenig Raum war.

Das moderne Rechtssubjekt, das seine Verhältnisse in eigener Verantwortung selbst regelt, ist im historischen Rückblick erst dadurch möglich geworden, daß sich die alte, hierarchisch und patriarchalisch organisierte Familie stufenweise in ihre Mitglieder aufgelöst hat. Der Mensch in seiner Funktion als *selbständige Rechtsperson* ist daher gewissermaßen ein *Zerfallsprodukt der Familie*. Dieser Auflösungsprozeß konnte lange Zeit nur im kleinen Rahmen beobachtet werden: Im gleichen Maße, wie die Kinder mündig werden und aus ihrer Familie heraustreten, löst sich diese in einzelne Personen auf. Heute ist dieser Prozeß in eine weitere Dimension hineingewachsen. Die alten familiären Statusbeziehungen werden überhaupt aufgelöst, und es entstehen wandelbare, labile Gebilde, die nicht auf Autorität und Pietät, sondern auf Konsens beruhen und mit diesem zerbrechen.

Von dem Einzelnen wird dieser Prozeß häufig als Befreiung empfunden. Aber das ist vielleicht vorschnell geurteilt. Denn über dem auf diese Weise Emanzipierten wölbt sich nicht etwa der freie Himmel, sondern das Dach des alles unter sich subsumierenden Staates. Ein Blick zurück macht dies schnell deutlich: Bei Aristoteles war die despotische Struktur der Familie das notwendige Gegenstück zur freiheitlichen Struktur des Staates. Der Staat konnte auf Freiheit gebaut sein, weil alle erforderliche Herrschaft in die Familie, die auch die Sklaven umfaßte, verbannt war. Mit der Auflösung dieser privaten Herrschaft mußte die staatliche Herrschaft an ihre Stelle treten. Die Familie löst sich daher nicht ersatzlos auf. Sie hat zunächst ihre öffentlichrechtlichen Funktionen an den im Entstehen begriffenen Staat abgegeben und muß zur Zeit auch um ihre privatrechtlichen Funktionen bangen. Auf diese Weise steht sie in einem unaufhebbaren Spannungsverhältnis nicht nur zum Einzelnen, sondern auch zum Staat. Je stärker die Familie ist, desto schwächer ist die staatliche Gewalt über den Einzelnen und umgekehrt. Man kann die Entstehung des modernen Staates geradezu als Spiegelbild zum Funktionsverlust der Familie beschreiben. Im gleichen Maße, wie die von emotionalen Banden zusammengehaltene Familie sich auflöst, entsteht der Raum für eine rationale Regelung der Rechtsbeziehungen dieser Einzelnen zueinander. Dies ist zugleich der Raum, in dem sich der Staat entfaltet, indem er an die Stelle der natürlichen Ordnung eine künstliche, an die Stelle der Zuneigung das Recht und an die Stelle der familiären Zucht die politische Herrschaft setzt. Wer aus der Familie heraustritt, ist daher nicht schlechthin frei, sondern tritt zunächst einmal hinein in den Untertanenverband des Staates. Frei ist er nur in dem Maß, wie es ihm gelingt, sich die Freiheit auch innerhalb des Staates zu erringen.

3. Der Erosionsprozeß der Familie

Von allen sozialen Instituten ist die Familie derzeit am tiefgreifendsten in einem Wandel begriffen. War sie im 19. Jahrhundert noch vorwiegend ein „sittliches" Verhältnis, so ist sie unter dem Einfluß des Staates scheinbar zu einem Rechtsverhältnis neben anderen geworden. Bei dem Wort „Familie" denkt der moderne Jurist nicht mehr an Sitte und Sittlichkeit, sondern an das staatliche Familienrecht. Auf diese Weise wird die Familie heute vielfach auf derselben Ebene abgehandelt wie etwa ein Kaufvertrag oder eine Aktiengesellschaft. Sie beruht „rein rechtlich" gesehen nicht mehr in der Sicherheit eines von der Tradition geprägten Instituts, sondern im Konsens der Beteiligten und den darüber erlassenen Gesetzen. Die wichtigsten dieser Vorschriften beziehen sich auf die Regelung der geschlechtlichen Beziehungen, auf die Regelung der Vermögensverhältnisse zwischen Verheirateten und auf die Regelung des Verhältnisses zwischen den Generationen. Wer auch nur einen kurzen Blick darauf richtet, kann sich dem Eindruck nicht entziehen, daß er Zeuge eines Prozesses ist, in dem eines der zentralen Institute der menschlichen Gesellschaft sich auflöst, ohne daß bisher die Umrisse einer neuen Ordnung sichtbar geworden wären, welche die Funktionen der alten übernehmen könnte.

II. Die Regelung der Geschlechtsbeziehungen

1. Die monogamische Ehe

Kern der Familie ist die Geschlechts- und Lebensgemeinschaft zwischen Mann und Frau, den beiden Grundtypen der menschlichen Gattung. Mit rechtlichen Mitteln läßt sich davon nur die äußere Seite erfassen; die Liebe selbst vermag das Zwangsrecht nicht zu erreichen: Zuneigung läßt sich weder erzwingen noch verbieten. Man kann daher mit gutem Grund der Meinung sein, daß sich das Recht aus diesem sensiblen Bereich besser heraushalten sollte. Aber die weiteren Folgen, um die es dabei geht, erscheinen zu wichtig, als daß man sie dem freien Belieben der unmittelbar Beteiligten überlassen könnte. Immerhin geht es bei diesen Folgen um nichts Geringeres als um die Reproduktion und Erziehung der künftigen Generation, also um die Zukunft und das Fortleben der Nation selbst. Dies ist der Grund, warum das Recht jedenfalls eine Rahmenordnung zur Verfügung stellt, in der sich das Zusammenleben von Mann und Frau entfalten soll. In unserem Kulturkreis ist dies die monogamische Ehe.

Dabei ist das *staatliche* Eherecht als solches eine relativ junge Erscheinung. Jahrhundertelang fiel das Eherecht in den Zuständigkeitsbereich der Kirche. Nach der Glaubensspaltung im 16. Jahrhundert, als die Eingehung einer wirksamen kirchlichen Ehe nicht mehr für jedermann gewährleistet war, kam es erstmals zu Ansätzen einer rein staatlichen Zivilehe. In Deutschland ist die Zivilehe aber erst seit 1875 allgemein geltendes Recht. Anlaß für ihre Einführung waren langjährige Auseinandersetzungen um die Zulässigkeit konfessioneller „Mischehen", die den Staat schließlich zum Eingreifen zwangen. In der Sache hat sich die Verweltlichung des Eherechts zunächst nur wenig ausgewirkt, denn auch der Staat ließ sich bei seiner Gesetzgebung und Rechtsprechung durchaus von dem überkommenen Ehebild der Kirche leiten. Erst in unserer Zeit ist aus der Ehe etwas prinzipiell Neues geworden. Aber das hat andere Gründe.

2. Vertragliche und institutionelle Ehelehren

Daß jedermann frei ist, mit jedem Angehörigen des anderen Geschlechts eine Ehe einzugehen, gehört zu den großen Freiheiten des Privatrechts. Obgleich die Reproduktion des Nachwuchses von höchster Bedeutung für das Gemeinwesen ist, stellt sie nach unserer Auffassung, nach der das Individuum im Mittelpunkt steht, eine reine Privatangelegenheit dar. Ihren äußeren Ausdruck findet die Eheschließungsfreiheit darin, daß die Ehe in der *Form eines Vertrages* begründet wird: Ohne gegenseitige Zustimmung vor einem zuständigen Beamten kommt keine Ehe zustande; dieser Konsens reicht auf der anderen Seite aber auch aus, selbst wenn alle Vernunftgründe dagegen sprechen.

Ob die Ehe nicht nur der Form, sondern auch dem *Inhalt* nach ein Vertrag ist, war lange Zeit Gegenstand eines heftigen Streits. Nach Auffassung der Aufklärungsphilosophie war die Ehe ein Vertrag wie jeder andere, der sich nur durch seinen besonderen Gegenstand auszeichnete. Ihren klassischen Ausdruck hat diese Auffassung bei Kant gefunden, nach dessen Definition die Ehe nichts anderes ist als „die Verbindung zweier Personen verschiedenen Geschlechts zum lebenswierigen wechselseitigen Besitz ihrer Geschlechtseigenschaften".[1] Das Gegenmodell dazu ist die *institutionelle* Auffassung, wonach die innere und äußere Ordnung der Ehe den Ehepartnern im wesentlichen vorgegeben ist und sich einer willkürlichen Veränderung entzieht. So heißt es etwa in der Eheenzyklika „Casti connubii" von 1930, das Wesen der Ehe sei „der menschlichen Freiheit vollständig entzogen, so daß jeder, nachdem er einmal die Ehe eingegangen ist, unter ihren von Gott stammenden Gesetzen und wesentlichen Eigenschaften steht".[2] Solche Vorstellungen finden sich nicht nur im katholischen Eherecht; sie ergeben sich vielmehr aus dem institutionellen Denken als solchem. Auch der junge Karl Marx hat unter dem Einfluß Hegels im Prinzip den gleichen Standpunkt vertreten: „Niemand wird gezwungen, eine Ehe zu schließen; aber jeder muß gezwungen werden, sobald er eine Ehe schließt, sich zum Gehorsam gegen die Gesetze der Ehe zu entschließen."[3]

Hinter dem institutionellen Ehebild steht letztlich der Gedanke, daß sich die Ehepartner zu einer *Einheit* von neuer Qualität verbinden. Die Ehe erscheint dabei gewissermaßen als eine Organisation, die nach außen hin geschlossen auftritt und nur in ihrem Inneren aus zwei selbständigen Personen besteht. Vor dem Hintergrund der patriarchalischen Ehe, wie sie bis vor wenigen Jahrzehnten bestanden hat, war dieser Gedanke leicht durchzuführen. Dem Mann war danach die Außenvertretung zugewiesen, ähnlich wie eine juristische Person durch ihren Vorstand vertreten wird, während die Frau im wesentlichen nur für den Innenbereich zuständig war. In äußerster Schroffheit war dieser Gedanke in der Ehelehre Johann Gottlieb Fichtes durchgeführt. „Indem der Staat die Ehe ... anerkennt", schrieb Fichte 1797, „tut er Verzicht darauf, das Weib von nun an als eine juridische Person zu betrachten. Der Mann tritt ganz an ihre Stelle; sie ist durch ihre Verheiratung für den Staat ganz vernichtet ... Der Mann wird ... ihr rechtlicher Vormund; er lebt in allem ihr öffentliches Leben; und sie behält lediglich ein häusliches Leben übrig."⁴ Einprägsamer, da von lakonischer Kürze, war das englische common law: „Husband and wife are one and the husband is that one." All das scheint heute für viele unfaßbar weit zurückzuliegen. Man braucht sich aber nur daran zu erinnern, daß diejenigen Teile des überkommenen Familienrechts, welche die überkommene Rollenverteilung gesetzlich festgeschrieben hatten, erst am 31. März 1953 außer Kraft getreten sind (Art. 117 I GG), um zu ermessen, was für eine stürmische Entwicklung in den letzten Jahrzehnten stattgefunden hat.

3. Ehebild im Wandel

Treibende Kraft dieser Entwicklung war vor allem der Gedanke der *Gleichberechtigung*. Durch ihn wurde das überkommene Ehemodell bis auf wenige Reste auseinandergesprengt. Die vollkommene Gleichstellung der Geschlechter ist indessen nur gleichbedeutend mit der Beseitigung der alten Ordnung, beinhaltet aber noch keine neue. Auf diesem Gebiet ist daher nach wie vor vieles in Bewegung. Die Ehe als Rechtsform stellt heute nicht mehr die äußere Einheit einer inneren Zweiheit dar, sondern ist auch nach außen hin eine Zweiheit von Mann und Frau, die prinzipiell gleiche Rollen für sich in Anspruch nehmen. In der Regel ist die moderne Ehe eine Doppelverdienerehe. Ihr Zweck besteht immer weniger darin, sich gemeinsam Kinder, sondern darin, sich gemeinsam Vermögen anzuschaffen und sich etwas zu leisten. Hand in Hand damit sind die überkommenen Scheidungshindernisse abgebaut worden. Nach dem Wortlaut des Gesetzes wird die Ehe zwar immer noch auf Lebenszeit geschlossen (§ 1353 I 1 BGB); tatsächlich aber kann sie heute ohne jeden Grund aufgekündigt werden. Die Ehe ist damit zu einem Rock geworden, den man ausziehen kann, wenn er einem nicht mehr gefällt. Als letztes

Relikt der ehemaligen Einheit ist schließlich selbst der gemeinsame Name entfallen: beide Ehepartner können heute denselben Namen führen, wie wenn sie nicht verheiratet wären. In vielen Fällen reduziert sich die Ehe daher auf eine vertraglich begründete Konsum- und Schlafgemeinschaft.

Um den wirklichen Zustand des Eherechts zu erkennen, muß man aber noch einige andere Entwicklungen in die Betrachtung miteinbeziehen. Ursprünglich war die Unterscheidung zwischen *ehelichen* und *nichtehelichen* Geschlechtsbeziehungen durch eine Vielzahl von gesetzlichen Vorschriften festgeschrieben, die mittlerweile sämtlich dem Rotstift des Gesetzgebers zum Opfer gefallen sind. So wurde vor allem die traditionelle Zurücksetzung der nichtehelichen Kinder aufgehoben und damit zugleich die „freie Liebe" gesetzlich aufgewertet. Die polizeilichen und strafrechtlichen Vorschriften gegen das Konkubinat wurden beseitigt und ebenso auch die Strafbarkeit des Ehebruchs selbst. Von größtem Einfluß aber war die Ausbreitung der „faktischen Lebensgemeinschaft". Sie geht auf mehrere Ursachen zurück. Einmal ist mit der Perfektionierung der Geburtenkontrolle die rechtliche Absicherung einer Geschlechtsbeziehung nicht mehr in demselben Maß wie früher erforderlich. Sodann aber ist das staatliche Eherecht in vieler Hinsicht allmählich so ausgestaltet worden, daß es gegenüber bindungsfreundlichen wie bindungsfeindlichen Menschen gleichermaßen abschreckend wirkt. Zuletzt schließlich hat das Recht diejenigen Schranken, die eine Flucht aus der Ehe in die nichteheliche Lebensgemeinschaft bisher verhindert hatten, selbst aufgehoben. Seitdem der Damm einmal gebrochen ist, gibt es kein Halten mehr. Innerhalb weniger Jahre ist die nichteheliche Lebensgemeinschaft bis hinauf in die höchsten Kreise zur sozial voll akzeptierten Lebensform geworden. Die überkommene Ehe befindet sich im Vergleich dazu so sehr auf dem Rückzug, daß der Tag nicht mehr fern erscheint, wo man die Frage stellen muß, ob nicht die „nichteheliche" Lebensgemeinschaft zur wirklichen Form der modernen Ehe geworden ist, während die staatliche Zivilehe ein Relikt aus vergangenen Zeiten darstellt, dessen Tage gezählt sind. Lediglich auf seiten der Homosexuellen erfreut sich die „Eingetragene Lebenspartnerschaft", die der Ehe aufs Haar gleicht, großer Zustimmung, dies allerdings mehr aus ideologischen Gründen. Wie lange noch ganz andere Lebensformen zurückgedrängt werden können, die durch das überkommene Ehemodell ebenfalls ausgeschlossen wurden, muß die Zukunft erweisen.

4. Zukunftsperspektiven

Auf einem wiederum anderen Blatt steht, wie lange die Reproduktion des Nachwuchses, die bisher auf scheinbar natürliche Weise geregelt war, dem organisierten technologischen Zugriff entzogen werden kann. Was die Menschen technisch tun können, das tun sie gewöhnlich auch, wenn sie nicht durch Tabuisierung bestimmter Bereiche daran gehindert werden. In der Vergangenheit waren die einschlägigen Tabus so stark, daß sie eine offene Diskussion dieser Fragen verhindert haben. Seit einiger Zeit jedoch ist insoweit eine dramatische Veränderung zu beobachten. Die Fundamente, auf denen unsere Tabus beruhen, sind brüchig geworden. Womöglich kommen eines Tages äußere Umstände hinzu, die zusätzliche Handlungszwänge schaffen. Dann stehen im Verhältnis der Geschlechter zueinander, ja der Menschen überhaupt vielleicht wesentlich einschneidendere Änderungen bevor, als wir sie in der Vergangenheit erlebt haben.

III. Ehevermögensrecht

Die Ehe hat indessen nicht nur eine personen- und statusrechtliche, sondern auch eine vermögensrechtliche Seite. Diese zeigt sich, wenn man die Frage stellt, ob nur das Bett gemeinsam ist und die Kasse getrennt bleibt oder ob das Vermögen des einen, nachdem er geheiratet hat, künftig auch dem anderen gehört. Es ist eine auffallende Erscheinung, daß die Einheit der Ehe, die im statusrechtlichen Bereich weitgehend zerbrochen ist, sich ausgerechnet in Vermögensfragen erhalten hat. Mehr noch: Man kann geradezu sagen, daß sie hier niemals in einem solchen Maße vorhanden war wie heute.

1. Zugewinngemeinschaft

Was zunächst die Eigentums- und Vermögensverhältnisse im engeren Sinn angeht, so haben es die Ehepartner in der Hand, sich vorab zu einigen, wie sie es damit halten wollen. Insoweit herrscht auch im Eherecht wenigstens dem Grundsatz nach Vertragsfreiheit. Häufig wird jedoch kein Ehevertrag geschlossen. Für diesen Fall – praktisch also für den Regelfall – sieht das geltende Recht die sogenannte *Zugewinngemeinschaft* als gesetzlichen Güterstand vor. Im Ergebnis wird dadurch das Vermögen eines jeden im Interesse des jeweils anderen weitreichenden Bindungen unterworfen.

Formell bleibt zwar jeder der alleinige Inhaber seines Vermögens, und was er hinzuerwirbt, erwirbt er im Zweifel allein für sich. Bei der Scheidung jedoch hat es mit dieser Gütertrennung ein Ende. In diesem Fall wird der Vermögenszuwachs, den jeder während der Ehe erzielt hat, nämlich zusammengezählt und durch zwei geteilt; der „Zugewinn" wird also als gemeinsames Vermögen beider behandelt. Die eheliche Wohnung und ihre Einrichtung kann sogar überhaupt ohne Rücksicht auf die Eigentumsverhältnisse dem anderen Teil zur Nutzung zugewiesen werden. Auf diese Weise kann das eheliche Heim selbst dann noch aufrechterhalten werden, wenn die Ehe längst gescheitert ist.

III. Ehevermögensrecht   207

Aber auch schon während des Bestehens der Ehe sind die Ehepartner in der Disposition über ihr Vermögen nicht frei. Wer im Güterstand der Zugewinngemeinschaft lebt, darf über sein Vermögen im ganzen nur mit Zustimmung seines Ehepartners verfügen. Besteht das Gesamtvermögen beispielsweise aus einem Haus, so darf dieses Haus nur verkauft werden, wenn der andere damit einverstanden ist. Mit dem Hausrat verhält es sich ähnlich: Wem die Einrichtung der ehelichen Wohnung gehört, mag zwar formell Alleineigentümer sein; ohne Zustimmung des andern kann er jedoch nichts veräußern.

2. Versorgungsausgleich

Auf einem ähnlichen Prinzip wie der Zugewinnausgleich beruht auch der *Versorgungsausgleich*, der 1977 neu eingeführt wurde. Damit hat es folgende Bewandtnis: Formell stehen auch die Anwartschaften auf spätere Renten oder Pensionsansprüche allein demjenigen zu, der sie durch seine Leistungen erworben hat. Auch während der Ehe erwirbt daher jeder seine eigenen Versorgungsanwartschaften. Wird die Ehe geschieden, so werden die während der Ehe erworbenen Anwartschaften beider Ehepartner jedoch hälftig geteilt. Das bedeutet im Grunde nichts anderes, als daß der Ehepartner mit den geringeren Anwartschaften unter Umständen viele Jahre nach der Scheidung noch an der Rente des anderen beteiligt wird. Während das Gesetz, solange das Bett gemeinsam ist, das Prinzip der getrennten Kassen verfolgt, stellt es also auch hier, nachdem das Bett getrennt ist, in gewissem Umfang eine gemeinsame Kasse her.

3. Unterhaltsrecht

Den Gipfel der Paradoxie aber erreicht man erst im *Unterhaltsrecht*. Während der Ehe ist jeder Partner verpflichtet, zum gemeinsamen Unterhalt beizutragen; nach der Scheidung soll sich dagegen jeder selbst versorgen, soweit er dazu in der Lage ist. Das klingt einleuchtend, denn wo die Ehe grundlos aufgekündigt werden kann, wäre es widersprüchlich, dem, der es an ehelicher Solidarität hat fehlen lassen, Ansprüche auf nacheheliche Solidarität des anderen Teils einzuräumen. Tatsächlich jedoch erlischt der Unterhaltsanspruch des Ehepartners, der über das geringere Einkommen verfügt, nur scheinbar. In Wahrheit gibt es nämlich so viele Ausnahmen, daß die Ausnahme oft genug die Regel darstellt. Wer mehr verdient, muß daher seinen geschiedenen Ehepartner auch in Zukunft an seinem Einkommen beteiligen. Die moderne Ehe ist somit dem personenrechtlichen Band nach jederzeit auflösbar; in ihren unterhaltsrechtlichen Folgen dagegen wird sie vielfach auf Lebenszeit geschlossen. Wo die Ehe als Lebens- und Geschlechtsgemeinschaft auseinanderfällt, kann sie nach dem Ermessen des Gerichts vermögensrechtlich auf Dauer gestellt werden. Einen solchen Widerspruch hat sich bisher noch kein anderer Gesetzgeber geleistet.

Freilich ist nicht zu übersehen, daß die vermögensrechtlichen Folgen der Scheidung in vielen Fällen als faktisches Scheidungshindernis fungieren. Wer eine Scheidung im Ergebnis nicht bezahlen kann, ist gezwungen, an der Ehe festzuhalten, auch wenn die Scheidung „rein rechtlich" noch so leicht ist. Ob dies dem Institut der Ehe zugute kommt, erscheint aber zweifelhaft. Gerade die vermögensrechtlichen Folgen der Scheidung bei gleichzeitiger freier Aufkündbarkeit sind nämlich für viele ein Grund, sich auf eine Ehe gar nicht mehr einzulassen, sondern sich mit einer nichtehelichen Partnerschaft zu begnügen.

IV. Das Verhältnis zwischen den Generationen

Die Familie ist nicht nur ein Ort der Gemeinschaft von Mann und Frau, sondern auch ein Ort der Gemeinschaft der Eltern mit ihren Kindern. Ähnlich wie die Ehe stellt auch das *Eltern-Kind-Verhältnis* eine Beziehung dar, die sich im Kern einer rechtlichen Regelung weitgehend entzieht. Auf lange Sicht kann das Recht mit seinen Zwangsnormen auch in diesem Bereich wenig bewirken, wohl aber vieles zerstören. Gleichwohl ist die Ausgestaltung dieses Verhältnisses für die Zukunft jedes Gemeinwesens von fundamentaler Bedeutung; denn die Folgen des generativen und edukativen Verhaltens können sich auf lange Sicht zu Staatskrisen auswachsen. Daß die Familie die Keimzelle des Staates darstellt, hört man heute nicht mehr gern. Desungeachtet ist dieser Satz richtig; denn noch immer geht der Staat von morgen nicht aus irgendwelchen Staatstheorien, sondern aus der realen Familie von heute hervor.

Im Verlauf der Umbrüche, die sich im letzten Jahrhundert vollzogen haben, hat auch das Eltern-Kind-Verhältnis tiefgreifende Änderungen erfahren. Diese Entwicklung ist gegenwärtig noch keineswegs abgeschlossen, ihre eigentliche Dramatik steht vielleicht erst noch bevor. Von den daraus resultierenden Problemen kann man sich freilich erst dann ein Bild machen, wenn man weiß, was die Familie in der Vergangenheit einmal war, was sie gegenwärtig noch ist und welche Spannungen in diesen Veränderungen angelegt sind.

1. *Externalisierung der Erziehung*

Die traditionelle Aufgabe der Familie war die *Erzeugung* sowie die *Versorgung und Erziehung der Kinder* bis zu dem Zeitpunkt, wo sie selbständig werden und allein für sich sorgen können. Entsprechend der überkommenen Zuständigkeitsverteilung, wonach der Mann für die Außenbeziehungen, die Frau dagegen für die Versorgung des Hauses zuständig war, war die Kindererziehung in weitem Umfang Sache der Frau. Erst mit zunehmendem Alter der Kinder trat auch der Mann als Erzieher in Funktion. Diese Organisation wird heute vielfach kritisiert, hatte aber durchaus auch positive Effekte. Die Doppeleigenschaft, die jedem Menschen zukommt, nämlich Egoist und Altruist gleichermaßen zu sein, wurde dabei der jungen Generation durch eine rollenspezifische Verteilung auf zwei Leitbilder anschaulich vor Augen geführt: der Vater als Repräsentant des Aktivismus, des Egoismus und der instrumentellen Rationalität, die Mutter dagegen als Vertreterin des Altruismus, der Opferbereitschaft und der Empathie. Jedes Kind wurde für eine dieser Rollen erzogen, konnte aber beide als gleich wichtig erfahren, hatte daher im Zweifel Verständnis für beide und war von Anfang an vertraut mit der Widersprüchlichkeit des menschlichen Wesens. Auch in anderer Hinsicht reichte diese Art der Erziehung aus, um das im Leben erforderliche Erfahrungswissen an die nächste Generation weiterzugeben; denn der Wissensbestand, auf den es ankam, war überschaubar und veränderte sich nur langsam.

Im Verlauf des in den letzten Jahrhunderten erfolgten Modernisierungsschubs sind die Anforderungen an die Erziehung und Ausbildung junger Menschen indessen derart gewachsen, daß die Familie allein damit hoffnungslos überfordert wäre. Die Eltern verfügen heute weder über die Zeit, welche die Vermittlung des erforderlichen Wissens beansprucht, noch über dieses Wissen selbst. Mit der Mobilisierung aller Verhältnisse hat sich auch die „Halbwertszeit" des Wissens verkürzt, so daß das Wissen der Eltern in der Lebens- und Arbeitswelt ihrer Kinder zunehmend an Wert verliert. Schon die Einführung der allgemeinen Schulpflicht ist ein unübersehbares Zeichen dafür, daß die Familie einen Teil ihrer traditionellen Funktionen an den Staat abgeben mußte. Dieser Teil hat mit dem Ausbau des öffentlichen Schul- und Bildungssystems einen immer größeren Umfang gewonnen.

Die Verlagerung von Erziehungsfunktionen aus der Familie heraus hat aber noch eine andere Ursache. Die *berufliche Gleichstellung der Frau*, der die Erziehung bisher im wesentlichen anvertraut war, ist nämlich nur möglich, wenn die Erziehung auch noch in anderer Hinsicht „vergesellschaftet" wird. Kinderkrippen, Tages- und Betreuungsstätten, bei denen die Kinder morgens abgeliefert und abends wieder abgeholt werden, lösen daher auch die häusliche Früherziehung langsam ab. In der modernen Doppelverdienerehe bekommen sich Eltern und Kinder häufig nur abends und über das Wochenende zu Gesicht. Das eigentliche Leben vollzieht sich zunehmend außer Haus. Im Haus selbst findet man sich dann nur noch zur Konsumtion und zur Entlastung von psychischen Zwängen zusammen, die durch die Rationalisierung und Technisierung der sozialen Außenwelt hervorgerufen werden.

An die Stelle der unmittelbaren Versorgung durch die Eltern ist im Laufe der Zeit deren Pflicht getreten, die Kosten der externen Erziehung und Ausbildung entweder ganz oder doch zu einem erheblichen Teil zu bezahlen. Diese *finanziellen Unterhaltslasten* haben heute ein Ausmaß angenommen, von dem man sich in früheren Epochen nicht träumen ließ. Die Ausbildungszeiten sind im Verlauf der letzten hundert Jahre geradezu ins Groteske gestiegen. Ein Studium bis zum dreißigsten Lebensjahr ist heute keine Seltenheit mehr. Im Gegensatz zu früher betrifft das auch nicht nur einige wenige Familien; im Jahr 1993 überstieg die Zahl der Studenten vielmehr bereits die Zahl der Lehrstellen. Während das preußische Allgemeine Landrecht aus Rücksicht gegenüber dem Vater einmal vorsah, daß dieser wider seinen Willen niemals genötigt werden sollte, dem Sohn die Kosten eines Studiums zu bezahlen[5], ist diese Pflicht bei gestiegenen Kosten heute zu einer Massenerscheinung geworden. Mehrere Kinder zu haben ist daher mittlerweile der sicherste Weg in die relative Armut. Diese Entwicklung führt aber auch deshalb zu absurden Folgen, weil die Eltern auch selbst länger in der Ausbildung stehen und daher die Kinder immer später bekommen. Bei umfassender Ausbildung ihrer Kinder müssen sie daher häufig bis ins Rentenalter Unterhalt zahlen, kommen also nie in den ungeschmälerten Genuß ihrer eigenen Arbeitseinkünfte.

2. Alter und neuer Generationenvertrag

Die volle Bedeutung dieses Wandels zeigt sich erst, wenn man eine andere Änderung in die Betrachtung miteinbezieht. Noch bis ins letzte Jahrhundert hinein waren Kinder eine Investition in die eigene Zukunft. Das kommt in idealisierter Weise sehr schön in einer alten Anekdote zum Ausdruck: Ein Landmann wird gefragt, wie er seine Einkünfte aufteile, und gibt darauf folgende Antwort: Ein Drittel für die Schuldentilgung, ein Drittel für den Lebensunterhalt und ein Drittel für die Zukunftssicherung. Auf die Frage, was er mit Schuldentilgung und Zukunftssicherung meine, erläutert er: „Die Schuldentilgung ist der Unterhalt für die Eltern, und die Zukunftssicherung sind die Ausgaben für die Kinder". Aus der Sicht des Einzelnen war das eine sinnvolle Organisation. Die Eltern erzogen die Kinder, und die Kinder versorgten später die Eltern, und zwar Mütter und Väter gleichermaßen. Last und Vorteil der Elternschaft hielten sich langfristig die Waage, und in vielen Teilen der Welt ist dies nach wie vor der Fall.

In Deutschland hat man dagegen einen anderen Weg beschritten. Zwar sind die Kinder ihren bedürftigen Eltern nach wie vor zum Unterhalt verpflichtet. Tatsächlich jedoch kommt es dazu nur in Ausnahmefällen. Das überkommene System der „individuellen" Alterssicherung ist nämlich von einem „kollektiven", auf dem Prinzip der Zwangsmitgliedschaft beruhenden *öffentlich-rechtlichen Modell* überlagert worden. Dieser neue „Generationenvertrag" beruht seit der Rentenreform von 1957 kurz gesagt darauf, daß die jetzt lebende ältere Generation von der jetzt lebenden jüngeren Generation über die *gesetzliche Rentenversicherung* im Umlageverfahren, das heißt praktisch ohne Kapitalbasis, gemeinsam unterhalten wird. Zum Ausgleich dafür, daß die Gesamtheit der Jungen die Gesamtheit der Alten versorgt, erhält sie die Aussicht, daß sie von der nächstfolgenden Generation ihrerseits versorgt wird. Diese Lösung ist dem „Generationenvertrag" älterer Art, wonach jeder nur für seine eigenen Eltern sorgte, bei gleichbleibender Bevölkerungsstruktur zweifellos überlegen. Nach dem älteren Modell gingen zum Beispiel die Kinderlosen leer aus, obwohl sie durch Steuern und andere Leistungen mit dazu beigetragen hatten, diejenigen Einrichtungen zu schaffen, von denen die Jüngeren profitiert hatten und in Zukunft weiter profitieren konnten.

Was auf der einen Seite als gerecht erscheint, erweist sich jedoch auf der anderen als eine gefährliche Falle. Das kollektive System der Altersversorgung läuft nämlich darauf hinaus, daß derjenige, der Kinder hat, auf vielerlei Weise zusätzlich belastet wird, im Alter aber nur die gleichen ökonomischen Vergünstigungen erhält wie alle anderen auch. Aus der Sicht dessen, der Kinder hat, stellt sich die Lage daher so dar, daß er unter Aufopferung seines Einkommens und unter Inkaufnahme anderer Nachteile diejenigen erzieht, die später die Renten nicht nur für ihn selbst, sondern auch für die Kinderlosen erwirtschaften müssen, die in jüngeren Jahren ihr Einkommen im vollen Umfang für sich verbrauchen konnten. Das gegenwärtige System privatisiert daher die Kinderlasten und sozialisiert den Kindernutzen oder anders ausgedrückt: es führt zu einer großflächigen Umverteilung weg von den Kinderhabenden hin zu den Kinderlosen. Welche Ausmaße dabei erreicht werden können, brachte 1992 in spektakulärer Weise der Fall der zehnfachen Mutter Rosa Rees an den Tag: Während ihre mittlerweile erwachsenen Kinder Monat für Monat mehr als achteinhalbtausend Mark an Rentenbeiträgen in die Kassen einzahlten, sollte sie selbst mit einer Rente von 346 Mark und 70 Pfennig für eine vierzehnjährige Beschäftigung als Küchenhilfe abgespeist werden.[6] Das erscheint gewiß nicht als gerecht. Wer kinderlos oder kinderarm ins Rentenalter geht, hat man vielmehr einmal bemerkt, und mit dem Pathos des Selbstgerechten für seine formell gleiche Beitragsleistung gleiche Rente verlangt, zehrt im Grunde an den Mehrleistungen der Kinderreichen, die seine Minderleistung kompensieren müssen.

3. *Demographische Perspektiven*

Als das gegenwärtige System geschaffen wurde, konnte man noch davon ausgehen, daß es am erforderlichen Nachwuchs nie fehlen würde. Vor dem Hintergrund einer nahezu unbeschränkt möglichen Geburtenkontrolle hängt die Reproduktion des Nachwuchses mittlerweile jedoch weitgehend von rationalen Erwägungen ab. Sicher geht es bei der Entscheidung für oder gegen Kinder nicht nur um ökonomische Interessen. Die sinkende Geburtenziffer und die steigende Zahl der Einpersonenhaushalte zeigen jedoch, daß auch ökonomische Erwägungen ihre Wirkung tun. Dabei spielt vermutlich mit eine Rolle, daß das derzeitige System der Altersversorgung die Übernahme einer Elternschaft in einem bisher nie dagewesenen Maß als unrentabel erscheinen läßt. Deutschland hat 1889 als erstes Land eine gesetzliche Altersversorgung eingeführt. Einhundert Jahre danach hatte es die niedrigste Geburtenrate der Welt. Die Folge ist eine dramatische Veränderung der Alterspyramide: die Basis wird immer schmäler, der obere Teil – verstärkt noch durch eine verlängerte Lebenserwartung – aber immer breiter. Im Ergebnis heißt dies nichts anderes, als daß immer mehr Alte von immer weniger Jungen versorgt werden müssen. Der Blick auf die Bevölkerungsentwicklung macht deutlich, daß der „neue Generationenvertrag" auf der stillschweigenden Voraussetzung beruht, daß bestimmte demographische Rahmenbedingungen erfüllt sind, und daß er gleichzeitig Anreize dafür setzt, diese Voraussetzungen langfristig zu zerstören. Dieser Zusammenhang ist bei der Konzeption des gegenwärtigen Systems übersehen worden. Während früher das Hauptproblem darin bestand, die junge Generation großzuziehen, zeichnet sich heute allmählich der Zeitpunkt ab, in dem das Problem vor allem darin bestehen wird, die Alten zu erhalten. Hochrechnungen zeigen, daß im Jahr 2030 auf einen Erwerbstätigen ein nicht erwerbstätiger Alter kommt. Wenn die nachwachsenden Generationen in diesem Punkt genauso interessenorientiert denken, wie die Älteren es taten, als sie ihrerseits jung waren, werden sie kaum unbegrenzt zu den erforderlichen Leistungen bereit sein. Der sogenannte Generationenvertrag steuert daher zusehends auf einen Generationenkonflikt zu.

Vorschläge, wie hier Abhilfe geschaffen werden kann, gibt es mittlerweile viele. Sie laufen meist darauf hinaus, eine demographische Komponente in das Rentensystem aufzunehmen, die Betroffenen schrittweise zur privaten Vorsorge anzuhalten oder aber einen Familienlastenausgleich zu schaffen, der diesen Namen verdient. Gegenwärtig hat der Kinderreiche nicht nur dasselbe Einkommen wie der Kinderlose in sonst vergleichbarer Lage; er muß auch im Prinzip ebensoviel Steuern zahlen, obwohl ihm nur ein Bruchteil seines Einkommens für sich selbst zur Verfügung steht. Ob es gelingt, die in der Sache gebotenen Änderungen rechtzeitig auf den Weg zu bringen, ist freilich nicht sicher. Die Menschen weichen, wenn es zu ihrem Nachteil ist, von eingespielten Gewohnheiten in der Regel nur dann ab, wenn die Katastrophe unmittelbar vor der Tür steht. In diesem Zeitpunkt könnte die Zahl der Älteren, die von der geschilderten Regelung profitieren, so groß geworden sein, daß die erforderlichen Maßnahmen zu einer ernsten Belastung des Staatswesens führen. Vielleicht wird sich auf lange Sicht aber auch ein ganz anderes Verhältnis zwischen den Generationen einspielen, das wir uns heute nicht einmal in unserer Phantasie auszumalen vermögen.

§ 17 Das Recht der Arbeit

I. Kapital und Arbeit

1. Vertragsfreiheit als Grundlage von Ausbeutung

Wenn es sich bei der Familie um einen naturwüchsigen Sozialverband handelt, der langfristig einem Zerfallsprozeß ausgesetzt ist, wobei die Familienmitglieder zunehmend voneinander isoliert und zerstreut werden, so geht es im modernen Arbeitsrecht gerade umgekehrt darum, daß die isolierten Einzelnen sich zur Wahrnehmung ihrer gemeinsamen Interessen zweckrational zusammenschließen. In früheren Epochen, in denen der Einzelne in das Gemeinwesen ohnehin auf vielfältige Weise eingebunden war, finden sich dazu nur bescheidene Ansätze. Den Anstoß für die Entstehung des modernen Arbeitsrechts gab erst die Entfesselung der Vertragsfreiheit im 19. Jahrhundert. Die Zerschlagung der Zunftverfassung sowie der Grund- und Gutsherrschaften, die Einführung der Gewerbefreiheit und die damit Hand in Hand gehende industrielle Revolution hatten zur Folge, daß die Arbeitskraft der unteren Klassen in einem bisher nie dagewesenen Maße zum Gegenstand der freien Übereinkunft wurde. Die abstrakte Kategorie des Vertrages, an der das bürgerliche Recht orientiert war, wußte naturgemäß nichts von Arbeitern und Fabrikherren, der Gegensatz von Kapital und Arbeit war ihr unbekannt. Leitbild des Vertrages war der Konsens von „Personen", also von Rechtssubjekten mit absolut gleicher Rechtsqualität. Auf den Ansturm des „vierten Standes", der „Verdammten dieser Erde", war das bürgerliche Recht nicht vorbereitet und vermochte sich darauf lange Zeit auch nicht einzustellen. Bis hin zum Bürgerlichen Gesetzbuch wurde der Arbeitsvertrag rechtlich als „Dienstmiete" (*locatio conductio operarum*), nämlich als Selbstvermietung einer freien Person qualifiziert und auf diese Weise in Anlehnung an die Vermietung von Sachen behandelt. Der alte Begriff der „Verdingung" bringt die darin liegende Vergegenständlichung des Menschen treffend zum Ausdruck, auch wenn er etymologisch auf eine andere Wurzel zurückgehen mag. Daß ein Arbeitsvertrag wesentlich andere Probleme aufwirft als die Vermietung eines Pferdes, kam den gelehrten Juristen, die es eher gewohnt waren, mit Pferden als mit Arbeitern umzugehen, lange Zeit nicht in den Sinn. Aber auch noch das Bürgerliche Gesetzbuch selbst erwähnt den Arbeitsvertrag dem Namen nach nicht. Es regelt nur den „Dienstvertrag", der zwischen selbständiger und abhängiger Tätigkeit keinen Unterschied macht und von dem Wilhelm Ebel einmal ironisch bemerkt hat, seine Bestimmungen orientierten sich „eher am Leitbild des Hausarztes oder Klavierlehrers".[1]

Wo die besitzlosen Klassen in die Fabriken drängten, war die Gleichheit der Parteien eine gefährliche Fiktion. Sie verdeckte den Blick dafür, daß der *einzelne Arbeiter* dem kapitalkräftigen Unternehmer unvergleichlich *unterlegen* war und daß auch der Markt nicht in der Lage war, dieses ungleiche Kräfteverhältnis zu kompensieren. Soweit mehr „Hände" nach Arbeit suchten, als gebraucht wurden, waren die Arbeiter gezwungen, im Wege der Unterbietungskonkurrenz jeden Lohn zu akzeptieren, der auch nur das Existenzminimum deckte. Der freie Vertrag führte daher auf dem Arbeitsmarkt nicht zu einem angemessenen Interessenausgleich, sondern zur *massenhaften Ausbeutung* der einen Seite durch die andere. Wenn die Entfaltung der Eigentums- und Vertragsfreiheit in Industrie und Handel zu einem stürmischen Aufschwung führte, so stand die Arbeiterschaft zunächst auf der Verliererseite.

2. Schutzgesetze und „Vergesellschaftung"

Das ist der Hintergrund, vor dem Marx und Engels die Proletarier dazu aufriefen, sich zu vereinigen und ihre Ketten abzuschütteln. Da das Zivil- und Strafrecht zunächst einseitig auf seiten des Kapitals stand, mußten sich die Arbeiter ihr Menschenrecht in der Tat erst einmal erkämpfen.

Daran ändert auch der Umstand nichts, daß der Staat in Bereichen, wo die Verhältnisse gar zu beschämend waren, einzelne Schutzgesetze erließ; denn dabei ging man nur sehr zögerlich vor. Eine Vorreiterfunktion wird heute meist dem preußischen Regulativ von 1839 beigemessen, durch das die *Kinderarbeit* gegen den Widerstand der Fabrikanten eingeschränkt, das Bestimmungsrecht der Eltern über ihre Kinder insoweit also aufgehoben wurde. Es läßt indessen bereits tief blicken, daß die staatliche Gesetzgebung hier einen Schutz übernehmen mußte, den die an sich dafür zuständige Familie unter den gegebenen Bedingungen nicht mehr gewährleisten konnte. Und wie bescheiden fiel dieser Schutz noch dazu aus: keine regelmäßige Beschäftigung von Kindern in Fabriken oder Berg- und Hüttenwerken vor vollendetem neuntem Lebensjahr, danach jedenfalls nicht über zehn Stunden täglich und auch nicht vor 5 Uhr morgens und nach 9 Uhr abends. Es sollte noch lange dauern, bis eine in unserem Sinn befriedigende Schutzgesetzgebung aufgebaut war und auch die Behörden geschaffen waren, welche die Einhaltung dieser Vorschriften überwachen konnten. Eines der stärksten Hindernisse auf diesem Weg war, daß man von solchen Schutzgesetzen eine Schwächung der heimischen Unternehmer befürchtete, auf deren Wirtschaftskraft man langfristig angewiesen war.

Bereitwilliger zeigte sich der Staat nur da, wo es sich darum handelte, den *alten* und *kranken* Arbeitern zu helfen. Im November 1881 erließ Kaiser Wilhelm I. auf Veranlassung Bismarcks seine berühmte Botschaft, in der er es für seine kaiserliche Pflicht erklärte, dem Reichstag die Förderung des Wohles der Arbeiter „von neuem ans Herz zu legen", um dereinst das Bewußtsein mitnehmen zu können, „den Hilfsbedürftigen größere Sicherheit und Ergiebigkeit des Beistandes, auf den sie Anspruch haben, zu hinterlassen".[2] In der Folge wurden in wenigen Jahren *Kranken-*, *Unfall-* und *Altersversicherung* als gesetzliche Zwangsversicherungen ins Leben gerufen und auf immer mehr Menschen ausgedehnt. 1927 kam als weiteres Glied dieser Kette die *Arbeitslosenversicherung* hinzu.

Den Interessen der *jungen* und *gesunden* Arbeiter entsprach diese Gesetzgebung nur teilweise. Zur Verbesserung ihrer gegenwärtigen Lage blieben sie auf sich selbst angewiesen. Da sie als Einzelne machtlos waren, blieb nur der Weg der „Vergesellschaftung", also der massenweise Zusammenschluß, um Schulter an Schulter die gemeinsamen Interessen kollektiv durchzusetzen. Im Gegenzug dazu formierten sich auch die Arbeitgeber. Auf diese Weise wurde der Aufmarsch der Verbände vorbereitet, die den Einzelnen in diesem Bereich weitgehend abgelöst und das Gesetz des Handelns an sich gerissen haben.

3. Arbeitsrecht als Kontrolle der Vertragsfreiheit

Die Geschichte des modernen Arbeitsrechts war bis vor wenigen Jahren die Geschichte der Einschränkung der Arbeitsvertragsfreiheit. Das findet seinen Ausdruck unter anderem darin, daß sich das Arbeitsrecht bereits gesetzestechnisch aus einem Zusammenspiel höchst unterschiedlicher Regelungen ergibt. Im Mittelpunkt des einzelnen Arbeitsverhältnisses steht zwar nach wie vor der Individualarbeitsvertrag. Aber er ist eingebettet in eine Vielzahl von Bestimmungen, die *zwingender* Natur sind und teilweise dem *öffentlichen Recht* angehören, und wird weiter ergänzt durch die kollektiven Ordnungen des *Tarifvertragsrechts* und der *Betriebsverfassung*. Bildhaft ausgedrückt, kann man sagen, daß das moderne Arbeitsrecht auf eine Reihe von „Schubladen" verteilt ist, die formal eine unterschiedliche Struktur aufweisen. Was das Arbeitsrecht als Rechtsmaterie zusammenhält, ist daher weniger die abstrakte Begrifflichkeit seiner Normen als vielmehr der konkrete Gegenstand, mit dem diese Normen sich befassen, nämlich die Erwerbstätigkeit des persönlich abhängigen bzw. weisungsgebundenen Arbeiters oder Angestellten, also des „*Arbeitnehmers*", sowie der Zweck, für den hiermit umschriebenen Bereich ein *Kontrollsystem gegenüber der Vertragsfreiheit* zu errichten.

II. Tarifvertragsrecht

1. Entstehung des Tarifvertrages

Daß der Markt als Regelungsmodell im Arbeitsrecht weitgehend versagt hat, hängt damit zusammen, daß die „Abstimmung mit den Füßen", also das Abwandern zu einem Anbieter, der günstigere Bedingungen offeriert, hier um vieles schwerer ist als etwa im Kaufrecht. Wer nicht ausweichen kann, aber gleichwohl abschließen muß, ist dem Diktat eines übermächtigen Partners praktisch hilflos ausgeliefert.

Machtlos ist allerdings nur der einzelne Arbeiter; Einigkeit dagegen macht stark. Taktisch gesehen hätte es für die Arbeiterschaft daher von Anfang an nahegelegen, gemeinsame *Organisationen* zu schaffen, die dem Nachfragemonopol der Arbeitgeber mit einem Angebotskartell der Arbeiter begegnen und den Preis für die Arbeit auf einem angemessenen Niveau halten konnten. Immerhin machten die Unternehmer von der Vertragsfreiheit einen ähnlichen Gebrauch, wenn sie zum Zweck der Kapitalgewinnung Gesellschaften gründeten und auf diese Weise ihre Macht bündelten. Tatsächlich läßt sich der Versuch, dem Lohndiktat der Arbeitgeber durch Absprachen unter den Arbeitern entgegenzuwirken, weit in die Geschichte zurückverfolgen. Aber stets waren solche Absprachen unterdrückt und die Teilnehmer an gemeinsamen Aktionen verfolgt worden. In Deutschland waren Verbindungen von Arbeitern, namentlich solche, die sich das Ziel des Arbeitskampfes gesetzt hatten, bis weit in das 19. Jahrhundert hinein verboten. Als sich im politischen Vormärz die Handwerker nach Zerschlagung der Zünfte zu freiwilligen „Assoziationen" zusammenschlossen, schritt der Deutsche Bund 1835 prompt mit einem Verbot ein. Wenn das kein Verstoß gegen das Prinzip der Privatautonomie war, so verstieß es doch gegen den Gleichbehandlungsgrundsatz; den Unternehmern war die Verstärkung ihrer Marktmacht durch Gründung von Handelsgesellschaften nämlich nicht verwehrt. Aber wo die Freiheit des Arbeiters der des Unternehmers gefährlich werden konnte, stand das Recht lange Zeit auf seiten des Unternehmers. Dieser Widerspruch fiel schließlich auch den Anhängern des Liberalismus auf. In der Gewerbeordnung von 1869 wurden die bestehenden Koalitionsverbote daher aufgehoben und Streik und Aussperrung als Mittel des Arbeitskampfes anerkannt. Damit bestand in Deutschland rechtlich erstmals die Möglichkeit, Arbeitsbedingungen zwischen Arbeitgebern und Arbeitervereinigungen, sogenannten Gewerkvereinen oder Gewerkschaften, *kollektiv auszuhandeln* und das auf diese Weise Vereinbarte jedem einzelnen Arbeitsvertrag zugrundezulegen.

Allerdings hatten gerade die großen Unternehmer zunächst Vorbehalte, mit den Gewerkschaften zu verhandeln. Aber auch die sozialistischen Gewerkschaften standen dem Abschluß von Tarifverträgen zunächst reserviert gegenüber. Sie waren personell und ideologisch eng mit der Sozialdemokratie verbunden, die damals noch auf *Klassenkampf* eingeschworen war, und sahen daher in der Einigung mit dem Klassenfeind einen Verrat an der sozialistischen Idee. Das änderte sich erst mit der Entstehung eines revisionistischen Flügels in der Sozialdemokratie, der den Sozialismus auch ohne Revolution für erreichbar hielt. Diese Richtung kam auch den Intentionen vieler Gewerkschaftsführer entgegen; denn auf die Revolution zu warten und darüber die Forderung des Tages zu vernachlässigen, war auf Dauer kein überzeugendes Handlungsprogramm. Der Abschluß von Tarifverträgen setzte sich daher immer mehr durch, und kurz nach 1900 ging ihre Zahl bereits in die Tausende.

Im Unterschied zu heute war die rechtliche Wirksamkeit dieser Verträge auf die vertragsschließenden Parteien, also auf Gewerkschaften und Arbeitgeber bzw. Arbeitgeberverbände beschränkt; auf den einzelnen Arbeitsvertrag selbst hatten sie unmittelbar keinen Einfluß. Sie mußten vielmehr in jedem Einzelfall Punkt für Punkt umgesetzt werden. Eine Änderung brachte hier erst die Tarifvertragsverordnung des Rates der Volksbeauftragten vom November 1918. Individualarbeitsverträge, die von dem einschlägigen Tarifvertrag *abwichen*, waren danach *unwirksam*. Rechtlich gesehen kann man beim Inhalt von Tarifverträgen seitdem einen *schuldrechtlichen* und einen *normativen Teil* unterscheiden. Der schuldrechtliche Teil umfaßt wie jeder andere Vertrag die Rechte und Pflichten der Vertragspartner selbst, hier vor allem die Pflicht der Tarifvertragsparteien, während der Laufzeit des Vertrages keine Kampfmaßnahmen zu ergreifen und dafür zu sorgen, daß die Verbandsmitglieder den Vertrag tatsächlich durchführen. Der normative Teil dagegen enthält Regeln, die unmittelbar für alle Einzelarbeitsverträge wirksam sind, die zwischen den Mitgliedern tarifgebundener Parteien abgeschlossen werden. Schließt also ein tarifgebundener Arbeitgeber mit dem Mitglied einer ebenfalls tarifgebundenen Gewerkschaft einen Arbeitsvertrag, so gehören die normativen Bestimmungen des Tarifvertrags automatisch mit zu seinem Inhalt. Dabei sind diese Bestimmungen insofern zwingend, als davon durch den einzelnen Arbeitsvertrag grundsätzlich nur zugunsten, nicht aber zu Lasten des Arbeitnehmers abgewichen werden darf. Die arbeitsvertragliche Vereinbarung einer übertariflichen Zulage ist also zulässig, die Vereinbarung eines untertariflichen Lohnes dagegen unwirksam. Der Tarifvertrag enthält auf diese Weise *unabdingbare Mindestbedingungen* für jedes davon betroffene Arbeitsverhältnis.

2. Der Tarifvertrag als Normenvertrag

Die Rechtswissenschaft stand dem neuen Gebilde des Tarifvertrags zunächst ratlos gegenüber. Daß *private* Parteien nicht nur im Verhältnis untereinander, sondern auch im Verhältnis zu *Dritten* – den beiderseitigen Verbandsmitgliedern – *objektives Recht setzen* konnten, war in dem überkommenen System nicht vorgesehen. In der Sache geht es dabei um nichts anderes als darum, daß der staatliche Gesetzgeber seine Gesetzgebungsbefugnis in bestimmtem Umfang den Tarifparteien übertragen hat – teils um sich selbst aus den Lohnkonflikten weitgehend heraushalten zu können, teils aber auch in Anerkennung der Machtstellung, die den Tarifverbänden in kurzer Zeit zugewachsen ist. Mit einem treffenden Begriff bezeichnet man Tarifverträge daher auch als *Normenverträge*: sie setzen im Wege vertraglicher Einigung Normen für diejenigen, die es angeht, und halten auf diese Weise die Mitte zwischen Vertrag und Rechtsnorm.

Unmittelbar in die Geltung des Tarifvertrages einbezogen sind freilich nur die *Mitglieder der Tarifparteien* selbst, nicht die Außenseiter. Nur wenn ein Tarifvertrag im öffentlichen Interesse von der zuständigen Behörde für *allgemeinverbindlich* erklärt worden ist, gelten seine Rechtsnormen auch für die bisher nicht Tarifgebundenen. Aber auch in diesem Fall behalten die ursprünglichen Vertragsparteien das Heft in der Hand. Sie können den Vertrag mit Wirkung gegenüber allen daher nach wie vor aufheben oder ändern.

In der Praxis werden die Tarifnormen von den Arbeitgebern allerdings meist freiwillig auch gegenüber Außenseitern angewandt. Eine Benachteiligung der Außenseiter würde nämlich auch die bisher Nichtorganisierten in die Arme der Gewerkschaften treiben und damit deren Verbandsmacht auf lange Sicht stärken. Aus der Sicht der Gewerkschaften führt dieses Vorgehen zu dem unerwünschten Effekt, daß die Außenseiter für die Gewerkschaften zwar nichts leisten, wohl aber als Nutznießer alle Vorteile mitnehmen, welche die Gewerkschaften für ihre Mitglieder aushandeln. In England, wo die Verbandsmacht stärker ausgeprägt ist als in Deutschland, hatten es die Gewerkschaften daher lange Zeit durchgesetzt, daß in vielen Betrieben überhaupt nur Gewerkschaftsmitglieder eingestellt werden durften („closed shop"). Der Einzelne mußte insoweit zwar nicht Glaubensgenosse oder Parteimitglied, wohl aber Gewerkschaftsmitglied sein, um einen Arbeitsplatz zu erhalten. In Deutschland ist der Einsatz solcher Druckmittel bisher mit rechtlichen Mitteln verhindert worden.

3. *Die Tarifparteien als gesellschaftliche Machtfaktoren*

Der Idee nach dient die Tarifautonomie dem Zweck, die Beziehungen zwischen Arbeitgebern und Arbeitnehmern auf eine privatautonome Weise zu regeln. In Wahrheit jedoch ist sie in ihrer Bedeutung über diesen Bereich längst hinausgewachsen. So wie die Dinge sich entwickelt haben, berühren Arbeitskampf und Tarifabschluß längst nicht mehr allein die Rechte der Tarifpartner und ihrer Mitglieder. Betroffen sind davon in starkem Maß zugleich die Belange *Dritter*, die keinerlei Möglichkeit haben, auf die Tarifauseinandersetzungen einzuwirken oder sich ihnen zu entziehen. Mehr noch: längst geht es dabei auch um die Interessen der *Allgemeinheit* selbst. Die Übertragung von Gesetzgebungskompetenzen auf die Tarifparteien hat sich im Laufe der Zeit so ausgewirkt, als ob ihnen zugleich die Befugnis verliehen worden wäre, in die staatliche Wirtschaftspolitik hineinzuregieren.

Wenn die Gewerkschaften etwa die Lohnkosten über Gebühr in die Höhe treiben, werden die Arbeitgeber versuchen, diese Kosten über den Preis ihrer Produkte auf die Verbraucher abzuwälzen. Dann erhalten die Arbeitnehmer zwar nominell höhere Löhne, aber die reale Kaufkraft bleibt wegen der Preissteigerung gleich. Es kommt zur Inflation, und geschädigt sind die Sparer. Wenn die Lohnkosten steigen, verstärkt dies außerdem den Anreiz, menschliche Arbeitskraft durch Maschinen zu ersetzen. Das führt dazu, daß Arbeitsplätze „wegrationalisiert" und kleinere und mittlere Betriebe vom Markt verdrängt werden. Wo die Lohnkosten im Ausland geringer sind, wird die Produktion außerdem zunehmend in andere Länder verlagert. Die Folge ist Arbeitslosigkeit auf der einen Seite und ein relativ geringer Anreiz zur Einstellung Arbeitsloser auf der anderen.

Wäre das Tarifvertragssystem ungehindert sich selbst überlassen, so würde es sich von diesen Folgen her vielleicht selbst regulieren. Die Folgekosten trägt jedoch in hohem Umfang das System der *Arbeitslosenversicherung*, dem der Staat regelmäßig große Summen zuschießt. Ursache und Wirkung sind auf diese Weise voneinander entkoppelt. Solange die Gewerkschaften für das System der Arbeitslosenversicherung nicht mitverantwortlich sind, besteht für sie nur ein geringer Anreiz, durch Zurückhaltung bei Lohnforderungen die Chancen für Einstellungen zu verbessern. So wie die Dinge gegenwärtig liegen, haben die Gewerkschaften allein die Aufgabe, die Löhne der Arbeitenden zu sichern und zu steigern. Gewerkschaften sind daher nichts anderes als Kartelle zwecks Hochhaltung der Preise für die menschliche Arbeitskraft. Nur dafür zahlen die Mitglieder ihre Beiträge, und nur dafür werden die Führer gewählt. Infolgedessen beschäftigen sich die Gewerkschaften wenig mit den negativen Folgen ihres Tuns für den Beschäftigungsstand und die Gesamtwirtschaft und können das in ihrem eigenen Interesse auch kaum tun. Denn wenn ein Gewerkschaftsführer etwas anderes durchsetzen wollte als den höchstmöglichen Lohn, würde er sofort Legitimation und Gefolgschaft verlieren.

Läßt man dem Druck, der von der zunehmenden Globalisierung der Wirtschaft auf den heimischen Arbeitsmarkt ausgeht, einmal beiseite, so ist hier eine Änderung nur schwer möglich. Längst sind die Gewerkschaften, die ursprünglich geschaffen wurden, um dem einzelnen Arbeiter aus seiner Ohnmacht herauszuhelfen, neben den Arbeitgeberverbänden selbst zu einer Macht geworden, die auf zahlreichen gesellschaftlichen Ebenen präsent ist. Gewerkschaften und Arbeitgeberverbände wirken mit bei der Bestellung der ehrenamtlichen Arbeitsrichter, bei der Bestellung der Organe der Bundesagentur für Arbeit, bei der Bestellung der Rundfunkräte, sie sind vertreten in den Aufsichtsräten der großen Kapitalgesellschaften, haben ihre Vertreter in den politischen Parteien usw. Wichtiger noch ist der informelle Einfluß, über den sie in Staat und Gesellschaft durch zahllose Kontakte verfügen. Gegen ihren Willen kann in vielen Bereichen faktisch nichts von Bedeutung entschieden werden.

Wegen des Widerstandes der Gewerkschaften war der Staat bis heute nicht in der Lage, das *Arbeitskampfrecht*, also den Einsatz von Streik und Aussperrung, gesetzlich zu regeln. Wie die Erfahrung lehrt, ist eine beliebige Verfassungsänderung unter den gegebenen Bedingungen leichter durchführbar als der Erlaß einer einfachgesetzlichen Arbeitskampfordnung. Der Jurist kann sich hieraus leicht einen Eindruck davon verschaffen, worin der grundlegende Unterschied von geschriebener und wirklicher Verfassung besteht. Das vor Jahren entstandene resignierende Wort vom Gewerkschaftsstaat hat hier seinen Ursprung. Was der Gesetzgeber beim Arbeitskampfrecht nicht vermag, müssen an seiner Stelle die Arbeitsgerichte leisten. Aber auch die Arbeitsgerichte sind so organisiert, daß in allen Instanzen Vertreter der Arbeitnehmer- und der Arbeitgeberseite mit auf der Richterbank sitzen. Auf diese Weise werden Fragen, die für das Gemeinwesen von höchstem Interesse sind, von Fall zu Fall unter Beteiligung der unmittelbar interessierten Verbandsvertreter ausgehandelt. Eine Instanz, welche das *Gemeinwohl* zur Sprache bringen könnte, ist insoweit schwer auszumachen.

III. Betriebsverfassungsrecht

1. *Entstehung des Betriebsrates*

Während das Tarifvertragsrecht aus der berufsständischen Organisation der Arbeitnehmer hervorwächst, gründet ein anderer Zweig des kollektiven Arbeitsrechts unmittelbar *im Betrieb selbst*, also dort, wo die Arbeit tatsächlich geleistet wird. Das Wort „*Betriebsverfassung*", das sich an den Begriff der Staatsverfassung anlehnt, zeigt an, was damit ursprünglich beabsichtigt war: Ähnlich wie im Staat die absolute durch die konstitutionelle Monarchie abgelöst wurde, so sollte auch im Betrieb an die Stelle des Arbeitgeberabsolutismus eine Art konstitutionelle Arbeitsverfassung treten. Wie das Staatsvolk an der Organisation des Staates, so sollte das Betriebsvolk an der Ausgestaltung des Betriebes beteiligt werden. Von der Konzeption her steht das Betriebsverfassungsmodell zu den mehr überbetrieblich orientierten Gewerkschaften in einem Spannungsverhältnis. Faktisch jedoch stellt die Betriebsverfassung in der Regel eine betriebliche Ergänzung der Gewerkschaftsorganisation dar. Über die Betriebsräte, die häufig Gewerkschaftsmitglieder sind, kommt es zu einer personellen Verflechtung, die auch eine sachliche Abstimmung nach sich zieht.

Mit dem *Rätesystem*, wie es 1917 in Rußland wirksam geworden ist, hat die Einrichtung von *Betriebsräten* wenig zu tun. An sich zielt der Rätegedanke auf die Errichtung einer Pyramide von Vertrauensmännerausschüssen unter Ausschluß allgemeiner demokratischer Wahlen. In der Weimarer Reichsverfassung (Art. 165) war die Räteorganisation aber von vornherein nur für die beiden Bereiche der Wirtschaft und der Arbeit ins Auge gefaßt; an dem allgemeinen Wahlrecht im politischen Bereich sollte nicht gerüttelt werden. Aber auch in Wirtschaft und Arbeit ist die Rätebewegung über die Schaffung bloßer *Betriebs*räte durch das Betriebsrätegesetz von 1920 kaum hinausgekommen. Von den damaligen Gesetzesverfassern wurde der Betriebsrat aus der politischen Hierarchie bewußt herausgenommen und allein als Organ einer sozialen Selbstverwaltung konzipiert. Dabei ist es bis heute geblieben. Man hat darin vielfach einen Mittelweg zwischen Sozialismus und Kapitalismus gesehen. Diese Einschätzung macht deutlich, welches Konfliktpotenzial in dieser sensiblen Materie angelegt ist.

Die Rechtsgrundlage für die Einrichtung von Betriebsräten ist heute nicht mehr das Betriebsrätegesetz, sondern das Betriebsverfassungsgesetz von 1972. In Anlehnung hieran werden im öffentlichen Dienst *Personalräte* gebildet; Rechtsgrundlage hierfür sind die Personalvertretungsgesetze des Bundes und der Länder.

2. Aufgabe des Betriebsrates

Die Aufgabe des Betriebsrates besteht vor allem darin, die Interessen der Arbeitnehmer eines Betriebes gegenüber dem Arbeitgeber zu vertreten und an der Ordnung der Arbeit innerhalb des Betriebes mitzuwirken. Ein Streikrecht steht dem Betriebsrat im Unterschied zu den Gewerkschaften dabei nicht zu; vielmehr ist er von Gesetzes wegen verpflichtet, mit dem Arbeitgeber zum Wohl des Betriebes und seiner Arbeitnehmer *zusammenzuarbeiten*. Von einer gewissen Größe an kann in jedem Betrieb ein Betriebsrat gebildet werden. Dieser nimmt die Interessen aller Arbeitnehmer eines Betriebs wahr, gleichgültig, ob sie sich an der Wahl beteiligt haben oder nicht. Insofern ist der Betriebsrat einem Parlament im staatlichen Sinn nicht unähnlich.

Durch die neuere Gesetzgebung ist dem Betriebsrat ein vielfach abgestuftes System von *Mitwirkungs-* und *Mitbestimmungsrechten* zugewiesen worden, namentlich in sozialen und personellen Angelegenheiten. Bei der Einstellung oder Kündigung von Arbeitnehmern, bei der Festsetzung von Überstunden, bei Fragen der Lohngestaltung, der Ordnung des Betriebs und der Betriebsänderung u.a.m. ist der Betriebsrat an der Entscheidung des Arbeitgebers zu beteiligen. In einem modernen Betrieb ist der Eigentümer – wenn dieser denn überhaupt der Arbeitgeber ist – nur noch in einem eingeschränkten Sinn „Herr im Haus".

Ähnlich wie die Gewerkschaften Tarifverträge, so kann der Betriebsrat mit dem Arbeitgeber *Betriebsvereinbarungen* abschließen. Das sind vertragliche Vereinbarungen, die unmittelbar für das Arbeitsverhältnis jedes Betriebsangehörigen gelten. Da hierbei mit Wirkung für Dritte objektives Recht gesetzt wird, handelt es sich ebenso wie beim Tarifvertrag um eine Erscheinungsform des eigenartigen, zwischen Vertrag und Normsetzung angesiedelten „Normenvertrags". Im Verhältnis von betrieblicher und überbetrieblicher Normsetzung kommt dem Tarifvertrag nach der bestehenden, rechtspolitisch allerdings umstrittenen Regelung der Vorrang zu.

3. Überbetriebliche Mitbestimmung

Noch einen Schritt weiter geht die *überbetriebliche Mitbestimmung* in den Organen von Kapitalgesellschaften, die einer alten Forderung der Gewerkschaften entspricht. Eine solche Mitbestimmung wurde 1951 erstmals für die Unternehmen der sogenannten Montanindustrie (Bergbau sowie Eisen und Stahl erzeugende Industrie) realisiert. Weiter reicht der Anwendungsbereich des Mitbestimmungsgesetzes von 1976. Danach ist der Aufsichtsrat größerer Kapitalgesellschaften, der den Vorstand überwachen soll, paritätisch von Vertretern der Anteilseigner und der Arbeitnehmer besetzt. Die Eigentümerbefugnisse werden damit auf dieselbe Ebene gestellt wie die Interessen der Arbeitsplatzbesitzer. Ein hauchdünnes Übergewicht der Eigentümerseite ergibt sich nur daraus, daß die Anteilseigner den Aufsichtsratsvorsitzenden stellen können, der bei Stimmengleichheit den Ausschlag gibt. Seine Stellung erinnert daher entfernt an die eines konstitutionellen Monarchen, von dem Hegel einmal ironisch bemerkt hat, daß er nur den Punkt auf dem „i" darstelle.[3]

Insgesamt ist im Betriebsverfassungsrecht daher auf vielerlei Weise versucht worden, die Interessen von Arbeitgebern und Arbeitnehmern miteinander zu verbinden und das Verhältnis zwischen Kapital und Arbeit zu entspannen.

IV. Individualarbeitsrecht

1. Das Arbeitsverhältnis

Das einzelne Arbeitsverhältnis, der Arbeitsvertrag, den jeder Arbeitnehmer mit seinem Arbeitgeber schließt, steht nach all dem nicht isoliert da, sondern ist eingebettet in das soziale Gefüge, welches das kollektive Arbeitsrecht dafür bereitstellt. Sieht man von diesem kollektiven Umfeld ab, so handelt es sich bei dem Individualarbeitsrecht an sich um *bürgerliches Recht*. Tatsächlich jedoch hat sich das Arbeitsrecht von den Regeln und Grundsätzen, die das Bürgerliche Gesetzbuch beherrschen, zum Teil weit entfernt und ist auch insoweit zu einem *Sondergebiet* geworden, das durch den sozialen Gehalt seines Gegenstandes geprägt ist.

Auch wenn man die Arbeitskraft gelegentlich als eine Ware bezeichnet hat, bringt der Arbeitnehmer in den Arbeitsvertrag ungleich mehr ein als der Verkäufer in einen Kaufvertrag. Wer abhängige Arbeit leistet, stellt dem Arbeitgeber einen wesentlichen Teil seiner Persönlichkeit zur Verfügung, er unterwirft sich seinen Weisungen und verbringt einen nicht unerheblichen Teil seines Lebens an dem ihm vorgeschriebenen Arbeitsplatz. Das Arbeitsverhältnis beschränkt sich also nicht auf rein vermögensrechtliche Beziehungen. Den Kritikern des bürgerlichen Rechts war denn auch von Anfang an nicht zweifelhaft, daß der an reinen Austauschverhältnissen orientierte abstrakte Vertrag der Eigenart des Arbeitsverhältnisses nicht gerecht wird. „Unser Privatrecht muß ein Tropfen sozialistischen Öles durchsickern", forderte Otto von Gierke bereits 1889 in seiner Kritik des ersten BGB-Entwurfs.[4] Im Bürgerlichen Gesetzbuch von 1900 war davon zunächst nur wenig zu spüren. Erst allmählich wurde auch das einzelne Arbeitsverhältnis von der individualistischen nach der gesellschaftlichen Seite hin umgetönt.

Deutlichster Ausdruck hiervon sind die gegenseitigen *Treuepflichten*, die den Parteien eines Arbeitsvertrages heute auferlegt werden, außerdem die *Fürsorgepflicht*, die dem Arbeitgeber gegenüber dem Arbeitnehmer obliegt. Beide Pflichten haben den Gerichten zur Rechtfertigung dafür gedient, die sozialen Härten des Dienstvertragsrechts auf verschiedene Weise abzumildern. So darf der Arbeitgeber zum Beispiel den Arbeitnehmer bei leichter Fahrlässigkeit nicht auf Schadensersatz in Anspruch nehmen; er ist verpflichtet, alle Arbeitnehmer im Prinzip gleichzubehandeln, obwohl der Gleichbehandlungsgrundsatz im Vertragsrecht sonst nicht gilt u. a. m.

2. Zwingendes Schutzrecht

Aber auch der *gesetzliche Schutz der Arbeitnehmer* ist im Laufe der Zeit durch zwingende Vorschriften immer mehr ausgebaut worden. Gefahrenschutz, Jugendschutz, Mutterschutz, Schutz von Schwerbehinderten, Arbeitszeit- und Urlaubsregelungen, Vorschriften zum Schutz vor Kündigungen und zur Lohn- und Entgeltfortzahlung im Krankheitsfall u. a. m. ziehen der Vertragsfreiheit im Arbeitsrecht in vieler Hinsicht Grenzen. Von den kollektivrechtlichen Einschränkungen abgesehen, kann im „freien Arbeitsvertrag" daher nur noch das geregelt werden, was nicht bereits durch zwingende Vorschriften festgelegt ist.

Wenn man das Arbeitsrecht gleichwohl zum Privatrecht zählt, ist dies schwerpunktmäßig sicher richtig. Näher besehen handelt es sich freilich um eine Gemengelage aus individuellem und kollektivem Privatrecht einerseits sowie öffentlichem Recht andererseits. Otto von Gierke hat dafür den Ausdruck *„Sozialrecht"* vorgeschlagen. Dieser hat sich jedoch nicht durchgesetzt und ist später für rein öffentlichrechtliche Zwecke in Beschlag genommen worden. Richard Schmidt hat das Arbeitsrecht daher anders charakterisiert: als „Ergänzungsrechtsgebiet zu Verwaltungsrecht und Privatrecht mit eigenartiger Grundidee".[5] Unter abstrakt-systematischen Gesichtspunkten betrachtet, ist das auch heute noch richtig, obgleich das Arbeitsrecht den älteren Rechtsgebieten längst gleichgewichtig zur Seite getreten ist.

3. Arbeitnehmerähnliche Selbständigkeit

Rechtlich gesehen findet das Arbeitsrecht auf Beschäftigungsverhältnisse Anwendung, die auf einem Arbeitsvertrag beruhen. Dieser ist ein Unterfall des Dienstvertrags (§ 611 BGB) und zeichnet sich durch die Besonderheit aus, daß er zwischen einem Arbeitgeber und einem *Arbeitnehmer* geschlossen wird. Ob die arbeitsrechtlichen Schutzvorschriften zur Anwendung kommen, hängt also nicht zuletzt vom Begriff des Arbeitnehmers ab. Nach herkömmlicher Auffassung unterscheidet sich ein Arbeitnehmer von einem gewöhnlichen Dienstverpflichteten dadurch, daß er keine selbständige Tätigkeit ausübt, sondern *weisungsabhängig* ist. Solange alle abhängige Arbeit ganz überwiegend von Personen geleistet wurde, die in den Betrieb des Arbeitgebers *eingegliedert* waren, konnten über die Arbeitnehmereigenschaft kaum Zweifel aufkommen: Wer im Betrieb eines anderen tätig war, war für jedermann sichtbar nicht selbständig, sondern Arbeitnehmer. Mittlerweile haben jedoch Veränderungen in der Arbeitsorganisation dazu geführt, daß die Grenzen zwischen Selbständigen und Arbeitnehmern fließend geworden sind. Unter anderem ist es durch die moderne Technologie möglich geworden, Tätigkeiten, die früher im Betrieb verrichtet werden mußten, an „freie Mitarbeiter" zu vergeben, die dieselbe Arbeit am häuslichen Personalcomputer erledigen und die dabei zwar ihre Arbeitszeit frei bestimmen können und keinem Weisungsrecht unterliegen, im übrigen aber nicht viel weniger abhängig sind als Arbeitnehmer im Betrieb ihres Auftraggebers auch.

Würde man diese „arbeitnehmerähnlichen" Personen uneingeschränkt als Selbständige behandeln, so hätte das nicht nur zur Folge, daß die Unternehmen, für die sie arbeiten, keine Arbeitgeberanteile zur Sozial- und Arbeitslosenversicherung zu zahlen brauchten, vielmehr würden die Selbständigen dann auch den arbeitsrechtlichen Kündigungsschutz verlieren. Anstatt unter hochsozialen Bedingungen kündigen zu müssen, würde es genügen, ihnen keine Aufträge mehr zukommen zu lassen. Wollte man sie dagegen uneingeschränkt als Arbeitnehmer behandeln, würde man für die Unternehmen den Anreiz erhöhen, die entsprechenden Tätigkeiten in Länder zu verlagern, in denen das deutsche Arbeitsrecht von vornherein nicht gilt. Die Folge wäre eine erhöhte Arbeitslosigkeit im Inland, was auf lange Sicht gesehen ebenfalls nicht akzeptabel erscheint. Hier stellen sich daher neuartige Aufgaben, für die eine abschließende Lösung vorerst nicht in Sicht ist. Nach derzeitiger Lage sind die arbeitnehmerähnlichen Personen in die Rentenversicherung einbezogen; das Tarifvertragsgesetz erlaubt es, für sie Tarifverträge abzuschließen. Im übrigen unterliegen ihre Arbeitsverträge der für allgemeine Geschäftsbedingungen üblichen Kontrolle.

§ 18 Nichtstaatliche Verbände

I. Die Funktion privater Vereinigungen

1. *Bündelung von Kraft und Kapital*

Wer das Privatrecht als ein System der Freiheit beschreibt, denkt dabei meist an die Freiheit des Einzelnen, sich ungehindert von fremden Einflüssen nach seinen eigenen Vorstellungen zu entfalten, also – wie man gern sagt – das zu tun, was man selbst will, nicht was andere wollen. Das ist in der Tat die Idee, von der das Privatrecht ausgeht. In der Wirklichkeit ist die Freiheit des auf sich selbst gestellten Einzelnen allerdings oft genug gleichbedeutend mit seiner Ohnmacht, denn für alle bedeutenderen Unternehmungen braucht man mehrere. Vieles kann daher nur im Verein mit anderen verwirklicht werden, also durch *Vereinigungen*, welche die Kraft und das Kapital unterschiedlicher Akteure bündeln und auf einen oder einige wenige Zwecke konzentrieren. Wer größere Aufgaben ins Auge faßt, wird daher in der Regel versuchen, sich mit anderen, die das gleiche Ziel verfolgen, zu vereinigen, um das gemeinsame Ziel auf diese Weise zu befördern.

Ob die Privatautonomie im eigentlichen und ursprünglichen Sinn die Vereinigungsfreiheit mitumfaßt, mag zweifelhaft sein. Fest aber steht, daß die private Selbstbestimmung nur da über einen engen Kreis relativ unbedeutender

Geschäfte hinausreicht, wo die freie Vereinsbildung gewährleistet ist. Denn wie der Hebel die Fähigkeiten des Menschen in der mechanischen Welt verstärkt, so die Vereinigung mit andern in der sozialen. Nächst der Privatautonomie im engeren Sinn ist daher der Ruf: „Organisiert euch!" zur Parole des wirtschaftlichen und sozialen Kampfes geworden. Er ist aber auch die erste Vorbedingung im Kampf um die Verbesserung des Rechts; denn wo nicht vereinte Kräfte aufgeboten werden, läßt sich auch in der Welt des Rechts auf kurze Sicht nicht viel bewegen.

Im gleichen Maße, wie sich solche Zusammenschlüsse bilden, kommt es freilich nicht nur zu einer Bündelung von Kräften, sondern auch zur Marginalisierung des Einzelnen. Wer solchen Vereinigungen fernbleibt und seine Selbständigkeit bewahrt, befindet sich meist in einer ungünstigeren Lage als in einer unorganisierten Welt. Er verfügt als Einzelner nicht annähernd über die Mittel, die einem Verband zur Verfügung stehen, und kann sich daneben nur schwer Gehör verschaffen. Wo Verbände das Feld beherrschen, stellt sich dem Einzelnen daher oft nur die Wahl, sich entweder ebenfalls zu organisieren oder aber in eine der Nischen zurückzuziehen, die von den Verbänden noch nicht besetzt worden sind, und hier ein unscheinbares Leben außerhalb der organisierten Gruppen zu führen. Wenn die Vereinigung mit anderen die Freiheit der Vereinigten fördert, weil sie neue Handlungsmöglichkeiten für sie erschließt, so bringt sie für die nicht Vereinigten gerade umgekehrt neue Handlungszwänge und Ungleichgewichte mit sich.

2. Vereinigungsfreiheit als staatstheoretische Grundentscheidung

Zieht man den *Staat* in die Betrachtung mit ein, richtet man also den Blick auf die Dreiecksbeziehung Bürger-Verbände-Staat, so kommt noch ein weiterer Aspekt hinzu. Der Staat ist die wirkungsmächtigste Organisation, die die Geschichte bisher hervorgebracht hat. Solange und soweit der Staat dem einzelnen Bürger unvermittelt gegenübersteht, ist ihm der Einzelne hoffnungslos unterlegen. Im Verhältnis zur organisierten Macht des Staates ist der Bürger notwendig ein „Untertan". Das ist, läßt man sich durch ideologische Verbrämungen nicht täuschen, in der Demokratie nicht anders als in allen anderen Staatsformen auch. Nur Verbände sind in der Lage, dem Staat Grenzen zu setzen. Im gleichen Maße, wie Verbände den Einzelnen der Gefahr aussetzen, von privaten Machtkonstellationen absorbiert zu werden, sind sie daher zugleich imstande, ihn vor der ungleich größeren Übermacht des Staates zu schützen und seinen Interessen im Verhältnis zum Staat Nachdruck zu verleihen. Ob die *Bildung* privater Vereinigungen *frei* und die Bündelung privater Macht gestattet ist oder die Bürger dem Staat ausnahmslos als Einzelne gegenüberstehen, ist daher eine verfassungsrechtliche Frage ersten Ranges.

I. Die Funktion privater Vereinigungen   227

Autoritäre Staaten setzen der Vereinigungsfreiheit meist enge Grenzen. Sie dulden keine Machtpotentiale neben sich, durch die sie selbst beschränkt werden könnten. Aber auch in der radikalen Demokratie werden private Verbände leicht als Fremdkörper angesehen, weil sie sich zwischen den Staat und die einzelnen Bürger einschieben und dabei eine eigentümliche, nicht notwendig demokratische Logik entfalten. Während der französischen Revolution ließ man sich daher durch das allgemeine Freiheitspathos nicht hindern, alle privaten Vereinigungen prinzipiell zu verbieten. „Da die Abschaffung aller Arten von Körperschaften der Bürger gleichen Standes und gleichen Berufs eine der Grundlagen der französischen Verfassung darstellt", heißt es in einem Dekret der Nationalversammlung aus dem Jahr 1791, „ist es verboten, sie faktisch wiederherzustellen unter welchem Vorwand und in welcher Form auch immer. Die Bürger gleichen Standes oder Berufs, die Unternehmer, die Inhaber offener Läden, die Arbeiter und Handwerker jeder Art dürfen sich, wenn sie sich zusammenfinden, weder Präsident noch Sekretäre noch Syndici ernennen, sie dürfen weder Register führen noch Beschlüsse fassen oder Beratungen abhalten noch Regelungen hinsichtlich ihrer vorgeblichen gemeinsamen Interessen treffen."[1] Das war nichts anderes als eine Konsequenz der Lehre Rousseaus, wonach private Gesellschaften und Parteien nur zu einer Verfälschung des demokratischen Allgemeinwillens führen.

Befreit man diese Vorstellung von den utopischen Übersteigerungen, die mit dem Gedanken einer unmittelbaren Demokratie zwangsläufig verbunden sind, so schält sich folgender Kern heraus: Wo sich der Staat einer Vielzahl von Verbänden gegenübersieht, wird die Wahrnehmung der staatlichen Aufgaben aus behördlicher Sicht nicht unbedingt leichter. Was dem Allgemeininteresse entspricht, ist dann nicht einfach Sache staatlicher Erkenntnis oder Festsetzung; vielmehr muß es im Zusammenspiel mit diesen Verbänden immer von neuem austariert werden. Im Verhältnis zum Staat wirken sich private Verbände, die dem Bürger gegenüber eine eigene Gewalt darstellen, daher gewaltenhemmend aus. Kraft ihrer eigenen Macht setzen sie der staatlichen Machtentfaltung Grenzen und erschweren dadurch das kommandomäßige Durchentscheiden von oben nach unten.

Wer dem Staat als der höchsten Gewalt mit einem latenten Mißtrauen gegenübersteht, wird daher in der Existenz von privaten Verbänden weniger eine Gefahr als vielmehr einen Schutzschild für die Freiheit des Bürgers erblicken. Während der Staat nach radikaldemokratischem Verständnis auf dem Konsens der isolierten Einzelnen beruht, erwächst er nach einem mehr genossenschaftlichen Demokratieverständnis aus einem Unterbau individueller und korporativer Existenzen, in dem die Freiheit aller ihre substantielle Garantie findet. „Es ist sehr schlimm", führte Georg Beseler (1809–1888) in diesem Sinn in der Frankfurter Nationalversammlung aus, „wenn in einem Staatswesen sich nur die höchste Macht neben die große Menge der Gleichberechtigten gestellt findet, wenn keine Übergänge, keine Vermittelungen da sind ... Ich glaube, daß ... diese Vermittelung ... geschehen muß durch die Genossenschaften und Korporationen in ihrer weitesten Ausdehnung und daß in diesen dasjenige Material und eine Handhabe gegeben ist, wodurch wir den Staat als einen Organismus hinstellen, und zwar als einen solchen, in dem nicht die eine Spitze mit der ganzen Grundlage zusammentrifft, sondern wo wirklich ein pyramidalischer Bau stattfindet ..., ein Bau der modernen Freiheit."[2]

Aus einer solchen Perspektive betrachtet, sind private Verbände im Interesse der bürgerlichen Freiheit unverzichtbar: sie sind wesentliche Elemente eines gegliederten Baus der Freiheit, der in seiner Gesamtheit den Staat ausmacht. Während in früheren Epochen bis hin zur französischen Revolution die Bildung privater Vereinigungen vielen Einschränkungen unterlag, entwickelte sich das 19. Jahrhundert unter dem Einfluß solcher Vorstellungen auch insoweit zu einem Jahrhundert der Freiheit: der Vereinigungsfreiheit nämlich. Dabei erlebten zunächst die handelsrechtlichen *Kapitalgesellschaften*, die bis dahin nur unter engen Voraussetzungen konzessioniert worden waren, einen steilen Aufschwung. 1848 formierten sich in Deutschland die ersten *politischen Vereinigungen*, aus denen in der Folge die politischen Parteien hervorgingen. In der Gewerbeordnung von 1869 wurde schließlich die Gründung von *Gewerkschaften* freigegeben. Auf diese Weise wurden die Weichen gestellt für den egalitär-korporativen Staat, der sich erst im 20. Jahrhundert voll entfaltet hat.

3. Aufmarsch der Verbände

Das Bekenntnis zur Vereinigungsfreiheit, das im deutschen Grundgesetz verfassungsrechtlich abgesichert ist (Art. 9 GG), ist nach all dem eine Entscheidung von nicht zu unterschätzender Tragweite. Wir haben oben die Verbandsbildung mit einem Hebel verglichen; aber das ist noch zu niedrig gegriffen. Wenn die Erfindung des Konsensualvertrages in ihrer Wirkung der Erfindung des Rades gleichkommt, so wirkt die Einräumung der Vereinigungsfreiheit wie ein Verbrennungsmotor: sobald es diesen Motor gibt, wird nach und nach alles motorisiert. Die Akkumulation und Mobilisierung der in der Gesellschaft schlummernden Kräfte ist nur die eine Seite der Medaille; die andere besteht in der Umwälzung aller idyllischen Verhältnisse, wie sie für eine Gesellschaft nichtorganisierter Bürger typisch sind.

Die Vereinigungsfreiheit erschließt in technischer, wirtschaftlicher und politischer Hinsicht Möglichkeiten, von denen der Einzelne nur träumen kann. Aber Verbände bündeln nicht nur die Kräfte, sondern auch das Konfliktpotential. Der Wettbewerb der Einzelnen verwandelt sich unter ihren Händen zu einem Kampf der Giganten. Wo große Verbände am Werk sind, können die vielen kleinen Widersprüche, die man als solche kaum wahrnehmen würde, zu Konflikten auflaufen, deren Fronten sich quer durch die Gesellschaft ziehen. Im modernen Sozialstaat kommt noch etwas weiteres hinzu. Wer seinen Anteil an dem vom Staat zu verteilenden Sozialprodukt steigern will, kommt ohne die Unterstützung von Verbänden nicht aus. Allein sie sind in der Lage, für ihre Mitglieder günstigere Bedingungen auszuhandeln. Wenn der Verteilungskampf auf diese Weise erst einmal in Gang gebracht worden ist, ziehen die konkurrierenden Verbände den Staat in ihre Auseinandersetzungen mit hinein und betrachten ihn womöglich als eine Art Beute, die es zu erobern und unter dem Deckmantel gemeinwohlbezogener Institutionen zu verteilen gilt. Das Stichwort von der Verbandsdemokratie hat hier seinen Ursprung.

All dies kann fatale Konsequenzen haben. Während im Ständestaat nämlich alle Stände legitimerweise nur für die Ihren sorgten, bezieht der moderne Staat westlicher Prägung seine Rechtfertigung daraus, daß er frei von partikularen Einflüssen allein das „Allgemeininteresse" vertritt. Im gleichen Maße, in dem Verbandsinteressen sich als Allgemeininteressen verkleiden können und den Staat zu einem Schauplatz des Ringens der gesellschaftlichen Kräfte umfunktionieren, gerät die Legitimation des modernen Staates selbst in Gefahr.

II. Juristische Personen und Personengesellschaften

1. Die Frage der Rechtspersönlichkeit

Größe, Einfluß und soziale Funktion privater Verbände sind an sich mehr ein Thema für Soziologie und Politikwissenschaft. Das Recht interessiert sich meist nur für die äußere *Form*, also für die *rechtliche Struktur* solcher Verbände. Dabei unterscheidet man herkömmlich zwischen Vereinigungen, die über eine eigene Rechtspersönlichkeit verfügen, und anderen, bei denen dies nicht der Fall ist. Die ersteren werden zusammengefaßt unter dem Begriff der *juristischen Person*; das wichtigste Beispiel für die zweiten sind die *Personengesellschaften* (welche mit den Kapitalgesellschaften, die juristische Personen darstellen, nicht zu verwechseln sind). Die juristische Person wird aber nicht nur den Personengesellschaften gegenübergestellt; sie bildet auch das Gegenstück zur *natürlichen Person*, also dem Menschen, dem die Rechtsfähigkeit nach heutiger Auffassung gewissermaßen von Haus aus zukommt.

Bei der Frage der Rechtspersönlichkeit einer Vereinigung geht es vor allem darum, ob die Vereinigung mit ihren Mitgliedern – also den natürlichen Personen, die hinter ihr stehen – unmittelbar zusammenfällt, oder ob sie rechtlich eine *eigene Existenz* führt, die vom jeweiligen Mitgliederbestand unabhängig ist. Wenn bei einer juristischen Person alte Mitglieder ausscheiden oder neue eintreten, ändert dies an der rechtlichen Identität der Vereinigung selbst gar nichts, nicht einmal dann, wenn dabei sämtliche Mitglieder wechseln. Bildhaft ausgedrückt, ist das Verhältnis einer juristischen Person zu ihren Mitgliedern ähnlich beschaffen wie das Verhältnis des Menschen als solchem zu den Körperzellen, aus denen er sich zusammensetzt: Selbst wenn sich alle Zellen im Laufe der Zeit erneuern, läßt das die Identität des Menschen unberührt. Ähnlich stellt auch die juristische Person ein Zurechnungssubjekt eigener Art dar. Wer mit einer solchen Vereinigung in Rechtsbeziehungen tritt, hat es rechtlich nicht mit ihren Mitgliedern, sondern mit der Organisation selbst zu tun. Aber auch im Innenverhältnis stehen die Mitglieder nicht notwendig in Rechtsbeziehungen zueinander, sondern nur zu dem Verband als solchem. Wer einem rechtsfähigen Verein angehört, ist also nur dem Verein selbst zur Zahlung des Mitgliedsbeitrags verpflichtet, nicht aber den anderen Mitgliedern; umgekehrt kann er von diesen aber auch nicht verlangen, daß sie ihren Vereinspflichten nachkommen, sondern dies kann ebenfalls nur der Verein.

Das Gegenstück dazu ist die Personengesellschaft, die auf einer persönlichen Absprache zwischen den Gesellschaftern beruht. Eine solche Vereinigung steht nicht selbständig neben ihren Mitgliedern, sondern ist weitgehend mit ihnen identisch. Scheidet ein Gesellschafter aus, so bedeutet dies häufig zugleich das Ende der Gesellschaft, und wenn nicht, dann ist diese jedenfalls nicht mehr dieselbe wie vorher.

In der Rechtswirklichkeit ist die Unterscheidung von juristischen Personen und Personenvereinigungen nicht ganz so leicht zu treffen, wie es nach dieser Gegenüberstellung scheinen könnte. Es gibt nämlich Zwischenformen, so daß die Grenzen fließend sind. Namentlich hat man bestimmten Personenvereinigungen, denen das Gesetz die Rechtsfähigkeit vorenthalten hat, eine solche aus rechtsdogmatischen Gründen schrittweise zuerkannt. Dadurch ist das überkommene System ins Gleiten geraten. Diese Entwicklung zum Abschluß zu bringen, dürfte indessen aus mancherlei Gründen dem Gesetzgeber vorbehalten sein.

2. Theorie der juristischen Person

Früher hat man eingehend darüber gestritten, wie es möglich ist, daß eine soziale Organisation in derselben Weise als rechtliche Zurechnungseinheit, mithin als Subjekt gedacht wird wie der Mensch als „natürliche Person". Der konsequente Gesetzespositivismus kann das im Grunde am einfachsten erklären. Der Glaube an „natürliche Rechtspersonen" ist danach eine reine Selbsttäuschung. Die Rechtspersönlichkeit ist nach gesetzespositivistischer Auffassung nichts anderes als die Folge einer Rechtsnorm, durch die einem bestimmten Objekt Rechtssubjektivität beigelegt wird. Rein rechtlich gesehen

II. Juristische Personen und Personengesellschaften 231

besteht dabei zwischen einem Menschen und einem Golfclub kein Unterschied. Der Grund für die Beilegung der Rechtsfähigkeit ist vielmehr in beiden Fällen nichts anderes als der Federstrich des Gesetzgebers.[3] Wer dem Menschen dagegen eine exponierte Stellung zuweist und die Rechtssubjektivität der „natürlichen Personen" gerade darauf zurückführt, hat es nicht ganz so leicht. Rechtsperson im tieferen und eigentlichen Sinn des Wortes ist danach nämlich allein der Mensch. Ihren klassischen Ausdruck hat diese Auffassung bei Savigny gefunden: „Alles Recht ist vorhanden um der sittlichen, jedem einzelnen Menschen inwohnenden Freiheit willen. Darum muß der ursprüngliche Begriff der Person oder des Rechtssubjekts zusammenfallen mit dem Begriff des Menschen und diese ursprüngliche Identität beider Begriffe läßt sich in folgender Formel ausdrücken: Jeder einzelne Mensch, und nur der einzelne Mensch ist rechtsfähig."[4] Die Gleichstellung von natürlichen und juristischen Personen entbehrt von daher der tatsächlichen Grundlage. Daß bestimmten Organisationen eine eigene Rechtspersönlichkeit beigelegt wird, ist infolgedessen nur aufgrund einer *Fiktion* möglich, die über die wesensmäßigen Unterschiede nicht hinwegtäuschen kann.

Man hat diese Fiktionstheorie, die vor allem auf Savigny zurückgeht, häufig kritisiert. Rechtsdogmatisch gesehen ist diese Kritik nur von geringer Bedeutung; rechtstheoretisch läßt sie jedoch tief blicken. In ihrem Kern beruht sie nämlich darauf, daß der einzelne Mensch für die Kritiker nicht länger der alleinige und unverzichtbare Mittelpunkt des Rechts war. Zum Teil wurde er auf eine Ebene mit den sozialen Verbänden gestellt, denen Otto von Gierke ebenfalls ein reales Substrat, eine „reale Verbandspersönlichkeit" zuerkennen wollte. Zum Teil aber wird er theoretisch nurmehr als Verfugungsmasse des Gesetzgebers angesehen, die man wie eine Schachfigur hin- und herrücken darf, sobald man über den Gesetzgebungsapparat verfügt.

In praktischer Hinsicht ist das Bewußtsein für den grundlegenden Unterschied zwischen natürlichen und juristischen Personen freilich nach wie vor vorhanden. Organisationen werfen im Rechtsverkehr häufig andere Probleme auf als das Handeln von Einzelnen. Obwohl das rechtstechnische Konstruktionsmuster in beiden Fällen das gleiche ist, so macht es in der Rechtswirklichkeit einen erheblichen Unterschied, ob ein Recht von einer natürlichen oder einer juristischen Person in Anspruch genommen wird. In den Händen einer Bank bedeutet die Privatautonomie etwas anderes als in den Händen eines Sparers, und wenn ein Großbetrieb mit seinem Eigentum nach Belieben verfahren möchte, ist auch dies etwas anderes als wenn ein Reihenhausbesitzer für seinen Vorgarten denselben Anspruch geltend macht.

3. Kapitalgesellschaften

Daß mehrere Personen sich zu einer Vereinigung zusammenschließen, kann unterschiedliche Gründe haben, ideelle und materielle. Im Wirtschaftsverkehr geht es häufig darum, Kapital zu akkumulieren, um es gewinnbringend einzusetzen, und dabei gleichzeitig die persönliche Haftung der Beteiligten auszuschließen. Für diesen Zweck sind namentlich die *Kapitalgesellschaften* konzipiert. Als juristische Personen sind sie mit einer eigenen Rechtspersönlichkeit ausgestattet. Das heißt unter anderem, daß sie über ein *eigenes Vermögen* verfügen, das vom Privatvermögen der Gesellschafter streng getrennt ist. Forderungen der Gesellschaft stehen rechtlich nicht den Gesellschaftern zu; umgekehrt wird das Privatvermögen der Gesellschafter nicht durch Schulden der Gesellschaft belastet. Daraus ergeben sich verlockende Möglichkeiten. Wer *als Einzelner* ein Geschäft betreibt, haftet, wenn die Dinge sich ungünstig entwickeln, mit seinem gesamten Vermögen. Er kann also nicht nur das Kapital verlieren, das er in sein Geschäft eingebracht hat, sondern sein restliches Vermögen dazu. Gründet er dagegen eine *Kapitalgesellschaft* und läßt diese die Geschäfte machen, so sieht es anders aus. Macht die Gesellschaft Gewinn, so kann er von den Gesellschaftern abgeschöpft werden. Macht sie dagegen Verluste, so geht das die Gesellschafter nichts an. Für Schulden haftet nur derjenige, dem sie rechtlich zuzurechnen sind. Das aber ist allein die juristische Person selbst. Das Gesellschaftsvermögen wird daher im Insolvenzverfahren der Gesellschaft bis auf den letzten Heller verwertet und die Gesellschaft aufgelöst. Das Privatvermögen der Gesellschafter dagegen bleibt dabei, sieht man von ihrem Gesellschaftsanteil einmal ab, unberührt. Die Gesellschafter können daher die Liquidation einer Kapitalgesellschaft persönlich unbeschadet überstehen und ungehindert die nächste Gesellschaft gründen.

Aus dem Gesagten erhellt zugleich, daß das Auftreten von Gesellschaften mit unterschiedlicher Organisation und Haftungsform für den Geschäftsverkehr nicht ohne Risiko ist. Wer sich mit einer Gesellschaft auf Geschäfte einläßt, hat ein vitales Interesse daran, zu erfahren, in welcher Weise und bis zu welcher Höhe ihm gegebenenfalls gehaftet wird. Um dies zu gewährleisten, hat das Gesetz die Vertragsfreiheit insoweit eingeschränkt und stellt nur eine *beschränkte Anzahl von Gesellschaftstypen und -formen* zur Verfügung. Wer eine Gesellschaft gründet, muß sich für eine dieser Formen entscheiden und kann diese nicht nach Belieben umgestalten. Allerdings kann er heute auch auf die Gründung einer Gesellschaft im EU-europäischen Ausland ausweichen, wenn er sich davon Vorteile verspricht.

4. Konzerne

In derselben Weise, wie jeder Einzelne versuchen kann, seinen Einfluß im Wege der Vereinigung auszuweiten, können dies auch die Gesellschaften selbst tun. Das Mittel dazu ist die Verbindung mehrerer Gesellschaften zu neuen Wirtschaftseinheiten, in der Fachsprache: zu *Konzernen*. Näher besehen bieten sich dafür zwei Wege an. Eine Gesellschaft kann einmal eine Reihe von Tochtergesellschaften ausgliedern, die mehr oder weniger von ihr abhängig sind. Sie kann aber auch andere, bisher selbständige Gesellschaften übernehmen. Eine solche Übernahme vollzieht sich häufig in mehreren Stufen. So kann ein Unternehmen an einer fremden Aktiengesellschaft zunächst eine Beteiligung in Form von Aktien erwerben und diesen Anteil im Laufe der Zeit so ausbauen, bis es die andere Gesellschaft über die Mitgliederversammlung der Aktionäre faktisch beherrscht. Es kann in der Folge dann weiter einen Beherrschungsvertrag abschließen und sich das andere Unternehmen am Ende auch ganz einverleiben. Dieser Konzentrationsprozeß ist heute längst nicht mehr auf den innerstaatlichen Bereich beschränkt, sondern greift über die Staatsgrenzen hinweg. Während die nationalen Rechtsordnungen traditionell geschlossene Systeme darstellen und starr gegeneinander abgegrenzt sind, macht die Wirtschaft vor diesen Grenzen nicht halt, sondern setzt sie oft genug gerade zu ihrem Vorteil ein. In Gestalt „multinationaler Gesellschaften" reicht die wirtschaftliche Verflechtung heute rund um den Erdball.

Für das jeweils herrschende Unternehmen bieten solche Verflechtungen viele Vorteile. Unter anderem wird geltend gemacht, daß die enormen Kosten des technischen Fortschritts nur auf diese Weise aufzubringen seien. Für die Minderheitsgesellschafter des abhängigen Unternehmens sind sie dagegen nicht ungefährlich. Die abhängige Gesellschaft kann nämlich gleichsam von außen her gesteuert und womöglich sogar ausgeplündert werden. Die Minderheitsgesellschafter haben dann das Nachsehen, ohne viel tun zu können. Den Gläubigern der abhängigen Gesellschaft ergeht es kaum besser. Im gleichen Maß, wie ihr Schuldner von dem herrschenden Unternehmen ausgesogen wird, sinken ihre Hoffnungen auf Befriedigung ihrer Forderungen.

Aber auch unter marktwirtschaftlichen Gesichtspunkten ist der Prozeß der Unternehmenskonzentration nicht unbedenklich. Je enger die Verflechtungen sind, desto leichter ist es, den Markt zu beherrschen und die Bedingungen zu diktieren. Hier sind dem Recht im Laufe der Zeit ganz neue Aufgaben zugewachsen. Während sich das *Konzernrecht* mit der näheren Ausgestaltung von Unternehmensverbindungen befaßt, gehört es zu den Aufgaben des *Wettbewerbsrechts*, den Konzentrationsprozeß zu kontrollieren und problematische Verbindungen, durch die der Wettbewerb bedroht wird, zu verhindern. Das rechte Maß zu finden, ist dabei nicht leicht, nicht zuletzt deshalb, weil es hier mehr um eine Frage der vorausschauenden Rechtsgestaltung als der Rechtsanwendung geht.

Die Globalisierung der Wirtschaft hat noch dazu auch in diesem Bereich überkommene Maßstäbe relativiert. Durch grenzüberschreitende Fusionen sind unternehmerische Einheiten entstanden, deren Umsatzzahlen an den Umfang von staatlichen Etats heranreichen. Der Blick allein auf die nationalen Märkte, ja selbst auf den Markt überhaupt erweist sich daher zunehmend als unzureichend; denn aus wirtschaftlicher Größe ergeben sich zugleich politische Herrschaftsmöglichkeiten. Übermäßige Zusammenballungen wirtschaftlicher Macht gefährden die Grundlage einer freiheitlichen Ordnung. Die Ordnungspolitik muß daher zunehmend über den nationalen Rahmen hinausdenken und darauf bedacht sein, sich die erforderlichen Handlungsinstrumente durch Kooperation mit anderen Staaten zu verschaffen.

III. Die innere Ordnung der Verbände

1. Die Verbandsmacht und ihre Grenzen

Private Verbände sind aus dem öffentlichen Leben freiheitlicher Staaten kaum mehr wegzudenken. Vielen davon kommt eine eminent wichtige Bedeutung zu. Sie formen und bündeln die Kräfte, Meinungen und Interessen der Bürger und verleihen dadurch der Massengesellschaft erst so etwas wie eine soziale Binnenstruktur. Angefangen von Tierschutz- und Umweltverbänden über Beamten- und Bauernverbände, Mieter- und Hausbesitzervereinigungen bis hin zu Gewerkschaften, politischen Parteien und Religionsgemeinschaften stellen sie für jedermann die gewünschte Uniform zur Verfügung, in der der moderne Massenmensch seine, wie er meint, unverwechselbare Persönlichkeit frei zu entfalten glaubt. Mit dem einzelnen Bürger ist der Staat in der Regel nur bei den Wahlen unmittelbar konfrontiert. Nur hier tritt der Bürger aus der politischen Passivität, in der er normalerweise verharrt, heraus und schickt sich an, auf den Staat Einfluß zu nehmen. Außerhalb dieses kurzen Zeitraums hat es der Staat nur mit einer Vielzahl von Verbänden zu tun. Aber selbst bei den Wahlen noch verstehen es die großen Verbände, ihre Mitglieder auf bestimmte Denk- und Verhaltensmuster einzuschwören und geschlossen hinter sich zu bringen.

Ungeachtet der Vereinigungsfreiheit kann es dem Staat daher nicht gleichgültig sein, welcher Art die Vereinigungen sind, die sich in seinem Innern bilden. Wenn staatsfeindliche Verbände ihre Mitglieder gleichschalten und gegen die bestehende Ordnung Front machen könnten, wäre es um den inneren Frieden geschehen. Vereinigungen, deren Zwecke oder deren Tätigkeit gegen die

Strafgesetze verstoßen, können daher nach Maßgabe des Vereinsgesetzes *verboten* werden.

Aber auch bei Vereinigungen, die erlaubte Zwecke verfolgen, erhebt sich die Frage nach den Grenzen der *Verbandsmacht im Innern*. Soll diese Macht etwa so weit reichen, über Aufnahme und Ausschließung von Mitgliedern nach freiem Belieben verfügen zu können? Das Problem ist zweischneidig. Aus der Vereinigungsfreiheit folgt an sich, daß sich der Staat in die innere Ordnung der zugelassenen Verbände grundsätzlich nicht einmischen darf. Eine Vereinigung darf daher nicht gezwungen werden, Mitglieder aufzunehmen, von denen sie glaubt, daß ihre Identität bzw. ihre Selbstbewahrung dadurch gefährdet wird. Ebensowenig darf sie genötigt werden, in ihrem Innern eine Opposition zu dulden, die sich anschickt, den Verband auf lange Sicht umzufunktionieren. Ein Gesangverein ist nun einmal kein Fußballverein, und er muß es auch nicht hinnehmen, daß er durch gesangsunwillige Mitglieder dazu gemacht wird. Auf der anderen Seite gibt es indessen Verbände, deren Machtstellung im wirtschaftlichen oder sozialen Bereich so stark ist, daß derjenige, der davon ausgeschlossen ist oder wird, eine empfindliche Benachteiligung erleidet. Wer zum Beispiel aus einer Gewerkschaft ausgeschlossen wird, ist zwar nach wie vor von den Streikmaßnahmen dieses Verbandes betroffen, erhält aber aus der gewerkschaftlichen Streikkasse keine Unterstützung mehr. In der Praxis wird derartigen Verbänden bei der Entscheidung über Aufnahme oder Ausschluß von Mitgliedern daher nur ein begrenzter Ermessensspielraum zugestanden.

2. *Politische Parteien*

Politische Parteien, also private Organisationen, die den Zweck verfolgen, unmittelbar bei der politischen Willensbildung mitzuwirken, sind nach geltendem Recht einer besonderen Regelung unterworfen. Das hängt damit zusammen, daß ihnen im Rahmen der Demokratie eine zentrale öffentliche Funktion zukommt. Ungeachtet der verbreiteten Abneigung gegen die sogenannte Parteienwirtschaft ist die moderne Demokratie weitgehend nur in Form der Parteiendemokratie möglich. Obgleich lange Zeit mißtrauisch beäugt, ist die Stellung der Parteien daher immer mehr aufgewertet worden. Ihre herausgehobene Position kommt unter anderem darin zum Ausdruck, daß über das Verbot einer Partei nicht die Verwaltungsbehörde, sondern allein das Bundesverfassungsgericht entscheidet.

In dem Umstand, daß die Demokratie von Parteien getragen wird, hat man nicht ganz zu Unrecht einen, wenn auch unvermeidlichen, Widerspruch gesehen. Parteien können intern von kleinen Führungsgruppen beherrscht werden. Nach dem von Robert Michels formulierten „ehernen Gesetz der Oligarchie" ist die Organisation als solche geradezu „die Mutter der *Herrschaft der Ge-*

wählten über die Wähler, der Beauftragten über die Auftraggeber, der Delegierten über die Delegierenden".[5] Wenn Volksherrschaft Parteienherrschaft und Parteienherrschaft die Herrschaft der Parteielite bedeutet, so kann sich die Demokratie im Handumdrehen auf eine Oligarchie reduzieren, in der einige wenige Spitzenfunktionäre stellvertretend für alle die Fäden ziehen. Der Zusammenhang, der dies ermöglicht, ist folgender: Die grundsätzliche Ablehnung von Volksbefragung und Volksentscheid, wie sie für Deutschland kennzeichnend ist, reduziert die politischen Rechte des Volkes im wesentlichen auf die Wahl von Abgeordneten. Abgeordneter aber kann praktisch nur derjenige werden, der von einer Partei als Kandidat aufgestellt wird. Der Umstand, daß im Parlament grundsätzlich nicht geheim, sondern offen abgestimmt wird, ermöglicht es den Parteien, ihre Kandidaten unter Kontrolle zu halten und im Falle des „Ungehorsams" bei der nächsten Wahl mit dem Entzug des Listenplatzes oder des „sicheren" Wahlbezirks zu „bestrafen". Auf diese Weise können einige wenige Personen, die selbst überhaupt kein demokratisches Mandat zu haben brauchen, die gesamte Politik beherrschen. Die Verfasser des Grundgesetzes haben diese Gefahr gesehen und daher angeordnet, daß die innere Ordnung der Parteien „demokratischen Grundsätzen" entsprechen muß (Art. 21 I 3 GG). Das ist allerdings eine Formulierung, die mehr verspricht, als sie zu halten vermag. Denn leider haben die Verfasser nicht hinzugesetzt, was man unter „demokratischen Grundsätzen" zu verstehen hat und wie sie auf einen innerstaatlichen Interessenverband zu übertragen sind. Erst das Parteiengesetz von 1984 hat versucht, diese Bestimmung etwas näher zu konkretisieren. Wenn es richtig ist, wie man gesagt hat, daß die Demokratie bei der innerparteilichen Demokratie auf ihre immanenten Grenzen stößt, so hat die Demokratie hier freilich eine offene Flanke für relativ undemokratische Herrschaftsformen.

3. *Die Kirchen*

Eine besondere Stellung unter den nichtstaatlichen Verbänden nehmen auch die Kirchen ein. Nach geltendem Verfassungsrecht sind Staat und Kirche prinzipiell getrennt; der Staat steht daher grundsätzlich auf dem Standpunkt konfessioneller Neutralität. Gleichwohl werden die Kirchen nicht so behandelt wie beliebige andere Vereinigungen. Den bedeutenderen kommt sogar die Stellung öffentlichrechtlicher Körperschaften zu. Soweit die Kirchen nämlich bereits früher Körperschaften des öffentlichen Rechts waren, ist ihnen dieser Status durch die Weimarer Reichsverfassung belassen worden (Art. 137 VI WRV); das Grundgesetz wiederum hat diese Regelung unverändert in das geltende Recht übernommen (Art. 140 GG). Den davon betroffenen Kirchen bieten sich manche Vorteile. Sie kommen nicht nur in den Genuß öffentlicher

Zuschüsse und eines erhöhten öffentlichen Einflusses, sondern verfügen vor allem über ein Besteuerungsrecht als öffentliches Hoheitsrecht. Allerdings betrifft diese Regelung heute nicht mehr allein die großen christlichen Kirchen. Andere Religionsgemeinschaften können auf diesen Status ebenfalls Anspruch erheben, wenn sie durch ihre Verfassung und Mitgliederzahl die Gewähr der Dauer bieten. In all dem kommt zum Ausdruck, daß der Staat selbst zwar die Gewissen seiner Bürger nicht mehr zu binden vermag, daß er jedoch keineswegs darauf verzichtet, Organisationen zu unterstützen, die dazu nach wie vor in der Lage sind. An dieser Bindung hat auch der weltanschaulich neutrale Staat ein Interesse. Denn wo die Gewissen der Bürger auf die Einhaltung der fundamentalen Rechtsgrundsätze programmiert sind, fällt dem Staat die Aufrechterhaltung der äußeren Ordnung in der Regel nicht schwer.

3. Abschnitt: Öffentliches Recht

§ 19 Öffentliches Recht als Rechtsgebiet und Denkform

I. Die Staatsgewalt

1. Regelung durch einseitige Anordnung

Das zweite große Rechtsgebiet neben dem Privatrecht ist das öffentliche Recht. Es umfaßt im weitesten Sinn alles, was nicht Privatrecht ist, also auch Strafrecht und Völkerrecht. Im Mittelpunkt des öffentlichen Rechts aber steht der *Staat* mit seinen Erscheinungsformen und Handlungsweisen.

Während das Privatrecht Raum schafft für die Willkür des Einzelnen, geht es im öffentlichen Recht primär darum, das Tun und Lassen der Bürger einer vom Willen der Einzelnen unabhängigen Regelung zu unterwerfen. Wenn im Privatrecht der Vertrag dominiert, die *einvernehmliche* Regelung zwischen den Beteiligten, so ist das typische Regelungsmuster des öffentlichen Rechts der *Befehl*, die *einseitige* Anordnung in Form einer Rechtsnorm oder eines Verwaltungsaktes. Und wenn das Privatrecht auf der Grundlage der konkreten Entscheidungen der Bürger gleichsam „von unten her" aufgebaut ist, so handelt es sich bei dem öffentlichen Recht um eine durch den Staat „von oben herab" gesetzte Ordnung.

In dieser schroffen Gegenüberstellung erscheint das zweifellos als Widerspruch. In einer menschengerechten Ordnung muß es jedoch sowohl Bereiche geben, die dem freien Spiel der Kräfte überlassen sind, als auch andere, in denen der Wettbewerb ausgeschaltet ist. Eine solche Ordnung aber kann nur aus dem Zusammenspiel widerstreitender Ordnungsmuster entstehen.

2. Gewalt über Land und Leute

Was dem öffentlichen Recht Beachtung verschafft, ist unmittelbar nicht der Konsens der Bürger, sondern die reale Macht des Staates. Ob die Bundesrepublik Deutschland noch ein Staat im überkommenen Sinn dieses Wortes ist, mag man zwar bezweifeln. Volk und Nation, Souveränität und Demokratie erscheinen hier im Kern als ausgezehrt. Indessen: wer ein neues Kapitel aufschlagen will, muß erst das alte kennen. Von den drei Voraussetzungen, die nach gängiger Auffassung erfüllt sein müssen, damit von einem Staat die Rede sein kann – der Staats*gewalt* als Oberbau, dem Staats*volk* als Unterbau des staatlichen Systems und dem Staats*gebiet* als Abgrenzung nach außen hin –, ist die Gewalt über Land und Leute in rechtlicher Hinsicht der Lebensnerv des Staates.

a) Kein reales Recht ohne reale Gewalt. Das Wort „Gewalt" verweist zunächst auf *physische Macht* und damit auf Dinge und Handlungsweisen, die häufig in einen strikten Gegensatz zum Recht gesetzt werden. Gleichwohl führt kein Weg an der Einsicht vorbei, daß in der Realität die Macht dem Recht immer vorausgeht. Mag der Widerspruch noch so schreiend sein, so kann alles Recht letztlich nur durch eine Gewalt garantiert werden, die sich bei isolierter Betrachtung als Unrecht darstellt. George Orwell, der gewiß nicht im Verdacht steht, die Staatsgewalt über Gebühr verherrlicht zu haben, hat dieses Verhältnis einmal so bestimmt: „Jede Regierung, die sich weigern würde, zu ihrer Selbstverteidigung Gewalt anzuwenden, würde beinahe im selben Moment aufhören zu existieren, denn sie könnte von jeder Gruppierung und sogar von jedem Individuum gestürzt werden, das weniger Skrupel hätte."[1]

b) Friedensordnung durch Gewaltmonopol. Der moderne Staat, wie er in Westeuropa entstanden ist, begnügt sich aber nicht damit, ein bestimmtes Maß von Gewalt für sich in Anspruch zu nehmen. Sein Anspruch geht weiter: er will die höchste, ja die *einzige wirkliche Gewalt* auf seinem Herrschaftsgebiet sein. In diesem *Gewaltmonopol* liegt der historische Kern des modernen Staates. Denn dieser Staat ist vor allem anderen zunächst einmal eine *Friedensordnung*. Friede aber ist auf lange Sicht nur da möglich, wo eine Gewalt vorhanden ist, welche alle diejenigen in Zaum hält, die ihn bedrohen könnten. Daß man unbewaffnet auf die Straße gehen kann, ist eine zivilisatorische Errungenschaft ersten Ranges. Wo man sich daran gewöhnt hat, vergißt man leicht, welche Vorkehrungen erforderlich sind, um diesen Zustand herzustellen und auf Dauer zu erhalten.

Daß der menschliche „Normalzustand" nicht der Friede, sondern der Krieg ist, hat niemand eindringlicher dargelegt als Thomas Hobbes (1588–1679). Nach seinem bekannten Wort „*homo homini lupus*"[2] ist der Mensch von Natur aus so beschaffen, daß einer über den anderen herfallen würde, wenn er nicht durch eine übermächtige Gewalt gebändigt würde. Friede herrscht nach dieser pessimistischen Sicht nur da, wo die natürliche Gewaltbereitschaft der Einzelnen durch die überlegene Gewalt des Staates künstlich niedergehalten wird. Womit zu rechnen ist, wenn dem Staat die höchste Gewalt fehlt, konnte Hobbes in den ungezügelten Bürgerkriegen seiner Zeit selbst beobachten. Der Schluß, den er daraus zog, war der, daß ihm jeder beliebige Staat, so hart seine Herrschaft auch sein mag, immer noch erträglicher erschien als ein staatsloser Zustand; denn der Staat, der sich zum alleinigen Gewalthaber aufgeschwungen hat, schien ihm wenigstens Sicherheit vor allen anderen Gewalthabern zu garantieren.

Wer das Rechtswesen nach dem Vorbild der Bergpredigt einrichten möchte, hört das vermutlich nicht gern. Realistisch betrachtet aber ist die Alternative, vor der wir stehen, nicht die zwischen Gewalt und Gewaltlosigkeit, sondern die zwischen *einer* absoluten und *mehreren* konkurrierenden Gewalten. Im gleichen Augenblick, wo die staatliche Gewalt Schwäche oder Unsicherheit erkennen läßt, erheben private Gewalten den Kopf. So verhielt es sich etwa zur Zeit der Weimarer Republik, wo sich linke und rechte Horden blutige Straßenschlachten lieferten. Vom Herbst 1930 an kommandierte Hitler mit damals bereits 100.000 SA- und SS-Leuten die größte Privatarmee der Welt, und bereits diese Tatsache mußte den Staat als Friedensordnung in den Augen der Bürger um allen Kredit bringen. Privatarmeen dieser Art gibt es heute bei uns nicht mehr. Aber in manchen Bereichen der Gesellschaft, in die der Arm des Staates nicht hineinreicht, hat die Kriminalität ein solches Ausmaß erreicht, daß Banken, Geschäfts- und Privathäuser, aber auch Einzelpersonen nach dem Urteil der betroffenen Bürger nicht mehr ausreichend geschützt sind. Die fehlenden staatlichen Sicherheitskräfte werden daher zunehmend durch private Überwachungsgesellschaften substituiert. In besonders gefährdeten Gegenden werden mittlerweile bereits „Bürgerwehren" aufgestellt, die für Sicherheit auf den Straßen sorgen. In manchen Städten und Stadtvierteln bleiben die Geschäftsleute nur dann ungeschoren, wenn sie „Schutzgelder" an organisierte Verbrecherbanden abführen. Weigern sie sich, so werden ihre Geschäfte ausgeraubt und verwüstet. Die öffentliche Macht hat das bisher nicht abstellen können.

Für das Recht sind solche Zustände fatal. Der Bürger zahlt seine Steuern zunächst einmal dafür, daß er sicher leben und in Ruhe seinen Geschäften nachgehen kann. Viele Gesetze, die er inhaltlich mißbilligt, hält er nur deshalb ein, weil er den Schutz einer funktionierenden Rechtsordnung zu schätzen weiß. Aus demselben Grund hat er sich damit abgefunden, daß ihm der Staat Selbsthilfe und Selbstjustiz aus der Hand genommen hat. Wenn dieser Zusammenhang von Schutz und Gehorsam durchbrochen wird, weil der Staat den erforderlichen Schutz nicht mehr zu gewährleisten vermag, ist auf kurz oder lang auch der Gehorsam des Bürgers in Frage gestellt. Wenn sich der Staat nicht der Gefahr einer schleichenden Erosion aussetzen will, darf er daher an seinem Gewaltmonopol nicht rütteln lassen.

c) Mißbrauchsanfälligkeit staatlicher Gewalt. Allerdings ist unser Vertrauen in den Wert einer staatlichen Ordnung nicht mehr ganz so groß wie zu Hobbes' Zeiten. Dem 20. Jahrhundert war es vorbehalten, die Bekanntschaft von totalitären Regimes zu machen, von denen sich Hobbes trotz all seines Pessimismus nichts hätte träumen lassen. Könnte man die vielen Millionen Regimegegner, „Klassenfeinde" und „Artfremde", die in diesem fortschrittlichen Jahrhundert durch staatliche Gewaltanwendung den Tod gefunden haben, darüber befragen, ob auch sie jeden beliebigen Staat für besser halten als gar keinen, so würde unsere bisherige Verteidigung des staatlichen Gewaltmonopols sicher einiges an Leuchtkraft verlieren. Als Ergebnis der Erfahrungen, die nicht wir, sondern andere mit dem Staat machen mußten, wissen wir heute jedenfalls, daß der Staatsgewalt so wenig zu trauen ist wie jeder anderen Gewalt auch.

Die Konsequenz aus dieser Einsicht kann jedoch nicht darin bestehen, das staatliche Gewaltmonopol in Frage zu stellen. Sie muß vielmehr dahin gehen, die staatliche Gewalt in Formen zu kleiden, die ihren Mißbrauch für unrechtliche Zwecke erschweren. Das richtige Verhältnis zwischen Recht und Gewalt ist also nicht das Verhältnis zwischen Herr und Diener, sondern das zwischen zwei Lebenspartnern, die gegenseitig auf sich Rücksicht nehmen müssen.

3. *Definitionsmacht über das Recht*

Das ist freilich leichter gesagt als getan. Die Staatsgewalt hat nämlich noch ganz andere Erscheinungsformen als Gefängnisse, Uniformen, Gummiknüppel und Dienstpistolen. Die staatliche Herrschaft beruht heute zum guten Teil darauf, daß der Staat das *Rechtsetzungsmonopol* für sich in Anspruch nimmt. Er begnügt sich also nicht damit, das Recht nur zu verteidigen und durchzusetzen; er beansprucht vielmehr die *Definitionsmacht* über das, was überhaupt Recht ist. Das ist im Grunde ein ungeheurer Anspruch, der, wenn man ihn ernst nimmt, auf eine Umwertung aller Werte hinausläuft. Durch einen bloßen Federstrich kann der Staat danach das Recht, an dem er interessiert ist, selbst schaffen. Er kann diejenigen, die bislang im Recht waren, vor den staatlichen Gerichten ins Unrecht und diejenigen, die im Unrecht waren, ins Recht setzen. Wenn er selbst gegen das von ihm aufgestellte Gesetz verstoßen hat, kann er im nachhinein bestimmen, daß er gleichwohl rechtmäßig gehandelt hat. So hat der Deutsche Reichstag 1934 ein Gesetz beschlossen, wonach die in den Tagen zuvor anläßlich der Röhm-Affäre begangenen Morde als Staatsnotwehr für rechtmäßig erklärt wurden.[3] Auf diese Weise wurden die Mörder ins Recht, die Gemordeten jedoch ins Unrecht versetzt. Dagegen aus sicherer Distanz einseitig zu polemisieren, ist allzu billig. Die Wahrheit nämlich ist: wenn und soweit der Staat über die Regeln zur Produktion von Recht tatsächlich frei verfügen darf, kann er an keinem anderen Maßstab gemessen werden als an dem, den er selbst für sich aufstellt. Wer dem Staat die unbegrenzte Definitionsmacht über das Recht zugesteht, sollte sich daher redlicherweise auch zu den Konsequenzen dieser Auffassung bekennen – oder aber diese Ansicht aufgeben.

Rechtstheoretisch wird das Rechtsetzungsmonopol des Staates durch den *Gesetzespositivismus* abgesichert. Dieser besagt, daß sich alles wirkliche Recht ausschließlich aus staatlichen Gesetzen ergibt und daß zugleich jedes staatliche Gesetz ohne weiteres *Recht ist*. Jede Bezugnahme auf außergesetzliche Rechtssätze wird damit für unzulässig erklärt. Der letzte Grund des Rechts ist danach vielmehr die staatliche Macht selbst. Das hat, wie man sich klarmachen muß, nicht nur negative Folgen. In der Glanzzeit des Gesetzespositivismus, im späten 19. Jahrhundert, hat die Rechtswissenschaft einen Stand erreicht, auf den wir heute nur neidvoll zurückblicken können. Gleichzeitig jedoch – und dies war die Kehrseite – wurde die Macht des Staates theoretisch ins Unermeßliche gesteigert: Er wurde zum Herrn nicht nur über die Menschen, sondern auch über das Recht erhoben. Für die alte Wahrheit, daß „*iustitia fundamentum regnorum*", daß mithin – nach einem Wort Augustins[4] – Staaten nichts anderes als große Räuberbanden sind, wenn ihnen der Bezug zur Gerechtigkeit abgeht, fehlt dem Gesetzespositivismus jedes Gespür. Recht ist für ihn nichts anderes als ein Ausdruck des jeweiligen Staatswillens; der Staat aber wird zur höchsten Macht auf Erden hochstilisiert, dergegenüber alle andern definitionsgemäß rechtlos sind.

Wenn diese Rechnung aufginge, so könnte sich der Staat durch die Produktion entsprechender Normen seine Legitimation selbst verschaffen, ähnlich wie sich Münchhausen an den eigenen Haaren aus dem Sumpf zog. Ganz so leicht läßt sich das Problem des richtigen Rechts jedoch nicht in den Griff bekommen. Der scharfkantige Gesetzespositivismus überzeugt nur so lange, wie er mit dem Rechtsgefühl nicht in Konflikt kommt. Aus diesem Grund wird heute meistens die stillschweigende Einschränkung gemacht, daß sich der Gesetzgeber bei seiner Gesetzgebung im Rahmen einer wie auch immer zu beschreibenden „Normalität" hält. Aber auch mit dieser prinzipiellen Einschränkung bedeutet das Rechtsetzungsmonopol sehr viel. Es setzt den Staat instand, bis hin zu dem Punkt, wo seine Rechtsetzung in offenen Widerspruch zu dem Rechtsempfinden der großen Mehrheit gerät, über das Recht ungehindert zu verfügen.

4. *Strukturelle Gewalt*

Wo von Staatsgewalt die Rede ist, muß aber noch etwas erwähnt werden. Der moderne Staat ist nicht nur Ordnungsgarant und Rechtsproduzent, sondern in hohem Maße auch *Leistungsträger*. Er errichtet Schulen, Universitäten, Museen, Theater und Krankenhäuser, baut Straßen, Parkanlagen und Autobahnen, er sorgt für die Lieferung von Wasser und Energie und für die Beseitigung des Abfalls, er zahlt Mietbeihilfen, Kinder- und Arbeitslosengeld und vieles andere mehr, seine ständige Präsenz ist aus der Welt, in der wir leben, gar nicht mehr wegzudenken. Auch dies läßt sich als eine Erscheinungsform der „Staatsgewalt" begreifen. Denn einmal vermag der Staat solche Aufgaben nur deshalb an sich zu ziehen, weil er sich die Kompetenz zuschreibt, sich für alles kompetent zu erklären, für das er kompetent sein will. Mit Hilfe dieser Kompetenz-Kompetenz kann er wie ein Schwamm immer mehr Aufgaben in sich hineinsaugen und mögliche Konkurrenten aus dem Feld drängen. Zum andern ist auf diese Weise so etwas wie eine „gewaltfreie, rein strukturelle Staatsgewalt" entstanden. Die „Gewalt" besteht dabei darin, daß der Einzelne von den Leistungen des Staates *vital abhängig* geworden ist.

Eine der wesentlichen Ursachen für die Entstehung dieser neuen Form von Staatsgewalt liegt in den Forderungen der Bürger selbst. Längst haben wir uns daran gewöhnt, bei jeder Gelegenheit nach dem Staat zu rufen. Wo auch immer ein Problem sichtbar wird, wo Mittel und Leistungen benötigt werden, heißt es sogleich, daß der Staat „gefordert" sei. Im Laufe der Zeit ist auf diese Weise ein Automatismus entstanden, der sich immer höher aufschaukelt: Je öfter und lauter nach dem Staat gerufen wird, desto stärker steht dieser unter dem Druck, solchen Erwartungen nachzukommen; je öfter er solche Herausforderungen akzeptiert, desto mehr wächst wiederum die Bereitschaft, neue Forderungen an ihn heranzutragen. Im Verlauf dieses Prozesses ist der Einzelne unmerklich in eine neue Abhängigkeit vom Staat hineingeraten. Denn je mehr der Bürger das, was er zum Leben braucht, vom Staat erhält, desto mehr braucht er zugleich den Staat selbst. Der vollständige Ausfall staatlicher Leistungen würde den Einzelnen heute nicht weniger hart treffen als der massive Einsatz physischer Gewaltmittel. Zu den wirksamsten Druckmitteln moderner Diktaturen gehört es dementsprechend, unliebsame Einzelne von solchen Leistungen abzuschneiden.

Es ist oft gesagt worden, daß vieles in diesem Bereich von Privaten und privaten Organisationen ebenso gut geleistet werden könnte. Mit gutem Grund fordern daher die Anhänger des *Subsidiaritätsprinzips*, daß der Staat sich auf diejenigen Aufgaben beschränken solle, zu deren Wahrnehmung der Einsatz staatlicher Mittel tatsächlich erforderlich ist. Es ist freilich eine offene Frage, welche Aufgaben dies im einzelnen sind. Eine wirkliche Diskussion darüber hat bisher kaum stattgefunden. Seit einiger Zeit findet jedoch ein Prozeß der Entkommunalisierung und Privatisierung weiter Bereiche statt, der vor allem fiskalischen Erwägungen folgt und der zu der immer stärkeren Vereinnahmung des Einzelnen durch den modernen Sozialstaat in eigenartiger Weise quersteht. Die Beteiligung Privater an öffentlichen Aufgaben macht mittlerweile nicht einmal mehr vor den Kernbereichen hoheitlicher Tätigkeit halt. Ob und wie dies das Erscheinungsbild des Staates langfristig ändern wird, ist derzeit schwer absehbar.

II. Die Entstehung des Staates

Durch den großzügigen Gebrauch des Wortes „Staat" verleitet, könnte man versucht sein zu meinen, daß es „den Staat" in ununterbrochener Kontinuität bereits seit der Antike gegeben habe. Tatsächlich jedoch ist der Staat in unserem Sinn eine relativ neue Erscheinung und hat mit den Staaten früherer Epochen nicht unbedingt viel gemein. Der moderne Staat ist diejenige politische Errungenschaft, die das Mittelalter von der Neuzeit trennt. Seit dieser Staat die politische Bühne betreten hat, hat auch rechtlich eine neue Epoche begonnen.

In Deutschland hat sich der Prozeß der Staatsentstehung in drei Stufen vollzogen. Auf der ersten Stufe hat sich der Staat als *territoriale Friedens- und Ordnungsmacht* konstituiert. Auf der zweiten Stufe wurden die *staatlichen Machtbefugnisse* in einer Hand *konzentriert*. Die dritte Stufe schließlich ist gekennzeichnet durch den immer stärkeren *Ausbau der staatlichen Verwaltung* im Innern.

1. Konstituierung einer territorialen Ordnungsmacht

Die Vorstellung eines befriedeten Territoriums, auf dem man in Sicherheit leben kann, weil eine übergeordnete Macht den Frieden garantiert, war den Menschen bis ins hohe Mittelalter hinein fremd. Eine Staatsgewalt, die überall präsent gewesen wäre, wo man sie brauchte, war damals nicht vorhanden. Geschützt und sicher war man daher nur in den ummauerten Städten, die gleichsam Inseln der Zivilisation darstellten. Die wenigen Straßen und Wege, die es „draußen im Lande" gab, waren ständig bedroht, das Reisen war gefährlich. Wer auch immer einige bewaffnete Knechte aufbieten konnte, hielt sich für berechtigt, wirklichen und vermeintlichen Widersachern den Fehdehandschuh hinzuwerfen und sie mit Raub, Plünderung und Brandschatzung zu überziehen.

Die Mittel, die man auf Reichsebene dagegen einsetzte, muten aus heutiger Sicht hilflos an. Da man nicht in der Lage war, die Fehde gänzlich zu unterbinden, verlegte man sich darauf, für die Ausübung privater Gewalt gewisse Regeln aufzustellen, im übrigen jedoch verbal Frieden zu gebieten. Innerhalb der festgesetzten Grenzen war der Privatkrieg frei. Aber auch wer sich an die aufgestellten Regeln nicht hielt, wurde nicht etwa festgesetzt und zur Verantwortung gezogen – dazu fehlte die Macht –, sondern lediglich geächtet; das heißt er wurde für „friedlos" erklärt und zur Kopfjagd für jedermann freigegeben, der sich dazu imstande fühlte.

Es wirft ein bezeichnendes Licht auf die Funktion des Staates, daß die ersten staatlichen Gesetze im Deutschen Reich des hohen Mittelalters „Landfrieden" waren. Der Staat erhob damit den Anspruch, Friede im Lande gebieten zu können. Bis dem Staat auch die Mittel zuwuchsen, die erforderlich waren, diesen Anspruch in die Tat umzusetzen, sollte noch einige Zeit vergehen. Erst 1495, an der Wende vom Mittelalter zur Neuzeit, wurde ein ewiger „Landfriede" verkündet und alle private Gewalt für immer verboten: Der Staat fühlte sich nunmehr stark genug, das Territorium, über das er sich erstreckte, mit eigenen Machtmitteln zu befrieden. Gemessen an den realen Verhältnissen war das zunächst ein wenig allzu optimistisch. Gleichwohl war der Weg des Staates zur territorialen Ordnungsmacht nicht mehr aufzuhalten.

2. Konzentration der staatlichen Macht

Der zweite Schritt, die Konzentration der staatlichen Macht in einer Hand, hat sich in Deutschland – im Unterschied zu Frankreich – nicht auf Reichsebene vollzogen. Bedingt durch das Wahlrecht der Kurfürsten, verlor der Kaiser seine Macht zunehmend an die Reichsfürsten, die an sich seine Vasallen waren, sich auf Kosten des Reiches aber immer mehr Einfluß verschafften. Die Entwicklung zum modernen Staat fand daher in Deutschland nicht im Reich, sondern *in den Territorien* der Landesfürsten statt. Es entstand folglich nicht *ein* Staat, sondern eine *Vielzahl* von Staaten. Noch das zweite Deutsche Reich von 1871 war laut seiner Verfassung nichts anderes als ein Bund der deutschen Fürsten als der Repräsentanten der von ihnen beherrschten Staaten.

Das Stichwort für diesen Konzentrationsprozeß hatte zu Beginn der Neuzeit Jean Bodin gegeben: *Souveränität*. Damit war nichts anderes gemeint als die Bündelung der Einzelrechte und Befugnisse, über welche die führenden Schichten bisher verfügt hatten, zu einem alles umfassenden Hoheitsrecht, einem *ius eminens*, aus dem alle einzelnen Rechte gedanklich abgeleitet waren. Da diese Entwicklung in der Auseinandersetzung mit den Landständen zunächst von den Landesherren vorangetrieben wurde, kulminierte sie darin, daß *eine* Person – der Monarch – alle Macht des Staates in seiner Hand vereinigte. Ähnlich wie Ludwig XIV. deklarieren konnte: „L'état c'est moi", konnte daher auch der Herzog von Württemberg von sich sagen: „Das Vaterland bin ich."[5] Wie die Formel zum Ausdruck bringt, war die Identifizierung des Monarchen mit dem Staat – jedenfalls dem Anspruch nach – zu einer solchen Vollkommenheit gediehen, daß der Staat, der bis dahin in eine Vielzahl einzelner Gewalten auseinanderfiel, in der Person des Monarchen zu einer *Einheit* geworden war, die als solche auftreten und handeln konnte.

Eben darin besteht das historische Verdienst des Absolutismus: Er hat den modernen Staat als eine Einheit von Machtmitteln und Zuständigkeiten allererst ins Leben gerufen. Erst die Aneignung des Staates durch eine einzige Person hat die Voraussetzung dafür geschaffen, daß auch der Staat selbst sich zu einer Einheit formierte, die im weiteren Verlauf von der Person des Monarchen gelöst und zu einer „juristischen Person" verselbständigt werden konnte. Um zu dieser Einheit zu gelangen, mußten die Fürsten zweierlei leisten: Sie mußten einmal die überkommenen „Landstände" der landesherrlichen Macht unterwerfen, und sie mußten sich zum andern einen Apparat von Personen und Mitteln schaffen, mit dessen Hilfe sie ihre Vorstellungen in die Tat umsetzen konnten.

a) Entmachtung des feudalen Adels. Im Kampf gegen die Landstände, also namentlich gegen den Landesadel und die hohe Geistlichkeit, waren die Landesfürsten erfolgreicher, als es der Kaiser gegen die Reichsstände gewesen war. Anfangs war die Macht auch in den Territorien noch geteilt. Vertreter der Stände saßen in den Hofräten und hatten Einfluß auf Rechtsprechung und Gesetzgebung, in den Ständeversammlungen übten sie über das Steuerbewilligungsrecht Einfluß auf die Mittel aus, die dem Landesherrn zur Verfügung standen. Anders als der Kaiser wurden die Territorialfürsten jedoch nicht von den Ständen gewählt; in den Territorien herrschte vielmehr eine reine Erbmonarchie. Gestützt auf eine kontinuierliche unanfechtbare Herrschaft, gelang es den Fürsten allmählich, die Oberhand über die Stände zu erringen. Die Entmachtung des feudalen Adels und die Beseitigung der feudalen Verhältnisse ist daher zunächst nicht etwa das Werk des beginnenden Liberalismus, sondern das der Reichsfürsten selbst.

b) Aufbau eines modernen Beamtentums. Hand in Hand damit ging der Aufbau eines eigenen *Beamtentums* als der unverzichtbaren Grundlage einer funktionierenden Verwaltung. Die Anstrengungen, die dazu erforderlich waren, sind vor allem am Beispiel Preußens häufig geschildert worden. Vom Tag seines Amtsantritts an ließ Friedrich Wilhelm I. – der sogenannte Soldatenkönig – die öffentlichen Ämter und Stellen wie mit einem Stahlbesen durchkehren. Nachdem Nachlässigkeit, Bestechlichkeit und Korruption bis dahin weit verbreitet gewesen waren, wurden jetzt Ungeeignete ohne Rücksicht auf Rang und Namen aus dem Dienst entfernt. Prüfungen sorgten für eine Auslese der Qualifiziertesten; geordnete staatliche Besoldung machte die Beamten von den Gebühreneinnahmen unabhängig, von denen sie bislang gelebt hatten. Mit der persönlichen eidlichen Bekräftigung mußten sie sich verpflichten, all ihre Fähigkeiten für das Wohl des gemeinen Besten in den Dienst ihres Herrn zu stellen. So entstand ein Beamtentum, das weithin vorbildlich war, ein Stab von Bediensteten, die bereit waren, ihre Fähigkeiten für eine meist bescheidene Besoldung in den Dienst ihres Monarchen zu stellen, weil sie davon ausgehen durften, daß dieser Monarch seinerseits nur am Wohl der Allgemeinheit interessiert war und weil dieser Dienst daher zugleich für die ehrenvollste Tätigkeit galt, die man ausüben konnte. Der absolutistische Staat in Deutschland wurde in der Regel nicht von Männern verwaltet, die sich persönlich bereichern wollten – das ist eher heute der Fall, wo man Beamter wird, um in den Genuß staatlicher Alimentation und anderer Vergünstigungen zu kommen –, sondern von Männern, deren Antriebskraft der Gedanke der Pflichterfüllung zum Wohle des Allgemeinen war.

3. Ausbau der Verwaltung

Die dritte Stufe der Staatsentstehung, der Ausbau einer immer leistungsfähigeren *Verwaltung*, reicht bis in unsere Zeit, wo in den andern Bereichen längst Erosionserscheinungen sichtbar geworden sind. Die Schaffung einer ergebenen Beamtenschaft war im Grunde nur der Auftakt dazu. Mit dem kleinen Kreis von Bediensteten, über den die Monarchien des ausgehenden 18. und beginnenden 19. Jahrhunderts verfügten, ließen sich die Aufgaben, die seitdem auf den Staat zugekommen sind, nicht lösen. Gemessen an den Mitteln, die heute für die Zwecke der Staatsverwaltung ausgegeben werden, nimmt sich der Aufwand für die Unterhaltung der früheren Beamtenschaft bescheiden aus. Erst im Verlauf des 19. Jahrhunderts wurde mit dem Ausbau des immensen Verwaltungsapparates begonnen, wie er für den heutigen Staat charakteristisch ist. Zwar hatte auch schon der Wohlfahrtsstaat der Aufklärungszeit theoretisch den Anspruch erhoben, sich um das Wohl jedes Einzelnen kümmern zu müssen. Tatsächlich aber war er dazu gar nicht in der Lage, weil es ihm an den erforderlichen Personen und Mitteln gebrach. Erst in unserer Zeit verfügt der Staat über eine Vielzahl von Behörden, über Arbeits-, Sozial- und Gesundheitsämter, über Grundbuch-, Kataster- und Wasserwirtschaftsämter, über Schulämter, Finanzämter, Umweltämter und andere mehr, durch die er praktisch überall präsent ist und seinem Willen Geltung verschaffen kann.

III. Der Inhaber der Souveränität

1. Monarchie und Demokratie

Der rechtliche Begriff des Staates ist an sich nur ein Zurechnungsbegriff, der nichts darüber besagt, wer real hinter der Staatsgewalt steht, welche Personen oder Personengruppen also in der Lage sind, die Staatsmaschinerie in ihrem

Sinn in Bewegung zu setzen. Ebensowenig sagt dieser abstrakte Begriff etwas darüber aus, welche Gewähr eigentlich dafür besteht, daß diejenigen, denen die Leitung des Staates anvertraut ist, dabei nicht ihr eigenes Interesse befördern, sondern zum Wohl des Ganzen tätig werden.

Die (Erb-)*Monarchie*, wie sie zur Zeit des Absolutismus dominierte, hatte darauf eine denkbar einfache Antwort parat. Staat und Gesellschaft waren damals verschiedene Lebenssphären. Der Staat war Obrigkeitsstaat und befand sich in der Hand einer abgeschiedenen politischen Klasse, des Adels. Der Monarch, der an der Spitze des Adels stand, war in gewissem Sinn „Eigentümer" des Staates, der Staat im Grunde also „sein" Staat. Auf diese Weise konnte der Monarch seine eigenen Interessen nur in der Weise wahrnehmen, daß er gleichzeitig für „seinen" Staat sorgte. Der natürliche Egoismus des Machthabers war daher unmittelbar mit dem Wohl des Ganzen verknüpft. Das ist der Grund, warum sich die großen Monarchen des aufgeklärten Absolutismus für „ihren" Staat in derselben Weise aufgerieben haben wie ein Kaufmann für sein Geschäft.

Die *Demokratie*, also der Volksstaat, in dem sich Staat und Gesellschaft real durchdringen, hat es hier schwerer. Da das Privatinteresse des einzelnen Bürgers und das Staatswohl verschiedene Dinge sind, hat die uneingeschränkte Verfolgung egoistischer Ziele hier notwendig zur Folge, daß das Gemeinwohl zu kurz kommt. Die Demokratie ist daher auf lange Sicht nur dann überlebensfähig, wenn die Bürger nicht reine Egoisten sind, sondern sich zugleich auch mit dem Gemeinwesen identifizieren und ihr persönliches Wohl in zentralen Fragen nur über eine Verbesserung des Gemeinwohls zu erreichen suchen. Eben dies war gemeint, wenn Montesquieu einmal schrieb, daß die Demokratie auf der Tugend ihrer Bürger beruhe[6]: Wenn der Monarch den Staat mit sich identifizierte, so muß der Bürger in der Demokratie genau umgekehrt sich mit dem Staat identifizieren. Da der Bürger aber nicht nur Staatsbürger (citoyen), sondern zugleich Privatmann (bourgeois) ist und als solcher egoistische Interessen verfolgt, setzt dies voraus, daß er sich auf die Kunst versteht, einer Doppelrolle gerecht zu werden.

2. Monarchisches Prinzip und Repräsentativsystem

In Deutschland kommt noch etwas anderes hinzu. Seit dem Ende des 30jährigen Krieges war Deutschland praktisch in eine Vielzahl von Partikularstaaten zersplittert. Das Bewußtsein einer gemeinsamen Verantwortung für das Ganze konnte sich daher nur langsam entwickeln. Zugleich hatte es die Monarchie relativ leicht, demokratische Regungen lange Zeit zu unterdrücken. Die Auseinandersetzung zwischen dem Prinzip der Fürsten- und dem der Volkssouveränität zog sich in Deutschland über mehr als ein Jahrhundert hin.

Die beiden Schlagworte, die diese Auseinandersetzung prägen, waren das *monarchische Prinzip* und der Gedanke der *Repräsentativverfassung*. Mit dem monarchischen Prinzip war gemeint, daß der Monarch nicht vom Volk eingesetzt, sondern „von Gottes Gnaden" war, also alleiniger Repräsentant des Staates und niemand verantwortlich als Gott allein. Mit dieser Vorstellung war allenfalls eine „Ständevertretung" im überkommenen Sinn vereinbar, wo die Deputierten nicht vom ganzen Volk, sondern nur von bestimmten Ständen abgeordnet waren und dementsprechend nicht Allgemeininteressen, sondern lediglich ihre besonderen Standesinteressen geltend machten. Als Vertreter des Allgemeinen kam in diesem Modell nur der Monarch in Betracht. In progressiven Kreisen richteten sich die Erwartungen demgegenüber seit dem frühen 19. Jahrhundert auf den Erlaß von *Repräsentativverfassungen*. Anders als in dem herkömmlichen Ständesystem sollten die Abgeordneten dabei unterschiedslos vom ganzen Volk gewählt werden und dementsprechend legitimiert sein, *selbst* als Vertreter des Allgemeinen aufzutreten. Dies war ein Gedanke, der an die Wurzel der Monarchie ging. Wenn nämlich sowohl der Monarch als auch die Abgeordneten mit dem Anspruch auftreten konnten, die „wahren Interessen" des Ganzen zu vertreten, hatte der Staat eine *doppelte Spitze*: einerseits den Monarchen, der sich auf göttlichen Ratschluß, andererseits das Parlament, das sich auf die Wahl durch das Volk stützen konnte. Damit war die Machtfrage gestellt: Gottesgnadentum stand gegen Volkssouveränität.

Friedrich Gentz, ein langjähriger Mitarbeiter Metternichs, hatte den sich anbahnenden Konflikt als einer der ersten klar erfaßt. „Repräsentativ-Verfassungen", schrieb er anläßlich der Karlsbader Konferenz von 1819, „sind stets in letzter Instanz auf den verkehrten Begriff von einer obersten Souveränität des Volkes gegründet und führen auf diesen Begriff, wie sorgfältig er auch versteckt werden mag, notwendig zurück. ... Die von dem Repräsentiv-System unzertrennliche *Volkswahl* ist allemal der nächste Schritt zur *Demagogie* und durch diese zu wiederholten Erschütterungen, unter welchen früh oder spät die rechtmäßige Macht *erliegen muß*".[7]

Die Auseinandersetzung zwischen Fürst und Volk um die Souveränität im Staat ist der hauptsächliche Inhalt der deutschen Verfassungsgeschichte des 19. Jahrhunderts. Neben dem Streit um die „Göttinger Sieben" (1837) schlug vor allem der sogenannte „preußische Verfassungsstreit" (1862) hohe Wogen. Auslöser war die von dem preußischen König beabsichtigte Heeresreform. Das Abgeordnetenhaus legte es bei dieser Gelegenheit darauf an, seine Macht zu erproben, und machte Anstalten, die für die Reform erforderlichen Mittel zu streichen. Der König fühlte sich dadurch im Kern seines Selbstverständnisses getroffen. „Ich will nicht regieren", äußerte er gegenüber Bismarck, „wenn ich es nicht so vermag, wie ich es vor Gott, meinem Gewissen und meinen Untertanen verantworten kann. Das kann ich aber nicht, wenn ich nach dem Willen der heutigen Majorität des Landtags regieren soll, und ich finde keine Minister mehr, die bereit wären, meine Regierung zu führen, ohne sich und mich der parlamentarischen Mehrheit zu unterwerfen." Für Bismarck war das noch einmal die Stunde des monarchischen Prinzips. „Es gelang mir, ihn zu überzeugen", schrieb er später über sein Gespräch mit dem König, „daß es sich für ihn nicht um Konservativ oder Liberal in dieser oder jener Schattierung, sondern um königliches Regiment oder Parlamentsherrschaft handle und daß die letztere unbedingt und auch durch eine Periode der Diktatur abzuwenden sei."[8] Bismarck wurde zum Ministerpräsidenten ernannt und führte die Heeresreform kurzerhand *ohne* Etat durch.

Ob Bismarck damit die Verfassung gebrochen hat, ist umstritten. Das Verhältnis zwischen Abgeordnetenhaus und Krone war zu dieser Zeit noch ungeklärt. In der Verfassung war zwar vorgesehen, daß König und Parlament zusammenwirken mußten. Es war jedoch nichts für den Fall bestimmt, was gelten sollte, wenn dieses Zusammenwirken einmal nicht zustande kam. In diesem Fall kam alles darauf an, ob der Monarch noch über die volle Souveränität verfügte oder ob er sie mit dem Parlament zu teilen hatte. Das aber war gerade die große Frage der konstitutionellen Monarchie, die jede der beiden Seiten in ihrem Sinn zu beantworten suchte. Sie blieb letztlich bis 1918 offen.

3. Das Volk als Entscheidungsträger

Erst in diesem Jahr wurde Deutschland mit der Abdankung des Kaisers und der deutschen Fürsten eine demokratische Republik. Oberster Entscheidungsträger war damit das organisierte Volk selbst in alleiniger Verantwortung. Nicht mehr der Fürst, sondern das Volk bestimmt seitdem die Personen, die an leitender Stelle für den Staat zu handeln haben. Das ist gemeint, wenn es heute in Art. 20 II 1 GG schlicht heißt: „Alle Staatsgewalt geht vom Volke aus." Der Bürger ist danach nicht nur Privatmann, sondern zugleich Träger der Staatsgewalt und nimmt als solcher an der Staatswillensbildung teil. Ob er den unverzichtbaren Forderungen nach Gemeinsinn, die sich an ihn als Mitinhaber der Souveränität richten, genüge tut, ist in der Demokratie die Schicksalsfrage des Gemeinwesens.

Nicht ohne Grund knüpfte Bert Brecht an die Feststellung, daß die Staatsgewalt vom Volk ausgehe, einmal die Frage an: „Aber wo geht sie hin?"[9] Das heißt: finden sich immer von neuem in genügender Zahl hinreichend kompetente Bürger, die sich uneigennützig in den Dienst des Gemeinwesens stellen, oder gelingt es partikularen Interessen, den Staat ohne Änderung der demokratischen Formen an sich zu reißen?

Daran knüpft sich noch eine andere Überlegung an, nämlich die, daß von

Volkssouveränität nur da die Rede sein kann, wo es überhaupt ein Volk gibt, und daß ein freiheitlicher Staat sich ein Volk nicht per Dekret schaffen kann, sondern umgekehrt von ihm geschaffen werden muß. Mit dem Wort Volk bezeichnet man herkömmlicherweise den inneren Zusammenhalt von Menschen, die durch eine gemeinsame Geschichte und Kultur miteinander verbunden sind. Indem der freiheitliche Staat ein Volk voraussetzt, das ihn trägt, lebt er zugleich von den kulturellen Bindungen, die dieses Volk mitkonstituieren. Es ist kein Zufall, daß bisher alle Staaten versucht haben, ihre Grenzen mit der jeweiligen Kultur zur Deckung zu bringen und daß eigenständige Ethnien nach Möglichkeit auch nach einer eigenen staatlichen Organisation streben. Vielmehr kommt darin zum Ausdruck, daß legitime staatliche Gewalt nur im Rahmen einer bestimmten Kultur möglich ist, die dadurch zugleich eine Bestätigung erfährt. Für die Angehörigen einer anderen Kultur stellt sich eine solche Gewalt zwangsläufig als Fremdherrschaft, wenn nicht gar als Unterdrückung dar. Rechtlich verfaßte Freiheit ist mithin nur da möglich, wo die Menschen durch gemeinsame Werte miteinander verbunden sind. Nur hier hat das Freiheitsangebot des Staates Aussicht, von den Bürgern angenommen und im Interesse aller verantwortungsvoll genutzt zu werden. Wo es ein seiner selbst bewußtes Volk nicht gibt, ist Demokratie – also Volksherrschaft – ein Wort ohne Inhalt.

IV. Die Handlungsformen des öffentlichen Rechts

Das typische Regelungsmuster des öffentlichen Rechts ist, wie wir eingangs gesagt haben, der obrigkeitliche Befehl, teils in der Form des Normerlasses, teils in der des Normvollzugs bzw. des Verwaltungsakts.

1. Arten von Normen

Was zunächst den Normerlaß angeht, so unterscheidet man herkömmlich drei Arten von *Normen*: Gesetz, Rechtsverordnung und Satzung.

Das *Gesetz* im formellen Sinn ist eine Norm, die von einem zuständigen Gesetzgeber in einem besonders geregelten Verfahren erlassen worden ist. Ursprünglich sollte dieses Verfahren dem Erlaß *allgemeiner*, für eine unbestimmte Vielzahl von Fällen vorgesehener Normen vorbehalten sein. Nach heutiger Auffassung sind jedoch auch „Maßnahmegesetze" zulässig, die lediglich einen bestimmten Einzelfall regeln. Entscheidend für das Vorliegen eines formellen Gesetzes ist danach nur die Einhaltung des förmlichen Gesetzgebungsverfahrens.

Bei der *Rechtsverordnung* handelt es sich um eine untergesetzliche Rechtsnorm, die von einer Behörde, die selbst nicht zur Gesetzgebung befugt ist, aufgrund einer gesetzlichen Ermächtigung erlassen wird. Der zuständige Gesetzgeber überträgt zu diesem Zweck seine Normsetzungsbefugnis auf einen anderen Träger öffentlicher Gewalt weiter. Die immer größere Beliebtheit der Rechtsverordnung beruht nicht nur auf der damit erreichten Beschleunigung der Rechtsetzung, sondern auch darauf, daß das Gesetzgebungsverfahren auf diese Weise von komplizierten Detailregelungen freigehalten werden kann. Damit die Zuständigkeit des Gesetzgebers im Prinzip gewahrt bleibt, müssen Inhalt, Zweck und Ausmaß der Verordnung in dem ermächtigenden Gesetz selbst bestimmt sein (Art. 80 I GG).

In wieder eine andere Kategorie gehört die *Satzung*. Dabei handelt es sich um eine Norm, die von einer Selbstverwaltungskörperschaft zur Regelung ihrer eigenen Angelegenheiten erlassen wird. So steht heute vor allem den kommunalen Gebietskörperschaften die Satzungskompetenz zu. In Ausübung dieser Befugnis werden in Städten und Gemeinden Gebührensatzungen, Satzungen über das Reinigen der Gehwege und das Streuen im Winter usw. erlassen.

2. *Rechtsprechung und Verwaltung*

Der *Vollzug* all dieser Normen erfolgt in doppelter Weise: einmal durch das Handeln der Verwaltungsbehörden, sodann aber durch die Rechtsprechung der Gerichte.

Dabei wird die *Rechtsprechung* allerdings einer eigenen Kategorie zugeordnet: Gesetzgebung, Verwaltung und Rechtsprechung gelten als unterschiedliche „Staatsgewalten". Der Grund für die Unterscheidung von Rechtsprechung und Verwaltung liegt zunächst darin, daß den Gerichten im Unterschied zur Verwaltung eine Kompetenz zur *verbindlichen Rechtsfeststellung* zukommt, sodann aber darin, daß sie auch die Tätigkeit der Verwaltung selbst kontrollieren sollen. Sie dürfen daher nicht Parteiinteressen vertreten – auch nicht solche der öffentlichen Hand –, sondern müssen als neutrale Dritte über den streitenden Parteien stehen.

Die typische Handlungsform der Verwaltung ist demgegenüber der *Verwaltungsakt*. Darunter versteht man eine hoheitliche Maßnahme, mit der eine Behörde einen bestimmten Einzelfall mit unmittelbarer Wirkung gegenüber dem Betroffenen regelt. Häufig werden Verwaltungsakte in Gestalt einseitiger Anordnungen erlassen wie etwa Steuer- und Gebührenbescheide oder die Auflösung einer Versammlung. Ein Verwaltungsakt kann aber auch als Erlaubnis oder als hoheitliche Feststellung ergehen, so z. B. bei der Genehmigung für den Bau eines Hauses oder bei der Betriebserlaubnis für ein Kraftfahrzeug. In allen Fällen handelt es sich um eine hoheitliche Maßnahme, die derjenige, der davon betroffen ist, zwar anfechten kann, davon abgesehen jedoch zunächst einmal hinnehmen muß.

IV. Die Handlungsformen des öffentlichen Rechts 253

3. Andere obrigkeitliche Handlungsformen

Neben Normsetzung und Normvollzug gibt es im Bereich des öffentlichen Rechts noch einige andere Handlungsformen, die sich in diese Unterscheidung nicht ohne weiteres einordnen lassen.

Dahin gehören zunächst die *Regierungsakte* im engeren Sinn, die der Jurist selten zur Kenntnis nimmt, weil sie sich in der Regel nicht im Umkreis dessen bewegen, was justitiabel ist. Bei der Regierungstätigkeit geht es nur in einem sehr entfernten Sinn um den Vollzug von Gesetzen; im Vordergrund stehen hier vielmehr Entscheidungen, die sich durch Gesetze nur schwer präjudizieren lassen.

Andere Besonderheiten weisen die *Organisationsentscheidungen* des Staates auf. Als höchste territoriale Gewalt verfügt der Staat notwendig auch über die Organisationsgewalt, das heißt er ist im Prinzip befugt, die Behörden zu schaffen, die er zur Erfüllung seiner Aufgaben braucht. In der Regel ist diese Organisationsgewalt heute gesetzlich normiert und darf in diesem Fall selbstverständlich nur im Rahmen des Gesetzes ausgeübt werden. Davon abgesehen ist die Organisationsgewalt dem Gesetz jedoch nicht nachrangig, sondern der Natur der Sache nach vorrangig: ohne eine entsprechende Organisation könnte überhaupt kein Gesetz erlassen werden.

In neuerer Zeit hat schließlich die *Planung* zunehmend an Bedeutung gewonnen. Während der Haushaltsplan oder der Bebauungsplan bereits auf eine lange Tradition zurückblicken kann, sind andere Pläne erst in dem Maß relevant geworden, wie das zukunftsorientierte Handeln der öffentlichen Hand auch in anderen Bereichen immer dringlicher geworden ist. Inhaltlich deckt der Plan sehr unterschiedliche Zielrichtungen ab. Ebenso verschieden sind auch die rechtlichen Formen, die er annehmen kann. Es gibt Pläne in Form von Gesetzen, von Satzungen oder Verwaltungsakten, aber auch in Gestalt bloß interner Festlegungen oder öffentlicher Unterrichtung ohne rechtliche Verbindlichkeit. Der Plan ist daher eine Zweckkonstruktion, die zu dem überkommenen Formenkanon quersteht.

4. Konsensuales Handeln

Zuletzt schließlich kann sich die öffentliche Hand auch auf die Ebene des Privatrechts begeben und Rechtsgeschäfte tätigen wie jeder andere auch. Wenn eine Behörde neue Personalcomputer braucht, erteilt sie dem Lieferanten keinen Leistungsbefehl, sondern schließt mit ihm einen ganz normalen Kaufvertrag. Aber auch auf dem Gebiet des öffentlichen Rechts selbst kommt es zu zahlreichen *vertraglichen* Absprachen. Neben Staatsverträgen und Verwaltungsabkommen zwischen Bund und Ländern oder den Ländern untereinander finden sich heute sogenannte öffentlich-rechtliche Verträge sowohl zwischen den verschiedenen Trägern der öffentlichen Gewalt als auch zwischen diesen und den Bürgern. Manches von dem, was früher einseitig angeordnet wurde, wird heute mit den Betroffenen einverständlich geregelt.

Diese Entwicklung ist nicht frei von Gefahren. Nicht zuletzt droht dadurch eine Verletzung des Gleichbehandlungsgrundsatzes. Wo eine allgemeine Sachlage nicht durch Rechtssatz geregelt, sondern mit den jeweils Beteiligten ausgehandelt wird, kann zwar atypischen Sachlagen besser Rechnung getragen werden. Gleichzeitig jedoch können sich dabei diejenigen Beteiligten ungerechtfertigte Vorteile verschaffen, die sich aus welchen Gründen auch immer in einer günstigeren Verhandlungsposition befinden. Da dem Vertrag die im öffentlichen Recht gebotene Transparenz abgeht, ist das nicht leicht zu kontrollieren. Im Prinzip sollte daher das, was im öffentlichen Interesse liegt, der freien Disposition von Einzelnen nach wie vor entzogen sein.

§ 20 Der Rechtsstaat

I. Freiheit als Freiheit vom Staat

1. *Staatsfreie Sphäre innerhalb des Staates*

Die reale Grundlage des Staates ist die Macht, über die er verfügt; aber auf Dauer kann keine Macht ohne Recht bestehen. Einem bekannten Bonwort zufolge kann man auf Bajonetten nicht sitzen. Auch eine noch so große Macht wird auf lange Sicht nur dann akzeptiert, wenn sie nach der Überzeugung der Bürger rechtliche Verhältnisse gewährleistet. Jeder Staat muß daher bemüht sein, seine Macht in den Dienst des Rechts zu stellen und nicht als Machtstaat, sondern als *Rechtsstaat* zu erscheinen.

Was mit dem Prinzip der Rechtsstaatlichkeit genauer gemeint ist, ist freilich nicht leicht zu bestimmen. Beim Gebrauch des Begriffes „Rechtsstaat" ist nämlich eine Art Inflation zu verzeichnen. Es gibt seit der Mitte des 19. Jahrhunderts im deutschen Sprachraum wohl keinen Staat, der nicht für sich in Anspruch genommen hätte, ein Rechtsstaat zu sein. Von diesem Begriff scheint eine seltsame Magie auszugehen, dergestalt, daß jeder Staat, der kein Rechtsstaat ist, nur ein Unrechtsstaat sein kann. Um den positiv besetzten Begriff des Rechtsstaates für die eigene Ordnung zu vereinnahmen, wurde in den 30er Jahren des letzten Jahrhunderts bedenkenlos vom nationalsozialistischen Rechtsstaat gesprochen. In den 70er und 80er Jahren konnte man beobachten, daß die Deutsche Demokratische Republik, die den „bürgerlichen Rechtsstaat" vehement ablehnte, für sich selbst in Anspruch nahm, ein sozialistischer Rechtsstaat zu sein. Ein derart vielseitig verwendbarer Begriff scheint nicht sonderlich aussagekräftig zu sein.

I. Freiheit als Freiheit vom Staat

In seiner ursprünglichen Bedeutung zielt das Rechtsstaatsprinzip indessen nicht auf die Abwehr des Unrechtsstaates, sondern auf die *Abwehr des Staates* überhaupt. Es stellt eine Reaktion auf das staatliche Gewaltmonopol dar und bildet darüber hinaus ein Gegengewicht gegen die wohlfahrtsstaatliche Einmischungspolitik, wie sie im 18. Jahrhundert üblich war. So verstanden ist das Rechtsstaatsprinzip ein Palladium der *Freiheit* des Bürgers *vom Staat*.

Dieses gewissermaßen klassische Konzept des Rechtsstaates ist nichts anderes als die Kehrseite davon, daß der Staat den meisten Menschen zunächst einmal als eine ihre Freiheit beschränkende Macht erscheint. Außerhalb des Staates scheint die individuelle Freiheit unbegrenzt zu sein; allein der Staat scheint ihr durch seine Ge- und Verbote immer engere Schranken zu ziehen. Wenn sich die Freiheit jedoch nur außerhalb staatlicher Bindungen entfaltet, bleibt dem Einzelnen im Einflußbereich des Staates nur soviel Freiheit, wie der Staat ihm beläßt. Das ist gemeint, wenn es bei Hobbes heißt: „Die Freiheit der Untertanen liegt also einzig in dem, was der Souverän bei der Regelung ihrer Handlungen übergangen hat."[1] Da dem die Freiheit beschränkenden Staat zugleich das Gewaltmonopol zukommt, ergibt sich für den Einzelnen eine bedrohliche Situation: Seine Freiheit hängt unter dieser Voraussetzung nämlich davon ab, daß der Staat sich selbst beschränkt und von seinen Machtmitteln nur sparsam Gebrauch macht. Diese Selbstbeschränkung institutionell zu gewährleisten und dadurch die Freiheit des Bürgers vor dem Zugriff des Staates zu sichern, ist das klassische Anliegen des Rechtsstaates.

Die Freiheit des Einzelnen ist aber nicht nur durch die staatlichen Machtmittel im engeren Sinn bedroht, sondern auch dadurch, daß sich der Staat fürsorgerisch in alle Angelegenheiten einmischen kann: Wer frei sein will, wird es nicht selten als eine Bevormundung empfinden, wenn ihm ein anderer auf Schritt und Tritt zur Seite steht. Einer solchen Fürsorge aber war der Bürger in Deutschland zur Zeit des aufgeklärten Absolutismus jedenfalls der Intention nach ausgesetzt. Die Fürsten fühlten sich für das Wohl und Wehe und selbst für das Seelenheil ihrer Untertanen persönlich verantwortlich und nahmen für sich in Anspruch, dafür sorgen zu dürfen, daß alles seinen rechten Weg ging. Auch davon wollte das selbstbewußt gewordene Bürgertum nach der Wende zum 19. Jahrhundert nichts mehr wissen. Die neue Devise lautete vielmehr: nur so viel Staat, wie zur Sicherung der Freiheit und der Rechte der Bürger unerläßlich ist. So führte Wilhelm von Humboldt (1767–1835) in seinem „Versuch die Grenzen der Wirksamkeit des Staates zu bestimmen" aus: „Der Staat enthalte sich aller Sorgfalt für den positiven Wohlstand der Bürger und gehe keinen Schritt weiter, als zu ihrer Sicherstellung gegen sich selbst und gegen auswärtige Feinde notwendig ist; zu keinem andern Endzwecke beschränke er ihre Freiheit."[2]

Beide Tendenzen – die Bändigung des staatlichen Leviathan und die Zurückdrängung des obrigkeitlichen Wohlfahrtsstaates – treffen sich in dem Ziel, dem Einzelnen eine „staatsfreie Sphäre" zu gewährleisten, in der er sich ungehindert entfalten und seines eigenen Glückes Schmied sein kann. Wie so oft im Recht geht es dabei um die Realisierung eines im Grunde unauflöslichen Widerspruchs: *innerhalb* des Staates soll eine *„staatsfreie"* Sphäre geschaffen werden, und das noch dazu mit den Mitteln des staatlichen Rechts.

2. *Rechtsstaat und Demokratie*

Ursprünglich war dabei allein an das *Privatleben* der Bürger gedacht, also, um nochmals Hobbes anzuführen, an „ihre Freiheit, zu kaufen und zu verkaufen und miteinander Handel zu treiben, ihre Wohnung, Nahrung und ihren Lebenserwerb selbst zu wählen, ihre Kinder nach eigenem Ermessen zu erziehen u.s.f."[3] Die Ausgrenzung der Privatsphäre wurde geradezu als der tiefere Grund dafür empfunden, weshalb der Staat im öffentlichen Bereich für seine Ge- und Verbote Gehorsam erwarten darf. Das Verhältnis des Staates zum Bürger wurde dabei gleichsam nach dem Vorbild einer Austauschbeziehung gedacht: Freiheitsgewähr im privaten Bereich als Gegenleistung für die Akzeptierung von Freiheitsbeschränkungen im öffentlichen Bereich. Im Zuge des modernen Demokratisierungsprozesses ist freilich deutlich geworden, daß der Staat, um legitime Macht zu sein, noch anderen Anforderungen genügen muß, als sie sich aus dem Prinzip der Austauschgerechtigkeit ergeben. Wo der Staat den Bürgern nicht nur als eine fremde Macht gegenübersteht, sondern zugleich ihr eigenes Produkt sein soll, muß er nicht nur private, sondern zugleich *politische Freiheit* gewährleisten. In der Demokratie muß daher die private Freiheit *vom* Staat durch eine politische Freiheit *im* Staat ergänzt werden.

Diese Forderung treibt den Rechtsstaat in eine Dialektik, in der noch ein ganz anderer Widerspruch sichtbar wird. Während die politische Freiheit des Bürgers *im* Staat auf eine umfassende Mitgestaltung des Gemeinwesens abzielt, setzt die private Freiheit des Bürgers *vom* Staat dessen politischem Aktionsradius Grenzen. Der Schutz der privaten Freiheit vor staatlichen Eingriffen ist nämlich auch in der Demokratie nicht entbehrlich. Daran wird deutlich, daß Rechtsstaat und Demokratie verschiedenen Quellen entstammen. Sie können sich unter günstigen Bedingungen gegenseitig ergänzen, unter ungünstigen jedoch in Konflikt miteinander geraten.

3. *Freiheit durch Freiheitsbeschränkung*

Das Freiheitskonzept, von dem sich die Wegbereiter des klassischen Rechtsstaats leiten ließen, entspricht zwar einer verbreiteten Auffassung, schöpft aber den Begriff der Freiheit noch in einer anderen Hinsicht nicht aus. Die Vorstellung, daß die Freiheit des Einzelnen, zu tun und zu lassen, was er will, innerhalb des Staates lediglich eingeschränkt und gegen Sicherheit eingetauscht wird, läßt, wie man sich an einem einfachen Beispiel klarmachen kann, einen wichtigen Punkt außer acht. Wenn ein Gesetz vorschreibt, daß auf den Straßen rechts gefahren werden muß, so schränkt es die Freiheit, sich anders zu verhalten, zweifellos ein. Zugleich aber erhält jedermann durch diese Einschränkung überhaupt erst die Möglichkeit, sich auf den Straßen ungehindert fortzubewegen; denn wenn jeder fahren würde, wie es ihm einfällt, wäre ein Chaos die Folge. Die Freiheit des Einzelnen wäre dann zwar theoretisch unbeschränkt, praktisch jedoch sehr gering. Man kann diese Einsicht dahin verallgemeinern, daß durch die Einschränkung „vorstaatlicher" Freiheit ganz neue *innerstaatliche* Freiheiten erschlossen werden können. Vieles von dem, was wir heute als unverzichtbaren Bestandteil unserer Freiheit in Anspruch nehmen – das öffentliche Verkehrssystem, das uns eine Vielzahl von Beziehungen erschließt, die Schulen und Universitäten, in denen wir unsere Fähigkeiten ausbilden und entwickeln und anderes mehr –, ist erst durch die Einschränkung sonstiger Freiheiten ermöglicht worden – sei es auch nur der Freiheit, sein Geld unmittelbar für sich verwenden zu können. Indem der Liberalismus diesen Zusammenhang übersehen hat, ist er an einem wesentlichen Aspekt ge- und verbietender Regeln vorbeigegangen. Einen anderen Aspekt, nämlich daß staatliche Verhaltensanweisungen die Handlungsfreiheit zunächst einmal einschränken, bevor sie mittelbar neue Freiheiten begründen, hat er dagegen mit großer Schärfe herausgearbeitet und eine Reihe von weitreichenden Konsequenzen daraus gezogen.

4. Unterwerfung des Staates unter das Recht

Wie auch immer man den Begriff des Rechtsstaats faßt – einer der wichtigsten Aspekte ist die Unterwerfung der Staatsmacht unter die Herrschaft des Rechts. Wenn der Bürger dem Staat gegenüber nicht rechtlos sein soll, kann man dahinter nicht mehr zurück. Denn wie soll der Bürger Rechte haben können, wenn der Staat keine Pflichten hat? Und wie soll der Staat Pflichten haben können, wenn der Machthaber an das Recht nicht gebunden ist?

Was es bedeutet, daß auch die Staatsmacht dem Recht unterworfen sein soll, zeigt sich erst bei der Frage, was damit im einzelnen gefordert wird. Näher besehen kann man drei Forderungen unterscheiden. Die erste geht dahin, daß die staatlichen Handlungsmöglichkeiten unabhängig von den damit verfolgten Zielen der *Form nach zu begrenzen* sind. Der Staat soll also nicht nur den Bürger verpflichten, sondern auch für sich selbst Rechtsregeln akzeptieren. Das Verhältnis des Rechtsstaates zum Bürger soll mithin kein bloßes Untertanen-, sondern ein Rechtsverhältnis sein. Die zweite Forderung geht dahin, daß sich der Rechtsstaat im Verhältnis zum Bürger auch *materielle*

Schranken setzen soll. Die Herrschaft des Rechts soll sich also nicht bloß auf die Form staatlichen Handelns beziehen, sondern in Gestalt von „Grundrechten" auch dessen Inhalt begrenzen. Drittens schließlich soll der Rechtsstaat über die Einhaltung dieser verschiedenen Grenzen nicht unmittelbar selbst entscheiden, sondern sich auf Verlangen des Bürgers der Entscheidung eines *unabhängigen Gerichts* unterwerfen. Diese Klagemöglichkeit ist sogar der Hebel, mit dem die Verrechtlichung des Verhältnisses zwischen Staat und Bürger in den letzten Jahrzehnten immer weiter vorangetrieben worden ist.

Im folgenden sollen diese drei Punkte der Reihe nach näher beleuchtet werden.

II. Formelle Begrenzung des staatlichen Handelns

1. *Der Gesetzesvorbehalt*

Wo das Handeln des Staates vorwiegend unter dem Aspekt gesehen wird, daß damit in eine als „vorstaatlich" verstandene Freiheit eingegriffen wird, muß sich das Interesse des Bürgers zunächst darauf richten, daß solche Eingriffe nicht willkürlich, sondern auf der Grundlage allgemeiner Regeln erfolgen. Rechtlich abgesichert wird dies durch den sogenannten *Gesetzesvorbehalt*. Damit ist gemeint, daß jeder staatliche *Eingriff in Freiheit oder Eigentum* einer *gesetzlichen Grundlage* bedarf. Durch den Gesetzesvorbehalt werden solche Eingriffe also nicht ausgeschlossen; sie werden jedoch nur unter der Voraussetzung für zulässig erklärt, daß dabei bestimmte Formen gewahrt sind. Dahinter steht die Erwartung, daß bereits das Prinzip der Gesetzmäßigkeit zu einer Mäßigung der Staatsgewalt führt. Die Herrschaft des Gesetzes bedeutet nämlich, daß Freiheit und Eigentum der Bürger nicht zur willkürlichen Disposition von staatlichen Funktionsträgern stehen, sondern von Regeln abhängen, die für alle gleich sind. Ein Staat, der sich im Verhältnis zu seinen Bürgern einem Gesetzesvorbehalt unterwirft, setzt sich damit eine Grenze, über deren Einhaltung mit rechtlichen Argumenten gestritten werden kann.

Unter der Geltung des Gesetzesvorbehalts hat sich daher die Tendenz herausgebildet, Voraussetzungen und Reichweite staatlicher Eingriffe immer genauer zu bestimmen. Der Zugriff der Staatsgewalt ist dadurch im wahrsten Sinn des Wortes berechenbar geworden. In dunkler Ahnung des Kommenden hat Jhering die ausschließliche Herrschaft des Gesetzes freilich einmal für gleichbedeutend erklärt „mit dem Verzicht der Gesellschaft auf den freien Gebrauch ihrer Hände".[4] Tatsächlich sind in manchen Bereichen im Laufe der Zeit derart perfektionistische Regelungen entstanden, daß der eigentliche Sinn des staatlichen Eingriffs gelegentlich fast aus dem Blick zu geraten droht. An der Spitze dieser Entwicklung stand historisch zunächst das Strafrecht. Ob-

II. Formelle Begrenzung des staatlichen Handelns

gleich es beim Gesetzesvorbehalt ursprünglich darum ging, auch die monarchische *Regierung* und *Verwaltung* an die Kette des Rechts zu legen, während es sich im Strafrecht nach heutigem Verständnis darum handelt, dem Ermessen des *Richters* eine Grenze zu setzen, ist die Wirkungsweise des Gesetzesvorbehalts im Strafrecht noch immer am besten zu verfolgen.

2. Das nulla-poena-Prinzip

Im Strafrecht tritt der Gesetzesvorbehalt in der Form des nulla-poena-Prinzips in Erscheinung, das heißt des Grundsatzes, daß eine Strafe nur auf der Grundlage eines staatlichen Gesetzes verhängt werden darf. Wegen der massiven Eingriffe, zu denen das Strafrecht führen kann, ist die Bindung an das Gesetz hier in ganz besonderer Weise dramatisiert worden. Strafrechtler sind gewöhnlich Begriffsjuristen schlimmster Art. Das Strafrecht kann geradezu als Musterbeispiel dafür gelten, welche Konsequenzen der Gesetzesvorbehalt nach sich zieht, wenn man ihm freien Lauf läßt.

a) Bestimmtheitsgrundsatz. Das erste Erfordernis des strafrechtlichen Gesetzesvorbehalts geht dahin, daß die Voraussetzungen der Strafbarkeit *hinreichend bestimmt* sein müssen. Das hat, wie man sich an dem folgenden Beispiel vor Augen führen kann, einen guten Grund. Zur Zeit der Münchener Räterepublik (1919) wurde einmal eine Strafvorschrift erlassen, die so lautete: „Jeder Verstoß gegen revolutionäre Grundsätze wird bestraft. Die Art des Strafens steht im freien Ermessen des Richters."[5] Das war fast dasselbe, wie wenn es geheißen hätte: Wer sich unangemessen verhält, wird angemessen bestraft. In welcher Weise der Richter bei der Urteilsfindung dadurch bestimmt und begrenzt werden sollte, ist nicht ersichtlich. Wenn solche Vorschriften dem nulla-poena-Prinzip genügen würden, könnte man auf eine gesetzliche Bestimmung der Strafbarkeit ebenso gut verzichten.

Das Bestreben, bei der Verhängung von Strafen jede Willkür auszuschließen, hat daher im Laufe der Zeit zu einer immer schärferen und präziseren Formulierung der gesetzlichen Straftatbestände geführt. Viele Strafrechtsnormen, wie z.B. der Betrugsparagraph, haben dabei eine eminent technische Fassung erhalten, so daß sie dem juristischen Laien in ihrer vollen Bedeutung unverständlich bleiben. Leitbild des Gesetzgebers war indessen mehr die exakte Programmierung des Richters, weniger die Verhaltenssteuerung des Bürgers oder dessen Belehrung über den Umfang seiner Befugnisse.

b) Analogieverbot. Eine andere Ausprägung des nulla-poena-Prinzips ist das strafrechtliche *Analogieverbot*. Damit hat es folgende Bewandtnis. Im Zivilprozeß, wo es um einen Streit zwischen Privaten geht, darf das Gericht eine

Entscheidung nicht deshalb verweigern, weil das Gesetz zu dem betreffenden Problem schweigt. Es darf die Klage in einem solchen Fall aber auch nicht ungeprüft abweisen, denn auch dabei ginge die „Gesetzeslücke" einseitig zu Lasten des Klägers. Ein Zivilgericht behilft sich in solchen Fällen so, daß es Vorschriften, in denen andere, aber „ähnliche" Fallgestaltungen geregelt wurden, auf den nicht geregelten Fall „analog" anwendet. Im Strafrecht, wo es nicht um einen Ausgleich zwischen Privaten, sondern um die Begrenzung der staatlichen Strafgewalt geht, ist man nicht ganz so frei. Es wäre nämlich nicht einzusehen, warum man auf die präzise Formulierung der Straftatbestände so großen Wert legen soll, wenn der Richter gleichzeitig befugt wäre, wirkliche oder angebliche Strafbarkeitslücken im Wege der Analogie zu füllen, im konkreten Fall also eine Strafe *ohne* ausdrückliche Vorschrift zu verhängen. Aus dem nulla-poena-Prinzip wird daher neben dem Bestimmtheitsgebot auch ein Analogieverbot hergeleitet: Wo es an einer ausdrücklichen Regelung fehlt, darf der Täter nicht nach einer Vorschrift bestraft werden, die sich nur auf einen ähnlichen Fall bezieht, sondern ist freizusprechen. Franz von Liszt (1851–1919) hat den nulla-poena-Grundsatz daher geradezu einmal als die „Magna Charta des Verbrechers" bezeichnet.

Im Prinzip ist das Analogieverbot leicht einzusehen; im Detail jedoch führt es zu überraschenden Folgen. Das bekannteste Beispiel dafür ist folgendes: Gegen Ende des 19. Jahrhunderts kam es erstmals vor, daß jemand eine fremde Stromleitung anzapfte. Die Gerichte wurden daraufhin mit der Frage befaßt, ob dieses Verhalten als Diebstahl zu qualifizieren war. Nach Maßgabe des Diebstahlsparagraphen wäre dazu erforderlich gewesen, daß die Täter einem anderen eine „fremde bewegliche Sache" weggenommen hatten. Nach damaligem Wissenschaftsverständnis war elektrischer Strom indessen nicht als „Sache" zu qualifizieren. Die Täter wurden daher freigesprochen, obwohl sie es eigentlich nicht verdient hatten.[6] Um den „Stromdiebstahl" nicht straflos zu lassen, wurde im Jahr 1900 ein Gesetz „betreffend die Bestrafung der Entziehung elektrischer Arbeit" erlassen. Darin wurde mit Strafe bedroht, wer „mittels eines Leiters" sich fremden Stroms bediente. Einige Zeit später kamen die ersten Münztelefone auf, die mit 10-Pfennigstücken zu bedienen waren. Da der Abtastmechanismus noch sehr einfach war, kamen einige findige Köpfe bald dahinter, daß man auch mit einem breitgeklopften 2-Pfennigstück telefonieren konnte. Eine Bestrafung wegen Diebstahls schied zunächst auch hier wiederum aus, weil es an der Wegnahme einer „Sache" fehlte. In Betracht kam aber die Entziehung fremder „elektrischer Arbeit". Dessen hatte sich der Betreffende in der Tat schuldig gemacht; allerdings hatte er sich dabei nicht „eines Leiters" bedient, wie es im Gesetz verlangt war, sondern eines breitgeklopften 2-Pfennigstücks. Also: wiederum Freispruch.[7] Um die auf diese Weise erneut offenbar gewordene Lücke zu schließen, mußte daher ein weiteres Gesetz erlassen werden, durch das der besondere Tatbestand des „Automatenmißbrauchs" geschaffen wurde. Durch das Analogieverbot wurde der Gesetzgeber also gezwungen, ständig hinter der Entdeckung neuer Strafbarkeitslücken herzuhinken.

Der Gipfel der Absurdität aber findet sich in einer österreichischen Entscheidung, die etwa aus der gleichen Zeit stammt. Das Gericht war hier mit dem Fall befaßt, daß eine erwachsene Frau einen 13jährigen Jungen mehrfach zum Beischlaf verleitet hatte. Eine Bestrafung wegen Notzucht schied aus, weil die einschlägige Strafnorm keine männliche, sondern ausschließlich eine *weibliche* Person als Opfer voraussetzte. Aber auch eine Bestrafung wegen Schändung kam nicht in Betracht, da dieser Tatbestand nur dann verwirklicht war, wenn jemand einen Knaben oder ein Mädchen auf eine *andere* Weise als durch Beischlaf geschlechtlich mißbrauchte. Hätte die Frau mit dem Jungen nur „herumgespielt", hätte sie danach eine mehrjährige Freiheitsstrafe verwirkt gehabt. Da sie aufs Ganze gegangen war, kam sie straffrei davon.[8]

Ist das noch Vernunft oder bereits Unsinn, kann man hier mit gutem Grund fragen, ist es Wohltat oder Plage? Angesichts solcher Entscheidungen kann man jedenfalls nachempfinden, warum das Analogieverbot immer wieder mit herben Worten kritisiert worden ist. „Auch als Schutzwehr der Freiheit", äußerte von Bethmann-Hollweg (1795–1877) bereits 1832, „von welcher Seite die buchstäbliche Anwendung der Gesetze den Publizisten sich empfiehlt, scheint sie mir nicht gerechtfertigt. Gibt es denn, um den Mißbrauch der Vernunft zu verhüten, kein andres Mittel als völlige Ausschließung ihres Gebrauchs?"[9]

c) *Rückwirkungsverbot*. Die dritte Erscheinungsform des nulla-poena-Prinzips ist das *Rückwirkungsverbot*. Dieses besagt, daß eine Tat nur dann bestraft werden darf, wenn die Strafbarkeit gesetzlich bestimmt war, bevor die Tat begangen wurde. Der Sinn ist klar: Jeder soll wissen können, was er nach dem Gesetz tun und lassen darf. Niemand soll befürchten müssen, daß er wegen eines Verhaltens, das gegen kein Gesetz verstößt, im nachhinein mit Strafe belegt wird; denn dadurch würde alle Freiheit im Keim erstickt werden.

Auch dieses Prinzip wirkt im Normalfall überaus wohltätig. Bei der Abwicklung von Verhältnissen, in denen das Recht selbst der Unterdrückung dienstbar gemacht wurde, zieht es jedoch fatale Folgen nach sich. Denn selbstverständlich werden die von einem Unrechtsstaat gebilligten Schandtaten in dem betreffenden Staat nicht unter Strafe gestellt. Die Handlanger der nationalsozialistischen Politik waren damals in der Regel straflos. Ebenso waren diejenigen Gewaltakte nicht strafbar, die unter der Geltung des sozialistischen Rechts vom Staat gewünscht und gefördert wurden. Wenn es allein auf das positive Recht ankommt, könnte man diese Taten nur im nachhinein für strafbar erklären. Das aber scheint der Rechtsstaat nicht zuzulassen. Da das Rückwirkungsverbot die Form einer allgemeinen Regel aufweist, kommt es nach verbreiteter Auffassung nicht nur denen zugute, für die es eigentlich gedacht war, nämlich den Bürgern, die vor staatlicher Willkür geschützt werden sollten; vielmehr können sich auch Staatskriminelle darauf berufen, die den Gedanken des Rechts mit Füßen getreten haben. Das Verbrechen muß also nur so groß sein, daß es sich am Gedanken des Rechts selbst vergreift, dann können die Täter und ihre Handlanger nach rechtsstaatlichen Grundsätzen nicht mehr zur Verantwortung gezogen werden. Das ist einer der Gründe, warum nach der deutschen Wiedervereinigung das bittere Wort die Runde machte: Wir haben auf Gerechtigkeit gehofft, aber den Rechtsstaat bekommen.

III. Materielle Begrenzung des staatlichen Handelns

Hinter dem Gesetzesvorbehalt steht an sich die Überzeugung, daß bereits die Bindung an gesetzliche Regeln eine gewisse Gewähr dafür darstellt, daß es gerecht zugeht. Durch manche Erfahrungen belehrt, wissen wir heute jedoch, daß nur gerechte Gesetze gerechte Verhältnisse gewährleisten, während ungerechte Gesetze notwendigerweise zu ungerechten Zuständen führen. Wo der Staat sein Recht ungehindert selbst produziert, stellt die Bindung der Staatsgewalt an das Gesetz kein Hindernis dafür dar, daß die Freiheit mit Hilfe allgemeiner Regeln abgeschafft wird. Im Extremfall ist es sogar möglich, daß ganze Bevölkerungsgruppen ausgerottet werden und daß dennoch alles nach der Ordnung zugeht. Das Majoritätsprinzip bietet der Minderheit keinen Schutz vor dem Zugriff der Mehrheit, und durch die gesetzliche Form allein läßt sich nicht verhindern, daß die Freiheit ausgehöhlt wird und verwerfliche Ziele verwirklicht werden. Gegenüber einer Staatsgewalt, die unbeschränkt über das Recht verfügen kann, ist der Einzelne letztlich rechtlos, also gewissermaßen nur *Objekt* staatlicher Tätigkeit. Das ist in einer Demokratie nicht viel anders als in einer Diktatur. *Subjekt* ist der Bürger im Verhältnis zum Staat nur insoweit, als seine Freiheit unter *Grundrechtsschutz* gestellt ist. Die Grundrechte sind mithin das Einzige, was der Bürger dem von seiner Macht Gebrauch machenden Staat entgegensetzen kann, und wer daran rüttelt, stellt die Grundlagen des modernen Verfassungsstaates in Frage.

Näher besehen handelt es sich bei den Grundrechten um verfassungsrechtliche Verbürgungen bestimmter Individualrechte wie Freiheit, Gleichheit und Eigentum, um nur die wichtigsten zu nennen. Rechtstechnisch wird der Schutz dieser Positionen dadurch bewirkt, daß der öffentlichen Hand weitgehende Handlungsschranken auferlegt werden. Grundrechte sind primär *Abwehr-*

rechte des Einzelnen gegen den Staat. Sie sollen dem Bürger einen Entfaltungs- und Betätigungsbereich gewährleisten, der auch durch Gesetz prinzipiell nicht entziehbar ist. Erst später hat man daraus auch staatliche *Schutzpflichten* zur Sicherstellung wichtiger Rechtsgüter abzuleiten versucht.

In beiden Fällen, sowohl bei den an den Staat gerichteten Handlungs*verboten* wie auch bei den Handlungs*geboten*, ist der Schutz nur dann wirksam, wenn die Grundrechte nicht nur die Gerichte und Verwaltungsbehörden, sondern auch *die Gesetzgebung unmittelbar binden*. Andernfalls hätte es der Gesetzgeber nämlich in der Hand, die Grundrechte durch den Erlaß widersprechender Gesetze praktisch auszuhöhlen. So verhielt es sich im Prinzip unter der Geltung der Weimarer Reichsverfassung, wo der Stellenwert der Grundrechte nur schwach war. Nach 1933 wurden sie von dem damaligen Gesetzgeber daher stillschweigend beiseite geschoben, ohne jemals formell aufgehoben worden zu sein. Da sich die Grundrechte nach damaliger Auffassung ohnehin nicht an den Gesetzgeber richteten, konnte dagegen kein Widerspruch laut werden.

Um die Beachtung der Grundrechte sicherzustellen, sieht das deutsche Grundgesetz daher vor, daß die Grundrechte auch die Gesetzgebung „als unmittelbar geltendes Recht" binden (Art. 1 III GG). Diese Bestimmung wird ergänzt durch Art. 79 I 1, II GG, wonach das Grundgesetz nur durch ein Gesetz geändert werden kann, „das den Wortlaut des Grundgesetzes ausdrücklich ändert oder ergänzt" und davon abgesehen einer qualifizierten Mehrheit von zwei Dritteln der Mitglieder des Bundestages und zwei Dritteln der Stimmen des Bundesrates bedarf. Einer stillen Aushöhlung der Grundrechte durch einfache Gesetze ist dadurch vorgebeugt. Wie die Verwaltung durch den Gesetzesvorbehalt an die Kette des Gesetzes genommen wird, so wird dadurch der Gesetzgeber an die Kette der Verfassung gelegt.

IV. Gerichtliche Kontrolle

1. *Eröffnung des Rechtswegs gegen den Staat*

Die formelle und materielle Absicherung individueller Freiheit steht zunächst nur auf dem Papier. Daß die staatlichen Behörden in der Regel bestrebt sein werden, die gesetzlichen Schranken zu wahren und die Rechte der Bürger zu beachten, ändert hieran grundsätzlich nichts. Denn bei einem nur innerbehördlich kontrollierten Gesetzesvollzug sind die Behörden letztlich Richter in eigener Sache, also befangen und daher geneigt, die Dinge vor allem aus parteilicher Sicht zu betrachten. Zähne werden dem Rechtsstaatsprinzip erst dadurch eingesetzt, daß der Bürger bei einem Streit darüber, ob die öffentliche Hand seine gesetzlich verbrieften Rechte verletzt hat, die *Gerichte anrufen kann.* Erst damit wird aus dem objektiven öffentlichen Recht, das den Bürger begünstigt, ein *subjektives* öffentliches Recht im eigentlichen Sinn. Wer den Staat vor Gericht fordern kann, ist kein bloßer Bittsteller mehr, sondern ein Berechtigter, der seine Interessen aus eigenem Recht verteidigt.

Mit der Eröffnung des Rechtsweges gegen sich selbst unterwirft sich der Staat der *Kontrolle eines Dritten,* auf den er unmittelbar keinen Einfluß hat. Was im Verhältnis zwischen Bürger und Staat rechtens ist, hängt insoweit vom Urteil eines Unbeteiligten ab. Den Gerichten ist dadurch die Möglichkeit eingeräumt, wesentlich auf die Gestaltung der öffentlichen Verhältnisse Einfluß zu nehmen. Das letzte Wort liegt insoweit nicht mehr bei der vollziehenden Gewalt, sondern bei der Rechtsprechung, die nach eigenen, rein juristischen Gesichtspunkten entscheidet.

Noch zu Beginn des 19. Jahrhunderts schien es undenkbar zu sein, daß auch der Staat selbst sich einmal der Kontrolle seiner Gerichte unterwerfen würde. Den sozialistischen Staaten lag ein solcher Gedanke bis zuletzt fern. Demgegenüber ist die Lage in Deutschland heute dadurch gekennzeichnet, daß für alle Rechtsstreitigkeiten im Verhältnis des Bürgers zur öffentlichen Gewalt allgemeine oder besondere Verwaltungsgerichte zur Verfügung stehen. Für den Fall, daß das einfache Gesetz ausnahmsweise keine gerichtliche Zuständigkeit vorsieht, garantiert die Verfassung (Art. 19 IV GG) den Rechtsweg zu den ordentlichen Gerichten. Auf diese Weise kann es an einem zuständigen Gericht niemals fehlen.

2. *Die Verfassungsgerichtsbarkeit*

Im Unterschied zu den sonstigen Gerichten kommt den *Verfassungsgerichten* die Aufgabe zu, speziell auf die Einhaltung der Verfassung zu achten. Das Bundesverfassungsgericht kann selbst Bundesgesetze, wenn sie gegen die Verfassung verstoßen, für nichtig erklären. Der Einfluß dieses Gerichts innerhalb der öffentlichen Ordnung ist daher groß. Nach Auffassung mancher Beurteiler ist er sogar zu groß. Denn ähnlich, wie der Gesetzgeber immer mehr Aufgaben an sich zieht, nimmt auch das Bundesverfassungsgericht immer weitergehende Prüfungskompetenzen für sich in Anspruch. Auf diese Weise werden politische Fragen zunehmend in justitieller Form entschieden, während das Parlament in vorauseilendem Gehorsam den verfassungsgerichtlichen Anforderungen zu genügen sucht. Das Rechtsstaatsprinzip könnte dabei leicht in eine Schieflage kommen; denn richtungsweisendes Verfassungsorgan ist in der parlamentarischen Demokratie der Theorie nach das Parlament.

V. Grenzen des Rechtsstaats

Dem Versuch, die Freiheit des Bürgers durch die Verrechtlichung seines Verhältnisses zur öffentlichen Gewalt abzusichern, sind aber noch in anderer Hinsicht Grenzen gesetzt. Wo sich das Rechtsstaatsprinzip bis hin zum totalen Rechtsstaat ungehindert entfalten kann, verfängt es sich in seinen selbstgelegten Schlingen und gerät in Gefahr, in sein Gegenteil umzuschlagen: in obrigkeitliche Regelungswut, in Rechtsunsicherheit und Rechtlosigkeit und damit letztlich in Unfreiheit. Noch dazu zeichnen sich heute neue Herausforderungen ab, auf die das rechtsstaatliche Instrumentarium offenbar nicht zugeschnitten ist.

1. Hypertrophie der Verrechtlichung

Das Rechtsstaatsprinzip tendiert von Haus aus zu einer immer intensiveren Regelung des staatlichen Handelns, zur Beseitigung aller rechtsfreien Räume und zur Ausschaltung jedes Ermessens. Sein – utopisches – Fernziel ist ein Staat, in dem in der Tat nicht mehr Menschen, sondern nur noch Gesetze herrschen, in dem das Verhalten der Staatsorgane normativ so vorprogrammiert ist, daß der Bürger in jedem Fall bis ins kleinste Detail im voraus wissen kann, was der Staat ihm gegenüber tun und lassen darf. Eben dadurch aber ist das Rechtsstaatsprinzip der eigentliche Urheber der immer größer werdenden Gesetzesflut, die heute über den Bürger hereinbricht. Das betrifft nicht nur die Zahl der Gesetze, sondern auch deren sogenannte Regelungsdichte, die ständig zunimmt. Nach seiner eigenen Logik tendiert das Rechtsstaatsprinzip zu einer *Hypertrophie der Verrechtlichung*, bei der nicht nur den Behörden die Hände gebunden sind, sondern auch der Bürger vor lauter Normen schließlich überhaupt nicht mehr weiß, worin seine Freiheit besteht. Die Hauptnutznießer des Rechtsstaats sind von einem bestimmten Punkt an weniger die gesetzestreuen Bürger als vielmehr diejenigen, die sich über das geltende Recht bedenkenlos hinwegsetzen. Im gleichen Maße, wie sich der Staat selbst daran hindert, seine Macht gegen seine Bürger einzusetzen, verliert er nämlich auch die Fähigkeit, seine Feinde wirksam zu bekämpfen. Je mehr sich der Rechtsstaat dem Zustand seiner theoretischen Perfektion nähert, desto größer ist daher die Gefahr, daß sich die Bändigung der staatlichen Gewalt zu einer Lähmung auswächst und sich in der Gesellschaft genau die Zustände wieder ausbreiten, die durch die Monopolisierung der Staatsgewalt eigentlich verhindert werden sollten.

2. Schwindende Effizienz des Rechtsstaates

Zu Beginn der Entwicklung, die den modernen Rechtsstaat hervorbrachte, bewegte sich die Verwaltung als der eigentliche Arm der Staatsgewalt weitgehend im rechtsfreien Raum und konnte daher ihre Vorstellungen im wesentlichen ungehindert von den anderen Staatsgewalten verfolgen. Nach geltendem Recht ist die Exekutive demgegenüber in weitem Umfang an Normen und, da hinter jeder Norm ein Richter steht, zugleich an die Rechtsprechung der Gerichte gebunden. Der vollendete Rechtsstaat ist daher nur scheinbar ein Gesetzesstaat; in Wahrheit ist es ein *Richterstaat*, der Richter ist sein eigentlicher Herr. Anders als die Exekutive tut sich die Judikative mit der Herrschaft jedoch schwer. Zwar steigt mit dem Normpegel zugleich der Prozeßpegel; aber wie es scheint, sind die Gerichte der auf sie zukommenden Prozeßflut immer weniger gewachsen. Die Erledigungszahlen halten mit dem wachsenden Geschäftsanfall nicht Schritt, und obwohl die Rechtsmittel zunehmend eingeschränkt werden, muß der rechtsuchende Bürger auf das Urteil immer länger warten. Je totaler der Rechtsschutz verbrieft ist, desto ineffektiver wird er offenbar.

3. Begrenzte Lenkbarkeit staatlicher Planung

Im Bereich des *Planungsrechts* tun sich andere Schwierigkeiten auf. Da sich eine zukunfts- und damit folgenorientierte Planung in tatbestandsbezogenen Rechtssätzen nur unzulänglich abbilden läßt, stößt die normative Lenkung der Planung auf unübersteigbare Grenzen. Das macht sich vor allem darin bemerkbar, daß der Gesetzgeber in diesem Bereich auf inflationäre Weise in unbestimmte Rechtsbegriffe und bloße Abwägungsgebote ausweicht. Die Folge davon ist, daß es an klaren Gewährungs- und Versagungstatbeständen fehlt. Der rechtsstaatliche Gesetzesbegriff, der durch ein Maximum tatbestandlicher Präzision gekennzeichnet ist, wird dadurch ad absurdum geführt. Methodisch gesehen können solche Normen nicht mehr im überkommenen Sinn interpretiert, sondern nur noch auf dem Weg durch die vorgesehenen Institutionen konkretisiert werden. Um die rechtsstaatliche Fassade zu wahren, sind im Laufe der Zeit neue Formen rechtlicher Argumentation entwickelt worden, die es ermöglichen, vordergründig reine Rechtsanwendung zu betreiben, während in Wahrheit das Verhältnis von exekutiver und judizieller Entscheidungsgewalt von Fall zu Fall neu austariert wird. Welche Auswirkungen hiervon im Laufe der Zeit auf andere Bereiche ausgehen werden, ist schwer abzuschätzen.

4. Verlagerung der Normproduktion auf die Verwaltung

Historisch war mit dem Gesetzesvorbehalt zweierlei bezweckt. Einmal sollten damit Eingriffe in Freiheit und Eigentum dem Prinzip der Gesetzmäßigkeit unterworfen werden; zum andern sollte die Herrschaft des demokratischen Parlaments gegenüber der monarchischen Exekutive sichergestellt werden. In der Sache war der Gesetzesvorbehalt also zugleich ein *Parlamentsvorbehalt*. In der modernen Demokratie, wo der ehemals strikte Gegensatz zwischen Exekutive und Legislative aufgehoben oder jedenfalls gemildert ist, hat sich dagegen die Praxis herausgebildet, daß das Parlament zu seiner eigenen Entlastung immer mehr Entscheidungen auf die Exekutive delegiert. Zu diesem Zweck erläßt es entsprechende Ermächtigungsgesetze, die von der Exekutive im Verordnungsweg in unmittelbar geltende Normen umgesetzt werden. Das ist nicht unbedenklich; denn mit der Verlagerung der Normproduktion auf den Erlaß von Verordnungen gerät das Parlament im Verhältnis zur Verwaltung praktisch ins Hintertreffen.

Um eine schleichende Entmachtung des Gesetzgebers zu verhindern, wird daher in einer Weiterentwicklung des Gesetzesvorbehalts heute gefordert, daß alle „wesentlichen" Entscheidungen im Staat *dem Parlament selbst vorbehalten* sein müssen. In der Sache läuft dies auf ein Delegationsverbot hinaus. Während sich der Gesetzesvorbehalt vor allem gegen die Verwaltung richtet und diese zugunsten des Parlaments einschränkt, wendet sich der Parlamentsvorbehalt an das Parlament selbst und fordert es auf, seine Verantwortung wenigstens in wesentlichen Fragen nicht auf die Verwaltung zu übertragen, sondern selbst wahrzunehmen. Was im Sinne des Parlamentsvorbehalts „wesentlich" ist, was also unabdingbar durch den Gesetzgeber selbst geregelt werden muß, entzieht sich einer klaren Begriffsbestimmung. Letztlich entscheidet darüber das Bundesverfassungsgericht. Faktisch gesehen ist daher auch der Parlamentsvorbehalt ein Ausdruck der Macht, den die Rechtsprechung über den Gesetzgeber heute erlangt hat.

5. Informelles Verwaltungshandeln

Ein letztes schließlich: Der Schutz des Bürgers vor staatlichem Handeln schien ursprünglich bereits durch die Abwehr *gezielter* Eingriffe gewährleistet zu sein. Im Zeitalter der Medien jedoch, wo jede Nachricht jedermann zu jeder Zeit erreichen kann, sind auch für den Staat ganz neue Handlungsformen entstanden. Um Gefahrenabwehr zu betreiben, müssen heute nicht mehr unbedingt Ge- oder Verbote erlassen werden; vielfach genügt es bereits, daß die Verwaltung die Öffentlichkeit auf wirkliche oder vermeintliche Gefahren *hinweist*. An sich sollte man meinen, daß eine solche Aufklärungsarbeit zu den ureigensten Aufgaben des Staates gehört. Auf der anderen Seite ist jedoch nicht zu übersehen, daß öffentliche Hinweise der zuständigen Behörde über mögliche Gesundheitsschäden etwa durch bestimmte Zahnfüllungen, Baumaterialien oder Lebensmittel ganze Wirtschaftszweige lahmlegen können. Obgleich solche Hinweise nur der Information der Allgemeinheit dienen, können sie sich für denjenigen, über dessen Produkte aufgeklärt wird, faktisch wie ein Verbot auswirken. Das zur Abwehr staatlicher Eingriffe entwickelte Instrumentarium läßt sich nicht in allen Fallgestaltungen dieser Art mobilisieren. Zwar ist der Begriff des „Eingriffs" auf staatliche Ge- und Verbote nicht beschränkt. Aber er kann auch nicht beliebig auf andere Erscheinungen ausgedehnt werden. Notfalls kann der durch unzutreffende Warnungen, Empfehlungen oder Informationen geschädigte Bürger daher nur im nachhinein seinen Schaden geltend machen – eine überraschende Wiederkehr des alten und durch das Rechtsstaatsprinzip längst für überwunden gehaltenen Grundsatzes: dulde und liquidiere.

§ 21 Der Sozialstaat

I. Freiheit als Freiheit von materieller Not

1. Materielle Voraussetzungen der Freiheit

Nach rechtsstaatlicher Auffassung darf der Staat die Freiheit der Bürger nur so weit einschränken, wie es notwendig ist, um jeden im ungestörten Besitz und Genuß des Seinen zu erhalten. Das umfaßt an sich nur die Herstellung geordneter Verhältnisse im Innern sowie die Verteidigung des Gemeinwesens nach außen; denn mehr ist zur Sicherstellung der Bürger und ihres Eigentums nicht erforderlich. In den Ohren der Glücklichen klingt dies vermutlich wie Himmelsmusik. Nimmt man das besitzbürgerliche Credo nämlich ernst, so wäre der Staat nur für die Besitzenden da. Wer etwas hat, würde in seinem Eigentum geschützt werden; wer nichts hat, dürfte zwar nicht getreten werden, aber auf Hilfe rechnen könnte er auch nicht.

Das Verständnis von Freiheit, das sich dahinter verbirgt, ist in seiner Einseitigkeit leicht zu durchschauen. Freiheit im vollen Sinn des Wortes erschöpft sich nicht im Freisein von fremdem Einfluß. Freiheit hat auch *materielle Voraussetzungen*: Wer nicht weiß, wie er sein Leben fristen soll, für den hat die Sicherheit des Besitzes und die Freiheit der Selbstbestimmung wenig Wert. Erst die *Freiheit von materieller Not* versetzt den Menschen in die Lage, seine Möglichkeiten zu entfalten, erst sie lehrt ihn daher den Rechtsstaat schätzen, der ihm den rechtlichen Freiraum dazu verschafft. Wo einige wenige alles, die andern jedoch nichts haben, läuft der einseitige Schutz des vorhandenen Besitzes auf die Besiegelung der Ohnmacht der Besitzlosen hinaus.

I. Freiheit als Freiheit von materieller Not   269

Eigentümer und Eigentumslose leben in verschiedenen Welten. Zwischen beiden kann es ein Rechtsverhältnis in einem tieferen Sinn des Wortes nie geben. Man täuscht sich daher, wenn man meint, bereits den Rechtsstaat als solchen unbesehen auf die Zustimmung der Bürger zurückführen zu können. Wem selbst das Nötigste fehlt, ohne daß eine Änderung absehbar ist, wird das Eigentum eines andern niemals achten können und ebenso daher nicht einen Staat, der dieses Eigentum vor dem Zugriff der Notleidenden schützt. Zustimmungsfähig ist der Staat für die besitzlosen Klassen nur dann, wenn er ihnen aus ihrer Not heraushilft. Ein Staat, der Staat *für alle* sein will, darf nicht nur die Glücklichen schützen, er muß auch etwas für die Unglücklichen tun.

Wenn sich der Rechtsstaat, bei aller Freiheit, die er gewährleistet, gegenüber einem Teil seiner Bürger nicht doch als ein Unterdrückungssystem darstellen will, ist er gezwungen, über sich selbst hinauszuwachsen. Wenn er die Besitzenden in dem Ihrigen schützt, so muß er den Besitzlosen zu dem Ihrigen erst einmal verhelfen. Auf diese Weise findet der Rechtsstaat seine notwendige Ergänzung im *Sozialstaat*. Erst beide zusammen in Gestalt des sozialen Rechtsstaates (Art. 28 I GG) machen die staatliche Ordnung für alle Bürger konsensfähig.

2. Daseinsvorsorge als Staatsaufgabe

Gedanklich wurde der moderne Sozialstaat bereits durch den aufgeklärten Wohlfahrtsstaat vorbereitet. Schon damals machten tiefer blickende Köpfe geltend, daß der Staat nicht auf die Funktionen eines Nachtwächters und die Pflicht des Bürgers nicht auf die Einhaltung von Ruhe und Ordnung beschränkt werden könne. Zur gleichen Zeit, als Wilhelm von Humboldt das Programm eines Staates entwarf, der nichts anderes als eine Schutzanstalt für Freiheit und Eigentum seiner Bürger sein sollte, stellte Carl Gottlieb Svarez (1746–1798), einer der Schöpfer des preußischen Allgemeinen Landrechts, die Forderung auf, über diesen engen liberalistischen Horizont hinauszudenken. Anders als Humboldt machte Svarez grundsätzliche Zweifel daran geltend, „daß man damit auslangen könne, wenn man den Zweck des Staats bloß auf den Schutz und die gemeinschaftliche Verteidigung gegen Beeinträchtigung des Eigentums und der Rechte der Einzelnen setzen und also keine Befugnisse der Obergewalt im Staat gelten lassen will, welche sich nicht ... aus diesem alleinigen Zwecke herleiten lassen". Er erinnerte daran, daß es auch soziale Leistungspflichten gebe, ohne die kein Gemeinwesen bestehen könne, so die Pflicht der Eltern, ihre Kinder zu ernähren und zu erziehen, die Pflicht der Kinder, für ihre hilflosen und verarmten Eltern aufzukommen, oder die Pflicht, die vormundschaftliche Sorge für Waisen zu übernehmen. Aber er blieb bei diesen aus dem Kreis der Familie entnommenen Beispielen nicht stehen: „Alle

Gesetze, welche den Staatsbürgern gewisse Beiträge zur Unterhaltung der Armenanstalten abfordern, gehören in eben diese Klasse, die mit einer großen Menge von andern Beispielen leicht vermehrt werden könnte." Svarez sah in der Auferlegung solcher Pflichten grundsätzlich kein Problem. Das Problem bestand für ihn allein darin, „in diesem Punkt ein richtiges Mittel zu halten".[1]

Die Erkenntnis, daß die immanente Dialektik der Freiheit den Staat von selbst in diese Richtung drängt, weil die Freiheit sonst unvollkommen wäre, blieb allerdings erst der folgenden Epoche vorbehalten. Der moderne Sozialstaat ist realgeschichtlich gesehen kein direkter Nachfolger des Wohlfahrtsstaats, sondern mehr eine Reaktion darauf, daß ein allzu einseitig verstandener Liberalismus die soziale Frage zu einem Massenphänomen gemacht und damit den Staat als fürsorgerische Potenz erneut auf den Plan gerufen hat. Jahre vor Marx hatte bereits Hegel erkannt, daß eine allein nach ökonomischen Gesetzen funktionierende Gesellschaft nicht nur zur Anhäufung von Reichtümern, sondern zugleich auch zur Abhängigkeit und Not der auf Arbeit angewiesenen Klasse führt. „Es kommt hierin zum Vorschein", schrieb Hegel, „daß bei dem *Übermaße des Reichtums* die bürgerliche Gesellschaft *nicht reich genug* ist, d. h. an dem ihr eigentümlichen Vermögen nicht genug besitzt, dem Übermaße der Armut und der Erzeugung des Pöbels zu steuern."[2]

Die von den Funktionsgesetzen der bürgerlichen Gesellschaft hervorgebrachte Not war kein naturgegebenes Schicksal mehr; sie war Menschenwerk, dem durch menschliches Handeln entgegenzutreten war. Mit dem rechtsstaatlichen Modell der bloßen Besitzstandswahrung und Staatsabwehr war das nicht möglich. Dafür hatten auch Konservative wie Friedrich Julius Stahl (1802–1861) einen scharfen Blick. Wer das Prinzip der individuellen Freiheit zum Äußersten treibe, bemerkte er einmal spöttisch, müsse „auch den Artikel in die Konstitution aufnehmen: ‚Die Freiheit des Verhungerns ist gewährleistet'"[3]. Aber allzu lange hielt sich der liberale Staat zurück, bis er sich dem Gebot der Stunde aufschloß. In falsch verstandener Rechtsstaatlichkeit hinderte er die arbeitenden Klassen sogar daran, sich selbst zu helfen. Die langjährige Staatsfeindlichkeit fast der gesamten Arbeiterschaft hat in diesem Staatsversagen ihre wesentliche Ursache.

Allerdings fehlte zunächst auch der erforderliche Verwaltungsunterbau, um gegen soziale Mißstände wirksam vorgehen zu können. Aus diesem Grund war bereits der Wohlfahrtsstaat mehr Programm als Realität gewesen. Erst nachdem dafür eine Vielzahl neuer Behörden geschaffen worden war, konnte das, was ehemals soziales Schicksal war, als Rechtsproblem im engeren Sinn definiert und behandelt werden. Dazu mußten erhebliche Widerstände überwunden werden. Heute jedoch, im Zeitalter städtisch geballter Massen, liegt das Kernstück allen Rechts bereits unzweifelhaft in der laufenden „Daseinsvorsorge" durch den Staat und seine Verwaltung als Leistungsträger.

3. *Spannung zwischen Rechts- und Sozialstaat*

Aus staatstheoretischer Perspektive sind die gegenüber dem sozialen Gedanken nach wie vor wirksamen Abstoßungskräfte nichts anderes als der Ausdruck eines *inneren Widerspruchs*. Denn Rechts- und Sozialstaat stehen, auch wenn sie sich ergänzen, doch in einem unaufhebbaren Gegensatz: Der Rechtsstaat sieht ein bestimmtes System der Güterverteilung als gegeben an und will es *bewahren*; der Sozialstaat dagegen will den Bedürftigen zu Gütern verhelfen und damit das vorhandene System *ändern*. Da niemand geben kann, ohne zu nehmen, mithin auch der Staat nur ausgeben kann, was er in Form von Steuern und anderen Abgaben wieder hereinholt, läuft jede staatliche Verteilung von Mitteln auf eine *Umverteilung* hinaus. Jedes Recht auf eine Leistung des Staates ist im Grunde ein Recht auf Belastung anderer. Je größer die Leistung an die Begünstigten ist, desto größer muß daher der Eingriff bei denjenigen sein, welche die Kosten dieser Begünstigung zu tragen haben.

Dieser banale Zusammenhang wird merkwürdigerweise immer wieder aus dem Bewußtsein verdrängt. Wie sich bei Umfragen gezeigt hat, wollen zwar die meisten von staatlichem Einfluß möglichst frei sein und wünschen sich daher ein Minimum an staatlicher Präsenz. Gleichzeitig befürworten sie jedoch staatliche Arbeitsbeschaffungsprogramme, staatliche Wohnbauförderung, öffentliche Gesundheitsvorsorge und Alterssicherung, Investitionshilfen, Mietbeihilfen, Studienbeihilfen und vieles andere, was notwendig zu einer immer weiteren Ausdehnung des Staates und einer Verschärfung staatlicher Zugriffsmöglichkeiten führen muß. Dasselbe Mißverständnis liegt auch der immer wieder erhobenen Forderung nach „sozialen" Grundrechten zugrunde. Ein Recht auf Arbeit im unmittelbaren Sinn des Wortes kann nur da garantiert werden, wo gleichzeitig die Freiheit der Berufswahl eingeschränkt wird und auch das Recht der Arbeitgeber beschnitten ist, ihre Mitarbeiter nach betrieblichen Erfordernissen einzustellen oder zu entlassen. Ein Grundrecht auf Arbeit würde daher, wenn man ernst damit machte, zu einer umfassenden staatlichen Arbeitsverwaltung und Wirtschaftslenkung führen.

Das Spannungsverhältnis zwischen Rechts- und Sozialstaat setzt sich bis in die Niederungen der Rechtsdogmatik hinein fort. Der Rechtsstaat hat im Laufe der Zeit eine eigene juristische Dogmatik entwickelt, die vor allem an der *Abwehr* staatlicher Eingriffe orientiert ist. Demgegenüber zielt der Sozialstaat auf staatliche *Leistungen* und die Gewährleistung einer bestimmten sozialen Infrastruktur. Das wirft die Frage auf, ob man dafür nicht eine ganz andere Dogmatik braucht und, wenn ja, wie beides zusammengeht. Wenn der Staat einzelnen Bürgern oder Unternehmen eine Unterstützung zuteil werden läßt, greift er damit in die Rechte der andern nicht unmittelbar ein; gleichwohl kann sich die Begünstigung des einen leicht als Belastung des andern auswirken, weil sie das Verhältnis zwischen dem Begünstigten und dem Nichtbegünstigten zum Nachteil des letzteren verändert. Einem Unternehmen, das im Wettbewerb mit einem anderen steht, kann es nicht gleichgültig sein, wenn das konkurrierende Unternehmen Subventionen erhält, die ihm selbst versagt bleiben. Mit einer solchen Hilfe kann das andere Unternehmen seine Leistungen nämlich günstiger anbieten und sich im Grunde unverdiente Marktvorteile verschaffen. Wegen dieser mittelbaren Drittbelastung war lange Zeit umstritten, ob das Erfordernis des Gesetzesvorbehalts auch für die Vergabe von Subventionen gilt. Heute ist man sich einig, daß dieses Prinzip nur mit Einschränkungen übertragbar ist. Aus rechtsstaatlicher Sicht ist das unbefriedigend. Aber auch prozessualer Rechtsschutz steht dem benachteiligten Konkurrenten nur ausnahmsweise zur Verfügung. Könnte nämlich jeder, auf den sich ein staatliches Handeln ungünstig auswirkt, Klage erheben, wäre das gleichbedeutend mit einer Popularklage für jedermann; eine individuelle Rechtsverletzung wäre dann nicht mehr erforderlich, um den Staat vor die Schranken des Gerichts zitieren zu können.

So zeigt sich in vielerlei Hinsicht, daß der Gedanke des Sozialstaats nicht nur aus einer anderen Welt kommt als der des Rechtsstaats, sondern daß er auch überall da, wo er sich ausbreitet, in die Strukturen rechtsstaatlicher Freiheit eingreift.

II. Das System der sozialen Sicherheit

Die sozialstaatliche Ausrichtung des modernen Staates äußert sich in einer unübersehbar großen Zahl von Aktivitäten, denen nur dies gemeinsam ist, daß sie auf die Beeinflussung der sozialen Verhältnisse abzielen. Der eigentliche Kern des Sozialstaates aber ist das *System der sozialen Sicherheit*. Dabei handelt es sich um etwas grundsätzlich Neues, von dem sich jedenfalls die Juristen bis zum Ende des 19. Jahrhunderts nichts träumen ließen. Während es bis dahin nur eine bescheidene Armenpflege gab, die sich notdürftig derjenigen Bürger annahm, die an der unteren Grenze der Gesellschaft ihr Leben fristeten, ist das moderne Sozialsystem daraufhin angelegt, möglichst gar niemand mehr so tief fallen zu lassen.

1. Die Sozialversicherung

Die tragende Säule dieses Systems ist die Sozialversicherung, wie sie in Deutschland ohne Vorbild neu geschaffen wurde. „Was Deutschland dabei erreicht hat", kommentierte Justus Wilhelm Hedemann (1878–1963) diesen Vorgang einmal, „ist bahnbrechend für die ganze Kulturwelt geworden und wird, wie auch immer die Zukunft sich gestalten mag, ein historisches Ereignis bleiben."[4]

a) Auf- und Ausbau des Versicherungssystems. Eingeleitet wurde diese Entwicklung durch die kaiserliche Botschaft vom 17. November 1881 an den Deutschen Reichstag. Während gleichzeitig die Sozialisten aufgrund des Sozialistengesetzes politisch verfolgt wurden, versuchte Wilhelm I. hiermit, den Arbeitern die Hand zu reichen. „Für diese Fürsorge", heißt es in der Erklärung, „die rechten Mittel und Wege zu finden, ist eine schwierige, aber auch eine der höchsten Aufgaben jedes Gemeinwesens, welches auf den sittlichen Fundamenten des christlichen Volkslebens steht."[5]

Unmittelbares Ziel der Initiative war es, die arbeitende Bevölkerung, die aus eigener Kraft nicht imstande war, für den Fall der *Krankheit,* des *Unfalls* und der *Invalidität* genügend Mittel zurückzulegen, auf andere Weise gegen diese Notfälle abzusichern. Zunächst wurde 1883 das Krankenversicherungsgesetz erlassen. Das Unfallversicherungsgesetz und das Invaliditäts- und Alterssicherungsgesetz folgten rasch nach. 1911 wurde ferner die Hinterbliebenenversicherung neu geschaffen, die Witwen und Witwern sowie Waisen zugute kommt. Mit einiger Verspätung kam 1927 die *Arbeitslosenversicherung* hinzu. Parallel zum Aufbau dieses Versicherungssystems wurde zugleich der Kreis der versicherten Personen ausgedehnt und der Umfang der gewährten Leistungen erhöht, so daß schließlich immer mehr Versicherte in den Genuß von allmählich immer höheren Leistungen kamen. Die letzte große Erweiterung dieses sozialen Systems kam 1994 zustande. Veranlaßt durch die steigende Lebenserwartung, die gleichzeitig eine Vielzahl von Pflegebedürftigen hervorbringt, deren Versorgung durch die Krankenversicherung nicht mehr abgedeckt ist, wurde nach dem Vorbild der bisherigen Versicherungszweige eine eigene *Pflegeversicherung* ins Leben gerufen. Langfristig geht die Entwicklung also dahin, alle massenhaft auftretenden Lebensrisiken durch ein soziales Netz in Gestalt besonderer Sozialversicherungen aufzufangen.

b) Sozialisierung privater Risiken. Die zur Absicherung dieser Risiken benötigten Summen waren von Anfang an so enorm, daß sie vom Staat allein nicht aufgebracht werden konnten. Als Versicherungsträger wurden daher öffentlich-rechtliche Selbstverwaltungskörperschaften geschaffen, die vor allem unter Heranziehung der betroffenen Kreise selbst mit den erforderlichen Mitteln ausgestattet wurden. Wer der Versicherungspflicht unterliegt, muß an die Versicherungsträger regelmäßige Beiträge abführen; dafür hat er im Versicherungsfall einen Rechtsanspruch auf die vorgesehenen Leistungen. Aber nicht nur die Versicherten selbst, auch die Arbeitgeber werden belastet. Die Finanzierung der Unfallversicherung ist den Arbeitgebern sogar allein auferlegt worden. Bei der Rentenversicherung leistet überdies der Staat erhebliche Bundeszuschüsse. Insgesamt erweist sich die Sozialversicherung damit als ein gigantisches *Umverteilungsmodell*. Private Lasten werden dabei auf viele Schultern verteilt und auf diesem Wege „sozialisiert".

Im Bewußtsein vieler Juristen nimmt dieses System einen untergeordneten Platz ein. Der Jurist herkömmlicher Prägung ist noch immer am freien, selbständigen Eigentümer, am Käufer und Verkäufer, am Besteller und Werkunternehmer orientiert. Er ahnt nicht, daß es für die große Masse der Bürger völlig gleichgültig ist, ob die juristischen Haarspaltereien, mit denen er dabei oft genug beschäftigt ist, im Ergebnis so oder anders entschieden werden. Was den Bürger, dem der finanzielle Rückhalt eines namhaften Vermögens fehlt, wirklich interessiert, ist, ob er gegen die Folgen sozialer Schicksalsschläge ausreichend gesichert ist. Zu dieser Sicherung haben die Juristen, die überwiegend an dem rechtsstaatlichen Sozialmodell orientiert sind, in der Vergangenheit wenig beigetragen, und sie wenden sich von den Problemen der industriellen Massengesellschaft überwiegend auch heute noch mit Unbehagen ab.

2. Andere öffentlichrechtliche Leistungen

Neben der Sozialversicherung, die in weitem Umfang eine erzwungene Selbsthilfe der davon erfaßten Bevölkerungskreise darstellt, gibt es heute eine Vielzahl von Hilfen, die unmittelbar aus dem allgemeinen Steueraufkommen gedeckt werden. Wer leistungsfähig ist, muß dabei auf dem Umweg über das soziale Netz für seine bedürftigen Mitbürger aufkommen.

Zu nennen ist hier vor allem die *Sozialhilfe*. Sie ist bestimmt für Bedürftige, die sich weder selbst helfen können noch die erforderliche Hilfe von Angehörigen oder von Trägern anderer Sozialleistungen, vor allem der Sozialversicherung erhalten. Die Sozialhilfe dient zwar nur der Ermöglichung einer bescheidenen Lebensweise. Sie verhindert jedoch, daß jemand durch Schicksalsschläge oder eigene Lebensführung ganz aus der Gesellschaft herausgeworfen wird. Während die soziale Unterstützung aus Mitteln der öffentlichen Hand ursprünglich allein aufgrund objektiven Rechts erfolgte, wurde dem Bedürftigen 1961 ein einklagbares subjektives Recht darauf eingeräumt. Dieser Sozialhilfeanspruch ist nichts anderes als das von den Kritikern des liberalen Rechtsstaats früher so schmerzlich vermißte „Recht, *nicht* zu verhungern". Wer existentielle Not leidet, ist im sozialen Rechtsstaat der Gegenwart nicht mehr auf fremde Mildtätigkeit angewiesen. Er hat vielmehr ein Recht auf das Geld seiner besser situierten Mitbürger, wenn auch nur vermittelt über staatliche Behörden.

Neben der allgemeinen Sozialhilfe gibt es zahlreiche weitere Leistungen für besondere Bevölkerungsgruppen und Lebenslagen. Eltern und Alleinerziehende haben Anspruch auf Kinder- und Elterngeld. Wer die Kosten einer angemessenen Wohnung nicht tragen kann, erhält einen Mietzuschuß in Form des Wohngeldes. Bedürftige Studierende erhalten Leistungen zur Förderung ihres Studiums, bedürftige Doktoranden in gewissem Umfang sogar Leistungen zur Förderung ihrer Promotion. Wer Opfer einer rechtswidrigen Gewalttat wird, kann beantragen, daß ihm für die erlittenen Verletzungen eine Entschädigung gewährt wird und vieles andere mehr.

III. Soziales Privatrecht

1. Sozialer Ausgleich im Privatrecht

In seinem Vortrag über die „soziale Aufgabe des Privatrechts" stellte Otto von Gierke (1841–1921) in hellsichtiger Ahnung des Kommenden bereits 1889 die Forderung auf, daß auch das künftige bürgerliche Gesetzbuch mit einem „Tropfen sozialistischen Öles" gesalbt sein müsse: „Unser Privatrecht wird *sozialer* sein, oder es wird ... *nicht* sein."[6] Aber noch heute berührt man mit der Frage, ob der Sozialstaat vor dem Privatrecht haltmacht oder ob der soziale Gedanke auch hier seinen Tribut fordert, ein heikles Thema. Denn im Privatrecht geht es nicht um das Verhältnis des Bürgers zum Staat, sondern um das Verhältnis der Bürger zueinander. Das Privatrecht beruht darauf, daß sich die Bürger als Selbständige und Gleichberechtigte gegenübertreten. Daraus folgt an sich, daß keiner von dem andern etwas fordern kann, wenn ihm dieser nicht vorher etwas genommen oder wenn er sich nicht selbst zu einer Leistung verpflichtet hat. Im Privatrecht ist jeder grundsätzlich nur für sich selbst verantwortlich und niemand für einen anderen.

Nachsicht gegenüber Hilfsbedürftigen kann im Privatrecht nicht auf Kosten aller gewährt werden – womit sie gleichmäßig auf alle Schultern verteilt wäre –, sondern nur auf Kosten Einzelner. Wer im Privatrecht Rücksichtnahme gegenüber bedürftigen Schuldnern fordert, belastet daher nicht die Allgemeinheit, sondern legt allein demjenigen Gläubiger ein Sonderopfer auf, der das Pech hat, an einen solchen Schuldner geraten zu sein.

Der Gedanke des sozialen Ausgleichs ist im Privatrecht im Grunde ein Fremdkörper. Seiner Realisierung sind hier gleichsam natürliche Grenzen gesetzt. Wer nach einem „sozialen Privatrecht" ruft, denkt daher häufig nicht daran, das Verhältnis zwischen Gläubiger und Schuldner grundsätzlich zu verändern, sondern möchte allein solche Gläubiger stärker in Pflicht nehmen, von denen er meint, daß ihnen dies aufgrund ihrer Wirtschaftskraft zumutbar ist. Soweit man diesen Gedanken systematisch entfaltet, driftet das Privatrecht in zwei Teile auseinander, wovon der eine das Verhältnis von wirtschaftlich einigermaßen Gleichen, der andere das Verhältnis von wirtschaftlich Ungleichen, also namentlich von sogenannten Verbrauchern auf der einen und Unternehmern und Handelsgesellschaften auf der anderen Seite zum Gegenstand hat. Um den Schwachen zu schützen, würde dabei der Starke geschwächt und einer Reihe von Bindungen unterworfen werden, die in anderen Beziehungen nicht zur Anwendung kommen.

2. *Schuldnerschutz im Vollstreckungsrecht*

Von der öffentlichen Diskussion um ein soziales Privatrecht wenig bemerkt, hat der soziale Gedanke im *Zwangsvollstreckungsrecht* seit langem Fuß gefaßt. Hier, wo es darum geht, was der Gläubiger vom Schuldner, wenn es ernst wird, tatsächlich verlangen kann, muß das Forderungsrecht des Gläubigers häufig zurückstehen. Längst sind die Zeiten vorbei, wo der Schuldner wie in Rom kurzerhand in die Sklaverei verkauft werden konnte, um aus dem Erlös die Schuld zu begleichen; längst auch wird er im eigentlichen Sinn des Wortes nicht mehr „kahlgepfändet".

Nachdem bereits das Gesetz viele Sachen für unpfändbar erklärt hat, haben die Gerichte diesen Pfändungsschutz parallel zur Entwicklung der Lebensverhältnisse immer weiter ausgedehnt. Nicht mehr allein Tisch und Stuhl, Bett und Schrank, auch Elektroherd, Waschmaschine, Kühlschrank und Farbfernsehgerät sind heute dem Zugriff des Gläubigers entzogen, darüber hinaus alle zur Fortsetzung einer Erwerbstätigkeit erforderlichen Gegenstände, bei Rechtsanwälten oder Ärzten z.B. die gesamte Einrichtung des Büros bzw. der Praxis. Die *Sach*pfändung geht daher immer häufiger ins Leere. Erfolg verspricht vielfach nur noch die *Forderungs*pfändung. Aber auch hier wird der Schuldner durch sogenannte Pfändungsgrenzen vor einem allzu rigorosen Zugriff des Gläubigers in Schutz genommen.

Aus der Sicht der öffentlichen Hand sind diese Pfändungsbeschränkungen ohne weiteres einleuchtend. Wenn der Staat dem Gläubiger seinen Arm leihen würde, um den Schuldner auf Null zu pfänden, fiele dieser nämlich gleich anschließend der Sozialhilfe zur Last. Aus der Sicht des Gläubigers freilich sieht es anders aus. Soweit dem Gläubiger der Zugriff auf das Vermögen des Schuldners rechtlich verwehrt wird, obwohl er faktisch möglich wäre, steht der Anspruch auf Leistung nur auf dem Papier. Im Ergebnis wird dem Gläubiger dann die Last auferlegt, zugunsten des Schuldners auf Befriedigung zu verzichten, damit die sozialen Kassen geschont werden.

Nicht immer handelt es sich bei dem Gläubiger um eine Bank oder eine andere vermögende Organisation. Nur allzu oft hat der Gläubiger selbst nicht viel und ist auf die Leistung seines Schuldners dringend angewiesen. Im Verhältnis zum Gläubiger bedarf der Vollstreckungsschutz daher einer prinzipiell anderen Rechtfertigung. Diese kann nur daraus hergeleitet werden, daß es im großen und ganzen und auf lange Sicht auch dem Gläubiger nützt, wenn die Lebensfreude und Arbeitsbereitschaft des Schuldners trotz der Zwangsvollstreckung erhalten bleibt.

Der herkömmliche Vollstreckungsschutz endet, sobald der Schuldner erneut zu Vermögen gelangt und keines Schutzes mehr bedarf. Auf das neue Vermögen kann der Gläubiger ohne weiteres zugreifen, denn die Beschränkung des Vollstreckungszugriffs läßt den Bestand der Schuld unberührt. Anders verhält es sich nach der Insolvenzordnung von 1999. Danach kann der Schuldner auch von der Schuld selbst loskommen. Voraussetzung dafür ist, daß er alle pfändbaren Bezüge für die Dauer von sechs Jahren seinen Gläubigern zur Verfügung stellt. Ähnlich wie die biblische Schuldknechtschaft im Jobeljahr endete[7], kann das Gericht den Schuldner nach Ablauf der vorgesehenen Zeit von der verbleibenden Schuld befreien. Der Gläubiger verliert damit die restliche Forderung von Rechts wegen, also auch für den Fall, daß der Schuldner nachträglich erneut zu Vermögen kommt. Dieses Verfahren empfiehlt sich zwar dadurch, daß dem Schuldner nach Ablauf dieser Zeit eine neue Perspektive erwächst. Was es jedoch rechtfertigt, dem Gläubiger die Hoffnung, daß seine Forderung jemals befriedigt wird, zu nehmen, ist unter Gleichbehandlungsgesichtspunkten nicht leicht zu erkennen.

3. Ausgliederung von Sonderrechtsgebieten

Während der soziale Gedanke im Vollstreckungsrecht unterschiedslos das gesamte Privatrecht beeinflußt, führt er im Bereich des materiellen Rechts leicht zur Ausgliederung von *Sonderrechtsgebieten*. So hat sich vor allem das *Arbeitsrecht* in weitem Umfang zu einer eigenständigen Materie entwickelt. Zumindest Ansätze dazu finden sich seit langer Zeit auch im *Mietrecht*. Dem Vermieter von Wohnraum werden bei der Gestaltung und Auflösung des Vertrages aus sozialen Gründen Einschränkungen auferlegt, die sich bei anderen Vertragstypen so nicht finden. In wieder anderer Weise äußert sich der soziale Einschlag bei der *Unternehmensmitbestimmung*. Durch die bei größeren juristischen Personen vorgeschriebene paritätische Besetzung des Aufsichtsrats wird die Verfügungsbefugnis der Anteilseigner zugunsten der Arbeitnehmervertreter merklich eingeschränkt.

Darüber hinaus ist mittlerweile, wie in früherem Zusammenhang bereits angesprochen, ein eigenes *Verbraucherrecht* entstanden. Der Verbraucher verdient nach verbreiteter Auffassung besonderen Schutz. Aus diesem Grund werden die allgemeinen Regeln des Privatrechts zu seinen Gunsten in zunehmendem Umfang modifiziert, so bei Fernabsatzverträgen, bei der Kreditvergabe, bei Haustürgeschäften, bei riskanten Bürgschaften u.a.m. Wenn man will, kann man darin eine Maßnahme zum Schutz unerfahrener Bürger vor der Marktmacht von intellektuell und wirtschaftlich überlegenen Anbietern erblicken. Man kann diese Entwicklung aber auch so sehen, daß dem Verbraucher, der auf politischem Gebiet nach wie vor als mündiger Bürger behandelt wird, im Privatrecht eine Art geminderte Geschäftsfähigkeit beigemessen wird, derzufolge er für sein geschäftliches Verhalten nur noch in eingeschränktem Umfang verantwortlich ist. In jedem Fall zeigt sich, daß in der modernen Massengesellschaft das Privatrecht nicht mehr das ist, was es in der Honoratiorengesellschaft einmal war, nämlich ein Bereich autonomer Selbstbestimmung von rechtlich Gleichen unter prinzipiellem Ausschluß staatlicher Einmischung.

IV. Grenzen des Sozialstaats

Wie die Erfahrung lehrt, neigen alle Organisationen dazu, die Prinzipien, auf die sie gegründet sind, solange zu verabsolutieren, bis sie ins Gegenteil umschlagen. Ebenso wie der Rechtsstaat die Verrechtlichung vorantreibt, bis sowohl der Bürger als auch die Staatsmacht unter dem Übermaß des Rechts zu ersticken drohen, so teilt der Sozialstaat Vergünstigungen aus, bis die finanziellen Kraftquellen, von denen er lebt, zu versiegen drohen.

1. Rationales Verhalten im Sozialstaat

Das Verhältnis des Bürgers zum Staat stellt sich im Sozialstaat anders dar als im Rechtsstaat. Der Sozialstaat geriert sich nicht als ordnende, sondern als helfende Macht, ja sogar als Freund des Bürgers. Aber die damit erkaufte freundliche Einstellung des Bürgers gegenüber dem Staat hält nicht lange an, der Staat muß ständig nachlegen, um sie zu erneuern. Was auch immer der Staat an Leistungen und Wohltaten ausbreitet, nach kürzester Zeit schon haben sich die Begünstigten so sehr daran gewöhnt, daß es ihnen als fraglos vorausgesetztes Nullniveau erscheint, von dem aus man immer erneut danach fragt, was der Staat eigentlich für seine Bürger tut. Auf diese Weise wird der Sozialstaat ständig aufs neue zum Gegenstand von Ansprüchen und Erwartungen, denen er genügen muß, wenn er nicht als unsozial erscheinen will.

Ist die Begierde erst einmal geweckt, ist die Spirale des Forderns in Gang gesetzt, gibt es kein Halten mehr. Die alte Bürgertugend, dem Gemeinwesen möglichst nicht zur Last zu fallen, gerät dann unweigerlich in Gefahr, als altväterliche Bescheidenheit belächelt zu werden. Rational verhält sich unter sozialstaatlichen Bedingungen allein der, der öffentliche Leistungen maximal in Anspruch nimmt, gleichzeitig sich aber an dem dafür erforderlichen Aufwand minimal beteiligt. Der Staat selbst entwickelt sich dabei immer mehr zu einer großen Fiktion, mit deren Hilfe sich jeder bemüht, auf Kosten der andern zu leben.

Wo der Staat hauptsächlich als eine Umverteilungsmaschine fungiert und dabei an die Stelle des Schicksals tritt, entsteht bei dem Bürger fast zwingend der Eindruck, daß er im Vergleich zu dem, was andern zuteil wird, zu wenig erhält, aber zu hoch belastet wird. Die Anhebung des sozialen Niveaus, und mag sie für die Betroffenen noch so wohltuend sein, führt auf lange Sicht keineswegs notwendig zur sozialen Befriedung. Je mehr der Sozialstaat in den Augen der Bürger zu einer Selbstverständlichkeit wird, desto mehr erzeugt er vielmehr eine ganz neue Unzufriedenheit, die sich unmittelbar gegen ihn selbst richtet. Den wachsenden Begehrlichkeiten kann sich der Sozialstaat nur schwer entziehen. Durch die Einräumung des allgemeinen Wahlrechts ist er davon abhängig geworden, daß er in der Lage ist, immer neue Wünsche und Forderungen seiner Bürger zu bedienen. Für die breite Masse derjenigen, die vom Staat nur Maßnahmen und Leistungen zur Hebung des eigenen Wohlstands erwarten, ist das Wahlrecht kein Mittel der Mitsprache in Angelegenheiten des Gemeinwohls, sondern ein Hebel, um auf den Staat zur Beförderung der eigenen materiellen Interessen Einfluß zu nehmen. Auf diese Weise wird der Staat, ob er will oder nicht, in gesellschaftliche Verteilungskämpfe verstrickt; obwohl als Friedensordnung errichtet, wird er zum Kampfplatz von Gruppen, die sich um die Verteilung der sozialen Beute streiten.

2. Leistungssteigerung und Belastungsgrenze

Das Mittel des Sozialstaates, die Unzufriedenheit mit seiner Verteilungspolitik zu dämpfen, besteht im wesentlichen darin, allen Ansprüchen, die von hinreichend starken Wählerschichten oder durchsetzungsfähigen Interessengruppen an ihn herangetragen werden, in möglichst großem Umfang immer wieder entgegenzukommen. Damit läßt sich zwar die Begehrlichkeit der großen Masse auf Dauer nicht abstellen; aber die Unzufriedenheit pendelt sich ständig auf höherem Niveau ein.

Dieser Prozeß kann indessen nicht endlos fortgesetzt werden. Wenn private Unternehmen aus sozialen Gründen mit immer höheren „Lohnnebenkosten" belastet werden, beginnen sie irgendwann, die zu kostenintensiv gewordenen Arbeitsplätze „wegzurationalisieren" oder verlagern die Produktion in das billigere Ausland. Zurück bleiben Arbeitslose, die den sozialen Kassen zusätzlich zur Last fallen. Aber auch die Leistungen der sozialen Leistungsträger selbst können nicht beliebig gesteigert werden. Wo Sparsamkeit und Zurückhaltung – wie bislang etwa in der Krankenversicherung – nicht belohnt werden und daher jeder versucht, aus dem System der sozialen Sicherheit möglichst viel für sich „herauszuholen", ist die Belastungsgrenze schnell erreicht. In gewissem Umfang lassen sich die Kosten des expandierenden Sozialstaates zwar in die Zukunft verschieben. Aber früher oder später schlägt Adam Riese zurück. Bis dahin hofft jeder, daß er ungeschmälert Nutznießer des Systems bleibt und daß das Gewitter erst über die Nachfolgenden hereinbricht.

3. Probleme des sozialen Abbaus

Wenn dieses Gewitter kommt – und seit Anfang 1996 ist in Deutschland nur noch von Einsparung, Anpassung und Verschlankung die Rede –, muß der Sozialstaat von jetzt auf nachher berechtigte Erwartungen enttäuschen und in lieb gewordene Gewohnheiten einbrechen. Das schmälert notwendig sein Ansehen bei den Bürgern. Wer durch seine Leistungen dazu beitragen mußte, daß andere vorzeitig aus dem Arbeitsleben ausscheiden und eine Rente beziehen konnten, reagiert empört, wenn er selbst länger arbeiten muß und am Ende womöglich eine geringere Rente erhält. Und wer auf dem Umweg über das Steuerrecht dazu beitragen mußte, daß Glücklichere als er sich ein eigenes Haus errichten konnten, bringt wenig Verständnis dafür auf, wenn ihm selbst schließlich die Mietbeihilfe gekürzt oder gestrichen wird, weil sie nicht mehr finanziert werden kann. Die fortschreitende Globalisierung setzt der Finanzierung des Sozialstaats weitere Grenzen. Denn die Wirtschaftsbedingungen von *Nicht*sozialstaaten werden dadurch wenigstens teilweise auf unseren eigenen Staat übertragen. Das ist mit der Aufrechterhaltung des bisherigen Lebensstandards schwer zu vereinbaren.

Solange die sozialen Leistungen *ausgedehnt* werden, finden die meisten den darin liegenden Verstoß gegen den Gleichheitssatz nicht bemerkenswert, weil sie wechselweise die Nutznießer davon sind. Im Zweifel deckt das Schlagwort von der sozialen Gerechtigkeit alle Bedenken zu. Beim sozialen *Abbau* ist dies anders. Hier reagiert das Gerechtigkeitsgefühl überaus empfindlich. Daher werden soziale Einschnitte nach Möglichkeit so lange hinausgeschoben, bis sie schließlich das gesamte System zu erschüttern drohen. Der Sozialstaat steht auf diese Weise nicht nur in einem Spannungsverhältnis zum Rechtsstaat; er kann auch in einen Konflikt mit der Demokratie geraten. Sozialstaat und Massendemokratie sind die zwei Seiten ein und derselben Medaille. Wenn das Sozialsystem, auf dem diese Demokratie beruht, einmal kollabieren sollte, wird auch die Demokratie nicht unberührt bleiben. Über die Veränderungen, die dann zu erwarten sind, kann man nur spekulieren.

§ 22 Der Umweltstaat

I. Freiheit als Freiheit von bedrohlichen Lebensbedingungen

1. Ökologische Voraussetzungen der Freiheit

Der Rechtsstaat beruht unausgesprochen auf der Voraussetzung, daß die Freiheit des Einzelnen, zu tun und zu lassen, was er will, prinzipiell „gut" ist – und zwar nicht nur für den Handelnden selbst, sondern auch für die Gesellschaft als ganze. Auch der Sozialstaat hat letztlich ein positives Verhältnis zu dieser Art von Freiheit; denn obwohl er sie in vielerlei Hinsicht begrenzt, versucht er doch gleichzeitig, ihre materiellen Voraussetzungen in bestimmtem Umfang für alle zu gewährleisten. Unsere eigene Zeit ist indessen von einem neuen Gedanken geprägt: nämlich dem, daß die Entfaltungsfreiheit des Einzelnen unter bestimmten Bedingungen keineswegs gut, sondern „schlecht" ist – vielleicht nicht unmittelbar für ihn selbst, aber doch für die Menschen in ihrer Gesamtheit. Der rechts- und sozialstaatliche Optimismus ist dadurch nicht unerheblich gedämpft worden.

In der Vergangenheit hat sich der zivilisatorische Fortschritt so vollzogen, daß die Menschen auf der Basis der natürlichen Lebensgrundlagen nach ihren jeweiligen Vorstellungen und Bedürfnissen eine neue und eigene Welt aufgebaut haben. Lange Zeit war man sich nicht bewußt, daß in dieser künstlichen Lebenswelt nicht geringere Gefahren schlummerten als in der Natur, der man damit zu entkommen suchte. Ebensowenig hatte man sich träumen lassen, daß die Natur, auf deren Grundlage die menschliche Zivilisation errichtet wurde, dadurch jemals nachhaltig geschädigt oder gar zerstört werden könnte. In dem Konzept des sozialen Rechtsstaates ist vielmehr stillschweigend vorausgesetzt, daß mit der Natur ein unbegrenzt großes Reservoir zur Verfügung steht, aus dem man sich auf alle Zeit hinaus kostenlos bereichern und in das man ebenso auch alle Abfallprodukte des Freiheitsgebrauchs folgenlos entlassen kann. Auf dem Weg zum Höhepunkt der rechts- und sozialstaatlichen Euphorie hat sich indessen jäh die Erkenntnis eingestellt, daß man dabei von falschen Voraussetzungen ausgegangen war. Der bisherige Fortschrittsoptimismus hat dadurch bei vielen einem Fortschrittspessimismus Platz gemacht.

Im Zuge dieses Umbruchs ist ein Freiheitsaspekt sichtbar geworden, dem sich die Philosophie des zivilisatorischen Fortschritts lange verschlossen hatte. Freiheit im vollen Sinn dieses Wortes besteht nicht nur darin, im Rahmen der vorhandenen Möglichkeiten tun und lassen zu können, was man will. Sie äußert sich auch darin, daß es Luft gibt, die man gefahrlos atmen, Wasser, das man gefahrlos trinken, und Nahrungsmittel, die man gefahrlos genießen kann. Ebenso wie es ökonomische Voraussetzungen der Freiheit gibt, gibt es auch ein *ökologisches Existenzminimum*, ohne das alle sonstige Freiheit nicht viel wert ist. Denn was nützt die Freiheit, zu säen und zu ernten, wenn die Böden versteppen oder verseucht sind? Was nützt die Freiheit, sich ungehindert zu bewegen, wenn uns der Smog den Atem stocken läßt und der Himmel nicht mehr blau wird? Und was nützt die Freiheit, zu kaufen und zu konsumieren, wenn hinter der Fassade scheinbarer Glücksverheißung immer mehr gesundheitliche Gefahren lauern? Die Menschheit ist hochgradig von der Gunst ihrer Umwelt abhängig. In Verkennung dieser Lage ist sie jedoch dazu übergegangen, diese Umwelt in unkontrollierter Weise massiv zu beeinflussen.

Solange man sich dieses Zusammenhangs nicht bewußt war, war das überkommene Rechtssystem nicht an der Erhaltung und Pflege einer lebensgerechten *Umwelt*, sondern am Schutz *individueller Güter* ausgerichtet. Richtschnur war, daß niemand einen anderen in seinen Rechten (Leben, Gesundheit, Freiheit, Eigentum) verletzen oder ernsthaft gefährden darf. Die Verletzung der allen gemeinsamen Umwelt dagegen war unbegrenzt zulässig. So war es zum Beispiel verboten, das Grundstück seines Nachbarn durch Zuführung von Gasen, Dämpfen oder Rauch zu beeinträchtigen; dagegen war es gestattet, die Schornsteine immer höher zu bauen und den entweichenden Rauch gleichmäßig überall hin zu verteilen. Ebenso war es lange Zeit erlaubt, Abwässer ungeklärt in die Flüsse einzuleiten oder Abfälle in die „freie Natur" zu entlassen. Solange man keinen Blick dafür hatte, daß man ungeachtet alles Privateigentums immer zugleich auch in einer Welt lebte, die *Gemeingut aller* war, und daß diese gemeinsame Welt zum Nachteil aller geschädigt werden kann, bestand kein Grund, hieran etwas zu ändern.

Zwei Faktoren sind es, die hier einen Wandel des Denkens eingeleitet haben: die *prosperierende Technik* und das *Wachstum der industriellen Massengesellschaft*. Die Technik hat das Schadstoff- und Gefährdungspotential der freien, ungehinderten Betätigung immens erweitert. In dieselbe Richtung wirkt aber auch das Wachstum der Massengesellschaft. Wenn immer mehr Menschen immer mehr natürliche Ressourcen verbrauchen und dabei immer mehr Abfallprodukte erzeugen, wird die natürliche Umwelt, das ursprüngliche und gemeinsame Eigentum aller, immer mehr in Mitleidenschaft gezogen. Die nur durch das herkömmliche Verletzungsverbot beschränkte, sonst aber unbeschränkte Freiheit richtet sich unter diesen Bedingungen durch ihre konsequente Realisierung im Laufe der Zeit selbst zugrunde. Sie führt nämlich zur Zerstörung der gemeinsamen Welt, in der ein durch Freiheit bestimmtes Leben allein wirklich werden kann.

2. Risikovorsorge als Staatsaufgabe

In der technisierten und industrialisierten Massengesellschaft muß die Freiheit nicht nur mit den Rechten der andern, sondern zugleich mit den Lebensbedingungen aller abgestimmt werden. Und nicht nur dies: soll die Freiheit langfristig eine Chance haben, muß sie die Vereinbarkeit mit den Lebensbedingungen auch aller künftigen Generationen miteinschließen. Hans Jonas hat daher den kategorischen Imperativ Kants zeitgemäß so reformuliert: „Handle so, daß die Wirkungen deiner Handlung verträglich sind mit der Permanenz echten menschlichen Lebens auf Erden."[1] Das aber heißt: Verhalte dich so, als hättest du einen Gesellschaftsvertrag nicht nur mit deinen Mitbürgern, sondern zugleich mit allen Generationen nach dir geschlossen; sorge also dafür, daß auch sie noch Bedingungen vorfinden, die ein angemessenes Leben ermöglichen.

Die rechtliche Umsetzung dieses ökologisch gedeuteten kategorischen Imperativs läßt sich nicht schon dadurch bewirken, daß man einigen Vorschriften eine „ökologische Tönung" verleiht. Sie setzt vielmehr einen tiefgreifenden Umbau des überkommenen Rechtssystems voraus. Wenn es in der Vergangenheit genügte, Rechtsverletzungen zu kompensieren und aktuelle Gefahren abzuwehren, so stellt sich die Aufgabe in vielen Bereichen heute dahin, *Vorsorge* zu treffen, damit es gar nicht erst zu einer Gefährdung kommt. Erst durch Errichtung einer Sicherheitszone vor der eigentlichen Gefahrschwelle kann den enorm vergrößerten Gefahrpotentialen wirksam begegnet werden. Aber auch für die Erhaltung der natürlichen Ressourcen muß Vorsorge getroffen werden. Vorsorge jedoch heißt, daß das Verhalten der Menschen in zunehmendem Maße *vorausschauend* geregelt werden muß. Das Recht darf sich nicht mehr darauf beschränken, auf unerwünschte *Folgen* des Freiheitsgebrauchs zu *reagieren*; es muß die Freiheit bereits wegen *möglicher* Folgen *von vornherein limitieren*.

Diese Aufgabe steht zu den Grundprinzipien des Rechtsstaates – auch des sozialen Rechtsstaates – offenbar in Widerspruch. Der freiheitliche Rechtsstaat beruht auf dem Gedanken, daß dem Bürger *alles erlaubt* ist, was nicht ausdrücklich verboten ist (Freiheit mit Verbotsvorbehalt). Stellt sich heraus, daß der Verbotsbereich zu klein bemessen war, müssen für die Zukunft einige weitere Verbote erlassen werden. Der Gedanke der Risikovorsorge tendiert dagegen dahin, daß *alles verboten* ist, was nicht ausdrücklich erlaubt wird (Verbot mit Befreiungsvorbehalt). Während das Freiheitsprinzip herkömmlich dem Ideal der Lebensführungsfreiheit verpflichtet war und dementsprechend dem Einzelnen möglichst viele Alternativen eröffnen sollte (*in dubio pro libertate*), dient die Vorabkontrolle menschlichen Verhaltens gerade dem Zweck, Alternativen zu vernichten, Entfaltungsräume zu verschließen, Innovationen zu verhindern (*in dubio pro securitate*). Dahinter steht ein Freiheitskonzept, nach dem die Freiheit nicht darin besteht, nach seinen subjektiven Vorstellungen handeln zu können, sondern das zu tun, was *objektiv vernünftig* ist, mag der Einzelne es einsehen oder nicht.

Das hat weitreichende Konsequenzen. Wenn das rechtsstaatliche Instrumentarium wesentlich daran orientiert ist, die Macht des Staates zu bändigen und staatliche Eingriffe *abzuwehren*, so muß der Umweltstaat, mehr noch als der Sozialstaat, daran interessiert sein, das Recht zu einem staatlichen *Zugriffs*instrument zu machen. Da dem Gedanken des Umweltschutzes keine natürliche Grenze immanent ist, ist der Umweltstaat im Ansatz sogar totalitär. Im Prinzip kann im Umweltstaat alles zum Gegenstand staatlicher Regelung werden, wenn es nur als Quelle einer möglichen Gefährdung der Umwelt ausgemacht wird. Für den Umweltstaat geht die zu bekämpfende Gefahr nicht mehr von Einzelnen, sondern von der Freiheit aller aus. Will der Umweltstaat sein Ziel erreichen, muß er folgerichtig die liberale Freiheit selbst bekämpfen.

Ob der Umweltstaat langfristig ein rechtsstaatliches Profil bewahren kann, ist daher eine offene Frage. Allem Anschein nach ist das nur dann möglich, wenn der Gedanke des Umweltschutzes begrenzt und mit anderen Staatszielen austariert wird. Auch aus diesem Grund ist der Staat heute zu einer immer schwierigeren Gratwanderung gezwungen.

II. Das Umweltrecht

Das Umweltrecht läßt sich von den überkommenen Rechtsgebieten schwer abgrenzen; es erstreckt sich über fast alle Rechtsgebiete hinweg, auch über das Zivilrecht und das Strafrecht. Ausgehend von den verschiedenen Zielen des Umweltschutzes – Schutz der Umweltmedien Luft, Wasser und Boden, Schutz vor der unmittelbaren Beeinträchtigung durch gefährliche Stoffe und Schutz der Biosphäre – kann man jedoch *drei Regelungsbereiche* unterscheiden. Langfristig geht es vor allem um den *Schutz der „klassischen" Umweltmedien* vor zerstörerischen Eingriffen. Wenn Luft, Wasser und Boden nachhaltig geschädigt sind, nimmt auch der Mensch selbst Schaden. Der Schutz des Menschen muß daher bereits beim Schutz der medialen Lebensgrundlagen beginnen. Aber das allein genügt nicht. Die Menschen leben zunehmend in einer künstlichen, durch technische Produkte bestimmten Umwelt, von der eigene Gefahren ausgehen. Das Umweltschutzrecht umgreift daher auch den *Schutz vor* diesen selbstgeschaffenen *Gefahrstoffen*. Ein Teil der Umwelt ist schließlich auch die Tier- und Pflanzenwelt, die das menschliche Leben nicht weniger geprägt hat als die klassischen Umweltmedien. Der dritte Regelungsbereich des Umweltschutzrechts ist daher dem *vitalen Umweltschutz* gewidmet.

II. Das Umweltrecht

1. Schutz vor Gefahrstoffen

Die Erkenntnis, daß die Bevölkerung vor dem unmittelbaren Kontakt mit *gefährlichen Stoffen* zu schützen ist, verdankt sich nicht erst der ökologischen Sensibilisierung unserer Zeit, sondern ist bereits älteren Ursprungs. Aber erst die Entdeckung und Verfügung über spaltbare und sonstige *radioaktive Stoffe* hat die Notwendigkeit eines besonderen – namentlich atom- und strahlenschutzbezogenen – Stoffschutzes in einer bis dahin unbekannten Dramatik ins Bewußtsein gerufen. Besitz und Beförderung, Ein- und Ausfuhr von Kernbrennstoffen und anderen radioaktiven Stoffen sind dementsprechend umfassend reglementiert worden. Die Errichtung und der Betrieb von Kernreaktoren und Anlagen zur Erzeugung ionisierender Strahlen ist erst nach einer staatlichen Genehmigung zulässig, der umfangreiche Prüfungen vorangehen. Auch die Entsorgung radioaktiver Reststoffe oder ausgebauter radioaktiver Anlagenteile ist lückenlos geregelt. Im Umfeld des Atom- und Strahlenschutzes gibt es weiter eine Vielzahl von stoffbezogenen Folgeregeln. So kann das Inverkehrbringen kontaminierter Lebensmittel und Bedarfsgegenstände verboten oder beschränkt werden, ebenso das Verfüttern oder Inverkehrbringen von kontaminierten Futtermitteln u. a. m. Im Jahr 2002 hat der deutsche Gesetzgeber sogar den Ausstieg aus der Nutzung der Kernenergie zum Zwecke der Stromerzeugung beschlossen. Wie sich gezeigt hat, läßt sich dieses Ziel jedoch nicht leicht verwirklichen.

Ein anderer Teilbereich des Gefahrstoffrechts ist das *Chemikalienrecht*. Im Vorfeld des Chemikaliengesetzes von 1980 war zunächst gefordert worden, daß neue chemische Stoffe erst nach einer besonderen Zulassung vermarktet werden dürften. Wegen des mit einer (zusätzlichen) behördlichen Prüfung verbundenen Aufwandes und der damit verknüpften Verzögerung – eine behördliche Prüfung könnte die Vermarktung eines neuen chemischen Stoffs um Jahre hinausziehen – hat man sich mit der Statuierung einer Anmeldepflicht für neue Stoffe begnügt. Dabei ist freilich nachzuweisen, daß der Stoff auf bestimmte Eigenschaften geprüft worden ist. Die Laboratorien, die diese Prüfungen vornehmen, werden behördlich überwacht. Insofern kann man daher von einer staatlich kontrollierten Eigenkontrolle der Industrie sprechen. Spezielle Regeln gibt es auch für die Verpackung und Kennzeichnung gefährlicher Stoffe. Kann der von einem Stoff ausgehenden Gefahr auf diese Weise nicht hinreichend begegnet werden, kann die Bundesregierung die Produktion, das Inverkehrbringen oder die Verwendung des Stoffes überhaupt verbieten.

Von ähnlichen Prinzipien ist das *Arzneimittelrecht* geprägt. Arzneimittel darf nur herstellen, wer die Erlaubnis dazu besitzt. Diese wiederum wird nur beim Nachweis der erforderlichen Sachkunde erteilt. Neue Arzneimittel dürfen erst nach einer behördlichen Zulassung vermarktet werden. Die Zulassungsbehörde prüft die Arzneimittel allerdings nicht selbst, sondern überprüft nur das von der pharmazeutischen Industrie vorgelegte Material.

Die Möglichkeit, Organismen mit nicht absehbaren Folgen *gentechnisch* zu verändern, hat einen weiteren Regelungsbedarf entstehen lassen. Anlagen, in denen gentechnische Arbeiten einer gehobenen Sicherheitsstufe durchgeführt werden sollen, dürfen nur mit behördlicher Genehmigung errichtet und betrieben werden. Ebenso ist auch das Freisetzen gentechnisch veränderter Organismen und die Vermarktung von Produkten, die gentechnisch veränderte Organismen enthalten, genehmigungspflichtig.

Damit sind nur die bekanntesten Regelungen in diesem Bereich angesprochen. Darüber hinaus umfaßt der Gefahrstoffschutz noch eine Fülle von Vorschriften über Pflanzenschutzmittel, Düngemittel, Futtermittel, Lebensmittel, Kosmetikartikel und vieles andere mehr. Langsam, aber sicher legt sich ein immer dichterer Ring von Verboten mit Erlaubnis- oder Befreiungsvorbehalt um die Produktion, den Transport, die Verwendung und die Vermarktung von immer mehr Stoffen und Waren. Der Spielraum freier unternehmerischer Betätigung wird enger im gleichen Maße, wie das mit einer solchen Betätigung verbundene Risiko allmählich größer wird.

2. Schutz der Umweltmedien

Der medienbezogene Umweltschutz hat bisher die umfangreichste Normenmasse hervorgebracht. Hier geht es zunächst darum, die *Luft* vor Verunreinigung, aber auch vor Flug-, Verkehrs- und anderem Lärm zu schützen. Das bezieht sich vor allem auf schadstoff- und lärmemittierende Anlagen und Maschinen, schließt aber auch Regelungen für Brenn-, Treib- und andere Stoffe ein, die bei bestimmungsgemäßer Verwendung zur Luftverunreinigung führen. Zum Schutz des *Wassers* müssen sodann Einwirkungen auf Flüsse und Seen, auf die Küstengewässer, insbesondere aber auch auf das Grundwasser geregelt werden. Durch den Schutz des Grundwassers vor der Einbringung von Schadstoffen wird in weitem Umfang zugleich der *Boden* mitgeschützt. Darüber hinaus bedarf es weiter eines Schutzes des Bodens gegen Verbrauch, namentlich durch Baumaßnahmen der verschiedensten Art.

a) Schadstoffvermeidung in der Marktwirtschaft. In der Vergangenheit hat man lange versucht, die Neben- und Abfallprodukte menschlichen Handelns dadurch zu entsorgen, daß man sie in der vorhandenen Umwelt weiträumig *verteilte*. Nachdem dieses Verfahren wegen der Art und Menge der zu entsorgenden Stoffe zunehmend an Grenzen gestoßen ist, ist man dazu übergegangen, die wichtigsten Schadstoffe durch Einbau von Filtern oder auf ähnliche Weise möglichst *zurückzuhalten*. Auf lange Sicht verspricht aber auch dieses

Vorgehen nur beschränkten Erfolg. Denn einmal läßt sich vieles kaum zurückhalten; zum andern aber muß das Zurückgehaltene schließlich doch entsorgt werden. Dann stellt sich die Frage: Wohin mit dem schadstoffhaltigen Schlamm aus den Kläranlagen oder mit den vielen Schadstoffen, die in Filtern abgefangen wurden? Will man das Problem nicht nur verlagern oder vertagen, scheint sich kein anderer Weg anzubieten, als bereits die Erzeugung von Abfall und Schadstoffen möglichst zu *vermeiden*. Das aber läuft langfristig darauf hinaus, die Produktion von Wirtschaftsgütern auf die möglichst kreislaufartige Wiederverwertung des Produzierten umzustellen.

In einem marktwirtschaftlichen System stößt dieses Konzept auf zwei gleichsam natürliche Widersacher: den Produzenten und den Verbraucher. Was und wie produziert wird, entscheiden, solange es Marktwirtschaft gibt, im Prinzip nicht die staatlichen Behörden, sondern die privaten Unternehmen. Und ebenso entscheiden die Verbraucher nach ihren eigenen Präferenzen darüber, welche Produkte sie kaufen und verbrauchen. Die Unternehmen aber sind systembedingt nicht an ökologischen, sondern an ökonomischen Gesichtspunkten interessiert und die Verbraucher an der Maximierung ihres individuell verstandenen Nutzens. Wenn es billiger ist, die Umwelt zu belasten als sie zu schonen, wird ein privates Unternehmen im Zweifel den umweltschädigenden Weg beschreiten; solange es individuelle Vorteile verspricht, wird sich der Verbraucher bei seinem privaten Verhalten daran in der Regel nicht stören. Der an Umweltschutz interessierte Staat kann daher nur versuchen, unter prinzipieller Aufrechterhaltung des marktwirtschaftlichen Systems durch die Veränderung seiner Rahmenbedingungen auf das Produktions- und Verbrauchsverhalten Einfluß zu nehmen.

b) Das rechtliche Instrumentarium. Ungeachtet der zunehmenden Bedeutung einer umfassenden Umweltplanung sind die gebräuchlichen Mittel für diesen Zweck dem herkömmlichen Instrumentarium der Eingriffsverwaltung entnommen: Ge- und Verbote, Anzeige- und Anmeldepflichten sowie die Auferlegung von Duldungspflichten gegenüber behördlichen Überwachungsmaßnahmen. Aufgrund einer Vielzahl von Gesetzen ist das Betreiben einer umweltrelevanten Anlage und ebenso die Vornahme potentiell umweltgefährdender Handlungen regelmäßig erst nach einer behördlichen Genehmigung erlaubt. Im Rahmen des Genehmigungsverfahrens findet eine Eröffnungskontrolle statt, bei der das Vorhaben auf seine voraussichtliche Umweltverträglichkeit geprüft wird. Stellt sich später heraus, daß dabei die Anforderungen unter Berücksichtigung späterer Erkenntnisse oder Veränderungen zu gering angesetzt wurden, können dem Betreffenden noch nachträglich bestimmte Maßnahmen auferlegt werden. Wer im Vertrauen auf eine einmal erteilte Genehmigung eine Anlage errichtet hat, muß daher damit rechnen, daß er mit kostspieligen nachträglichen Anordnungen konfrontiert wird. Der Bestandsschutz ist in diesen Fällen nur eingeschränkt gewährleistet. Die Grenze zwischen Eigentums- und Umweltschutz hat sich zugunsten der Umwelt verschoben.

Ein anderes Steuerungsmittel besteht darin, umweltbelastende Verhaltensweisen mit *Abgaben* zu belegen und dadurch einen Anreiz zu schaffen, auf andere Verhaltensweisen umzusteigen. So soll z. B. die Abwasserabgabe dazu anhalten, Abwässer möglichst zu vermeiden; die erhöhten Steuern auf das erst 1996 aus dem Verkehr gezogene bleihaltige Benzin sollten dazu veranlassen, Fahrzeuge, die auf solches Benzin angewiesen waren, möglichst bald durch andere zu ersetzen u.a.m. Ohne ein Verbot aussprechen zu müssen, packt man Unternehmer und Verbraucher mit solchen Abgaben an ihrer empfindlichsten Stelle: am eigenen Portemonnaie. Aus ökologischen Gründen empfiehlt sich dieses Steuerungsmittel daher sehr. Erfahrungsgemäß folgen staatliche Abgaben jedoch einer eigenen Logik, die sich mit dem ursprünglich verfolgten Zweck nicht immer deckt. Ist eine Abgabe erst einmal eingeführt, stellt sich der Staat meist rasch darauf ein und kann diese Einnahmequelle daher auch dann nicht mehr entbehren, wenn sich der angestrebte Zweck längst erledigt hat. Ein viel verspottetes Beispiel dafür bildet die Sektsteuer, die während des 1. Weltkriegs zur Finanzierung der Reichskriegsflotte eingeführt wurde und die auch heute noch erhoben wird, obwohl es die Reichskriegsflotte schon lange nicht mehr gibt. Mit Umweltabgaben dürfte es sich kaum viel anders verhalten. Da die hieraus erzielten Einnahmen im gleichen Maße sinken, wie die Abgabe ihren Lenkungszweck erreicht, wird der Staat in diesem Fall dazu neigen, die Abgabe zu erhöhen, damit für die öffentliche Hand im Ergebnis wieder dasselbe herauskommt. Der für die Privaten bestehende Anreiz, der Entwicklung voran zu sein, bleibt dabei vielleicht zwar erhalten. Der mit der Abgabe verfolgte Zweck aber wandelt sich. Der Tendenz nach dient sie in einem solchen Fall allmählich nur noch dazu, die öffentliche Kasse zu füllen.

Ein in Deutschland lange nur diskutiertes, seit 2005 aber auch praktiziertes Konzept geht dahin, ökonomische Überlegungen in die Lösung von Umweltproblemen noch stärker miteinzubeziehen, als es bei der Auferlegung von Abgaben der Fall ist. Diese neue Methode besteht darin, die maximale Schadstoffbelastung einer Region vorab festzulegen und auf dieser Grundlage *Zertifikate* für eine bestimmte Umweltbelastung am freien Markt zu verkaufen. Hinter diesem Modell steht die Erkenntnis, daß alles, was kostenlos zur Verfügung steht, von den Menschen nicht schonend behandelt wird, die natürlichen Lebensgrundlagen genauso wenig wie die eigene Gesundheit. Mit der Einführung eines künstlichen Preises für die Inanspruchnahme der Umwelt wird sich daher vermutlich ein anderer Umgang mit Umweltgütern einspielen. Unter Gerechtigkeitsgesichtspunkten könnte diese Lösung allerdings anstößig erscheinen. Die in der Umwelt vorhandenen natürlichen Lebensgrundlagen werden im Bewußtsein der meisten nach wie vor als Gemeineigentum angesehen. Es könnte daher fatale Folgen für das Rechtsbewußtsein haben, wenn man in diesem Bereich spezielle Eigentumsrechte für diejenigen einrichten würde, die dies finanzieren können. Um zu testen, wie die Kommerzialisierung lebenswichtiger Gemeingüter wirken könnte, genügt es, ein kleines Gedankenexperiment anzustellen: Angenommen, die Luft zum Atmen würde einmal knapp werden – kann man sich wirklich vorstellen, daß die vorhandene Luft dann kontingentiert und am Markt an zahlungskräftige Abnehmer verkauft wird?

Soweit die Bürger für Umweltbelange hinreichend sensibilisiert sind, lassen sich durch behördliche *Informationen* im Ergebnis ähnliche Effekte erzielen wie mit Ge- und Verboten. Die staatlichen Stellen sind daher längst dazu übergegangen, das gewachsene Umweltbewußtsein des Bürgers als ökologisch wirksamen Faktor ins Auge zu fassen. Durch Aufklärung über die Wirkung bestimmter Reinigungsmittel, Farben, Holzschutzmittel usw. verschaffen sie den Bürgern die erforderlichen Informationen, um durch ein entsprechendes Verbraucherverhalten einen eigenen Beitrag zum Umweltschutz leisten zu können. Aus der Sicht des betroffenen Unternehmens nehmen sich solche Informationen leicht wie staatliche Eingriffe aus; aus der Sicht des Verbrauchers wirken sie als Beitrag zur Ermöglichung eines Wettbewerbs, der auch ökologische Gesichtspunkte einbezieht.

Ein weiteres Mittel der Verhaltenssteuerung besteht schließlich darin, die *Haftung* für Schäden, die auf eine Umwelteinwirkung zurückzuführen sind, zu verschärfen. Nachdem bereits das Atomgesetz eine Gefährdungshaftung für den Umgang mit radioaktiven Stoffen eingeführt hat, hat das Umwelthaftungsgesetz dieses Prinzip auf eine Vielzahl weiterer Anlagen ausgedehnt. Während nach allgemeinen zivilrechtlichen Grundsätzen nur für schuldhaftes Verhalten gehaftet wird, genügt hier bereits das Betreiben einer bestimmten Anlage, um im Schadensfall eine Haftung auszulösen. Mittelbar geht auch davon ein ökonomischer Anreiz aus, Umweltbeeinträchtigungen zu vermeiden.

3. Schutz der Vitalsphäre

Neben dem gefahrstoff- und medienbezogenen Umweltschutzrecht ist der dritte Regelungsbereich dem Schutz der *Vitalsphäre* gewidmet. Ziel ist hier der Schutz wildlebender Tiere und wildwachsender Pflanzen, die Erhaltung ihrer Lebensräume, vor allem des Waldes, und die großräumige Pflege der Landschaft. In vielen Teilen des Landes sind für diesen Zweck geeignete Schutzgebiete festgesetzt worden.

Nach einer verbreiteten Auffassung fallen die Lebensräume wildlebender Tiere selbst dann unter den Schutz des Gesetzes, wenn sie vom Menschen künstlich angelegt worden sind. Auf diese Weise kommt es zu dem seltsamen Widerspruch, daß menschliche Artefakte unter Naturschutz gestellt werden. Das ist so recht die Voraussetzung dafür, daß sich die gartenzwerghafte Seite des deutschen Rechtswesens voll entfalten kann. Während sich die Zukunftsaussichten für die Menschheit verdüstern, streitet man in Deutschland mit dem höchsten Ernst über drei Instanzen hinweg über die Zulässigkeit der Beseitigung eines Gartenteiches, in dem sich ein paar quakende Frösche niedergelassen haben. Im Jahr 1910 hatte das Reichsgericht einen Teichbesitzer noch kurzerhand dazu verurteilt, einfach das Wasser abzulassen, womit die Lärmplage ein Ende hatte.[2] Unter dem Einfluß des Umweltrechts entschied dagegen der Bundesgerichtshof im Jahr 1992, daß dies so einfach nicht mehr gehe. Vielmehr könne nur verlangt werden, daß der Inhaber des Teiches sich bei der zuständigen Behörde um eine Ausnahmegenehmigung von den naturschutzrechtlichen Vorschriften bemühe.[3] Dem Kläger, der bereits seit Jahren nicht mehr ruhig schlafen konnte und überdies ein Vermögen an Prozeßkosten aufgewandt hatte, wurde damit zugemutet, noch einmal neu zu klagen, und zwar mit dem Antrag, daß der beklagte Nachbar seinerseits ein Verwaltungsverfahren mit durchaus ungewissem Ausgang in Gang zu setzen habe. Auch das gehört zu den Aspekten des Umweltschutzes und erklärt, warum das Umweltschutzrecht auch unter vernünftigen Leuten nicht nur Freunde hat.

III. Umweltschutz und rechtliche Ordnung

1. *Plan- und Marktwirtschaft unter ökonomischen Gesichtspunkten*

Ein wirksamer Umweltschutz setzt einen starken Staat voraus. Man hat daher früher häufig gemeint, daß der sozialistische Wirtschaftsverwaltungsstaat mit seiner Planwirtschaft für die Bewältigung der Zivilisations- und Technikfolgen besser gerüstet sei als der an die Marktwirtschaft gekoppelte freiheitliche Rechtsstaat. Theoretisch mag das richtig sein; denn wo Produktion und Konsum zentral gesteuert werden, läßt sich den ökologischen Erfordernissen scheinbar auf direktem Wege Rechnung tragen. Praktisch jedoch scheint es sich anders zu verhalten. Nach dem Zusammenbruch der sozialistischen Systeme des Ostblocks hat sich jedenfalls gezeigt, daß die Umwelt dort im Vergleich zum Westen in einem sehr viel schlechteren Zustand war. Das war vor allem darin begründet, daß die ökonomische Bedürfnisbefriedigung in der Planwirtschaft unmittelbar unter politischem Erfolgszwang steht und daß umweltschützende Maßnahmen, die häufig hohe Kosten verursachen, hier von denselben Instanzen beschlossen werden müssen, die zugleich für den wirtschaftlichen Erfolg verantwortlich sind. Beim Widerstreit zwischen Ökologie und Ökonomie siegt unter solchen Voraussetzungen auch im staatlichen Bereich die Ökonomie, während die Lösung der ökologischen Aufgaben auf später verschoben wird. Wo langfristige und kurzfristige Ziele miteinander kollidieren, setzen sich in der Praxis meist die kurzfristigen durch.

In der Marktwirtschaft ist demgegenüber die Verantwortung für den ökonomischen und den ökologischen Erfolg grundsätzlich auf verschiedene Schultern verteilt. Obwohl damit die Verhaltenssteuerung theoretisch erschwert ist, lassen sich ökologisch motivierte Lasten für die Wirtschaft aber doch leichter beschließen. Das nährt die Hoffnung, daß individuelle Freiheit und Umweltschutz nicht nur im Widerspruch zueinander stehen, sondern in bestimmtem Umfang auch miteinander harmonieren könnten. Voraussetzung dafür ist freilich, daß rechtliche Formen zur Verfügung stehen, die eine solche Harmonie ermöglichen.

2. Finalprogramme als Gestaltungsmittel

Mehr als in anderen Bereichen kommt es im Umweltrecht auf die *Gestaltung der Zukunft* an. Das rechtsstaatliche Gesetz ist dafür nur bedingt geeignet. Es ist vom Ansatz her auf die Bewältigung der Vergangenheit ausgerichtet und bemüht sich daher um die möglichst exakte Bestimmung der *Voraussetzungen*, unter denen das Recht auf bestimmte Sachverhalte *reagiert*. Der Sache nach handelt es sich dabei um *Konditional*programme. Zukunftsgestaltung setzt dagegen die Orientierung an *Zielen* voraus, von denen häufig ungewiß ist, durch welche Mittel sie herbeigeführt werden können. Vorschriften, die nicht die Voraussetzungen, sondern die Ziele des Handelns festlegen, nennt man *Final*programme.

Der Gegensatz ist vielleicht nicht ganz so scharf, wie es bei einer solchen Gegenüberstellung scheinen könnte. Dennoch sind im Bereich des Umweltrechts die Gesetze häufig mehr final als konditional strukturiert. Umweltrechtliche Finalprogramme aber sind im Kern nichts anderes als Handlungsermächtigungen an die Behörden. Das Gesetz gibt dabei nur das Grobziel vor, während die Umsetzung in administrative Feinziele dem Ermessen der Verwaltung überlassen bleibt. Unter dem Gesichtspunkt des rechtsstaatlichen Gesetzesvorbehalts erscheint das problematisch. Der Gesetzesvorbehalt verlangt nämlich, daß ein Gesetz nicht die ungefähren Ziele, sondern die genauen tatbestandlichen Voraussetzungen festlegt, unter denen in Freiheit und Eigentum des Bürgers eingegriffen werden darf. In welchem Umfang dieses normative Defizit durch verfahrensrechtliche Regeln, vor allem durch die stärkere Einbindung der Betroffenen in das Verfahren der Entscheidungsfindung, kompensiert werden kann, ist nicht leicht zu beurteilen.

3. „Austausch des Gegners"

Wird eine emittierende Anlage errichtet, so berührt das nicht nur die Allgemeinheit, sondern mehr noch einen Kreis von näher betroffenen Personen, namentlich die Nachbarn im engeren Sinn. Soweit diese in ihren privaten Rechten beeinträchtigt sind, müßten sie normalerweise mit zivilrechtlichen Mitteln auf die Einstellung oder Beseitigung der Anlage klagen können. Eine solche Aussicht würde indessen die Bereitschaft des Betreibers zur Vornahme aufwendiger Investitionen erheblich dämpfen. In umweltrechtlichen Vorschriften wird daher häufig angeordnet, daß privatrechtliche Einstellungs- oder Beseitigungsansprüche gegenüber behördlich *genehmigten* Anlagen *ausgeschlossen* sind. Zum Ausgleich für die Einschränkung ihrer privaten Ansprüche gegen den Betreiber können die unmittelbar Betroffenen ihre Rechte im Genehmigungsverfahren geltend machen und gegebenenfalls gegen die Genehmigung klagen.

Im Vergleich zum privaten Nachbarschaftsrecht kommt es dabei zu einem charakteristischen *Austausch des Gegners*: statt gegen den Betreiber, von dem die Störung faktisch ausgeht, müssen die Betroffenen gegen die genehmigende Behörde vorgehen, weil diese dem Betreiber eine Art Freibrief erteilt hat. Es gibt wenige Regelungen, durch die sich der Staat so sehr ins Kreuzfeuer der Kritik begeben hat wie durch diesen von ihm selbst angeordneten Gegnertausch. Was einesteils für die Erhaltung des Rechtsfriedens im Verhältnis der Bürger untereinander nützlich war, hat auf der anderen Seite eine Vielzahl von Bürgern gegen den Staat selbst aufgebracht. Auch damit muß der moderne Staat fertig werden.

IV. Die Grenzen des Umweltstaates

Von dem Umweltrecht geht eine starke Faszination aus, weil es dazu zwingt, über den engen Horizont unmittelbar personaler Beziehungen hinauszublikken und sich mit den globalen Rahmenbedingungen menschlichen Lebens zu befassen. Bei näherem Zusehen regen sich aber doch Zweifel, ob diese Faszination ausreicht, den globalen Faktoren auch praktisch die gebotene Beachtung zu verschaffen.

1. *Notwendigkeit einer Langzeitperspektive*

Nicht alle Umweltmaßnahmen sind von einem so raschen Erfolg begleitet wie die Abstellung einer Lärmquelle. In manchen Fällen wird der heute praktizierte oder versäumte Umweltschutz vielleicht erst in 1000 oder mehr Jahren zum Tragen kommen. Wer einen derartigen Umweltschutz betreibt, wird den *Er-*

folg also *nicht mehr selbst erleben*, sondern investiert in ungeborene Nachfahren oder andere Verwandte. Das aber legt einige Fragen nahe.

Zunächst: Ist der Mensch nach allem, was wir von ihm wissen, nicht so sehr auf die Erreichung kurzfristiger Ziele programmiert, daß er zu derart langfristig angelegten Maßnahmen gar nicht fähig ist? Sodann: Reicht der menschliche Altruismus so weit über die unmittelbare Erfahrungswelt hinaus, daß man darauf Handlungsprogramme für diejenigen, die es angeht, gründen kann? Ferner: Hat die Akzeptanz tiefgreifender Einschränkungen, die von dem Menschen heute abverlangt werden, nicht zur Voraussetzung, daß er in den Nachgeborenen späterer Epochen überhaupt noch seinesgleichen erblickt? Und schließlich: Wird jemand, der aus welchen Gründen auch immer den Eindruck hat, daß er, sein Volk, seine Sprache, seine Kultur usw. keine Zukunft mehr hat, der sich also im Kampf der Nationen langfristig als Verlierer empfindet, bereit sein, seinen Egoismus zugunsten derjenigen zu bezähmen, die er als Sieger ansehen muß? Das sind Fragen, auf die das Umweltrecht keine Antwort gibt, von denen aber sehr wohl sein Erfolg abhängt.

2. Notwendigkeit internationaler Zusammenarbeit

Der umweltschützende Staat mag seinen Bürgern gegenüber noch so stark sein – gegenüber Einwirkungen auf die Umweltmedien, die sich *außerhalb seines Territoriums* ereignen, ist er machtlos. In einer Welt, in der die Folgen eines bestimmten Verhaltens zunehmend an jedem Ort der Erde spürbar sind, ist das eine mißliche Situation.

Verschmutzte oder mit Spurengasen angereicherte Luft, radioaktive Niederschläge u. a. m. machen nicht an der Staatsgrenze halt. Klimaveränderungen betreffen weltweit alle, nicht nur diejenigen, die sie verursacht haben, und wenn die Weltmeere durch das Verhalten einiger weniger biologisch absterben, sind sie zugleich für alle tot. Im innerstaatlichen Bereich kann jeder die Gerichte anrufen, wenn ihn ein anderer durch Einwirkungen auf Luft, Wasser oder Boden in seinen Rechten beeinträchtigt. Was aber soll ein Staat tun, wenn durch externe Umwelteinwirkungen die Ackerböden versauern, die Wälder absterben oder die Flüsse und Küstengewässer umkippen? Oder wenn gar anderwärts ausgelöste Klimaveränderungen zur Versteppung weiter Landstriche und zu Hungersnöten führen, wenn die Erderwärmung den Meeresspiegel steigen läßt und Teile des Staatsgebietes unter Wasser geraten oder wenn die Zunahme gefährlicher Höhenstrahlen das Risiko bestimmter Erkrankungen rapide erhöht? Die Macht des Staates endet an der Grenze des eigenen Territoriums, und es gibt keinen Weltstaat, der die Staaten im Verhältnis zueinander in derselben Weise schützen könnte, wie es die Staaten im Hinblick auf ihre Bürger tun.

Daß auf dem Gebiet des Umweltschutzes langfristig nur gemeinsames Handeln Erfolg verspricht, ist heute allgemein erkannt. Eine beeindruckende Zahl von internationalen Konferenzen und Umweltabkommen bezeugt dies. Aber mit dem gemeinsamen Eigentum aller an den natürlichen Lebensgrundlagen der Menschheit verhält es sich nicht viel anders als mit dem früheren Gemeineigentum an der dörflichen Allmende: Wer sich zurückhält, handelt sich individuelle Nachteile ein; wer mehr nimmt, als ihm zusteht, kann die Kosten auf die Gemeinschaft abwälzen. Was anders als der unmittelbare Anblick der Apokalypse kann der globalen Vernunft unter solchen Bedingungen eine reale Chance verschaffen?

3. Ungelöste Konflikte

Durch die nach wie vor anhaltende *Bevölkerungsexplosion* in großen Teilen der Welt kommt ein weiteres hinzu. Die globalen Belastungen der Umwelt gehen vor allem von den hochindustrialisierten Staaten aus, in denen ein kleiner Teil der Weltbevölkerung über den mit Abstand größten Teil des Welteinkommens verfügt. Der aufwendige *Lebensstil* dieser Minderheit steht dem Rest der Welt als Ideal vor Augen und ist auch lange genug als Lohn westlicher Lebensart propagiert worden. Zwischen Zivilisationsniveau und Umweltmißbrauch besteht indessen bis heute ein unmittelbarer Zusammenhang. Damit tut sich ein vorerst unlösbares Dilemma auf: Wenn das angestrebte und vielfach verheißene Ideal weltweit realisiert wäre, würde die Erde unter den damit verbundenen Belastungen kollabieren. Es ist daher widersprüchlich, bei steigender Weltbevölkerung die globale Verbesserung des Lebensstandards und die Erhaltung der Umwelt gleichermaßen anzustreben. Will die Mehrheit das Leben der beneideten Minderheit teilen, muß sie aus heutiger Sicht die gemeinsamen Lebensgrundlagen beeinträchtigen. Soll die Umwelt intakt bleiben, kann daher in Wahrheit gar kein Interesse daran bestehen, eine mittlerweile viele Milliarden zählende Weltbevölkerung auf den gleichen Lebensstandard zu bringen, wie er bisher von einer Minderheit praktiziert wird.

Wie aber soll eine Welt, die nach Gleichheit und Gerechtigkeit strebt, unter solchen Bedingungen stabil bleiben können? Wie soll man die praktizierte Ungleichheit rechtfertigen? Vom Standpunkt einer überlegenen Kultur aus betrachtet, dient der Verbrauch der allgemeinen Lebensgüter durch einige wenige vielleicht der Erfüllung eines historischen Auftrags im Interesse aller. Wo aber der Sinn des Lebens nicht in menschheitsgeschichtlichen Zielen, sondern allein im individuellen Glück und Konsum gesehen wird, ist das beschriebene Dilemma Ausdruck einer tiefen Ungerechtigkeit. Wie solche rechtlich unlösbaren Konflikte faktisch gelöst werden, ist aus der Geschichte vielfach bekannt. Wer solche Lösungen verwirft, wird sich etwas einfallen lassen müssen.

§ 23 Die Staatsverfassung

I. Verfassung und Verfassungsurkunde

1. *Die Organisationsstruktur des Staates*

Aus der Sicht des unpolitischen Bürgers stellt sich der Staat gelegentlich so dar, als sei er die Verbindung eines vorgegebenen Wunschzettels mit einer realen Macht, die von keinem anderen Willen beseelt ist, als die vielfältigen Wünsche der Bürger zu erfüllen. Hinter diesem Bild verbirgt sich der alte Traum, daß man dem, der die Macht hat, gleichsam von außen her vorschreiben könne, was er zu tun und zu lassen hat. Aber wer auch immer tatsächlich mit der Macht konfrontiert war, hat erfahren müssen, daß gerade ein Machthaber nicht nach fremden Vorstellungen handelt, sondern ausschließlich nach seinen eigenen. Wo eine überlegene Macht erst einmal installiert ist, ist es zu spät, sie auf etwas verpflichten zu wollen, was ihrem Wesen fremd ist. Die entscheidende Frage lautet daher nicht, was die Staatsgewalt nach irgendwelchen Rechtstheorien tun soll, sondern wie sie *organisiert* sein muß, damit sich der Staat bereits infolge seiner inneren Struktur so verhält, wie es im Ergebnis wünschenswert erscheint. Wie also muß der Staat tatsächlich eingerichtet sein, damit diejenigen Verhältnisse fortlaufend neu hervorgebracht werden, die eine auf Gerechtigkeit hin angelegte Ordnung ausmachen?

Edmund Burke (1729–1797), ein britischer Politiker und Rechtsdenker, hat dazu einmal bemerkt: „Eine Staatsverfassung erschaffen erfordert freilich keine große Geschicklichkeit. Weiset der Macht ihre Stelle an; lehrt Gehorsam; und das Werk ist vollbracht. Freiheit geben ist noch sehr viel leichter. Da bedarf es gar keiner Führung: es ist bloß nötig, den Zügel schießen zu lassen. Aber eine *freie Staatsverfassung* hervorbringen, das heißt, die streitenden Elemente der Freiheit und der Beschränkung in ein festes und dauerndes Ganzes zusammenzuschmelzen, das ist ein Geschäft, das langes und tiefes Nachdenken, das einen scharfsinnigen, vielumfassenden und ordnenden Geist erfordert."[1]

Die Organisationsstruktur des Staates, um die es hier geht, ist seine *Verfassung*. Sie ist die Grundlage des Rechtswesens, wie es sich in der Rechtsordnung jeder Nation entfaltet.

2. Die geschriebene Verfassung

Wenn Juristen von der Verfassung sprechen, meinen sie gewöhnlich die *Verfassungsurkunde*, in welcher der Idee nach die Grundentscheidungen der politischen Ordnung niedergelegt sind. Für die innerstaatliche Auseinandersetzung ist eine solche geschriebene Verfassung in der Tat von großer Bedeutung. Mit gutem Grund waren seit den amerikanischen Verfassungen von 1776 fast alle großen politischen Bewegungen bestrebt, sich durch eine in ihrem Sinn geschriebene Verfassung die Zukunft zu sichern. Wer den Kampf um die Macht im Staat rechtlichen Regeln unterwerfen will, muß diese in einer Verfassung festschreiben. Auch die staatliche Rechtsproduktion, der nach gesetzespositivistischer Vorstellung keine natürlichen Grenzen gesetzt sind, läßt sich nur dadurch steuern, daß man die Regeln, nach denen positives Recht produziert werden kann, formell festsetzt. Nur eine geschriebene Verfassung ist in der Lage, der Anmaßung des staatlichen Gesetzgebers rechtliche Schranken zu setzen. Von eminenter Bedeutung ist eine solche Verfassung daher auch für die Grundrechte des Bürgers. Wo diese nicht in einer besonderen, aus den übrigen Gesetzen herausgehobenen Urkunde verbrieft sind, ist es schwer, sich nachhaltig darauf zu berufen.

Eine solche Verfassung im formellen Sinn kann und soll keine Ewigkeitsordnung sein. Sie muß, wenn es notwendig ist, geändert werden können. Wenn diese Änderung indessen so einfach wäre wie der Erlaß eines beliebigen Gesetzes, wäre die Verfassung nur der Ausdruck des Willens der jeweiligen Mehrheit. In den meisten Verfassungsstaaten ist daher die Verfassungsänderung im Vergleich zur normalen Gesetzgebung durch besondere Mehrheitserfordernisse erschwert worden. Auf diese Weise gewinnt die Verfassung ein juristisches Eigenleben. Was von einer verfassungsgebenden Zweidrittelmehrheit einmal beschlossen worden ist, ist auch dann noch bindend, wenn die ursprünglich dahinterstehenden Kräfte längst in der Minderheit sind und nicht einmal mehr ein einfaches Gesetz zustande bringen könnten. Es bindet solange, bis sich abermals eine Zweidrittelmehrheit findet und die früher getroffene Entscheidung formell aufhebt. Wird diese Zweidrittelmehrheit nicht erreicht, bleibt es bei dem alten Zustand, selbst wenn die Mehrheit dagegen ist.

In das Gefüge der *Demokratie* schleicht sich dadurch unversehens ein Widerspruch ein. Demokratie bedeutet an sich Herrschaft der jeweiligen Mehrheit über die jeweilige Minderheit. Von einer Bindung der Mehrheit an irgendwelche Vorgaben weiß der Demokratiebegriff nichts. In einer solchen Bindung kommt vielmehr ein Mißtrauen gegen den parlamentarischen Gesetzgeber zum Ausdruck, das dem Gedanken der Demokratie fremd ist. Den demokratischen Gesetzgeber an die Kette einer Verfassung zu legen, heißt letztlich nichts anderes, als die gesetzgebende Mehrheit von heute der verfassungsgebenden Mehrheit von gestern zu unterwerfen. Auf dem Weg über die Verfassung kann daher die Herrschaft der Mehrheit über die Minderheit umschlagen in eine Herrschaft der Minderheit über die Mehrheit, der Vergangenheit über die Gegenwart, des von den Gerichten verwalteten Verfassungsrechts über die lebendige Politik. Demokratische Vorstellungen werden dabei im Extremfall auf den Kopf gestellt. Darin zeigt sich, daß Verfassungsstaat und Demokratie auf unterschiedlichen Prinzipien beruhen. Der Verfassungsstaat, wie er in der Auseinandersetzung mit dem monarchischen Obrigkeitsstaat entstanden ist, soll der souveränen Macht ein rechtliches Zaumzeug anlegen; die Demokratie dagegen will das organisierte Volk in eine grundsätzlich unbeschränkte Souveränität einsetzen. Das ist der Grund, warum sich England als die älteste Demokratie bis heute keine geschriebene Verfassung gegeben hat: die Allmacht des Parlaments soll durch eine Verfassung nicht beschnitten werden.

3. Die reale Verfassung

In den Verfassungsurkunden werden nicht selten Ideale beschworen, die schwer zu verwirklichen sind. Gelegentlich scheinen die Verfassungsgeber sogar eine Herrschaft über das Schicksal anzustreben, die unerreichbar ist. Aber die Verfassung eines Staates ist nicht nur das, was in der Verfassungsurkunde steht; man kann unter der Verfassung auch noch etwas anderes verstehen: nämlich die *reale Struktur* des Staates in ihren wesentlichen Grundzügen, seien diese aus einer Verfassungsurkunde ersichtlich oder nicht. Das Wort „Verfassung" wird dann in einem ähnlichen Sinn genommen, wie wenn man von jemand sagt, er sei in einer guten oder in einer schlechten Verfassung. Wer einem anderen eine schlechte Verfassung attestiert, bezieht sich nicht auf das Bild, das der Betreffende von sich entwirft, sondern auf seinen wirklichen Zustand. Diese reale Verfassung ist gerade im Falle des Staates von hohem Interesse; denn die Versuchung, die tatsächlichen Machtverhältnisse hinter einem Schleier wohlgesetzter Worte zu verbergen, ist groß.

Niemand hat den grundstürzenden Unterschied von normativer und empirischer, von formeller und materieller Verfassung eindringlicher beschrieben als Ferdinand Lassalle in seinen beiden Reden über Verfassungswesen. „Ein König", heißt es hier, „dem das Heer gehorcht und die Kanonen – das ist ein Stück Verfassung! Die Herren Borsig und Egells, die großen Industriellen überhaupt – die sind ein Stück Verfassung. Die Bankiers Mendelssohn, Schickler, die Börse überhaupt – das ist ein Stück Verfassung. In gewissen Grenzen ist das allgemeine Bewußtsein, die allgemeine Bildung gleichfalls ein Stück Verfassung." Und wenn alle geschlossen zusammenstehen, sind nach Lassalle „in gewissen alleräußersten Fällen" sogar „alle ein Stück Verfassung".[2]

Bei den gegenwärtigen diffusen Machtverhältnissen sind geschriebene und wirkliche Verfassung nicht ganz so leicht auseinanderzuhalten, wie dies damals der Fall war. Aber nach wie vor sind sie nicht miteinander identisch. Auch wenn der Jurist als professioneller Verwalter des positiven Rechts von Berufs wegen nur mit der geschriebenen Verfassung zu tun hat, sollte er die Realität daher nicht aus dem Blick verlieren. Ein guter Jurist ist vielmehr nur der, der den Blick ständig zwischen den Normen des Rechts und den Realitäten des Lebens hin- und herwandern läßt.

II. Die Gewaltenteilung

Erfahrungsgemäß wird jede Form von Macht früher oder später mißbraucht, die staatliche nicht weniger als die private. Wer dem Staat das Gewaltmonopol einräumt, muß daher zugleich Vorkehrungen treffen gegen dessen Mißbrauch.

Veranstaltungen dieser Art sind auch in der Demokratie nicht entbehrlich. Die Meinung, daß die politische Macht in der Demokratie nicht mißbraucht werden könne, weil hier das Volk nicht beherrscht werde, sondern über sich selbst bestimme, gehört zu den Ideologien, mit denen man das Volk über die Wirklichkeit täuscht. Auch in der Demokratie ist Politik eine Sache von Minderheiten. Was die Demokratie von der Oligarchie unterscheidet, ist das Verfahren für die Auswahl der Führungseliten sowie der Umstand, daß die die Macht verwaltende Minderheit in der Demokratie unter Aufsicht gehalten wird. Aber auch wenn man von der repräsentativen Struktur einmal absieht, stehen hinter den politischen Entscheidungen keineswegs alle Betroffenen, sondern lediglich die Mehrheit, während die Minderheit sich fügen muß. Ein gewisses Maß an Fremdherrschaft ist daher auch der politischen Selbstherrschaft eigen. Daß der Verfassungsstaat vor der Demokratie nicht die Waffen gestreckt, sondern auch diese in ein verfassungsstaatliches Korsett eingeschnürt hat, hat somit einen guten Grund.

Die wichtigste Vorkehrung gegen einen staatlichen Machtmißbrauch ist die *Gewaltenteilung*. Damit ist ein Strukturprinzip angesprochen, das – ohne das Gewaltmonopol anzutasten – die Staatsgewalt auf mehrere Machtkomplexe verteilt. Während das „Führerprinzip" grundsätzlich alle Entscheidungsgewalt in einer Hand bündelt, läuft das Gewaltenteilungsprinzip darauf hinaus, jeden Entscheidungsträger bei der Realisierung seiner Vorstellungen noch von einem anderen Entscheidungsträger abhängig zu machen. Auf diese Weise reicht die Macht jedes Entscheidungsträgers nur so weit, wie der andere dies zuläßt, oder anders ausgedrückt: beide sind zur Kooperation gezwungen.

II. Die Gewaltenteilung

1. *Interorgankontrolle*

Die bekannteste Form der Gewaltenteilung besteht darin, daß im Spektrum des staatlichen Handelns unter sachlichen Gesichtspunkten mehrere Funktionen („Gewalten") unterschieden und *auf verschiedene Organe verteilt werden*. Klassisch geworden ist die Trias von *Legislative, Exekutive* und *Judikative*. Sie liegt auch dem Grundgesetz der Bundesrepublik Deutschland zugrunde, wo es in Art. 20 II GG heißt, daß die Staatsgewalt „durch besondere Organe der Gesetzgebung, der vollziehenden Gewalt und der Rechtsprechung ausgeübt" wird.

Im gewaltenteilenden Staat ist die Staatsgewalt gleichzeitig in verschiedenen Organisationen präsent. Diese müssen sich daher ständig miteinander abstimmen, um ihre Aufgabe erfüllen zu können. Rechtsprechung und Verwaltung sind in weitem Umfang davon abhängig, daß ihnen der Gesetzgeber die erforderliche Legitimation zum Handeln verschafft. In der Demokratie hat das zugleich die Bedeutung, daß die administrative Macht an die demokratische Gesetzgebung rückgebunden bleibt und sich nicht nach Belieben selbst programmieren kann. Umgekehrt ist aber auch der Gesetzgeber darauf angewiesen, daß seine Gesetze durch Gerichte und Verwaltungsbehörden im Einzelfall in die Tat umgesetzt werden. Die Richter werden vielfach unter Mitwirkung der Regierung (die man freilich nur bedingt zur Exekutive rechnen darf) ernannt, sie sind der Dienstaufsicht der Regierung unterstellt und werden vor allem durch diese befördert. Umgekehrt kontrollieren die Gerichte das Verhalten der Beamten, sie überprüfen die Verordnungen der Verwaltung auf ihre Gesetzmäßigkeit und die Gesetze auf ihre Verfassungsmäßigkeit. Jede Gewalt wird also von den andern in gewissen Grenzen gehalten. Keine kann sich ohne Verfassungsbruch aus dieser Abhängigkeit lösen.

Das schließt freilich nicht aus, daß sich das Erscheinungsbild dieser Gewaltenteilung ändert. Ein solcher Wandel ist namentlich im Verhältnis von Parlament und Regierung zu beobachten. Zur Zeit der konstitutionellen Monarchie sollte das Parlament als die Vertretung des ganzen Volkes die vom Monarchen eingesetzte Regierung kontrollieren. Die Trennungslinie verlief also gleichsam *horizontal* zwischen der Regierung und dem Parlament als ganzem:

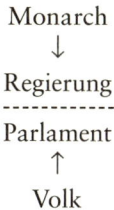

Seitdem die Regierung nicht mehr von einem Monarchen eingesetzt wird, steht ihr das Parlament nicht mehr geschlossen gegenüber. Vielmehr arbeitet sie nunmehr mit der Parlaments*mehrheit* Hand in Hand, während die Aufgabe der Kontrolle nur noch von der Parlaments*minderheit*, der sogenannten Opposition wahrgenommen wird. Anders als früher verläuft die Trennungslinie bei diesem System *vertikal* durch das Parlament selbst:

Regierung und Parlamentsmehrheit	Parlamentsminderheit = Opposition

Daß die Regierungspolitik ständig kritisiert werden kann, ohne daß zugleich der Staat als solcher in Frage gestellt werden muß, ist von außerordentlicher Bedeutung. Denn allein dadurch ist gewährleistet, daß die herrschende Clique sich nicht umstandslos mit dem Staat identifizieren kann. Wie ein Blick auf andere Länder oder Epochen lehrt, ist dies keineswegs selbstverständlich.

2. Intraorgankontrolle

Die klassische Gewaltenteilungslehre zielt technisch gesehen auf eine *Inter*organkontrolle, bei der sich die verschiedenen Staatsorgane *gegenseitig* kontrollieren. Dasselbe Verfahren kann jedoch auch innerhalb der einzelnen Organe selbst praktiziert werden. Eine derartige *Intra*organkontrolle findet statt, wenn innerhalb eines Organs mehrere zusammenwirken müssen, damit eine Entscheidung zustande kommt. Das älteste Beispiel dafür ist das römische Konsulat. In der römischen Republik wurde in Friedenszeiten das höchste Staatsamt immer von zwei Männern zugleich versehen, die sich daher untereinander abstimmen mußten. Ein Beispiel aus neuerer Zeit ist das *Zweikammernsystem* bei der Gesetzgebung. Ein Gesetz kommt danach nur zustande, wenn zwei voneinander unabhängige Körperschaften auf eine näher bestimmte Weise zusammenwirken.

Wenn man etwas weiter ausgreift, kann man überall dort von Intraorgankontrolle sprechen, wo eine Behörde *kollegialisch* besetzt ist, so daß jeder Entscheidung immer mehrere zustimmen müssen. So verhält es sich namentlich bei den Kollegialgerichten, wo hinter jeder Entscheidung die Mehrheit der Kammer oder des Senats steht.

3. Zentralstaat und Gliedstaaten

In *Bundesstaaten* findet sich noch eine weitere Form der Gewaltenteilung: die zwischen dem Zentralstaat und den einzelnen Gliedstaaten. Der Bundesstaat ist eine Staatsform, in der die staatlichen Kompetenzen auf zwei Ebenen verteilt sind. Für manche Bereiche, die den ganzen Staat in gleicher Weise betreffen, ist der Zentralstaat zuständig, andere fallen in die Zuständigkeit der Gliedstaaten.

In Deutschland gibt es aufgrund seiner Geschichte eine Vielzahl von Entscheidungszentren: den Bund, die Bundesländer und unterhalb dieser Ebene die autonomen Selbstverwaltungskörperschaften. Im Rahmen ihrer Kompetenz versuchen alle diese Entscheidungsträger, nach je eigenen Plänen eigene Akzente zu setzen. Das Regieren gestaltet sich unter solchen Verhältnissen zwangsläufig zu einer Kunst der Koordination, des Lavierens und der Balance.

Nachdem die Länder nach 1933 praktisch aufgelöst und die kommunale Selbstverwaltung weitgehend eingeschränkt worden war, wurde beides nach 1945 bzw. nach der deutschen Wiedervereinigung im Jahr 1990 nach dem ursprünglichen Muster wiederhergestellt. Für das Verhältnis von Bund und Ländern sieht Art. 30 GG danach vor, daß die Ausübung der staatlichen Befugnisse und die Erfüllung der staatlichen Aufgaben, soweit nichts anderes vorgesehen ist, Sache der Länder ist. Speziell für die *Gesetzgebung* wird in den Art. 70 ff. GG in bestimmten Bereichen allein dem Bund die Gesetzgebungskompetenz zugesprochen; in anderen Bereichen dürfen die Länder jedenfalls dann Gesetze erlassen, wenn der Bund noch nicht tätig geworden ist; in wieder anderen Bereichen schließlich sind allein die Länder zuständig. Für die *Verwaltung* sieht Art. 83 GG vor, daß die Länder die Bundesgesetze als eigene Angelegenheit ausführen, soweit nichts anderes bestimmt ist. Solche Bestimmungen finden sich dann in den folgenden Vorschriften. Für die *Rechtsprechung* schließlich ist in den Art. 92 ff. GG vorgesehen, daß sie einerseits durch das Bundesverfassungsgericht und die vorgesehenen fünf obersten Gerichtshöfe des Bundes, andererseits durch die Gerichte der Länder ausgeübt wird.

4. *Übermaß von Verhinderungsinstanzen und personelle Verflechtung*

Der Gedanke der Gewaltenteilung ist damit keineswegs erschöpft. Die wirtschaftliche und technische Entwicklung hat nicht nur neue Möglichkeiten hervorgebracht, auf die Gesellschaft gestaltend einzuwirken, sondern hat auch zu neuen Formen der Gewaltenteilung geführt. Die konsequente Unterscheidung von Privatrecht und öffentlichem Recht, die Tarifautonomie auf dem Gebiet des Arbeitsrechts, die Freiheit der Medien von staatlichem Einfluß – all dies kann auch unter dem Aspekt der Gewaltenteilung gesehen werden. Freilich geht es dabei häufig nicht darum, die Staatsgewalt durch eine bestimmte Binnenstruktur der staatlichen Organisation zu bändigen, sondern darum, einzelne Handlungskompetenzen für nichtstaatliche Akteure zu reservieren. Der Zweck der Gewaltenminderung ist aber auch dabei wirksam.

Fast könnte man versucht sein zu fragen, ob nicht an die Gewaltenteilung zuviel und an die Einheit der Staatsgewalt zu wenig gedacht ist. Denn wenngleich die Gewaltenteilung die Staatsgewalt nicht auflösen, sondern nur begrenzen soll – von einem gewissen Punkt an ist die Begrenzung von der Auflösung schwer zu unterscheiden. Hobbes, der große Verteidiger der Staatsgewalt, hat diese Gefahr von Anfang an überdeutlich gesehen und daher jede Gewaltenteilung abgelehnt. In seinem Buch „Leviathan" polemisiert er unter anderem gegen eine Lehre, die sich „offen und direkt gegen das Wesen des Staates" richte, indem sie behauptet, die souveräne Gewalt sei teilbar: „Die Staatsgewalt teilen, das heißt doch nichts anderes als sie auflösen; denn geteilte Gewalten zerstören sich gegenseitig. Und solche Lehren rühren meistens von denen her, die Rechtslehrer von Beruf sind und möchten, daß die Gesetze von ihrer Gelehrsamkeit und nicht von der gesetzgebenden Macht geschaffen würden."[3]

Aber wie in allen Dingen kommt es auch hier auf das rechte Maß an, das so schwer zu erreichen und so leicht zu verfehlen ist. Wer danach sucht, muß sowohl um die Gefahren wissen, die von einem starken Staat ausgehen, als auch um die, die mit einem schwachen verbunden sind. Nicht zuletzt aber muß er wissen, mit welchen Mitteln das Gewicht unmerklich von einer Seite auf die andere gebracht werden kann.

Wie die Staatsgewalt im Zuge des Aufkommens vieler neuer Gewalten durch eine Art Refeudalisierung ausgehöhlt werden kann, läßt sich heute bereits durch die regelmäßige Lektüre einer Tageszeitung verfolgen. Wie umgekehrt die Gewaltenteilung unterlaufen werden kann, hat man in den Jahren nach 1933 demonstriert. Im Prinzip funktioniert die mit der Gewaltenteilung bezweckte Kontrolle der Macht nur dann, wenn die einzelnen Organe nicht nur organisatorisch, sondern auch *personell* voneinander getrennt sind. Namentlich die klassische Gewaltenteilung hat die Bedeutung, daß damit personelle Verflechtungen zwischen Legislative, Exekutive und Judikative unterbunden werden sollen. Wenn ein und dieselbe Person gleichzeitig in mehreren Organen tätig sein kann, läuft die Kontrolle im Ergebnis leer. In den 30er Jahren versuchte man daher, das überkommene Gewaltenteilungssystem durch Anhäufung mehrerer Ämter in einer Hand ins Gegenteil zu verkehren. Es gibt einen Brief des bayerischen Innenministers Adolf Wagner an den Reichsinnenminister Wilhelm Frick vom Juni 1934, der dieses Vorgehen signifikant beleuchtet. „Nach der heutigen Rechtslage", heißt es darin, „unterstehen Ihnen als dem Reichsinnenminister die Reichsstatthalter. Adolf Hitler ist Reichsstatthalter in Preußen. Er hat seine Rechte an den preußischen Ministerpräsidenten delegiert. Sie selbst sind aber auch preußischer Innenminister. Als Reichsinnenminister untersteht Ihnen also rechtlich Adolf Hitler und der preußische Ministerpräsident. Da Sie personengleich mit dem preußischen Innenminister sind, unterstehen Sie wiederum dem preußischen Ministerpräsidenten und sich selbst als Reichsinnenminister. Ich bin zwar kein Rechtsgelehrter und Historiker, glaube aber, daß es eine solche Konstruktion kaum jemals gegeben hat."

Dem läßt sich wenig hinzufügen.

III. Das Repräsentativsystem

Eine der Schicksalsfragen jedes Staates ist die, wie man die richtigen Leute an die Schaltstellen der politischen Macht bringt. Und fast noch wichtiger: Wie wird man sie wieder los, wenn sie sich als die falschen erweisen? Jeder Funktionsträger neigt bekanntlich dazu, sich selbst für unersetzlich zu halten, Konkurrenten auszuschalten und seine Macht auf Dauer zu stellen. Wo sich die Staatsführung ungehindert im Amt festsetzen kann, kann die Führungselite daher letztlich nur durch eine Revolution ausgetauscht werden. Die einzig wirksame Vorkehrung dagegen besteht darin, den Amtswechsel zu institutionalisieren, in gewisser Weise also die Revolution permanent zu machen und dadurch klein zu halten, so daß man sich daran gewöhnen kann wie an viele andere Dinge auch. Eben darin liegt der eigentliche Vorzug der modernen Demokratie. Die Demokratie unterscheidet sich von der Diktatur keineswegs dadurch, daß sie im Gegensatz zu dieser auf der Zustimmung des Volkes beruht. Diktaturen brauchen und erhalten in der Regel eine wesentlich größere Zustimmung. Mit den in der Demokratie üblichen Mehrheiten könnte sich auf lange Sicht kein Diktator halten. Anders als in allen anderen Staatsformen müssen sich in der Demokratie jedoch die Führungseliten in regelmäßigen Abständen dem freien Votum des gesamten Volkes stellen, das die Folgen ihrer Politik zu tragen hat.

1. Zeitlich begrenzte Vertretung des ganzen Volkes

Genausowenig wie ein Monarch in der absoluten Monarchie alle Entscheidungen selbst getroffen hat, werden diese in der Demokratie unmittelbar vom Bürger getroffen. Das wäre zum einen nicht möglich, weil die meisten Leute gar nicht so viel Zeit haben, zum andern aber auch nicht wünschenswert. Denn so souverän das Volk auch sein mag, so muß im Interesse einer kontinuierlichen Entwicklung doch auch Sorge getragen werden, daß das Ruder nicht mit jedem Stimmungswechsel aufs neue herumgerissen wird. Das Mittel, um die beiden Erfordernisse des Wechsels und der Kontinuität miteinander zu verbinden, ist in der Demokratie das *Repräsentativsystem*. Es geht zurück auf die französische Revolution von 1789 und hat sich in der Folge in zähen Auseinandersetzungen auch in Deutschland und anderen Staaten durchgesetzt.

Nicht ohne Grund hat man darin eine der bedeutendsten politischen Erfindungen der Neuzeit gesehen.

In der Sache beruht das Repräsentativsystem darauf, daß die wesentlichen politischen Entscheidungen durch *Repräsentanten* des Staatsvolks getroffen werden, die selbst wiederum in regelmäßigen Abständen durch das Volk bestimmt werden müssen. Auf diese Weise ist der Wechsel des Führungspersonals institutionalisiert. Gleichzeitig wird der Gedanke der Volksherrschaft mit den Funktionsbedingungen eines modernen Flächenstaates in Einklang gebracht. Anders als im Ständestaat alter Prägung spricht und handelt der einzelne Abgeordnete nämlich nicht nur für bestimmte Bevölkerungsgruppen; vielmehr ist er legitimiert, *für das Ganze* tätig zu werden. Und anders als im kommunistischen Rätesystem ist er dabei an Aufträge nicht gebunden, sondern ist frei und nur seinem Gewissen unterworfen. Über dem Staatsvolk erhebt sich daher in Gestalt des Parlaments ein Gremium, in dem die für eine begrenzte Zeit legitimierten Führungseliten die wichtigsten Fragen des Gemeinwesens nach freier Überzeugung stellvertretend für alle entscheiden. Sachverstand wird dabei mit Volkssouveränität, Kontinuität mit Wechsel und politische Herrschaft mit Kontrolle kombiniert.

Die Befugnisse des Parlaments sind nicht in allen demokratischen Staaten die gleichen. Wichtig ist vor allem seine Funktion als oberstes Gesetzgebungsorgan. Es bestellt ferner die Regierung oder jedenfalls die Regierungsspitze. In der Regel ist es auch an wichtigen Aufgaben der Rechtsprechung beteiligt, sei es auch nur dadurch, daß es bei der Besetzung der hohen Richterämter mitwirkt.

2. *Das Wahlverfahren*

Nicht weniger wichtig, als daß sich die Repräsentanten des Volkes überhaupt regelmäßig zur *Wahl* stellen müssen, ist das *Verfahren*, in dem dies geschieht. Wer wählen und wer gewählt werden kann, ferner wie und wann gewählt wird, gehört zu den wichtigsten Fragen in der repräsentativen Demokratie überhaupt. In den Wahlen entscheidet sich, wem die politische Macht übertragen und wem sie wieder entzogen wird.

Nach Art. 38 I GG werden die Abgeordneten des Deutschen Bundestages in „allgemeiner, unmittelbarer, freier, gleicher und geheimer Wahl" gewählt. Was damit gemeint ist, versteht man nur, wenn man ein System mit anderen Wahlprinzipien zum Vergleich heranzieht. In Preußen war die Wahl zum Abgeordnetenhaus weder gleich noch unmittelbar noch geheim, und – so kann man ergänzen – da sie nicht geheim war, war sie auch nicht frei. Bis 1918 galt in Preußen vielmehr ein *Dreiklassenwahlrecht*; je mehr Geld jemand hatte, desto mehr galt seine Stimme – eine Art Kapitaldemokratie also. Das Volk wählte nicht die Abgeordneten selbst, sondern lediglich *Wahlmänner*, die ihrerseits die Abgeordneten bestimmten; wie sich die Stimmabgabe auswirkte, war damit für die Wähler kaum absehbar. Vor allem aber war die Wahl *nicht geheim*, vielmehr erfolgte die Stimmabgabe durch namentliche Eintragung in Wahllisten. Das gab der Regierung Gelegenheit, die Abstimmung durch Ausübung von Druck in die gewünschte Richtung zu lenken. Besonders betroffen hiervon waren die Beamten, die durch Androhung von Disziplinarmaßnahmen dazu aufgefordert werden konnten, ihre Stimme einem regierungsfreundlichen Wahlmann zu geben. Dabei kam es zu Vorfällen, die aus heutiger Sicht ans Groteske grenzen. So wurde 1856 im preußischen Landtag über einen Schulmeister berichtet, der bei der Stimmabgabe erklärt hatte: „Dem Befehle der Regierung gemäß, welcher mir vom Distrikts-Kommissarius mitgeteilt worden, stimme ich für den Herrn Oberlandgerichtsrat Mollard, meiner Überzeugung nach aber für den Herrn von Budziszewski. Ich stelle dem Herrn Landrat anheim, einen dieser Namen ins Protokoll aufzunehmen."[4]

Die herrschende Schicht abzulösen, war unter solchen Bedingungen nicht leicht. Ob durch freie, gleiche und geheime Wahlen immer die richtigen Leute ausgewählt werden, ist freilich ebenfalls nicht sicher. In jeder Wahl – angefangen von der Kandidatenaufstellung über den Wahlkampf bis hin zur Stimmabgabe an den Wahlurnen – setzt sich zunächst einmal der durch, der sich am besten darauf versteht, sich selbst in einem günstigen Licht zu präsentieren, die Fähigkeiten und Verdienste seiner politischen Gegner zu schmälern und jedem möglichst das zu sagen, was er hören will. Die Eigenschaften, die ein Politiker braucht, um gewählt zu werden, sind daher keineswegs dieselben, die für eine gute Politik nach der Wahl entscheidend sind. Aus diesem Grund stellt auch das beste Wahlverfahren keine Garantie dafür dar, daß die richtigen Leute an die Macht gelangen. Die Hoffnungen, die sich an die freiheitliche Demokratie knüpfen, gründen sich vielmehr darauf, daß eine Elite, die sich als leistungsunfähig erwiesen hat, in einer Art trial-and-error-Verfahren mit größtmöglicher Leichtigkeit wieder abgewählt werden kann.

3. Die Macht der Parteien

Wie die Geschichte der Demokratie belegt, ist das Repräsentativsystem aufs engste mit der Existenz politischer *Parteien* verknüpft. Das hatten die Wegbereiter der parlamentarischen Demokratie weder vorausgesehen noch gewollt. Nach ihrer Vorstellung sollte der Abgeordnete nicht partikulare, sondern Allgemeininteressen wahrnehmen. Dazu aber mußte er frei und nur seinem Gewissen unterworfen sein. Sein Gewissen an gemeinsame Programme zu binden, wurde geradezu als verwerflich angesehen. Noch dazu taten die Regierungen durch schikanöse Sitz- und Redeordnungen von Anfang an alles, um Gruppenbildungen in den gewählten Kammern zu verhindern. Politische Klubs traten daher in Deutschland erst im Jahr 1848 in Erscheinung. Von da an aber gab es kein Halten mehr. Es zeigte sich nämlich, daß die Vorstellung des allein auf sich selbst gestellten Abgeordneten gar nicht zu verwirklichen war. Schon die Wahlen konnten auf Dauer nur von Organisationen bewältigt werden, die dafür die Mittel und die notwendige Erfahrung hatten.

Hinzu kommt, daß das Verhältniswahlrecht, wie es in Deutschland dominiert, die Herrschaft der Parteien über Abgeordnete und Wähler verstärkt. Seine Folge ist nämlich die, daß die Abgeordneten ihre Stellung primär der Normierung durch ihre Partei verdanken, nicht dem Auftrag des Wählers. Folglich fühlen sie sich mehr der Partei als dem Wähler verpflichtet. Diese Abhängigkeit wird noch verstärkt durch den „Fraktionszwang" und die offene Stimmabgabe in den Parlamenten. Infolge der Offenlegung der Abstimmung können die Abgeordneten von ihren Parteien in ähnlicher Weise diszipliniert werden wie im 19. Jahrhundert die Wähler durch die vom Monarchen gelenkte Verwaltung. Der Wähler bemüht sich daher vergebens um Einfluß auf die Abgeordneten. Er kann letztlich nur zwischen Parteien entscheiden. Das aber bedeutet nichts anderes, als daß sich die politische Macht von den Volksvertretern, die der Idee nach persönlich verantwortlich sein sollten, abgelöst hat und auf Organisationen übergegangen ist.

Praktisch gesehen, ist das Parteienwesen die organisatorische Verwirklichung des Repräsentativprinzips. Theoretisch jedoch stehen die Parteien zu dem tragenden Leitgedanken dieses Prinzips in einem unaufhebbaren Widerspruch. Mit dem Aufkommen der Parteien ist der einzelne Abgeordnete nämlich in Gefahr geraten, wieder zu dem zu werden, was er der Idee nach gar nicht sein sollte: zum Vertreter bloß partikularer Interessen. Bereits im ersten Reichstag von 1871 gab es so etwa eine Polen- und eine Dänenpartei, die Zentrumspartei stand für die Katholiken, die Sozialdemokratische Partei für die Arbeiter usw.

Mit der Abschaffung der Monarchie ist diese Entwicklung in eine neue Dimension hineingewachsen. In Deutschland war der Monarch bis 1918 gleich ursprünglich neben dem Parlament ein legitimer Vertreter des Allgemeininteresses gewesen. Der Zerfall des Parlaments in eine Anzahl widerstreitender Kräfte war daher dem Monarchen als dem „ungeteilten" Repräsentanten zugute gekommen. Mit dem Ende der Monarchie jedoch wurde das Parlament zum einzigen unmittelbar legitimierten Vertretungsorgan des Ganzen. Gemessen an dem bisherigen Zustand war das deshalb problematisch, weil das Organ, das die *Einheit* des Staates fortan allein repräsentieren sollte, in sich selbst *gespalten* war. Anders als in der Monarchie war daher das „Allgemeine" in der Parteiendemokratie für den Bürger nicht mehr anschaulich zur Darstellung zu bringen. Es löste sich in einen Prozeß widerstreitender Interessen auf.

Um die Tragweite dieser Änderung zu verstehen, muß man wissen, daß man sich ursprünglich eine institutionell organisierte Opposition im Staat überhaupt nicht vorstellen konnte. Die Opposition bringt den Widerspruch in die Einheit des Staates selbst hinein. In Staaten, denen das Gewaltenteilungsprinzip fremd ist, ist Opposition praktisch Hochverrat. Durch die Institutionalisierung der Opposition in der Parteiendemokratie ist die öffentliche Selbstzerfleischung des Staates dagegen zum Normalzustand geworden. Diejenige Organisation, die als höchste säkulare Macht allen Streit schlichten sollte, ist nunmehr in einem permanenten Streit mit sich selbst begriffen.

Daß die *Einheit des Staates* in der Parteiendemokratie nicht mehr allein organisatorisch gewährleistet werden kann, bedarf keiner Ausführung. Sie muß vielmehr *im Staatsvolk selbst vorausgesetzt* werden. Nur wenn und soweit das Volk eine Einheit bildet, können die Parteien Volksparteien sein, die sich potentiell an alle wenden, und nicht Klassenparteien. Und nur soweit sie Volksparteien sind, kann sich auch der einzelne Abgeordnete in der Parteiendemokratie als Vertreter des Allgemeinen verstehen. Wo diese Voraussetzung zerstört ist, beginnt politisch der Ausnahmezustand, über den sich normativ wenig vorherbestimmen läßt. Wer in der Demokratie nur die verfahrensmäßige Seite sieht, unterliegt leicht dem Irrtum, daß es genüge, den Einzelnen mit beliebigen anderen zu einem Abstimmungsverband zusammenzubringen und ihn den Anordnungen der jeweiligen Mehrheit zu unterwerfen. Damit die getroffenen Entscheidungen konsensfähig sind, müssen auch noch einige andere Voraussetzungen erfüllt sein.

Die parlamentarische Demokratie ist daher keineswegs eine Organisationsform, die sich immer und überall verwirklichen läßt, wo Menschen zusammenleben. Sie ist vielmehr nur da lebens- und funktionsfähig, wo ein gewisses Maß von Homogenität gewährleistet ist oder anders ausgedrückt: wo die Antagonismen begrenzt sind. Wo diese Voraussetzung fehlt, entfaltet das Parteiwesen Kräfte, die nicht zuletzt der Demokratie selbst gefährlich werden können.

IV. Das Prinzip der Öffentlichkeit

Im Verhältnis zum Bürger, der seine eigenen Vorstellungen realisieren will, stellt sich der Staat als Macht dar; im Verhältnis zu sich selbst dagegen löst er sich jedenfalls in der Demokratie in einen Prozeß permanenter Diskussion auf. Die Einheit, auf welcher der demokratische Staat allein aufbauen kann, muß daher ständig neu hergestellt werden. Zum Abschluß unserer Überlegungen wollen wir daher noch einen Blick auf die beiden Foren werfen, wo dieser Integrationsprozeß hauptsächlich stattfindet: auf das Parlament und die sogenannten Medien.

1. Das Parlament

In der konstitutionellen Monarchie war das Parlament noch ein Staatsorgan unter anderen. In der parlamentarischen Demokratie ist es zum obersten Repräsentanten des Volkes und damit zum führenden Staatsorgan aufgestiegen. In der Sache beruht das Ansehen des Parlaments heute darauf, daß es der Ort sein soll, an dem stellvertretend für alle um politische Wahrheit gerungen wird. Denn im Parlament soll nicht einfach entschieden werden; vor der Entscheidung steht der Idee nach die offene Auseinandersetzung um richtig oder falsch, um Recht und Unrecht. Durchsetzen soll sich nicht die Mehrheit um ihrer selbst willen, durchsetzen soll sich das bessere Argument. Der parlamentarische Meinungskampf ist daher von seiner Idee her nichts anderes als ein permanenter Wahrheitsfindungsprozeß. Das eigentlich Faszinierende an der Demokratie besteht gerade darin, daß hier die großen Entscheidungen nicht aus einsamen Kabinetten über die Bürger hereinbrechen, sondern daß über politische Wahrheit ernsthaft und für jedermann sichtbar gestritten wird.

In der politischen Wirklichkeit erscheint diese Idee aber nur allzu oft in getrübter Gestalt. Die Diskutanten sind hier nicht nur Wahrheitssuchende, sondern zugleich politische Gegner, für die sich Fragen der politischen Wahrheitsfindung und der politischen Machtgewinnung ununterscheidbar vermischen. Als Gegner wollen die Diskutanten nicht vom Recht der Gegenseite überzeugt werden, sondern wollen siegen. Dazu aber ist im Grunde jedes Mittel gut, das die eigene Seite stärkt und die gegnerische schwächt. Auf diese Weise ist das Parlament nicht nur der Ort, wo um politische Wahrheit gerungen wird, sondern zugleich derjenige, wo der Gedanke der politischen Wahrheitsfindung am nachdrücklichsten in Mißkredit gebracht werden kann.

Wenn der Glaube, daß die parlamentarische Diskussion der Wahrheitsfindung dient, schwindet, ist das Parlament nur noch eine Fassade, hinter der sich reine Interessenkämpfe verbergen, ein Instrument, das der Mehrheit eine begrenzte Diktatur über die Minderheit verschafft. Seine eigentliche Legitimation ist dann verspielt.

2. Die modernen Medien

Ebenso wie die private Marktgesellschaft informierte Marktteilnehmer voraussetzt, so setzt auch der demokratische Ausleseprozeß voraus, daß die Bürger über hinreichende Informationen verfügen, damit sie wissen, für wen und für was sie sich bei den Wahlen entscheiden. Hinzukommen muß außerdem, daß sie in bestimmtem Umfang auch selbst an den politischen Diskussionen teilnehmen. Das Mittel, das in der modernen Massendemokratie beides ermöglichen soll, sind die *Medien*: Presse, Rundfunk, Fernsehen und als vorerst letztes Glied in dieser Kette das Internet. Wenn es ohne öffentliche Information und Diskussion keine Demokratie gibt, so gibt es ohne die Medien heute keine nennenswerte politische Information und Diskussion mehr.

Man hat gelegentlich die Frage aufgeworfen, ob die Medien mittlerweile eine eigene Gewalt im Staat ausmachen. Soweit sie staatsfrei organisiert sind, kann man das aus begrifflichen Überlegungen heraus leicht in Abrede stellen. Faktisch jedoch stellen die Medien sehr wohl eine eigene Gewalt dar; denn unter ihrem Einfluß hat sich so gut wie alles geändert. Wer keinen Zugang zu den Medien hat, ist in der modernen Gesellschaft sprachlos. Wer in den Medien kritisiert wird, ist ohne mediale Unterstützung so gut wie schuldig gesprochen. Die Furcht vor den Medien ist daher vielfach bereits größer als die vor den staatlichen Strafgesetzen. Aber die Medien spiegeln Tatsachen und Ereignisse nicht nur wider, sondern erzeugen und lenken sie auch. Erst mit ihrer Hilfe hat die Demoskopie Einfluß auf die Meinungsbildung gewinnen können. Nur ihnen verdankt sich auch der rasche Verschleiß von Personen und die geringe Wertschätzung von Institutionen, die für unsere Zeit charakteristisch sind. Der moderne Zeitgeist ist längst Zeitungsgeist, ist Fernseh- und Mediengeist geworden.

Wo auch immer demokratische Auseinandersetzungen stattfinden, diskutieren die Medien mit. Wer auf Wirkung bedacht ist, muß sich bei jeder Äußerung im Spiegel der durch die Medien repräsentierten öffentlichen Meinung sehen. Das bringt zwar – was unter demokratischen Gesichtspunkten vielleicht zu begrüßen wäre – ein plebiszitäres Moment in die Politik: Regieren nimmt die Form des Reagierens auf die öffentliche Meinung an. Zugleich aber hat diese Rückwirkung zur Folge, daß in den demokratischen Prozeß zunehmend Marketingmethoden eindringen. Ähnlich wie der Bourgeois durch die mediale Werbung zum bloßen „Verbraucher", zum blindwütigen Konsumenten gemacht wird, zeichnet sich die Gefahr ab, daß der Citoyen zum manipulierbaren Stimmvieh degradiert wird. Wo die auf Schnellebigkeit angelegten Medien die Gesetze der Wählergewinnung diktieren, ist der Bürger nicht mehr Partner einer Diskussion, sondern nur noch Objekt der Indoktrination im Interesse der jeweils Herrschenden oder derer, die ihnen die Herrschaft streitig machen.

Je leistungsfähiger die Medien sind, je mehr sie in der Lage sind, das Denken und Meinen der meisten zu beeinflussen und eine von der Wirklichkeit abgehobene Scheinwelt zu inszenieren, desto dringlicher erhebt sich die Frage, wie die demokratische Gesellschaft davor bewahrt werden kann, daß sich gerade das Medium, das sie selbst ermöglicht, zu einem die Gesellschaft in ihrem Innern zersetzenden Instrument entwickelt. Gibt es ein Mittel, die freiheitlichste aller bisher dagewesenen Verfassungen zu sichern, wenn nicht die Bürger selbst diese Freiheit mit aller Macht wollen? Oder ist es nicht vielmehr so, daß auf lange Sicht jede Gesellschaft genau die Verfassung hat, die sie verdient?

4. Abschnitt: Internationales und übernationales Recht

§ 24 Internationales Privatrecht

I. Sachrecht und Rechtsanwendungsrecht

1. Fallgestaltungen mit Auslandsbezug

Wenn alle nationalen Rechtsordnungen *inhaltlich gleich* wären, wenn es also in allen Staaten ein überall gleiches Weltrecht gäbe, würde kaum je ein Zweifel darüber aufkommen, ob ein bestimmter Fall nach inländischem oder ausländischem Recht zu beurteilen ist; das Ergebnis wäre nämlich dasselbe. Wie ein Blick über die eigenen Grenzen hinweg zeigt, sind die Rechtsordnungen verschiedener Staaten jedoch nicht gleich, sondern verschieden. Das gilt selbst für diejenigen Rechte, die aus der gemeinsamen Wurzel des römischen Rechts oder des englischen common law hervorgegangen sind. Das Bündnis, das der moderne Nationalstaat mit dem Gesetzespositivismus eingegangen ist, hat zwangsläufig dahin geführt, daß selbst verwandte Rechtsordnungen zunehmend eigene Wege gegangen sind. Wären alle Staaten hermetisch voneinander abgeschlossen, könnten sich aus der Vielfalt unterschiedlicher Rechte keine Konflikte ergeben. In einer freien Welt sind die nationalen Grenzen jedoch weitgehend offen. Die Menschen können daher auch über die Staatsgrenzen hinweg zueinander in Beziehung treten. Für das Recht erweisen sich diese grenzüberschreitenden Kontakte als eine schier unerschöpfliche Quelle von Rechtsproblemen einer ganz neuen Qualität.

Betroffen hiervon ist vor allem das *Privatrecht*, denn im Bereich des öffentlichen Rechts bestehen die Staaten im Prinzip auf der unverbrüchlichen Geltung des hoheitlich gesetzten eigenen Rechts. Insbesondere wenden die inländischen Gerichte nur inländisches, niemals ausländisches Strafrecht an. Das Privatrecht dagegen ist seinem Wesen nach nicht das Produkt einer autoritären Setzung, sondern Ausfluß der Privatautonomie – und zwar auch dann, wenn es in staatlichen Gesetzen niedergelegt ist. Nicht zuletzt deshalb stellen sich die Probleme hier anders als im öffentlichen Recht.

Der grenzüberschreitende Verkehr von Personen und Gütern schlägt sich im

Privatrecht in einer überwältigenden Fülle von Fragen nieder. Nur einige Beispiele: Ein Staatsangehöriger von A hat mit einem Staatsangehörigen von B in dem Drittstaat C einen Autounfall. Nach dem Recht welches Staates beurteilen sich die schadensersatzrechtlichen Folgen: nach dem Recht von A, B oder C? Ein Deutscher bestellt Waren aus Frankreich oder kauft ein Ferienhaus in Spanien. Nach welchem Recht beurteilt sich die Wirksamkeit des Vertrages, nach welchem die Ordnungsmäßigkeit der Leistung, nach welchem die Rückabwicklung? Ein Deutscher heiratet in München, Warschau oder Rom eine Polin, will in Deutschland von ihr wieder geschieden werden, ist von seinem reichen Onkel in Amerika zum Erben eingesetzt worden usw. Welches Recht kommt dabei jeweils zur Anwendung? Im Bereich des Handels und der Wirtschaft gehören solche Probleme mittlerweile zum Alltag. Die internationale Vernetzung der Produktion, der Ausbau grenzüberschreitender Vertriebssysteme, überhaupt die Globalisierung der Märkte wirft in immer stärkerem Maße die Frage nach dem anwendbaren Recht auf. Hinzu kommen die Ströme von Flüchtlingen und Fremdarbeitern, die aus aller Herren Länder zu uns kommen und in deren Heimatstaaten die unterschiedlichsten Rechte gelten. Wenn diese Menschen heiraten, Kinder bekommen, Verträge schließen oder sterben: welches Recht gilt dann für die Rechtsprobleme, die sich aus all dem ergeben?

Die Gemeinsamkeit aller hier angesprochenen Fälle besteht darin, daß sie erkennbar einen *Auslandsbezug* aufweisen. Anknüpfend an das traditionelle Gliederungsschema *„personae, res, actiones"* (vgl. § 27 II 2), kann dieser Bezug von dreifacher Art sein. So kann er zunächst dadurch hergestellt werden, daß an einem Rechtsverhältnis ein *Ausländer* beteiligt ist; möglich ist weiter, daß die *Sache*, um deren rechtliches Schicksal es geht, im Ausland belegen ist; schließlich kann auch die in Betracht kommende *Handlung* im Ausland vorgenommen worden sein.

Rein theoretisch wäre es sicher denkbar, daß die Gerichte oder sonstigen Behörden, die mit derartigen Fällen befaßt sind, ausschließlich inländisches Recht anwenden. Ein solcher juristischer Chauvinismus würde jedoch häufig zu widersinnigen Ergebnissen führen. So müßte z.B. eine im Ausland rechtswirksam geschlossene Ehe im Inland als nichtig behandelt werden, wenn sie den hier geltenden Formvorschriften nicht genügt – und das selbst dann, wenn beide Ehegatten Ausländer sind. Eine im Ausland vollzogene Scheidung wäre im Inland womöglich ebenfalls als unwirksam anzusehen. Der Betreffende wäre dann nach inländischem Recht nach wie vor verheiratet. Infolgedessen wären die Kinder, die seine „frühere" Frau von einem neuen Lebensgefährten bekommt, als eheliche Abkömmlinge des ersten anzusehen und könnten von diesem Unterhalt verlangen. Wer solche Sinnwidrigkeiten vermeiden will, kann sich der Anwendung ausländischen Rechts nicht generell verschließen.

Aber auch davon abgesehen wäre es kaum ratsam, vor inländischen Gerichten allein inländisches Recht für maßgebend zu erklären. Im Zweifel würden die anderen Staaten nämlich dasselbe anordnen; den Nachteil hätten die Bürger aller Staaten gemeinsam zu tragen.

In einer vielfach verzahnten Welt, in der es verschiedene Privatrechtsordnungen gibt, liegt es vielmehr nahe, auch die anderen Rechtsordnungen als prinzipiell sinnvolle Antworten auf die sich stellenden Sachfragen anzuerkennen. Dies vorausgesetzt, geht es in Fällen mit Auslandsbezug dann darum, dasjenige Recht zur Anwendung zu bringen, das dem jeweiligen Fall *angemessen* ist.

2. Internationales Privatrecht als nationales Kollisionsrecht

Die Normen, die sich damit beschäftigen, faßt man seit langem unter der Bezeichnung *internationales Privatrecht* zusammen. Dieser Name, der auf den Amerikaner Joseph Story (1779–1845) zurückgeht, hat sich eingebürgert, obwohl er Erwartungen weckt, die er nicht einhält. Denn weder handelt es sich bei dem internationalen Privatrecht um Privatrecht im eigentlichen Sinn noch geht es dabei um internationales Recht.

Seinem Gegenstand nach ist das internationale Privatrecht *Rechtsanwendungsrecht*: Es befindet darüber, welches von mehreren in Betracht kommenden Privatrechten zur Anwendung gelangt. Man spricht daher häufig auch von Kollisionsrecht. Gemessen an den privatrechtlichen Sachnormen, um deren Anwendung es letztlich geht, ist das Kollisionsrecht auf einer Meta-Ebene angesiedelt. Mit der Auswahl des angemessenen Sachrechts ist seine Aufgabe erfüllt. Freilich weist das private Kollisionsrecht einen engen Bezug zum Privatrecht selbst auf. Das erklärt den Namen: internationales *Privatrecht*.

Ungeachtet seines Namens ist das internationale Privatrecht jedoch nach wie vor in weitem Umfang *nationales Recht*. Grundsätzlich hat jeder Staat sein eigenes Rechtsanwendungsrecht. Der Name „internationales" Privatrecht darf daher nicht zu der Auffassung verleiten, als wären die damit bezeichneten Kollisionsnormen allen Staaten gemeinsam und würden daher zur Anwendung derselben Sachnormen führen. Häufig kommt es vielmehr vor, daß die Kollisionsrechte verschiedener Staaten auf unterschiedliche Rechtsordnungen verweisen. Welches Privatrecht zur Anwendung gelangt, hängt dann davon ab, ob der betreffende Fall von den Gerichten oder Behörden des einen oder des anderen Staates beurteilt wird.

Wünschenswert ist diese Verschiedenheit nicht. Wie schon Savigny, einer der Klassiker des internationalen Privatrechts, formuliert hat, ist vielmehr danach zu streben, daß „die Rechtsverhältnisse in Fällen einer *Kollision der Gesetze* dieselbe Beurteilung zu erwarten haben, ohne Unterschied, ob in diesem oder jenem Staate das Urteil gesprochen werde".[1] Allerdings ist dies leichter gesagt als getan. Trotz aller Vereinheitlichungsbemühungen ist man von diesem Ideal nach wie vor weit entfernt. Wie eine kurze Überlegung zeigt, kommt das nicht von ungefähr.

3. Hindernisse der Vereinheitlichung

Vom Standpunkt der nationalen Souveränität aus ist es zunächst nicht leicht zu begreifen, daß ein Gericht die ihm vorgelegten Streitigkeiten nicht nach dem Recht des eigenen, sondern eines fremden Staates entscheiden soll. Aufgrund der kollisionsrechtlich vorausgesetzten Gleichwertigkeit verschiedener Rechtsordnungen hat das internationale Privatrecht, auch wenn es sich dabei um nationales Recht handelt, im Kern jedoch einen übernationalen Bezug. Wie schon Savigny erkannte, führt es kraft seiner immanenten Logik nämlich auf den „Standpunkt ... einer völkerrechtlichen Gemeinschaft der miteinander verkehrenden Nationen".[2] In einer von vielen gegensätzlichen und nicht zuletzt egoistischen Interessen bestimmten Staatenwelt kann indessen gerade die Einsicht in diesen Zusammenhang leicht gegenläufige Bestrebungen auslösen, die einem Entscheidungseinklang hinderlich sind.

Eine andere, der Vereinheitlichung des internationalen Privatrechts entgegenwirkende Tendenz geht auf banale praktische Zusammenhänge zurück: Niemand kennt oder überblickt alle Rechtssysteme. Das Recht ist eine so komplizierte Materie, daß die meisten bereits auf dem Gebiet ihrer eigenen Rechtsordnung, ja selbst ihres engeren Arbeitsfeldes nur lückenhafte Kenntnisse haben. Die Neigung des nationalen Rechtsanwenders, sich auf das Glatteis einer fremden Rechtsordnung zu begeben, darf daher als nicht allzu groß veranschlagt werden. Hinzukommt, daß nur die wenigsten Gerichts- und Anwaltsbibliotheken so ausgestattet sind, daß man sich auch über fremde Rechte informieren kann. Und selbst wo dies der Fall ist, bleibt immer noch das Problem der Sprache und der fehlenden Kenntnis des ganzen Umfeldes, in das eine fremde Rechtsnorm eingebettet ist und aus dem heraus sie allein zutreffend interpretiert werden kann. Je häufiger die Anwendung ausländischen Rechts in Betracht kommt, desto deutlicher macht sich daher zugleich ein „Heimwärtsstreben" bemerkbar, das darauf hinausläuft, möglichst heimisches Recht anzuwenden, das man besser kennt und seit langem gewohnt ist. Wunsch und Wirklichkeit laufen daher auch in der Praxis des internationalen Privatrechts leicht auseinander.

Ein völliger Entscheidungsgleichklang wird sich daher vermutlich nur durch eine Vereinheitlichung der nationalen Privatrechte selbst verwirklichen lassen. In manchen Bereichen des internationalen Geschäftsverkehrs, namentlich des Warenkaufs sowie des Wechsel- und Scheckrechts, ist diese Rechtsvereinheitlichung bereits Wirklichkeit geworden. In anderen Bereichen dagegen wie etwa im Familien-, im Erb- oder im Bodenrecht, die in den nationalen Kulturen stärker verwurzelt sind, ist auf absehbare Zeit hinaus an eine solche Vereinheitlichung kaum zu denken.

II. Kollisionsrechtliche Fragen

1. *Die kollisionsrechtliche Anknüpfung*

Die Aufgabe des internationalen Privatrechts wird herkömmlich dahin bestimmt, in Fällen mit Auslandsbezug das „sachnächste" Recht zu ermitteln. Damit ist nicht dasjenige Recht gemeint, das im Einzelfall zum gerechtesten Ergebnis führt. Was der Gerechtigkeit entspricht, ist in Fällen mit Auslandsbezug häufig noch zweifelhafter als sonst. Ganz abgesehen davon sollte die maßgebliche Rechtsordnung bereits feststehen, *bevor* sich das Gericht in die Einzelheiten eines fremden Rechts vertieft. Gesucht ist daher nur dasjenige Recht, das zu dem vorliegenden Fall die „engste Verbindung" oder, wie man auch sagt, die „stärkste Beziehung" aufweist.

In rechtstechnischer Hinsicht ist zunächst entscheidend, unter welchen Voraussetzungen das Kollisionsrecht überhaupt an eine bestimmte Rechtsordnung *„anknüpft"*. Fälle mit Auslandsbezug zeichnen sich dadurch aus, daß sie gleichzeitig zu mehreren Rechtsordnungen Beziehungen aufweisen. Wenn ein Deutscher in Berlin bei einem Franzosen in Paris Waren bestellt, wird jedermann spontan an deutsches oder französisches Vertragsrecht denken. Will eine Polin von ihrem italienischen Mann in München geschieden werden, sind sogar drei Rechtsordnungen berührt: die polnische, die italienische und die deutsche. Das Kollisionsrecht muß daher angeben, welche dieser Beziehungen für die Beurteilung bestimmter Fragen (wie z.B. die Wirksamkeit eines Vertrages oder die Voraussetzungen oder Folgen einer Scheidung) als so wichtig erscheint, daß sie die Anknüpfung an eine bestimmte Rechtsordnung rechtfertigt. Die betreffenden Beziehungen nennt man daher *Anknüpfungspunkte*. Je nach dem Zusammenhang, um den es sich handelt, können als Anknüpfungspunkte fungieren: die Staatsangehörigkeit, der Wohnsitz oder der gewöhnliche Aufenthaltsort einer Person, der Handlungsort, der Ort, an dem eine Sache belegen ist, aber auch der Wille der Beteiligten, wenn diese sich auf ein bestimmtes Sachrecht geeinigt haben. Denn auch dies ist möglich: Soweit die Parteien im Rahmen der Privatautonomie frei über ihre gegenseitigen Beziehungen disponieren können, erscheint es nur folgerichtig, daß sie diese auch einem fremden Recht unterwerfen können.

Damit ein Fall einer bestimmten Kollisionsnorm unterstellt werden kann, muß er allerdings erst einmal rechtlich in bestimmter Weise *eingeordnet* werden. Kollisionsnormen, die sich mit den Folgen eines Delikts befassen, sind nur für Deliktsfälle einschlägig, Kollisionsnormen, die sich auf die Folgen einer Ehe beziehen, setzen naturgemäß eine Ehe voraus. Die *Qualifikation* eines gegebenen Sachverhalts als Vertrag, Delikt, Ehe usw. scheint auf den ersten Blick nicht weiter schwierig zu sein. Tatsächlich kann sie jedoch erhebliches Kopfzerbrechen bereiten. Nehmen wir ein fiktives Beispiel, um das deutlich zu machen: Herr M und Frau F sind beide Staatsangehörige von A und nach dem Recht dieses Staates verheiratet. Das Familienrecht von A ist noch „voremanzipatorisch" und erlaubt es dem Ehemann, seine Ehefrau notfalls mit Gewalt zur Raison zu bringen, wie das ja früher auch einmal im bayerischen Zivilgesetzbuch von 1756 ausdrücklich vorgesehen war.[3] Nach der Umsiedlung beider Ehegatten nach München macht M nach wie vor von seinem heimatlichen Züchtigungsrecht Gebrauch. F dagegen verklagt ihren Mann auf Schmerzensgeld. Nachdem die Züchtigung der Ehefrau in Bayern heute nicht mehr erlaubt ist, vielmehr ein ganz gewöhnliches Delikt darstellt, taucht folgendes Problem auf: Qualifiziert man das Vorgehen des Mannes nach Maßgabe des deutschen Rechts als unerlaubte Handlung, so verweist das deutsche Kollisionsrecht auf Tatortrecht und damit auf deutsches Sachrecht. Danach kann F ohne weiteres Schmerzensgeld verlangen. Qualifiziert man die Züchtigung dagegen als Teil des Ehelebens, so verweist das deutsche Kollisionsrecht auf das Familienrecht von A. Danach aber scheint es so zu sein, daß F die Schläge folgenlos hinnehmen muß. Was also tun? Solche Qualifikationsfragen tauchen in der Praxis in den verschiedensten Zusammenhängen auf. Das Gesetz selbst schweigt. Und doch entscheidet die Antwort darüber, welche Kollisionsnorm und damit zugleich, welches Sachrecht zur Anwendung kommt.

2. Die Anwendung ausländischen Rechts

Steht fest, daß ein Fall nach ausländischem Recht zu beurteilen ist, so stellt sich dem Rechtsanwender eine Frage, die häufig noch schwieriger ist, als die für den Fall maßgebliche Rechtsordnung zu bestimmen: Er muß diese Rechtsordnung nämlich *anwenden*, und zwar möglichst zutreffend. Was das heißt, kann nur der ermessen, der nach jahrelangem Studium eine Vorstellung davon erlangt hat, wie schwer es ist, auch nur die eigene Rechtsordnung zu kennen. Selbst mit verwandten Rechten, die womöglich noch in derselben Sprache verfaßt sind (wie für uns das österreichische und zum Teil das Schweizer Recht, bis 1990 auch das Recht der beiden deutschen Teilstaaten), wird man kaum je so vertraut wie mit dem eigenen. Bei der Anwendung eigenen Rechts ist man Professionalist, bei der Anwendung fremden bestenfalls Dilettant. Je offener die nationalen Grenzen werden, je mehr sich der Geschäftsverkehr rund um den Globus erstreckt, desto mehr muß indessen auch ein deutscher Richter damit rechnen, ohne jede Vorbereitung und Ausbildung plötzlich griechisches, russisches, amerikanisches, saudi-arabisches, chinesisches oder sonstiges Recht anwenden zu müssen. Natürlich kann er das nicht, und spätestens hier schlägt daher die Stunde der Wahrheit für die internationale Rechtsaufgeschlossenheit.

Nach deutschen Rechtsgrundsätzen wird über das anzuwendende Recht an sich kein Beweis erhoben. Der Richter hat es vielmehr von Amts wegen zu kennen; dazu ist er schließlich ausgebildet worden. Soweit ausländisches Recht zur Anwendung gelangen soll, ist dies anders. Wollte man die Beweiserhebung auch insoweit verschließen, wäre mit abenteuerlichen Resultaten zu rechnen. Während englische Gerichte insoweit kühn von der Vermutung ausgehen, daß das ausländische Recht mit dem englischen übereinstimmt, soweit nicht die Parteien das Gegenteil beweisen[4], hat der deutsche Richter das fremde Recht von Amts wegen zu ermitteln. Damit aber treten neben dem Richter die Sachverständigen mit ihren Rechtsgutachten auf den Plan. In der Praxis läuft dies bisweilen darauf hinaus, daß der Sachverständige – also ein Nichtrichter – dem Richter nicht nur eine Informationshilfe gibt, sondern ihm zugleich den Weg weist für die zu fällende Entscheidung selbst. Beides läßt sich jedenfalls nicht immer leicht auseinanderhalten. Je größer die Bereitschaft ist, fremde Rechtsordnungen als gleichberechtigt anzuerkennen, desto mehr wächst daher zugleich die Gefahr, die eigene Verfahrensordnung auszuhöhlen.

Eine gewisse Hilfe bietet heute das Europäische Übereinkommen betreffend Auskünfte über ausländisches Recht von 1968. Darin haben sich die Vertragsstaaten verpflichtet, einander Auskunft zu geben über ihr Privatrecht, ihr Privatverfahrensrecht sowie über ihre Gerichtsverfassung.

3. Weiterverweisung und Rückverweisung

Wenn die heimische Kollisionsnorm auf eine fremde Rechtsordnung verweist, ist die Suche nach dem maßgeblichen Recht nicht notwendig zu Ende. Oft genug *verweist* das Kollisionsrecht dieses Staates nämlich auf das Recht eines Drittstaates *weiter*. Dann erhebt sich die Frage, ob sich der Verweis auf das Recht des ausländischen Staates nur auf dessen Sachrecht bezieht oder aber dessen Kollisionsrecht miteinschließt. Das deutsche internationale Privatrecht steht auf dem Standpunkt der Gesamtverweisung. Die Weiterverweisung wird also angenommen, so daß das Sachrecht des Drittstaates zur Anwendung gelangt – vorausgesetzt freilich, daß dessen Kollisionsrecht nicht ebenfalls weiterverweist.

Möglich ist auch, daß das Kollisionsrecht des Staates, auf dessen Gesamtordnung verwiesen wird, auf das Recht des verweisenden Staates *zurückverweist*. Beispiel: Das Kollisionsrecht des Staates X stellt für die Beurteilung bestimmter Sachfragen auf das Recht des Heimatstaates, das Kollisionsrecht des Staates Y dagegen auf das Wohnsitzrecht ab. Hat ein Staatsangehöriger von Y seinen Wohnsitz in X, könnte leicht ein juristisches Spiegelkabinett entstehen: das Kollisionsrecht von X würde auf das Recht von Y verweisen, weil der Betreffende Angehöriger dieses Staates ist; das Kollisionsrecht von Y würde auf das Recht von X zurückverweisen, weil der Betreffende dort seinen Wohnsitz hat. Soll es nicht zur Justizverweigerung kommen, muß dieses Spiel irgendwie abgebrochen werden. Das geschieht bei uns in der Weise, daß die Rückverweisung auf deutsches Recht angenommen, der Fall also nach der gewohnten *lex fori* beurteilt wird. Spezialisten, die sich wohlfühlen, wenn alles möglichst kompliziert ist, sind damit nicht durchweg einverstanden. Ein Praktiker indessen, der täglich einen neuen Aktenstapel zu bewältigen hat, dürfte kaum für eine andere Regelung zu erwärmen sein.

4. *Zweckrationaler Einsatz verschiedener Kollisionsrechte*

Wenn das internationale Privatrecht den Gerichten die Arbeit nicht selten erschwert, so eröffnet es rechtskundigen und flexiblen Parteien gelegentlich überraschende Möglichkeiten. Wer sich darauf versteht, die unterschiedlichen Anknüpfungspunkte verschiedener Kollisionsrechte, die jeweils das Eingangstor zu einem bestimmten Sachrecht darstellen, für seine Zwecke einzusetzen, kann damit Rechtsfolgen herbeiführen, die ihm normalerweise verschlossen wären.

Getreu der alten Weisheit, daß Liebe beflügelt, hat man von diesen Möglichkeiten in der Vergangenheit vor allem zur Erleichterung von Heirat und Scheidung Gebrauch gemacht. Bis 1977 konnten z. B. in Schottland nach kurzem Aufenthalt auch Sechzehnjährige ohne viele Formalitäten die Ehe miteinander eingehen. In Zeiten, als die Sitten noch in Ordnung waren, setzten sich daher minderjährige Liebespärchen gern nach Schottland ab, um sich vor dem Dorfschmied von Gretna Green das Jawort zu geben. Allerdings gab es damals, als auch die Scheidung noch schwerer war, auch ausgesprochene „Scheidungsparadiese", unter anderem in Nevada, wo man, wie ein witziger Kopf einmal bemerkte, seinen Ehepartner ebenso leicht loswerden konnte wie sein Geld.

Selbst wenn nach deutschem Kollisionsrecht an sich ausländisches Privatrecht anzuwenden wäre, bleibt die Frage, ob dies auch dann gilt, wenn unter gezielter Ausnutzung einer Kollisionsnorm lediglich deutschem Privatrecht ausgewichen werden soll. Letztlich geht es dabei um die richtige Auslegung der Kollisionsnorm selbst: Ist sie so zu verstehen, daß sie auch für derartige Umgehungsfälle gilt, oder findet sie bei Umgehungsabsicht gerade keine Anwendung?

5. Der ordre public

Umgekehrt kommen aber auch Fälle vor, in denen die Anknüpfung an eine fremde Rechtsordnung unmittelbar nicht zu beanstanden ist, wo indessen die Anwendung des ausländischen Privatrechts zu einem *Ergebnis* führen würde, das mit dem inländischen Recht offensichtlich nicht zu vereinbaren wäre. Selbstverständlich steht die Anwendung ausländischen Rechts nicht unter dem Vorbehalt, daß sie zu demselben Ergebnis führt wie das inländische. Das Kollisionsrecht hat ja gerade die Aufgabe, ausländisches Recht dann zum Zug zu bringen, wenn es dem Fall näher steht als das inländische. Auf der anderen Seite soll das ausländische Recht aber doch nicht ganz ohne „Paßkontrolle" in das Inland hereingelassen werden. Jedenfalls dann, wenn es den wesentlichen Grundsätzen des inländischen Rechts und den darin enthaltenen Gerechtigkeitsvorstellungen massiv widerspricht, wird es daher von inländischen Gerichten nicht angewendet. In unserem oben gebildeten fiktiven Fall dürfte die Anerkennung eines ehemännlichen Züchtigungsrechts sicher am heutigen deutschen *ordre public* scheitern. Damit steht freilich noch nicht fest, daß die Frau tatsächlich Schmerzensgeld beanspruchen kann. Falls die Frage nach dem Heimatrecht der Parteien zu entscheiden ist, kommt es vielmehr darauf an, ob dort Schmerzensgeldansprüche überhaupt bekannt sind. Ist dies nicht der Fall, stellt sich abermals die Frage, ob dies mit dem deutschen ordre public vereinbar ist. Das wird man in diesem Fall sicher schwerer in Abrede stellen können.

III. Internationales Zivilprozeßrecht

Das internationale Privatrecht gibt zwar eine Antwort auf die Frage, nach welchem Sachrecht ein Fall mit Auslandsbezug von den inländischen Gerichten gegebenenfalls zu beurteilen wäre; aber es sagt nichts dazu, ob diese Gerichte für eine solche Entscheidung überhaupt *prozessual zuständig* sind. Das richtet sich vielmehr nach eigenen Kriterien. Wenn zwei Amerikaner mit Wohnsitz in New York über ihre Anwälte in Deutschland ihre Scheidung betreiben könnten, käme in der Sache amerikanisches Scheidungsrecht zur Anwendung; damit steht aber noch nicht fest, daß sich die deutschen Gerichte mit einer solchen Klage überhaupt befassen müßten. Aber auch da, wo die deutschen Gerichte tatsächlich zur Entscheidung berufen sind, erhebt sich weiter die Frage, ob sich das *Verfahren* dann nach deutschem Prozeßrecht richtet oder ob der Richter womöglich auch noch eine ausländische Prozeßordnung beherrschen muß. Oder wenn umgekehrt ein Urteil im Ausland erstritten worden ist: Wird es dann im Inland überhaupt *anerkannt*? Kann im Inland daraus *vollstreckt* werden?

III. Internationales Zivilprozeßrecht   319

All diese Fragen sind Gegenstand des *internationalen Zivilverfahrensrechts*, insbesondere des internationalen Zivilprozeßrechts. Ebenso wie das inländische Privatrecht ein darauf abgestimmtes Zivilprozeßrecht voraussetzt, findet auch das internationale Privatrecht seine Ergänzung im internationalen Zivilprozeßrecht. Entgegen seinem Namen handelt es sich auch bei dem internationalen Zivilprozeßrecht im Prinzip nicht um internationales, sondern um nationales Recht. Allerdings gehört es zusammen mit dem internationalen Privatrecht zu demjenigen Bereich des nationalen Rechts, dessen Bedeutung im Zuge der internationalen Verflechtung ständig wächst. Aus diesem Grund ist es in Teilen bereits international vereinheitlicht worden.

1. Die internationale Zuständigkeit

Die Frage, ob ein Gericht zuständig ist, über einen ihm vorgelegten Fall zu entscheiden, könnte den Eindruck erwecken, als ob es dabei nur um formaljuristische Überlegungen zu tun wäre. Tatsächlich jedoch hat die *internationale Zuständigkeit* – mehr noch als die innerstaatliche Zuständigkeit – eine eminente Bedeutung. Für den Kläger ist es eine der wichtigsten Fragen, ob er im Inland klagen kann oder ob er den beabsichtigten Prozeß irgendwo im Ausland führen muß. Für den Beklagten stellt sich die nicht weniger fundamentale Frage, ob er sich im Inland vor ausländischen Klagen und Urteilen sicher fühlen darf oder ob er sich auf eine in einem beliebigen Auslandsstaat gegen ihn erhobene Klage sachlich einlassen muß, wenn er nicht empfindliche Nachteile erleiden will. Wer sich auch nur kurz überlegt, was ein im Ausland zu führender Prozeß wegen der zu überwindenden Entfernung, der vorhandenen Sprachbarrieren und der fehlenden Vertrautheit mit dem ganzen rechtlichen und sozialen Umfeld an zusätzlichen Mühen, Kosten und auch rechtlichen Nachteilen mit sich bringt, kann sich leicht vorstellen, worum es bei der Frage nach der internationalen Zuständigkeit letztlich geht.

Aus richterlicher Sicht wäre es sicher wünschenswert, wenn ein Prozeß immer in dem Staat zu führen wäre, nach dessen Sachrecht er auch zu entscheiden ist. Dann käme ein Gericht nämlich nie in die Lage, ausländisches Privatrecht anwenden zu müssen. Für die Parteien würde dies allerdings häufig zu sehr unbefriedigenden Ergebnissen führen. Wenn ein Staatsangehöriger von X und ein Staatsangehöriger von Y bei einem Urlaub in dem Drittstaat Z in einen Unfall miteinander verwickelt werden, ist es denkbar, daß die Kollisionsrechte aller beteiligten Staaten übereinstimmend das Sachrecht von Z für maßgebend erklären. Dennoch wäre es kaum einleuchtend, wenn man die Beteiligten, nachdem sie wieder in ihre Heimatstaaten zurückgekehrt sind, nötigen würde, ihren Rechtsstreit ausgerechnet in dem für beide fremden Staat Z auszufechten.

Das internationale Zivilprozeßrecht sieht daher eine *eigenständige Anknüpfung* vor, die sich mit der des internationalen Privatrechts häufig nicht deckt. Der Hauptgrundsatz geht dabei dahin, daß jedermann beim Gericht seines Wohnsitzes verklagt werden kann und hier im Zweifel auch verklagt werden muß. Das letztere ist nichts anderes als ein Ausdruck der Verfahrensgerechtigkeit: Der Beklagte sucht sich den Prozeß nicht aus, er wird in aller Regel gegen seinen Willen damit überzogen. Aus diesem Grund soll sich der Kläger als der Angreifer zu dem Beklagten hinbegeben müssen, nicht umgekehrt. Aber es gibt auch Ausnahmen, wo der Beklagte auch vor einem ausländischen Gericht verklagt werden kann. Wichtige Gerichtsstände dieser Art sind etwa der Ort, wo eine unerlaubte Handlung begangen wurde oder wo sich Vermögen des Beklagten befindet, bei Klagen aus Verträgen der Erfüllungsort und anderes mehr.

Soweit das internationale Zivilprozeßrecht mehrere Gerichtsstände nebeneinander vorsieht, hat der Kläger die Möglichkeit, den Prozeß wahlweise in verschiedenen Staaten zu führen. Je nachdem, wo er klagt, kann aufgrund der unterschiedlichen Kollisionsrechte ein anderes Privatrecht zur Anwendung kommen. Ein Kläger, der auf der Klaviatur des internationalen Privat- und Prozeßrechts zu spielen weiß, wird den Prozeß also möglichst da eröffnen, wo die Erfolgsaussichten für ihn am günstigsten sind. Der Beklagte ist gegen ein solches „Forum-shopping" im Prinzip wehrlos. Er kann allenfalls in der Weise geschützt werden, daß man ein im Ausland gegen ihn erstrittenes Urteil nicht schlechthin, sondern nur unter gewissen Bedingungen anerkennt.

2. Das anzuwendende Verfahrensrecht

Sind die inländischen Gerichte in einem bestimmten Fall international zuständig, so erhebt sich die Frage, nach welchem Prozeßrecht vorgegangen werden muß: nach dem des eigenen Staates oder nach einem fremden. Wollte man hier ebenso entscheiden wie bei der Anwendung des einschlägigen materiellen Rechts, also ohne Rücksicht auf die fehlende Rechtskenntnis des Gerichts das dem Fall „sachnächste" Verfahrensrecht für einschlägig erklären, so würde dies häufig ein Chaos auslösen. Denn während man über die Fragen des materiellen Rechts in aller Ruhe Rechtsgutachten einholen kann, müssen Fragen, die sich auf das *procedere* beziehen, in den wechselnden Verfahrenslagen sofort entschieden werden, wenn nicht der Prozeß bei jedem Schritt erneut zum Stillstand kommen soll. Von keinem Richter aber kann erwartet werden, daß er sachgemäß nach einer Prozeßordnung verfährt, die er bisher gar nicht kennt. Bei der konsequenten Beachtung ausländischen Prozeßrechts würde man überdies häufig auch auf rechtliche Schwierigkeiten stoßen. Wenn etwa das fremde Prozeßrecht einen anderen Instanzenzug vorsieht, kann man deswegen im Inland nicht von Fall zu Fall neue Rechtsmittel einführen. Oder wenn in den Vereinigten Staaten auch in Zivilprozessen die Einberufung einer mit Laien besetzten Jury verlangt werden kann, so kann man dies ohne gesetzliche Grundlagen bei uns nicht einfach nachahmen. In Deutschland ist nämlich kein Bürger verpflichtet, seine Zeit für die Entscheidung fremder Privatrechtsstreitigkeiten zu opfern.

Aus praktischen wie aus rechtlichen Gründen läuft daher alles auf einen Grundsatz hinaus, den Savigny im Jahr 1849 einmal so formuliert hat: „Der Richter muß stets das Recht seines eigenen Landes anwenden, wenn nicht von einem Verhältnis des materiellen Rechts, sondern vielmehr von der gerichtlichen Rechtsverfolgung die Rede ist."[5]

Was das anzuwendende Verfahrensrecht angeht, haben es die Gerichte daher im Ansatz leichter. Allerdings nur im Ansatz; denn da das materielle Recht mit dem Prozeßrecht vielfach verschränkt ist, ist der Versuch, beide zu trennen, ohne die Kenntnis des jeweiligen Prozeßrechts oft genug gar nicht durchführbar.

3. Zustellungs- und Rechtshilfeabkommen

Häufig kommt bei Prozessen mit Auslandsberührung aber noch etwas anderes hinzu. So kann das Gericht einem im Ausland wohnenden Beklagten die Klageschrift nicht in derselben Weise zustellen lassen, wie dies im Inland geschieht, es kann im Ausland wohnende Zeugen auch nicht einfach an den Gerichtsort laden, und wenn eine Beweisaufnahme im Ausland erforderlich ist, kann es auch nicht kurzerhand selbst dorthin reisen und den Beweis an Ort und Stelle erheben. Bei all dem handelt es sich nämlich nach überkommener Auffassung um Hoheitsakte, die jeder Staat grundsätzlich nur auf seinem eigenen Territorium vornehmen darf. Damit ein Prozeß mit Auslandsbezug nach inländischem Prozeßrecht verhandelt und entschieden werden kann, bedarf es daher häufig internationaler Abkommen über Zustellung und Rechtshilfe.

4. Urteilsanerkennung und -vollstreckung

Ist ein Urteil schließlich ergangen, so ist es im Urteilsstaat selbst ohne weiteres wirksam. Nicht ganz so sicher ist, ob es auch in anderen Staaten *anerkannt* und *vollstreckt* werden kann. Wenn A im Ausland ein Scheidungsurteil erwirkt hat, kann er dann im Inland erneut eine Ehe schließen oder gilt er hier nach wie vor als verheiratet, weil das Urteil nicht anerkannt wird? Oder wenn B, während er sich ununterbrochen im Inland aufhielt, in einem anderen Staat – zu unrecht, wie er meint – zu einer hohen Zahlung verurteilt worden ist, kann dann im Inland gegen ihn vollstreckt werden?

Als Hoheitsakte entfalten Gerichtsurteile grundsätzlich nur in dem Staat Wirkungen, von dessen Gerichten sie erlassen wurden. Kein Staat ist ohne sein Zutun verpflichtet, ausländische Urteile auf seinem Territorium anzuerkennen. Von Haus aus sind daher alle Urteile jenseits der eigenen Staatsgrenzen wirkungslos. Im gleichen Maße, wie das Vertrauen in fremde Privatrechts- und Justizsysteme gewachsen ist, hat sich jedoch eine weltoffenere Behandlung ausländischer Zivilurteile durchgesetzt. Aber auch heute noch werden ausländische Urteile nicht unbesehen anerkannt, sondern einer Art Eingangskontrolle unterworfen, bei der geprüft wird, ob sie mit den wesentlichen Grundsätzen des deutschen Rechts in Einklang stehen. Hier bietet sich dann zugleich die letzte Möglichkeit, wie der Staat seine Einwohner vor den Folgen einer im Ausland erfolgten Verurteilung schützen kann. Vieles in diesem Bereich ist heute durch internationale Staatsverträge geregelt, und je mehr die internationalen Beziehungen sich verdichten, desto tiefer wird dieser schützende Zaun vor den eigenen Bürgern herabgelassen.

5. Die Rechtslage innerhalb der EU

Innerhalb der Europäischen Union ist diese komplizierte Rechtslage durch die Verordnung über die gerichtliche Zuständigkeit und die Anerkennung und Vollstreckung von Entscheidungen in Zivil- und Handelssachen von 2002 (und zuvor bereits durch das Zuständigkeits- und Vollstreckungsübereinkommen von 1968) erheblich vereinfacht worden. Diese Verordnung hat im Verhältnis der Vertragsstaaten zueinander nicht nur die Regelung der internationalen Zuständigkeit und der gegenseitigen Urteilsanerkennung aufeinander abgestimmt, sondern geht sogar so weit, daß das Gebiet der Europäischen Union weitgehend wie Inland behandelt wird. Wer seinen Wohnsitz in einem der Vertragsstaaten hat, kann – und muß im Zweifel auch – vor den Gerichten dieses Staates verklagt werden. Die in einem Vertragsstaat ergangenen Urteile werden in den anderen Vertragsstaaten ohne viele Formalitäten anerkannt und können wie inländische Urteile vollstreckt werden.

In der Folge sind weitere Regelungen hinzugekommen, die zwar weit davon entfernt sind, die Grundlage eines künftigen europäischen Zivilprozeßrechts zu bilden, die aber doch das „grenzüberschreitende Prozessieren" innerhalb der Europäischen Union partiell vereinheitlichen und vereinfachen, so namentlich das europäische Mahnverfahren und das europäische Verfahren für geringfügige Forderungen bis (derzeit) 2000 Euro.

§ 25 Völkerrecht

I. Recht zwischen Rhetorik und Realität

1. Weltgeschichte als Weltgericht?

Der Rechtsstaat und mehr noch der den Wohlstand umverteilende Sozialstaat hat die *Nation* zu seiner realen und geistigen Voraussetzung. Der Rechtsgedanke macht an den nationalen Grenzen jedoch nicht halt. „Das größte Problem für die Menschengattung", schrieb Kant in seiner „Idee zu einer allgemeinen Geschichte in weltbürgerlicher Absicht" einmal, „ ... ist die Errichtung einer allgemein das Recht verwaltenden *bürgerlichen Gesellschaft* ... Dieses Problem ist zugleich das schwerste und das, welches von der Menschengattung am spätesten aufgelöset wird."[1] Weiter noch ging Schelling, der das „allmähliche Realisieren der Rechtsverfassung" geradezu einmal als das „einzige Objekt der Geschichte" und „als historische[n] Maßstab der Fortschritte des Menschengeschlechts nur die allmähliche Annäherung zu diesem Ziel" bezeichnete.[2]

Wer sich über die Organisation der Weltgesellschaft Gedanken macht, hat es freilich zunächst einmal mit einer *Vielzahl von Staaten* zu tun, die sich eifersüchtig gegeneinander abgrenzen und mißtrauisch beobachten. Die Errichtung einer weltumspannenden rechtlichen Ordnung ist mithin davon abhängig, daß auch die Staaten in ein rechtliches Verhältnis zueinander treten. In dieser Hinsicht war Kant relativ optimistisch. Im Verlauf der Entwicklung, so hoffte er, würden die Staaten nach vielen traurigen Erfahrungen endlich dazu getrieben werden, „aus dem gesetzlosen Zustande der Wilden hinauszugehen und in einen Völkerbund zu treten; wo jeder, auch der kleinste Staat seine Sicherheit und Rechte nicht von eigener Macht oder eigener rechtlicher Beurteilung, sondern allein von diesem großen Völkerbunde, von einer vereinigten Macht oder von der Entscheidung nach Gesetzen des vereinigten Willens erwarten könnte."[3]

Richten wir den Blick auf die Realität, so zeigt sich, ungeachtet der inzwischen verflossenen Zeit, noch immer ein anderes Bild: Ein Staaten-Staat, der sich über den Staaten der Welt in derselben Weise erhebt wie diese über ihren Bürgern, existiert nach wie vor nur in den Träumen der Philosophen. Selbst das Bewußtsein, Teil einer universalen Schicksalsgemeinschaft zu sein, endet nicht selten bereits da, wo es nicht um die Begründung von Rechten, sondern von Pflichten, nicht ums Nehmen, sondern ums Geben geht. So eng die Interessen in einer zunehmend kleiner werdenden Welt auch miteinander verflochten sind, so sehr sind alle Staaten darauf hin angelegt, nur für ihre eigenen Bürger zu sorgen, nicht aber für die anderer Staaten. Nur für diesen Zweck werden staatsbürgerliche Pflichten statuiert. Kein Staat kann seine Bürger verpflichten, ihren Wohlstand mit der Menschheit als solcher zu teilen oder gar für diese ihr Leben zu riskieren, wenn er nicht seine Legitimität untergraben will. In einer Gesellschaft, in der alle vornehmlich an sich und die Ihrigen denken und in der es niemand gibt, der dem Einhalt gebieten könnte – und um eine solche Gesellschaft handelt es sich bei der Staatengesellschaft im Prinzip immer noch –, verwandelt sich die Frage nach dem Recht leicht in eine solche der Macht. Die *Machtfrage* ist daher die ostinate Begleitmusik, über der die Melodie des Völkerrechts allein gespielt werden kann.

In seiner Geschichte des Peloponnesischen Krieges hat Thukydides ein Gespräch zwischen den Athenern und den Meliern überliefert, in dem dieser Zusammenhang in seltener Offenheit zutage tritt: Im Jahr 416 v.Chr. verlangten die Athener von der Insel Melos, sich zu unterwerfen, da sie ihre Seeherrschaft bedroht sahen. Die schwächeren Melier beriefen sich demgegenüber auf ihr Recht. Dem setzten die athenischen Gesandten folgendes entgegen: „Ihr wißt es und wir wissen es, daß, wie die Menschen nun einmal beschaffen sind, das Gerechte nur dann anerkannt wird, wenn beide Seiten über gleiche Gewalt verfügen, daß aber sonst das Mögliche regiert, das der Mächtige durchdrückt, der Schwache hinnimmt." Die bedrängten Melier beriefen sich in ihrer Not darauf, die Gottheit werde das Recht schützen und damit auf ihrer Seite sein. Dagegen wiederum die Athener: „Was das gute Verhältnis zu den Göttern angeht, so glauben wir auch da nicht zurückzustehen. Wir beanspruchen oder betreiben ja nichts Unmenschliches, weder in unserer Haltung zu den Göttern noch in unserer Gesinnung gegen die Menschen. Denn wir nehmen vom göttlichen Wesen als wahrscheinlich an, vom menschlichen aber als sicher, daß überall mit Naturnotwendigkeit der Starke über den Schwachen herrscht. Wir haben dies Gesetz weder erlassen noch von dem erlassenen zuerst Gebrauch gemacht, sondern wir haben es als geltend übernommen und werden es auch als richtig auf immer hinterlassen, und so richten wir uns auch danach und wissen genau, ihr würdet es genau wie jeder andere bei gleicher Macht so wie wir machen. Was also die Gottheit angeht, so brauchen wir billigerweise eine Niederlage nicht zu fürchten."[4] Nach längerer Belagerung mußte sich Melos auf Gnade und Ungnade ergeben. „Die Athener", so berichtet Thukydides weiter, „richteten alle erwachsenen Melier hin, soweit sie in ihre Hand fielen, die Frauen und Kinder verkauften sie in die Sklaverei. Den Ort gründeten sie selber neu, indem sie später 500 attische Bürger dort ansiedelten."

Das ist die Gegenposition zu dem Philosophenglauben Kants: Im Verhältnis der Völker untereinander ist die Weltgeschichte zugleich das Weltgericht, und es gibt keine höhere Instanz, an die man appellieren könnte, und keine Macht, der sich ein Staat, der selbst die höchste Macht sein will, freiwillig unterwerfen würde. Das ist der Hintergrund, vor dem sich das Völkerrecht als Recht bewähren muß.

2. Europäischer Konsens der Gebildeten

In der Vergangenheit hat man dem Völkerrecht den *Rechtscharakter* häufig abgesprochen. Dabei hat man sich immer wieder darauf berufen, daß ihm jede Macht fehle, um sich durchsetzen zu können. Dafür, daß das Recht auch Raum lassen muß für die großen Träume der Menschheit, fehlte dem Positivismus jedes Verständnis. Auf der Basis der mechanistischen Vorstellung, daß das Recht ein System von Verhaltensnormen darstellt, deren Befolgung durch eine Zwangsgewalt gesichert ist, ließ sich das Völkerrecht juristisch in der Tat nicht einordnen. „Wo steht das Völkerrecht, Herr Kandidat?" lautete daher zu Beginn des letzten Jahrhunderts die beliebte Frage eines Prüfers im juristischen Staatsexamen. Und die gewünschte Antwort war: „Auf dem Papier, Herr Geheimrat."

Aus heutiger Sicht war diese Einschätzung allzu sehr der Neigung verhaftet, das, was sich der vorgefaßten Begrifflichkeit nicht fügte, aus dem Gebiet des Rechts hinauszudefinieren und in den Bereich der Moral und der Politik zu verweisen. Richtig ist freilich so viel, daß sich das Völkerrecht einer Einordnung in das Koordinatensystem des innerstaatlichen Rechts von Grund auf widersetzt. Es stellt vielmehr den Versuch dar, den Gedanken des Rechts auf die Staatenwelt selbst anzuwenden, den Naturzustand des Krieges aller gegen alle nicht nur im Innern, sondern auch nach außen hin zu beenden. Es ist daher kein fertig ausgemessenes, sondern ein im Entstehen begriffenes Rechtsgebiet, angesiedelt an den Randzonen des Rechts, wo das Recht in der Tat in Moral und Politik übergeht.

Läßt man definitorische Probleme einmal beiseite, kann das Völkerrecht jedenfalls nur da gedeihen, wo zwischen selbständigen Staaten ungeachtet aller Verschiedenheit auch ein *Bewußtsein der Zusammengehörigkeit* vorhanden ist, das dem Recht als Grundlage dienen kann. Dem Altertum war ein solches Bewußtsein fremd, außereuropäischen Kulturen lange Zeit ebenfalls. Anders war die Situation in den neuzeitlichen Staaten West- und Mitteleuropas, die durch gemeinsame Wurzeln in Religion, Kultur und Geschichte in vielfältiger Weise miteinander verbunden waren. Auf diesem Boden entwickelte sich in vielen Bereichen über die Staatsgrenzen hinweg unter allen Gebildeten ein *europäischer Konsens*. Die in rechtlicher Hinsicht beeindruckendste Frucht war das neuzeitliche Naturrecht, das der staatlichen Gewalt in ihrer Richtung nach innen wie auch nach außen ihre natürlichen Grenzen aufzeigen sollte. Das Naturrecht ist daher der geistige Ahnherr sowohl der rechtsstaatlichen Verfassung im Innern wie auch der völkerrechtlichen Bindung der Staaten im Außenverhältnis. Der Spott über die fehlende Zwangsgewalt des Völkerrechts ist so gesehen nur der Hochmut des staatlicher Willkür dienstbar gemachten positiven Rechts, das seine altadelige Herkunft vergessen hat.

Bis zum Ende des 19. Jahrhunderts war das, was man scheinbar neutral „Völkerrecht" nannte, in Wahrheit eine rein europäische Veranstaltung, und wenn auch die reale Durchsetzungsmacht dafür fehlte, so war es doch eine geistige Macht, die sich in den Köpfen vieler Menschen festgesetzt hatte. Die daraus resultierende Mischung von Denkgewohnheit und rechtlichem Sendungsbewußtsein war so stark, daß man, als sich der Kreis der Völkerrechtsgemeinschaft allmählich ausdehnte, zunächst nur solche nichteuropäische Staaten darin aufnahm, die ihr Rechtswesen den für Europa typischen Standards angeglichen hatten. Die Maßstäbe, nach denen beurteilt wurde, ob ein politisches Gebilde „staatsreif" war, waren aus der Normalvorstellung eines europäischen Staates abgeleitet. Je mehr die Völkerrechtsgemeinschaft dann aber den Erdkreis umspannte und Europa aus dem Zentrum des Weltgeschehens abdriftete, desto mehr geriet das eurozentrische Völkerrecht unter andere Einflüsse. Die Nachwirkungen der geistigen Kraft, die das Konzept eines universalen Völkerrechts im Herzen Europas begründet haben, sind aber immer noch spürbar.

3. Die Positivierung des Völkerrechts in einer veränderten Welt

Zwei Dinge sind es demnach, die das Völkerrecht als neue Disziplin am Anfang der Neuzeit hervorgebracht haben: der *universale Gerechtigkeitsbegriff* des überpositiven Naturrechts und seine Ausfüllung mit *europäischem Ideengut*. Die Eroberungszüge der auf das Christentum gegründeten Staaten und ihre Glaubenskriege untereinander ließen den Klassikern des Völkerrechts keine Ruhe. Erfüllt von der Vorstellung, daß letztlich alles menschliche Verhalten an rechtlichen Maßstäben gemessen werden muß, setzten sie sich die Aufgabe, zu bestimmen, wann selbst ein Krieg gerecht ist. „Einen gerechten Grund zum Kriege kann nur eine Rechtsverletzung abgeben", befand Hugo Grotius (1583–1645), und weiter: „So viele Gründe es für die gerichtlichen Klagen gibt, ebensoviele Gründe gibt es zum Kriege."[5] In dem Bemühen, die Gründe der Klagen zu bestimmen, wurde unter anderem das überkommene römische Recht in eine systematische Form gebracht; die Aufgabe, auch die Gründe zum Krieg zu benennen, wurde im Prinzip so gelöst, daß der Gedanke einer universalen Gerechtigkeit unter Rückgriff auf das Gemeingut der europäischen Gebildeten mit Inhalt erfüllt wurde.

Das Vordringen des Positivismus hat auch auf dem Gebiet des Völkerrechts einen tiefen Einschnitt bewirkt. Ein zweiter, nicht weniger tiefgreifender geht zurück auf die Erweiterung der europäischen Völkerrechtsgemeinschaft zu einer Staatengemeinschaft der Welt.

Nach dem Siegeszug des Historismus über die Geisteswelt der Aufklärung sprach man zum Teil auch im Völkerrecht ganz gezielt von „positivem Völkerrecht". Ähnlich wie der Positivismus das innerstaatliche Recht rigoros auf Gewohnheitsrecht und staatliche Gesetze reduzierte, führte er auch das Völkerrecht auf die von den Staaten tatsächlich befolgten *Gewohnheiten* und die von ihnen geschlossenen *Verträge* zurück. Der damit verbundene Verzicht auf eine staatsübergreifende Gerechtigkeit erschien dem Positivismus nicht so sehr als Substanzverlust als vielmehr als Fortschritt von der Illusion zur Wirklichkeit. Auf lange Sicht zerfiel das Völkerrecht damit in eine Vielzahl von Regeln, die mehr durch ein gemeinsames Vokabular als durch gemeinsame Überzeugungen miteinander verbunden waren.

Im Rückblick betrachtet, hat diese Formalisierung des Völkerrechtsbegriffs indessen zugleich die Voraussetzung dafür geschaffen, um den Gedanken eines Völkerrechts in einer erweiterten Welt fortführen zu können. Wie sich die Völkerrechtsgemeinschaft heute darstellt, können die für alle verbindlichen Regeln nicht mehr aus dem europäischen Fundus begründet werden. Was im Verhältnis unterschiedlichster Staaten zueinander rechtens sein soll, kann vielmehr nur in gegenseitiger Abstimmung festgelegt werden. Damit ist zugleich die alte Frage nach dem Verhältnis von Recht und Macht neu aufgeworfen.

II. Grundlagen der Völkerrechtsgemeinschaft

Im Völkerrecht begegnen uns viele aus dem innerstaatlichen Recht bekannte Fragen in veränderter Form wieder: die Anerkennung des anderen als Rechtssubjekt, die Abgrenzung der gegenseitigen Herrschaftssphären, das Problem der Verbindlichkeit von Verträgen, die Notwendigkeit der Schlichtung von Rechtsstreitigkeiten u.a.m. In diesen Parallelen werden die Strukturen und das Vokabular einer allgemeinen Rechtslehre sichtbar – allerdings nur bis zu dem Punkt, an dem sich Völkerrecht und innerstaatliches Recht nachdrücklich unterscheiden.

1. Das Dogma gleichberechtigter Staaten

Von Anbeginn an ist die Völkerrechtslehre beherrscht von dem Dogma der Gleichberechtigung der an der Völkerrechtsgemeinschaft beteiligten Staaten. In kaum verhohlener Analogie zur rechtlichen Gleichheit der Menschen wird auch das Verhältnis der Staaten zueinander als ein Verhältnis Gleicher gedeutet. Klassisch ist in diesem Zusammenhang die Formulierung von Emerich de Vattel (1714–1767): „Ein Zwerg ist ebenso ein Mensch wie ein Riese. Eine kleine Republik ist nicht weniger ein souveräner Staat als das mächtigste Königreich."[6] Die faktischen Unterschiede werden dabei scheinbar ignoriert und alle Staaten in rechtlicher Hinsicht auf eine abstrakte Zurechnungseinheit zurückgeführt. So jedenfalls in der Theorie.

Warum ein großer Staat einen kleinen tatsächlich als gleichberechtigt anerkennen sollte, wenn nicht das eigene Interesse dies gebietet, ist jedoch nicht leicht anzugeben. Während dem Menschen nach verbreiteter Auffassung eine Würde zukommt, die für alle Menschen die gleiche ist, gilt es bei vielen als irrational, in dem Staat etwas anderes zu erblicken als eine reine Zweckkonstruktion. Von einer Zweckkonstruktion kann nicht erwartet werden, daß sie im Konfliktsfall als Selbstzweck behandelt wird. Bis in die jüngste Zeit hinein wurden im Verhältnis der Staaten zueinander daher Vorherrschaften und Abhängigkeiten akzeptiert, die mit dem Dogma der Gleichberechtigung an sich in Widerspruch stehen. Ein bekanntes Beispiel für einen solchen Widerspruch ist die sogenannte Breschnewdoktrin, wonach den Staaten im Einflußbereich der früheren Sowjetunion nur eine eingeschränkte Souveränität zukam: Sie konnten weder ungehindert mit anderen Staaten paktieren noch das staatliche Regime im Innern gegen den Willen der Sowjetunion verändern. Während dies unter dem Druck eines übermächtigen Superstaates geschah, kann es allerdings auch im wohlverstandenen Interesse kleinerer Staaten liegen, daß sie den realen Kräfteverhältnissen aus eigenem Antrieb Rechnung tragen.

Die *Anerkennung* fremder Staaten ist heute im wesentlichen nur noch ein Zeichen dafür, daß sie als Partner einer internationalen Kooperation akzeptiert werden. Gleichwohl kann der Streit um die Anerkennung nach wie vor hohe Wogen schlagen. Erinnerlich ist die langjährige Auseinandersetzung um die internationale Anerkennung der DDR. Ausgelöst wurde dieser Streit dadurch, daß auf dem Gebiet des früheren Deutschen Reiches nach 1945 *zwei* Staatsgebilde entstanden waren – die Deutsche Demokratische Republik und die Bundesrepublik Deutschland –, von denen zunächst jedes für sich in Anspruch nahm, das Deutsche Reich zu repräsentieren. Während die DDR diesen Anspruch in den 50er Jahren aufgab, hielt die Bundesrepublik daran fest. Mit diesem Alleinvertretungsanspruch war es unvereinbar, daß neben der Bundesrepublik auch die DDR als deutscher Staat anerkannt war. Von der Bundesrepublik wurde daher lange Zeit die Politik verfolgt, die diplomatischen Beziehungen zu Staaten, die die DDR anerkannten, abzubrechen (sogenannte Hallstein-Doktrin).

Während der DDR die völkerrechtliche Anerkennung daher vielfach verweigert wurde, wurde sie Nationalchina (Taiwan) nachträglich wieder entzogen. Auch hier ging es letztlich um die Durchsetzung eines Alleinvertretungsanspruchs. Sowohl die kommunistische Volksrepublik China als auch das republikanische Nationalchina auf Formosa machten nämlich den Anspruch geltend, ganz China zu vertreten. Die Volksrepublik weigerte sich daher, den Vereinten Nationen beizutreten, solange Taiwan darin Mitglied war. Da man an der Zusammenarbeit mit der riesigen Volksrepublik China ungleich mehr interessiert war als an einer Kooperation mit dem zwerghaften Taiwan, brachen viele Staaten die diplomatischen Beziehungen zu Taiwan ab, obwohl kaum zweifelhaft sein konnte, daß auch Nationalchina alle Merkmale eines Staates aufwies.

2. *Souveränität der Staaten*

Ob anerkannt oder nicht, kann nach heutigem Verständnis jeder Staat beanspruchen, daß seine *Souveränität respektiert* wird.

a) Grenzen der eigenen Staatsgewalt. Aus diesem Grund sind alle Staaten gehalten, die Ausübung ihrer Staatsgewalt auf ihren *eigenen Machtbereich* zu beschränken und keinem anderen Staat gegenüber hoheitliche Gewalt auszuüben. Unter anderem darf kein Staat einen andern vor seine nationalen Gerichte ziehen; denn damit würde er im Grunde Selbstjustiz üben. Von fremder Gerichtsbarkeit ausgenommen sind aber nicht nur die Staaten selbst, sondern auch ihre berufenen Vertreter. Fremde Staatsoberhäupter gelten daher während ihres Aufenthalts im Ausland als exterritorial, das heißt sie werden so angesehen, als ob sie sich nach wie vor auf dem Boden ihres Heimatstaates befinden würden.

Dieser Grundsatz bezieht sich allerdings nur auf Staatsoberhäupter im eigentlichen Sinn, nicht auf sonstige Vertreter fremder Staaten, es sei denn, daß diese als Diplomaten akkreditiert sind. Nachdem die Bundesrepublik Deutschland und die DDR ihre Beziehungen in dem Grundvertrag von 1972 „normalisiert" hatten, wurde diese feine Unterscheidung Anfang der 80er Jahre des letzten Jahrhunderts überraschend aktuell. Damals nämlich plante der Generalsekretär der Sozialistischen Einheitspartei Deutschlands und Staatsratsvorsitzende der DDR, Erich Honecker, erstmals einen Besuch in der Bundesrepublik. Wegen der in der DDR üblichen Praxis, „Republikflüchtlinge" von Ost nach West beim Überwinden der Grenzen wie Jagdwild abschießen zu lassen, erstatteten damals einige Bundesbürger gegen Honecker eine Strafanzeige wegen Beihilfe zum Totschlag. Da Honecker zwar der wichtigste Mann der DDR, formell aber nicht Staatsoberhaupt und daher auch nicht als exterritorial anzusehen war, bereitete der Generalbundesanwalt eine Anklageerhebung vor. Der Bundesgerichtshof bestimmte sogar bereits einen Gerichtsstand für ein gegen Honecker zu eröffnendes Strafverfahren. Um den Besuch Honeckers nicht scheitern zu lassen, wurde 1984 das westdeutsche Gerichtsverfassungsgesetz geändert. Während die bis dahin geltende Fassung des § 20 GVG auf die „allgemeinen Regeln des Völkerrechts" Bezug genommen hatte, nach denen Honecker keine Exterritorialität genoß, wurden nach der neuen Fassung auch sonstige „Repräsentanten anderer Staaten" von der deutschen Gerichtsbarkeit ausgenommen, sofern sie sich „auf amtliche Einladung der Bundesrepublik Deutschland" in der Bundesrepublik aufhielten. Derart vorbereitet, konnte der Besuch des Generalsekretärs ohne Zwischenfälle abgewickelt werden.

b) Respektierung fremden Staatsgebiets. Zur Achtung fremder Souveränität gehört ferner, daß das fremde Staatsgebiet als solches respektiert wird. Was dies bedeutet, war früher leicht zu ermitteln. Ausgehend von dem Grundsatz, daß jedem Staat nur das Gebiet angehört, das er tatsächlich beherrscht, ließen sich die Hoheitsgebiete auf einfache Weise voneinander abgrenzen. Das Staatsgebiet erstreckte sich danach auf das beherrschte *Land* selbst sowie auf das *Küstenmeer*, soweit die Kanonen damals reichten (daher Dreimeilenzone). Mit der Erweiterung der technischen Möglichkeiten ist die Abgrenzung der Herrschaftssphären schwieriger geworden.

Manche Küstenstaaten haben seitdem erheblich breitere Küstengewässer für sich in Anspruch genommen, außerdem Wirtschaftszonen und souveräne Rechte am Festlandssockel, die sich über hunderte von Meilen erstrecken. Würde man allein auf die gewachsenen Einflußmöglichkeiten der Küstenstaaten abstellen, könnten diese im Laufe der Zeit die Weltmeere unter sich aufteilen. Das kann indessen schwerlich richtig sein. Bereits im 17. Jahrhundert hatten einzelne Staaten ganze Meere für sich in Anspruch genommen: England die Nordsee, Schweden die Ostsee. Demgegenüber hatten namhafte Völkerrechtsautoren den Grundsatz der Freiheit der Meere verteidigt. Der Sieg dieses Prinzips war die Voraussetzung dafür, daß die Meere bis heute von allen Nationen genutzt werden konnten. Die Grenze zwischen dem freien Meer und dem souveränen Staatsgebiet ergibt sich dabei nicht mehr aus der natürlichen Herrschaftssphäre, sondern kann nur im Konsens aller Beteiligten verbindlich festgelegt werden.

Neue Probleme sind auch mit der Erschließung des *Luft-* und *Weltraums* hinzugekommen. Die ältere Ansicht, daß zum Staatsgebiet auch der „Luftraum darüber" gehöre, war auf die Abwehr von Flugkörpern zugeschnitten, die sich in geringer Höhe bewegten. Für die Nutzung der Stratosphäre oder die Erschließung des Weltraums bedarf es anderer Grundsätze. In gewisser Weise ähnelt hier die Situation derjenigen, wie sie vor einigen Jahrhunderten durch die moderne Seefahrt geschaffen wurde. Während das Meer selbst frei blieb, wurde an neu entdeckten Ländern damals Eigentum begründet. Um diese Landnahme juristisch zu rechtfertigen, griff man auf die zivilrechtliche Lehre von der Okkupation zurück. Wie danach das Eigentum an herrenlosen Sachen dadurch erworben wird, daß man in Aneignungsabsicht davon Besitz ergreift, so sollte es auch hier darauf ankommen, wer der erste war, der den Fuß auf ein neu entdecktes Territorium setzte und sein Banner zum Zeichen der Besitzergreifung in den Boden steckte. In unübersehbarer Anlehnung hieran war auch der ersten Rakete, die von der Sowjetunion 1959 auf den Mond geschossen wurde, eine rote Fahne beigegeben worden. Im Überschwang der Gefühle verfaßte ein DDR-Autor damals eine Jubelhymne, in der es am Ende hieß: „Das kleine rote Tuch soll zeigen: der Mond ist fortan Volkes eigen."[7] Aber noch fehlte der erste menschliche Schritt auf den Boden des Mondes, der wirklich als Besitzergreifung gedeutet werden konnte. Er erfolgte am 20. Juli 1969 durch einen Amerikaner, und Millionen Fernsehzuschauer in aller Welt waren Zeuge dieses Vorgangs. Dennoch gehörte der Mond jetzt nicht den Vereinigten Staaten. Um Streitigkeiten vorzubeugen, war die Frage durch das Weltraumabkommen von 1967 vorausschauend anders geregelt worden. Darin ist festgelegt, daß der Mond und die anderen Himmelskörper von allen Vertragsstaaten zu friedlichen Zwecken genutzt werden dürfen und daß kein Staat sich Teile davon aneignen darf.

3. Völkerrechtliche Verträge

Wie hier, so hat sich der *Vertrag* zwischen souveränen Staaten auch in anderen Bereichen des Völkerrechts als unentbehrliches Regelungsinstrument erwiesen. Da kein Weltstaat existiert, gibt es im Völkerrecht auch keine Gesetze. An die Stelle der Gesetzgebung tritt vielmehr der (bi- oder multilaterale) Vertrag als typisches Mittel der Rechtsetzung unter Gleichen.

Ähnlich, wie der steigende Regelungsbedarf im innerstaatlichen Bereich zu einer Gesetzesflut geführt hat, ertrinkt das moderne Völkerrecht unter einer Flut von Verträgen. Handel und Wandel, Währungs- und Warenverkehr, Markenschutz, Strafverfolgung, Rüstungskontrolle – kein Lebensbereich ist davon ausgenommen. Die grenzüberschreitenden Umweltprobleme, die weltweiten Wanderungs- und Flüchtlingsströme, die Machenschaften international tätiger Krimineller und vieles mehr erschließen ständig neue Felder, die nach einer vertraglichen Ordnung rufen. So gesehen ist es durchaus zutreffend, was der früher erwähnte Kandidat einmal antworten mußte: das Völkerrecht steht auf dem Papier, auf sehr viel Papier sogar.

Wo es an einem übergeordneten, mit Zwangsgewalt ausgestatteten Gericht fehlt, wo also letztlich jeder sein eigener Richter ist, muß die Geltung eines Vertrages prekär bleiben. Im Völkerrecht hat man sich daher ungleich häufiger als im innerstaatlichen Recht auf die berüchtigte *clausula rebus sic stantibus* berufen, wonach jeder Vertrag nur unter der Voraussetzung gültig ist, daß alles so bleibt, wie es bei Vertragsschluß vorausgesetzt war. In der Vergangenheit war dies oft genug gleichbedeutend damit, daß zwischenstaatliche Verträge nur so lange als bindend angesehen wurden, wie sie nützlich waren.

„Ein kluger Machthaber kann und darf sein Wort nicht halten, wenn ihm dies zum Schaden gereichen würde und wenn die Gründe weggefallen sind, die ihn zu seinem Versprechen veranlaßt haben", lehrte bereits Machiavelli (1469–1527)⁸, und Ludwig XIV. von Frankreich erwies sich insoweit als ein gelehriger Schüler. In seinen Memoiren, die an seinen Sohn gerichtet waren, heißt es: „Alle die schönen Bestimmungen über Bündnisse, Freundschaftsbeteuerungen, das Versprechen, einander alle Vorteile zukommen zu lassen, bedeuten nach der Erfahrung der Jahrhunderte, so wie es die beiden Vertragschließenden verstehen, nichts anderes, als daß sie sich lediglich bewaffneter Übergriffe und öffentlicher Feindseligkeiten enthalten wollen... Man verspricht das Gegenteil nur in dem Sinne, den man seinem Versprechen beimißt. So könnte man denn sagen, daß man sich auf beiden Seiten der Verpflichtung enthebt, die Verträge zu beobachten, und daß man daher, eigentlich genommen, auch nicht gegen die Verträge verstoßen kann. Denn man hat ja die Bestimmungen nicht wörtlich genommen."⁹

Wenn es auf dem Gebiet des Völkerrechts Fortschritte gibt, dann freilich hier. In einer Welt ständiger Kooperation, in der alle darauf angewiesen sind, immer aufs neue als Vertragspartner akzeptiert zu werden, kann es sich kein Staat mehr leisten, generell als unzuverlässig angesehen zu werden. Man hat daher nicht ohne Grund darauf aufmerksam gemacht, daß völkerrechtliche Abkommen heute oft peinlicher eingehalten werden als viele innerstaatliche Verträge. Die Grenze der Vertragstreue zeigt sich freilich nach wie vor da, wo vitale Interessen entgegenstehen. Wenn ein Staat erst einmal bereit ist, ohne Rücksicht auf die Weltöffentlichkeit Gewalt einzusetzen, um seine wirklichen oder vermeintlichen Rechte zur Geltung zu bringen, läßt er sich durch einen zusätzlichen Gesichtsverlust kaum viel beeindrucken.

4. *Die ultima ratio des Krieges*

Den Anstoß zur Konzeption eines Völkerrechts hat daher nicht von ungefähr die Tatsache des Krieges gegeben, jene *ultima ratio regnorum*, die von Rechts wegen nichts bewirken dürfte und doch immer wieder über alles entscheidet. Den Krieg zu verrechtlichen, war lange Zeit die eigentliche Aufgabe der Völkerrechtslehre gewesen. Ihn zu verhindern, ist auch heute noch die wichtigste.

Nachdem sich die naturrechtliche Zuversicht, gerechte von ungerechten Kriegen unterscheiden zu können, verflüchtigt hatte, war der Positivismus zunächst bereit gewesen, den Krieg an sich als legitimes Mittel der Konfliktlösung zu akzeptieren. Das war nicht ohne Logik; denn wenn das Recht jede Antwort schuldig bleibt, kann nicht ernsthaft erwartet werden, daß die Weltgeschichte zugunsten der Jurisprudenz abdankt. Wenn es Probleme gibt, für die der menschliche Geist keine friedliche Lösung weiß, ist es inkonsequent, eine gewaltsame zu verwerfen. Wo die Konflikte von den unmittelbar Beteilig-

II. Grundlagen der Völkerrechtsgemeinschaft 333

ten gewaltsam gelöst werden, kommt es freilich zwangsläufig zu jener fatalen Erscheinung, daß Recht und Macht ununterscheidbar ineinander verfließen: Wenn das Recht zur Gewalt selbst schweigt und sich auf gewaltsam geschaffene Fakten einläßt, als ob nichts geschehen wäre, ist der Sieger automatisch im Recht, der Besiegte im Unrecht.

Nach der Freigabe des Krieges hat sich das Völkerrecht zunächst verstärkt darum bemüht, die *Kriegsführung selbst* zu regeln. Die Anstrengungen, die dazu unternommen wurden, erinnern an die Versuche des Mittelalters, die wilden Fehden durch geordnete, rechtsförmliche Verfahren der Gewaltanwendung zu ersetzen. Von Interesse ist dabei vor allem die Ächtung bestimmter Kriegsformen und Waffengattungen, die bis in die Gegenwart fortgesetzt wird und dem Ziel gilt, den Krieg irgendwie „sauber" zu halten. Was davon ernstgemeint und was bloße Heuchelei ist, ist umstritten. Nach dem Urteil mancher Beobachter sind bisher nur solche Waffen geächtet worden, die militärisch von geringem Nutzen waren, und der Zweck der Ächtung bestand vor allem darin, den Einsatz der wirksameren Waffen als „human" bezeichnen zu können. Vor dem Hintergrund der Erfahrung, daß jemand, der in seiner Existenz bedroht ist, sich aller Mittel bedient, die Erfolg versprechen, ist diese nüchterne Einschätzung nicht unplausibel.

In seiner klassischen Form hat das Völkerrecht in den totalen Kriegen des 20. Jahrhunderts jedenfalls versagt. Der Erste Weltkrieg mit seinen Millionen Toten auf beiden Seiten führte den beteiligten Staaten nachdrücklich vor Augen, daß die moderne Kriegstechnik auch bei dem Sieger vernichtende Wunden hinterläßt. Im Kelloggpakt von 1928 wurde daher erstmals nicht nur der „unsaubere" Krieg, sondern der Krieg überhaupt geächtet. Um dem Angegriffenen nicht das Recht zur Verteidigung abzusprechen, mußten Verteidigungskriege von diesem Verbot aber ausgenommen werden. Das generelle Verdikt galt also in Wahrheit nicht dem Krieg schlechthin, sondern nur dem Angriffskrieg. Die Folge davon war dementsprechend auch nur die, daß seitdem nicht mehr geschossen, sondern nur noch zurückgeschossen wird. Unabhängig davon ist mit der ständig weiterverbesserten Kriegstechnik aber doch die Einsicht gewachsen, daß die eigentliche Aufgabe nicht darin bestehen kann, den Krieg zu regeln oder zu verbieten, sondern darin, ihn zu *verhüten*.

Das ist im Grunde kein neuer Gedanke; neu ist nur die Dringlichkeit, mit der er sich vor dem Hintergrund der gewachsenen Bedrohung heute stellt. Seit dem Ende des 30jährigen Krieges ist in Europa immer versucht worden, ein *Gleichgewicht der Kräfte* herzustellen, um keinen Anreiz für den Beginn von Feindseligkeiten zu schaffen. Während der Zeit des „Kalten Krieges", als die Welt in eine westliche und eine östliche Hemisphäre geteilt war, war es ebenfalls ein Gleichgewicht des Schreckens, das die beiden Supermächte USA und Sowjetunion gegenseitig in Schach hielt. Die nukleare Bedrohung schuf eine

Suprastruktur, die in ihrer Wirkung einem diktatorischen Überstaat gleichkam. Dadurch waren nicht nur die Supermächte selbst, sondern auch die mit ihnen verbündeten Staaten gehalten, sich jeder Gewaltanwendung gegenüber der anderen Seite zu enthalten; denn eine solche Gewalt hätte zugleich auch den Nuklearkrieg der Großen auslösen können. Weil alle ihre Vernichtung ständig vor Augen hatten, herrschte an der gefährlichsten Front über Jahrzehnte hinweg so etwas wie Frieden.

Mit dem Ende des „Kalten Krieges" hat sich die nukleare Suprastruktur, die bisher den „heißen Krieg" großen Ausmaßes verhindert hatte, verändert. Die Gewichte in der Welt verschieben sich, und die Staaten suchen aufs neue ein Gleichgewicht, das Feindseligkeiten untereinander zu einem selbstschädigenden Unternehmen macht. Eines der Mittel zu diesem Zweck ist die Errichtung eines Internationalen Strafgerichtshofs für Völkermord, Verbrechen gegen die Menschlichkeit und Kriegsverbrechen. Während sonst nur Staaten und internationale Organisationen als Völkerrechtssubjekte in Erscheinung treten, kommen hier die natürlichen Personen immerhin als Pflichtsubjekte in Betracht.

III. Universalismus und Nationalismus im Widerstreit

Die neuere Entwicklung des Völkerrechts ist durch zwei Tendenzen gekennzeichnet, die ein wachsendes globales Bewußtsein signalisieren, ohne es freilich verhindern zu können, daß sie gleichzeitig in den Dienst nationaler Interessen gestellt werden: der Trend zur Schaffung internationaler Organisationen und die Ausbreitung der Menschenrechtsidee.

1. *Internationale Organisationen*

Internationale Organisationen gab es vereinzelt bereits im 19. Jahrhundert. Die Einsicht in die internationalen Dimensionen vieler neuer Probleme, verbunden mit dem Bewußtsein, daß sich alle Staaten in einer unfreiwilligen Schicksalsgemeinschaft befinden, in der sie zu kooperieren gezwungen sind, hat die Zahl dieser Organisationen in der Folge so sprunghaft anwachsen lassen, daß die zunehmende Quantität mittlerweile eine neue Qualität begründet hat: neben den souveränen Staaten sind die internationalen Organisationen zu einem eigenständigen Faktor geworden, der sich immer mehr in den Vordergrund schiebt.

Von großer Bedeutung sind vor allem die *Vereinten Nationen* (UNO) mit ihren verschiedenen Unterorganisationen. Bereits nach dem 1. Weltkrieg war auf Initiative des amerikanischen Präsidenten Wilson der Völkerbund als globaler Zusammenschluß einer Vielzahl von Staaten begründet worden. Er

III. Universalismus und Nationalismus im Widerstreit   335

scheiterte, weil er die tiefgreifenden Gegensätze der Beteiligten nicht zu überbrücken vermochte. Nach dem 2. Weltkrieg wurde er ersetzt durch die Vereinten Nationen, welche die meisten Staaten der Erde umfassen. Die Vollversammlung der Vereinten Nationen stellt der Idee nach ein Forum der Weltöffentlichkeit dar, ein Ort, wo die beteiligten Staaten ihre grundlegenden Probleme zur Sprache bringen können. Dem Sicherheitsrat, dem nur wenige Staaten angehören, ist nach der UN-Charta „die Hauptverantwortung für die Wahrung des Weltfriedens und der internationalen Sicherheit" zugewiesen. In Erfüllung dieser Aufgabe kann er sogar Mehrheitsbeschlüsse fassen (die freilich nur wirksam sind, wenn keines der fünf ständigen Mitglieder dagegen sein Veto einlegt). Manche haben daher in den Vereinten Nationen bereits einen Schritt in Richtung auf einen Weltstaat und im Sicherheitsrat die Vorform einer möglichen Weltregierung sehen wollen.

Bei näherem Zusehen entpuppt sich das freilich als Wunschdenken. Die Staaten, die Mitglied der Vereinten Nationen sind, haben sich dieser Organisation nicht zu dem Zweck angeschlossen, um auf ihre Souveränität zu verzichten, sondern um ihre nationalen Rechte und Interessen in einer veränderten Welt besser wahren zu können. Auch wenn sich die globalen Probleme für alle Staaten gleich stellen, so gibt doch jeder darauf seine eigene Antwort. Die Vollversammlung ist daher nicht nur ein Forum der Völkerverständigung, sondern zugleich ein getreuer Spiegel der tiefgreifenden Gegensätze, welche die Welt nach wie vor prägen. Nichts anderes gilt für den Sicherheitsrat. Infolge des Vetorechts der ständigen Mitglieder war der Sicherheitsrat bisher bei fast allen Krisen bis zur Handlungsunfähigkeit blockiert. Aber auch da, wo es zu Beschlüssen gegen Aggressoren kommt, stehen dem Sicherheitsrat zur Durchsetzung keine eigenen Streitkräfte zur Verfügung. Er ist daher darauf angewiesen, daß die Mitgliedstaaten von Fall zu Fall mit ihm zusammenarbeiten. Dazu sind diese freilich nur dann bereit, wenn es in ihrem eigenen Interesse liegt. In einer Zeit, in der jedenfalls im saturierten Westen kaum noch jemand die Hölderlin'sche Lust verspürt, für seine eigene Nation zu sterben, wird er für andere Nationen oder gar für die abstrakte Menschheit zu diesem Opfer noch viel weniger geneigt sein. Auch im Zeitalter der Vereinten Nationen ist daher ein Staat, der mit Waffengewalt angegriffen wird, nach wie vor auf sich selbst und seine unmittelbaren Bündnispartner angewiesen. Von einer Weltgemeinschaft ist insoweit nach wie vor wenig zu spüren.

2. Die Idee der Menschenrechte

Auf den ersten Blick beeindruckend ist auch der Siegeszug der Menschenrechtsidee. Nachdem bereits die Präambel zur Charta der Vereinten Nationen den alle Unterzeichnerstaaten verbindenden „Glauben an die Grundrechte des

Menschen" beteuert hat, haben die Menschenrechte im internationalen Rahmen bei vielen Gelegenheiten immer wieder eine große Suggestionskraft bewiesen. Als Inhaber von Menschenrechten erscheint der Staatsbürger zugleich als Weltbürger, als Mitglied jener *civitas maxima*, in der sich in einer fernen Zukunft vielleicht einmal alle Staaten auflösen werden. Wie ein Staat seine Bürger behandelt, ist unter dem Gesichtspunkt der Menschenrechte nicht allein *sein* Problem, sondern geht *alle* an. Der Gedanke der Menschenrechte ist daher ein kühner Vorgriff auf eine künftige Weltregierung und eine geistige Waffe in der Hand derjenigen, die dafür eintreten, daß die Welt nach einem einheitlichen Muster geordnet wird. Das war bereits so, als Franciscus de Vitoria (1482–1546) die angestammten Rechte der Einwohner Amerikas gegen die Gewalt der spanischen Eroberer verteidigte, und ist im Grunde auch heute noch so. Allerdings hat sich die Zielrichtung mittlerweile geändert.

Zur Zeit des Kalten Krieges wurde der menschenrechtliche Universalismus vom Westen als politische Waffe gegen den Kommunismus eingesetzt. Die dagegen gerichtete Verteidigung des Ostens, daß darin eine „Einmischung in die inneren Angelegenheiten" anderer Staaten liege, stand auf schwachen Füßen, weil sie auf eine Negation des Menschenrechtsgedankens überhaupt hinauslief. Für die Opposition im Innern dieser Staaten war es immer wieder hilfreich, sich auf allgemein anerkannte Menschenrechte berufen zu können.

Mittlerweile haben es auch die Entwicklungsländer gelernt, in der Sprache der Menschenrechte zu argumentieren, wobei sie diese allerdings in ihrem eigenen Sinn benutzen. Während der Westen einseitig die Freiheitskomponente betont, stellt man in anderen Teilen der Welt ebenso einseitig die materiellen Voraussetzungen jedes Freiheitsgebrauchs heraus. Das hat nicht nur den Sinn, daß damit die Forderung nach der Herstellung rechtsstaatlicher Zustände zurückgewiesen werden kann. Vielmehr werden die Menschenrechte damit zugleich umfunktioniert zu einem Kampfmittel bei der Auseinandersetzung um die gerechte Verteilung der Güter dieser Welt. Der Universalismus bewährt seine moralische Kraft auch hier, aber er kehrt sich gegen seine geistigen Urheber; denn an das gleichmäßige Teilen im Verhältnis der Nationen untereinander war im Westen nie gedacht gewesen. Streng genommen war nicht einmal gemeint, daß alle Staaten bestimmte Rechte, einschließlich des Rechts auf Aufenthalt, buchstäblich jedermann einzuräumen hätten. Gemeint war vielmehr, daß jedermann diese Rechte in dem Staat genießen sollte, dem er eben angehörte – sofern es die Verhältnisse dort zuließen. So scheint es fast, daß die innere Logik der Menschenrechtsidee den Westen einmal vor die unangenehme Alternative stellen könnte, sich entweder real aufzugeben oder aber seinen universalen Idealen abzuschwören.

Ein Letztes schließlich: Die große Idee der rechtlich gesicherten Freiheit, mit der wir uns im Teil 2 Abschnitt 3 dieses Buches ausführlich befaßt haben, verdankt sich nicht dem weltweiten Diskurs menschheitlicher Interessen, sondern hat den europäischen Nationalstaat zu seiner gedanklichen und organisatorischen Voraussetzung. Rechtliche Institutionen sind nicht frei verfügbare Formen, die sich nach Kommando auf beliebige Kulturräume übertragen lassen. Wer immer nur den Weltstaat ins Visier nimmt, zerstört damit ungewollt vielleicht die Fundamente von Rechtsstaat und Demokratie, die einstweilen nur im Nationalstaat europäischer Prägung sicher sind. Ob die Rechtseinheit den Preis der Freiheit wert ist, ist eine alte und gerade in Deutschland vieldiskutierte Frage. Auch im globalen Kontext dürften viele Illusionen dem Ernst dieser Frage kaum gewachsen sein.

Der Menschheitstraum einer „allgemein das Recht verwaltenden bürgerlichen Gesellschaft", den Kant einmal ausmalte, ist damit nicht ausgeträumt. Wer ihn weiterträumen will, wird indessen einen langen Atem benötigen.

§ 26 Europarecht

I. Ursprünge und Entwicklungen

Im Verlauf des zweiten Weltkrieges sind die europäischen Nationalstaaten mit großem Getöse aus der Weltgeschichte ausgetreten. Aus den Trümmern der zerstörten Welt von einst ist jedoch gleichzeitig, wie ein Phönix aus der Asche, der *Gedanke Europas* wiedererstanden, nicht als Reminiszenz vergangenen Glanzes, sondern als ein politisches Handlungsprogramm, das die europäische Wirklichkeit in der Folge grundlegend umgestaltet hat. Deutschland hat sich dieser Entwicklung bereitwillig eingefügt. Schon in der Präambel des westdeutschen Grundgesetzes von 1949 wird der Wille bekräftigt, „als gleichberechtigtes Glied in einem vereinten Europa dem Frieden der Welt zu dienen". Späterhin hat sich Deutschland sogar als eine der treibenden Kräfte auf dem Weg zu einem vereinten Europa erwiesen.

1. *Europäische Gemeinsamkeiten*

Die Motive, von denen der europäische Einigungsprozeß getragen ist, sind allerdings unterschiedlicher Natur.

Unausgesprochene Voraussetzung dafür, daß eine solche Entwicklung in Gang kommen konnte, war das in der Tiefe der Zeiten verankerte Bewußtsein, daß Europa nicht nur räumlich zusammenhängt. Zum Lebensgefühl des Europäers gehört die Überzeugung, daß die *Nation*, der er angehört, bei aller Selbständigkeit und Eigenart doch *Teil einer spezifisch europäischen Welt* ist. Als Johann Gottlieb Fichte in einer national ungemein aufgewühlten Zeit die

Frage aufwarf: „Welches ist denn das Vaterland des wahrhaft ausgebildeten christlichen Europäers?", gab er ohne zu zögern die Antwort: „Im allgemeinen ist es Europa ..."[1] Europa, das war für ihn der nächstweitere Lebenskreis, der sich an den eigenen Sprachraum anschloß und den man damals noch als christliches Abendland dem heidnischen Morgenland gegenüberstellte. Was im Abendland geschah, ging in gewissem Sinn alle an, während die Nachricht, daß „hinten, weit, in der Türkei die Völker aufeinander schlagen"[2], aus einer fremden Welt zu kommen schien. Im Kern verdankt sich dieses europäische Lebensgefühl einer in vieler Hinsicht gemeinsamen Geschichte. Antike und Renaissance, Christentum und Aufklärung, nicht zuletzt aber auch die Rezeption des römischen Rechts und die Ausbreitung des neuzeitlichen Naturrechts, die beide zusammen einmal so etwas wie ein *ius Europaeum commune* ausmachten, haben im Laufe der Zeit eine Wert- und Vorstellungswelt entstehen lassen, die unverkennbar europäischen Charakter trägt. Im Vergleich dazu ist auch Amerika, in dem so vieles davon fortlebt, anders; der „neuen Welt", wie sie bezeichnenderweise früher genannt wurde, fehlt der historische Boden, aus dem die europäische Kultur erwachsen ist und aus dem sie nach wie vor ihre Lebenskraft bezieht.

In einem von nationalen Egoismen geprägten Umfeld hatte diese so oft gepriesene Kultur eine Vielzahl von Bruderkriegen freilich nicht verhindern können. Auch der gerade zu Ende gegangene Weltkrieg war nicht durch eine Rückbesinnung auf europäische Gemeinsamkeiten, sondern durch die Waffengewalt der Russen und Amerikaner beendet worden. Der Anlaß, den Gedanken einer Vereinigung Europas, dessen humanitäre Ideen in diesem Krieg in einem Maße gescheitert waren wie nie zuvor, gerade jetzt neu zu beleben, war denn auch ein unmittelbar praktischer: Den Westmächten kam es darauf an, das geschlagene *Deutschland*, das als Kernland Europas von einer Vielzahl von Nachbarstaaten umringt ist, *in eine westliche Ordnung* einzubinden, dadurch zu bändigen und als eigenständigen Gefahrenherd auszuschalten. Das neue Europa sollte die in einem übersteigerten Nationalismus beruhenden Fehler des alten, die in eine Katastrophe geführt hatten, nicht wiederholen.

Von Anbeginn war aber noch ein weiterer Zusammenhang wirksam: Den übermächtigen wirtschaftlichen und politischen Konkurrenten, die nach 1945 die Weltbühne betraten, waren die europäischen Staaten als einzelne nicht mehr gewachsen. Wollten sie sich nicht damit abfinden, fortan im zweiten Glied zu stehen, wollten sie versuchen, das in der Vergangenheit verspielte Terrain zurückzugewinnen und erneut zu vollwertigen Akteuren auf der internationalen Bühne zu werden, so mußten sie sich in einer von Supermächten und Wirtschaftsblöcken bestimmten Welt zu einem *eigenen Block* formieren und ihre gemeinsamen Interessen geschlossen geltend machen. Neben dem kulturellen Fundament und dem gemeinsamen Friedenswillen wurde daher auch ein gemeinsamer Selbstbehauptungswille zu einer treibenden Kraft bei der europäischen Einigung.

2. *Vom Zweckprodukt zum Selbstläufer*

Obwohl der Europagedanke an sich weiter reicht, denkt man bei dem Wort „Europarecht" vor allem an die Europäische Union, die im allgemeinen Bewußtsein bereits weitgehend an die Stelle der früheren europäischen Gemeinschaften, nämlich der Europäischen Gemeinschaft für Kohle und Stahl, der Europäischen Wirtschaftsgemeinschaft und der Europäischen Atomgemeinschaft getreten ist. Lediglich die letztere ist als eigenständige supranationale Gemeinschaft erhalten geblieben. Auch im vorstehenden Zusammenhang wollen wir uns auf die Europäische Union beschränken.

Ebenso wie die europäische Einigungsbewegung ist auch das Europarecht nur vor dem Hintergrund von zwei Entwicklungsmodellen verständlich, die im Grunde bis heute miteinander im Widerstreit liegen. Das eine zielt schwerpunktmäßig auf die *wirtschaftliche Zusammenarbeit* der europäischen Staaten ab, das andere auf ihre *politische Einigung und Gleichschaltung*. Dabei ist die politische Einigung lange Zeit nur langsam vorangekommen, während die wirtschaftliche Zusammenarbeit rasche Fortschritte machte. In jüngerer Zeit hat auch die politische Gleichschaltung Ausmaße angenommen, die manchen ursprünglichen Befürworter zum Skeptiker haben werden lassen.

Blickt man kurz auf die Anfänge zurück, so ging der unmittelbare Anstoß zur Gründung der drei ursprünglichen europäischen Gemeinschaften von Jean Monnet und Robert Schuman aus (der erstere Leiter des französischen Planungsamtes, der zweite französischer Außenminister), die vorschlugen, die deutsche und die französische Schwerindustrie zu vereinigen. Beabsichtigt war damit nichts anderes, als Deutschland die alleinige Verfügungsgewalt über die Kohle- und Stahlproduktion des Ruhrgebietes aus wirtschaftlichen und militärischen Gründen vorzuenthalten. Nach dem Ersten Weltkrieg hatte Frankreich das Ruhrgebiet besetzt und für seine Zwecke ausgebeutet. Um Deutschland nicht erneut zu demütigen und abermals gefährliche Ressentiments auszulösen, sollten dieses Mal die westeuropäischen Staaten unter Einschluß Frankreichs ihre Kohle- und Stahlproduktion denselben internationalen Kontrollen unterstellen, denen auch die Industrieproduktion des Ruhrgebiets unterworfen wurde. Dieser Plan wurde bereits 1951 mit der Gründung der *Europäischen Gemeinschaft für Kohle und Stahl*, der sogenannten Montanunion, verwirklicht. Da Großbritannien die Teilnahme abgelehnt hatte, weil es auf staatliche Hoheitsrechte nicht verzichten wollte, umfaßte die Gemeinschaft zunächst nur Frankreich, die Bundesrepublik Deutschland, Italien und die drei „Beneluxstaaten" Belgien, Niederlande und Luxemburg.

Die Montanunion wurde in der Folge das Modell für weitere Gemeinschaften, wobei freilich der Gedanke einer politischen Union schon bald in den Hintergrund trat. 1952 hatten die Mitgliedstaaten zunächst noch die Gründung einer Europäischen Verteidigungsgemeinschaft vereinbart, deren Verbände sich auf der Basis gleicher Ausbildung, Bewaffnung und Uniformierung aus Einheiten verschiedener Nationalität zusammensetzen sollten. Im Zusammenhang damit waren bereits auch die ersten Schritte für die Gründung einer Europäischen Politischen Gemeinschaft mit einem aus Volkskammer und Senat bestehenden Parlament unternommen worden. Diese politischen Pläne scheiterten dann aber an der Ablehnung der Verteidigungsgemeinschaft durch die französische Nationalversammlung. Der deutsche Bundeskanzler Adenauer, der in der zweigeteilten Welt der Nachkriegszeit entschieden auf eine verstärkte Westintegration der Bundesrepublik hinarbeitete, hat dies später einmal „als die bitterste Enttäuschung und den größten Rückschlag" seiner gesamten Regierungszeit bezeichnet. Möglicherweise blieb der Einigungsprozeß aber gerade dadurch vor einer Zerreißprobe bewahrt, die ihn beendet hätte, kaum daß er begonnen hatte.

Intensiviert wurde die Zusammenarbeit dagegen auf wirtschaftlichem Gebiet. Nach dem Vorbild der Europäischen Gemeinschaft für Kohle und Stahl wurde 1957 die Gründung von zwei weiteren Gemeinschaften beschlossen, der *Europäischen Wirtschaftsgemeinschaft* und der *Europäischen Atomgemeinschaft*. Alle drei Gemeinschaften bestanden zunächst rechtlich selbständig nebeneinander. Allerdings verfügten sie über gemeinsame Organe. Im Zuge der 1992 in Maastricht beschlossenen Änderungen wurde die Europäische Wirtschaftsgemeinschaft (EWG) in *„Europäische Gemeinschaft"* (EG) umbenannt. Der Montanvertrag ist nach Beendigung seiner Laufzeit im Jahr 2002 außer Kraft getreten.

Im Verlauf ihrer Geschichte, die – von der Bevölkerung vielfach unbemerkt – über eine Reihe von Stufenplänen zu einem immer weiteren Ausbau führte, mußte die EWG eine Vielzahl von Krisen überwinden. Der erste größere Konflikt wurde 1965 durch Differenzen über die gemeinsame Agrarpolitik ausgelöst. Frankreich war damals gegen eine Aufwertung der europäischen Institutionen und nahm daher über eine längere Zeit hinweg an keiner gemeinsamen Sitzung mehr teil. Die Folge dieses Konflikts war ein Kompromiß, wonach der Ministerrat der Gemeinschaft auch da, wo im Gründungsvertrag an sich Mehrheitsentscheidungen vorgesehen waren, nur noch dann Mehrheitsbeschlüsse fassen sollte, wenn alle Mitgliedstaaten damit einverstanden waren. Die mehrfache Erweiterung der Gemeinschaft (1973 um Großbritannien, Irland und Dänemark, 1981 Griechenland, 1986 Spanien und Portugal, 1995 Österreich, Schweden und Finnland, 2004 Polen, Tschechien, Slowakei, Slowenien, Ungarn, Estland, Lettland, Litauen, Malta und

Zypern, 2007 Rumänien und Bulgarien) verschaffte ihr nicht nur räumlich eine immer größere Ausdehnung, sondern brachte regelmäßig auch neuen Konfliktstoff hinzu.

Nach einer längeren Periode der inneren Stagnation, während der bereits das Wort von der „Eurosklerose" die Runde machte, kam es seit Mitte der achtziger Jahre zu einer beschleunigten Entwicklung. In der 1986 unterzeichneten Einheitlichen Europäischen Akte wurde den Gesetzgebungsorganen der Gemeinschaft der Auftrag erteilt, bis Ende 1992 die Voraussetzungen für einen *gemeinsamen Markt ohne Binnengrenzen* zu schaffen. Zugleich wurde bei dieser Gelegenheit wieder einmal das zweite Ziel der europäischen Einigungsbewegung bekräftigt, eine europäische Union zu schaffen.

Noch bevor der unbegrenzte Binnenmarkt verwirklicht war, wurde bereits die nächste Änderung beschlossen. Als sich nämlich die deutsche Wiedervereinigung abzeichnete, machte sich in den europäischen Nachbarstaaten ebenso wie in der politischen Führung der Bundesrepublik selbst der Wunsch bemerkbar, Deutschland, das gerade im Begriff war, seine volle Souveränität zurückzuerlangen, abermals tiefer in den europäischen Gemeinschaftsrahmen einzugliedern. 1990 wurden daher zwei parallele Regierungskonferenzen zur Schaffung einer Wirtschafts- und Währungsunion sowie einer politischen Union einberufen. Diese mündeten Anfang 1992 in den Vertrag von Maastricht über die Gründung einer *Europäischen Union*. In der Sache wurde darin vor allem ein verbindlicher Stufenplan zur Einführung einer *Währungsunion* beschlossen. Mit der Ausgabe von Euromünzen und -scheinen fand diese im Jahr 2002 innerhalb der damals teilnehmenden Staaten ihren Abschluß.

Der Versuch, das politische System der Europäischen Union durch einen „Verfassungsvertrag" an die im Laufe der Zeit veränderten Bedingungen anzupassen, scheiterte demgegenüber im ersten Anlauf daran, daß dieser Vertrag bei Volksreferenden in Frankreich und den Niederlanden keine Mehrheit fand. (In Deutschland war ein solches Referendum von vornherein nicht vorgesehen.) Seine wesentlichen Elemente wurden dann jedoch in den „Reformvertrag" von Lissabon (2007) übernommen. Über diesen fand nur in Irland ein Referendum statt, das zunächst ebenfalls ablehnend war und erst bei einer Wiederholung zustimmend ausfiel. Am 1. 12. 2009 trat der Lissabon-Vertrag in Kraft. Er führte unter dem Namen der „Europäischen Union" zur Vereinigung von EG und EU zu einem einzigen Rechtssubjekt, reformierte den EU-Vertrag und den EG-Vertrag und benannte den letzteren in „Vertrag über die Arbeitsweise der Europäischen Union" um.

Obgleich es an einem klaren politischen Ordnungskonzept nach wie vor fehlt – oder vielleicht gerade deshalb –, ist der Gedanke der Vergemeinschaftung mittlerweile zu einem Selbstläufer geworden. Zur Zeit umfaßt die Gemeinschaft bereits 27 Staaten. Ein Ende ist vorerst nicht abzusehen. Gelegentlich scheint es fast, daß der einmal in Fahrt gekommene Integrationsprozeß nurmehr seinen eigenen Gesetzen folgt.

II. Europa als Rechtsgemeinschaft

Im Unterschied zu dem Europa der Vorkriegszeit, das sich insbesondere als Kultur- und Schicksalsgemeinschaft verstand, ist das Europa der Europäischen Union als *Rechtsgemeinschaft* konzipiert. Damit ist gemeint, daß die Institutionen des modernen Europas bis auf weiteres vor allem durch positives Recht zusammengehalten werden. Nicht daß das nationale Recht bis dahin keine europäischen Bezüge aufgewiesen hätte; das Gegenteil ist richtig. Namentlich das römische Recht hat in den nationalen Rechtsordnungen Europas tiefe Spuren hinterlassen. Aber das waren gewachsene Gemeinsamkeiten, die der allgemeinen Entwicklung folgten und damit Schritt hielten, während das moderne Europarecht ein politisches Gestaltungsmittel ist, mit dem bestimmte Entwicklungen überhaupt erst in Gang gesetzt werden. Die neue europäische Rechtsgemeinschaft ist ihrem Ursprung nach eine Kopfgeburt, eine Revolution von oben, von den Regierungen der Mitgliedstaaten entworfen und mit obrigkeitlichen Mitteln ins Werk gesetzt, nicht ohne Rückhalt bei den Bürgern, aber eigentlich doch bürgerfern, zumal auch die Zustimmung der Betroffenen meist erst nachträglich eingeworben wird. Was in Brüssel geschieht, ist vom Bürger durch Wahlen kaum beeinflußbar. „Die Europäische Union hat viele Stärken", hat ein britischer Staatsminister einmal ironisch bemerkt, „aber die Demokratie gehört nicht dazu."[3] Das als Rechtsgemeinschaft verfaßte Europa erinnert vielmehr in manchem an vordemokratische Zeiten, als es die Staatsführung war, die dem Demos den Weg wies. Der Vorzug eines solchen Modells ist seine administrative Effizienz, das große Problem indessen seine politische Legitimität.

1. Organe der Europäischen Union

Die Organe der Europäischen Union – Ministerrat, Kommission, Parlament und Gerichtshof – sind den Staatsorganen der Mitgliedstaaten nur teilweise vergleichbar. Das Vorbild ihrer Einrichtung und ihres Zusammenspiels war nicht der moderne Verfassungsstaat.

Der *Ministerrat* ist nichts weniger als eine europäische Regierung, vielmehr ein Gesetzgebungsorgan mit Verwaltungsbefugnissen. Anders als der Name vermuten lassen könnte, besteht der Ministerrat auch nicht aus einem gleichbleibenden Stamm von Ministern. Je nachdem, über welche Fragen beraten wird, tagen vielmehr die jeweils zuständigen Fachminister der Mitgliedstaaten. Über steuerrechtliche Fragen beschließt also der Rat der Finanzminister, über agrarrechtliche der Rat der Landwirtschaftsminister usw. Auf diese Weise sind der einschlägige Sachverstand und die nationalen Interessen der Mitgliedstaaten gleichermaßen repräsentiert. Das Volk aber ist draußen. Einmal getroffene Entscheidungen können nur mit Zustimmung der andern noch einmal geändert werden. Da kein Minister, der einen Mitgliedstaat vertritt, den Bürgern der übrigen Mitgliedstaaten Rechenschaft schuldet und da noch dazu die Abstimmungen nicht öffentlich sind, läuft das überkommene System politischer Verantwortung leer. Bei Bedarf kann jeder die Schuld auf die andern schieben und ist dabei fast automatisch im Recht.

Die *Kommission* ist vor allem Verwaltungsorgan, hat allerdings auch wichtige Befugnisse im Gesetzgebungsverfahren. Sie ist nicht nur am Erlaß von Durchführungsverordnungen zu den Rechtsvorschriften des Parlaments und des Rates beteiligt, sondern ihr steht bei der Rechtsetzung auch das Initiativmonopol zu. Ein Gesetzgebungsverfahren wird also nur dann eingeleitet, wenn die Kommission es will. Damit kommt der Kommission im Rahmen der „Rechtsgemeinschaft Europa" die Schlüsselrolle zu. Ihr Gewicht wird noch dadurch verstärkt, daß die Kommissare im Unterschied zu den Mitgliedern des Ministerrats für eine mehrjährige Amtszeit ernannt werden. Die Stellung der Kommission scheint damit einen Trend zu bestätigen, der auch im Verfassungsgefüge Deutschlands bereits sichtbar geworden ist: die Verwaltung rückt in die Machtposition wieder ein, aus der sie unter demokratischen Vorzeichen einmal verdrängt werden sollte.

Das *Europäische Parlament* nimmt im Verhältnis zur Kommission nur eine schwache Position ein, wenngleich die Abgeordneten seit 1979 unmittelbar von den Bürgern gewählt werden. Ursprünglich war das Parlament kaum viel mehr als ein Beratungsorgan. Die Rechtsetzung war der Exekutive übertragen. Erst allmählich sind seine Befugnisse im Rechtsetzungsverfahren und bei der Aufstellung des Haushaltsplans erweitert worden. Aber nach wie vor steht ihm keine Initiativbefugnis zu. Von größerem Einfluß ist nach wie vor der *Gerichtshof der Europäischen Union*, der das Gemeinschaftsrecht durch seine integrationsfreundliche und für deutsche Begriffe ungewohnt großzügige Rechtsprechung wesentlich geprägt hat.

2. Rechtsetzungsakte und Rechtsetzungskompetenz

Nicht in den überkommenen Formenkanon einordnen lassen sich auch die *Rechtsetzungsakte* der Europäischen Union. Das „primäre" Gemeinschaftsrecht wird im wesentlichen durch die völkerrechtlichen Gründungsverträge der Mitgliedstaaten gebildet. Soweit diese Verträge unbedingte und hinreichend bestimmte Regelungen enthalten, sind diese unmittelbar gegenüber den Unionsbürgern anwendbar. Im Rahmen des „sekundären" Gemeinschaftsrechts, wie das von den Gemeinschaftsorganen selbst gesetzte Recht bezeichnet wird, unterscheidet man weiter zwischen Verordnungen, Richtlinien und Beschlüssen.

Verordnungen sind Rechtsnormen, die in allen Mitgliedstaaten wie innerstaatliches Recht unmittelbar gelten. Deutlicher als irgendwo sonst kommt darin zum Ausdruck, daß die Mitgliedstaaten einen Teil ihrer Souveränität an die Organe der Gemeinschaft abgegeben haben. Im Ergebnis wird jeder Deutsche heute von zwei Orten aus regiert: von Berlin und Brüssel. Die deutsche Regierung verfügt nur noch über eine partielle Zuständigkeit; die „Regierung" in Brüssel jedoch ist den Völkern der Mitgliedstaaten nicht verantwortlich. Im innerstaatlichen Bereich wäre eine solche Konstruktion schärfster Kritik ausgesetzt.

Richtlinien müssen im Gegensatz zu Verordnungen grundsätzlich erst in innerstaatliches Recht umgesetzt werden, bevor sie hier Wirkungen entfalten. Dabei sind die Mitgliedstaaten an sich nur an das Ziel der Richtlinie gebunden, in der Wahl der Form und der Mittel jedoch frei. Da die Richtlinien zunehmend detaillierter abgefaßt werden, ist die verbleibende Freiheit allerdings nicht sehr groß. Wenn ein Mitgliedstaat eine Richtlinie nicht ordnungsgemäß umsetzt, wird der Richtlinie zugunsten der Bürger unter bestimmten Voraussetzungen auch eine unmittelbare Wirkung zuerkannt. Die Gegenüberstellung von Verordnungen und Richtlinien ist also nicht ganz so trennscharf, wie es zunächst scheinen könnte.

Ähnliches gilt für das Verhältnis von Verordnungen oder Richtlinien und *Beschlüssen*. Im Unterschied zu den generell abgefaßten Verordnungen und Richtlinien gelten Beschlüsse an sich nur für die darin bezeichneten Adressaten. Da man es genügen läßt, wenn die Adressaten lediglich individualisierbar sind, sind die Beschlüsse begrifflich nur unscharf konturiert.

Einem – jedenfalls im Vergleich zu Deutschland – eigenartigen Modell folgt die Europäische Union auch bei der *Kompetenzzuweisung*. An sich gilt für die Rechtsetzung der Gemeinschaft das Prinzip der begrenzten Einzelermächtigung. Danach hat die Gemeinschaft keine Allzuständigkeit, sondern ist nur da zur Rechtsetzung berufen, wo ihr dazu eine begrenzte Kompetenz eingeräumt wurde. Während jedoch die innerstaatliche Gesetzgebungskompetenz des Bundes in Deutschland *gegenständlich* definiert ist (bürgerliches Recht, Strafrecht, Straßenverkehr oder Abfallbeseitigung), ist die Kompetenz der Europäischen Union in der Regel an bestimmten *Zielen* ausgerichtet, namentlich an der Errichtung eines Gemeinsamen Marktes. Eine genaue Kompetenzabgrenzung zwischen der Europäischen Union und den Mitgliedstaaten läßt sich daher nur schwer durchführen. Im Grunde kann fast jeder Rechtsunterschied in den Rechtsordnungen der Mitgliedstaaten als wettbewerbsstörend qualifiziert werden und damit eine europarechtliche Regelung rechtfertigen. Die zielorientierte Kompetenzzuweisung enthält daher die Möglichkeit, die mitgliedstaatlichen Kompetenzen auf stillem Weg auszuhöhlen und im Laufe der Zeit immer mehr Kompetenzen bei der Europäischen Union anzusiedeln, mag dieser auch eine den Mitgliedstaaten vergleichbare Allzuständigkeit fehlen. Wie es heißt, beruhen mehr als 80 % der deutschen Gesetze heute auf europäischen Vorgaben. In anderen Mitgliedstaaten dürfte es sich nicht anders verhalten. Die Kontrolle liegt insoweit nicht mehr bei den nationalen Parlamenten, sondern beim Europäischen Gerichtshof.

3. Wirtschaftliche Zusammenarbeit

Kern der Europäischen Union ist nach wie vor die wirtschaftliche Zusammenarbeit der Mitgliedstaaten.

a) Unbegrenzter Binnenmarkt. Innerhalb der Gemeinschaft selbst herrscht heute ein prinzipiell unbegrenzter Binnenmarkt mit einem freien Verkehr für Waren, Personen, Dienstleistungen und Kapital. Alle früheren Hindernisse und Abgaben beim Überschreiten der Binnengrenzen sind mittlerweile entfallen. Zweck dieser innereuropäischen „Entgrenzung" ist die Herstellung eines ungehinderten wirtschaftlichen Wettbewerbs im Bereich der Mitgliedstaaten. Ein solcher Wettbewerb dient der Mobilisierung der Produktivkräfte und steigert die Leistungsfähigkeit der Gemeinschaft als solcher. Im Verhältnis der Mitgliedstaaten zueinander ist davon unter anderem aber auch eine Angleichung des Lohn- und Preisniveaus bzw. ein Wohlstandstransfer von den wohlhabenderen zu den ärmeren Staaten der Gemeinschaft zu erwarten. Skeptiker haben bereits von der Gefahr eines sozialen Dumpings gesprochen. Verbunden mit dem Lohn- und Preisdruck, den die rasante Globalisierung der industriellen Märkte derzeit ausübt, könnte sich daraus für manche Staaten ein Rückfall in längst für überwunden geglaubte soziale Zustände ergeben.

Die Aufhebung der *Binnen*grenzen setzt zwangsläufig die Errichtung gemeinsamer Grenzen nach *außen* voraus. Andernfalls könnten z.B. die höheren Einfuhrzölle einzelner Mitgliedstaaten dadurch unterlaufen werden, daß die Waren zunächst in einen Mitgliedstaat mit geringerem Einfuhrzoll importiert und von hier aus zollfrei in die anderen Staaten gebracht würden. Um die aus solchen Praktiken resultierenden Turbulenzen zu verhindern, verfügt die Europäische Union über einheitliche Außenzölle. Angestrebt ist darüber hinaus eine gemeinsame Handelspolitik gegenüber Drittstaaten. Im Hinblick auf den Weltmarkt ist daher der Wettbewerbsgedanke nicht ganz so ausgeprägt wie im Innern der Gemeinschaft. Aus dem Kreis der Nichtmitgliedstaaten war gelegentlich bereits der Vorwurf von der „Festung Europa" zu hören.

b) Der Agrarmarkt. Vollends von anderen Prinzipien bestimmt ist der *Agrarbereich.* Die verschiedenen Marktordnungen, die den „Agrarmarkt" der Gemeinschaft regeln, dienen in Wahrheit dem Zweck, den freien Markt mit Agrarprodukten einzuschränken und durch ein System mit planwirtschaftlichen Zügen zu ersetzen.

Das beginnt bereits im Innern der Gemeinschaft selbst, wo die staatlichen Interventionsstellen für Getreide und andere Agrarprodukte nach nationalstaatlichen Vorbildern bestimmte „Interventionspreise" festlegen, zu denen sie die angebotenen Produkte aufkaufen. Anders als in allen anderen Wirtschaftsbereichen ist damit den Produzenten der Verkauf ihrer Produkte durch Einsatz öffentlicher Mittel garantiert.

Gegenüber dem Wettbewerb von Drittstaaten, die landwirtschaftliche Produkte zum Teil erheblich billiger anbieten können, schirmt sich die Europäische Union dadurch ab, daß sie diese Waren mit Einfuhrabgaben („Abschöpfungen") belegt und dadurch vom niedrigeren Weltmarktniveau auf das eigene Preisniveau anhebt. Umgekehrt werden Agrarexporte der Gemeinschaft durch die Gewährung von Ausfuhrbeihilfen („Erstattungen") begünstigt.

Dieses Abschirmen vom Weltmarkt bei gleichzeitiger Subventionierung im Innern hat im Laufe der Zeit zu einer gigantischen Überproduktion auf Staatskosten geführt. Der größte Teil der Gemeinschaftsausgaben fällt bisher auf den Agrarhaushalt, wobei die mit Abstand höchsten Nettozahlungen von Deutschland zu leisten waren. Obgleich dieses System häufig als Fehlentwicklung kritisiert worden ist, hat es sich bisher als aussichtslos erwiesen, es zu ändern.

c) Wirtschafts- und Währungsunion. Stattdessen hat sich die Gemeinschaft mit der Errichtung einer *Wirtschafts- und Währungsunion* auf ein weiteres Experiment eingelassen, dessen Folgen nur schwer abschätzbar sind. Der Europäischen Union ist nämlich die volle *Währungssouveränität* übertragen worden. Die nationalen Währungen der Mitgliedstaaten, die an diesem Verbund teilnehmen, sind durch eine einheitliche Währung ersetzt worden, für deren Stabilität die neu geschaffene Europäische Zentralbank allein verantwortlich ist. Im Gegensatz dazu soll die *Wirtschaft* weiterhin dezentral verfaßt bleiben und nicht in die Zuständigkeit der Gemeinschaft, sondern der Mitgliedstaaten fallen. Währungspolitik auf der einen und Wirtschafts- und Finanzpolitik auf der anderen Seite sollen mithin auf unterschiedliche Schultern verteilt sein. Eine zentrale Wirtschaftspolitik nach dem Muster der Währungsunion hätte vorausgesetzt, daß die Mitgliedstaaten bereit gewesen wären, ausgabenwirksame Politikbereiche der Gemeinschaft zu überlassen. Eine derart umfassende Übertragung von Souveränität stand indessen nicht zur Debatte.

Da Wirtschafts- und Währungspolitik in vielfältiger Weise miteinander zusammenhängen, ist die beschlossene Regelung vielfach umstritten. Die Befürworter hoffen zum Teil, daß eine Währungsunion infolge der damit verbundenen Sachgesetzlichkeiten eine politische Union von selbst erzwingen wird. Diese wäre dann durch einen Akt herbeigeführt worden, der sich vordergründig ein ganz anderes Ziel gesetzt hatte. Kritiker befürchten, daß die gemeinsame Währung zusätzliches Konfliktpotential zwischen den Mitgliedstaaten schaffen und damit eine Periode der Renationalisierung nach altem Muster einleiten könnte. Beim Geld hört bekanntlich die Gemütlichkeit auf. Wenn sich die Währungsunion als Fehlschlag erweisen sollte, wäre es jedenfalls mit der Europabegeisterung derer, die davon den Nachteil hätten, vorerst aus.

4. Verhältnis von Europarecht und nationalem Recht

Für den Juristen stellt sich immer wieder das Problem, in welchem Verhältnis Europarecht und nationales Recht zueinander stehen. Das betrifft einmal die – wegen der unscharfen Begrifflichkeit der Gründungsverträge – nicht leicht zu beantwortende Frage, in welchem Maße die Mitgliedstaaten ihre Rechtsetzungskompetenz auf die Organe der Europäischen Union übertragen haben und in welchem Bereich sie nach wie vor bei ihnen selbst liegt. Zum anderen geht es um die Frage, ob rechtswirksam gesetztes Gemeinschaftsrecht vor dem Recht der Mitgliedstaaten Vorrang genießt. Das wird heute allgemein bejaht. Umstritten ist nur, in welchem Maße das Gemeinschaftsrecht auch dem nationalen Verfassungsrecht, insbesondere den Grundrechten vorgeht. Das Problem ist bisher eher dilatorisch behandelt worden, weil sich auch der Europäische Gerichtshof zur Beachtung von Grundrechten bekannt hat, wenngleich es dafür lange Zeit keine förmliche Grundlage gab. Durch den Vertrag von Lissabon ist die im Dezember 2000 in Nizza proklamierte Grundrechtscharta mittlerweile auf eine Stufe mit den Gründungsverträgen gestellt worden. Der Sache nach ist diese Charta aber eher so beschaffen, daß sich die Herzen der Bürger ihr wohl nur zögernd öffnen werden. Entdramatisiert werden kann die Problematik auf lange Sicht wohl nur durch eine innereuropäische Rechtsvereinheitlichung, die freilich eine Angleichung der Lebensverhältnisse voraussetzt.

III. Zukunftsperspektiven

Eine Staatswerdung stellt man sich im allgemeinen so vor, daß sich ein Volk eine staatliche Organisation schafft. Im Falle der Europäischen Union muß man dagegen fast fragen, ob sich eine vorhandene Organisation auch ein dazu passendes Volk schaffen kann. In Deutschland hat man darin lange Zeit kein großes Problem gesehen. Je ablehnender die Haltung gegenüber der eigenen Nation seit dem nationalsozialistischen Sündenfall war, desto mehr fühlte man sich verpflichtet, sich betont „europäisch" zu geben. Für die deutschen Intellektuellen der Nachkriegszeit ist Europa nicht bloß zum nächstweiteren Lebenskreis, sondern zum vollständigen Ersatz für die eigene Nation geworden. Diese Einstellung war indessen mehr emotional als rational fundiert und findet in den europäischen Nachbarstaaten keine Parallele. Eine rationale Behandlung des europäischen Einigungsprozesses setzt zunächst einmal voraus, daß man sich über das angestrebte Ziel Klarheit verschafft. In der deutschen Öffentlichkeit hat hierüber erst nach Abschluß des Vertrages von Maastricht eine intensivere Diskussion eingesetzt.

1. Innere und äußere Ziele

Obwohl sich der Einigungsprozeß mittlerweile über mehr als ein halbes Jahrhundert erstreckt, ist immer noch offen, wer in die Europäische Union alles miteinbezogen werden soll. Der dilatorischen Behandlung dieser Frage ist es zu verdanken, daß selbst die Türkei, die weder ein europäisches noch ein christliches Land ist, über eine Beitrittspartnerschaft verfügt. Ungeklärt ist weiter, ob die der Gemeinschaft angehörenden Staaten im Begriff sind, sich langfristig als Bundesstaat zu organisieren, ob dies überhaupt erstrebenswert ist und wie ein solcher Bundesstaat gegebenenfalls aussehen könnte. Außer der vieldeutigen Formel, daß die Integration ständig *erweitert* und *vertieft* werden müsse, war dazu in der Vergangenheit nicht viel zu vernehmen. Aber Erweiterung der Integration bedeutet auf lange Sicht nichts anderes als Preisgabe des europäischen Charakters und Vertiefung der Integration nichts anderes als weiterer Abbau der nationalen Souveränität. Was im Austausch dafür gewonnen werden soll, ist unklar. Bei einer Überdehnung seiner Raumvorstellung könnte ein vereintes Europa kaum eine andere Funktion wahrnehmen als die eines krisenregelnden Systems kollektiver Sicherheit.

Um dem entgegenzuwirken, hatte bereits der Vertrag von Maastricht eine „*Europäische Union*" ins Leben gerufen, die zunächst eine Art Dachverband über den damals bestehenden Gemeinschaften darstellte, und im Zusammenhang damit eine *Unionsbürgerschaft* eingeführt. Genügt das, um aus einem Staatsbürger einen Unionsbürger zu machen? Kann ein Volk an einem Tag geboren werden? Kann die Selbstsucht, die Launenhaftigkeit, der Eigensinn und die Rechthaberei der Einzelnen auf Befehl sich biegen, um sich einem gemeinsamen Ziel unterzuordnen? Können sich leidenschafts- und willensbegabte Wesen auf Kommando zu einem Volkskörper zusammenschließen? Und wenn ja: welche Staatsform ist dann in der Lage, eine solche Gleichschaltung des Denkens und des Handelns zu bewirken? Die deutsche Öffentlichkeit ist

III. Zukunftsperspektiven 349

mit solchen Fragen lange Zeit nicht konfrontiert worden. Das war nur deshalb möglich, weil die deutsche Europapolitik in der Vergangenheit durch den vollständigen Ausfall jeder Art von parlamentarischer Opposition gekennzeichnet war. Wenn die Kunst der Politik nach einer spöttischen Bemerkung Paul Valérys darin besteht, die Leute davon abzuhalten, sich um das zu kümmern, was sie eigentlich am meisten interessieren müßte[4], so ist diese Kunst hier zur Vollendung gediehen.

Gegenwärtig verfügt das organisierte Europa mit der Rechtsetzungskompetenz und Währungshoheit bereits über wesentliche Merkmale eines Staates, ist jedoch von anderen Anforderungen, die an einen Bundesstaat zu stellen wären, weit entfernt. Gemessen an den Bevölkerungszahlen sind die kleineren Mitgliedstaaten im Ministerrat auch nach den zuletzt beschlossenen Reformen in eklatanter Weise überrepräsentiert. Ähnliches gilt für die Sitzverteilung im Europäischen Parlament, wo von gleichem Erfolgswert jeder Wählerstimme nicht die Rede sein kann. Den kleineren Mitgliedstaaten ist damit in beiden Organen ein überproportional großer Einfluß eingeräumt. Das ist hinzunehmen, solange es nicht um die Vertretung der Unionsbürger, sondern um die der Mitgliedstaaten geht. Aber kann man sich vorstellen, daß dies eine tragfähige Basis für einen Bundesstaat ist? Oder erscheint es umgekehrt realistisch anzunehmen, daß sich das Nationalbewußtsein in den kleineren Mitgliedstaaten bereits so weit verflüchtigt hat, daß man bereit wäre, sich in den Organen der Gemeinschaften entsprechend dem eigenen Bevölkerungsanteil an der Gesamtbevölkerung marginalisieren zu lassen?

Ein europäischer Bundesstaat würde sodann über zwei staatliche Ebenen verfügen: über den Gesamtstaat und die Einzelstaaten. Deutschland verfügt aber selbst bereits über zwei staatliche Ebenen: den Bund und die Länder. Was soll damit werden? Würden die den europäischen Bundesstaaten verbleibenden Kompetenzen in Deutschland zwischen Bund und Ländern aufgeteilt, wäre diese Struktur überkomplex und würde das politische Gewicht Deutschlands zusätzlich schwächen. Würde dagegen die Eigenstaatlichkeit der Länder beseitigt werden, so müßte Deutschland nach der Wiedervereinigung innerhalb kurzer Zeit eine weitere Jahrhundertlast verkraften.

Daß sich die Europäische Union zu einer gemeinsamen Außen- und Sicherheitspolitik bekennt und dabei auch eine gemeinsame Verteidigung ins Auge faßt (Art. 42 II 2 EU-Vertrag), ist für einen werdenden Bundesstaat gewiß konsequent. Außer Frankreich, das aus der militärischen Organisation ausgeschieden ist, gehören die wichtigsten europäischen Staaten jedoch bereits dem Nordatlantischen Verteidigungsbündnis (NATO) an, dessen Kommandostruktur unter amerikanischer Führung steht. Die NATO war diejenige Organisation, in der die USA die Staaten Europas zur Zeit des Kalten Krieges vor dem Zugriff der Sowjetunion bewahrt hat. Kann man die Strukturen oder auch nur die ungeschriebenen Gesetze dieser Organisation nachhaltig ändern, ohne daß die zur Zeit bedeutendste Atommacht der Welt ihre schützende Hand von Europa zurückzieht? Ist Europa überhaupt willens und in der Lage, seine Verteidigung in einer künftigen Auseinandersetzung um die Verteilung der Welt wirksam selbst zu übernehmen?

2. Grenzen der Gemeinsamkeit

Aber auch wenn all diese Fragen geklärt und gelöst wären: ein Staat, der die Stürme der Zeit überstehen kann, läßt sich nicht einfach am Reißbrett entwerfen; er hängt vielmehr auch noch von anderen Voraussetzungen ab. Ernest Renan hat dies mit knappen Worten einmal so auf den Begriff gebracht: „Ein *Zollverein* ist kein Vaterland."[5] Ein ökonomischer Zweckverband, könnte man heute sagen, ist kein Ersatz für das, was die Menschen zu einem Staat verbindet.

In einer Wohlstandsperiode, in der nach allen Seiten hin nur Vergünstigungen ausgeteilt werden, macht sich das vielleicht nicht bemerkbar. Anders dagegen, wenn es darum geht, daß Schwierigkeiten, Nachteile und Opfer in Kauf genommen werden müssen. Daß solche Opfer von der Mehrheit beschlossen worden sind, besagt für sich allein wenig. Die entscheidende Frage lautet vielmehr, warum sich die Minderheit der Mehrheit fügen soll. Mehrheitsentscheidungen sind nicht per se legitim. Wenn die Weltbevölkerung darüber zu entscheiden hätte, was mit dem Wohlstand der Industriestaaten geschehen soll, würde davon vermutlich nicht viel übrig bleiben. In den Industriestaaten besteht dementsprechend nur wenig Neigung, eine solche Abstimmung herbeizuführen, geschweige denn das Ergebnis zu akzeptieren. Legitim sind Mehrheitsentscheidungen nur insoweit, als sich die Minderheit immer noch als Teil jenes Ganzen fühlt, das von der Mehrheit repräsentiert wird. Dieses Zugehörigkeitsgefühl, das sich auf ganz unterschiedliche Gründe stützen kann, liegt jeder Staatsform voraus und verschafft der staatlichen Herrschaft überhaupt erst die erforderliche Legitimität bei den Bürgern.

Wo die Grenze jeweils verläuft, zeigt sich bei der Frage, mit wem man bereit ist, sein Geld zu teilen, und für wen man bereit ist, gegebenenfalls sein Leben zu riskieren. Bei vielen Gelegenheiten hat sich gezeigt, daß den europäischen Staaten das Hemd nach wie vor näher ist als der Rock. Das europäische Bewußtsein ist nicht nur durch kulturelle Gemeinsamkeiten und gemeinsame Interessen geprägt; es ist auch das Bewußtsein von Nationen, die sich jahrhundertelang blutige Kriege geliefert haben.

Schließlich noch etwas anderes, das man banal nennen könnte, wenn es nicht ständig vernachlässigt würde: Ein demokratisch verfaßtes Gemeinwesen setzt eine öffentliche Meinung, diese aber – da die Kommunikationsräume mit den verschiedenen Sprachräumen weitgehend identisch sind – eine *gemeinsame Sprache* voraus. In der Europäischen Union gibt es heute 23 verschiedene Amtssprachen. Auf der Ebene der Bürger existiert bereits aus diesem Grund *keine europäische Öffentlichkeit* und dementsprechend *kein europäischer öffentlicher Diskurs*. Wenn Demokratie bedeutet, daß politische Wahrheit im Wege der öffentlichen Diskussion gefunden wird, steht der Aufbau einer europäischen Demokratie vor denselben Schwierigkeiten wie der Turmbau von Babylon.

Aber auch auf der Ebene der Führungseliten stellt die Sprachenvielfalt ein Problem dar. Im *Europäischen Parlament* wird derzeit in allen Amtssprachen debattiert, wobei die Redebeiträge aus jeder Sprache simultan in alle anderen Amtssprachen übersetzt werden. Das ergibt 506 Kombinationen. In der *Kommission* werden aus Gründen der Vereinfachung lediglich drei Arbeitssprachen benutzt: Französisch, Englisch und – mit sehr großen Abstrichen – Deutsch. Bei den Beratungen des *Europäischen Gerichtshofs* ist die Umgangssprache Französisch. Deutsche rechtswissenschaftliche Vorstellungen lassen sich daher nur auf französisch durchsetzen. Selbstverständlich ist die Sprache bei all dem nicht zuletzt ein *Machtfaktor*: Wer in seiner Muttersprache diskutieren kann, ist dem Fremdsprachler normalerweise überlegen. In der Öffentlichkeit ist man sich all dessen bisher nur unzureichend bewußt.

3. Bürokratische Regulierungsorganisation

Langsam legt sich von Europa her über die Demokratie eine ganz andere Struktur. Die äußeren Formen der Demokratie bleiben zwar erhalten, aber sie werden hohl. Im Ergebnis ist ein europäischer Bundesstaat auf unabsehbare Zeit hinaus wohl nur als bürgerferner Verwaltungsstaat denkbar. Wenn ein solches Gemeinwesen nicht an einem Legitimitätsdefizit leiden soll, müßten sich unsere Vorstellungen von Demokratie nachdrücklich ändern; denn als eine in freier Selbstbestimmung sich organisierende Nation ist dieses Gemeinwesen schwer möglich. Indessen zeigt bereits der Umstand, daß man davon bisher wenig Notiz genommen hat, daß die überkommene Demokratie im Begriff ist, sich an administrative Erfordernisse anzupassen.

Nach all dem aber stellt sich folgende Frage: Wenn man, obwohl es in Europa an wesentlichen Voraussetzungen für die Errichtung eines Staates nach dem Muster der Mitgliedstaaten zu fehlen scheint, organisatorisch dennoch ein Staatswesen schafft, was wird dann die Folge sein?

Zunächst kann der Prozeß der Minimalisierung öffentlicher Gewalt kaum in der von den Einzelstaaten her bekannten Weise fortgesetzt werden. Daß die Freiheit der Bürger mit der Vergrößerung des Staates stetig abnimmt, wußte bereits Rousseau, und er nannte zugleich den Grund dafür: „Je weniger der

Wille der einzelnen mit dem allgemeinen, das heißt, je weniger die Sitten mit den Gesetzen übereinstimmen, desto mehr muß die hemmende Kraft zunehmen. Eine Regierung muß deshalb, um gut zu sein, mit der wachsenden Volkszahl immer stärker werden."[6] Anders ausgedrückt: je mehr die moralische Bindekraft infolge der mit einer Ausdehnung des Staatsganzen einhergehenden Pluralisierung abnimmt, desto nachdrücklicher muß das Zwangsrecht die entstehende Lücke füllen, wenn das Ganze nicht Schaden nehmen soll.

Eine andere Folge ist diese: Soweit nationale Egoismen und Dominanzbestrebungen mangels einer wirklichen Verschmelzung nicht abgeschliffen werden, würden sie einem europäischen Bundesstaat notwendig ihr Gepräge verleihen. Man müßte sich daher darauf einstellen, daß Nationalismen in erheblich stärkerem Umfang als bisher in europäische Formen gekleidet und als europäisch verbrämt werden. Wer sich auf dieses Doppelspiel bei der Verteilung von Ämtern und Geldern, bei der Auseinandersetzung um die Vorherrschaft bestimmter Sprachen oder die Übernahme bestimmter Rechtssysteme nicht versteht, weil er auch da noch auf Konsens setzt, wo die Voraussetzungen für einen Konsens erst herzustellen sind, hätte automatisch das Nachsehen. Der Staat müßte in einer längst für überwunden geglaubten Weise zum Staat derer werden, die sich seiner am geschicktesten zu bedienen wissen.

Über solche Perspektiven zu klagen, wäre indessen einseitig. Wer einen europäischen Bundesstaat will, muß sich auf die Auseinandersetzung um Vorteile und Vorherrschaft in Europa einlassen. Wer sie scheut – und auch dafür gibt es gute Gründe –, zieht eben ein „Europa der Vaterländer" vor. In jedem Fall wirft der Traum eines vereinten Europas ein bezeichnendes Licht auf den ungleich größeren Traum eines Weltstaates.

3. Teil: Rechtsdogmatik und Methodenlehre

§ 27 Rechtswissenschaft

I. Der Streit um die Rechtswissenschaft

1. Gesetzesabhängigkeit der modernen Jurisprudenz

Die Zweifel an der Wissenschaftlichkeit der „Rechtswissenschaft" sind alt. Zu schwankend erscheint vielen der Boden, auf dem eine solche Wissenschaft allein gegründet sein könnte. Auch wenn es zutrifft, daß das Recht in der Überzeugung der Menschen ruht, so hat doch jeder seine eigene Überzeugung. Über die zahllosen Meinungsverschiedenheiten, die sich daraus ergeben, kann man vielleicht autoritativ eine Entscheidung treffen. Aber wie soll man, wo streng genommen auf nichts Verlaß ist, mit wissenschaftlichen Mitteln *erkennen* können, was Recht und was Unrecht ist? Schon im 17. Jahrhundert hat Friedrich von Logau seine Vorbehalte gegen einen solchen Anspruch in gereimter Form so zum Ausdruck gebracht:

> „Ob der rechte Rechtsverstand
> Je sei worden wem bekannt,
> Ist zu zweifeln: allem Meinen
> Will stets was zuwider scheinen.
> Ist also, was zweifelhaft,
> Schwerlich eine Wissenschaft."[1]

Die moderne Auseinandersetzung über die Wissenschaftlichkeit der Rechtswissenschaft hat indessen einen anderen Ursprung. Sie geht zurück auf einen Vortrag Julius Hermann von Kirchmanns (1802–1884) aus dem Jahr 1848, der mit dem provozierenden Titel versehen war: „Die Wertlosigkeit der Jurisprudenz als Wissenschaft." Mit Jurisprudenz war dabei die *Rechtsdogmatik* gemeint, also die Lehre von dem Inhalt und dem inneren Zusammenhang derjenigen Normen, die in ihrer Gesamtheit, wie man meinte, das geltende Recht ausmachen. Die Rechtsdogmatik versteht sich traditionell als die berufene Bewahrerin und Verwalterin dieses Rechts, und sie gewinnt ihre Rechtfertigung nicht zuletzt daraus, daß sie der Rechtspraxis, also den Gerichten, die das Recht im Detail anzuwenden haben, Vorarbeit leistet. In wissenschaftlicher Hinsicht war das nach Kirchmanns Auffassung alles wertlos.

Auf die Zeitgenossen wirkte dieses Verdikt wie ein Paukenschlag. Nachdem das Deutsche Reich im Jahr 1806 in eine Vielzahl von Staaten mit unterschiedlichen Rechtsordnungen auseinandergebrochen war, war die Rechtswissenschaft in eine historisch einmalige Lage hineingewachsen. Die Einheit des Rechts in Deutschland konnte in dieser Situation weder durch die partikularrechtliche Gesetzgebung noch durch die dazugehörige Rechtsprechung, sondern allein durch eine auf sich selbst gestellte grenzüberschreitende Rechtswissenschaft gewährleistet werden. Diese Kombination von Freiheit und Erfolgszwang zeigte rasch Folgen. Innerhalb weniger Jahrzehnte gelang es der Rechtswissenschaft, ein bis dahin unbekanntes Niveau zu erklimmen. Im Jahr vor Kirchmanns Vortrag war gerade der sechste Band von Savignys „System des heutigen römischen Rechts" erschienen – ein Werk, das für die Erkenntnis wesentlicher Strukturen des Rechts von paradigmatischer Bedeutung war. Aber Kirchmann wischte all dies beiseite, er erwähnte es nicht einmal. Er griff nur einen einzigen Punkt heraus, an dem er seine ganze Kritik festmachte: die *Gesetzesabhängigkeit* der modernen Rechtswissenschaft. Damit aber traf er in der Tat – vielleicht nicht aus damaliger, wohl aber aus heutiger Sicht – die empfindlichste Stelle. Denn auch wenn sich der überwiegende Teil der damaligen Zivilrechtswissenschaft noch mit römischem Recht und nicht mit den in den Landesgesetzblättern veröffentlichten Gesetzen befaßte, so war doch absehbar, wie die *weitere Entwicklung* verlaufen würde: Die Rechtswissenschaft würde es auf Dauer nicht vermeiden können, sich zur Gesetzeswissenschaft, zur Wissenschaft von dem Inhalt und der Handhabung der von dem jeweiligen Gesetzgeber erlassenen Vorschriften also, zu wandeln.

Gesetz und Recht aber waren für Kirchmann durchaus zweierlei. Das Recht war für ihn ein Pendant der Wahrheit; das positive Gesetz dagegen erschien ihm in seiner letzten Bestimmtheit als „bare Willkür", eine „Zwittergestalt von Sein und Wissen, die zwischen dem Recht und der Rechtswissenschaft sich eindrängt und beide mit ihren verderblichen Wirkungen bedeckt". Je mehr sich die Rechtswissenschaft mit dem positiven Gesetz befasse, desto mehr werde sie „aus einer Priesterin der Wahrheit ... zu einer Dienerin des Zufalls". Ja, indem die Wissenschaft das Zufällige zu ihrem Gegenstand mache, werde sie selbst zur Zufälligkeit: „drei berichtigende Worte des Gesetzgebers und ganze Bibliotheken werden zu Makulatur."[2]

2. Die Rechtsquellen als Argumentationsverbote

Der Aufschrei, der diesem Angriff folgte, war so stark, daß das Echo bis heute nachhallt. Das kann man eigentlich nur damit erklären, daß Kirchmanns

I. Der Streit um die Rechtswissenschaft

Ausführungen nicht ganz so abwegig waren, wie seine Kritiker immer wieder glauben machen wollten. Um den sachlichen Kern seiner Argumentation aus der zeitbedingten Einkleidung herauszulösen, muß man sich freilich zunächst einmal die allgemeine Struktur der juristischen Argumentation klarmachen.

Die Rechtsdogmatik schöpft ihre Erkenntnisse bekanntlich aus den sogenannten *Rechtsquellen*. Diese liefern gewissermaßen das Rohmaterial, aus dem alle Argumente gemacht sein müssen, wenn sie in einer juristischen Auseinandersetzung Gehör finden sollen. Die Aufgabe der Rechtsdogmatik besteht darin, diese Argumente im einzelnen aufzubereiten. Wer die Dinge ausschließlich mit juristischen Augen betrachtet, könnte daher versucht sein, in der Rechtswissenschaft eine Argumentationswissenschaft zu erblicken, die dem Rechtsanwender auch dann noch Argumente an die Hand gibt, wenn ihm sonst nichts mehr einfällt.

Tatsächlich jedoch verhält es sich genau umgekehrt. Die Funktion der Rechtsdogmatik besteht nicht darin, neue Argumente zu erschließen, sondern darin, bekannte zu *verbieten*. Wenn es nur um den *sachlichen Gehalt* ginge, so könnte jedes Argument, das der Dogmatiker aus einer Norm herausliest, auch unabhängig von dieser Norm vorgetragen werden. Daß jemand, der schuldhaft das *Eigentum* eines anderen verletzt hat, diesem zum Schadensersatz verpflichtet ist, würde den meisten Menschen auch dann einleuchten, wenn es den § 823 I BGB, der eben dies vorschreibt, nicht gäbe. Ohne diese Vorschrift würden viele vielleicht aber dafür plädieren, auch bei einer Beeinträchtigung des *Vermögens*, der *Ehre* oder der *freien Entfaltung der Persönlichkeit* eine Schadensersatzpflicht vorzusehen. Eben dies aber schließt § 823 I BGB grundsätzlich aus. Diese Vorschrift schneidet aus der Fülle *möglicher* Argumente zur Begründung von Schadensersatzpflichten eine begrenzte Anzahl heraus, stattet diese mit besonderer *Autorität* aus und erklärt alle anderen für *bedeutungslos*. Nach demselben Prinzip arbeiten zahllose andere Normen. Die Tätigkeit der Rechtsdogmatik besteht dementsprechend zum guten Teil darin, diese unausgesprochenen Argumentationsverbote kontinuierlich fortzuschreiben und die Auseinandersetzung über Recht und Unrecht auf die allein zugelassenen Argumente zu beschränken. Die sogenannten Rechtsquellen sind also keineswegs Quellen, aus denen ständig neue Argumente hervorsprudeln. Es sind vielmehr Schleusen, durch die auch das einleuchtendste Argument erst einmal hindurch muß, um rechtlich relevant zu sein.

Das ist der Grund, weshalb die Tätigkeit des Juristen oftmals so spröde und trocken anmutet. Während in anderen Forschungsgebieten häufig ein Maximum an Einfallsreichtum gefragt zu sein scheint, wird dem Juristen die Entfaltung jeglicher Phantasie zunächst einmal verboten. Nur soweit es sich darum handelt, die Schleusen der Rechtsquellen in bestimmten Fällen zu erweitern oder zu verengen, darf auch der Jurist in bescheidenem Umfang eigene Einfälle entwickeln.

Diese Beschränkung muß man nicht unbedingt negativ sehen. Immerhin macht die Bindung an ein Repertoire vorgegebener Argumente so etwas wie Rechtswissenschaft im herkömmlichen Sinn allererst möglich. Denn wo es in einer Diskussion über Recht und Unrecht zwischen zulässigen und unzulässigen Argumenten keine Grenze gibt, wie beispielsweise am Stammtisch oder im sogenannten herrschaftsfreien Diskurs, wird in der Sache nicht rechtswissenschaftlich, sondern politisch oder moralisch argumentiert. In einer politischen Auseinandersetzung ist zwar die Fülle des Lebens präsent, der Streit selbst aber gerade deshalb häufig gar nicht entscheidbar. Erst die Verengung des Horizonts durch Anlegung von rechtlichen Scheuklappen schafft überschaubare Verhältnisse, erst sie erlaubt es dem Richter, eine von zwei streitenden Parteien „ohne Ansehen der Person" routinemäßig ins Unrecht zu setzen. Das klingt schroff; aber ohne dies ist eine funktionierende Justiz nicht möglich.

Wer sich auf diese Art des Denkens einläßt, ist allerdings auch einer besonderen Gefahr ausgesetzt. Die Kultivierung des „rein Rechtlichen", die Ausblendung dessen, was außerhalb dieses Gesichtskreises sonst noch vor sich geht, kann auch übertrieben werden. Das kann so weit gehen, daß schließlich, wie Carl Schmitt (1888–1985) einmal gespottet hat, „nur noch die weltanschauliche, wirtschaftliche, sittliche und politische Unsinnigkeit als das einzige spezifische Kennzeichen einer zweifellos reinen, nichts-als-juristischen Denkweise übrigbleibt".[3] Zu den Aufgaben eines Rechtsdogmatikers gehört es daher stets auch, zwischen den Forderungen des Lebens und den Ansprüchen der Theorie ein Gleichgewicht herzustellen. Auch für diesen Zweck gilt freilich, daß die in den Rechtsquellen enthaltenen Vorgaben zugleich die Mittel begrenzen, mit denen ein solcher Ausgleich allein bewirkt werden darf.

Dies ist der Bezugsrahmen, innerhalb dessen so etwas wie Rechtswissenschaft allein möglich ist.

Die umfassende Positivierung des Rechts, die Umstellung von bloß aufgeschriebenen auf autoritativ vorgeschriebene Rechtsquellen und der damit einhergehende Wandel der Jurisprudenz von einer Rechts- zu einer Gesetzeswissenschaft bewirkte vor diesem Hintergrund einen tiefen Einschnitt. Der Gesetzgeber gewann dadurch nicht nur die Macht, auf das reale Verhalten der Rechtsunterworfenen Einfluß zu nehmen; Hand in Hand damit wuchs ihm auch ein hohes Maß von *Verfügungsgewalt über die Rechtsdogmatik* zu. Wenn der Gesetzgeber ein neues Gesetz erläßt und damit eine neue Rechtsquelle ins Leben ruft, muß die positivistische Rechtsdogmatik ein Bündel von Argumenten, das ihr bislang strikt verschlossen war, von jetzt auf nachher für zulässig, ja für zwingend erklären. Und wenn der Gesetzgeber das Gesetz wieder aufhebt und die Rechtsquelle wiederum verschließt, so muß die Rechtsdogmatik die damit verworfenen Argumente prompt ebenfalls verwerfen. Es ist, als ob der Rechtsdogmatiker damit am Gängelband des Gesetzgebers hinge: Wie der Gesetzgeber befiehlt, so muß der Rechtsdogmatiker denken. Wenn man will, kann man die Tätigkeit des Rechtsanwenders daher als eine Art „denkenden Gehorsam" beschreiben.

Was aber hat das mit Wissenschaft zu tun? Wo bleibt der Bezug zur Wahrheit? Welche über den Tag hinausreichenden Erkenntnisse sollen dabei zu gewinnen sein? Das war die Kernfrage Kirchmanns, und sie hat bis auf den heutigen Tag nichts von ihrer Brisanz verloren.

3. Systembildung und Methode

Um dem Vorwurf der Unwissenschaftlichkeit zu begegnen, kann man im Grunde nur auf den *Systembezug* und die *Methode* der Erkenntnisgewinnung verweisen, wie sie bei vorgegebenem Erkenntnisziel für jede Art Rechtsdogmatik eigentümlich sind. Wenn es zutrifft, daß eine Wissenschaft durch System und Methode konstituiert wird, so muß dies auch für die Rechtsdogmatik gelten.

Juristen berufen sich daher in der Regel auf die eminente Rolle, die der Systembildung innerhalb der Rechtsdogmatik zukommt. Und sie können ebenso darauf verweisen, daß vermutlich zu keinem Gebiet menschlichen Wissens mehr „Methodenlehren" verfaßt wurden als zu dem der Jurisprudenz. Aber das allein beweist nichts. Die hypertrophe Methodendiskussion könnte ebensogut ein Indiz dafür sein, daß sich die Rechtswissenschaft in einer Dauerkrise befindet. Wie es sich mit System und Methode näher verhält, bedarf daher einer genaueren Betrachtung. Dabei können die *realen Bedingungen*, unter denen Systeme des Rechts erstellt und Methoden der Rechtsanwendung tatsächlich praktiziert werden, nicht außer acht bleiben. Wer danach fragt, wie es um die Wissenschaftlichkeit dessen, was sich Rechtswissenschaft nennt, heute bestellt ist, muß daher das Feld erst einmal nach dieser Richtung hin sondieren.

II. Rechtsdogmatik und Rechtssystem

1. Stoffbeherrschung und Gleichbehandlung

Die Bedeutung, die dem Systembegriff für jede Art von Rechtsdogmatik zukommt, hängt mit zweierlei zusammen. Einmal mit der Technik des Juristen, soziale Konflikte nicht „ganzheitlich" zu betrachten, sondern in eine Vielzahl von streng isolierten Einzelproblemen aufzulösen. Sodann aber mit dem gleichzeitig erhobenen Anspruch, Gleiches unter allen Umständen gleich, Ungleiches dagegen je nach dem Maß seiner Verschiedenheit verschieden zu behandeln. Beides scheint nicht ohne weiteres miteinander vereinbar zu sein. Dennoch läßt sich die Rechtsdogmatik weder von dem einen noch von dem andern lösen. Das bedarf kurz der Erläuterung.

a) Das äußere System. Wir haben das juristische Denken seinem äußeren Erscheinungsbild nach einmal als *Schubladen-* und *Registerdenken* charakterisiert (§ 11). Der Jurist zerlegt jedes Problem in Teilprobleme, bildet für jedes Teilproblem eine Schublade und legt darin alles ab, was sich darauf bezieht: akzeptierte und verworfene Lösungen, Zustimmung, Anregung und Kritik. Indem alle Schubladen nach äußeren Merkmalen in ein Register eingetragen werden, erhält jede Frage ihren genauen Ort, an dem sie abschließend behandelt wird. Sowie eine bestimmte Frage aufgeworfen wird, braucht man nur mit Hilfe des Registers die dazugehörige Schublade ausfindig zu machen, um sogleich alles parat zu haben, was dazu nach bisherigem Diskussionsstand zu sagen ist.

Die auf diese Weise hergestellte Ordnung stellt das *äußere System* des Rechts dar. Wenngleich der damit verbundene Anspruch gering ist – er erschöpft sich in der Speicherung jederzeit abrufbarer Informationen –, so kann die praktische Bedeutung eines solchen Systems gar nicht groß genug eingeschätzt werden. Von einer gewissen Komplexität an läßt sich jedes Recht nur mit Hilfe eines solchen Merksystems angemessen verwalten.

b) Das innere System. Das äußere System gewährleistet freilich nur den jederzeitigen Zugriff auf die verschiedenen Schubladen. Es enthält keine Vorkehrungen dagegen, daß deren Inhalte einander widersprechen. Das äußere System würde es also beispielsweise nicht hindern, daß jemand, der einen andern *fahrlässig* verletzt hat, in einer Schublade X für schadensersatzpflichtig erklärt wird, während ein anderer, der dasselbe sogar *vorsätzlich* getan hat, in einer Schublade Y von der Schadensersatzpflicht freigestellt wird. Im Gegenteil würde das Schubladen- und Registerdenken sogar dazu beitragen, daß diese Unterscheidung, wenn sie erst einmal Eingang gefunden hätte, aufrechterhalten und fortgeschrieben würde. Im Ergebnis könnten wir uns mit einem solchen Nebeneinander aber nur schwer abfinden. Es scheint sich förmlich aufzudrängen, daß darin ein grober Verstoß gegen den Gleichbehandlungsgrundsatz liegt. Diese Reaktion zeigt, daß wir die getrennt abgelegten Schubladeninhalte in unserem Kopf nur bis zu einem gewissen Grade voneinander isoliert halten können. Der Versuch, das Recht insgesamt als eine *sinnvolle* Ordnung zu verstehen, führt notwendig dahin, daß man die einzelnen Entscheidungen und Regeln an allgemeinen Maßstäben zu messen versucht und auf sinnstiftende

Grundsätze und Wertungen zurückbezieht. Die Ordnung, die auf diese Weise entsteht, macht das *innere System* des Rechts aus.

Dieses innere System dient nicht der Auffindung der einschlägigen Schubladen, sondern der Ausrichtung der Schubladeninhalte an übergreifenden Gesichtspunkten. Es muß daher mit dem äußeren nicht zusammenfallen. Häufig wird das äußere System sogar von mehreren inneren Systemen überlagert, die sich in unterschiedlicher Weise um die Stiftung von Sinneinheit bemühen.

2. Klassische Systementwürfe

Daß die Rechtsdogmatik für die Entwicklung rechtlicher Systeme Beachtliches geleistet hat, steht außer Frage. Das gilt sowohl für die äußeren als auch für die inneren Systeme des Rechts. Die Überzeugungskraft mancher Systementwürfe war so groß, daß sie von späteren Gesetzgebern einfach ins Gesetz geschrieben wurden.

Das grandioseste Beispiel dafür bietet vielleicht das sogenannte *Institutionensystem* des römischen Rechtslehrers Gaius. Es wurde nicht nur den „Institutionen" zugrunde gelegt, die der spätrömische Kaiser Justinian seinem Corpus Iuris voranstellte, sondern beeinflußte lange nach seiner Entstehungszeit noch den Aufbau so bedeutender Gesetzeswerke wie des französischen Code civil oder des österreichischen Allgemeinen Bürgerlichen Gesetzbuches von 1811. Selbst im ersten Teil des deutschen Bürgerlichen Gesetzbuches von 1900 erinnert die Aufeinanderfolge von „Personen", „Sachen" und „Rechtsgeschäften" noch immer an die Dreiheit von *„personae, res, actiones"* des antiken Gaius. Ein anderes Beispiel liefert das im späten 18. Jahrhundert entwickelte *Pandektensystem* mit seiner eigenartigen „Kreuzeinteilung" von Schuld- und Sachenrecht auf der einen und Familien- und Erbrecht auf der anderen Seite. Nachdem dieses System in den Pandektenlehrbüchern des 19. Jahrhunderts immer mehr perfektioniert worden war, wurde es zuletzt selbst Gesetz: Das deutsche Bürgerliche Gesetzbuch ist seiner formalen Struktur nach nichts anderes als ein Gesetz gewordenes Pandektenlehrbuch.

Was hier für die groben Einteilungsraster angedeutet wurde, gilt nicht minder für die Feinstrukturen des Rechts. Die meisten der einheitsstiftenden Begriffe, die in rechtlichen Diskursen heute verwendet werden, gehen auf rechtsdogmatische Vorarbeiten zurück, so etwa der allgemeine Begriff des Vertrages, die Unterscheidung von Geschäfts- und Deliktsfähigkeit, von dinglichen und persönlichen Rechten, die prozessuale Kategorie der Zulässigkeit und anderes mehr. In vielen Bereichen kann man im wahrsten Sinn des Wortes keinen Schritt tun, ohne von all dem ständig Gebrauch zu machen. Überspitzt ausgedrückt könnte man sagen, daß die Rechtswissenschaft das Recht, das sie bearbeitet, in gewissem Umfang selbst hervorgebracht hat.

3. Zunehmende Erschwernisse für die Systembildung

Auf all das kann man mit einem gewissen Stolz verweisen. Aber die Einwendungen liegen ebenfalls auf der Hand: Die meisten dieser Leistungen entstammen der Zeit, als die Rechtswissenschaft der Gesetzgebung noch mehr oder weniger selbständig *voranschritt*. Mit der Positivierung des Rechts jedoch begann eine Epoche, in der es sich zunehmend *umgekehrt* verhält. Langsam und daher in seiner vollen Bedeutung lange Zeit unbemerkt, wurde das Recht nach Form und Inhalt zur Verfügungsmasse des Gesetzgebers gemacht. Das beschränkte sich zunächst auf Gebiete, die rechtsdogmatisch noch nicht vorstrukturiert waren. Im Laufe der Zeit aber rückte die Gesetzgebung auch in solche Bereiche vor, die traditionell der Rechtsdogmatik vorbehalten waren. Wer diesen Prozeß verfolgt, kann sich des Eindrucks nicht erwehren, daß dadurch die großen, von der Rechtswissenschaft selbst geschaffenen Systeme allmählich in eine Schieflage geraten. Zentrale Materien werden im Wege von Sondergesetzen in systemfreie Räume hinausverlagert, gewachsene und bewährte Strukturen werden aufgebrochen, Neues, zu dem es weder Vorbilder noch Erfahrungen gibt, tritt scheinbar unvereinbar hinzu.

Es geht hier nicht darum, ob es für diese Entwicklung nicht Gründe gibt, denen man sich schwer entziehen kann. Die Frage ist allein, was daraus für den *Systemanspruch* der Rechtswissenschaft folgt. Von Interesse ist namentlich zweierlei.

Einmal ist nicht zu übersehen, daß die Gesetzgebung der Rechtswissenschaft heute nicht bloß den Inhalt, sondern vielfach auch die *Systemstrukturen vorgibt*. Im gleichen Maße, in dem sich die Rechtswissenschaft zur Gesetzeswissenschaft entwickelt hat, ist die Systembildung weniger an der Natur der Sache als vielmehr an den Strukturen des jeweiligen Gesetzes orientiert. Die erste Aufgabe einer Gesetzeswissenschaft besteht nämlich darin, das dem Gesetz innewohnende System selbst zur Darstellung zu bringen.

Das geht nicht ohne Rückgriff auf Bewährtes. Aber dieses Bewährte zerrinnt dabei immer öfter unter den Händen. Wo die Gesetzgebung nicht stillsteht, wie dies heute in vielen Bereichen der Fall ist, scheint die Rechtswissenschaft dazu verurteilt zu sein, eine Materie zu einer Einheit zusammenfassen zu müssen, die ständig nach allen Seiten auseinanderdriftet. Soweit der Systemgedanke dabei nach wie vor als Vorbild dient, spricht man daher gerne von „offenen" Systemen. Das ist eine freundliche Umschreibung dafür, daß das Streben der Rechtswissenschaft unter den gegebenen Bedingungen der Arbeit des Sisyphus gleicht.

Der andere Punkt ist der, daß sich der Schwerpunkt der Rechtsdogmatik bei anhaltender Tätigkeit des Gesetzgebers zunehmend in den Bereich der sogenannten *Kommentarliteratur* verlagert. Der Kommentar aber ist nichts anderes als die dem Aufbau des Gesetzes folgende Erläuterung seines Inhalts. Wer einen Kommentar verfaßt, gibt damit den Anspruch, das Gesetz als Ganzes in einen übergreifenden systematischen Zusammenhang einzuarbeiten, sicher nicht auf. Um dieses übergreifende System zur Darstellung zu bringen, ist der Kommentar jedoch das denkbar ungeeignetste Mittel. Bereits das Medium, in dem sich die Rechtsdogmatik unter dem Einfluß der Gesetzgebung zwangsläufig vollzieht, stellt sich daher bei der Systembildung als ein zusätzliches Hindernis dar.

4. Diener zweier Herren: der Gesetzgebung und der Rechtsprechung

Es ist aber nicht nur der Aktionismus des Gesetzgebers, der eine wissenschaftliche Systembildung heute erschwert. In die gleiche Richtung wirkt vielmehr auch die ungeheure Aufwertung, welche die *Rechtsprechung* seit den Tagen Kirchmanns erfahren hat. Für die ältere Rechtsdogmatik war das, was die Gerichte taten, noch „Praxis", um die sich die höhere Wissenschaft nicht zu kümmern brauchte. Nach der Wiedererrichtung des Deutschen Reiches im Jahr 1871 und der Gründung eines obersten Reichsgerichts setzte hier jedoch ein Wandel ein. Die Gewährleistung der Rechtseinheit war unter diesen geänderten Voraussetzungen weniger der Wissenschaft als vielmehr der Gesetzgebung und daneben der Rechtsprechung des Reichsgerichts anvertraut. Im gleichen Maß, wie sich die Rechtswissenschaft auf die positive Gesetzgebung einließ, entstand daher zugleich ein Interesse daran, welche Gestalt die Gesetze infolge der richterlichen Rechtsfindung annahmen. Auf diese Weise schob sich langsam aber sicher auch die Rechtsprechung in den Vordergrund.

Auch hier ist eine ähnliche Entwicklung zu beobachten wie im Verhältnis zur Gesetzgebung. Während die Rechtswissenschaft lange Zeit eine Art Vordenkerfunktion für sich in Anspruch nahm, entwickeln die Gerichte heute nicht selten eine eigene Dogmatik. Diese ist vor allem durch die besonderen Bedingungen geprägt, unter denen sie zustande kommt. Gerichte stehen bekanntlich unter dem Zwang, zu jedem denkbaren Problem innerhalb kurzer Zeit eine Entscheidung zu fällen. Dabei kommt häufig etwas anderes heraus als wenn man zeitlich unbegrenzt nachdenken kann, wie dies in der Wissenschaft der Fall ist. Wenn die Wissenschaft heute gleichwohl den Zuckungen der Praxis folgt und sich mit jeder nur denkbaren Mediokrität befaßt, läßt sie sich daher auf Bedingungen ein, die mit einer aufs letzte gehenden Grundlagenforschung gar nicht vereinbar sind. Weit davon entfernt, der Praxis den Weg weisen zu können, wird die praxisorientierte Rechtsdogmatik vielmehr umgekehrt mit der ganzen Flut von Kasuistik überhäuft, die das Justizsystem Tag für Tag aus sich heraus entläßt. Die Folgen davon sind fast noch tiefgreifender als die der Gesetzgebung. Der moderne Rechtsdogmatiker ist pausenlos damit beschäftigt, immer neue Entscheidungen nach ihrem möglichen Sinn zu befragen, praktisch entschiedene Fälle zu Fallgruppen zusammenzuordnen, Typen und Typenreihen zu bilden und das alles irgendwie mit den Gesetzen, die ihm ebenfalls vorgegeben sind, in Einklang zu bringen.

Tatsächlich ist es daher so, daß die Rechtsdogmatik heute zwei Herren zu dienen hat: der Gesetzgebung und der Rechtsprechung. Die Gesetzgebung gibt den Rahmen vor, und die Rechtsprechung liefert das Material, mit dem dieser Rahmen im Detail auszufüllen ist. Je nachdem, ob die Rechtsdogmatik sich dieser Aufgabe entzieht oder stellt, ist sie einer doppelten Gefahr ausgesetzt, die man in Anlehnung an ein Wort Savignys so beschreiben könnte: durch Theorie sich zu verflüchtigen in die hohlen Abstraktionen einer reinen Rechtslehre oder durch die Praxis herabzusinken zu einem geistlosen, unbefriedigenden Handwerk. Daß die Rechtswissenschaft vor diesem Hintergrund nicht resigniert, sondern sich nach wie vor um die Herausarbeitung übergreifender Sinneinheiten bemüht, ist bewundernswert. Aber es ändert nichts daran, daß die großen Systementwürfe der Vergangenheit angehören und daß vermutlich wenig von dem, was heute auf diesem Gebiet geleistet werden kann, für kommende Generationen noch von Interesse sein wird.

III. Die juristische Methodenlehre

1. Anleitung zur Rechtsfindung

Bezieht sich die Frage nach dem System des Rechts auf die innere und äußere Strukturierung vorgegebener Rechtsinhalte, so geht es in der Methodenlehre um das *Verfahren der Rechtsfindung*, also um das Aufzeigen eines Weges, der auch in zweifelhaften Fällen – und das sind fast alle Fälle, die überhaupt vor Gericht kommen – zu gesicherten Entscheidungen führt.

Streng genommen sagt die Methodenlehre nichts darüber, wie in einem konkreten Fall wirklich zu entscheiden ist, ob also ein gegebener Fall tatsächlich unter eine bestimmte Norm subsumiert werden kann oder nicht. Sie leitet allein dazu an, die vorhandenen Normen im Hinblick auf mögliche Anwendungsfälle immer weiter zu konkretisieren und den realen Strukturen anzunähern. Ob sich Fall und „Fallnorm" decken, entscheidet letztlich nicht die Methodenlehre, sondern die Urteilskraft oder anders ausgedrückt: nicht die Wissenschaft, sondern die Praxis. Hegel hat dieses Umschlagen der juristischen Entscheidungstheorie aus der Objektivität der Norm in die Subjektivität der Entscheidung sehr zurückhaltend einmal so beschrieben: „Die Begriffsbestimmtheit gibt nur eine allgemeine Grenze, innerhalb deren noch ein Hin- und Hergehen stattfindet. Dieses muß aber zum Behuf der Verwirklichung abgebrochen werden, womit eine innerhalb jener Grenze zufällige und willkürliche Entscheidung eintritt."⁴ In Wahrheit reicht die Unsicherheit des Entscheidens noch viel weiter. Aber das vermag nur der zu erkennen, der in den Niederungen der Praxis zu Hause ist.

Auch wenn die Methodenlehre dem Richter die Entscheidung daher nicht abnehmen kann, so nimmt sie doch für sich in Anspruch, dazu anleiten zu können. Sie zeigt nämlich, wie aus dem vorgegebenen Rechtsstoff konkrete Prämissen entwickelt werden können, durch die der Korridor für die subjektiven Komponenten jeder Entscheidung mehr oder weniger verengt wird.

2. Gesetzesauslegung im Banne der Praxis

Nach traditioneller Vorstellung erfolgt die Rechtsfindung, soweit es Gesetze gibt, im Wege der *Gesetzesauslegung*. Das Gesetz ist dabei nach seinem „wahren Sinn" zu befragen und auf mögliche Anwendungsfälle abzutasten. Für diesen Zweck stellt die klassische Methodenlehre vier Regeln oder „Canones" zur Verfügung, die gewöhnlich als *grammatische, systematische, historische* und *teleologische Auslegung* bezeichnet werden. Die Befolgung des dadurch gewiesenen Weges soll automatisch ein im Sinn des geltenden Rechts vertretbares Ergebnis gewährleisten; seine Nichtbeachtung dagegen soll zwangsläufig ins juristische Abseits führen.

Dieses Modell ist bei Licht betrachtet nichts anderes als die Kehrseite des gesetzlichen Argumentationsverbots: Nichts von dem, was die enge Schleuse des Gesetzes nicht passiert hat, was also nicht wenigstens auf versteckte Weise gesetzlich zugelassen ist, soll juristisch akzeptabel sein; was hindurchkommt, soll dagegen prinzipiell gegen jedes Gegenargument gefeit sein.

Aber auch hier ist die Entwicklung über gewohnte Vorstellungen längst hinweggegangen. Das rechtliche Material, aus dem die Fallnorm im konkreten Fall von den Gerichten gewonnen wird, stellt sich nach heutiger Erkenntnis immer mehr als ein „magisches Viereck" dar, bei dem das *Gesetz* zwar häufig im Vordergrund steht, in zunehmendem Maße aber durch andere Rechtsquellen relativiert wird. Dem Gesetz vorgelagert sind die rechtlichen *Prinzipien*, auf die es zurückbezogen werden muß, damit es überhaupt als Recht verstanden werden kann. Ihm nachgeordnet in Gestalt von gerichtlichen *Präjudizien* sind die gelungenen Positivierungsakte, durch die es allererst anschaulich wird. Zuletzt schließlich ist auch das Gesetz eingespannt in die *Hierarchie der Personen und Institutionen*, durch deren Tätigkeit es allein zur Anwendung kommt; denn selbstverständlich hat das, was von höhern Gerichten geäußert wird, in der Realität einen anderen Stellenwert als das, was von den unteren Instanzen kommt.

Im gleichen Maße, wie die Rechtsdogmatik sich zu diesem Viereck hin öffnet – und daß sie es tut, dafür sorgt bereits der Aktualitätsdruck, unter den sie sich von der Gesetzgebung hat stellen lassen –, setzt sie sich der Gefahr aus, ihre richtungsweisende Funktion zu verlieren und zu einem minderberechtigten Dialogpartner der Praxis herabzusinken. Im günstigsten Fall macht sie dabei auf die immanenten Widersprüche innerhalb der Judikatur aufmerksam, im ungünstigsten wird sie nurmehr als Berichterstatter und Trendverstärker dessen tätig, was sich auch ohne ihr Zutun ereignen würde.

Wie das zugeht, kann man sich vereinfacht so klarmachen: Über das, was die Rechtsdogmatik zu sagen hat, informieren heute primär die Gesetzeskommentare. In der Praxis werden vor allem solche Kommentare geschätzt, die sich darauf beschränken, die einschlägigen Präjudizien zu sammeln und nach Fallgruppen zu ordnen. Da die Gerichte, wenn überhaupt, bei ihren Entscheidungen vor allem Kommentare heranziehen, werden sie im Zweifelsfall häufig auf das verwiesen, was andere Gerichte entschieden haben. Erfahrungsgemäß schließen sich die Gerichte am ehesten der Auffassung an, für welche die meisten Vorentscheidungen angeführt werden können. Auf diese Weise wird die „herrschende Meinung" in der nächsten Auflage des Kommentars um eine weitere Entscheidung vermehrt, die dann von anderen Gerichten wiederum zustimmend zitiert werden kann. Der Kreis ist geschlossen, die Wissenschaft steht außerhalb und hat nur die Funktion, die Selbstreferenz der Praxis zu vermitteln und rückblickend zu beschreiben. Es ist also keineswegs so, als ob bereits die historische Rechtsschule, die heute gern kritisiert wird, eine Historisierung der Rechtswissenschaft bewirkt hätte. Die Historisierung der Rechtswissenschaft findet vielmehr erst heute statt, vor aller Augen, und auf die ein oder andere Weise wirken alle daran mit.

3. Zerfall der kritischen Fachöffentlichkeit

Hinzu kommt noch etwas anderes. Die juristische Methodenlehre ist ihrem Selbstverständnis nach Argumentationslehre. Sie soll zur richtigen Argumentation anleiten und zugleich die Maßstäbe an die Hand geben, mit deren Hilfe neuartige Theorien auf ihre Vertretbarkeit untersucht werden können. Damit dies funktioniert, muß es so etwas wie eine *kritische Fachöffentlichkeit* geben, wo alle Änderungsvorschläge geprüft und diskutiert werden. Jeder der Beteiligten muß dabei wissen, was der andere tut, und jeder muß zugleich sicher sein, sich mit allem, was er schreibt, diesem Forum stellen zu müssen. Das war die Vorstellung, von der ein Klassiker wie Savigny noch ausging, wenn er dem angehenden Rechtswissenschaftler anriet, in seinem besonderen Fach ausnahmslos alles zu lesen, was geschrieben wird.

Ein Blick in die Publikationslisten belehrt schnell darüber, daß dies heute völlig ausgeschlossen ist. Die Literaturflut ist im Laufe der Zeit so angeschwollen, daß man selbst auf seinem engeren Fachgebiet gelegentlich kaum noch die

Titel der neu erschienenen Schriften zur Kenntnis nehmen kann. Und nicht viel anders werden diese Arbeiten dann auch in vielen Kommentaren weitergegeben. Häufig ungelesen und nur dem Titel nach angeführt, wird Schwergewichtiges und Leichtgewichtiges unterschiedslos aneinandergereiht und in die nächstbereiten Schubladen eingeordnet. Daß die juristische Methodenlehre an sich zu einem anderen Verfahren anleitet, ändert daran wenig. Denn es macht einen erheblichen Unterschied, ob eine wissenschaftliche Auseinandersetzung zwischen fünf Beteiligten stattfindet oder aber zwischen fünfhundert. Bei zunehmender Zahl wird jede wirkliche Diskussion eines komplexen Themas durch die bloße Quantität der Diskussionsteilnehmer zunehmend unmöglich gemacht und bricht am Ende in eine Vielzahl von Monologen auseinander. Eine kritische Fachöffentlichkeit, die als Kontrollorgan fungieren könnte, existiert dann nicht mehr.

Dieses Gesetz der zu großen Zahl ist sicher kein Problem der Rechtswissenschaft allein. Bei der Rechtswissenschaft macht es sich nur in besonderer Weise bemerkbar. Anders als in empirischen Wissenschaften gibt es hier nämlich keine Experimente, mit denen man die Wahrheit einer neu aufgestellten These prüfen könnte. An die Stelle des Experiments tritt vielmehr der schlichte Konsens der Diskutanten. Soweit die erforderliche Diskussion nicht mehr stattfindet, entfällt also zugleich das einzige Wahrheitskriterium, das es hier gibt. Damit wird im Prinzip alles möglich, soweit es nicht durch ganz andere Mechanismen verhindert wird, von denen die überkommene juristische Methodenlehre freilich nichts weiß.

IV. Ausblick

Das sind die Bedingungen, unter denen die rechtsdogmatische Arbeit sich heute vollzieht. Verglichen mit der Zeit, als Kirchmann der Jurisprudenz den Wert als Wissenschaft absprach, haben sie sich in entscheidenden Punkten weiter verschlechtert. Und erst recht sind sie anders als in den vorangegangenen Dezennien, in welchen der Begriff von Rechtswissenschaft, der uns heute immer noch als Leitbild dient, geprägt wurde. Die Rechtsdogmatik hat auf diese Entwicklung auf unterschiedliche Weise reagiert. Zum Teil haben sich ihre Vertreter den neuen Bedingungen angepaßt und treiben die Entwicklung selbst noch voran, zum Teil lehnen sie sich in einem Akt geistiger Selbstbehauptung unter immer größer werdenden Anstrengungen dagegen auf. Auch heute noch gibt es auf dem Gebiet der Rechtsdogmatik nicht nur Sammler, sondern auch Jäger, wenn auch die Jagd teurer geworden ist und immer weniger einbringt. Mit größerem Recht als seinerzeit Kirchmann kann man nach wie vor fragen, ob das, was bei dem juristischen Treiben herauskommt, den emphatischen Namen einer Wissenschaft verdient. Vielleicht nicht. Und vielleicht braucht man so etwas wie eine Rechtswissenschaft im strengen Sinn auch gar nicht. In den angelsächsischen Ländern ist die Jurisprudenz jedenfalls nie mit einem vergleichbaren Wissenschaftspathos aufgetreten wie hierzulande. Aber vielleicht ist die Frage auch falsch gestellt. Man könnte nämlich auch fragen, ob das *Postulat* eines methodisch erarbeiteten Wissenssystems unter den gegenwärtigen Bedingungen nicht dringlicher ist als je zuvor. Dies vielleicht schon eher. Denn was sollte der Rechtsdogmatiker, der aus irgendwelchen naiven Gründen noch an das Recht glaubt, dem *brutum factum* anderes entgegensetzen als den Anspruch seiner gedanklichen Durchdringung? In diesem bescheidenen Sinn nimmt daher vielleicht auch die Rechtsdogmatik am Glanz des Wissenschaftsbegriffs teil.

§ 28 Der Rechtssatz und seine Anwendung

I. Rechtsfindung durch Subsumtion

1. *Der Richter als Vollzugsorgan des Gesetzes*

Wer einmal vor der Aufgabe gestanden hat, einen Streit um Recht oder Unrecht auf eine für jedermann nachvollziehbare Weise zu entscheiden, hat vermutlich irgendwann einsehen müssen, daß dies angesichts unserer beschränkten Fähigkeiten unmöglich ist. Die Grenzlinie zwischen Recht und Unrecht ist erfahrungsgemäß so beschaffen, daß sie immer zweifelhaft bleiben wird. Entscheidbarkeit läßt sich daher allein dadurch garantieren, daß man einem Richter die *Kompetenz* einräumt, zugleich aber auch die *Pflicht* auferlegt, solche im Grunde unentscheidbaren Streitigkeiten allen Zweifeln zum Trotz dennoch zu entscheiden.

Wäre dies alles, so wäre zu erwarten, daß jeder Richter anders entscheidet, nämlich so, wie es ihm gerade in den Sinn kommt oder wie er gerade aufgelegt ist. Nicht weniger berechtigt als die Forderung, daß überhaupt entschieden wird, ist jedoch die, daß der Richter nicht einfach nach seinen subjektiven Launen urteilt, sondern sich an objektiven Kriterien orientiert.

Dieser Widerspruch findet nach überkommener kontinentaleuropäischer Auffassung seine Auflösung in der Einrichtung des *Gesetzes*. Danach soll der Richter die Entscheidung strenggenommen nicht selbst treffen. Das Urteil wird vielmehr so angesehen, als ob es auf eine geheimnisvolle Weise bereits im Gesetz enthalten sei. Dem Richter wird allein die Aufgabe zugeschrieben, die im Gesetz eingeschlossene Entscheidung durch eine besondere Hermeneutik (Auslegungskunst) zum Vorschein zu bringen. Nach einem bekannten Wort

Montesquieus soll der Richter lediglich der Mund des Gesetzes und seine Befugnis „en quelque façon nulle"[1] sein. Das ist, wie man mittlerweile längst weiß, natürlich nicht durchzuhalten. Aber eine Art Gehorsamskünstler soll der Rechtsanwender auch heute noch sein. Dem Gesetz wird nach wie vor grundsätzlich unterstellt, daß es für alle Probleme eine Lösung enthält oder jedenfalls den Weg dahin zeigt. Um den ihm vorgelegten Fall zu entscheiden, soll sich der Rechtsanwender daher in das Gesetz hineinversetzen, um ihm die Lösung abzulauschen.

Bei dem Wort „Gesetz" denkt man heute meist an staatliche Normen, die in einem bestimmten Verfahren erlassen worden sind. Das ist in diesem Zusammenhang jedoch zu eng. Gesteuert werden kann der Richter nämlich durch abstrakte Rechtsregeln jedweder Art, mögen sie in einem förmlichen Verfahren ergangen sein oder nur aufgrund allgemeiner Überzeugung gelten. Mit dem Vordringen der formellen Normsetzung hat sich freilich das positive Gesetz in den Vordergrund geschoben.

2. Die logische Struktur der Gesetzesanwendung

Näher besehen ist das Gesetz nichts anderes als eine *abstrakte Rechtsfolgeanordnung*, also eine allgemeine Regel, die für eine Vielzahl von Fällen eine Entscheidung in Form einer sogenannten Rechtsfolge vorsieht. Die Fälle, die das Gesetz erfassen und mit seiner Rechtsfolge belegen will, werden dabei üblicherweise nicht beispielhaft aufgezählt – das gibt es leider auch, ist aber schlechter Gesetzgebungsstil –, sondern nach abstrakten Tatbestandsmerkmalen bezeichnet. Also nicht:

$F_1, F_2, F_3....$ → Rechtsfolge,

sondern

Tatbestand → Rechtsfolge.

In logischer Hinsicht weist das Gesetz die Struktur einer Wenn-Dann-Beziehung auf: *Wenn* die Tatbestandsmerkmale des Gesetzes in einem konkreten Fall gegeben sind, *dann* ist auch die in dem Gesetz vorgesehene Rechtsfolge auszusprechen; andernfalls ist sie zu verneinen. Der Tatbestand impliziert die Rechtsfolge oder kurz:

TB → RF.

Wer ein Gesetzbuch zur Hand nimmt, wird freilich schnell feststellen, daß nicht alle Vorschriften diese Struktur aufweisen. Man hat vielmehr zwischen *Haupt-* und *Hilfsnormen* zu unterscheiden. Die Hauptnormen sind Wenn-

Dann-Beziehungen in dem eben beschriebenen Sinn. Die Hilfsnormen dagegen enthalten unmittelbar keine Entscheidungsanweisungen. Sie dienen vielmehr dem Zweck, die Hauptnormen unter bestimmten Voraussetzungen zu ergänzen oder zu modifizieren. Je nach Lage der Dinge muß also der Rechtsanwender die einschlägige Norm erst aus einer Hauptnorm und einer oder mehreren Hilfsnormen zusammensetzen. Die konkrete Norm, nach der ein Fall tatsächlich entschieden wird, weist daher immer die Form einer Wenn-Dann-Beziehung auf, auch wenn das bei den mit herangezogenen Hilfsnormen nicht der Fall ist.

Die Entscheidungsfindung, auch Rechtsanwendung genannt, erfolgt dergestalt, daß geprüft wird, ob ein bestimmter Fall unter den abstrakten Tatbestand des Gesetzes *subsumiert* werden kann, anders ausgedrückt: ob der Fall die in dem gesetzlichen Tatbestand genannten Merkmale ebenfalls enthält. Die Rechtsanwendung vollzieht sich mithin in der Form eines logischen Schlusses:

$$\frac{\text{Rechtsnorm (= Prämisse)}}{\text{Fall (= Subprämisse)}}$$
$$\text{Rechtsfolge (= Conclusio)}$$

oder genauer:

$$\frac{\begin{array}{l} TB \rightarrow RF \\ F \in TB \end{array}}{F \rightarrow RF}$$

3. *Norm und Normalität*

Es gibt immer wieder Juristen, die an der logischen Struktur dieser und ähnlicher Schlußformen so viel Gefallen finden, daß sie die ganze Rechtsanwendung am liebsten auf reine Logik reduzieren möchten. Zur Zeit der Begriffsjurisprudenz um die Mitte des 19. Jahrhunderts hat diese Neigung eine ganze Generation in den Bann geschlagen und sich dann auch auf die Gesetzgebung ausgewirkt. Das reifste Werk dieser Richtung war das Lehrbuch des Pandektenrechts von Bernhard Windscheid, ein Buch von eiserner Konsequenz und Folgerichtigkeit, und es ist durchaus kein Zufall, wenn man das Bürgerliche Gesetzbuch von 1900 in den ersten Jahren nach seinem Inkrafttreten häufig als „kleinen Windscheid" apostrophiert hat.

Im Ausland ist diese Tendenz gelegentlich mit gemischten Gefühlen beobachtet worden. „Der deutsche Gesetzgeber", urteilte einmal ein englischer Au-

I. Rechtsfindung durch Subsumtion 369

tor, „betrachtet anscheinend die Menschen als gußeiserne, gefühllose Figuren, als deren Rechtsordnung er einige tausend ebenso eiserne und gefühllose ‚Paragraphen' schuf, und er setzt Gerichtshöfe nieder, nicht, damit sie auf den menschlichen Schrei nach Gerechtigkeit antworten, sondern um Paragraphen zu verwalten nach dem ehrbaren Schematismus der obrigkeitsstaatlichen Bürokratie."[2]

Ganz so gußeisern, wie es hiernach scheinen könnte, sind die meisten Paragraphen freilich nicht. Denn ebensosehr, wie das Recht im Wege der Subsumtion in das Prokrustesbett der Logik gezwängt wird, kommt die konkrete Entscheidung immer wieder auch aus Bereichen, die sich jenseits aller Logik von selbst verstehen. Nehmen wir ein einfaches Beispiel. Art. 22 II GG lautet: „Die Bundesflagge ist schwarz-rot-gold." Das scheint jeden Spielraum auszuschließen. Doch fragen wir nur: Ist die Bundesflagge längs- oder quergestreift? Sind die Streifen gleich oder verschieden breit? Oder ist sie vielleicht gar nicht gestreift, sondern hat Sterne oder Blümchen? Auf all das gibt Art. 22 II GG keine Auskunft. Dennoch ist es völlig klar, weil die Vorschrift ihren Inhalt auch aus der Geschichte bezieht. Lützow'sche Jäger, Hambacher Fest von 1832, Nationalversammlung von 1848 – das sind die Stichworte, die den Schlüssel zur Beantwortung all dieser Fragen enthalten. Um zu wissen, wie die Bundesflagge aussieht, muß man daher den *Kontext* kennen, in dem der *Text* des Gesetzes steht. Durch bloße Logik läßt sich die mangelnde Vertrautheit mit dem stillschweigend vorausgesetzten Umfeld des Textes nicht kompensieren.

Das schließt freilich nicht aus, daß man versucht, die Gesetze der Tendenz nach so abzufassen, als wären sie für jemand bestimmt, der gerade von einem anderen Stern hierhergekommen ist und dem daher jede Selbstverständlichkeit noch einmal eigens gesagt werden muß. Einen Eindruck von dem, was dabei herauskommt, vermittelt die Anordnung des Bundespräsidenten über die deutschen Flaggen vom 13. November 1996, wo es unter anderem heißt:

„Die Bundesflagge besteht aus drei gleich breiten Querstreifen, oben schwarz, in der Mitte rot, unten goldfarben, Verhältnis der Höhe zur Länge des Flaggentuches wie 3 zu 5. Die Bundesflagge kann auch in Form eines Banners geführt werden. Das Banner besteht aus drei gleich breiten Längsstreifen, links schwarz, in der Mitte rot, rechts goldfarben … Die Dienstflagge der Bundesbehörden (Bundesdienstflagge) hat die gleichen Querstreifen wie die Bundesflagge, darauf, etwas nach der Stange hin verschoben, in den schwarzen und den goldfarbenen Streifen je bis zu einem Fünftel übergreifend, den Bundesschild, den Adler nach der Stange gewendet, Verhältnis der Höhe zur Länge des Flaggentuches wie 3 zu 5. Wird die Bundesdienstflagge in Bannerform verwendet, ist der Bundesschild, den Adler zum schwarzen Streifen hin gewendet, parallel zu den Längsstreifen ausgerichtet, etwas nach der Stange hin verschoben, in den schwarzen und den goldfarbenen Teil je bis zu einem Fünftel übergreifend."[3]

Wer es noch besser machen will, könnte versucht sein anzugeben, *wie* schwarz, *wie* rot usw. die Streifen genau sein müssen. Über den Adler ließen sich geradezu Bände schreiben. Bei der Lektüre neuerer Elaborate kann man sich des Eindrucks nicht erwehren, daß es Gesetzgeber und Wissenschaftler gibt, die darin sogar das Ideal einer guten Gesetzgebung erblicken. Aber das ist ein Irrtum. Ein gutes Gesetz muß so beschaffen sein, daß die Menschen, für die es bestimmt ist, ihre Lebenswelt darin wiederfinden können. Ein Gesetz, das keine Normalität kennt, an die es anknüpft, mag ein zweckrationales Mittel der Menschenbeherrschungskunst sein; den emphatischen Namen des Rechts hat es schwerlich verdient.

II. Die Auslegung „klarer" Rechtsnormen

1. *Subsumtion im Modellfall*

Es gibt nichts Unerfreulicheres als hochgelehrte Abhandlungen über die Theorie der Rechtsanwendung, deren Verfassern jede praktische Erfahrung im Umgang mit den Problemen, die sie behandeln, abgeht. Wir wollen uns stattdessen an einem einfachen Beispiel, wie es sich so oder ähnlich überall ereignen könnte, klarmachen, was bei der Rechtsanwendung wirklich geschieht.

Angenommen, G betreibt eine Metzgerei. Zu ihm kommt unter anderem Herr A zum Einkaufen, der regelmäßig seinen großen Schäferhund an der Leine mit sich führt. G sieht zwar, daß die anderen Kunden daran Anstoß nehmen, scheut sich aber, A unmittelbar darauf anzusprechen. Stattdessen bringt er am Eingang seines Ladens ein Schild an, das er etwas ungeschickt mit folgendem Text versieht: „Männer, die einen Hund mit sich führen, haben keinen Zutritt." In Abwesenheit des G, als nur seine Angestellte R anwesend ist, passiert nacheinander folgendes.

Fall 1: Es erscheint Herr B, der seinen Boxer Bello frei neben sich herlaufen läßt.

Wahrscheinlich wird R Herrn B ohne viel Umstände aus dem Laden weisen. Welche Überlegungen sie dafür anstellen muß, erkennt man erst dann, wenn man den Vorgang gleichsam in Zeitlupe betrachtet. Ähnlich wie ein Richter einen ihm unterbreiteten Fall unter das Gesetz subsumiert, wird auch R Punkt für Punkt prüfen, ob der konkrete Fall die Tatbestandsvoraussetzungen des von G formulierten Verbotsschildes erfüllt. Sie wird also zunächst feststellen, daß Herr B ein „Mann" und Bello ein „Hund" im Sinne dieses Verbots ist. Denn wenn auch das Verbot zunächst nur auf A und seinen Schäferhund ge-

II. Die Auslegung „klarer" Rechtsnormen

münzt war, so ist es doch allgemein formuliert und bezieht sich daher auf *alle* Männer und *alle* Hunde. Vielleicht wird R einen Moment zweifeln, ob ein Hund auch dann „geführt" wird, wenn er nicht angeleint ist. Aber ein kurzer Gedanke an den „Sinn" der Vorschrift oder an den von G damit verfolgten Zweck, Hunde draußen zu halten, wird diesen Zweifel beheben.

Nach erfolgter Subsumtion kommt die Rechtsfolgeanordnung zur Anwendung: B hat keinen Zutritt.

Fall 2: Es erscheint Herr C mit seinem Kater Murr.

Mit der Subsumtion des C und dem Vorgang des Mitsichführens wird R auch in diesem Fall keine Schwierigkeiten haben. Anders jedoch mit dem Kater Murr. Wenn Worte einen Sinn haben, so ist eine Katze kein Hund. Nimmt man das Verbotsschild wörtlich, müßte C samt seinem Kater also freien Eintritt haben.

Man kann sich leicht vorstellen, daß R diese Konsequenz kaum behagen wird. Sicher gibt es Regelungszusammenhänge, wo man so streng vorgehen muß. Es gehört nicht viel dazu einzusehen, daß aufgrund einer Hundesteuersatzung keine Steuer auf Katzen oder Hühner erhoben werden darf. Aber im vorliegenden Fall ist es vielleicht doch etwas anderes. Wenn G der Abneigung seiner anderen Kunden Rechnung tragen wollte und diese gegenüber Katzen nicht minder groß ist als gegenüber Hunden, hat er das Verbot entgegen seiner wahren Absicht nämlich zu eng formuliert. Und wenn es letztlich auf Hygieneerwägungen ankommen sollte, so schneiden Katzen wahrscheinlich nicht besser ab als Hunde. Was auch immer das Wort „Hund" besagen mag: im vorliegenden Zusammenhang sind Katzen genauso wie Hunde zu behandeln. Im Juristendeutsch würde man dies so formulieren: Hunde im Sinne des Hundeverbots sind auch Katzen.

Das aber heißt: auch Herr C mit seinem Kater Murr hat keinen Zutritt.

Fall 3: Es erscheint Frau D mit ihrer Katze Susi.

In diesem Fall hapert es nicht nur mit dem Tier, sondern auch mit seinem „Herrchen"; denn das Herrchen ist hier ein „Frauchen". Wenn Frau D stur ist, wird sie darauf verweisen, daß es in menschlichen Beziehungen keinen größeren Unterschied gibt als den zwischen Mann und Frau, daß Frauen bisher meistens benachteiligt wurden und daß daher gar kein Grund besteht, ein Verbot, das ausdrücklich nur von Männern und nicht von Frauen handelt, gegen seinen Wortlaut auf Frauen auszudehnen. Wer Frau D gleichwohl den Eintritt verwehren will, steht daher unter gesteigertem Argumentationszwang. Das gibt uns Anlaß, den Vorgang der Subsumtion etwas näher in Augenschein zu nehmen.

Über jeden Zweifel erhaben ist eigentlich nur, daß Herr A mit seinem Schäferhund keinen Zutritt haben soll; denn für diesen Fall ist das Verbot ursprünglich aufgestellt worden. Jeder andere Fall ist anders. Auch wenn sich zwei Fälle noch so sehr ähneln, so gleichen sie einander doch nie mehr als ein Ei dem andern – ganz streng genommen also nur mit zahllosen Abweichungen. Wenn man zwei Fälle hat, von denen der eine mit Sicherheit unter die fragliche Norm subsumiert werden kann, so fragt sich daher, was größer ist: die Ähnlichkeit oder die Unähnlichkeit beider Fälle. Überwiegt die Ähnlichkeit, so kann auch der andere Fall subsumiert werden; ist dagegen die Unähnlichkeit größer, so kommt die in der Norm vorgesehene Rechtsfolge nicht zur Anwendung. Der Wortlaut der Norm stellt dabei im Prinzip kein Hindernis dar. Soweit nicht – wie vor allem im Strafrecht – aus speziellen Gründen eine „analoge" Rechtsanwendung ausgeschlossen ist, können, wenn es in der Sache geboten ist, Katzen als Hunde und daher selbstverständlich auch Frauen als Männer behandelt werden.

Die Frage ist nur, wonach sich die Ähnlichkeit oder Unähnlichkeit der Fälle beurteilt. Die Logik ist dafür offenbar nicht maßgebend. Sie bestimmt nur die Darstellungsform, wenn das Ergebnis bereits gefunden ist. In ihrem Kern ist die Rechtsanwendung dagegen von *teleologischen* Erwägungen bestimmt. Der *Zweck der Norm* gibt die Richtung an, in der sich die Rechtsanwendung zu bewegen hat. Dieser Zweck wiederum kann auf zweierlei Weise bestimmt werden: *subjektiv* oder *objektiv*. So kann R im vorliegenden Fall etwa fragen, ob G nach allem, was man von ihm weiß, auch Frauen erfaßt wissen wollte. Sie kann sich aber auch die Frage vorlegen, bei welcher Auslegung sich die Verbotsnorm am ehesten als angemessene Regelung des Zugangsproblems darstellt. Im ersten Fall wird sie sich im Geiste auf den Standpunkt des G versetzen und dessen Überlegungen nachvollziehen; im zweiten wird sie mehr darauf abstellen, was unabhängig davon als sinnvoll erscheint.

Im vorliegenden Fall wird R auf beiden Wegen sicher zu demselben Ergebnis kommen: auch Frau D darf keine Katze mitbringen. Man muß sich jedoch darüber im klaren sein, daß der „subjektive" und der „objektive" Maßstab auch zu unterschiedlichen Ergebnissen führen können. Dann stellt sich die Frage, wie R ihr Amt versteht: als bloßes *Vollzugsorgan des G* oder aber als *Dienerin des Rechts* selbst, letztlich also der Gerechtigkeit. Schon bei einfachen Fällen zeigt sich daher immer wieder, daß die bloße „Befolgung" der gängigen Rechtsanwendungsmethoden noch keine richtigen Ergebnisse gewährleistet, ebenso wie ja auch die Beachtung der Regeln der Grammatik noch keinen guten Stil garantiert.

Wahrscheinlich kann sich jeder Leser noch weitere Abwandlungen unseres Falles vorstellen, die alle ebenfalls unter die Verbotsnorm zu subsumieren sind. Wenn man die hierbei getroffenen Entscheidungen auf den Begriff bringt, zeigt sich, daß die Norm in Wahrheit folgendes besagt: „Männer, Frauen oder

II. Die Auslegung „klarer" Rechtsnormen

Kinder, die einen oder mehrere Hunde, Katzen oder ähnliche Tiere mit sich bringen, führen oder tragen, haben keinen Zutritt." Wer nicht einsieht, daß eine Landkarte im Maßstab 1 : 1 ein Unding ist, wird das vielleicht tatsächlich so hinschreiben. Wem es gleichgültig ist, ob sich die Menschen in dem für sie bestimmten Recht wiedererkennen, kann das sogar aus rechtsstaatlichen Gründen für geboten erklären. Tatsächlich jedoch wird G, wenn er alles bedacht hat, demnächst folgendes Schild anbringen: „Hunde müssen draußen bleiben." Solange die Welt, in der die Beteiligten leben, in Ordnung ist, reicht das aus.

2. Diener der Gerechtigkeit oder Soldat des Gesetzgebers

Was wir bei der Betrachtung unseres Beispiels im kleinen gesehen haben, gilt in ähnlicher Weise auch im großen. Äußerlich vollzieht sich die Rechtsanwendung in der Form eines logischen Schlusses. In den vielen Routinefällen des Alltags mag uns häufig gar nicht ins Bewußtsein kommen, daß es noch etwas anderes geben könnte. Überall, wo es interessant wird, läßt die Rechtsanwendung die Norm jedoch nicht unberührt, sondern wandelt sie zugleich ab. Nach jeder Subsumtion, die zunächst zweifelhaft war, sieht die Norm ein wenig anders aus. Unter der Voraussetzung, daß gleiche Fälle gleich zu behandeln sind, entscheidet jeder gelungene Positivierungsakt zugleich über das künftige Verständnis der Norm. Der Jurist, der eine Norm auslegt, verändert sie daher auch und schafft, wenn seine Auslegung sich durchsetzt, substantiell neues Recht. Auf diese Weise legt sich im Laufe der Zeit Ring um Ring um das Gesetz, bis das Recht im bloßen Wortlaut des Gesetzes schließlich nicht wiederzuerkennen ist.

Diese Eigendynamik des Rechts stößt nicht überall auf Gegenliebe. Wer die Menschen mit Hilfe von Recht in seinem Sinn beherrschen und lenken will, muß daran Anstoß nehmen. Im Laufe der Geschichte haben bedeutende Gesetzgeber daher immer wieder versucht, die Auslegung gesetzlich zu verbieten. Alle Versuche dieser Art waren bisher zum Scheitern verurteilt.

Das moderne Mittel, die Eigendynamik des Rechts auszuschalten, besteht daher nicht darin, die Auslegung überhaupt zu untersagen, sondern sie einseitig an dem politischen *Willen des realen Gesetzgebers* auszurichten. Auch das deutsche Bürgerliche Gesetzbuch sollte ursprünglich mit folgenden Vorschriften beginnen:

„§ 1. Gesetze sind so auszulegen, daß derjenige Sinn zur Geltung kommt, welcher nach den Sprachregeln mit der gewählten Ausdrucksweise verträglich und nach der Absicht des Gesetzgebers mit derselben verbunden ist.

§ 2. Erhellt, daß der einem Rechtssatze zu Grunde liegende eigentliche Gedanke des Gesetzgebers in demselben einen nicht völlig entsprechenden Ausdruck gefunden hat, so ist der eigentliche Gedanke des Gesetzgebers zur Geltung zu bringen."[4]

Von einer gesetzlichen Regelung der Gesetzesauslegung hat man in der Folge zwar Abstand genommen. Aber die Vorstellung, daß der Rechtsanwender in gewisser Weise der Soldat des Gesetzgebers zu sein hat, ein „Berufssoldat im Dienste des Rechts", wie Rudolf von Jhering dies einmal ausgedrückt hat[5], bestimmt das Rechtsdenken vieler auch heute noch. Die Rechtsordnung wird dabei gleichsam als eine Befehlsordnung gedacht. Der Gesetzgeber erteilt den Marschbefehl, und die Richter marschieren, wie es ihnen befohlen ist. Denken ist erlaubt, aber nur zu dem Zweck, besser gehorchen zu können. Genau das war die Haltung, aus der heraus Roland Freisler wenige Wochen nach seiner Ernennung zum Präsidenten des Volksgerichtshofs an Hitler schrieb: „Der Volksgerichtshof wird sich stets bemühen, so zu urteilen, wie er glaubt, daß Sie, mein Führer, den Fall selbst beurteilen würden. ... In Treue, Ihr politischer Soldat Roland Freisler."[6] Das und nichts sonst war zugleich auch mit der vielgerühmten „sozialistischen Gesetzlichkeit" der sozialistischen Staaten gemeint. Denn auch hier ging es um nichts anderes als darum, das Gesetz politisch zu instrumentalisieren und das seinen eigenen Regeln folgende Wachstum des Rechts im Keim zu ersticken.

Das alles scheint im Augenblick weit zurückzuliegen. Interessant wird es jedoch, wenn man die Frage stellt, ob es in bestimmtem Umfang nicht nach wie vor unser Schicksal ist, ob also die Juristen als die berufenen Verwalter des positiven Gesetzesrechts sich einer solchen Vereinnahmung überhaupt entziehen können. Daß von der Antwort auf diese Frage der Wert der gesamten Juristentätigkeit abhängt, liegt auf der Hand. „Eine Rechtswissenschaft", schrieb Radbruch einmal, „die nicht Arbeit an der Gerechtigkeit sein will, sondern nur Erforschung des Staatswillens, kann nicht einmal das Herz ihrer Jünger für sich gewinnen, geschweige denn die Seele des Volkes."[7]

Wo man bei der Gesetzesauslegung nicht den Staatswillen, sondern den Willen des Rechts erforscht, spricht man demgegenüber von *objektiver* Gesetzesauslegung. Bei dieser gibt nicht die subjektive Absicht des Gesetzgebers die Richtung an, sondern der Rechtsgedanke selbst. Im Rahmen der objektiven Auslegung stellt sich daher immer wieder heraus, daß das Gesetz „klüger" ist als der Gesetzgeber. Die objektive Auslegung ist nämlich in der Lage, das Gesetz mit Gedanken anzureichern, von denen der tatsächliche Gesetzgeber weder etwas wußte noch wissen konnte. In der Praxis spüren die Gerichte zwar gerne dem Willen des historischen Gesetzgebers nach; gleichwohl ist die objektive Auslegung auch in der Rechtsprechung bisweilen nachdrücklich verteidigt worden. Bei der Auslegung des Straffreiheitsgesetzes hat der Bundesgerichtshof geradezu einmal formuliert: „Selbst wenn sämtliche Abgeordneten, die für das Gesetz stimmten, hierbei von der gleichen unrichtigen [!] Rechtsauffassung ausgegangen sein sollten, so würde dies nichts daran ändern, daß ihr Wille erklärtermaßen auf einen Ausschluß aller Steuervergehen gerichtet gewesen ist."[8]

Wer im Gesetz die Antwort auf die Frage nach der Gerechtigkeit sucht, wird sich nach all dem nie mit einer Auslegung anfreunden können, die seiner Rechtsauffassung widerstreitet, mag der Gesetzgeber es so gewollt haben oder nicht. Wer dagegen in erster Linie dem Vollzugsethos des Befehlsempfängers verpflichtet ist und im Gehorchen sein höchstes Ideal sieht, wird sich mit allem abfinden, solange er nur ein Lob von realen oder gedachten Machthabern erwarten darf. Aber damit berührt man schwierige Fragen, über die man sich erst am Ende eines Rechtsstudiums sinnvoll unterhalten kann.

III. Die Auslegung „unbestimmter" Rechtsnormen

1. Bloße Bewertungsgesichtspunkte im Modellfall

Die Rechtsanwendung erfolgt nicht immer in derselben Weise, wie wir dies eben gesehen haben. Es gibt nämlich Rechtsnormen, die noch andere Probleme aufwerfen. Auch dies macht man sich am besten an einem einfachen Beispiel klar.

Angenommen, die Satzung eines privaten Unterhaltungs- und Geselligkeitsvereins regelt nicht nur den Ein- und Austritt der Mitglieder, sondern auch deren Verhalten zueinander. Die zentrale Vorschrift lautet dabei wie folgt: „Wer sich gegenüber einem anderen Vereinsmitglied ungebührlich benimmt, muß ihm in gehöriger Weise Genugtuung leisten." Auf einem Vereinsfest, als alle bereits unter dem Einfluß des Alkohols stehen, macht A der Frau des B etwas allzu nachdrücklich den Hof. B ist darüber zutiefst empört und verlangt vom Schiedsgericht des Vereins, daß A sich öffentlich entschuldigen müsse. A sieht dafür gar keinen Grund. Um des lieben Friedens willen bietet er B jedoch an, daß dieser auf der nächsten Vereinsfeier mit seiner – des A – Frau ebenfalls ausgiebig flirten darf. Wie soll das Vereinsgericht entscheiden?

Die zusätzliche Schwierigkeit liegt in diesem Fall darin, wie die Begriffe des „ungebührlichen Benehmens" und der „gehörigen Genugtuung" zu verstehen sind. Eine Auslegung nach dem oben behandelten Muster hilft dabei offenbar nicht weiter. Der Grund dafür zeigt sich, wenn man die Satzungsvorschrift mit einer Rechtsnorm vergleicht, die einen ähnlichen Sachverhalt regelt, aber einem anderen Regelungsmodell folgt. § 823 I BGB lautet etwas vereinfacht formuliert so: „Wer den Körper oder das Eigentum eines anderen widerrechtlich verletzt, ist dem anderen zum Ersatz des daraus entstehenden Schadens verpflichtet." Die Tatbestandsmerkmale sind hier so beschaffen, daß sie *reale Dinge* oder *Vorgänge* der Außenwelt *beschreiben* (Körper, Eigentum, verletzen), mithin auf *Tatsachen* verweisen, die wir alle in gleicher Weise wahrnehmen. Ebenso knüpft die Rechtsfolgeanordnung (Schadensersatz) an ein bekanntes Kompensationsmuster an, für das jedem sogleich zahllose Beispiele gegenwärtig sind. Aus diesem Grund kann man sich unschwer eine Reihe von Fällen vorstellen, bei denen kaum ernsthaft zweifelhaft sein kann, daß sie die Tatbestandsvoraussetzungen erfüllen, und bei denen zugleich feststeht, was daraus folgt. Die Rechtsanwendung vermittelt in solchen Fällen den Eindruck, als ob es sich um einen rein logischen Vorgang handle, bei dem ein Punkt nach dem andern unter das entsprechende Tatbestandsmerkmal subsumiert wird.

Das ist bei unserer Satzungsvorschrift anders. Hier ist vor der Hand überhaupt kein Fall denkbar, der problemlos unter die Norm subsumiert werden kann; ebenso ist völlig offen, welche Rechtsfolge die Norm vorsieht. Anders als § 823 I BGB verwendet die Satzungsnorm nämlich nicht deskriptive, sondern rein *normative* Begriffe. Diese verweisen nicht auf bestimmte Erscheinungen der Wirklichkeit, sondern auf *Werte*. Was den normativen Begriffen in der Wirklichkeit entspricht, läßt sich daher nur im Kontext einer von diesen Werten geprägten Kultur ermitteln, und selbst in diesem Rahmen muß es in denkbar weitem Umfang vom Rechtsanwender gleichsam „rechtsschöpferisch" konkretisiert werden. Wer wie der Gesetzgeber des § 823 I BGB anordnet, daß eine Körperverletzung zum Schadensersatz verpflichtet, hat bestimmte Vorgänge ein für allemal in bestimmter Weise bewertet. Daher verliert er nicht mehr viele Worte über die Bewertung, sondern beschreibt die Sachverhalte, die er meint, und gibt an, was daraus folgen soll. Bei den routinemäßigen Subsumtionen des Alltags wird der Rechtsanwender mit Bewertungsproblemen daher kaum tangiert. Im Unterschied dazu hat der Verfasser unserer Satzungsnorm überhaupt noch keine Bewertung getroffen, sondern allein einige *Bewertungsgesichtspunkte bezeichnet* („ungebührliches Benehmen", „gehörige Genugtuung"). Wer die Satzungsnorm anzuwenden hat, kann daher *völlig beliebige* Sachverhalte darauf befragen, ob sie sinnvollerweise eine Bewertung als „ungebührliches Benehmen" verdienen. Die hierfür in Betracht kommende Skala reicht vom bloßen Ignorieren des andern bis hin zu Kapitalverbrechen, vom Türenschlagen bis zum Abspenstigmachen der Ehefrau, vom unbefugten Duzen bis zum Nichtbezahlen von Wettschulden. Es gibt kein deskriptives Merkmal, das die Subsumtion erzwingen oder hindern, ebenso keines, das die Qualifikation einer beliebigen Rechtsfolge als „gehörige Genugtuung" ausschließen könnte. Die Freiheit des Rechtsanwenders wird nur durch die Grenzen des Verwendungsspielraums der Sprache eingeschränkt, dem sich auch normative Begriffe nicht ganz entziehen können.

Obwohl sich die Rechtsanwendung auch in unserem Satzungsbeispiel der *Form nach* so vollzieht, daß ein Fall unter die Norm subsumiert und danach die Rechtsfolge bestimmt wird, sind Tatbestand und Rechtsfolgeanordnung

III. Die Auslegung „unbestimmter" Rechtsnormen

der *Sache nach* hier weitgehend *offen*. Die Norm gibt hier gerade nicht an, was in einem bestimmten Fall zu geschehen hat; sie überläßt diese Aufgabe vielmehr in weitestem Umfang dem Rechtsanwender. Dieser kann daher in der Sache so entscheiden, wie er dies selbst für richtig hält, und sich dabei auf die Norm berufen, als ob hier alles vorgegeben sei, ganz so, wie es in Goethes bekanntem Vers heißt:

„Im Auslegen seid frisch und munter!
Legt ihrs nicht aus, so legt was unter."[9]

2. Generalklauseln und Grundrechte

Das deutsche Recht kennt zahlreiche Normen, die ähnlich strukturiert sind. Meist finden sich die normativen Begriffe dabei nicht in der Rechtsfolgeanordnung, sondern nur im Tatbestand der Norm. Aber auch damit bereits wächst dem Rechtsanwender ein weiter Spielraum zu.

Der tiefere Grund für diese Erscheinung ist darin zu suchen, daß ein Richter seine Entscheidung nach vorherrschender Auffassung nur dadurch legitimieren kann, daß er sie aus einem Gesetz ableitet. Auf diese Weise werden häufig mehr Gesetze benötigt, als der Gesetzgeber liefern kann. Vor allem in sensiblen Bereichen, wo sich die beteiligten Kräfte nur schwer über Einzelheiten einigen können, greift der Gesetzgeber daher gerne zu dem Mittel, daß er nur die Wertmaßstäbe benennt, auf die sich der Richter beziehen soll, aber die Voraussetzungen, unter denen sie zur Anwendung kommen sollen, offen läßt. Man nennt solche Vorschriften *Generalklauseln*. In der Gesetzgebung des 19. Jahrhunderts kamen sie relativ selten vor. Der neuere Gesetzgeber nimmt dazu öfter Zuflucht. Um diese Entwicklung schlagwortartig zu charakterisieren, hat man geradezu von einer Flucht in die Generalklauseln gesprochen.

Ähnliche Probleme wie die Generalklauseln geben aber auch die *Grundrechte* der Verfassung auf. Die Grundrechte sind wegen ihres außerordentlich weitgespannten Anwendungsbereichs nicht Normen im herkömmlichen Sinn, die aus einem scharf umrissenen Tatbestand und einer daran geknüpften Rechtsfolgeanordnung bestehen; es handelt sich vielmehr um Fundamentalnormen, die auf Prinzipien oder Werte hinweisen, die bei jeder „normalen" Rechtsanwendung irgendwie mitzubedenken sind. Dementsprechend wird der Grundrechtskatalog heute überwiegend als Verkörperung einer „objektiven Wertordnung" verstanden. Je mehr die Bedeutung der Grundrechte für die Rechtsordnung zunimmt – nach Art. 1 III GG binden sie Gesetzgebung, vollziehende Gewalt und Rechtsprechung als unmittelbar geltendes Recht –, desto mehr müssen die übrigen Normen bei der Rechtsanwendung auf diese Werte zurückbezogen und gegebenenfalls modifiziert werden. Die ursprüngliche Bewertung, die in der Ausformung eines fest umrissenen Tatbestands und einer daran geknüpften Rechtsfolgeanordnung ihren Ausdruck gefunden hat, wird dabei aufgebrochen und einer richterlichen Neubewertung zugänglich gemacht.

Wie wenig es dabei um eine Subsumtion im herkömmlichen Sinn geht, zeigt das verwendete Vokabular. Da werden nicht Tatbestandsvoraussetzungen geprüft, sondern „Wertigkeiten" ermittelt, die beteiligten Werte werden „bedacht", „berücksichtigt", „abgewogen", „optimiert" und „harmonisiert", es geht um „Relevanz", „Effizienz" und „Konkordanz", der Rechtsanwender muß „berücksichtigen", wie die hohen Werte auf die rangniedrigeren Normen „ausstrahlen", er muß es lernen, festumrissene Tatbestände „im Lichte" bestimmter Werte zu sehen, die betroffenen Belange müssen „angemessen gewichtet" werden, vor allem aber muß jede Rechtsfolge, die er ausspricht, „verhältnismäßig" und immer wieder verhältnismäßig sein.

Über diese Sprache kann man sich als Vertreter einer traditionellen Subsumtionsjurisprudenz leicht mokieren. Von Interesse ist jedoch die Frage, was unter der Oberfläche dieses Rechtsimpressionismus in der Sache geschieht. Wenn die spezifisch juristische Argumentation dadurch bestimmt ist, daß nur solche Argumente zugelassen werden, die den schmalen Spalt eines gesetzlichen Tatbestandes passiert haben, so wird dieses strenge Argumentationsverbot im Bereich der Grundrechte und Generalklauseln durchbrochen. Während der Rechtsanwender vorgibt, scheinbar unverändert Sachverhalte unter rechtliche Normen zu subsumieren, halten in Wahrheit politische, moralische und andere Argumentationsmuster ihren Einzug. Da das nicht offen ausgewiesen wird, bleibt die damit eröffnete Diskussion freilich auf Juristen beschränkt; denn nur diese beherrschen das Instrumentarium, das eine solche Offenheit in den traditionellen Formen der Bindung ermöglicht.

IV. Gesetz und Vernunft

Wer von der strengen Bindung weiß, die das Gesetz bewirken soll, und die Freiheit kennt, die es bei all dem doch auch ermöglicht, fühlt sich vielleicht an ein sarkastisches Gedicht von Justus Frey erinnert:

„Das Gesetz
ist ein Netz
mit Maschen. Durch die weiten
schlüpfen die Gescheiten,
und in den engen
bleiben die Dummen hängen."[10]

Aber man kann das auch von einer anderen Seite her sehen: Für denjenigen, der die Methoden der Rechtsanwendung beherrscht, gehen Gesetz und Vernunft tendenziell ineinander über, die Trennmauer zwischen Naturrecht und positivem Recht erweist sich im Detail als durchlässig.

Im Grunde ist das eine alte Erkenntnis. Sie stellt sich überall dort ein, wo eine Rechtsnorm lange genug in den Händen geschickter Interpreten gelegen hat. Im Babylonischen Talmud findet sich dafür ein schönes Beispiel. Zwei Rabbiner streiten sich hier um die Unterstützung der Armen, wobei es um die Frage geht, anhand welcher Kriterien man die Armut zu prüfen und Betrüger auszuscheiden hat:

„Rabbi Huna sagte: Man prüft der Nahrung wegen, aber man prüft nicht der Bekleidung wegen. Wenn du willst, so sage ich einen Schriftgrund, und wenn du willst, so sage ich einen Vernunftgrund. Wenn du willst, so sage ich einen Vernunftgrund: Der eine [der mangelhaft gekleidet ist] ist der Verachtung ausgesetzt [wird also nicht so leicht betrügen], und der andere [der Hungrige] ist nicht der Verachtung ausgesetzt [muß also genauer kontrolliert werden]. Und wenn du willst, so sage ich einen Schriftgrund: *Ist's nicht dies: Auszulesen den Hungrigen wegen deines Brotes.* [Jesaja 58, 7 a.] Das [fragliche Wort] ist mit [dem Buchstaben] Schin geschrieben [heißt also ‚auslesen' und nicht ‚brechen']. Also lies [erst einmal nach dem äußeren Erscheinungsbild] aus und danach gib ihm! Und dort steht auch geschrieben: *Wenn du einen Nackten siehst, dann bekleide ihn*! [Jesaja 58, 7 c.] Wenn du siehst – auf der Stelle!

Aber Rabbi Jehuda sagte: Man prüft der Bekleidung wegen, aber man prüft nicht der Nahrung wegen. Wenn du willst, so sage ich einen Vernunftgrund, und wenn du willst, so sage ich einen Schriftgrund. Wenn du willst, so sage ich einen Vernunftgrund: Hier [beim Hungrigen] geht es um die Erhaltung von Leben [man kann sich also eine umständliche Prüfung nicht leisten], und dort geht es nicht um die Erhaltung von Leben. Wenn du willst, so sage ich einen Schriftgrund: Hier steht geschrieben: *Ist's nicht dies: Dem Hungrigen dein Brot zu brechen.* [Jesaja 58, 7 a.] Zu brechen – auf der Stelle! Nach unserer Lesart nämlich [bei der das Wort nicht mit dem Buchstaben Schin geschrieben ist und daher nicht ‚auslesen', sondern ‚brechen' heißt]. Und dort steht geschrieben: *Wenn du einen Nackten siehst, dann bekleide ihn*! [Jesaja 58, 7 c.] Nämlich wenn du es einsiehst."[11]

Beide sind im Ergebnis verschiedener Meinung, führen dafür unterschiedliche Gründe an und beziehen sich dennoch auf dieselben Schriftstellen. Der Streit wird *in der Sache* so geführt, als ob es die einschlägigen Textstellen nicht gäbe. Da es sie aber gibt, ist er *der Form nach* freilich komplizierter. Wer diesen Zusammenhang durchschaut hat, weiß, daß jeder technisch gut ausgebildete Jurist allen methodischen Regeln zum Trotz im Grunde alles beweisen kann und daß nur die anständigen unter ihnen von dieser Fähigkeit keinen Gebrauch machen.

§ 29 Die Rechtsprechung

I. Gesetzestreue und Gerechtigkeit

Das Hauptkennzeichen einer hochentwickelten Gesetzesanwendung besteht nach all dem darin, daß der Rechtsanwender an Regeln gebunden ist, aber gleichzeitig weiß, daß er sie bei gehöriger Beherrschung des methodischen Instrumentariums nur anzuwenden braucht, wenn er sie für richtig hält, daß er ihnen also entkommen kann, wenn er will. Dieses voluntative und arbiträre Moment kommt in den Laboratorien der Wissenschaft zwar nicht vor, in der Praxis dagegen sehr wohl. In manchen Fällen *wollen* die Richter nämlich gar nicht durch das Gesetz gebunden sein. Bei erfahrenen Richtern stößt man immer wieder auf den Wunsch, zunächst einmal *gerecht* zu entscheiden. Ohne das Bewußtsein, der Gerechtigkeit zu dienen, läßt sich die Last der Entscheidung offenbar nur schwer tragen.

Wenn das Gesetz so, wie es dasteht, zu einer gerechten Entscheidung führt, ergibt sich aus der Gesetzesbindung kein Problem. Anders, wenn die gesetzlich vorgesehene Lösung nicht gerecht erscheint. Im Unterschied zu einem Wissenschaftler schreibt der Richter das Ergebnis der Rechtsanwendung nämlich nicht auf Papier, sondern auf die empfindliche Haut seiner Mitmenschen. Außerdem fehlt ihm häufig die Zeit, sein Unbehagen mit einem ungerechten Ergebnis durch theoretische Spitzfindigkeiten abzuarbeiten. Der Richter steht nämlich unter Entscheidungszwang. Er muß die Parteien hier und jetzt ins Recht oder ins Unrecht setzen und kann sie nicht auf später vertrösten. Aus diesem Grund hat er ein natürliches Interesse daran, *nicht* an das Gesetz gebunden zu sein oder – was dasselbe ist – nur dann, wenn ihm die Bindung einleuchtet.

1. Entscheidungsfindung und -begründung

Von manchen Richtern kann man gelegentlich hören, daß sie zunächst nach ihrem Rechtsgefühl entscheiden und sich erst im nachhinein um eine schulgerechte Begründung bemühen. Schon von Bartolus, einem Juristen des 14. Jahrhunderts, wird berichtet, daß er sich bei der Entscheidungsfindung zunächst von seinem Judiz leiten ließ und sich danach bei seinem Kollegen Franciscus de Tigrinis, der über ein besseres Gedächtnis verfügte, die gewünschten Zitate dazu geben ließ. „Man kann sich leicht denken", hat ein moderner Rechtshistoriker diesen Bericht einmal kommentiert, „daß bei einem derartigen Verfahren das Rechtsgefühl eine entscheidende Rolle gespielt hat."[1] In bemerkenswerter Offenheit hat auch Hermann Isay (1873–1938) einmal beschrieben, wie er zu seinen Entscheidungen kam: „Eine jahrzehntelange

Selbstbeobachtung hat mir ergeben, daß die Entscheidung der mir unterbreiteten Fälle fast regelmäßig entstanden ist, ohne daß die Norm dabei eine Rolle spielt. Sobald der Tatbestand des Falles klar lag, war die Entscheidung für mich regelmäßig gegeben, und die Frage nach der ‚anzuwendenden' Norm kam erst hinterher."[2]

Das von der juristischen Methodenlehre vorgeschriebene Verfahren der Rechtsfindung scheint hier geradezu auf den Kopf gestellt zu sein. Denn schenkt man dieser Selbstbeschreibung Glauben, so steht in der Praxis nicht das Gesetz am Anfang und die Entscheidung wird daraus abgeleitet; vielmehr beginnt die Rechtsfindung mit dem Ergebnis, auf das dann nachträglich eine gesetzliche Begründung aufgepfropft wird.

Allerdings wird das selten so kraß gesagt. Denn es ist nur allzu deutlich, daß ein solches Vorgehen zu der Stellung, die dem Richter in unserem Rechtssystem zukommt, in Widerspruch steht. Nach kontinentaleuropäischer Auffassung dürfen Gerechtigkeitsfragen grundsätzlich nur auf gesetzgeberischer Ebene verbindlich entschieden werden, während der Richter die Gesetze strikt zu beachten hat. Gesetzespositivismus und Gewaltenteilung ergänzen sich theoretisch in der Weise, daß für den Richter im Idealfall keine andere Funktion übrig bleibt als die, der „Mund des Gesetzes" zu sein.

Soweit man sich dieses Zusammenhangs bewußt ist, ist daher kaum ein Gericht bereit, offen den Anteil einzuräumen, den es selbst an der Entscheidung hat. In praktisch allen Fällen wird die Entscheidung vielmehr so formuliert, als habe das Gesetz zwingend den Weg dahin gewiesen und als sei dem Gericht überhaupt keine andere Wahl geblieben. „Der englische Richter", schrieb Ernst Fuchs (1859–1929), einer der bekanntesten Vertreter der sogenannten Freirechtsschule, einmal, „sagt schlicht und einfach: Ich glaube, oder: ich bin der Meinung, daß das und das so gehalten werden muß; ich glaube nicht, daß es unsere Sache ist, das und das nachzuprüfen usw. Der *gute* deutsche Richter verfährt *innerlich* genau so, verhüllt es aber dann meist *äußerlich* durch systemlogische ‚Wissenschaft'. Dabei ist er sich meist mehr oder weniger bewußt, daß man unter die Regenbogen der aus dem Gesetz gezogenen Begriffe alles bringen kann. Er tut aber dergleichen, als habe er das Ergebnis durch reine Begriffsalgebra errechnet (‚deduktiv konstruiert'). Die Rechtsuchenden *sollen* in die Täuschung gewiegt werden, als wäre alles bis ins kleinste so *befohlen*, nichts sittliche Tat des Richters. Damit soll jeder Schein von Willkür zerstreut werden."[3]

Die klassische Methodenlehre verdankt ihre Existenz dem Bestreben, die wertende Tätigkeit des Rechtsanwenders gänzlich auszuschalten. Was die Entscheidungs*begründung* angeht, ist ihr dies weitgehend auch gelungen. Bei der Entscheidungs*findung* aber sind nach wie vor all die Faktoren wirksam, denen die klassische Methodenlehre an sich den Garaus machen wollte. Die strikte

Aufgabenverteilung zwischen Gesetz und Richteramt, auf der diese Methodenlehre beruht, hält demnach einer genaueren Nachprüfung nicht stand.

2. *Gutachten- und Urteilsstil*

Bezeichnenderweise geht die akademische Methodenlehre stillschweigend daran vorüber, daß jedem Juristen im Verlauf seiner Ausbildung beigebracht wird, mit zweierlei Zungen zu sprechen, je nachdem, an wen er sich wendet. Gemeint ist die Unterscheidung von *Gutachten-* und *Urteilsstil*.

Das juristische *Gutachten*, nämlich der im Vorfeld der Urteilsfällung erstellte Entscheidungsvorschlag, hat die Aufgabe, in einem gegebenen Fall den Weg zu ertasten, auf dem die Entscheidung gefunden werden kann. Ein solches Gutachten ist vor allem für denjenigen wichtig, der als Berichterstatter in einem Kollegialgericht sitzt und seine Kollegen für eine bestimmte Entscheidung gewinnen muß. Zu diesem Zweck wird jeder Gedankenschritt auf skrupulöse Weise zunächst als zweifelhaft und unsicher behandelt, jedes noch so entfernte Bedenken wird ernst genommen, nur um ja niemand vorschnell mit einer bestimmten These zu brüskieren. Im Laufe der Zeit ist dafür eine eigene Sprachform entwickelt worden, der sogenannte Gutachtenstil. Dabei handelt es sich um eine vorsichtig tastende und abwägende Sprache, die vor Konjunktiven nur so strotzt („könnte", „dürfte", „müßte"). Wörter wie „offenbar", „zweifellos", „selbstverständlich" u. ä. m. sind dabei streng verpönt. Nichts darf im Vertrauen auf den gesunden Menschenverstand einfach hingeschrieben, jede These muß zunächst in Frage gestellt und in Zweifel gezogen werden. Da alles als offen behandelt wird, darf sich der Gutachter aber auch unverhüllt zu seiner persönlichen Auffassung bekennen. Er darf also sagen: „Ich bin der Ansicht, daß …, ich schlage vor …, ich rege an …" usw. Dabei wird er selbstverständlich in der Erwartung handeln, daß die andern sagen: „Wir sind ebenfalls dieser Ansicht", womit die Sache entschieden wäre.

Ganz anders verhält es sich demgegenüber im *Urteil*. Wenn das Urteil verkündet wird, ist die Entscheidung bereits getroffen. Man braucht also auf Zweifel keine Rücksicht mehr zu nehmen. Im Gegenteil: das Interesse muß sich jetzt vielmehr darauf richten, der gefällten Entscheidung nach außen hin ein Höchstmaß an Autorität zu verschaffen und Widerspruch möglichst gar nicht aufkommen zu lassen. Der Urteilsstil ist daher das genaue Gegenteil des Gutachtenstils: Was eben noch zögerlich und mit allerlei Vorbehalten als möglich ins Auge gefaßt wurde, wird von jetzt auf nachher mit apodiktischer Gewißheit als allein wahr verkündet. Wörter und Wendungen, die auf etwa verbliebene Zweifel schließen lassen könnten, sind aus der Urteilssprache systematisch ausgetilgt. Das ganze Urteil wird so sehr im Brustton der Überzeugung abgefaßt, daß kein Laie auf den Gedanken kommt, die Richter könnten womöglich bis kurz vor der Urteilsverkündung überhaupt nicht gewußt haben, wie sie entscheiden sollen.

3. Der doppelte Boden der Rechtspraxis

Ein Blick hinter die Kulissen zeigt daher, daß die Praxis mit den Regeln, zu denen sie sich nach außen hin programmatisch bekennt, kaum zu erfassen ist. Wer aus einer legalistischen Urteilsbegründung schließt, daß die Entscheidung bis ins Letzte durch das Gesetz bestimmt war, nimmt womöglich eine bloße Darstellungsform für bare Münze und fällt dabei dem bekannten Fehlschluß zum Opfer, „daß nicht sein kann, was nicht sein darf".

In den Festtagsreden zum Lobpreis der Rechtsprechung ist von diesem doppelten Boden der Rechtspraxis aus naheliegenden Gründen nie die Rede. Wo es darum geht, Personalentscheidungen zu treffen, macht man sich über die Natur der Urteilsfindung entschieden weniger Illusionen. Seit jeher werden die höheren Richterstellen nicht allein nach der formaljuristischen Qualifikation, sondern ebenso nach der Einstellung vergeben, die jemand nach Herkunft und Gruppenzugehörigkeit erwarten läßt. Der Normlogismus der Methodenlehre findet dabei eine gleichsam natürliche Ergänzung durch den Soziologismus der Richterbestellung.

II. Der Rechtsprechungspositivismus

Fast alles in der Praxis könnte demnach anders sein, und dennoch bewegt sich, wie man sich leicht überzeugen kann, fast gar nichts. Wie ist das moglich? Warum machen die Gerichte von den Spielräumen des Gesetzes nicht stärker Gebrauch, wenn es ihnen so sehr um die Gerechtigkeit geht? Die Antwort darauf klingt paradox: Der Richter will zwar frei sein, um gerecht entscheiden zu können; aber er muß sich gleichzeitig Bindungen unterwerfen, um die Last der Entscheidung tragen zu können. Weil er die Freiheit in vielen Fällen gar nicht wirklich will, hat er sie vielfach auch da nicht, wo ihm daran gelegen wäre.

1. Der Präjudizienkult

Ein kleines Gedankenexperiment mag uns dem Verständnis des ersten Teils dieser Paradoxie näherbringen: Angenommen, der Richter wäre bei seiner Entscheidung völlig frei – sei es, weil es keinerlei Vorschriften gibt oder weil er aus den vorhandenen Vorschriften jeden gewünschten Inhalt herauslesen kann. Wenn er die Entscheidung nicht verweigern kann, müßte er dann unter Umständen ohne jeden Rückhalt, auf den er sich zu seiner Entlastung berufen kann, sagen: „Ich bin der Meinung, daß A fünf Jahre ins Gefängnis gesteckt werden sollte" oder: „Ich meine, daß er bereits nach zwei Jahren wieder auf die Menschheit losgelassen werden kann" oder: „Ich halte dafür, daß B seinen Arbeitsplatz behalten darf, auch wenn er ständig zu spät kommt und im Grunde nichts leistet" oder: „Ich denke, daß er von seinem Arbeitgeber zu Recht auf die Straße gesetzt worden ist, mag er sehen, wo er bleibt".

Die Last der Verantwortung, die mit solchen Entscheidungen verbunden ist, können die meisten nur in extremen Ausnahmefällen tragen, wenn das Rechtsgefühl überdeutlich spricht. Die normale Reaktion, wie sie in den zahllosen Fällen des juristischen Alltags sichtbar wird, ist eine andere: Wer unangenehme Entscheidungen gleichsam am Fließband zu treffen hat, sucht sich dadurch zu entlasten, daß er die Verantwortung von sich abwälzt. Daß der Richter an das Gesetz gebunden ist, kommt daher, auch wenn er in geeigneten Fällen von jeder Bindung frei sein will, seinen eigenen Wünschen ebenfalls entgegen. Aber auch wo das Gesetz einen Entscheidungsspielraum läßt, versucht der Richter in den Routinefällen des Alltags immer wieder, einer persönlichen Entscheidung auszuweichen. Wie die Erfahrung lehrt, wird dabei häufig eine Regel befolgt, die man so formulieren könnte: „Schau nach, wie die andern entscheiden, und so entscheide dann auch." Ist die Entscheidung richtig, war man schnell damit fertig; ist sie falsch, so mögen das die andern mit ihrem Gewissen ausmachen.

Diese Haltung hängt nicht nur damit zusammen, daß die Menschen persönliche Verantwortung scheuen und daß sie zur Trägheit und zur Ausbildung von Denk- und Verhaltensgewohnheiten neigen. Sie läßt sich vielmehr auch mit rechtlichen Argumenten rechtfertigen. Immerhin ist es ein anerkannter Grundsatz der Gerechtigkeit, Gleiches gleich zu behandeln, also auch gleiche Fälle gleich zu entscheiden. Wenn schon nicht objektiv feststeht, *wie* ein bestimmtes Problem zu entscheiden ist, erscheint es gerechter, es jedesmal *gleich* zu entscheiden, als daß jeder damit befaßte Richter nach seiner zufälligen Einstellung eine andere Entscheidung trifft.

Wo das Gesetz einen Spielraum läßt, wird daher in der Praxis gewöhnlich zunächst nach *Präjudizien* – und in Ermangelung solcher nach literarischen Äußerungen – gesucht. Stößt man auf mehrere einander widersprechende Urteile – womit die Entscheidung wieder offen wäre –, wird durch Abzählen und Einordnen in ein teils hierarchisches, teils chronologisches Schema eine „herrschende Meinung" herausdestilliert und der Rest als bloße „Mindermeinung" abqualifiziert. Gegen die herrschende Meinung ist schwer etwas auszurichten. Wenn sie erst einmal bekannt ist, zieht sie wie ein Magnet immer mehr zustimmende Entscheidungen an und stößt widersprechende von sich ab.

Wie groß die Bereitwilligkeit ist, an diesem Verfahren mitzuwirken, kann man vielen Urteilen bereits äußerlich ansehen. Wenn die typische rechtswis-

II. Der Rechtsprechungspositivismus

senschaftliche Abhandlung aus einer Fußnotenbatterie mit erläuterndem Text besteht, so gleicht das typische deutsche Urteil einer Zitatensammlung. Wer den Eindruck von Willkür vermeiden will, muß offenbar fortwährend zitieren. Auch wenn noch so oft gesagt wird, daß es für die Güte einer Entscheidung auf die dahinter stehenden Argumente ankommt – in der Praxis wird der Gegner nicht mit Argumenten überwunden, sondern mit Zitaten totgeschlagen.

Aber damit nicht genug: wo sich die Rechtswissenschaft vorwiegend mit der Praxis beschäftigt, färbt das auch auf die Wissenschaft selbst ab. Je mehr die Praxis im Vordergrund steht, desto weniger interessiert man sich dafür, wie *richtigerweise* entschieden werden sollte und desto mehr für die Präjudizien, die zeigen, wie es *tatsächlich* geschieht. Im Ansatz war das im 19. Jahrhundert bereits in Preußen zu beobachten. Wie Friedrich Stein (1859–1923) berichtet, hatte die preußische Rechtswissenschaft „zeitweilig einen Tiefstand erreicht, daß juristische Bücher überhaupt nicht mehr geschrieben, sondern nur noch mit Papierschere und Kleistertopf hergestellt wurden – Präjudiziensammlungen, das war es, was der preußische Jurist brauchte und gebrauchte."[4] Als Paul Oertmann (1865–1938) im Jahr 1908 seinen gedankenreichen Kommentar zum Allgemeinen Teil des Bürgerlichen Gesetzbuchs herausgab, stimmte er im Vorwort eine bewegte Klage an: „Den modernen Jüngern des Präjudizienkultus, der sich allmählich zu der allerernstesten Gefahr für die Zukunft der deutschen Rechtsentwicklung ausgewachsen hat, erscheint es heute wohl schon als unzulässig, mindestens als unfruchtbar, die ergangenen Entscheidungen der höchsten Gerichtshöfe überhaupt noch mit kritischen Bemerkungen zu versehen. *Roma locuta, causa finita* – wo das Reichsgericht gesprochen hat, ist die Streitsache erledigt."[5]

Gefruchtet haben solche Klagen wenig. Durch den Einsatz der modernen Datenverarbeitung hat das Angebot an Präjudizien sogar noch eine neue Qualität bekommen. Unter nahezu jedem Stichwort wird der Ratsuchende heute mit einer Flut von Vorentscheidungen konfrontiert. Manche Rechtsanwälte legen im Prozeß nicht mehr die Rechtslage dar, wie sie sich bei methodengerechter Anwendung des Gesetzes darstellt. Sie präsentieren dem Gericht vielmehr eine Reihe von Entscheidungen, die ihrer Partei günstig sind, und versuchen es damit zu einer gleichen Entscheidung zu veranlassen. Dem Gegenanwalt bleibt dann nichts übrig, als Entscheidungen für den Gegenstandpunkt zusammenzutragen.

Dagegen anzukämpfen ist zwecklos. Wer die Zeichen der Zeit zu deuten weiß, hat sich daher längst darauf eingestellt und seine literarische Produktion daran ausgerichtet. Wissenschaftlich souverän ist nicht mehr der, der über die besten Argumente verfügt; wissenschaftlich souverän ist, wer über den Inhalt der Kommentare und die Speicherung von Präjudizien bestimmt. Denn er bestimmt, was künftig zitiert werden kann. Wer aber bestimmt, was zitiert werden kann, bestimmt in zunehmendem Maße zugleich die künftigen Entscheidungen selbst.

2. *Die Macht der höheren Instanzen*

Es ist aber nicht allein der Präjudizienkult, warum die Gerichte von den Entscheidungsspielräumen des Gesetzes so wenig Gebrauch machen. Denn auch durch noch so viele Präjudizien kann nicht verhindert werden, daß ein Richter sich anders besinnt und anders entscheidet. Methodisch ist er dazu sogar berechtigt. Denn wenn es wirklich allein darauf ankommt, wie ein Gesetz richtigerweise zu verstehen ist, nicht aber, wie oft es bisher bereits falsch verstanden worden ist, so muß auch der Richter vorrangig nach Gründen und nicht nach Präjudizien fragen, also nach seinem eigenen und nicht nach einem fremden Rechtsverständnis entscheiden.

Wo sich die Gelegenheit dazu bietet, finden sich daher immer wieder Gerichte, die unter Berufung auf sachliche Gründe aus der Reihe ausscheren und anders entscheiden. Das gilt nicht nur für einzelne Urteile, die von Richterpersönlichkeiten künden, denen Entscheidungsschwäche offenbar fremd ist. Wo der *Instanzenzug* bei den Untergerichten endet, kommt es immer vor, daß sich ganze Rechtsgebiete in manchen Gerichtsbezirken anders entwickeln, als es in anderen der Fall ist. Bis 1975 war dies vor allem im Mietrecht zu beobachten, wo dann etwa das von einer bestimmten Kammer geprägte „Mannheimer Mietrecht" immer wieder von sich reden machte.

Wo der Instanzenzug freilich zu einem *gemeinsamen Obergericht* führt, ist für solche Besonderheiten kein Raum. Die Obergerichte achten streng darauf, daß gleiche Fälle gleich entschieden werden und die Einheit der Rechtsordnung gewahrt wird. Ein Gericht, das von obergerichtlichen Präjudizien abweicht, weil es diese für falsch hält, muß damit rechnen, daß seine Entscheidung aufgehoben wird. Die Kosten dafür treffen noch dazu die Partei, die eigentlich begünstigt werden sollte. Wer dies bedenkt, wird sich besser gleich an die obergerichtlichen Vorgaben halten, auch wenn er selbst anderer Auffassung ist. Auf diese Weise werden die Untergerichte schnell „auf Linie" gebracht. Der Spielraum der Gesetzesauslegung, der theoretisch gesehen gelegentlich unbegrenzt zu sein scheint, wird dabei für die meisten Gerichte sehr reduziert.

Im Gegensatz zum Gesetz sind Präjudizien zwar nicht verbindlich. Soweit ein Obergericht dahinter steht, bestimmen sie die Urteilspraxis jedoch stärker als jedes Gesetz. Gegen den Willen des Obergerichts geht praktisch nichts. Wer ein Präjudiz des Reichsgerichts für sich anführen kann, wußte Heinrich Dernburg (1829–1907) bereits 1903 zu berichten, habe nach den jetzigen Verhältnissen seinen Prozeß beinahe gewonnen.⁶ Jeder von seiten der Wissenschaft unternommene Versuch, mit den Instanzgerichten in einen Dialog zu kommen, verpufft daher im Leeren. Dialogpartner der Wissenschaft sind, wenn überhaupt, allein die Obergerichte. Wenn ein Obergericht dafür gewonnen werden kann, eine neue Präjudizienkette zu begründen, ändert sich alles; wenn es bei seiner bisherigen Judikatur beharrt, bleibt auch unterhalb alles, wie es ist.

Man kann fragen, wo hier die Gerechtigkeit bleibt, der alle Praktiker doch dienen wollen. Die Antwort lautet, daß diese Gerechtigkeit nur um den Preis der subjektiven Willkür des Richters zu haben ist, der sie von selbst in Ungerechtigkeit umschlagen läßt. Und daher wird diese rückhaltlose Gerechtigkeit von den meisten, die an den Schaltstellen der justitiellen Gewalt sitzen, auch gar nicht wirklich gewollt. „Der Gedanke einer gerechten Justiz kann wirklich nur in dem Kopfe eines Anarchisten entstanden sein", wußte bereits Anatole France.⁷ In der Anarchie aber hätte auch die Gerechtigkeit keinen Bestand.

III. Von Fall zu Fall

Die traditionelle Methodenlehre ist den Präjudizien gegenüber ratlos. Ausgehend von dem Modell des Gesetzespositivismus tut sie so, als brauchte man zur Lösung eines Falles nur den nackten Gesetzestext und die juristische Methodenlehre. Daß sich unter der Oberfläche des Gesetzes längst Substrukturen gebildet haben, die sich von einem reinen Präjudizienrecht nur graduell unterscheiden, wird geflissentlich übersehen. Wenn man jedoch zur Zeit der historischen Rechtsschule bereitwillig eingeräumt hat, daß auch die Wissenschaft produktiv ist und eine eigene Rechtsquelle darstellt, dann muß dies unter veränderten Bedingungen der Rechtsprechung ebenfalls konzediert werden. Lord Denning, ein englischer Richter, hat das einmal ganz nüchtern so ausgesprochen: „Viele Leute meinen, daß das Recht klar und bestimmt ist und daß es nur vom Gesetzgeber geändert werden kann. In Wahrheit ist das Recht oft unbestimmt, und es wird beständig durch die Gerichte geändert oder vielleicht sollte ich sagen: fortgebildet. Der Theorie nach setzen die Gerichte kein Recht; sie legen es nur aus. Aber da niemand weiß, welchen Inhalt das Recht hat, bevor die Gerichte es ausgelegt haben, so folgt daraus, daß sie es setzen."⁸

Zu beachten ist freilich, daß für die Rechtsproduktion der Gerichte andere Regeln gelten als für die der herkömmlichen Gesetzesauslegung. Wer an der Diskussion darüber teilnehmen will, muß sie kennen und damit umgehen können, nicht anders als bei der Gesetzesauslegung auch.

1. Äußere und innere Struktur eines Urteils

Die Kunst, Präjudizien zu lesen, setzt zunächst voraus, daß man weiß, wie ein Urteil *aufgebaut* ist. Nach deutschem Recht besteht ein zivilrechtliches Urteil äußerlich aus vier großen Teilen: Rubrum, Tenor, Tatbestand und Entscheidungsgründen. Im *Rubrum* (das so heißt, weil es früher einmal rot geschrieben wurde) werden im wesentlichen nur die Parteien, das Gericht und der Tag der mündlichen Verhandlung angeführt. Unter dem *Tenor* versteht man die Entscheidungsformel, also das Ergebnis, zu dem das Gericht letztlich gelangt ist („Die Klage wird abgewiesen" oder: „Der Beklagte wird verurteilt, an den Kläger 1000 Euro zu zahlen"). Der *Tatbestand* enthält eine kurze Darstellung des Lebenssachverhalts, aus dem der Rechtsstreit nach der Behauptung der Parteien erwachsen ist, und des bisherigen Prozeßverlaufs. Die *Entscheidungsgründe* schließlich geben die Erwägungen wieder, die das Gericht dazu veranlaßt haben, den im Urteilstatbestand berichteten Lebenssachverhalt unter den Tatbestand des Gesetzes zu subsumieren oder eine solche Subsumtion abzulehnen.

Nicht alles, was in den Entscheidungsgründen steht, ist von gleicher Wichtigkeit. Das meiste dient nur dem Zweck, die wenigen Kernsätze herauszuarbeiten, auf die es für die Entscheidung wirklich ankommt. Vielleicht könnten diese Kernsätze auch anders begründet werden, womöglich ist die Deduktion, die das Gericht vorgenommen hat, sogar falsch. Der Weg, auf dem die tragenden Sätze gewonnen wurden, ist daher für spätere Entscheidungen ohne Bedeutung. Schließlich sind Gerichte nicht dazu da, über theoretische Streitfragen zu befinden; sie sollen konkrete Fälle entscheiden, nichts sonst. Was daher die getroffene Entscheidung nicht unmittelbar trägt, ist ein bloßes *„obiter dictum"*, eine beiläufige Aussage, die mit dem Kern der Entscheidung unmittelbar nichts zu tun hat.

Den maßgebenden Punkt herauszufinden, ist indessen nicht leicht. Um sich für künftige Fälle möglichst wenig zu binden, neigen die Gerichte dazu, möglichst viel offen zu lassen und sich nur da festzulegen, wo es nicht anders geht. Je mehr die Begründung jedoch auf den vorliegenden Fall abstellt, desto schwerer ist es, die *„ratio decidendi"*, also die tragende Erwägung zu ermitteln, deren Bedeutung über den konkreten Fall hinausreicht. Wenn man sich bei der Gesetzesauslegung über den „Willen des Gesetzgebers" streitet, so kommt beim Umgang mit Präjudizien noch ein Streit um die jeweilige *ratio decidendi* hinzu.

2. Auffindung und Anwendung der Entscheidungsregel

Formal gesehen erfolgt die Entscheidungsfindung durch Heranziehung geeigneter Präjudizien genau umgekehrt wie die Entscheidungsfindung im Wege der

III. Von Fall zu Fall   389

Gesetzesanwendung. Bei der *Anwendung des Gesetzes* wird die Entscheidung in jedem Fall aufs neue aus ein und der selben allgemeinen Regel abgeleitet. Im Gesetz ist – jedenfalls der Idee nach – ein für allemal *vorgeschrieben*, welche Fälle gleich und welche anders zu behandeln sind. Diese Entscheidungsanweisung ist im Wege der Subsumtion immer wieder neu auszuführen. Bei der *Anlehnung an Präjudizien* fehlt es zunächst an einer solchen Regel. Ein anderer Fall – und letztlich ist jeder Fall anders – darf aber nur dann gleich entschieden werden, wenn der tragende Gedanke der Vorentscheidung auch auf ihn zutrifft. Also muß dieser über den konkreten Fall hinausweisende Gedanke erst einmal hypothesenartig ermittelt werden. Je nachdem, wie er bestimmt wird, findet er auf den neuen Fall Anwendung oder nicht. Und danach wiederum bestimmt sich, ob der neue Fall ebenso zu entscheiden ist wie der erste oder anders. Die allgemeine Regel, unter die subsumiert wird, ist hier dem Rechtsanwender also nicht vorgegeben. Vielmehr muß er sie aus einer Einzelfallentscheidung erst einmal *erschließen*. Erst dann kann er andere Fälle darunter subsumieren.

Den Unterschied kann man sich bildlich wie folgt veranschaulichen. Bei der Anwendung allgemeiner Regeln kommt der Gesetzesbefehl gleichsam von oben und verläuft über die Tatbestandsvoraussetzungen des Gesetzes zu den einzelnen Entscheidungen (E_1, E_2 usw):

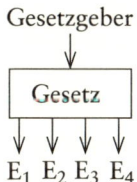

Im „case law" dagegen wird der Gesetzesbefehl gleichsam von unten, von den einzelnen Entscheidungen her konstruiert. Aus einer Entscheidung (E_1) wird auf die dahinterstehende Regel und aus dieser auf die Entscheidung (E_2) eines anderen Falles geschlossen:

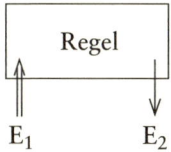

Tatsächlich ist der Vorgang erheblich komplizierter. Da sich alle ähnlichen Fälle irgendwie auch unterscheiden, kommt es immer wieder vor, daß man einzelne Entscheidungen, die man durch Anlehnung an bestimmte Vorentscheidungen gefunden hat, in einleuchtenderer Weise auch auf andere, dem Abstraktionsgrad nach allgemeinere Regeln zurückführen kann. Sowie man sich dazu entschließt, die *ratio decidendi* in diesen allgemeineren Regeln zu erblicken, können künftig noch ganz *andere* Fälle in derselben Weise entschieden werden. Im Wege der Entscheidungsfindung von Fall zu Fall, des „reasoning from case to case", können so auf induktive Weise Rechtsregeln ermittelt werden, die sich in ihrem Abstraktionsgrad von formellen Gesetzen kaum unterscheiden. Das ist der Grund, warum das sogenannte Richterrecht vom Gesetzgeber scheinbar unverändert in die Form eines formellen Gesetzes gegossen werden kann.

Diese informelle Regelbildung kann man sich bildlich so veranschaulichen:

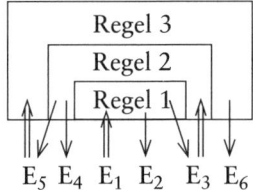

(Zum Verständnis: verfolge der Reihe nach den Weg von E_1 zu E_2 und E_3, von da zu E_4 usw.)

Neue Entscheidungen (in der obigen Skizze: E_3 und E_5) erweitern gelegentlich die Entscheidungsregel; diese erweiterte Regel erweitert wiederum den Kreis der künftig gleich zu entscheidenden Fälle usw.

Schwieriger wird es, wenn die neue Regel die alte nicht nur erweitert, sondern dazu auch in Widerspruch steht. Oder wenn die ursprüngliche Regel im Laufe der Zeit unmerklich ins Gegenteil verkehrt worden ist. Oder wenn gar das formelle Gesetz, auf das sich alle Entscheidungen in unserem Rechtskreis doch auch beziehen müssen, von einer nach eigenen Gesetzmäßigkeiten wuchernden Praxis gänzlich überwunden worden ist. Aber damit gerät man an die Fronten der aktuellen juristischen Diskussion, an die sich nur der vorwagen sollte, der sich bereits in einfacheren Geschäften bewährt hat.

3. *Die Veränderung der Entscheidungsregel im Modellfall*

Im vorstehenden Zusammenhang mag es genügen, daß wir uns die Wirkungsweise des Präjudizienrechts unter der Geltung übergeordneter Gesetze an einem alten, aber nach wie vor eindrucksvollen Beispiel vor Augen führen: Im 2. Buch Moses (21, 24) findet sich die berüchtigte Regel: „Auge um Auge, Zahn um Zahn, Hand um Hand, Fuß um Fuß". Das scheint unzweifelhaft zu besagen, daß derjenige, der einem anderen ein Auge ausschlägt, ein eigenes verlieren soll, daß das Ausschlagen eines Zahns durch den Verlust eines Zahns, das Abhauen einer Hand durch den Verlust einer Hand geahndet werden soll usw. In der rabbinischen Diskussion wurde dieser Regel im Laufe der Zeit jedoch eine ganz andere Bedeutung beigemessen, nämlich die einer Anweisung, für zugefügte Verletzungen eine *Geldentschädigung* zu leisten. Wie war dies möglich?

Das Mittel für diese Uminterpretation bestand vor allem darin, daß Ausnahmefälle diskutiert wurden, in denen ungeachtet des Wortlauts der Ausgangsnorm sinnvollerweise nur eine Geldentschädigung in Betracht kam. Durch die Verallgemeinerung des Prinzips, das den Ausnahmen zugrunde lag, wurde die Ausgangsnorm schließlich ins Gegenteil verkehrt.

„Was willst du sagen", argumentierte etwa Rabbi Schimon, „wenn da ein Blinder war, der blendete, ein Verstümmelter, der verstümmelte, ein Lahmer, der lähmte? Wie soll ich in diesem Fall das *Auge um Auge* aufrechterhalten, da doch die Weisung sagt: *Ein einziges Recht soll für euch gelten*, das gleiche Recht soll für euch alle gelten?"[9] Wörtlich genommen läßt sich das Prinzip „Auge um Auge" in solchen Fällen gar nicht durchführen. In Betracht kommt daher nur eine Anwendung in dem Sinn, daß der Blinde, Lahme usw. für den von ihm angerichteten Schaden eine angemessene Entschädigung leistet. Damit aber ist in die allgemeine Regel des „Auge um Auge" bereits die erste Schneise geschlagen.

In derselben Weise kann man fortfahren: Was soll geschehen, wenn ein *Einäugiger* einem andern ein Auge ausschlägt oder wenn ein *Einarmiger* einem andern eine Hand abhaut? Anders als im vorigen Fall könnte man den Schädiger hier der „gleichen" Behandlung unterziehen. Aber das Gleiche wäre nicht das Gleiche, da sich die Fälle in einem wichtigen Punkt unterscheiden: ein Einäugiger, dem man ein Auge nimmt, wäre gänzlich blind, ein Einarmiger, dem man eine Hand abtrennt, völlig hilflos. Die wörtliche Anwendung der Regel liefe daher auf eine offene Ungerechtigkeit hinaus. Sie muß daher wiederum anders verstanden werden: Wer einem andern ein Auge ausschlägt oder eine Hand abhaut, muß sein Auge oder seine Hand in den Dienst des andern stellen, also für den andern arbeiten, das aber heißt: für den angerichteten Schaden *zahlen*.

Hat man erst einmal eine Reihe von Fällen beisammen, in denen der Grundsatz „Auge um Auge" nur als Anweisung zur Geldentschädigung verstanden werden kann, so kann man fragen, wie es mit diesem Grundsatz überhaupt zu halten ist. Soll man ihn in jedem Fall auf eine andere Weise verstehen oder aber in allen Fällen gleich? Ein gleiches Verständnis läßt sich nur dadurch erzielen, daß man ihn generell als Anweisung zur Geldentschädigung versteht: Zahle! Damit aber hat sich die ursprüngliche Bedeutung der Regel ins Gegenteil verkehrt.

4. Übermaß publizierter Urteile

Richterrecht in dem eben beschriebenen Sinn entsteht nicht bereits da, wo es Richter gibt, die Entscheidungen fällen. Das „reasoning from case to case" setzt vielmehr voraus, daß jedem späteren Richter Tatbestand und Entscheidungsgründe der früheren Entscheidung bekannt sind. Denn ohne dies ist die Ermittlung der *ratio decidendi* kaum möglich.

Daß interessante Entscheidungen in weitem Umfang offengelegt werden, ist heute eine Selbstverständlichkeit. Das war nicht immer so. Das Reichskammergericht, das bis 1806 das höchste Gericht des alten deutschen Reiches war, verfolgte insoweit eine ganz andere Politik. Die Urteile des Reichskammergerichts lauteten nämlich nur dahin, daß der Appellation stattgegeben („übel geurteilt, wohl appelliert") oder daß sie verworfen wurde („wohl geurteilt, übel appelliert"). Die Gutachten der Berichterstatter wurden bei Gericht in einem verschlossenen Kasten verwahrt. Von einer Offenlegung der Gründe befürchtete man eine Schmälerung der Autorität des Gerichts. Man sah nämlich voraus, daß die Gründe sogleich von allen Seiten untersucht und kritisiert würden, und wollte dem keinen Vorschub leisten. Als Mynsinger von Frundeck (1514–1588) dieses Schweigekartell einmal durchbrach und eine Reihe von Urteilen samt seinen dazu verfaßten Kommentaren publizierte, wurde dies vielfach als Skandal empfunden.

Auch sonst wurden Urteilsgründe in größerem Maße erst seit dem ausgehenden 18. Jahrhundert offengelegt. Ein formeller Begründungszwang wurde in Preußen sogar erst zu Beginn des 19. Jahrhunderts eingeführt. Erst von da an wurden Gerichtsurteile in größerem Umfang auch gedruckt. Neben die gerade aufgekommenen Gesetzblätter traten Entscheidungssammlungen, aus denen sich jedermann darüber informieren konnte, was die Gerichte aus den Gesetzen machten. Das war die Voraussetzung dafür, daß die Rechtsprechung zunehmend an Bedeutung gewinnen konnte. Im Verlauf des 20. Jahrhunderts hat die Publikation von Gerichtsentscheidungen schließlich in einem Maße überhand genommen, das jeder Beschreibung spottet. Seitdem die moderne Datenverarbeitung eine neue Dimension eröffnet hat, scheint für viele das Ideal darin zu bestehen, zu jedem halbwegs interessanten Fall zunächst einmal alle Vorentscheidungen zu kennen. Wer aber alle Vorentscheidungen kennen will, ist angesichts der begrenzten Zeit kaum noch in der Lage, dem Recht prinzipiell neue Impulse zu vermitteln. Das im Ansatz scheinbar so freie Präjudizienrecht führt daher sehr leicht zu einem Immobilismus, der jede Gesetzesbindung in den Schatten stellt.

4. Teil: Die Gesetzgebung

§ 30

I. Die Funktionen des Gesetzes

Gezielte Rechtsänderungen sind unter den geschilderten Bedingungen bei gleichzeitiger richterlicher Unabhängigkeit nur vom Gesetzgeber zu erwarten. Nur das Gesetz ist dem Moloch des positiven Rechts gewachsen, nur durch Gesetze kann die träge Masse des Rechts innerhalb kurzer Zeit in Bewegung gebracht oder eine in Gang befindliche Entwicklung umgeleitet oder aufgehalten werden. Denn nur das Gesetz vermag von jetzt auf nachher Daten zu setzen, die von allen zu beachten sind. Daher richtet sich der Blick derer, die am Recht verzweifeln, in letzter Instanz immer wieder auf das Gesetz. Auch wenn das gegenwärtige Gesetz schlecht ist, glaubt man in der Gesetzgebung doch den Schlüssel zu besitzen, um die rechtlichen Verhältnisse grundlegend verbessern zu können.

Die Bedeutung, die dem Gesetz heute beigemessen wird, hängt daher nicht nur damit zusammen, daß es von vielen als die einzige „Rechtsquelle" angesehen wird, die über jeden Zweifel erhaben ist. Sie hat auch andere, weniger ideologische Gründe. Sieht man näher zu, so soll das Gesetz verschiedene Funktionen erfüllen.

1. *Entscheidungsfunktion*

Die erste Aufgabe, die dem Gesetz im Rahmen der Rechtsordnung zukommt, besteht darin, *gesellschaftliche Konflikte* in der Weise *zu entscheiden*, daß ein für allemal festgesetzt wird, an welchem Maßstab der „juristische Kleinkram", der sich darauf bezieht, zu messen ist.

Die konsensuale Regulierung durch die unmittelbar Beteiligten selbst oder ihre professionellen „Repräsentanten" ist dafür nur bedingt geeignet. In homogen strukturierten, traditionalen Gesellschaften mag es angehen, die Entscheidung der wenigen sozialen Konflikte, die in solchen Gesellschaften auftreten, in der Regel gesellschaftlichen Selbstregulierungsprozessen zu überlassen. Je dynamischer eine Gesellschaft sich jedoch entwickelt, je schneller die Verhältnisse sich ändern, desto weniger kann der Normbedarf auf diese Weise befriedigt werden. Bis sich eine gemeinsame Rechtsüberzeugung gebildet hat, bis die Professionalisten des Rechts sich in dezentralen Prozessen auf eine gemeinsame Linie geeinigt haben, kann es lange dauern. Je pluralistischer eine Gesellschaft verfaßt ist, je verschiedener die Ausgangspunkte der Beteiligten sind, desto schwieriger und zeitraubender gestalten sich solche Prozesse. Wenn es jedoch richtig ist, daß jede Zeit ihr eigenes Recht braucht, dann sind Rechtserkenntnisse, die sich erst nachträglich einstellen, wertlos.

Wenn das Recht hinter den realen Erfordernissen nicht hoffnungslos zurückbleiben soll, müssen die erforderlichen Normen von einem bestimmten Komplexitätsgrad an von zentralen Instanzen gesetzt werden können. Namentlich auf krisenhafte Entwicklungen, die die Gesellschaft im Innersten gefährden, muß das Recht sofort reagieren können. Wo Not am Mann ist, muß die gebotene Ausrichtung des Handelns an gemeinsamen Maßstäben auf künstliche Weise hergestellt werden können. Das bewährte Mittel dazu ist das staatliche Gesetz.

2. Stabilisierungsfunktion

Die zweite Aufgabe, die das Gesetz zu erfüllen hat, ist die, die *Zukunftserwartungen* der Bürger dadurch *zu stabilisieren*, daß es für ein Höchstmaß an Rechtsklarheit und Rechtssicherheit sorgt.

Rechtsprechung und Rechtslehre können dies in einer offenen Gesellschaft nur teilweise gewährleisten. Die Meinung der meisten Menschen über Recht und Unrecht ist schwankend. Nicht selten läßt jedes zusätzliche Argument das Urteil nach der anderen Seite hin ausschlagen. Die Einbindung des erkennenden Richters in hierarchische Strukturen bietet dagegen nicht immer eine Abhilfe. Denn der Arm der Obergerichte reicht nicht überall hin, und je mehr die Gerichte dazu neigen, auf die besonderen Umstände des jeweiligen Einzelfalles – mithin auf den Zufall – abzustellen, desto weniger ist auch auf die obergerichtliche Rechtsprechung Verlaß. Vor allem aber ist das Recht, wo seine tragenden Grundsätze auf eine Vielzahl von Entscheidungen verteilt sind, notwendig unklar und dunkel. Wer zu diesen Entscheidungen keinen Zugang hat oder wem Zeit und Fähigkeit fehlen, sich damit intensiv zu befassen, ist im wahrsten Sinn des Wortes rechtlos gestellt.

Wo Zeit Geld bedeutet, sind viele Bürger gar nicht so sehr daran interessiert, daß das Recht in möglichst weitem Umfang irgendwelchen Gerechtigkeitsvorstellungen nahekommt. Sie wollen vielmehr zunächst einmal wissen, womit sie in Zukunft zu rechnen haben, damit sie nicht vermeidbare Nachteile erleiden. Vor allem in den Kreisen der Wirtschaft findet man wenig Verständnis für den Charme des juristischen Chaos, das in Rechtsprechung und Lehre die Arbeit nie ausgehen läßt. Wer langfristig planen will, braucht vor allem Rechtsklarheit für die Gegenwart und die Zukunft, mögen die Rechtsphilosophen davon halten, was sie wollen. Ein solches Maß an Rechtssicherheit, wie sie allen Auslegungsmöglichkeiten zum Trotz durch ein Gesetz hergestellt werden kann, läßt sich in einer modernen Gesellschaft durch nichts sonst gewährleisten.

3. Lenkungsfunktion

Die dritte Aufgabe des staatlichen Gesetzes besteht schließlich darin, das Verhalten der Bürger nach einem *einheitlichen Plan* zu *lenken*.

So wenig die Menschen auch dazu neigen mögen, sich gegen ihre Überzeugung fremden Vorschriften zu beugen – ohne eine Vielzahl von Rechtsbefehlen kommt eine moderne Rechtsordnung nicht aus und eine vormoderne, wie man hinzufügen kann, meist ebenfalls nicht. Die Verteidigung des Gemeinwesens nach außen und des Friedens und der öffentlichen Ordnung im Innern muß durch geeignete Handlungs- und Unterlassungsgebote organisiert werden, Rechtsverletzungen muß entgegengetreten, Gefahren für wichtige Rechtsgüter muß vorgebeugt werden, die Finanzierung der öffentlichen Aufgaben muß sichergestellt werden u.a.m. In all diesen Bereichen muß von zentralen Instanzen angeordnet werden können, was die Bürger zu tun und zu lassen haben; denn ohne solche Anordnungen würden sie vielfach das Gegenteil tun.

Im modernen Rechtsstaat werden die erforderlichen Rechtsbefehle durchweg in Gestalt allgemeiner Regeln erlassen, weil eine unmittelbar personale Herrschaft der Freiheit zu widerstreiten scheint. Auf diese Weise ist das staatliche Gesetz zugleich das gegebene Mittel, um das Verhalten der Bürger da, wo dies erforderlich scheint, durch Ge- und Verbote zu lenken.

II. Die Realität der Gesetzgebung

Die Überschätzung der realen Möglichkeiten der Gesetzgebung, vor allem aber ihre ideologische Überhöhung zur höchsten, ja einzigen „Rechtsquelle", haben das staatliche Gesetz im Laufe der Zeit freilich mit unausweichlicher Folgerichtigkeit in eine Lage hineinmanövriert, in der seine eigenen *Grenzen* nicht länger zu übersehen sind. Das betrifft nicht nur die Lehre von der rechtlichen Allmacht des jeweiligen Gesetzgebers, dem – wie man gesagt hat – eigentlichen Sündenfall des Rechtspositivismus. Daß diese Lehre die Probe nicht bestanden hat, ist nach allem, was wir erfahren konnten und täglich aufs neue erfahren, nur allzu offensichtlich. Zu groß war der vom Rechtspositivismus an den Tag gelegte Hochmut, als daß ihm nicht früher oder später ein tiefer Fall hätte folgen müssen. Die *Überforderung des Gesetzes* tritt jedoch auch unabhängig hiervon zutage; denn bereits der Alltag der Gesetzgebung ist heute so beschaffen, daß das Gesetz auch bescheideneren Anforderungen nur allzu oft nicht mehr zu genügen vermag.

1. Legalitätssucht

Unter dem Einfluß der Lehre vom Gesetzesvorbehalt, wonach jeder auch noch so geringfügige Eingriff in Freiheit oder Eigentum einer gesetzlichen Grundlage bedarf, hat sich eine *Legalitätssucht* ausgebreitet, der kein Gesetzgeber mehr gewachsen ist. Für alles und jedes muß heute ein besonderes Gesetz erlassen werden. Die kleinste Änderung macht sogleich neue Gesetze erforderlich, so daß die Gesetzgebungsmaschinerie ständig auf Hochtouren läuft. Um den steigenden Normenbedarf zu befriedigen, enthalten viele Gesetze Ermächtigungen an den Verordnungsgeber. Dieser – als der „motorisierte" Gesetzgeber, wie man ihn sarkastisch genannt hat – produziert außerhalb des parlamentarischen Verfahrens einen Rattenschwanz von Ergänzungsgesetzen. Schnell, zu schnell muß das Gesetz bei all dem vielfach entstehen. Diese Eile hat ihren Preis; denn so viel handwerklich gutes Recht, wie verlangt wird, kann es überhaupt nicht geben.

In der antiken griechischen Stadt Lokroi war jeder, der auf dem Markt ein Gesetz vorschlug, für das er keine Mehrheit bekam, mit dem Tode bedroht. Die Folge war, daß die Stadt über Jahrhunderte für ihre einfache und klare Gesetzgebung berühmt war. Bei uns gibt es keinerlei Vorkehrungen dieser Art. Die Klage über schlechte Gesetze reißt daher nicht ab.

Durch nichts kann das Ansehen der Gesetzgebung als Rechtsquelle stärker beeinträchtigt werden als durch die mangelnde Qualität ihrer Produkte. „Hier sprudelt keine klare Quelle", hat ein Kenner der neueren Gesetzgebung einmal bemerkt, „an der man sich nachhaltig laben könnte, sondern Hagelkörner und Nieselregen weichen uns durch."[1] Sprachliches Unvermögen, Weitschweifigkeit der Formulierung, Ungenauigkeit des Ausdrucks, innere Systemlosigkeit, mangelnde Abstimmung mit anderen Gesetzen, reine Popularitätshascherei, so lauten die immer wiederkehrenden Vorwürfe, vor allem aber: bloße Zufallsprodukte und Maßnahmegesetze in endloser Zahl, alle mit dem gleichen Anspruch auf strikte Beachtung und prinzipiell unbegrenzte Geltung verkündet, als ob es sich um die ewigen Grundpfeiler des Staates handeln würde. Alles in allem also ein Wust, der sich bereits durch seine äußere Gestalt einer streng rationalen Diskussion widersetzt.

„Wild schießen die Rechtsnormen aus dem tropischen Gesetzesboden", hat Adolf Baumbach (1874–1945), Senatspräsident beim Berliner Kammergericht, die Situation einmal beschrieben, „nehmen sich gegenseitig Luft und Licht, bedecken den Boden mit abgestorbenen Trümmern und spotten des Verstands, der Überblick und Richtung sucht. Häufig entbehrt das einzelne Gesetz des inneren Zusammenhangs, des Leitgedankens; wie es sich in den Kosmos des gesamten Rechts einfügt, das kümmert die Gesetzgeber nicht mehr. Sondergesetze, Verlegenheitsgesetze, Gelegenheitsgesetze. Sogar die Sprache ist nicht einheitlich; dieselben Worte wechseln ihren Sinn. Uralten Fachausdrücken gibt ein Sondergesetz plötzlich verschwiegen eine andere Bedeutung. Der juristische Turmbau zu Babel!"[2]

2. *Das Gesetz in den Fängen der Rechtspolitik*

Diese Klage findet ihre Ursache aber nicht allein in der Gesetzesflut als solcher. Sie geht auch darauf zurück, daß das Recht mit dem immer weiteren Vordringen des staatlichen Gesetzes zunehmend in die Fänge der *Politik* geraten ist. Das aber bedeutet unter den derzeitigen Bedingungen: Herrschaft der jeweiligen Mehrheit, und zwar nach den Regeln, nach denen Mehrheiten im Kampf der Parteien gegeneinander errungen und verteidigt werden.

Nach Auffassung Philipp Hecks (1858–1943) sollte das staatliche Gesetz die Resultante widerstreitender Interessen sein. Damit war gemeint, daß der Gesetzgeber die in der Gesellschaft vorhandenen Interessen nach seinen Vorstellungen zu einem gerechten Ausgleich bringt. Aber die Zeit, in welcher der Gesetzgeber den großen Interessen als eigenständige Ordnungsmacht entgegentreten konnte, ist – wenn es sie je gegeben hat – dahin. Die Interessengruppen haben entdeckt, daß man die Gesetzgebung, die das Verhalten der Gesetzesunterworfenen steuern will, ihrerseits steuern kann, und sie haben sich organisiert, um von dieser Möglichkeit gezielt Gebrauch zu machen.

Niemand weiß, wieviele Gesetze über informelle Kanäle von gesellschaftlichen Interessenverbänden angeregt oder verhindert worden sind, niemand hat untersucht, in welchem Ausmaß die Gesetze hinter den Kulissen mit mitgliederstarken oder finanzierungskräftigen Stimmenbeschaffern und Wahlhelfern abgestimmt werden. Aber alle wissen, daß die Theorie, wonach die Gesetze aufgrund einer offenen Diskussion unter den Abgeordneten vom Parlament beschlossen werden, an der Wirklichkeit vorbeigeht. In der Wirklichkeit sind die Plenarsäle unserer Parlamente meist leer, weil die entscheidenden Gespräche woanders geführt werden.

In allen halbwegs interessanten Fragen ist es heute im Grunde fast müßig, sich um klare, in sich stimmige Gesetzesvorschläge zu bemühen. Es gibt kaum ein Konzept, das nicht auf seinem Weg durch die gesetzgebenden Instanzen verwässert, und kaum einen Gedanken von Bedeutung, der nicht nach dem Prinzip, wonach viele Köche den Brei verderben, verdorben würde. Wenn die

Standpunkte allzu weit auseinander liegen, faßt man Formelkompromisse in Gesetzesform oder erläßt Alibigesetze, die nur Ersatzhandlungen ohne Regelungsgehalt darstellen.

Die Auffassung, daß dies immerhin von der parlamentarischen Mehrheit so gewollt sei, entpuppt sich oft genug als eine Ideologie. Häufig wird die Mehrheit auch hier durch kleine Minderheiten organisiert, die wissen, wie man selbständige Abgeordnete der Disziplin ihrer Partei unterwirft und Widerspruch ausschaltet. Ein probates Mittel ist unter anderem dies, Gesetze, die in der Sache nichts miteinander zu tun haben, zu „Paketen" zusammenzuschnüren und gemeinsam zur Abstimmung zu stellen. Wer die Regelung A will, kann sie auf diese Weise nur bekommen, wenn er gleichzeitig der Regelung B zustimmt, die er an sich ablehnt. Geschickt eingesetzt, können auf diese Weise serienmäßig Gesetze verabschiedet werden, von denen für sich genommen vielleicht nicht eines die Mehrheit erhielte. Gelegentlich werden auch wichtige Sachentscheidungen in „Artikelgesetzen" versteckt, wo sie von niemand gefunden werden, der nicht ohnehin weiß, worum es geht.

Wer weiß, wie die Gesetze und die Leberwürste in Wahrheit gemacht werden, soll Bismarck einmal gesagt haben, der kann nachts nicht mehr ruhig schlafen.

3. Bürokratisierung

Noch in einem anderen Punkt hat die Realität die Gesetzgebungstheorie, an der die Wegbereiter des Gesetzespositivismus orientiert waren, längst hinter sich gelassen. Die altväterliche Auffassung, nach der die Gesetze vom *Parlament* gemacht und von der *Exekutive* lediglich ausgeführt werden, erscheint heute vielfach naiv. Sie dient zwar immer noch dazu, die Praxis der Gesetzgebung zu legitimieren, aber sie beschreibt sie nicht mehr. So wie sich die Verhältnisse entwickelt haben, ist das auch gar nicht zu erwarten.

Das moderne Gesetz soll nämlich zwei Anforderungen entsprechen, die kaum miteinander vereinbar sind. Es soll einmal von einer breiten *Zustimmung* getragen sein, andererseits jedoch auf technischem *Sachverstand* beruhen. Das erste verweist mehr oder weniger deutlich auf demokratische Strukturen, das zweite dagegen scheint eine Expertokratie zu verlangen. So sehr auch immer bei der parlamentarischen Diskussion die Interessen der jeweils vertretenen Klientel im Vordergrund stehen mögen, angesichts von Gesetzen, die ohne immer mehr Spezialwissen aus immer mehr Sachbereichen gar nicht mehr verstanden werden können, kann der einzelne Abgeordnete immer seltener aus eigener Kraft beurteilen, wie die verschiedenen Interessen davon berührt werden. Mangels hinreichender Vertrautheit mit der geregelten Materie kann er gelegentlich vielleicht nicht einmal mehr verstehen, worum es in der Sache überhaupt geht.

Das erforderliche Sachwissen findet sich heute nicht bei den Gesetzgebungsorganen, sondern bei der *Ministerialbürokratie*, wo die Gesetzgebungsdienste angesiedelt sind. Nur hier kann das Wissen angehäuft werden, das für die Gesetzgebung benötigt wird. Die meisten Gesetzesentwürfe kommen daher bezeichnenderweise nicht aus den Reihen des Parlaments, sondern aus den Ministerien. Sie werden im Rechtsausschuß im kleinen Kreis beraten und mit den vertretenen Interessen abgestimmt. Anschließend wird die Mehrheit der Abgeordneten darauf eingestimmt, geschlossen ja zu sagen. Niemand wird dabei befragt, ob er das Gesetz im Detail überhaupt verstanden hat. Es genügt, daß die Meinungsführer jeder Fraktion den Weg weisen und der einzelne Abgeordnete Vertrauen zu ihnen hat.

Gelegentlich entsteht auf diese Weise geradezu der Eindruck, als handle es sich bei einem Gesetz und den dazugehörigen Verordnungen um eine Selbstermächtigung der Behörden und als sei das Parlament ein Gremium von Claqueuren ohne Überblick. Im Ergebnis findet jedenfalls ein Prozeß der *Entparlamentarisierung* statt, in dessen Verlauf die Regierung zunehmend an Macht gewinnt. Das Modell der Gewaltenteilung zwischen Legislative und Exekutive, das einmal der Idee nach die Freiheit des Bürgers sichern sollte, erweist sich immer mehr als realitätsfremdes Wunschdenken. Im Gegenzug dazu verliert die fast ehrfürchtige Berufung auf den Willen des parlamentarischen Gesetzgebers ihre demokratische Weihe und wird zu einer Gebetsformel für Leute, die es nicht besser wissen.

III. Gesetzgebungslehre

Trotz allem ist das Gesetz unser Schicksal, und zwar mit all den Untertönen, die in diesem Wort mitschwingen. Die Hoffnung, daß man das Rad der Geschichte insoweit noch einmal zurückdrehen könnte, ist illusorisch. Das Gesetz hat seine exponierte Stellung nur deshalb erlangt, weil die moderne Gesellschaft darauf angewiesen ist. Aber das Gesetz ist anders, als es ursprünglich gedacht war, anders auch, als es aus heutiger Sicht sein sollte. Wie haben die Juristen, die sich als die berufenen Hüter des Gesetzes verstehen, auf all dies reagiert?

1. Nicht Sache des Juristen als solchen

Die erste Reaktion der Rechtswissenschaft auf den Sieg des Gesetzes war der *Rückzug aus allen legislatorischen Erwägungen*. Dieser Einbruch ist um so auffälliger, als das neuzeitliche Naturrecht zum großen Teil nichts anderes als eine Vorarbeit für spätere Gesetzgebung war und als auch die dogmatische Beschäftigung mit dem römischen Recht die Rechtswissenschaft keineswegs gehindert hatte, über den engen Status quo hinauszudenken. „In der deutschen gemeinrechtlichen Rechtsliteratur", heißt es dementsprechend bei Ernst Zitelmann (1852–1923), „nimmt die rechtsschöpferische Tätigkeit, die den höchsten Reiz der juristischen Arbeit und ihre charakteristische Eigentümlichkeit bildet, einen außerordentlich großen Raum ein; überall war man auf gesetzgeberische Erwägungen hingewiesen – man sehe nur eine der meisterhaften gemeinrechtlichen Abhandlungen des unvergeßlichen Jhering oder Dernburgs Pandektenlehrbuch an, um zu erfahren, wie mächtig legislative Gesichtspunkte auf ihre positivrechtlichen Ergebnisse gewirkt haben."[3] In der nächstfolgenden Juristengeneration war von dieser Freiheit des Denkens nur noch wenig zu finden. Wie um sich selbst zu entmündigen, wurde die an sich zutreffende Unterscheidung zwischen *lex lata* und *lex ferenda*, zwischen bereits geltendem und erst noch zu schaffendem Recht aufs äußerste zugespitzt und mit einer strikten Kompetenzverteilung verbunden: Für die *lex ferenda* sollte allein der Gesetzgeber zuständig sein; der Jurist dagegen sollte sich ebenso ausschließlich mit der Ordnung und Anwendung des geltenden Rechts befassen.

Ähnlich wie man einmal vom beschränkten Untertanenverstand sprach, waren die Juristen freiwillig bereit, sich einen beschränkten Rechtsverstand zu bescheinigen und allem zu unterwerfen, was man „höheren Orts" für sie beschlossen hatte. In seiner Leipziger Rektoratsrede von 1884 über „die Aufgaben der Rechtswissenschaft" sprach Bernhard Windscheid – immerhin einer der Väter des Bürgerlichen Gesetzbuchs – den vielzitierten Satz: „Die Gesetzgebung steht auf hoher Warte; sie beruht in zahlreichen Fällen auf ethischen, politischen, volkswirtschaftlichen Erwägungen oder auf einer Kombination dieser Erwägungen, welche nicht Sache des Juristen als solchen sind."[4] Nicht Sache des Juristen als solchen – das war die Formel, mit der die Juristen zugunsten des Gesetzes enteignet wurden, mit der man ihnen die Verantwortung für das Recht genommen und den bloßen Vollzugsgehorsam übrig gelassen hat.

Die Rechtswissenschaft atmet seitdem in vielen Bereichen Inspektorengeist. Es gibt Rechtslehrer, die den höchsten Sinn der Rechtswissenschaft darin zu erblicken scheinen, jeden Gedanken, der den Buchstaben des Gesetzes, und sei dieses auch noch so mißlungen, gegen sich hat, unnachsichtig zu verfolgen und alle juristische Phantasie geradezu auszutilgen.

Wer erst einmal die Voraussetzungen dieses Denkens akzeptiert hat, lehnt sich vergeblich gegen seine Konsequenzen auf. Denn was nützt es zu sagen, daß die Rechtswissenschaft nicht nur das vorhandene Recht zu erkennen und zu begreifen, sondern auch der zukünftigen Gesetzgebung vorzuarbeiten hat, wenn diese Tätigkeit gleichzeitig an dem einzigen Ort, der hierfür ernsthaft in

Betracht kommt, der juristischen Dogmatik nämlich, für unzulässig erklärt wird? Wenn das Bestreben nach einer Verbesserung des Rechts erst einmal aus der Rechtsdogmatik herausdestilliert ist, gibt es innerhalb der Rechtswissenschaft keinen Ort mehr, wo es sich systematisch entfalten kann. Die Inspektoren des Rechts erkennt man daher an nichts besser als daran, daß sie die Rechtsdogmatik auf die kleinlichste Wortklauberei beschränken wollen und jeden Interpretationsvorschlag, der diesem traurigen Geschäft ein Ende machen würde, in den Bereich der Rechtspolitik verweisen. Wer so argumentiert, weiß dabei nur allzu gut, daß es eine wissenschaftliche Rechtspolitik, die sich solcher Aufgaben annehmen könnte, nicht gibt und daß sie unter den gegebenen Voraussetzungen aus mancherlei Gründen auch nicht zu erwarten ist.

2. *Die Verantwortung des Juristen*

Nicht alle haben sich von dem Talmiglanz blenden lassen, mit dem man das aus den Händen der Obrigkeit kommende Gesetz unterschiedslos versehen hat. Schon früh hat man empfunden, daß die Juristen, wo es Gesetze hagelt, sich von der Verantwortung für den Zustand der Gesetzgebung nicht freizeichnen können. Nur zwei Jahre, nachdem Savigny seiner Zeit den Beruf zur Gesetzgebung abgesprochen hatte, hielt ihm sein Schwager Achim von Arnim entgegen: „Zwar weiß ich recht gut, daß das Studium der Rechte noch keine Gesetzgeber schafft, aber das verlange ich von dem Studio, oder es ist auf falschem Wege, daß es wenigstens eine ausgebildete Methode, einen sichern Scharfsinn in die Ausbildung der Gesetze bringt. Die meisten gelehrten Juristen wenden sich aber von neuer Gesetzgebung fort als wie von schlechtem Latein die Philologen, in der Furcht, sie könnten sich ihren Stil verderben, statt durch Schrift und Vorlesung auf die Gesetzgeber, auf praktische Juristen und Jurisprudenz zur Verbesserung der Fehler fortzuwirken."[5]

Wenn sich der *Inhalt* der Gesetzgebung der wissenschaftlichen Beeinflussung entzieht, weil er freie Tat der Politik sein soll, so wurde hier wenigstens die Verantwortung der Rechtswissenschaft für die äußere *Form* der Gesetze angemahnt. Diese Forderung ist auch in der Folge nicht verstummt und hat gerade in neuerer Zeit zur Ausdifferenzierung einer eigenen *Gesetzgebungslehre* geführt. Manche Anregungen dazu hat vielleicht auch der Blick über die Grenzen des eigenen Landes hinaus bewirkt. Der umständliche, vom Fallrechtsdenken geprägte Stil englischer oder amerikanischer Statuten mit ihrer nicht enden wollenden Aufzählung von Tatbeständen und ihrer unscharfen Begrifflichkeit und ebenso auch der in vielem ähnliche Stil europäischer Rechtsakte sind durch ihr abschreckendes Beispiel nicht schlecht geeignet, die alten Tugenden kontinentaler Gesetzgebungskunst in Erinnerung zu rufen. Allerdings wirken die alten Vorbilder nur so lange, als sie noch in hinreichender Zahl vor Augen stehen und nicht selbst bereits durch spätere Eingriffe notleidend geworden sind. Der Umgang mit allzu vielen schlecht verfaßten Gesetzen färbt nämlich leicht ab und verleitet ebenfalls zur Nachahmung. Was für die Schriftsätze gehetzter Rechtsanwälte gilt, gilt für den gehetzten Gesetzgeber nicht minder: Sich kurz zu fassen, kostet mehr Zeit, sich einfach und doch präzis auszudrücken, bereitet mehr Anstrengungen.

Über eine alte Streitfrage hat auch die neuere Gesetzgebungslehre keine Klarheit gebracht, weil sie auf eine Daueraufgabe des Gesetzgebers hinweist: An wen soll das Gesetz sich richten, an den *Bürger* oder den *Rechtsstab*? Beides führt zu einem ganz unterschiedlichen Gesetzgebungsstil. Das moderne Gesetz kommt faktisch aus der Bürokratie und ist meist auch für die Bürokratie bestimmt. Es ist daher im Grunde eine Verwaltungsanordnung von Beamten für andere Beamte mit gewissen Auswirkungen auf den Bürger. Daß dieser das Gesetz versteht, ist von daher nicht unbedingt erforderlich. Im Gegenteil: je unverständlicher die Gesetze sind, desto wirksamer ist die Macht der Bürokratie. Aus der Sicht des Bürgers dagegen erscheint die Forderung nach allgemeiner Verständlichkeit nicht mehr als billig. Schließlich soll der Bürger sich nach den Gesetzen ja richten; unter demokratischen Gesichtspunkten hat er sie sogar mitzuverantworten. Aber wie, wenn die Verständlichkeit nur um den Preis erreicht werden kann, daß das Gesetz für den professionellen Rechtsanwender an Wert verliert? Soll man dann Gesetze machen, die zwar verstanden werden, technisch gesehen aber nichts taugen, oder solche, die dem Rechtsanwender seine Arbeit erleichtern, aber den Bürger über sein Recht im dunkeln lassen? Wo die Gesetze auf den Rechtsstab zugeschnitten werden, muß dem Bürger sein Recht auf anderen Wegen vermittelt werden, wenn er nicht einem Gefühl der Ohnmacht ausgeliefert sein soll. Das war bereits den Gesetzgebern der Aufklärungszeit bekannt. Svarez (1746–1798), der Schöpfer des preußischen Allgemeinen Landrechts von 1794, war etwa der Auffassung, daß gewissermaßen ein doppeltes Gesetzbuch notwendig sei, eines für die Richter und Rechtsgelehrten und ein zweites als eine Art Rechtsfibel für die Aufklärung des Volkes. Getreu dieser Einsicht ließ er seinem großen Opus noch ein kleines Büchlein folgen: „Unterricht für das Volk über die Gesetze". Heute haben sich unter anderem Medien, Verbände und Schulen dieser Aufgabe angenommen. Der demokratische Gesetzgeber hat dafür keine Zeit mehr, weil er ständig neue Gesetze machen muß.

Längst hat man auch eingesehen, daß es zur Lenkung des Verhaltens der Bürger nicht genügt, Ge- und Verbote zu erlassen, die das gewünschte Verhalten vorschreiben. Die Wirklichkeit steht dem Gesetz nämlich nicht ungeordnet gegenüber. Sie gliedert sich in einzelne Lebensbereiche wie Ehe und Familie, Wirtschaft, Technik, Religion usw., die jeweils *eigenen Gesetzmäßigkeiten* folgen. Bei der Neigung der meisten Menschen, an eingefahrenen Gewohnheiten festzuhalten, ist daran auf kurze Sicht nicht viel zu ändern. Wer die Sachgesetzlichkeiten der gesellschaftlichen Subsysteme, für die er Gesetze erlassen will, nicht kennt, darf sich daher nicht wundern, wenn dem Gesetz jede Effizienz mangelt. Um es ganz banal zu sagen: Wer das Falschparken damit bekämpfen will, daß er es mit einer Geldbuße von 5 Euro belegt, hat wenig Aussicht auf Erfolg, wenn ein Parkplatz im nächsten Parkhaus 6 Euro kostet. Wo der Rechtsbruch sich ökonomisch auszahlt, geht der *homo oeconomicus* im Zweifel den billigeren Weg. Was sich im kleinen zeigt, gilt auch im großen. Wer nicht weiß, wie die Wirtschaft funktioniert, wer also ihre Eigengesetzlichkeiten nicht in Rechnung stellt, kann keine effizienten Gesetze dafür erlassen. Dasselbe gilt für alle anderen Lebensbereiche auch.

3. Grundrechte als Einfallstor überpositiven Rechts

Die neuere Gesetzgebungslehre zielt im Unterschied zu den Intentionen des Naturrechts nur auf die Kultivierung der formellen Seite der Gesetzgebung. Bei der Festsetzung neuer *Inhalte*, also bei der eigentlichen politischen Entscheidung, ist der Gesetzgeber aber mittlerweile aus ganz anderen Gründen nicht mehr in vollem Umfang Herr im eigenen Haus. Das Stillhalteabkommen, das die Juristen auf Gedeih und Verderb dem Gesetzgeber ausgeliefert hat, ist in der jüngeren Vergangenheit unter Berufung auf die Verfassung partiell aufgekündigt worden. Wenn der Gesetzgeber ursprünglich die Juristen enteignet hat, so sind im Gegenzug die Juristen dazu übergegangen, den Gesetzgeber zu enteignen, und zwar mit demselben Mittel, das er ihnen gegenüber zur Anwendung gebracht hat: mit der Bindung an das staatliche Gesetz.

Die Handhabe dazu bietet Art. 1 III unseres Grundgesetzes, wonach die positivierten *Grundrechte* auch *den Gesetzgeber* „als unmittelbar geltendes Recht" binden. Diese Rechtsnorm hat eine wesentlich andere Qualität als sie sonstigen Vorschriften zukommt. Bei den Grundrechten handelt es sich um Fundamentalsätze, deren Inhalt sich angesichts der Vagheit ihres Wortlauts und der mangelnden tatbestandlichen Präzision im Grunde auf das reduziert, was der Interpret unter stillschweigender Bezugnahme auf außer- und vorpositivrechtliche Vorstellungen daraus macht. Generell gesehen ist kaum eine legitime Zielsetzung vorstellbar, die nicht auf diesem Weg als zwingendes Verfassungspostulat ausgewiesen werden könnte. Nirgendwo sonst eröffnet sich dem Interpreten ein solcher Spielraum von Möglichkeiten, nirgendwo sonst ist zugleich die Fertigkeit höher entwickelt, auf Glatzen Locken zu drehen. Die auch den Gesetzgeber selbst bindenden Grundrechte sind daher das lang gesuchte *Einfallstor des überpositiven Rechts in die positive Rechtsordnung*. Indem die Juristen damit angefangen haben, von der hier angelegten Möglichkeit Gebrauch zu machen, ist es ihnen gelungen, den Gesetzgeber an etwas zu binden, an das er bei Kenntnis der Lage niemals gebunden sein wollte: nämlich an die Auffassung außergesetzlicher Instanzen über das, was im Verhältnis des Staates zu seinen Bürgern als recht und billig anzusehen ist. Alles, was seit Generationen für die Todsünde wider den Geist des positiven Gesetzes erklärt wurde, ist auf diese Weise mit einem Schlag wieder da, nunmehr aber unter dem Deckmantel des Gesetzes selbst.

Nach Lage der Dinge kann sich der Gesetzgeber dieser Bindung ohne Verfassungsänderung nicht entziehen. Nachdem er in seiner Funktion als Verfassungsgeber das Bundesverfassungsgericht zum berufenen Hüter der Verfassung bestellt hat, hat er sich partiell selbst entmachtet. Denn damit hat er einem Gericht die Macht verliehen, die Regeln zu interpretieren, an die er selbst bei seiner Gesetzgebung gebunden ist. Wie durch eine List der Geschichte sind damit die durch das Gesetz an sich entmachteten Juristen durch die Hintertür der Verfassungsinterpretation erneut an die Macht gelangt, der deutsche Staat ist zum Juristenstaat geworden. Die klarsten und unmißverständlichsten Gesetze können heute unter Berufung auf die in den Grundrechten oder den sonstigen Teilen der Verfassung verkörperte Wertordnung im Wege der verfassungskonformen Auslegung mit einem anderen Inhalt versehen oder als verfassungswidrig für nichtig erklärt werden. Dem Gesetzgeber bleibt unter diesen Voraussetzungen oft genug nichts anderes übrig, als bei jedem Schritt in einer Art vorauseilenden Gehorsams die vermutliche Auffassung des Bundesverfassungsgerichts zu berücksichtigen. Der Einbruch des überpositiven Rechts in die positive Rechtsordnung bezieht sich nicht nur auf die großen Themen der Zeit, sondern hat längst auch das juristische Tagesgeschäft erreicht. Je mehr die Verfassung an Bedeutung gewinnt, je dichter ihr Regelungsgehalt unter den Händen ihrer Interpreten wird, desto mehr wächst die Versuchung, es nach jedem verlorenen Prozeß noch einmal mit einer Verfassungsbeschwerde zu versuchen. Neben dem angegriffenen Urteil steht dabei immer auch das angewandte Gesetz selbst auf dem Prüfstand. Im Endeffekt führt das zu einer immer intensiver werdenden Kontrolle des Gesetzgebers am Maßstab des unter den Juristen über Grundfragen des Rechts jeweils erzielten Konsenses. Die Frage nach dem Recht, *das ist*, und nach dem, das *sein soll*, fließen dabei in einer ganz neuen Weise ineinander. Der Gesetzgeber, der ausgezogen war, den Naturrechtlern das Fürchten beizubringen, hat unter dem Einfluß dieser Entwicklung mittlerweile selbst das Fürchten gelernt.

Niemand hat die daraus resultierende Lage besser auf den Begriff gebracht als der Strafrechtler Wolfgang Naucke: „Was man heute in der Verfassung findet, war ehedem von den Inhabern der Lehrstühle des Naturrechts zu lehren. Unsere Verfassung enthält die Grundlinien eines antifaschistischen humanen Naturrechts, aber eben in der Form des positiven Rechts. Und nun kann jeder Jurist, der mit positivem Recht … hat umgehen lernen, sich der

Verfassung bedienen, wie er sich sonstigen positiven Rechts bedient. Es entsteht *eine juristische Verwaltung des Naturrechts*, die merkwürdige Züge hat ... Kaum jemand findet diese Art kleingemachten Naturrechts bemerkenswert. Im Gegenteil, unter dem Schutz dieses bürokratisierten Naturrechts kann jeder Jurist in den Formen des positiven Rechts über die kompliziertesten Gegenstände des Naturrechts und der allgemeinen Staatslehre verfügen."[6]

Der Kreis scheint sich zu schließen. Das positive Recht verliert sich in den Gefilden der Rechtsidee; die Rechtsidee aber gewinnt ihre Gestalt in dem Denken und Handeln der Menschen, die sich auf sie berufen. Wo gibt es in diesem Kreis einen Anfang und wo ein Ende? Wo findet sich ein Halt, der es erlaubt, einen sicheren Standpunkt zu gewinnen? Wo gibt es eine andere Orientierung als das Echo unserer eigenen Schritte?

IV. Vor dem Gesetz

Die Masse des Stoffs, die überwältigende Fülle der Probleme, die Dunkelheiten, Härten und Widersprüche, die Schwierigkeit, auch nur in einem Punkt so etwas wie Gewißheit zu erlangen, könnten jemanden, der all dies sieht und bedenkt, leicht entmutigen. Warum ist das Recht nicht einfacher zu haben, wenn es doch alle angeht? Warum schließt es sich den Menschen nicht leichter auf? Warum führt es sie gleichsam im Kreis herum, so daß sie ihm, obgleich es immer mehr Gesetze gibt, doch nie näherzukommen scheinen?

Das sind alte Fragen und alte Klagen. „Jeder Mensch sollte billig ein Rechtsgelehrter sein", schrieb Senckenberg (1704–1768) bereits um die Mitte des 18. Jahrhunderts, „daher gebührete es sich, die Rechtsgelehrsamkeit nicht schwer, sondern leicht zu machen, daß sie auch allenfalls Bürger und Bauer wissen und jeder davon nach seinen Vorfallenheiten urteilen könnte."[7] Im Grunde ist das derselbe Vorwurf, wie er auch in Kafkas Geschichte anklingt, mit der wir unsere Überlegungen begonnen haben. Auch Kafkas Mann vom Lande hat resigniert, weil sich ihm das Gesetz nicht bereitwilliger öffnete und weil der Zugang zu ihm allzu mühsam war.

Jetzt, am Ende unseres eigenen Weges, könnte es allerdings auch scheinen, als ob Kafka mit seiner Geschichte einen falschen Akzent gesetzt hat. Vielleicht hätte er sie besser anders schreiben sollen, etwa so:

Vor dem Gesetz steht ein Türhüter. Zu diesem Türhüter kommt ein Mann vom Lande und bittet um Eintritt in das Gesetz. Aber der Türhüter sagt ihm: Alle wollen zum Gesetz, und jeder erhofft sich etwas anderes davon. Der eine braucht es für dies, der andere für jenes. Der eine will es als Schild benutzen, um sich gegen fremde Angriffe zu schützen, ein anderer will es als Waffe gebrauchen, um selbst besser angreifen zu können. Aber alle meinen, daß das Gesetz für sie und immer wieder nur für sie da ist. Wisse jedoch: Nicht du brauchst das Gesetz, sondern das Gesetz braucht dich. Ohne dich ist es nur ein Wort und weniger als dies. Ohne deinen Verstand vermag es das Recht nicht zu klären, und ohne deinen Arm kann es dem Unrecht nicht wehren. Frage also nicht, was das Gesetz dir geben kann, frage vielmehr, was du dem Gesetz geben kannst. Und frage dich auch, ob du wirklich bereit dazu bist. Denn keinen, der diese Schwelle übertreten hat, hat das Gesetz je wieder losgelassen. Wer sich mit ihm einläßt, dem wird es zum Schicksal, im Guten wie im Bösen. Überlege dir also wohl, ob es dir ernst war mit deinem Wunsch nach dem Gesetz. Noch kannst du zurück und ein angenehmeres Geschäft beginnen. Wenn es dir aber ernst war, dann komm. Hier ist die Tür. Tritt ein und zeig, wer du bist!

Nachweise der Zitate

Zu § 1: Vor dem Gesetz

[1] *Franz Kafka*, Der Prozeß, 9. Kapitel: Im Dom; [2] *Friedrich Nietzsche*, Menschliches, Allzumenschliches, Nr. 92; [3] *Ger van Roon*, Neuordnung im Widerstand, 1967, S. 561; [4] *Rudolf v. Jhering*, Der Kampf ums Recht, 4. Aufl. 1874, S. 95 f.; [5] *Hegel*, Grundlinien der Philosophie des Rechts, § 150 Anmerkung; [6] *Léon Poliakov*, Geschichte des Antisemitismus (übers. von Rudolf Pfisterer), Bd. 2, 1978, S. 166.

1. Teil: Grundfragen

[1] *Kant*, Metaphysik der Sitten, Akademie-Ausgabe Bd. 6, S. 230; [2] *Adolf Weißler*, Geschichte der Rechtsanwaltschaft, 1905, S. 310.

Zu § 2: Die Gewohnheit

[1] *Schiller*, Wallensteins Tod, 1. Akt, 4. Auftritt; [2] *Klaus Gollhofer*, Die Ermäßigung des Klageantrages, 1986, S. 50 f.

Zu § 3: Das Rechtsgefühl

[1] *Platon*, Protagoras (Editio princeps von Henricus Stephanus), S. 322; [2] LG Limburg NJW-RR 1987, 81; [3] *Berthold Brecht*, Werke (hrsg. von Hecht/Knopf/Mittenzwei/Müller), Bd. 14, 1993, S. 249 (250); [4] *Rudolf Sohm*, ZRG (Germ), 1 (1880), 1 (80); [5] *Paul Koschaker*, Europa und das römische Recht, 2. Aufl. 1953, S. 269.

Zu § 4: Die Lehre von den Rechtsquellen

[1] *Hegel*, Grundlinien der Philosophie des Rechts, 1821, Vorrede, S. XIX; [2] Schweizerisches Zivilgesetzbuch Artikel 1 Abs. 2; [3] Österreichisches ABGB § 7; [4] *F. C. v. Savigny*, Vom Beruf unsrer Zeit für Gesetzgebung und Rechtswissenschaft, 1814, S. 13 f.; [5] *Gustav Radbruch*, Rechtsphilosophie, 6. Auf. 1963 (hrsg. von E. Wolf), § 10 (S. 179); [6] *Xenophon*, Memorabilien 1 II, 40–

46; ⁷ *Blaise Pascal*, Pensées, Art. V Nr. 294; ⁸ *Ernst Forsthoff*, zitiert nach: *Werner Maihofer* (Hrsg.), Naturrecht oder Rechtspositivismus?, 1966, S. 73 (79); ⁹ JW 1924, 90 (Hervorhebung von mir); ¹⁰ Näher zur damaligen Auseinandersetzung *Johann Braun*, Rechtskraft und Rechtskraftdurchbrechung von Titeln über sittenwidrige Ratenkreditverträge, 1986, S. 23 ff.

2. Abschnitt: Die Gerechtigkeit

¹ D 1, 1, 1 pr; ² *Hans Kelsen*, Was ist Gerechtigkeit, 2. Aufl. 1975, S. 52; ³ *Ulpian*, D 1, 1, 10.

Zu § 5: Strafende Gerechtigkeit

¹ *Kant*, Metaphysik der Sitten, Akademie-Ausgabe Bd. 6, S. 333; ² Moses 2, XX; ³ *Rolf Henrich*, DRiZ 1995, 409 (411); ⁴ *Goethe*, Maximen und Reflexionen, Nr. 685; ⁵ *Rudolf v. Jhering*, Der Zweck im Recht, Bd. 2, 3. Aufl. 1893, S. 229; ⁶ *Shakespeare*, Der Kaufmann von Venedig, 4. Akt, 1. Szene.

Zu § 6: Formelle Gerechtigkeit

¹ *Michael Richey*, zitiert nach: *Fritz v. Hippel*, Die nationalsozialistische Herrschaftsordnung als Warnung und Lehre, 1946, S. 48; ² *Aristoteles*, Politik III 11 b; ³ *Hegel*, Grundlinien der Philosophie des Rechts, § 258 (Fußnote zur Anmerkung); ⁴ *Goethe*, Faust I, Studierzimmer (1976–1979); ⁵ *Franz-Arthur Müller-Eisert*, Vom Beruf unsrer Zeit für Gesetzgebung, 1914, S. 78; ⁶ Sigmund Freud an Albert Einstein im September 1932, in: *Sigmund Freud*, Gesammelte Werke, Bd. 16, London 1950, S. 13 (24); ⁷ 60 U.S. (19 How.) 393, 404 f. (1857); ⁸ *Wilhelm Stuckart/Hans Globke*, Reichsbürgergesetz, 1936, S. 25; ⁹ Mischna Sanhedrin 4, 3; ¹⁰ *Ludwig Stern*, Die Vorschriften der Thora, 7. Aufl. 1929, S. 174; ¹¹ *Karl Marx*, MEW 19, S. 21; ¹² *Pete Wilson*, zitiert nach: *I. Kl. Hendrik Wassermann*, in: Recht und Politik 1995, S. 214 (215).

Zu § 7: Materielle Gerechtigkeit

¹ *Alfred Andersch*, Der Vater eines Mörders, Zürich 1982, S. 136; ² *Robert Musil*, Der Mann ohne Eigenschaften, 1957, S. 382; ³ *Schiller*, Maria Stuart, 1. Akt, 7. Auftritt; ⁴ *Ernst Fuchs*, in: Die Justiz Bd. 1 (1925/26), S. 349; ⁵ Vgl. *Ferdinand Elsener*, in: Summum Ius, summa Iniuria, 1963, S. 168 (172 f.).

Zu § 8: Recht und Politik

¹ *Hegel*, Grundlinien der Philosophie des Rechts, § 211 Anm.; ² *F. C. v. Savigny*, Vom Beruf unsrer Zeit für Gesetzgebung und Rechtswissenschaft, 1814,

S. 6, 30, 13 f.; ³ *Rudolf v. Jhering*, Der Kampf ums Recht, 4. Aufl. 1874, S. 6 f.; ⁴ *Montesquieu*, Vom Geist der Gesetze, 11. Buch, 6. Kapitel; ⁵ *Hans Schneider*, Der preußische Staatsrat 1817–1918, 1952, S. 125 Fn. 1.

Zu § 9: Recht und Moral

¹ *Kant*, Metaphysik der Sitten, Akademie-Ausgabe Bd. 6, S. 220; ² *Kant*, Metaphysik der Sitten, AA Bd. 6, S. 232; ³ Sachsenspiegel, Prolog; ⁴ *Max Lehmann* (Hrsg.), Preußen und die katholische Kirche seit 1640, 1878–1902 (Neudruck 1965), 5. Teil Nr. 535; ⁵ *Kant*, Metaphysik der Sitten, AA Bd. 6, S. 230; ⁶ *Kant*, Zum ewigen Frieden, AA Bd. 8, S. 341 (366); ⁷ *Gustav Radbruch*, Rechtsphilosophie, 6. Aufl. 1963 (hrsg. von E. Wolf), § 10 (S. 179); ⁸ *Schiller*, Don Carlos, 3. Akt, 10. Auftritt; ⁹ *Fichtes* Werke (hrsg. von H. I. Fichte), Bd. 6, 1971, S. 3; ¹⁰ *Hegel*, Werke in zwanzig Bänden (hrsg. von E. Moldenhauer und K. M. Michel), Bd. 1, 1971, S. 234 f.; ¹¹ *Wilhelm Emmanuel Freiherr von Ketteler*, Sämtliche Werke und Briefe (hrsg. von E. Iserloh), Abt. I, Bd. 1, 1977, S. 60; ¹² *Fichtes* Werke (hrsg. von H. I. Fichte), Bd. 3, 1971, S. 302 (= Grundlage des Naturrechts); ¹³ *Fichtes* Werke, Bd. 10, 1971, S. 535 (= Rechtslehre 1812); ¹⁴ *Hegel*, Grundlinien der Philosophie des Rechts, § 260; ¹⁵ *Hegel*, Enzyklopädie der philosophischen Wissenschaften, 3. Aufl. 1830, § 552 Anm. (Edition Nicolin/Pöggeler, 1969, S. 432); ¹⁶ *Hegel*, aaO, S. 435 f.; ¹⁷ *Ernst Fraenkel*, Deutschland und die westlichen Demokratien, 1991, S. 291.

Zu § 10: Recht und Wirtschaft

¹ *Berthold Brecht*, Die Dreigroschenoper, 2. Finale; ² *Fichtes* Werke (hrsg. von H. I. Fichte), Bd. 10, 1971, S. 532 (= Rechtslehre 1812); ³ *Karl Marx*, MEW 25, S. 828 (= Das Kapital, 3. Bd.); ⁴ *Walter Eucken*, Grundsätze der Wirtschaftspolitik, 1. Buch III 3; ⁵ *Lenin*, Staat und Revolution, III 3; ⁶ *Fichtes* Werke, Bd. 3, 1971, S. 302 (= Grundlage des Naturrechts); ⁷ *Walter Eucken*, Grundsätze der Wirtschaftspolitik, 2. Buch VIII 3 b; ⁸ *Ludwig Erhard*, Wohlstand für alle, 1957, S. 14; ⁹ *F. C. v. Savigny*, System des heutigen römischen Rechts, Bd. 8, 1849, S. 540.

Zu § 11: Juristische Denk- und Ordnungsmuster

¹ *Gustav Hugo*, Lehrbuch des Naturrechts, 4. Aufl. 1819, § 1; ² *Joseph Victor v. Scheffel* in dem Versepos „Der Trompeter von Säckingen" (Zweites Stück); ³ *Gustav Hugo*, Lehrbuch des Naturrechts, 4. Aufl. 1819, § 37; ⁴ *Rudolf Sohm*, Institutionen, 14. Aufl. 1911, § 8 II a. E. (S. 39); ⁵ *Rudolf v. Jhering*, Geist des

römischen Rechts, Bd. 3, 5. Aufl. 1906, S. 318; [6] § 6 I ZGB DDR vom 19. 6. 1975 (GBl. DDR I, S. 465).

Zu § 12: Privatrecht als Rechtsgebiet und Denkform

[1] Digesten 1, 1, 1, 2; [2] *Carl Schmitt*, Der Begriff des Politischen, 3. Aufl. 1963, S. 24; [3] Edikt, den erleichterten Besitz und den freien Gebrauch des Grundeigentums sowie die persönlichen Verhältnisse der Landbewohner betreffend, vom 9. 10. 1807, Gesetz-Sammlung für die Königlichen Preußischen Staaten 1807, S. 170.

Zu § 13: Eigentum

[1] *Rousseau*, Diskurs über die Ungleichheit (hrsg. von H. Maier), 3. Aufl. 1993, S. 173; [2] *Goethe*, Maximen und Reflexionen, Nr. 953; [3] *Anton Menger*, Das bürgerliche Recht und die besitzlosen Volksklassen, 4. Aufl. 1908, S. 132; [4] Anders der kalifornische Supreme Court, vgl. JZ 2000, 635 (l. Sp.); [5] *Antoine de Saint-Exupéry*, Der kleine Prinz, Kapitel 10; [6] *Schiller* in dem Gedicht „Kassandra".

Zu § 14: Vertrag

[1] *Otto v. Gierke*, Die soziale Aufgabe des Privatrechts (hrsg. von Erik Wolf), 2. Aufl. 1948, S. 23; [2] Altes Testament, Leviticus 25, 39–42; [3] *Nietzsche*, Menschliches, Allzumenschliches, Bd. 1, Nr. 92.

Zu § 15: Zivilprozeß

[1] Preuß. ALR Einleitung §§ 76–78; [2] Preuß. AGO Einleitung § 65; [3] *Ernst Fuchs*, Recht und Wahrheit in unserer heutigen Justiz, 1908, S. 227f.

Zu § 16: Die Familie

[1] *Kant*, Metaphysik der Sitten, Akademie-Ausgabe Bd. 6, S. 277; [2] Papst *Pius XI.*, Enzyklika „Casti Connubii" vom 31. 12. 1930 (Einleitung: Kurze Übersicht über die kirchliche Lehre von der Ehe); [3] *Marx*, MEW 1, S. 149; [4] *Fichtes* Werke (hrsg. von H. I. Fichte), Bd. 3, 1971, S. 325f. (= Grundlage des Naturrechts); [5] Preuß. ALR 2. Teil, 2. Titel § 115; [6] BVerfGE 87, 1 – U. v. 7. 7. 1992 (Verfassungsbeschwerde 1BvR 761/91).

Zu § 17: Das Recht der Arbeit

[1] *Friedrich Ebel/Georg Thielmann*, Rechtsgeschichte, 3. Aufl. 2003, S. 361 (Rn. 578); [2] Verhandlungen des Reichstags, 5. Legislaturperiode, 1. Session

1881, S. 1 (2); ³ *Hegel*, Grundlinien der Philosophie des Rechts, § 280 Zusatz; ⁴ *Otto v. Gierke*, Die soziale Aufgabe des Privatrechts (hrsg. von Erik Wolf), 2. Aufl. 1948, S. 10; ⁵ *Richard Schmidt*, Einführung in die Rechtswissenschaft, 2. Aufl. 1923, S. 355.

Zu § 18: Nichtstaatliche Verbände

¹ Zitiert nach *Ernst Forsthoff*, Der Staat in der Industriegesellschaft, 2. Aufl. 1971, S. 22; ² Zitiert nach *Bernd-Rüdiger Kern*, JuS 1988, S. 598 (599); ³ *Hans Kelsen*, Reine Rechtslehre, 2. Aufl. 1960, S. 172 ff.; ⁴ *F. C. v. Savigny*, System des heutigen römischen Rechts, Bd. 2, 1840, S. 2; ⁵ *Robert Michels*, Zur Soziologie des Parteiwesens in der modernen Demokratie (hrsg. von Frank R. Pfetsch), 4. Aufl. 1989, S. 370 f.

Zu § 19: Öffentliches Recht als Rechtsgebiet und Denkform

¹ *George Orwell*, The collected essays, journalism and letters of George Orwell (hrsg. von S. Orwell und Ian Angus), Bd. 2, London 1968, S. 165, 167 (= No, not one); ² *Thomas Hobbes*, De cive, Widmung: „Nun sind sicher beide Sätze wahr: *Der Mensch ist ein Gott für den Menschen*, und: *Der Mensch ist ein Wolf für den Menschen ...*"; ³ Gesetz vom 3. 7. 1934, RGBl. I, S. 529; ⁴ *Augustinus*, De civitate Dei, IV 1; ⁵ Vgl. *Jakob Minor*, Schiller. Sein Leben und seine Werke, Bd. 1, 1890, S. 55; ⁶ *Montesquieu*, Vom Geist der Gesetze, 3. Buch, 3. Kapitel; ⁷ Zitiert nach *Johann Ludwig Klüber*, Wichtige Urkunden für den Rechtszustand der deutschen Nation (hrsg. von K. Th. Welcker), 2. Aufl. 1845, S. 213 ff.; ⁸ *Bismarck*, Gedanken und Erinnerungen, 11. Kapitel (a. E.); ⁹ *Berthold Brecht*, Gesammelte Werke (hrsg. von E. Hauptmann), Bd. 8, 1967, S. 379 (= „Drei Paragraphen der Weimarer Verfassung").

Zu § 20: Der Rechtsstaat

¹ *Thomas Hobbes*, Leviathan (hrsg. von P. C. Mayer-Tasch), 1969, S. 167 (21. Kapitel); ² *Wilhelm v. Humboldt*, Ideen zu einem Versuch, die Grenze der Wirksamkeit des Staats zu bestimmen (1792), 1962, S. 44 (III 7); ³ *Thomas Hobbes*, aaO, S. 167 (21. Kapitel); ⁴ *Rudolf v. Jhering*, Der Zweck im Recht, Bd. 1, 3. Aufl. 1893, S. 421; ⁵ Zitiert nach *Wolfgang Naucke*, in: *Ninette Barreneche*, Materialien zu einer Strafrechtsgeschichte der Münchener Räterepublik 1918/1919, 2004, S. XIII; ⁶ RGSt 29, 111 – U.v. 20. 10. 1896; RGSt 32, 165 – U.v. 1. 5. 1899; ⁷ RGSt 68, 65 – U.v. 18. 12. 1933; ⁸ *Zucker*, in: Monatsschrift für Kriminalpsychologie und Strafrechtsreform 1. Jg. (1905), 219 (222 f. Anm.); ⁹ *August Bethmann-Hollweg*, Grundriß zu Vorlesungen über den gemeinen und preußischen Zivilprozeß, 1832, S. XVII.

Zu § 21: Der Sozialstaat

¹ *Carl Gottlieb Svarez*, Vorträge über Recht und Staat (hrsg. von H. Conrad/ G. Kleinheyer), 1960, S. 639, 641 f. (= über den Zweck des Staats, 1791); ² *Hegel*, Grundlinien der Philosophie des Rechts, § 245; ³ *Stahl*, Die gegenwärtigen Parteien in Staat und Kirche, 1863, S. 98; ⁴ *Justus Wilhelm Hedemann*, Einführung in die Rechtswissenschaft, 2. Aufl. 1927, S. 220; ⁵ Verhandlungen des Reichstags, 5. Legislaturperiode, 1. Session 1881, S. 1 (2); ⁶ *Otto v. Gierke*, Die soziale Aufgabe des Privatrechts (hrsg. von Erik Wolf), 2. Aufl. 1948, S. 34; ⁷ Altes Testament, Leviticus 25, 39–42.

Zu § 22: Der Umweltstaat

¹ *Hans Jonas*, Das Prinzip Verantwortung, 7. Aufl. 1987, S. 36; ² RG JW 1910, 654 – U.v. 27. 4. 1910; ³ BGHZ 120, 239 – U.v. 20. 11. 1992.

Zu § 23: Die Staatsverfassung

¹ *Edmund Burke*, Betrachtungen über die französische Revolution (übersetzt von F. Gentz), 1967, S. 335 f.; ² *Ferdinand Lassalle*, Reden und Schriften (hrsg. von H. J. Friderici), 1987, S. 120, 125–130 (= Über Verfassungswesen, 1862); ³ *Thomas Hobbes*, Leviathan (hrsg. von P. C. Mayer-Tasch), 1969, S. 252 (Kapitel 29); ⁴ *H. v. Gerlach*, Die Geschichte des preußischen Wahlrechts, 1908, S. 46.

Zu § 24: Internationales Privatrecht

¹ *F. C. v. Savigny*, System des heutigen römischen Rechts, Bd. 8, 1849, S. 27; ² *Savigny*, aaO, S. 27; ³ Codex Maximilianeus Bavaricus Civilis 1756, 1. Teil, 6. Kapitel, § 12; ⁴ Armagas Ltd. v. Mundogas S. A. (C. A.), (1985) 3 W. L. R. 640 (644, 661); ⁵ *Savigny*, aaO, S. 131.

Zu § 25: Völkerrecht

¹ *Kant*, Idee zu einer allgemeinen Geschichte in weltbürgerlicher Absicht, Akademie-Ausgabe Bd. 8, S. 15 (22 f.); ² *Schelling*, System des transzendentalen Idealismus (hrsg. von R.-E. Schulz), 1957, S. 261 (4. Hauptabschnitt III B); ³ *Kant*, aaO, S. 24; ⁴ *Thukydides*, Geschichte des peloponnesischen Krieges. Das sechzehnte Kriegsjahr, zitiert nach: H.-H. Schrey, in: *Werner Maihofer* (Hrsg.), Naturrecht oder Rechtspositivismus, 1966, S. 180 f.; ⁵ *Hugo Grotius*, Drei Bücher vom Recht des Krieges und des Friedens (hrsg. von W. Schätzel), 1950, S. 136; ⁶ *Emer de Vattel*, Das Völkerrecht oder Grundsätze des Naturrechts (übers. von W. Euler), 1959, S. 24; ⁷ *Paul Wiens*, abgedruckt in: *Peter*

Rühmkorf, 1962, S. 111; [8] *Machiavelli*, Der Fürst (übers. von R. Zorn), 4. Aufl. 1972, S. 72; [9] Zitiert nach: *Walter Schätzel* (Hrsg.), Der Staat, 3. Aufl. 1962, S. 172.

Zu § 26: Europarecht

[1] *Fichtes* Werke (hrsg. von H. I. Fichte), Bd. 7, 1965, S. 213 (= Die Grundzüge des gegenwärtigen Zeitalters, 14. Vorlesung); [2] *Goethe*, Faust I, 862/863 (Vor dem Tor); [3] *David Davis*, in: Frankfurter Allgemeine Zeitung vom 17. 1. 1995, S. 8; [4] *Paul Valéry*, Œuvres (hrsg. von J. Hytier), Bd. 2, 1960, S. 615; [5] *Ernest Renan*, Was ist eine Nation? (übers. von H. Ritter), Wien 1995, S. 55; [6] *Rousseau*, Der Gesellschaftsvertrag, 3. Buch, 1. Kapitel.

Zu § 27: Rechtswissenschaft

[1] Zitiert nach: *Gustav Radbruch*, Einführung in die Rechtswissenschaft, 5./6. Aufl. 1925, S. 194; [2] *Julius v. Kirchmann*, Die Wertlosigkeit der Jurisprudenz als Wissenschaft (1848), Neudruck 1966, S. 21–25; [3] *Carl Schmitt*, Über die drei Arten des rechtswissenschaftlichen Denkens, 1934, S. 39 f.; [4] *Hegel*, Grundlinien der Philosophie des Rechts, § 214.

Zu § 28: Der Rechtssatz und seine Anwendung

[1] *Montesquieu*, De l'esprit des lois, 11. Buch, 6. Kapitel; [2] Zitiert nach *Ernst Fuchs*, in: Die Justiz Bd. 1 (1925/26), S. 349 (354 f.); [3] BGBl. 1996 I, S. 1729; [4] Kommission zur Ausarbeitung des Entwurfs eines bürgerlichen Gesetzbuchs, 2. Sitzung vom 6. 10. 1881 (handschriftl. Protokolle S. 8); [5] *Rudolf v. Jhering*, Der Zweck im Recht, Bd. 1, 3. Aufl. 1893, S. 412 f.; [6] Zeitschrift für Rechtspolitik 1994, S. 169; [7] *Gustav Radbruch*, Gesamtausgabe (hrsg. von A. Kaufmann), Bd. 13, 1993, S. 59, 63 (= Das Recht im sozialen Volksstaat, 1919); [8] BGHSt 1, 74 (79) – U.v. 20. 3. 1951; [9] *Goethes* Gedichte (hrsg. von E. Staiger), Bd. 3, Zürich 1949, S. 269 (Zahme Xenien, 2. Buch); [10] Zitiert nach: *Meinhard Heinze*, Der ungeliebte Jurist, 1981, S. 107; [11] *Reinhold Mayer* (Hrsg.), Der babylonische Talmud, 1963, S. 305 f. (Bawa batra 9 a).

Zu § 29: Die Rechtsprechung

[1] *Gerhard Wesenberg*, Neuere deutsche Privatrechtsgeschichte, 2. Aufl. 1969, S. 32; [2] *Hermann Isay*, Rechtsnorm und Entscheidung, 1929, S. 61 f.; [3] *Ernst Fuchs*, in: Die Justiz, Bd. 1 (1925/26), S. 349 (355); [4] *Friedrich Stein*, Die Kunst der Rechtsprechung (1900), Nachdruck 1970, S. 24; [5] *Paul Oertmann*, Bürgerliches Gesetzbuch, 1. Buch: Allgemeiner Teil, 2. Aufl. 1908, S. VI; [6] *Heinrich Dernburg*, Deutsche Juristenzeitung 1903, S. 1 (4); [7] *Anatole Fran-*

ce, Crainquebille und andere nützliche Erzählungen, 1926, S. 34; [8] *Alfred Denning*, The changing law, London 1953, S. VII; [9] *Reinhold Mayer* (Hrsg.), Der babylonische Talmud, 1963, S. 338 (Bawa kamma 83 b/84 a).

4. Teil: Die Gesetzgebung

[1] *Hans Schneider*, NJW 1962, S. 1273 (1274); [2] *Adolf Baumbach*, in: Deutsche Juristenzeitung 1927, Sp. 19 (20); [3] *Ernst Zitelmann*, Die Gefahren des bürgerlichen Gesetzbuches für die Rechtswissenschaft, 1896, S. 9; [4] *Bernhard Windscheid*, Gesammelte Reden und Abhandlungen (hrsg. von P. Oertmann), 1904, S. 100 (112); [5] *Arnims* Briefe an Savigny 1803–1831 (hrsg. von H. Härtl), 1982, S. 145 (146); [6] *Wolfgang Naucke*, Kritische Vierteljahrsschrift für Gesetzgebung und Rechtswissenschaft 1986, S. 189 (206 f.); [7] Zitiert nach: *Hermann Ortloff*, Die Encyklopädie der Rechtswissenschaft in ihrer gegenwärtigen Bedeutung, 1857, S. 17.

Personenverzeichnis
(ohne Anmerkungsteil)

Adenauer 340
Alkibiades 45, 91
Andersch, Alfred 84
Aristoteles 67, 201
Arnim, Achim von 401
Augustin 242

Bartolus 380
Baumbach, Adolf 396
Beseler, Georg 227
Bethmann-Hollweg, von 261
Bismarck 215, 249, 250
Bodin, Jean 245
Borsig 297
Brecht, Bert 32, 122, 250
Breschnew 328
Burke, Edmund 295

Celsus 53
Cicero 199

Denning, Alfred 387
Dernburg, Heinrich 386, 400
Descartes 32

Ebel, Wilhelm 214
Egells 297
Engels, Friedrich 115, 214
Erhard, Ludwig 128, 129
Eucken, Walter 124, 128

Fichte, Johann Gottlieb 114, 118, 119,
 122, 127, 204, 337
Forsthoff, Ernst 49
Fraenkel, Ernst 122
France, Anatol 387
Freisler, Roland 374
Freud, Sigmund 71

Frey, Justus 378
Frick, Wilhelm 302
Friedrich der Große 113
Friedrich Wilhelm I. von Preußen 13,
 100, 246
Fuchs, Ernst 94, 196, 381

Gaius 359
Gentz, Friedrich 249
Gierke, Otto von 184, 223, 224, 231,
 275
Goethe 39, 59, 69, 167, 377
Grotius, Hugo 326

Hallstein 328
Heck, Philipp 397
Hedemann, Justus Wilhelm 273
Hegel 9, 39, 68, 99, 115, 120f., 203,
 222, 270, 362
Heß, Rudolf 65
Himmler 84
Hitler 240, 302, 374
Hobbes, Thomas 73, 113, 239f., 241,
 255, 256, 302
Hölderlin 335
Honecker, Erich 329
Hugo, Gustav 137, 138
Humboldt, Wilhelm von 255, 269

Isay, Hermann 380

Jhering, Rudolf von 7, 25, 62, 101, 142,
 258, 374, 400
Jonas, Hans 283
Justinian 53, 136, 359

Kafka, Franz 1, 2, 8f., 10, 11, 152, 405
Kant, Immanuel 13, 17, 39, 53, 54, 66,

111, 113, 114, 115, 118, 120, 203, 283, 323, 324, 337
Kelsen, Hans 53
Ketteler, von 117
Kirchmann, Julius Hermann von 353, 354, 357, 361, 365
Kleist 30
Kohlhaas, Michael 30, 190

Lassalle, Ferdinand 297
Lenin 125, 176
Leonhardt, Adolph 106
Liszt, Franz von 260
Locke 113
Logau, Friedrich von 353
Ludwig XIV. 245, 332
Luhmann, Niklas 21
Luther 73

Machiavelli 331
Marx, Karl 76, 123, 129, 165, 203, 214, 270
Mendelssohn 297
Menger, Anton 167
Metternich 249
Michels, Robert 235
Monnet, Jean 339
Montesquieu 107, 248, 367
Morus, Thomas 176
Müller-Eisert 70
Musil, Robert 86
Mynsinger von Frundeck 392

Naucke, Wolfgang 404
Nietzsche 4, 186

Oertmann, Paul 385
Orwell, George 239

Pascal 47
Perikles 45
Platon 3, 8, 165
Protagoras 26
Pufendorf 113

Radbruch, Gustav 44, 46, 374
Renan, Ernest 350

Richey, Michael 67
Röhm, Ernst 241
Rousseau 55, 113, 165, 227, 351

Saint-Exupéry 169
Savigny, Friedrich Carl von 34, 43, 99, 101, 107, 136, 231, 312, 313, 321, 354, 362, 364, 401
Scheffel 137
Schelling 323
Schickler 297
Schiller 16, 39, 88, 114, 170
Schmidt, Helmut 41
Schmidt, Richard 224
Schmitt, Carl 156, 356
Schuman, Robert 339
Senckenberg 405
Shakespeare 8, 66
Sohm, Rudolf 34, 142
Stahl, Friedrich Julius 270
Stein, Friedrich 385
Story, Joseph 312
Svarez, Carl Gottlieb 269, 270, 402

Thomasius 113
Thukydides 324
Tigrinis, Franciscus de 380

Ulpian 53, 152

Valery, Paul 349
Vattel, Emerich de 327
Vitoria, Franciscus de 335

Wagner, Adolf 302
Weber, Max 70
Wilhelm I. 215, 249 f., 273
Wilson, Woodrow 334
Windscheid, Bernhard 368, 400
Wittgenstein 17

Wolff, Christian 34, 169

Xenophon 45

Zitelmann, Ernst 400

Sachregister
(ohne Anmerkungsteil)

aequitas 92 f.
Agrarmarkt 346
Amtsschimmel 17 f.
Analogieverbot 259 ff.
Anthropologie 15 ff.
Antragsdelikte 58 f.
Arbeitnehmerbegriff 224 f.
Arbeitskampf 216, 220
Arbeitsrecht 186 f., 213 ff., 277
Aufwertungsrechtsprechung des RG 49 f.
Auslandsbezug 310 ff., 314 f.
Auslegung
– Gesetzesauslegung 41 f., 107 f., 363 f., 366 f., 375 ff.
– Vertragsauslegung 23
Außen- und Sicherheitspolitik 349

Begriffsjurisprudenz 142 f.
Bestimmtheitsgrundsatz 259
Betriebsverfassungsrecht 220 ff.
Bevölkerungsexplosion 294 f.
Billigkeit 91 ff.
Binnenmarkt 341, 345

Chancengleichheit 79
case law 389 f.

Daseinsvorsorge 269 ff.
Demographische Perspektiven 211 ff.
Demokratie 235 f., 247 f., 250 f., 256, 280, 296 f., 298, 303, 351
Deskriptive Begriffe 376
Dispositionsprinzip 194 f.
Dreiklassenwahlrecht 90

Ehe 202 ff.
Ehevermögensrecht 206 ff.

Eigentum 162 ff.
– Eigentumskritik 165 f.
– Gemeinfreie Güter 165
– „Handlungseigentum" 162 ff.
– Sacheigentum 162 f., 172 f.
– Schranken 161, 166 f., 184 ff., 215, 223 f.
– Umweltverantwortlichkeit 174 f., 287 ff.
„Einheit der Rechtsordnung" 140 f.
Einzelfallentscheidungen 94 f.
Eltern-Kind-Verhältnis 208 ff.
Emanzipation 204 f., 209
Empirische Naturwissenschaften 42 f.
Entscheidungsfindung und -begründung 380 ff.
Entscheidungsgründe 388
Entscheidungseinklang 313 f.
equity 93
Erwartungen
– kognitive 21 f.
– normative 21 f.
Erziehung 24, 28 f., 208 ff.
Ethischer Pluralismus 115 ff.
Europarecht 337 ff.
– AEUV 341
– EAG 340
– EGKS 339 f.
– EWG 340
– Europäische Union 341 f., 346, 347 ff.
– Konkurrenz mit nationalem Recht 347
– Montanunion 339 f.
– nationaler Egoismus 350
– Organe (Ministerrat, etc.) 342 f.
– Rechtsetzungsakte 343 ff.

Fachöffentlichkeit, kritische 364 f.

Faktenwelt 5 f.
Familie 200 ff.
– Reproduktionszweck 200, 205 f., 208 f.

Gefahrstoffe 285 f.
Generalklauseln 93 f., 377 f.
Generalprävention 63 f.
Generationenvertrag 210 ff.
„Gerechter Preis" 186
Gerechtigkeit 53 ff., 374 f., 380 ff.
– formelle 67 ff.
– materielle 81 ff.
– nationalistische Sicht 83 f.
– normative 140 f.
– utilitaristische Sicht 87 f.
– wertkonservative Sicht 85 ff.
Gerichtsorganisation 152
Gesellschaft 155 ff.
Gesetze
– deskriptive 4
– formelle 251
– präskriptive 4
Gesetzesauslegung 41 f., 107 f., 363 f., 366 f., 375 ff.
Gesetzgebung 98 f., 393 ff.
– Entscheidungsfunktion 393 f.
– Lenkungsfunktion 395
– Stabilisierungsfunktion 394 f.
Gesetzgebungslehre 399 ff.
Gesetzespositivismus 42 ff., 100, 114, 242, 326 f., 356 f.,359, 387, 395 f.
Gesetzestreue 380 ff.
Gesetzesvorbehalt 258 f., 267, 291
Gewaltenteilung 156 f., 298 ff.
Gewerkschaften 129, 216 f., 218 ff.
Gewissen 29, 111, 117
Gewohnheit 15 ff., 29, 110
Gleichbehandlungsgrundsatz 67 ff., 75, 254
Gleichheitssatz 70 ff., 81
– Ab- und Ausgrenzung 71 f.
– absolute Gleichheit 76
– als Individualisierungsfolge 73
– als Korrektiv 80 f.
– antike Demokratien 78
– biologische Ungleichheit 71
– Chancengleichheit 79

– Gleichheit der Dialogpartner 73 f.
– Gleichwertigkeit 79 f.
– kommunikative Gleichheit 73 f.
– Maßstabsgleichheit 76 f.
– mythologische Begründung 74 f.
– relative Gleichheit 76
– Ständestaat 78 f.
Gnade 65 f.
„Göttinger Sieben" 249
Grundrechte 258, 262 f., 377 f., 403 ff.
Güterbeschaffung 175 ff.
Gutachtenstil 382

Handlungssteuerung
– im Privatrecht 103 f., 154 f.
– im Sicherheitsrecht 104
Hauptnormen 367 f.
Hilfsnormen 367 f.
„Historische Rechtsschule" 43, 99, 364, 387
Höhlengleichnis 3
homo oeconomicus 87, 123, 403

Ideenrealismus 43 f.
Individualarbeitsrecht 223 ff.
Informelles Verwaltungshandeln 267 f.
Informationelle Selbstbestimmung 169 ff.
Institutionensystem 359
Interessentheorie 152 f.
Ius Europaeum commune 337 f.
Internationale Organisationen 334 f.
Internationales Privatrecht 310 ff.
Internationales Zivilprozeßrecht 318 ff.
– internationale Zuständigkeit 319 f.
– Urteilsanerkennung und -vollstreckung 321 f.

Justizgewährungsanspruch 188 f., 263 f.

„Kampf ums Recht" 6 f.
Kapitalgesellschaften 228, 232
Kartellbildung 130 f., 233 f.
Kirchen 236 f.
Konsensmodelle 73
Konzerne 233 f.

Langzeitperspektive 292 f.

lex ferenda 400
lex lata 400
Literaturflut 364 f.

Marktwirtschaft
– Abgrenzung zur Planwirtschaft 124 f.
– Dirigismus 187
– freie 126 ff., 128 f., 132
– Marktpflege 186
– soziale 131 ff.
Menschenrechte 335 ff.
Methodenlehre 40, 41 f., 107, 362 ff.
Mietrecht 277
Mitbestimmung 186 f.
– betriebliche 221 f.
– überbetriebliche 222, 277
Monarchie 247 ff.
Monogamie 202 f.
Moral 111, 117 f., 122

Nationalismus 83 f., 334 ff.
NATO 349
Naturgesetze 4
Naturrecht 46 ff., 71, 325
– Eigentumsfreiheit 172 ff.
– idealistisches 46 f.
– rationalistisches 100 f.
– voluntaristisches 48 f.
Nichteheliche Lebensgemeinschaft 205, 208
Nominalismus 44
Normadressaten 402
Normative Begriffe 376
Normbefolgung 109 f., 119 ff.
Normen
– Erzeugungszusammenhang 143
– Koordinationsverhältnis 144 f.
– Normenvertrag 217 f.
– Subordinationsverhältnis 142 ff.
nulla-poena-Prinzip 259 ff.

obiter dictum 388
Öffentliches Recht 151 ff., 238 ff.
Ökologisches Existenzminimum 281 f.
Optionsrechte 178
Ordnungsmuster 137 ff.
– Normenkreis 144 f.
– Normenpyramide 142 ff., 180

Organisationsentscheidungen 253

Pandektensystem 359
Parlamentsvorbehalt 267
Parteien 228, 235 f., 305 ff.
Person
– „Eigentum an sich selbst" 167 ff.
– Unveräußerlichkeit der Person 184 f.
Personen
– juristische Personen 229 ff.
– Rechtssubjektivität 157 ff.
Personengesellschaft 229 f.
Planung 253, 266
political correctness 21
Politik 96 ff., 397 f.
Positivismus s. Gesetzespositivismus
Präjudizien 383 ff.
Privatautonomie 162, 179
– im Zivilprozeß 192 f.
Privatklagedelikte 58 f.
Privatrecht 151 ff.
– öffentlich-rechtliche Einschränkungen 157, 215
– soziale Tendenzen 160 f.
Prozeßmaximen 192 ff.
Prozessuales Denken 197 ff.

Quotenvorrechte 77

Rache 54 ff.
ratio decidendi 388, 390, 392
Realismus s. Ideenrealismus
Recht
– als Kostenfaktor 134 ff.
– Definitionsmacht des Staates 25, 241 f.
– Herrschaft des Rechts 257 f.
– Idee und Wirklichkeit 3 ff., 38 ff., 62, 405
– objektives 146 f.
– Politisierung 99 f., 107 ff.
– Säkularisierung 112 f.
– soziales Umfeld 96 ff.
– subjektives 147 ff., 158 f.
– Zugangshindernisse 9 ff.
– Zugangsmittler 11
Rechtsdogmatik 140, 353 ff.
Rechtsfähigkeit

– juristischer Personen 229 f.
– natürlicher Personen 159 f., 229 f.
Rechtsfolgeanordnung, abstrakte 367
Rechtsformalismus 114
Rechtsfortbildung 107 f.
Rechtsgebiete 151 ff.
Rechtsgefühl 26 ff.
– Transformation in Recht 35 ff.
Rechtskraft 190 f.
Rechtsperson s. Person
Rechtsprechung 252, 361 f., 366 f., 380 ff.
– politische Richter 108
– richterliche Unabhängigkeit 105 ff.
– Richterernennung 106 f.
Rechtsprechungspositivismus 383 ff.
Rechtsquelle 354 f.
– Entstehungs- und Erkenntnisquelle 40 f.
Rechtsquellenlehre 38 ff.
Rechtssatz 366 ff.
Rechtssicherheit 68 f., 191, 394 f.
Rechtsstaat 254 ff.
Rechtsstaatsprinzip 254 ff., 265
– formelles 258 ff.
– Durchsetzung 263 f.
– materielles 262 f.
Rechtsverordnung 251 f.
Rechtsweggarantie 263 f.
Regierungsakte 253
Repräsentativsystem 248 ff., 303 ff.
Risikovorsorge 283 f.
Rollengemäßes Verhalten 22
Rubrum 388
Rückwirkungsverbot 261 f.

Sachsenspiegel 98, 112
Satzung 252
Schubladendenken 137 ff., 358 f.
Selbstbestimmungsmodell 88 f.
Selbsthilfeverbot 59, 188 f., 240
Sitte 24 ff.
„Sittliche" Gesellschaft 115, 118
„Sozialer Zivilprozeß" 193 f.
Soziales Netz 133 f., 273 ff.
Soziales Privatrecht 275 ff.
Sozialgesetzgebung 214 f.
Sozialhilfe 148, 274 f.

Sozialstaat 134, 229, 268 ff.
– Belastungsgrenze 279 f.
Sozialutopien 176
Sozialversicherung 272 ff.
Spezialprävention 64 f.
Sprachproblem 350 f.
Staat 155 ff.
– Entstehung 244 ff.
– Gewaltmonopol 239 ff., 244 f., 255, 298
– nichtstaatliche Verbände 225 ff.
– Rechtsetzungsmonopol 241 f.
– Souveränität 245 ff.
– Staatsgewalt 238 ff., 244 f., 295
– und Familie 200 f.
status negativus 254 ff.
Strafe
– als Gerechtigkeitsgebot 59 f.
– als Normbestätigung 60 f.
– als Selbstbehauptung 60
– Genugtuungsfunktion 59
– Opferbelange 56 f.
– „spiegelnde" 56
– Täterschutz 56 ff.
– zur Außensteuerung 110 f.
Straftheorien
– absolute 59 ff., 63
– relative 62 ff.
– Vergeltung 59 ff., 61 ff.
– Prävention 63 ff.
Struktur der Gesetzesanwendung 367 f.
Subsidiaritätsprinzip 243 f.
Subjektionstheorie 152 f.
Subsumtion 368, 370 ff., 376 f., 389
suum cuique 54
System der sozialen Sicherheit 272 ff.
Systembildung 138, 140 ff., 357, 360 f.

Talionsprinzip 55 f.
Tarifvertragsrecht 216 ff.
Tatbestand 388
Tenor 388

Umverteilungssystem 133 f., 271, 272 ff., 279
Umwelt
– als Schranke des Sacheigentums 174 f.
– „Eigenrechte der Natur" 149 f.

Sachregister

Umweltmedien 286 ff.
Umweltschutz
- Finalprogramme 291
- Konditionalprogramme 291
- rechtliches Instrumentarium 287 ff.
Umweltstaat 281 ff.
Unbestimmte Rechtsbegriffe 375 ff.
Unionsbürgerschaft 348 f.
Universalienstreit 43 f.
Universalismus 334 ff.
Unrecht, gesetzliches 45 f., 53
Unsitte 25 f.
Unternehmensmitbestimmung 221 f., 277
Unterhaltsrecht 207 f.
Urteilsaufbau 388
Urteilsstil 382 f.

Verbände 225 ff.
- innere Ordnung 234 ff.
Verbraucherrecht 277 f., 182
Verdingung 184 f., 213 f.
Vereinigungsfreiheit 216, 225 f., 228 f., 234 f.
Verfassung 295 ff.
Vergebung 65 f.
Verhandlungsprinzip 195 ff.
Vernunft 378 f.
Verrechtlichung 68, 265, 396 f.
Versöhnung 61 f.
Versorgungsausgleich 207
Vertrag 175 ff.
- als universales Regelungsinstrument 179

- Konsensualvertrag 177 ff., 228
- Normenvertrag 217 f.
- öffentlich-rechtlicher 253 f.
- Realvertrag 177
Vertragsfreiheit 104, 180 ff.
- Abschlußfreiheit 181 f.
- Formfreiheit 183 f.
- Schranken 184 ff., 215, 223 f.
- Inhaltsfreiheit 182
Verwaltung 244, 246 f., 252, 270 f., 398 f.
Verwaltungsakt 238, 252
Vitalsphäre 289 f.
Völkerrecht 323 ff.
- Staatensouveränität 329 ff.
- *clausula rebus sic stantibus* 331 f.
- völkerrechtliche Verträge 331 f.
- *ultima ratio* des Krieges 332 ff.
Völkerrechtsgemeinschaft 325 f., 327 ff.

Wahrheitsfähigkeit 31 ff.
Wahrheitspflicht 199
Werteordnung 86 f., 121 f.
Wertewelt 5 f.
Widerspruchsfreiheit 33 ff., 141
Wiederholungserwartung 19 ff.
- Enttäuschung und Sanktion 20 f.
Wiederholungszwänge 15 ff.
Wirtschaftsformen 124 ff.
Wirtschafts- und Währungsunion 346 f.

Zinsrechtsprechung des BGH 50 ff.
Zivilprozeß 188 ff., 259 f.
Zugewinngemeinschaft 206 f.

Johann Braun
Einführung in die Rechtsphilosophie
Der Gedanke des Rechts

Wer nach dem Sinn des Rechts fragt, wird auf die Gerechtigkeit verwiesen; wer nach der Gerechtigkeit fragt, wird mit Leerformeln abgespeist. Um diesem Dilemma abzuhelfen, zeigt Johann Braun, wie heute noch sinnvoll nach Gerechtigkeit gefragt werden kann. Er präsentiert eine Strukturlehre des rechtlichen Denkens, die das utopische, rationalistische und institutionelle Rechtsdenken umfaßt. Abschließend geht er der Frage nach, auf welche Weise der im Vorangegangenen entfaltete Gedanke des Rechts die Rechtswirklichkeit faktisch prägt. Dieses weitgespannte Konzept wird durch Aufteilung in überschaubare Lehr- und Lerneinheiten in Gestalt eines Studienbuchs für Studenten der Rechts- und Politikwissenschaft vorgelegt.

»Wer alle diesbezüglichen Fragen und Antworten gelernt und verstanden haben wird, wird ein anderer und wahrscheinlich besserer Jurist sein, als derjenige, der sich nie mit dem Gegenstand der Rechtsphilosophie befasst hat. In diesem Sinne verdient das […] Werk möglichst viele von ihm angesprochene Leser mit Sinn für und Wunsch nach philosophischem Einblick, Überblick und Durchblick.« Gerhard Köbler *Zeitschrift der Savigny-Stiftung für Rechtsgeschichte 2008, 554*

2006. XXIII, 408 Seiten (Mohr Lehrbuch).
ISBN 978-3-16-148982-2
Broschur

Mohr Siebeck
Tübingen
info@mohr.de
www.mohr.de

Dieter Leipold
BGB I: Einführung und Allgemeiner Teil
Ein Lehrbuch mit Fällen und Kontrollfragen

Dieter Leipold bietet eine kompakte Einführung in das Bürgerliche Recht und eine profunde Darstellung des Allgemeinen Teils des Bürgerlichen Gesetzbuchs, insbesondere der Rechtsgeschäftslehre. Der Stoff wird durch zahlreiche Beispielsfälle und Schaubilder sowie durch Kontrollfragen und Fälle samt ausführlichen Lösungen didaktisch hervorragend aufbereitet. Dadurch ermöglicht das Lehrbuch den Studierenden den Einstieg in das Zivilrecht und ist zugleich zur Wiederholung und Vertiefung bei der Examensvorbereitung bestens geeignet.
Die Neuauflage berücksichtigt neben der neuesten höchstrichterlichen Rechtsprechung zahlreiche Gesetzesänderungen. Einige davon betreffen unmittelbar den Allgemeinen Teil des BGB (Vereinsrecht und Recht der Verjährung), andere (z.B. die Neuregelung des Verbraucherkreditrechts) wirken sich vor allem auf die Beispielsfälle aus, die nicht selten über den Allgemeinen Teil hinaus reichen. Auch den grundlegenden Veränderungen im Europäischen Recht durch den Vertrag von Lissabon wird Rechnung getragen.

6., neubearbeitete Auflage 2010.
XXII, 540 Seiten (Mohr Lehrbuch).
ISBN 978-3-16-150565-2
Broschur

Mohr Siebeck
Tübingen
info@mohr.de
www.mohr.de